大力税手法税办公室 出品

新公司法下
财税疑难问题释解

主编：郝龙航 杨国涛 丛维良 张玲玲 周蕙怡 李宏伟

中国财经出版传媒集团
中国财政经济出版社
·北京·

图书在版编目（CIP）数据

新公司法下财税疑难问题释解 / 郝龙航等主编 . —
北京：中国财政经济出版社，2025.1. -- ISBN 978-7
-5223-3685-5

Ⅰ. D922.291.915

中国国家版本馆CIP数据核字第2025DX4230号

责任编辑：孙丛丛	责任校对：胡永立
封面设计：卜建辰	责任印制：史大鹏

新公司法下财税疑难问题释解
XIN GONGSIFA XIA CAISHUI YINAN WENTI SHIJIE

中国财政经济出版社 出版

URL：http://www.cfeph.cn
E-mail：cfeph@cfemg.cn

（版权所有　翻印必究）

社址：北京市海淀区阜成路甲28号　邮政编码：100142
营销中心电话：010-88191522
天猫网店：中国财政经济出版社旗舰店
网址：https://zgczjjcbs.tmall.com

北京中兴印刷有限公司印刷　各地新华书店经销
成品尺寸：170mm×240mm　16开　36印张　507 000字
2025年1月第1版　2025年1月北京第1次印刷
定价：98.00元
ISBN 978-7-5223-3685-5
（图书出现印装问题，本社负责调换，电话：010-88190548）
本社图书质量投诉电话：010-88190744
打击盗版举报热线：010-88191661　QQ：2242791300

本书编委会

主　　　　编：郝龙航　杨国涛　丛维良　张玲玲　周蕙怡
　　　　　　　李宏伟

主要编委人员：姜瀚钧　王丽艳　雷立平　蒋小娟　李　涛
　　　　　　　陆国庆　杨华昌　张莹霞　康　念　蔡江东
　　　　　　　郝建华　安庆芳　段　冀　刘　嘉　王友发
　　　　　　　董亚文　胡　锋　李　萍　胡建龙　王　祥
　　　　　　　张志军　刘　荣　连焕锋　刘海英　王　蓓
　　　　　　　王爱红　魏　平　吴　迪　刘敏娟　胡蓉辉
　　　　　　　郝顺利　尚　颖　于佩芳　王占伟　诸成刚
　　　　　　　庄元红

专家技术支持：严高军　包　军　吴　涛　王　骏　张　妍

特别说明

本书所讨论的公司事项，除特别说明外，一般是指有限责任公司及其股东的相关内容；相关联的主体包括公司、合伙企业、个人独资企业、个体工商户，除特别说明外，均指依据中华人民共和国法律法规等成立的相关主体；所述自然人，除特别说明外，均指具有中华人民共和国居民身份的个人。

书中的相关法律法规与政策，除特别说明外，均指中华人民共和国境内的法规与政策。

PREFACE
前　言

2023年12月29日，第十四届全国人民代表大会常务委员会第七次会议第二次修订的《中华人民共和国公司法》（"新《公司法》"《公司法》）自2024年7月1日起施行，其变化之大，影响面之广，必将对社会经济生活产生深远的影响。新《公司法》的华丽亮相，将在与之相关的许多方面重塑我们的思想、改变我们的行为，进而影响我们的权利与义务关系、法律责任的界定规则，承上启下——一个波澜壮阔的新时代来了。

《公司法》属于商法范围，怎么会与财税有缘呢？这不是"拉郎配"跟风口吗？其实《公司法》本次修订，法定规则发生了很多变化，对笔者而言，除了学习、理解这些变化之外，无论是从职业习惯来看，还是从过往观察、处理的一系列与公司相关的涉税案例来看，确实让笔者有了一次体系化重新思考相关事项的动力与机会。且不说公司是企业所得税的纳税人，单论股东与其所投资公司之间建立起关系的过程，其间就会有一系列的决策与经济事项发生，每一次变化往往附带着经济利益的腾挪与流动，以这些行为为基础，自然就需要考虑相应的税务问题。税收法定与商法的意思自治之间，存在着很多的关联与因果关系，也极可能存在不同的处理规范，不同的行为方式、决策选择下有可能存在着不同的税收政策适用与税收计量结果，甚至在并没有经济利益所得的情形下，仍存在需要缴税的认定，比如涉及反避税、核定定价、视同销售等情形，利益关系人有时会不解，甚至抱怨、指责，乃至与税务机关对簿公堂，但结果并不一定如意。如果提前对相关行为可能带来的财税影响进行预判，协同相关方作出利益关系的调整，是不是可以在尊重事实的前提下，作出更有利的选择，规避一些不利结果的出现呢？这是完全有可能的，实践当中的案例也比较多。据笔者观察，在此方面，还是缺乏比较体系化的专业研究成果的，笔者之前曾出版过《资本个税》一书，偏重于税收政策本身，而且内容相对庞杂，较适合专业人士阅读。如今，需要一本高度简洁、极具实用性、更有关联性且便于阅读的图书，希望与大家共同探讨，打磨更好的作品。

笔者理解，一方面，税法是保障国家财政收入最重要的法定方式，同时它又要为经济发展提供支持与服务，比如通过调节税收利益来调整经济结构，引导产业发展方向，另外还有调整收入与财富分配关系，起到维护社会稳定，减少贫富差距，推进共同富裕的作用，等等。另一方面，公司是主要的商业运营主体，也是最广泛的纳税主体，税法在公司层面的应用非常复杂，但这样写出来恐怕是难穷尽的，也没有必要。我们希望结合新《公司法》的修订内容，将税法与商法相结合，既尊重独立性，又考虑关联性，从专业的角度，对相关条款进行计税研判与结果预判，让企业主、企业会计人员或法务人员有一份靠谱的参考资料，使其免受网络流量信息的干扰和误导，减少内心的焦虑，也希望以此为契机，与律师、会计师等专业人士进行深入的交流与探讨，共同提升专业素养和实践能力。

近一段时间，笔者发现很多人在讨论减资的事项，这是因为新《公司法》规范了严格的五年限期出资的法定义务，原来认缴出资时"大嘴一张"的股东们，开始行动起来，身体力行评估自己能够实际出资的能力了。对于减资，是否涉及应税行为，如果涉及有哪些征管措施、如何计缴税款，如此实实在在的问题，网络上的文章或短视频讨论得挺多，理解不一，到底政策如何适用，各地的风险指标又如何掌握，目前尚未有统一定论。还有新《公司法》提出的在特定条件下允许资本公积金弥补亏损，明确允许减少注册资本弥补亏损，这是新鲜提法，对于"增加"的利润，要不要作为企业所得税应税所得，还真要仔细地思考一下。同时新《公司法》明晰了债权出资、股权出资的规定，对于并购重组也注入了更多的规划因素。

从法律视角看税收问题，从税收视角看法律问题，两者之间的差异与协同是并行的。一方面，当涉及税收争议时，在没有明确、恰当的税收政策适配时，扩展法律思维可能成为解决税务问题的创新路径，或者提供有利的安全保护；另一方面，法律也是惩治涉税违法犯罪行为的手段。这如同交通里的"红绿灯"，如果走立交桥，可能红绿灯会少一些，甚至没有；但如果走地面，红绿灯可能会多一些。选择哪一条路，需要导航，更需要考虑特殊情形，比如发生"车祸"的非常规情形。在现实场景中，有的人可能持"硬刚"态度，什么事就是不服输，非要"PK"，大家要知道，这类事件考察的是对规则的适用，并不是简单的对与错的正义较量。从专业与策略相结合的角度，有理、有利、有节，很可能是更好的选择路径。

数年来，笔者与律师伙伴紧密携手，在持续不断的业务交流、技术探讨与深度合作中，拓展了对很多涉税问题的认知边界，丰富了专业知识，提升了服务价值，彼此赋能，相互成就。局限在财税的圈子里，有时往往会陷入"教条主义"的泥沼而不能自拔，幸有律师伙伴们一路以来的支持与指导。在专业领域，通过对疑难问题追本溯源，增强确定性，理解条款背后的思考逻辑，远比进行理论推演、各种想象式的讨论更有价值。在很多时候，我们很难用数学逻辑推理来验证政策的体系性、准确性，它是为建立基本规则框架，甚至有时是为解决特定问题而发布的，所以有可能政策彼此间存在些许矛盾，看似有些"不讲理"。对于广大纳税人而言，重要的是实用性、价值性、可靠性。当然，忙碌之余，进行一些有趣的理论研讨，推进一些事项的公平、合理前行，是非常值得尊重的。

在本书的写作过程中，我们得到了大力税手法税办公室伙伴们的大力支持，也有其他老师、伙伴们的倾囊相授。怀揣感恩之心，在专业的道路上砥砺前行，将凝聚着心血与智慧的知识传递给他人，在知识的交流与共享中结识好友，提供切实的帮助，笔者认为是一件无比幸福且有意义的事情。

书中的一些内容或观点，代表笔者的一些思考与心得，由于笔者水平有限，难免有遗漏或错误之处，恳请批评指正。

郝龙航

2024年12月12日

CONTENTS
目 录

第1章 新《公司法》下财务焦点问题关注 | 1

1.1 注册资本实缴出资期限的影响 ········ 3
- 1.1.1 会计中对于注册资本的理解与记录 ········ 3
- 1.1.2 关于出资期限的强制性规定 ········ 5
- 1.1.3 旧《公司法》下股东出资过渡期特殊考虑 ········ 8
- 1.1.4 以利润补充出资的误解 ········ 12
- 1.1.5 本节小结 ········ 14

1.2 认缴出资下"监督"实缴的义务与问题 ········ 17
- 1.2.1 未按约定日期实缴出资准来催缴 ········ 18
- 1.2.2 失权股东相应的财税问题 ········ 20
- 1.2.3 按约分期实缴情形下有无滞后利息的计量 ········ 23
- 1.2.4 本节小结 ········ 24

1.3 财务总监担当法定代表人升级 ········ 26
1.4 "以小博大""规避风险"的投资架构还有用吗 ········ 33
1.5 小股东权益维护措施升级 ········ 39
1.6 关于自然人一人有限公司数量限制的取消 ········ 45
1.7 财务负责人的法律责任升级 ········ 49
1.8 本章小结：财务人的商法思维 ········ 67

第2章 股东与公司之间的关系及变化 | 70

2.1 个人投资为什么需要公司 ········ 72

2.2 个人与公司之间投资关系建立与资产独立性 ……………… 76
2.2.1 个人通过什么形式成为股东及其选择 ……………… 77
2.2.2 个人以不同资产出资成立公司的税费影响 ……………… 85
2.2.3 中间搭建隔离层的投资公司结构及其应用考虑 ……………… 95
2.2.4 公司创造价值的来源及正当性 ……………… 99
2.2.5 股东与公司之间的利益关系建立及公司法定财产独立性的体现 …… 101
2.2.6 拍卖是一种可以"避税"的方式吗 ……………… 110
2.2.7 多股东合作投资情形下的"公平"价值论 ……………… 112
2.2.8 认缴出资后在法定出资期限内加速出资的情形 ……………… 114
2.2.9 股东与所投资公司建立关系的回报预期与方式 ……………… 124
2.2.10 本节小结 ……………… 126

2.3 一人有限责任公司的"全面开花" ……………… 129

2.4 个人当了股东又退出或转让的情形 ……………… 133
2.4.1 涉及个人股权转让相关法律法规及政策规定 ……………… 134
2.4.2 个人股权的形成及权益的价值考虑 ……………… 153
2.4.3 认缴出资下股权转让与退出的税务困惑与陷阱 ……………… 159
2.4.4 认缴股权转让后产生的"或有"出资义务的问题 ……………… 168
2.4.5 关于代持股权回归的"变通"处理 ……………… 169
2.4.6 个人减资退出的问题 ……………… 178
2.4.7 净资产转让与评估作价的"有效性"是多久 ……………… 189
2.4.8 母公司的股东发生变更之下的公司权益问题 ……………… 211
2.4.9 会计报表的"水分"与转让价格的问题 ……………… 217
2.4.10 非货币性资产出资下分期纳税与递延纳税的"清结"问题……232
2.4.11 公司的空壳化运营与涉税风险交汇 ……………… 244
2.4.12 "阴阳合同"下股权转让的法律风险 ……………… 247
2.4.13 "承债式"股权转让本身就是一个涉税"陷阱" ……………… 257
2.4.14 对公司估值的新理解 ……………… 265
2.4.15 "对赌"收购、融资等方式下股东的纳税义务问题 ………273

2.4.16　小股东的"权益"考虑及退出 ·················296
2.4.17　股权转让"包税"产生的计量困惑与争议 ·················299
2.4.18　个人股东调整股权架构时存在的计税成本问题 ·················320
2.4.19　增资稀释是否必然涉及"暗渡陈仓"转让股权 ·················328
2.4.20　转让股权时，税务机关穿透视为转让资产的情形仍具风险 ·················336
2.4.21　股权转让印花税的计缴有特殊性 ·················339
2.4.22　本节小结 ·················342

2.5　近亲属之间变更股权的特别考虑 ·················343

2.6　股东以债权出资是不是一种创新方式 ·················352
2.6.1　债权出资的形式 ·················353
2.6.2　债权出资的公允计价 ·················355
2.6.3　债权出资下的应税业务处理及发票开具问题 ·················357

2.7　股东之间意思自治下权益与利益分配的税收公平问题 ·················361

2.8　公司清算中的涉税风险问题 ·················364
2.8.1　清算并不是一定要将所有的资产处置完毕 ·················370
2.8.2　活用税收政策解决清算的问题 ·················376
2.8.3　税务注销之后不是"一了百了" ·················380
2.8.4　关于清算过程中的注意事项 ·················396

2.9　本章小结 ·················397

第3章　股东与公司的"利益"处理与转移问题　|　401

3.1　公司利润分配新规下的涉税"挑战" ·················401
3.1.1　对利润的理解及税法对于分红的规定 ·················403
3.1.2　不当分红需要退回已分配的利润 ·················409
3.1.3　虽非正式分配利润但税法上可视分红进行征税处理 ·················422

3.2　资本公积与实收资本弥补亏损的涉税新思考 ·················429
3.2.1　资本公积金弥补亏损 ·················429
3.2.2　实收资本弥补亏损 ·················431

3.3 股东与所投资公司之间的"利益"计量与让渡问题 ……………… 440

3.4 对企业所得税与个人所得税兼顾考虑与顾此失彼的风险关注 …… 442

3.5 股权转让涉及转让所得的计税规定与主体适用情形选择 ……… 447

3.6 转增注册资本涉税计缴情形 ………………………………………… 449

3.7 有限公司改制为股份有限公司的涉税理解乱象待明确 ………… 454

3.8 "打抱不平",按照实缴出资比例分配遭遇质疑与反避税挑战 …… 456

3.9 股东债权出资与股权出资情形下税务上对"债资比"的涉税处理 ……………………………………………………………………… 458

  3.9.1 利润转为债权其背后的"小算盘"是不是非常有利 ……… 459

  3.9.2 "债资比"下利息扣除的影响 ……………………………… 460

  3.9.3 个人股东借款收息与不收息的处理 ……………………… 464

3.10 继承人继承股东权益或欠税义务的案例探讨 …………………… 467

3.11 本章小结 …………………………………………………………… 471

第4章 股权架构与商业模式搭建中的公司主体功能 | 473

4.1 公司是载体,业务是血液,法税是安全卫士 ………………………… 474

4.2 不同投资架构下的资金、税务与法律主体关系的协同 …………… 477

4.3 股东投资回报的一种特殊情形关注 ………………………………… 481

4.4 "重资产"与"轻资产"公司运营的安排考虑 ……………………… 485

4.5 收购投资或经营标的公司 …………………………………………… 487

4.6 本章小结 ……………………………………………………………… 489

第5章 股东、公司与管理人员的法律责任探究 | 490

附录 | 502

  中华人民共和国公司法 ………………………………………………… 502

  最高人民法院 最高人民检察院关于办理危害税收征管刑事案件适用法律若干问题的解释 ………………………………………………… 551

第1章

新《公司法》下财务焦点问题关注

2023年12月29日第十四届全国人民代表大会常务委员会第七次会议第二次修订的《中华人民共和国公司法》，已于2024年7月1日施行。相信大家也感觉到了，其修订、调整的内容发生了相当重大的变化，当下，律师与企业主对其关注度比较高，但侧重点有所不同。律师更多地关注其变化及风险，以利做好培训、写好文章及与客户讲解；而企业主更多关注的是权利与义务对自己的影响，比如涉及决策权、权益保障、出资要求、退出机制、法律责任及资本市场规划等方面。在本次修订内容中，比较直观的变化是出资期限的要求，从原来"信口开河"式的出资约定，到现在的"指日可待"，无疑给设立公司的股东们加了一顶"紧箍咒"，回归量力而行的真实一面，笔者认为是非常有必要的，以免出现大量的"忽悠"型公司，从而净化市场环境，减少盲目无序发展的风险。

《公司法》规划设置了一套以公司为生命体的"生态系统"，在这个系统当中，有人的"聚合离散"，有资产的"转移流动"，有行为规范的"红绿灯"，有责任追究机制，有意思自治的权利，有限制"强者"与同情"弱者"的措施考虑，等等。在相关内容中，当涉及财产的流转、分配、清算等情形时，需要在会计上进行准确的记录；同时，公司是我国一系列税种的主要纳税主体，包括企业所得税、增值税、消费税、城市维护建设税、房产税与城镇土地使用税等税种，当公司对其雇员、外聘劳务人员支付报酬时，以及对个人股东分配利润时又涉及个人所得税的法定扣缴义务。不过，这些涉及财务会计、税务的相关事项，是一直就存在的，只是税收政策时有变化，但这不是本书的核心内容。笔者计划通过对新《公司法》的学习，就其中一些主要变化点，分析其带来的财税问题，同时结合笔者在实践当中遇到的一些有价值的案例，进行有体系的分析，希望让读者耳目一新，有所收获。对于公司这一主要的纳税主体，依据我国相关税收政策的规定，不同税种都有一套自己的完整的计税方式，在此不再赘述。在《公司法》中，有一些有特色的"意思自治"的涉及权益的内容，在相关税收政策当中，没有对其进行清晰的规定，需要结合其他税收政策、相关案例，进行针对性的分析，以确定其中的涉税风险及是否存在潜在纳税义务。对于公司股东或公司的某些意思自治，多存在相应的税收管理规范，比如对于个人股东转让公司股权时，就其财产转让所得如何计缴个人所得税，就有非常完善的反避税政策与征管要求，以规范纳税义务，防止出现税收征管漏洞，保证国家正当的财政收入。实践中，某些事项也存在一些模糊之处，甚至存在税收征管漏洞，另一些事项是给予了相应的税收激励或优惠政策。因此，有必要结合新《公司法》修订之际，从财税视角，发现不一样的解读价值，也希望能给读者带来有扩展价值的、保持较高专业度的内容。

　　《公司法》为商法，相关税法及税收法规为行政法，其发挥的功能是不一样的，产生交织也是比较普遍的。规模比较大一点的公司，会考虑设置会计岗位；大一些的集团、上市公司还会专门设置税务岗位，从合规遵从、成本节约与价值优化的角度，发挥非常重要的作用。特别是在强化税收征管、完善金税四期等信息化税收管理系统方面，公司面临着越来越精准、频繁与多样的税务风险，有因公司的行为主动性产生的，也有因业务合作方出现问题被动产生的。对于大多数公司来讲，老板的税务治理理念，对税务安全的敬畏之心与积极的举措，正逐渐发挥中流砥柱作用。

1.1 注册资本实缴出资期限的影响

在笔者看来,规定注册资本实缴出资期限是本次修订所表现出来的影响面最大、受关注最多的主要事项之一。大家习惯了"高认缴、晚实缴"的做法,比如认缴5 000万元,约定2099年实缴,以时间换"空间",这"饼"画得估计会噎住很多人,甚至有人实现了"万亿元认缴出资"的"伟大梦想"。出资的虚假繁荣已严重影响了彼此之间的信任,适当地进行立法调整,笔者认为很有必要。

出资设立新公司,是一个公司产生的起始,也是一个"生命体"的起源。在我们的立法观念中,首先认定公司是一个独立的法人人格,与出资人之间的关系是独立的,依靠出资人给的"第一桶金",开启了自己的多彩征程。股东出资是法定承诺,不得随意反悔,而公司可能给股东带来当下的经营收益,也可能带来未来的增值利得,这种出资不是施舍,不是捐赠,而是一项法定义务。不过,对于很多私营公司的老板来讲,似乎并没有这样的法律思维认识:"这公司不就是我的嘛,我自己说了算,是我的私人财产!有什么法人独立性?"这是感性思维与法律思维的差异,很多情况下可能平安无事,但当发生诸如侵占公司财产等法律责任追究时,恐怕就会有另一番认识了。

1.1.1 会计中对于注册资本的理解与记录

《公司法》规定:

> 第四十七条 有限责任公司的注册资本为在公司登记机关登记的全体股东认缴的出资额。全体股东认缴的出资额由股东按照公司章程的规定自公司成立之日起五年内缴足。
>
> 法律、行政法规以及国务院决定对有限责任公司注册资本实缴、注册资本最低限额、股东出资期限另有规定的,从其规定。

【例1-1】某公司会计曾咨询:"我们公司股东的出资期限到了,但是没有按约定期限入资,会计上是不是需要记入其他应收款,同时增加实收资本的金额?"

这个问题,平时关注得真是比较少,不过倒是一个很现实的问题。可以确定地说,认缴出资,即使实缴期限到了但未实缴,也不需要将其记入其他应收款或实收资本的科目中。这里我们要分三个方面进行说明:

一是股东出资的义务遵循"收付实现制"。它是一种承诺出资,而不是因为公司开展业务中产生了"业务往来"。股东按期实缴出资是最理想的情况,但如果未按期实缴,根据《公司法》的规定,此类情况的处理方式是多样化的,并不一定需要通过向未出资的股东行使追索权来解决。即它不是点对点的"债权",而是一种约定。若按约定实现了出资则完成义务,若未能实现,则需要通过法定程序处理,例如通过注销股权来解决。

二是依据会计准则的核算规范,实收资本(股本)科目核算企业接受投资者投入的实收资本,另外企业收到投资者出资超过其在注册资本或股本中所占份额的部分,作为资本溢价或股本溢价,在"资本公积"科目核算。

三是未按期实缴出资或出资不实,在公司作为独立法人运营的情形下,股东与所认缴出资的被投资公司是独立主体关系,当出现特定情形时,公司的债权人可以向认缴出资的股东及其他股东行使相应的追索权利,进而公司或其他股东再向该认缴但未按期实缴的股东索求相应赔偿。

虽然有时候会计也是一片"好心",想让公司的实收资本看着大一些,利于招投标或者向金融机构贷款。此时我们倒不认为有印花税多缴的问题(按照实收资本和资本公积之和的万分之二点五单次性计缴),而是可能产生其他不利的法律后果。因为这样做下来,相应的资产会增加,显得公司很有实力,如果股东顺利地实缴出资,相应的账还是会平,但是如果形成"坏账",公司依法该如何处理呢?这样似乎就遮盖了《公司法》下对股东出资法律责任的清晰脉络了,不利于法律责任的明确与界定。所以在这方面，会计还是需要根据《公司法》的相关规定进行特别处理。

1.1.2 关于出资期限的强制性规定

新《公司法》规定得很清楚，除特别规定的情形外，实缴出资期限是五年，相关规定如表1-1所示。

表1-1 新《公司法》相关规定

类型	相关规定
有限责任公司	第四十七条 有限责任公司的注册资本为在公司登记机关登记的全体股东认缴的出资额。全体股东认缴的出资额由股东按照公司章程的规定自公司成立之日起五年内缴足 法律、行政法规以及国务院决定对有限责任公司注册资本实缴、注册资本最低限额、股东出资期限另有规定的，从其规定
股份有限公司	第九十六条 股份有限公司的注册资本为在公司登记机关登记的已发行股份的股本总额。在发起人认购的股份缴足前，不得向他人募集股份 法律、行政法规以及国务院决定对股份有限公司注册资本最低限额另有规定的，从其规定 第九十七条 以发起设立方式设立股份有限公司的，发起人应当认足公司章程规定的公司设立时应发行的股份 以募集设立方式设立股份有限公司的，发起人认购的股份不得少于公司章程规定的公司设立时应发行股份总数的百分之三十五；但是，法律、行政法规另有规定的，从其规定 第九十八条 发起人应当在公司成立前按照其认购的股份全额缴纳股款 发起人的出资，适用本法第四十八条、第四十九条第二款关于有限责任公司股东出资的规定

当下影响比较大的是有限责任公司股东五年内实缴出资的规定，如果这家公司是新《公司法》生效之后，即2024年7月1日后新成立的，那么只能按照上述规定进行实缴出资。如此一来，会有何影响呢？

第一，建立起股东对被投资公司的"负责"之心。过去存在一些"人有多大胆，地有多大产"的认缴出资方式，其约定出资的期限可能在自己未来去世之后了，比如有的人就敢认缴出资数万亿元之巨，这种"泡沫"会极大地扰乱商法秩序，逃避责任，有时还真拿这种情形没办法。创业、投资的激情被释放之后，需要适当地进行调控，防止无序发展，成为当务之急。有人说："如果父母成立公司出资不到位，能不能向其子女进行追偿？"我们知道，随着时代的发展，法治的进步，早已不是"父债子还"的传统时代了，未按章程规定实缴出资，需要结合具体的情形来处理，依法对其进行追缴和追究其对公司造成损失的赔偿责任，或依规定对承担连带责任的其他股东予以赔偿。如果相应的继承人按照法定程序继承股权的，则由其履行股东职责，这是正常的。

第二，为公司独立成长提供物质基础。虽说公司是独立法人主体，享有法人财产权，但对于一些民营企业来讲，实际上普遍存在着财产独立性不足的问题，比如股东先认缴了出资，约定若干年后才实缴出资，但是当前公司的发展需要启动资金，如何办呢？往往是通过股东垫支或借款给公司使用的方式来解决。有人可能说："我的认缴出资不重要，因为我能够承担得起未来的经营风险，也能保障公司债权人的利益！"这话或许是不假，但是在决心体现与行动表现上，这显然只能算是"纸上谈兵"。因为现在商场上说得很动听、结果很悲惨的故事比比皆是。特别是当下，敢于投资、能够实缴出资的企业家，笔者认为，这是有作为的企业家，也是有勇气面对风险、有生产力能力的企业家。

注册资本上万亿元的虚与实[①]

最近，海南三亚冒出了4家注册资本超过7万亿元的超级企业。企查查数据显示，这4家企业注册资本均为9 500亿欧元，按10月23日汇率，折合人民币约7.35万亿元；企业性质均为投资集团，注册时间均为9月底或10月初，注册地点均在三亚市荣耀世纪大厦10层。

注册资本超7万亿元是个什么概念呢？对比来看，世界500强企业中

[①] 本文来源：《经济日报》，作者：佘颖，2023年10月25日。

国工商银行的注册资本约3 564亿元；通信巨头华为的注册资本约406亿元。另外，2022年，海南省生产总值为6 818.22亿元，7.35万亿元比海南省生产总值的10倍还多。一栋大楼里真要落户了4家注册资本超过7万亿元的超级企业，三亚这一年的招商引资工作在全国都能傲视群雄。

明显不合常理的注册资本等工商登记信息，让一些网友怀疑这几家企业是"皮包公司"。究竟是皮包公司还是万亿元企业，现在还不能下定论。不过，这倒是提醒企业和公众，应关注注册资本的风险。

注册资本指在工商登记的全体股东认缴的出资额。2014年3月1日以前，我国实行实缴制，股东首次出资额不得低于注册资本的20%，其余部分由股东自公司成立之日起两年内缴足。商事制度改革之后，我国实行认缴制，不再限定出资额，也不要求缴足出资期限。理论上讲，"0元办公司"成为可能。

认缴制改革接轨国际惯例，符合便捷高效营商环境的要求。全球营商环境排在前列的国家和地区，例如新加坡、美国和中国香港等地大都实行认缴制。我国实施认缴制后，降低了创业的资金门槛，为此后几年的大众创业万众创新奠定了基础，激发了市场活力。

实行认缴制的初衷，是让创业者轻装上阵，把有限的资金用在刀刃上。但在实际执行中，认缴制也出现了一些弊端。很多人觉得注册资本多的企业实力肯定强，往往忽视实缴资本与认缴资本不是一回事。再加上实缴资本信息不属于强制公开事项，外人查不到，有些企业便利用这一点，夸大注册资本，延长认缴期限，逃避出资义务，影响交易安全、损害债权人利益，或者从事非法经营活动。

近几年，认缴制需不断完善已成为共识。《公司法（修订草案三次审议稿）》拟规定，公司股东须在5年内缴足所认缴的注册资本。这已传递出信号，提醒创业者认缴注册资本时要多一些理性，结合股东实力以及实际经营需要，谨慎认缴注册资本金。

改革开放40多年来，企业、消费者也已见多识广，"拉大旗作虎皮"不一定能唬得住人，反而还容易闹笑话。寻找合作伙伴的时候，企业更愿意对接那些本本分分做生意的，超出常理的注册资本反倒可能引起人们的警惕。

更重要的是，注册资本不仅代表企业实力，也代表责任。《公司法》规定，有限责任公司的股东以其认缴的出资额为限对公司承担责任。认缴万亿元注册资本可能听起来有面子，可别忘了，认缴不等于不缴，在公司碰到无法清偿到期债务的情形时，认缴的出资依法应加速到期。万亿元规模的债务，股东们可能要拿万亿元来还债。

真的假不了，假的真不了。如果创业者真的愿意为一家新企业投入万亿元规模的资本、承担万亿元规模的责任，市场是欢迎的。可如果企业把政策的善意当儿戏或是可钻的漏洞，那就是在给自己挖坑。这笔账，还是有必要算明白的。

第三，五年相对来讲，还是一个相对"靠谱"的时间段。一个公司的发展情况，用五年时间来探索，也大致有一个基本的判断，此时对于股东来讲，也需要及时地评估发展预期。不过我们也知道，对于一些创业型的公司，确实会面临着"持久战"，尽管开始可能是一直亏损的状态，但坚持到最后，加上天时、地利、人和，就可能是某一领域的"赢家"。从"可以没有期"到五年期，是一种责任，也是一种担当，该规定在提升解决问题的效率、减少诉讼成本方面，可能将产生比较积极的作用。

1.1.3　旧《公司法》下股东出资过渡期特殊考虑

在修订前的《公司法》框架下，存在一些公司认缴了比较大额的出资，但实缴日期约定得比较遥远的情况，这次修法自然需要进行口径的统一，也减少待遇的差异。新《公司法》规定：

第二百六十六条　本法自2024年7月1日起施行。

本法施行前已登记设立的公司，出资期限超过本法规定的期限的，除法律、行政法规或者国务院另有规定外，应当逐步调整至本法规定的期限以内；对于出资期限、出资额明显异常的，公司登记机关可以依法要求其及时调整。具体实施办法由国务院规定。

2024年7月1日，《国务院关于实施〈中华人民共和国公司法〉注册资本登记管理制度的规定》（国务院令第784号）提出这样的要求：

第二条　2024年6月30日前登记设立的公司，有限责任公司剩余认缴出资期限自2027年7月1日起超过5年的，应当在2027年6月30日前将其剩余认缴出资期限调整至5年内并记载于公司章程，股东应当在调整后的认缴出资期限内足额缴纳认缴的出资额；股份有限公司的发起人应当在2027年6月30日前按照其认购的股份全额缴纳股款。

公司生产经营涉及国家利益或者重大公共利益，国务院有关主管部门或者省级人民政府提出意见的，国务院市场监督管理部门可以同意其按原出资期限出资。

第三条　公司出资期限、注册资本明显异常的，公司登记机关可以结合公司的经营范围、经营状况以及股东的出资能力、主营项目、资产规模等进行研判，认定违背真实性、合理性原则的，可以依法要求其及时调整。

第四条　公司调整股东认缴和实缴的出资额、出资方式、出资期限，或者调整发起人认购的股份数等，应当自相关信息产生之日起20个工作日内通过国家企业信用信息公示系统向社会公示。

公司应当确保前款公示信息真实、准确、完整。

第五条　公司登记机关采取随机抽取检查对象、随机选派执法检查人员的方式，对公司公示认缴和实缴情况进行监督检查。

公司登记机关应当加强与有关部门的信息互联共享，根据公司的信用风险状况实施分类监管，强化信用风险分类结果的综合应用。

第六条　公司未按照本规定调整出资期限、注册资本的，由公司登记机关责令改正；逾期未改正的，由公司登记机关在国家企业信用信息公示系统作出特别标注并向社会公示。

表1–2对有限公司认缴出资的要求作一小结。

表1–2　　　　　　　　有限公司认缴出资要求

公司成立时段	出资期限要求	要求
2024年6月30日前（含）	自2027年7月1日起超过5年的，应当在2027年6月30日前将其剩余认缴出资期限调整至5年内并记载于公司章程	这里是3年的调整准备期，可以调整认缴出资额，最终确定并执行5年实缴
	自2027年7月1日起不超过5年的，则按5年内的出资要求出资	
2024年7月1日起向后（含）	执行新《公司法》出资规定	新法下执行新标准

整体看，对于新《公司法》实施前成立的公司，给予过渡期8年跨度的安排，是出于相对宽松的条件与便捷调整的程序考虑，大家可以对自己的认缴出资额与实缴期限进行相应调整，从而进行顺利过渡。

笔者注意到，有人提出来这样的观点："我们可以完美地避过实缴出资的要求，在'3+5'共8年的时间段里，我们设置为最后的期限实缴，但在最后的期限到之前，公司就清算关门了！这样是不是一个妙招？"同时，有的专家也提出这样的服务观点，意思是帮助老板充分利用窗口期，尽早地完成公司的"使命"就清算。虽然有的项目比如地产项目本身就有清盘期限，也有的公司的使命年限就是不长。但大部分情况下，公司能坚持8年的就比较少，哪有躺平就天上掉馅饼的好事？再者说，就算这家公司关门了，再成立公司要不要认缴出资？再拖延另外一个5年？其实设立公司并不是去"空手套白狼"，正正当当地做生意，钱也不会轻易就被骗走。此外，合作是讲条件的，就算是与别人合作的公司，出资都不诚信的人能获得什么成功呢？而只认缴不想实缴出资，看似有利于股东，但是公司要经营，就需要投入资金，有的情形下是股东垫资用于开支，有的情形下，股东想利用公司去融资，但是融资往往也有附加条件，且需要考虑融资成本，压力也不小。之前地产公司的模式是拿地，随即以地抵押融资，并投入开发，启动预售获得资金，这一"空手道"模式，也随着地产行业的周期性调整，施展空间逐渐变小。5年出资期限,确实会给股东带来资金压力,但是可以减少注册资本金额,回归到量力而行的条件之下,不是更真实可靠吗?

笔者已注意到,新《公司法》正式颁布之后,出现了一系列的公司减资情形,说明《公司法》修订确实产生了比较大的影响,起到了"立竿见影"的引导效果。对很多公司来讲,并不需要这么担忧,因为还是有一些方法来补充完善的,比如表1-3所示的一些安排。

表1-3　　　　　　　　实缴出资的处理方式

方式	涉财税处理	可能的影响
债权转股权("债转股")	股东将之前借给公司经营之用的款项转为增资处理	若存在利息,个人有利息所得计税扣缴;企业股东有利息收入确认的问题
减资	需要结合实际情形进行判断,同时需要关注税务机关的风险指标管理	需要以公示等方式告知债权人,也可能引起股东间持股比例的变动
利润转投资	此处并非利润转增资本,而是先分配利润给股东,股东再用分红完成实缴出资,非简单的"送股"情形	在实际案例中,有定向分红给某位股东,并由该股东完成实缴出资的情形
转让认缴股权	本身也是转让股权,只是转让的未实缴的股权份额	现行《公司法》相关司法解释对此有相关的权利义务认定①,转让认缴的股权并不能完全"解放"责任
将货币出资调整为以非货币性资产出资	非货币性资产出资,特别是实物资产、无形资产出资,在不同情形下有计缴税款的问题,在没有投资收益产生的情形下,出资人往往难以承受	通过虚增价值、不实出资方式填出资的"窟窿",存在被继续追究出资不足责任的风险

---

① 《最高人民法院关于适用〈中华人民共和国公司法〉若干问题的规定(三)》(2020年修正)第十八条规定,有限责任公司的股东未履行或者未全面履行出资义务即转让股权,受让人对此知道或者应当知道,公司请求该股东履行出资义务、受让人对此承担连带责任的,人民法院应予支持;公司债权人依照本规定第十三条第二款向该股东提起诉讼,同时请求前述受让人对此承担连带责任的,人民法院应予支持。

受让人根据前款规定承担责任后,向该未履行或者未全面履行出资义务的股东追偿的,人民法院应予支持。但是,当事人另有约定的除外。

续表

方式	涉财税处理	可能的影响
找"过桥资金"出资	此时往往需要将收到的款项再转移出去,面临"抽逃出资"的法律责任	现实当中此风险往往被忽略①

1.1.4 以利润补充出资的误解

随着新《公司法》开始实施,笔者发现这方面的培训内容越来越多,特别是短视频讲座,由于其时间短,又要博取眼球,因此起的一些标题听起来特别惊人。对于以利润补缴原来的认缴出资,方法可行,但并不一定就是观众想象得那样。

【例1-2】张三与李四投资大力公司,各认缴100万元,共计200万元,均未实缴。公司经营得不错,当年有未分配利润100万元,依章程分配约定各享50%,张三与李四商量要不要让会计直接转增出资。两人一起做了决议,分配利润100万元用于出资。

在会计处理上,分配的利润可以不强制分配给股东,再由股东转账到公司,公司会计作分录:

借:未分配利润　　　　　　　　　　　1 000 000
　　贷:实收资本——张三　　　　　　　500 000
　　　　实收资本——李四　　　　　　　500 000

会计提出,此分红需要计缴个人所得税,按20%税率缴纳。张三与李四一听:"我们没有拿到钱,凭什么让我们缴税!会计做一个分录就要缴税?"有此疑问的恐怕大有人在,这就需要结合国家的税法及税收政

---

① 《中华人民共和国刑法》第一百五十九条【虚假出资、抽逃出资罪】规定,公司发起人、股东违反公司法的规定未交付货币、实物或者未转移财产权,虚假出资,或者在公司成立后又抽逃其出资,数额巨大、后果严重或者有其他严重情节的,处五年以下有期徒刑或者拘役,并处或者单处虚假出资金额或者抽逃出资金额百分之二以上百分之十以下罚金。

单位犯前款罪的,对单位判处罚金,并对其直接负责的主管人员和其他直接责任人员,处五年以下有期徒刑或者拘役。

策的规定来解释了（见表1-4）。

表1-4 以利润补充出资的涉税计算

步骤	事项	计税方式
第一步	决议分红，属于股东的"股息红利所得"，由分红单位代扣代缴个人所得税，张三与李四各需缴税 $50 \times 20\% = 10$（万元）	税款可以由单位多分一部分利润以实现缴税的目的，也可由张三与李四各自掏10万元给单位完税，同时增加投资成本，将来在清算或转让股权时计算财产转让所得可作为扣减成本
第二步	虽然钱没有由张三与李四过手，但它遵从股东的意思完成了股东的实缴出资，过不过手只是一个形式	从严谨的角度看，为了将来个人股权的成本扣除，可以将款项转入股东个人名下，再通过转账进行出资，注明出资款，作为证据更为清楚，有迹可循

在例1-2中，如果大力公司还有利润的情形下，需要多分多少利润呢？这里就需要用到一个反算方法，张三与李四各拿50万元，此为税后净额，$50 \div (1-20\%) = 62.5$（万元），这样公司共计分配125万元的利润，个人所得税共计25万元，净所得为100万元。

如果不对利润进行多分配，大力公司还需要补做会计分录：

借：其他应收款——张三　　　　　　　　　　100 000

　　其他应收款——李四　　　　　　　　　　100 000

贷：应交税费——应交个人所得税　　　　　　200 000

但是，一定要注意一个说法，案例1-2所表达的意思是"分红后实缴出资"，不是"利润转增实收资本"。张三与李四实缴完出资，而分红转增资本，这是增加注册资本额，与上市公司公告中提到的"送股"是一样的，不过上市公司与挂牌公司分红有差别化股息红利的个税优惠政策，满足条件可享受免税待遇，而有限公司没有这样的待遇。案例1-2其实就是"分红"没有"转增"，股东取得税后分红款用于实缴出资。尽管会计分录是一样做的，计税结果也一样，但法律意思不同。

有人提出："如果公司的股权市场价很高，实缴时要不要考虑此因素？"这个就是多虑了，我们要考虑的是把原来的实缴责任履行完毕，并不是买卖股权，也不是如战略投资者一样追加投资入股。进一步看，如果是利润转增实收资本，别的战略投资者增资需要进行溢价投资，如投资1 000万元，100万元入实收资本，900万元计入资本公积，资本公积为公司共享型资产。作为当前的股东，转增资本并不需要这样考虑，它不是股权的交易行为，也不需要考虑股权的公允价值与转股金额的差额计税问题。若未来转让或减资时，其成本也是按转股金额确定处理。

《国家税务总局关于印发〈征收个人所得税若干问题的规定〉的通知》（国税发〔1994〕89号）规定：

> 十一、关于派发红股的征税问题
> 股份制企业在分配股息、红利时，以股票形式向股东个人支付应得的股息、红利（即派发红股），应以派发红股的股票票面金额为收入额，按利息、股息、红利项目计征个人所得税。

1.1.5 本节小结

从原来的近乎无限期的"空头支票"式出资，调整为有限期限的出资，此调整属于重大变化，是一种责任的回归，也让投资人"合理地、接地气地"出资，踏踏实实地把业务做好，把当前的公司运营好，其实也是对自己的要求。在国家层面，要保持一个良好的经济秩序，同时也减少管理、争议解决成本；在商法层面，维护了资本充实和交易安全，有利于更好地保护公司债权人的利益。

对于存量的公司，股东们需要重新评估一下自己的出资能力，这里有两个考虑因素：一是自己本身在未来年度内履行实缴出资的能力与保障，是不是有改变出资的考虑，比如减少认缴出资、改变出资资产的方式；二是考虑公司运营产生利润的预期性，当公司产生的利润可以支持分红，此时股东就有了出资的能力，这是另外一种备选方式。对于一人有限公司或者是家庭成员当股东的公司，很多事情好商量，减资、分红等事项的决议可以快速地行动起来;而对于股东较多,比如涉及战略投资人、国有企业入股的情形,因有不同的考虑,协调起来会比较复杂。形势虽看似严峻,但给予的期限还算充裕,未来存在多种可能性。

尽管已压缩了出资期限,调整为自公司成立之日起五年内缴足,除特殊规定的情形[①]外不强制。在这五年内是"意思自治约定",对于有限责任公司,如表1-5所示两个问题需要关注一下。

表1-5 有限责任公司需关注的问题

事项	关注问题	解释
分红权限	《公司法》的基本原则是按照股东的实缴出资比例分配,全体股东约定不按比例的除外[②]	全体股东约定不代表一定在章程中写,某一年度的分配,可以在分配决议中确定;而股份有限公司则需要章程规定
表决权限	《公司法》规定股东会会议由股东按照出资比例行使表决权;但是,公司章程另有规定的除外	依法常规是按认缴出资比例行使表决权,但也可以章程约定以实缴比例表决或约定其他的方式

在这里,笔者想表达一个财税人经常犯的"替天行道"的问题,即喜欢从"得与失"的角度评价是不是有税收计缴问题或风险,而且非常容易"走火入魔",纠结于数据而难以自拔。比如,为什么实缴出资的股东愿意让认

---

① 《国务院关于印发注册资本登记制度改革方案的通知》(国发〔2014〕7号)附件"暂不实行注册资本认缴登记制的行业"包括:采取募集方式设立的股份有限公司、商业银行、外资银行、金融资产管理公司、信托公司、财务公司、金融租赁公司、汽车金融公司、消费金融公司、货币经纪公司、村镇银行、贷款公司、农村信用合作联社、农村资金互助社、证券公司、期货公司、基金管理公司、保险公司、保险专业代理机构、保险经纪人、外资保险公司、直销企业、对外劳务合作企业、融资性担保公司、劳务派遣企业、典当行、保险资产管理公司、小额贷款公司。

② 第二百一十条 公司分配当年税后利润时,应当提取利润的百分之十列入公司法定公积金。公司法定公积金累计额为公司注册资本的百分之五十以上的,可以不再提取。

公司的法定公积金不足以弥补以前年度亏损的,在依照前款规定提取法定公积金之前,应当先用当年利润弥补亏损。

公司从税后利润中提取法定公积金后,经股东会决议,还可以从税后利润中提取任意公积金。公司弥补亏损和提取公积金后所余税后利润,有限责任公司按照股东实缴的出资比例分配利润,全体股东约定不按照出资比例分配利润的除外;股份有限公司按照股东所持有的股份比例分配利润,公司章程另有规定的除外。

公司持有的本公司股份不得分配利润。

缴出资的股东参与分配，是不是其背后隐藏着利益的交换、无偿的赠送关系？这看似是专业的表现，其实是对计税事实的误解，笔者认为，该情况或有个案，但对于认缴者参与分配这样的意思自治，是所得征税的一个起源，在事实上并不必然地发生股东之间的利益转移，也不涉及认缴股东与所投资公司之间的赠送关系，当公司所创造的税后利润用于分配时，是基于人合与资合关系的股东之间的收益分配，谁取得所得谁来依法计缴税款，于国家层面，没有税基的减少。如实务中发生对某股东定向分红的处理，基于《公司法》下的合法分配，是否存在应计税的利益转移，税务机关可以对此进行调查、落实，如有甲股东欠乙股东的钱，直接以多分红来抵偿了，这是真实地发生了抵销债务的事项，应当确定债务抵销事项的计税与否。又如，为了给法人股东多分红，给个人股东少分红，让法人股东享受当下的免税待遇，这类情形下并没有产生交易与对价，不是明确的计税事项，而基于反避税的考虑发起反避税调查，这是可以的，但反避税并不是确定地违反税收法律法规及政策规定，只是基于"谈判"下的"讨价还价"，是一件可商量的事项，这是另外一个涉税的问题了。笔者认为，在没有背后确定性的交易、利益传递事实时，在税法没有规定之前（何况税法规定也会保持基本常识的判断），这种空中楼阁式的认识是错误的。延伸来看，认缴出资的股东，也是参与表决与事务处理的，这算不算是发挥作用了呢？是不是这时发挥的作用还要与"视同销售"一样计税呢？总之，完全处在真空中想象财税问题很容易"钻牛角尖"，而由国家、政府制定出来的税法，它本身是为经济服务的，并不是简单地伸张正义、主持公道，税收法定当然也是对纳税人权益的重要保护，更是税务机关征税的法律保障。

股东身份、股东出资义务、股东决策机制、股东权益的法律规定及股东之间的约定，在从认缴到实缴的过程中，或发生一些变化，作为老板，要明确自己的义务，特别是新《公司法》下自己的实缴出资义务，对此要有一个规划。当存在多个股东时，也要有一个协同的意见，从而进行顺利地过渡。

1.2 认缴出资下"监督"实缴的义务与问题

现实当中,人总会遇到一些外在环境变化导致的棘手问题,也可能会因为合作伙伴之间的合作出现问题,而没有按照设立时的约定期限履行出资义务,新《公司法》除了明确出资人的出资义务之外,还设置了公司及相关责任的催缴义务。上面我们提到,股东在约定的出资日期未出资到位,并且处于延续"欠缴"状态时,会计上并不能进行应收款项处理。因为公司是独立的法人主体,股东也是独立的主体,股东进行承诺式的认缴出资,公司作为独立法人在商业大潮中"乘风破浪"前行,其他的商业主体与该公司合作时,看到的是公司的注册资本额,有可能是出于对该公司大额注册资本的信任才与其发生业务往来,所以资本额是一个重要的需要"表里如一"的信任载体,为了保护合作方主要是债权人等相关的利益,必须在法律上设置相应的强制性规定,严格管理股东的出资义务,维护市场正当的秩序。而股东的回报是什么呢?就是投资收益。所以一旦决定成立公司,这个义务就产生了,不能随便反悔。会计主要是核算公司主体的资本额与经营资产、负债,尽管股东出资会形成资产,但笔者发现,当前的理论多认为股东认缴的出资,并不符合会计上资产的定义,《企业会计准则——基本准则》规定:

> 第二十条 资产是指企业过去的交易或者事项形成的、由企业拥有或者控制的、预期会给企业带来经济利益的资源。
>
> 前款所指的企业过去的交易或者事项包括购买、生产、建造行为或其他交易或者事项。预期在未来发生的交易或者事项不形成资产。
>
> 由企业拥有或者控制,是指企业享有某项资源的所有权,或者虽然不享有某项资源的所有权,但该资源能被企业所控制。
>
> 预期会给企业带来经济利益,是指直接或者间接导致现金和现金等价物流入企业的潜力。

整体来看,股东认缴出资所形成的资产不是企业过去的交易或者事项形成的，只是股东欠缴的出资额，不属于企业经营要素的核算，承前所述，所以不将其记入往来应收款项。虽然不记入公司资产核算，但不代表就没有人"要"了，新《公司法》对此有了更加详细的规范与要求。

1.2.1 未按约定日期实缴出资准来催缴

新《公司法》规定：

> 第四十九条　股东应当按期足额缴纳公司章程规定的各自所认缴的出资额。
>
> 股东以货币出资的，应当将货币出资足额存入有限责任公司在银行开设的账户；以非货币财产出资的，应当依法办理其财产权的转移手续。
>
> 股东未按期足额缴纳出资的，除应当向公司足额缴纳外，还应当对给公司造成的损失承担赔偿责任。
>
> 第五十条　有限责任公司设立时，股东未按照公司章程规定实际缴纳出资，或者实际出资的非货币财产的实际价额显著低于所认缴的出资额的，设立时的其他股东与该股东在出资不足的范围内承担连带责任。
>
> 第五十一条　有限责任公司成立后，董事会应当对股东的出资情况进行核查，发现股东未按期足额缴纳公司章程规定的出资的，应当由公司向该股东发出书面催缴书[①]，催缴出资。
>
> 未及时履行前款规定的义务，给公司造成损失的，负有责任的董事应当承担赔偿责任。
>
> 第五十二条　股东未按照公司章程规定的出资日期缴纳出资，公司依照前条第一款规定发出书面催缴书催缴出资的，可以载明缴纳出资的宽限期；宽限期自公司发出催缴书之日起，不得少于六十日。宽限期届

[①] 参考《中华人民共和国民法典》第四百六十九条规定：当事人订立合同，可以采用书面形式、口头形式或者其他形式。

书面形式是合同书、信件、电报、电传、传真等可以有形地表现所载内容的形式。

以电子数据交换、电子邮件等方式能够有形地表现所载内容，并可以随时调取查用的数据电文，视为书面形式。

满，股东仍未履行出资义务的，公司经董事会决议可以向该股东发出失权通知，通知应当以书面形式发出。自通知发出之日起，该股东丧失其未缴纳出资的股权。

依照前款规定丧失的股权应当依法转让[①]，或者相应减少注册资本并注销该股权[②]；六个月内未转让或者注销的，由公司其他股东按照其出资比例足额缴纳相应出资。

股东对失权有异议的，应当自接到失权通知之日起三十日内，向人民法院提起诉讼。

第五十三条 公司成立后，股东不得抽逃出资。

违反前款规定的，股东应当返还抽逃的出资；给公司造成损失的，负有责任的董事、监事、高级管理人员应当与该股东承担连带赔偿责任。

第五十四条 公司不能清偿到期债务的，公司或者已到期债权的债权人有权要求已认缴出资但未届出资期限的股东提前缴纳出资。

新《公司法》中关于足额实缴出资的规定是比较严格的，既有催缴的规定，又有承担连带责任的规定，还有特定情形下加速出资的规定。所以，如

[①] 《公司法》第八十四条规定：有限责任公司的股东之间可以相互转让其全部或者部分股权。

股东向股东以外的人转让股权的，应当将股权转让的数量、价格、支付方式和期限等事项书面通知其他股东，其他股东在同等条件下有优先购买权。股东自接到书面通知之日起三十日内未答复的，视为放弃优先购买权。两个以上股东行使优先购买权的，协商确定各自的购买比例；协商不成的，按照转让时各自的出资比例行使优先购买权。

公司章程对股权转让另有规定的，从其规定。

第八十八条规定：股东转让已认缴出资但未届出资期限的股权的，由受让人承担缴纳该出资的义务；受让人未按期足额缴纳出资的，转让人对受让人未按期缴纳的出资承担补充责任。

未按照公司章程规定的出资日期缴纳出资或者作为出资的非货币财产的实际价额显著低于所认缴的出资额的股东转让股权的，转让人与受让人在出资不足的范围内承担连带责任；受让人不知道且不应当知道存在上述情形的，由转让人承担责任。

[②] 《公司法》第二百二十四条规定：公司减少注册资本，应当编制资产负债表及财产清单。

公司应当自股东会作出减少注册资本决议之日起十日内通知债权人，并于三十日内在报纸上或者国家企业信用信息公示系统公告。债权人自接到通知之日起三十日内，未接到通知的自公告之日起四十五日内，有权要求公司清偿债务或者提供相应的担保。

公司减少注册资本，应当按照股东出资或者持有股份的比例相应减少出资额或者股份，法律另有规定、有限责任公司全体股东另有约定或者股份有限公司章程另有规定的除外。

何选择靠谱的、有能力的商业合作伙伴是比较重要的，上述规定中有这样一款："未及时履行前款规定的义务，给公司造成损失的，负有责任的董事应当承担赔偿责任。"笔者为此查阅了一些资料，其中王翔老师主编的《公司法释义》给出了相对权威的解读意见，即在公司设立之初，还没有董事的时候，此时有股东或代表股东负责处理出资、登记事宜，公司成立后，公司的事务主要由董事会或董事来负责经营与执行，因为其对公司的财务信息最为熟悉。董事的此项义务为勤勉义务、注意义务，如果董事没有核查到位，发现股东未按期足额缴纳公司章程规定的出资的，或发现也不向其发出书面催缴书等的，需要按照其过错承担赔偿责任。但董事不是替代的出资人，只要积极实施了客观上可以实施的催缴行为，即使没有催缴成功，也应认定其履行了勤勉义务，不对公司的损失承担赔偿义务。

但要注意，"设立时的其他股东与该股东在出资不足的范围内承担连带责任"，该规定限于设立时的连带责任，若是成立后继续分期出资或增资的，不需据此承担连带责任。

1.2.2 失权股东相应的财税问题

失权制度是新《公司法》新增的事项，意在出资的充实性，保护债权人的利益。但失权制度下将会存在着利益关系的清算，以及对于个人股权变更时，税务监管过程中出具程序性证明的法定要求，所以，并不是轻轻松松地就可以说"再见"了，通常情形下，需要以"好聚好散"的心态来依法办理该事项。新《公司法》规定：

> 第五十二条 股东未按照公司章程规定的出资日期缴纳出资，公司依照前条第一款规定发出书面催缴书催缴出资的，可以载明缴纳出资的宽限期；宽限期自公司发出催缴书之日起，不得少于六十日。宽限期届满，股东仍未履行出资义务的，公司经董事会决议可以向该股东发出失权通知，通知应当以书面形式发出。自通知发出之日起，该股东丧失其未缴纳出资的股权。

依照前款规定丧失的股权应当依法转让,或者相应减少注册资本并注销该股权;六个月内未转让或者注销的,由公司其他股东按照其出资比例足额缴纳相应出资。

股东对失权有异议的,应当自接到失权通知之日起三十日内,向人民法院提起诉讼。

我们要注意,失权制度限于未按照章程规定的时间缴纳出资,并不包括实际出资的非货币财产的实际价额显著低于所认缴的出资额的情形。

股东未按规定实缴出资的,由公司向其进行催缴,这当然是希望大家仍能一起"拼搏发展",如果其后股东想办法在期限内实缴出资,其股东的身份仍将得到认可,但因晚缴出资给公司造成损失的,需要承担赔偿责任,比如利息损失、催缴费用等。但新《公司法》与旧法有一个比较大的不同如表1-6所示。

表1-6 《公司法》新旧对比

旧法	新法
第二十八条 股东应当按期足额缴纳公司章程中规定的各自所认缴的出资额。股东以货币出资的,应当将货币出资足额存入有限责任公司在银行开设的账户;以非货币财产出资的,应当依法办理其财产权的转移手续	第四十九条 股东应当按期足额缴纳公司章程规定的各自所认缴的出资额
股东不按照前款规定缴纳出资的,除应当向公司足额缴纳外,还应当向已按期足额缴纳出资的股东承担违约责任	股东以货币出资的,应当将货币出资足额存入有限责任公司在银行开设的账户;以非货币财产出资的,应当依法办理其财产权的转移手续 股东未按期足额缴纳出资的,除应当向公司足额缴纳外,还应当对给公司造成的损失承担赔偿责任

新法规定,股东未按期足额缴纳出资,对给公司造成的损失承担赔偿责任,对其他股东并不具有法定违约责任,主要看股东之间的约定。当股东因上述事由向公司进行赔偿时,依据实际收到的赔偿金额既可以计入公司营业外收入,也可以冲减实际发生的费用,于此并没有严格的核算规定。如果失权股东为自然人,由于其本身不是财税核算主体,所以赔偿支出一次性发生;而对于核算主体,包括公司、合伙企业、个人独资企业,此支出为商业

性的赔偿支出,可以据实在其税前扣除。"这不是违法了吗?赔偿支出不能税前扣除?"或有人士有这样的疑问,我们可以看看《企业所得税法》的规定,《企业所得税法》规定罚金、罚款和被没收财物的损失不得税前扣除[①],而依章程约定,或基于《公司法》的法律框架给予股东之间的投资及其利益补偿等行为发生的支出,笔者认为是一种商业性的赔偿支出,不是行政法概念上的罚款,不存在不得税前扣除的限制。

如催缴宽限期届满仍未履行出资义务的,董事会决议后可以向其发出书面失权通知。此时会面临如表1-7所示的三种情形。

表1-7　　　期限届满仍未履行出资义务所面临的情形

情形	说明	财税问题
转让（注册资本认缴份额转让）	依约定看对转让有无限制,是对内转让还是可对外转让,定价方式如何,有无对原有资产的分配受益权因素	转让收入的民事关系约定,以及税务机关依据税务总局公告2014年第67号[②]进行的核定处理

[①]（四）罚金、罚款和被没收财物的损失

罚金是指人民法院判处犯罪分子强制向国家缴纳一定数额金钱的刑罚方法,主要适用于破坏经济秩序和其他谋取非法利益有联系的犯罪,以及少数较轻的犯罪。罚金作为一种附加刑,并不剥夺犯罪人的人身自由权,也不会对犯罪人产生直接的人身痛苦和社会后果等,判处罚金以犯罪人是否触犯刑律,且是否属于财产刑为先决条件。罚金的目的是除了对犯罪分子在刑罚上给予处罚外,在经济上亦给予制裁的一种手段,是一种附加刑。

没收财产,是将犯罪人的财物、现金、债权等财产收归国家所有,以弥补因其犯罪造成的损失,同时断绝其犯罪活动的经济来源。没收财产,属于财产刑事处罚,可以单处也可以并处。

罚款,是行政处罚的一种,是指行为人的行为没有违反刑法的规定,而是违反了治安管理、工商、行政、税务等各行政法规的规定,行政执法部门依据行政法规的规定和程序决定对行为人采取的一种行政处罚。罚款不由人民法院判决,因此在性质上与没收财产、罚金有本质上的区别。

真实、合法和合理是纳税人经营活动中发生的费用支出可以税前扣除的基本原则。不管费用是否实际发生,或合理与否,如果是非法支出,即使按财务会计法规或制度可以作为费用,也不能在税前扣除。罚金、罚款和被没收财物的损失,本质上都是违反了国家法律、法规或行政性规定所造成的损失,不属于正常的经营性支出。如果允许企业将罚金、罚款和被没收财物的损失作为费用和损失在税前列支,等于在税收上承认其违法经营,并用国家应收的税款弥补其罚没的损失。因此,罚金、罚款和被没收财物的损失不允许在税前扣除。

[②] 即《国家税务总局关于发布〈股权转让所得个人所得税管理办法(试行)〉的公告》,后称为"67号公告"。

续表

情形	说明	财税问题
减少注册资本	有人称之为"名义性减资",不过此时存在该认缴股东有可能获得收益分配权的问题,需要结合章程的约定来判断;这种减资,即减少注册资本,也属于《公司法》规定的减资行为,需要履行法定程序	若个人股东有所得,需要按照20%税率计算个人所得税,在名义上可能是以分红或财产转让所得进行申报
其他股东来补足	相当于其他股东按照他们之间的出资比例,计算各自应承担的补充出资义务,并相应增加各自的投资额及持股比例	失权股东的股权亦需要变更到其他股东名下,从财务角度看,这是一种份额转让的行为,由于在商事登记中需要进行变更,此举亦受到67号公告的关注,并没有例外特殊待遇

综上所述,新《公司法》为维护公司资本的充实,规定了一系列的强制或可选择的措施,而这些变化本身,并不是"无形中的增减变化",除了股东之间的人合问题,也涉及相应的利益关系。这种利益关系可能是实际发生了,也可能不会实际发生,但税收政策基于反避税、防范税收征收漏洞的需求,会进行相应的监控及相应情形下的核定计税。由于失权制度是新《公司法》下新规定的事项,未来税收政策会对此特别照顾,还是基于传统的涉税处理"一视同仁",目前尚无法判断,不过笔者认为后者的可能性更大一些。所以,在此过程中,公司董事会及相应的法务部门、服务人士应对此风险给予关注,特别是当失权人没有实际所得,还核定让其缴税的时候,这个涉及直接利益,就很可能让事情变得复杂,从而给办理失权事务带来争议。而对相关证据进行提前约定及规划,或可有效地减少这类争议的发生。

1.2.3 按约分期实缴情形下有无滞后利息的计量

这个问题在现实当中笔者暂未遇到,但以下例给各位读者做一个简单讲解。

【例1-3】某公司由甲、乙两位股东于2024年7月1日成立,约定股东甲在每12个月结束时实缴出资20%,共计5年期内实缴完毕,约定股东乙在成立时就一次性实缴出资。分期出资的甲股东,是不是要视为欠公司的款项,需要计算利息并随出资支付给公司呢?

新《公司法》亦未提出验资的一般性要求,新《公司法》(国务院令第784号)规定:

第一百零一条　向社会公开募集股份的股款缴足后,应当经依法设立的验资机构验资并出具证明。

第二百五十七条　承担资产评估、验资或者验证的机构提供虚假材料或者提供有重大遗漏的报告的,由有关部门依照《中华人民共和国资产评估法》《中华人民共和国注册会计师法》等法律、行政法规的规定处罚。

承担资产评估、验资或者验证的机构因其出具的评估结果、验资或者验证证明不实,给公司债权人造成损失的,除能够证明自己没有过错的外,在其评估或者证明不实的金额范围内承担赔偿责任。

除特别规定验资要求外,对于一般的公司设立,即使规定了5年的实缴出资期限,验资不再是强制要求。

大家倒不必担心又设置验资的常规要求,也不必花这笔费用。对于公司,特别是有限公司来讲,是既要有资合也要人合的,所以出资的早与晚并不是必然的公平性衡量所在。同时上面我们也提到,股东的出资资产不属于会计上核算的应收资产,不是股东进行占用的经济性行为,因此不需要对分期出资进行利息计算等经济性计量。

1.2.4　本节小结

新《公司法》对于跟踪、核查股东的实缴出资义务进行了比较完善的规定,这其中涉及股东之间的连带责任、董事的赔偿责任及未按时出资股东的失权制度,其中一系列的规范,除了对股东之间关系、股东权利与义务的变化、责任的承担进行了明确,还包括不同主体之间的利益交换、流动、放弃或让渡，这些变化中所隐含的税收计量的问题，恐怕会让相关规则变得复杂，也可能在变动中产生税负成本，如果没有提前评估沟通好，可能会严重影响到商事行为的顺利实施。

【例1-4】张三与李四、王五三人投资设立了大强公司，随着经营的发展，王五想"单飞"去创业，根据报表情况王五一是想拿回自己出资的100万元注册资本，二是想多要10万元红利，公司法务让公司与股东签订了一份转让价为110万元的《股权转让协议》，认为这是公司回收股东股权，是转让行为。结果在按照转让协议进行手续变更时，税务机关要求按照67号公告的要求，进行转让定价的核定，并要求按照账面留存收益与王五持股比例算出来的20万元计缴个税，这如何办？谁掏这个税金呢？

分析：这本身是一个"正经"的减资行为，结果操作成了股权转让行为。前者的目的是退出公司，或同比例减资，减少公司注册资本；而后者回购后并不注销股权，形成了库存股，该库存股权可再行转让或注销处理，也可用于股权激励。所以这两个事项本身表现形式与结果就是不同的。案例中的情形明显是属于减资，而不是转让行为。基于67号公告对转让行为的规范情形，不包括减资，即反避税政策不对应减资行为。但当下部分税务机关在风险管理上似乎"越界"了，将市场交易中的"转让行为"延伸到减资行为中，殊不知，减资行为除市场交易定价外还有比较多的影响因素，从而引起了一些涉税争议事项，如果业务是真实的，笔者认为争议有效，因为这本身并没有引起国家税款的流失，将反避税措施置入其内"多征税"并不代表为国家税收征收作出正当贡献，而是有违税收法定。

所以，当我们再来考虑上面的案例时，就比较清楚了，分红+减资，也即王五收回投资，此时按照股息红利由公司扣缴20%的个税，同时依法进行100万元的减资处理，这样就减少了不必要的麻烦，同时也防止自己进入个税股权转让的"反避税"大潮中，让自己徒增许多烦恼。

1.3 财务总监担当法定代表人升级

关于公司法定代表人的规定，新《公司法》与旧《公司法》的区别如表1-8所示。

表1-8 　　　　　　　　《公司法》新旧对比

旧法	新法
第十三条　公司法定代表人依照公司章程的规定，由董事长、执行董事或者经理担任，并依法登记。公司法定代表人变更，应当办理变更登记	第十条　公司的法定代表人按照公司章程的规定，由代表公司执行公司事务的董事或者经理担任 担任法定代表人的董事或者经理辞任的，视为同时辞去法定代表人 法定代表人辞任的，公司应当在法定代表人辞任之日起三十日内确定新的法定代表人

首先，财务总监成为"法定代表人"不是梦，笔者曾查阅网络上的内容，有法定代表人与财务总监基于职责分离的内控原则不应由一人担任，一个人不能兼多重不相容职务之类的说法。其实这个说法，在新《公司法》下已发生了重大的变化。

其次，财务总监是可能成为代表公司执行公司事务的董事的。"代表公司执行公司事务"这不是总经理的事吗？大家可以看到，经理即总经理是备选法定代表人之一，其同时是董事兼财务总监的情形是存在的，当其代表公司对外执行公司事务时，这里并不指全部事务的决策权或管理权，其中的一部分事务也是公司事务，财务总监此时是可以作为法定代表人的。另外，法务总监也有同类情形。

最后，笔者并不是大力鼓励财务负责人（董事身份）的人去争当法定代表人，相反，而是建议大家谨慎考虑。毕竟财务人擅长的是"算账"，而不是公司的运营业务，术业有专攻。同时，法定代表人"光彩"的背后是担当，是法律风险，是需要背负不可预期的"责任"的，比如对个人信用的影响，公司涉及一些违法违规事项后的"责任调查","阻止出境"等情形（见表1-9）。

表1-9　　　　　　　法定代表人承担责任的相关规定

规定	责任
《民法典》	第六十二条　法定代表人因执行职务造成他人损害的，由法人承担民事责任后，依照法律或者法人章程的规定，可以向有过错的法定代表人追偿
《税收征收管理法实施细则》	第七十四条　欠缴税款的纳税人或者其法定代表人在出境前未按照规定结清应纳税款、滞纳金或者提供纳税担保的，税务机关可以通知出入境管理机关阻止其出境。阻止出境的具体办法，由国家税务总局会同公安部制定
《民事诉讼法》	第五十一条　公民、法人和其他组织可以作为民事诉讼的当事人 法人由其法定代表人进行诉讼。其他组织由其主要负责人进行诉讼
《最高人民法院关于限制被执行人高消费及有关消费的若干规定》	被执行人为单位的，被采取限制消费措施后，被执行人及其法定代表人、主要负责人、影响债务履行的直接责任人员、实际控制人不得实施前款规定的行为。因私消费以个人财产实施前款规定行为的，可以向执行法院提出申请。执行法院审查属实的，应予准许
《最高人民法院关于在执行工作中进一步强化善意文明执行理念的意见》（法发〔2019〕35号）	16.不采取惩戒措施的几类情形。被执行人虽然存在有履行能力而拒不履行生效法律文书确定义务、无正当理由拒不履行和解协议的情形，但人民法院已经控制其足以清偿债务的财产或者申请执行人申请暂不采取惩戒措施的，不得对被执行人采取纳入失信名单或限制消费措施。单位是失信被执行人的，人民法院不得将其法定代表人、主要负责人、影响债务履行的直接责任人员、实际控制人等纳入失信名单。全日制在校生因"校园贷"纠纷成为被执行人的，一般不得对其采取纳入失信名单或限制消费措施

《国家税务总局 公安部关于印发〈阻止欠税人出境实施办法〉的通知》（国税发〔1996〕215号）规定：

第三条　经税务机关调查核实，欠税人未按规定结清应纳税款又未提供纳税担保且准备出境的，税务机关可依法向欠税人申明不准出境。对已取得出境证件执意出境的，税务机关可按本办法第四条规定的程序函请公安机关办理边控手续，阻止其出境。

欠税人为自然人的，阻止出境的对象为当事人本人。

欠税人为法人的，阻止出境对象为其法定代表人。

欠税人为其他经济组织的，阻止出境对象为其负责人。

上述法定代表人或负责人变更时，以变更后的法定代表人或负责人为阻止出境对象；法定代表人不在中国境内的，以其在华的主要负责人为阻止出境对象。

第四条　阻止欠税人出境由县级以上（含县级下同）税务机关申请，报省、自治区、直辖市税务机关审核批准，由审批机关填写《边控对象通知书》，函请同级公安厅、局办理边控手续。

已移送法院审理的欠税人由法院依照法律规定处理。

第五条　各省、自治区、直辖市公安厅、局接到税务机关《边控对象通知书》后，应立即通知本省、自治区、直辖市有关边防口岸，依法阻止有关人员出境、欠税人跨省、自治区、直辖市出境的，由本省、自治区、直辖市公安厅、局通知对方有关省、自治区、直辖市公安厅、局通知对方有关省、自治区、直辖市公安厅、局实施边控。有关边防检查站在接到边控通知后应依法阻止欠税人出境。必要时，边防检查站可以依法扣留或者收缴欠缴税款的中国大陆居民的出境证件。

第六条　在对欠税人进行控制期间，税务机关应采取措施，尽快使欠税人完税。

第七条　边防检查站阻止欠税人出境的期限一般为一个月。对控制期限逾期的，边防检查站可自动撤控。需要延长控制期限的，税务机关按照第四条、第五条规定办理续控手续。

如下面的阻止出境的案例：

国家税务总局北京市西城区税务局阻止出境决定书

京西税阻〔2023〕010号

卢××：（居民身份证号：略）

鉴于你（单位：北京××商贸有限公司）未按规定结清应纳税款、滞纳金，又不提供纳税担保，根据《中华人民共和国税收征收管理法》第四十四条规定，决定并通知出入境管理机关于2023年12月29日起阻止你单位北京××商贸有限公司卢××出境。

如对本决定不服，可自收到本决定之日起六十日内依法向国家税务总局北京市税务局申请行政复议，或者自收到本决定之日起六个月内依法向北京市西城区人民法院起诉。

税务机关（签章）
2023年12月29日

笔者在实务中接触到，某公司的法定代表人被税务机关通知限制出境之后，又"悄悄地"变更了法定代表人，并以变更后的法定代表人向税务机关申请"变更阻止出境主体"，结果没有被认可。也有的老板曾与笔者说起："现在找个当法定代表人的人太简单了，虽然我是实控人，但我找了一个农村的大爷大妈来当法定代表人，这样出事也找不到我！"这就不是严格执行《公司法》的规定了，相当于是一种欺骗。不过这种"挂名"的法定代表人确实还比较多见，说起来也不"脸红"，我们甚至发现，一些大老板，明明大家知道公司是他的，但他就是不当法定代表人，这也是其"规避风险"的一种方式，至于是不是符合《公司法》的规定，那就是另外一番说辞了。有的人说我们签订一份《免责协议》，只当法定代表人，不承担法律责任，也不拿报酬，这样是不是就安全了？依法，肯定不会这样简单，而在某些情形下，除了上面的失信影响，还可能涉及刑事责任。比如涉及虚开增值税发票犯罪的案件，如果挂名的法定代表人并不知情，在公安机关进行调查、侦查后确定属实的情形下，也没有非法所得，往往是可以辩解没有参与犯罪的，但这中间或可能被羁押、被讯问，面临的境况可想而知。下面的这篇文章，或可给读者带来一些警惕。

注意！"挂名"法定代表人不能随便当

来源：南通市工商局　发布时间：2018-07-16

随着我国《公司法》的修改[①]，由原来的注册资本实缴登记制度改为

---

① 非本次《公司法》修订。

现在的认缴登记制，同时也取消了公司注册资本最低限额的规定，大大降低了成立有限责任公司的门槛。

许多人基于对创业的向往或者对财富的追求，纷纷成立属于自己的公司。但是，有些人出于自身原因考虑，不方便或者不愿意担任公司的法定代表人，于是找到身边的家人或者朋友做挂名的法定代表人。

【挂名法定代表人的定义】

法定代表人实际上并不担任与履行公司董事长、执行董事或者经理的任何职务与职权，甚至不是公司普通员工，与公司设立与运行没有任何实质的关系，仅仅因为与公司实际股东或实际控制人的口头或书面协议，充当工商登记的法定代表人，一般将其称之为"挂名"公司法定代表人。

【案例】

60多岁的李先生，几年前从某大机关的领导岗位上退休后，他的朋友王某便找到他，请他"出山"担任王某成立的一家公司的法定代表人。当时说好的条件是：李先生只入"干股"，不用出钱。以后公司若出现任何问题全由王某承担，决不会让李先生惹上麻烦。禁不住朋友的热情相邀，李先生答应了。最初几年公司业绩还过得去，李先生也得到了一点报酬。但从今年开始，法院、公安等部门的人不断来找李先生调查情况，并称其任法定代表人的这家公司涉嫌存在经济诈骗行为，依法要求李先生协助调查。李先生一听，马上就感觉到有些不妙，再找王某的时候，却怎么也联系不上了。如果公司真的涉及违法、诈骗或其他经济犯罪行为，作为公司的法定代表人是难辞其咎的。

【说法】

担任"挂名"公司法定代表人可能要面对较大的法律风险，并承担一定的法律责任，概括起来分两种情况：

第一：如果不能证明自己属于"挂名"法定代表人。

（1）在民事责任方面，在某些情况下，法定代表人可能需就本人、公司董事、监事、高级管理人员的违法、违规行为给公司造成的损失承担一定的赔偿责任。

（2）在行政责任方面，在某些情况下，法定代表人可能需就公司的违法、违规行为承担行政责任。除非法定代表人可以举证证明，其对公司的行为并不知情，且主观上没有过错亦不存在失职。

（3）在刑事责任方面，对于公司从事的犯罪行为法定代表人并不一定承担刑事责任，但在我国《刑法》规定的某些罪名中，除了对单位进行处罚外，还可能追究"直接负责的主管人员和其他直接责任人"的刑事责任。例如，生产销售伪劣产品罪、偷税罪、侵犯著作权罪、非法经营罪等。

（4）当公司进入破产程序、被申请强制执行或欠缴税款时，在特定情形下，司法、行政机关有权对法定代表人采取相应强制措施。

第二：如果可以证明自己属于"挂名"法定代表人。

（1）在民事责任方面，如果公司性质为有限责任公司，公司以其自身的财产为限对外承担还款责任；如果实际控制人操纵公司时存在虚构出资、抽逃出资行为，或者在诉讼过程中有隐匿、转移资产，或未经清算擅自处分财产等行为，"挂名"法定代表人都要面临承担相应的民事赔偿责任；挂名法定代表人无论是否知情，但因公司对外借款或其他经营行为出具担保文件，仍然需承担法律责任；如果公司法定代表人失踪或无法找到公司民事责任的承担人，"挂名"法定代表人也将面临承担相应的民事赔偿责任。

（2）在刑事责任方面，实际控制人操纵公司实施经济犯罪行为，比如诈骗银行贷款、诈骗保险金、非法集资等情况，挂名法定代表人虽然未直接参与以上行为，但如果挂名法定代表人明知实际控制人利用公司实施以上犯罪行为，却不加阻止，或放任实际控制人的行为，则挂名法定代表人很可能也要承担相应的刑事责任，即使挂名法定代表人与实际控制人之间存在书面的关于"挂名法定代表人不参与经营和管理，也不承担相应的责任"约定，该约定也只在双方之间内部有效，对外并不具有法律效力。

【温馨提示】

担任挂名法定代表人存有很多潜在的法律风险。当遇到别人邀请你担任挂名法定代表人或者挂名股东时，应当谨慎对待，不要因为碍于情面，或者贪图一点钱财，而将自己置于风险重重的位置。

目前来看，新《公司法》对挂名法定代表人的情形没有给出特别的条款关注，从可担任法定代表人的主体范围上来看，还作了进一步扩大。于风险角度，当个人因某些原因需要担任法定代表人时，需要做好相应的防范，保留证据记录，当已知公司进行一些不法行为之时，建议及时止步，表明自己的态度，做好取证。

承上分析，对于公司的法定代表人，在新《公司法》中有明确的规定：

> 第十条　公司的法定代表人按照公司章程的规定，由代表公司执行公司事务的董事或者经理担任。
>
> 担任法定代表人的董事或者经理辞任的，视为同时辞去法定代表人。
>
> 法定代表人辞任的，公司应当在法定代表人辞任之日起三十日内确定新的法定代表人。
>
> 第十一条　法定代表人以公司名义从事的民事活动，其法律后果由公司承受。
>
> 公司章程或者股东会对法定代表人职权的限制，不得对抗善意相对人。
>
> 法定代表人因执行职务造成他人损害的，由公司承担民事责任。公司承担民事责任后，依照法律或者公司章程的规定，可以向有过错的法定代表人追偿。
>
> 第三十五条　公司申请变更登记，应当向公司登记机关提交公司法定代表人签署的变更登记申请书、依法作出的变更决议或者决定等文件。
>
> 公司变更登记事项涉及修改公司章程的，应当提交修改后的公司章程。
>
> 公司变更法定代表人的，变更登记申请书由变更后的法定代表人签署。

我们再来看《会计法》的规定：

> 第二十一条　财务会计报告应当由单位负责人和主管会计工作的负

责人、会计机构负责人（会计主管人员）签名并盖章；设置总会计师的单位，还须由总会计师签名并盖章。

单位负责人应当保证财务会计报告真实、完整。

第五十条 本法下列用语的含义：

单位负责人，是指单位法定代表人或者法律、行政法规规定代表单位行使职权的主要负责人。

国家统一的会计制度，是指国务院财政部门根据本法制定的关于会计核算、会计监督、会计机构和会计人员以及会计工作管理的制度。

基于上述规定，单位负责人，在很多情形下也就是法定代表人，需要对会计报告进行签名并盖章。同时我们也观察到，近年来一些上市公司财务造假事件，对法定代表人的履职尽责也有了更多现实的要求与警示。

现实当中，对于法定代表人，主要有两种极端的情形，即避之不及与赖着不走，这些都会给公司带来烦恼，毕竟法定代表人即使是挂名的，其自身职责与功能也具有重要价值。新《公司法》有一个比较重大的调整，就是变更法定代表人，在依章程等约定确定变更后的法定代表人后，由变更后的法定代表人签字变更，这样就避免了原来《公司法》约定不清楚导致现任法定代表人不配合签字的问题。回归真实、有效担当，希望我们的法定代表人能够依法产生、依法履责，在公司的合法合规经营方面，体现其该有的价值。

1.4 "以小博大""规避风险"的投资架构还有用吗

对于从事财税、法律事务的人士来讲，近年来接触的合伙企业投资主体比较多，但合伙企业中需要有普通合伙人的存在，于是人们在实践中找到了一个"破解"的办法，即以有限公司作为管理合伙人（GP，即为普通合伙人），这样相当于设置好了后面的有限责任的防线，在这种情形下，管理合伙人承担无限责任的本职，不就轻易地被突破了嘛，那《合伙企业法》的规定还有实质意义吗？要不要在有限公司与合伙企业间设置一些限制条件，比如在特定情形下对上述"规避责任"的做法进行否定呢？通过笔者的观察，暂未发现有此方面的法院案件公开，因此，当合伙企业有超过一个以上的普通合伙人时，有限公司当GP与自然人直接当GP，其法律风险是不一样的，某种程度上，也可能会是不公平的。

图1-1所示为某有限合伙企业的基本架构。

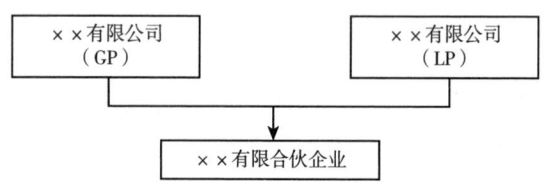

图1-1　某有限合伙企业基本架构

曾有伙伴质疑："合伙人中不是必须要有一个自然人或合伙企业吗？不能全是有限公司啊！"或许是我们下意识认为，只有如此才会有承担无限责任的要求，但其实法律并未有相关规定。虽然这在某种程度上算是一个漏洞，不过我们更应该积极看待这个问题。我们可能经常看到媒体披露一些涉及偷逃税款、虚开发票的案件，但这毕竟是个例，绝大部分企业与其经营者都是合法经营的，只是某些情况下，受到误导或出于其他原因，才迷迷糊糊地犯了法。所以，在政策迭代快速的背景下，如果身边有一个"管家式"的顾问，可以帮助企业提前预判风险，做好危机管理，还是非常有必要的。

笔者随机查询了一家合伙企业的投资架构如图1-2所示。

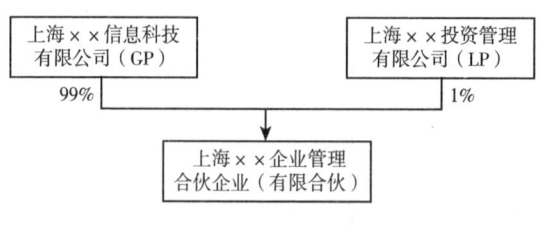

图1-2　实务样本

上面我们以合伙企业在"以小博大"的情形下，投资者规避无限连带责任的变通方式，植入有限责任的公司作为"防御线"，目前来看，这种方式未受到新《公司法》的太大影响。延伸来看，在纯公司组合的架构下，以"个人小出资，搏大出资"的方式，会不会受到影响呢？比如图1-3所示的这种结构。

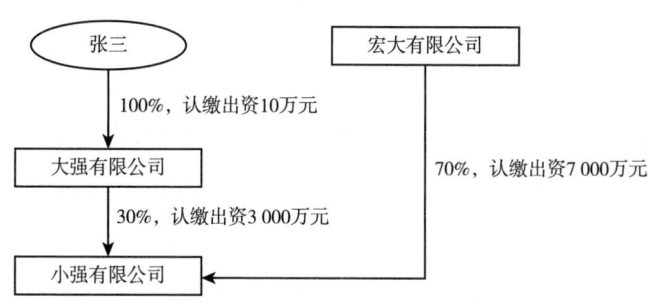

图1-3 有限公司投资样本架构

在上面的案例中，张三以10万元去"撬动"3 000万元的出资，这看似乎就"意图不良"，难道另一方愿意与其合作吗？常规来看，对于比较大的投资项目，各公司之间一般会做前期尽调，但决定合作的因素往往不仅仅是"经济计量评价"。

新《公司法》规定：

> 第二十三条　公司股东滥用公司法人独立地位和股东有限责任，逃避债务，严重损害公司债权人利益的，应当对公司债务承担连带责任。
> 股东利用其控制的两个以上公司实施前款规定行为的，各公司应当对任一公司的债务承担连带责任。
> 只有一个股东的公司，股东不能证明公司财产独立于股东自己的财产的，应当对公司债务承担连带责任。

其上，第一款的规定是延续了旧法的内容，是纵向关系下连带责任的规定，第二款是新增的内容，是横向关系中连带责任的规定。2022年12月29

日《人民法院报》有一篇文章,值得大家阅读:

"刺穿公司面纱"规则的司法适用原理[①]

根据《公司法》第二十条的规定,公司股东不得滥用公司法人地位和股东有限责任损害公司债权人的利益;滥用公司法人独立地位和股东有限责任,逃避债务,严重损害公司债权人利益的,应当对公司债务承担连带责任。此即"刺穿公司面纱"规则,是特定法律事实下否定法人独立人格和股东有限责任,让股东对公司债务承担无限连带责任的制度。股东的清偿责任是第三人侵害债权而发生的侵权赔偿责任,侵权损害赔偿责任构成是适用"刺穿公司面纱"规则的内在原理。

一、股东责任的本质是第三人侵害债权产生的侵权责任

公司债权人直接向股东要求清偿债务,实质是在公司债权人与股东之间发生债务关系。而债务关系的发生,无非基于合同、侵权、无因管理、不当得利。合同需要约定且严守相对性,公司债权人与股东显然没有合同约定;侵权、无因管理、不当得利,均需要法律明确规定,无因管理和不当得利规则也没有适用于调整公司债权人和股东之间关系的空间。将"刺穿公司面纱"这一舶来品在我国法律体系中解构,其逻辑上应当对应为侵权责任。由于股东是公司债权人和公司这一债之关系相对方的第三人,此种侵权责任应认定为第三人侵害债权产生的损害赔偿责任。

"刺穿公司面纱"的法律事实应具备五个方面的构成要素:第一,股东是公司债权人与公司这一债之关系以外的第三人,是侵权行为人和加害人;第二,有股东加害债权的行为存在,可进行类型化提炼;第三,损害后果是公司财产不足,导致被侵害的债权不能得到完全清偿;第四,股东实施加害债权行为的主观过错系基于故意,过失不构成"刺穿公司面纱"的主观要件,这既是公司法第二十条明文规定为"滥用"的题中之义,也是不同于传统侵权责任构成之处;第五,股东的加害行为与债

[①] 作者:范京川;作者单位:重庆市万州区人民法院。

权不能得到清偿的损害结果之间存在因果关系，有别于因市场环境变化、经营管理不善等导致的债权不能受偿情形。

二、股东加害债权行为的类型化梳理

法律有关股东加害债权行为的规定较为原则，且实践中的加害行为形式多样、动态模糊，增加了认定难度。根据法律、司法解释相关规定，股东对公司债务直接承担清偿责任的有21种具体情形。结合公司法理论，这21种情形可以类型化为股东过度控制和关联交易、股东行为导致公司资本不足、股东存在欺诈不诚信、股东违反公司治理涉外程序等4种。

一是股东过度控制和关联交易。如果股东控制、操纵公司达到一定程度，以至于公司不再独立形成意思表示并实施公司行为，公司已经丧失了独立人格，形骸化为股东的工具。此时，股东控制、操纵公司就属于"滥用公司法人独立地位"的加害债权行为。财产、业务、账目、人员、住所、管理等难以区分、相互交织是识别人格混同的重要标志，而财产混同是核心标志。母子公司之间或子公司之间利益相互输送，进行关联交易，通常也伴随人格混同，应认定为加害债权行为。

二是股东行为导致公司资本不足。资本是信用的基础，公司资本充足与否直接关系到公司的债务清偿能力。股东虚假出资、出资不足、抽逃出资、协助抽逃出资、未履行出资义务即转让股权、受让未缴出资股权、出资加速到期、违法减资、违法分配公司利润、转移公司财产等均会导致公司资本不足，可认定为滥用股东有限责任的股东加害债权行为。

三是股东存在欺诈及不诚信。股东对公司经过合法程序清偿完外部债务后的剩余财产享有分配权。是股东以不合理低价转让公司财产、编造不存在的债务与他人恶意串通虚增公司债务、在公司解散后恶意处置公司财产、徇私舞弊侵占公司财产、提供虚假清算报告骗取公司注销登记、隐瞒重要事实报送清算报告等欺诈及不诚信行为损害债权人利益，应认定为股东的加害行为。股东的欺诈、恶意串通构成主观上的故意，成为可归责性的主观要素。

四是股东违反公司治理涉外程序。法律基于独立财产赋予人格的公司，其设立、存续、消亡，法定代表人、股东会、董事会、监事会等公司机关的产生、运行、议事规则均应严格遵循有关法律法规、公司章程等公司治理的程序规范。在涉及外部债权人利益的公司治理程序上，主要依据是公司法及相关行政法规的强制性规范，主要表现在公司解散、清算等公司行为应严格按照相关规范进行。股东未在法定期限内进行清算、未经清算即注销登记、怠于履行义务导致无法清算、自行清算未依法通知和公告、执行未经确认的清算方案等，是股东违反公司治理涉外程序，属于导致债权人难以实现债权的加害行为。

三、责任构成其他要件的司法审查

一是严格限定责任主体。在公司股东人数为复数时，只有实施了加害债权行为并且满足其他要件的股东才对公司债务承担连带清偿责任，其他股东仍然受到有限责任的保护，不应被牵连。

二是注重综合考量。在类型化检视加害债权行为时，还需要对各种相互重叠的因素进行综合考量，仅仅单一的因素很难构成"刺穿公司面纱"的充分理由。例如，过度控制中的人格混同识别，财产混同是核心标志，若财产界限清楚，账务划分清楚，即使人员、业务、场所混同，仍然不能刺穿。

三是责任形式多样。"刺穿公司面纱"后股东直接承担责任的法律后果是损害赔偿，形式不仅包括直接赔偿，还包括连带清偿、补充赔偿。根据体系解释方法，公司法司法解释、民事执行变更追加当事人规定等法律依据在于公司法第二十条，而公司法第二十条可溯源于侵权法。从这个角度，实务中一些要求股东直接承担责任的疑难复杂新类型案件，能有一些新的突破口。

笔者认为，争议主要是体现在出资的合理性上，法律很难对上述案例中的情形进行"一刀切"式地确定标准，虽然张三出资金额比较小，但大强公司的经营规模与出资能力并不见得小，出资额并不必然影响接受出资公司对外投资的能力，现实当中不乏这类"低调"的公司存在。法律很难基于各类风险与保护"弱者"的考虑，做出非常多的硬性标准与限制、责任追究机制，无论多么美好的法律制度，市场适用时仍会存在"鱼龙混杂"现象，更要学会保护自己，合理运用法律，而不是指望法律的"呵护"。不过，在某些个案中，基于法律事实的认定，不排除可以利用此条款对某个案件"刺破面纱"，从而适当地保护债权人、其他投资股东的权益。

《最高人民法院关于印发〈全国法院民商事审判工作会议纪要〉的通知》（法〔2019〕254号）曾提出：

> 12.【资本显著不足】资本显著不足指的是，公司设立后在经营过程中，股东实际投入公司的资本数额与公司经营所隐含的风险相比明显不匹配。股东利用较少资本从事力所不及的经营，表明其没有从事公司经营的诚意，实质是恶意利用公司独立人格和股东有限责任把投资风险转嫁给债权人。由于资本显著不足的判断标准有很大的模糊性，特别是要与公司采取"以小博大"的正常经营方式相区分，因此在适用时要十分谨慎，应当与其他因素结合起来综合判断。

山东省高级人民法院曾提出这样的意见（摘录）：实践中，若公司已通过企业信息公示平台等方式，如实将其财产状况向债权人披露，债权人仍决定与该公司从事该交易的，即使存在公司资本显著不足的情形，亦不能以此为由要求股东对公司债务承担责任。

北京市高级人民法院在案号（2021）京民终854号的判决书中对于上诉人就"资本显著不足"事由未予认可，驳回了上诉。在当前的情形下，若从财税的角度"四两拨千斤"，似乎这类结构模式有其合理的价值空间，但凡事不要太极端化，毕竟创业经营，重在长久，而非一时。

1.5 小股东权益维护措施升级

记得多年前，笔者曾接触过某知名企业，因当时在某地开发业务，与当地的合作伙伴成立了一家有限责任公司，对方占股90%，该企业占股10%，后上级主管机关要求清理"僵尸企业"，从而涉及这家有限责任公司股权的处理。但没有办法，该知名企业一直退不出来，对方也是想"大树底下好乘凉"，拖着不办理，正当渠道下，属实无奈。还有的风险投资基金，看了不少的种子项目，跟投了不少创业型小公司，但成功的概率并不是很高，"烂尾"的项目比较多，此时想从所投资的项目退出来，奈何有的被投资人也不情愿，还想借基金的名号做业务宣传。对于类似的情形，笔者也曾与律师伙伴进行了一些研究与协助处理，本来很正常的事，因为退出机制缺乏有效的法律规范，从而引起争议甚至"反目"，比较多发。

新《公司法》对于小股东权益的维护，作了一些新的调整，比如在查账权、知情权上，给出了更有利的规范。如下面的规定：

> 第五十七条　股东有权查阅、复制公司章程、股东名册、股东会会议记录、董事会会议决议、监事会会议决议和财务会计报告。
>
> 股东可以要求查阅公司会计账簿、会计凭证。股东要求查阅公司会计账簿、会计凭证的，应当向公司提出书面请求，说明目的。公司有合理根据认为股东查阅会计账簿、会计凭证有不正当目的，可能损害公司合法利益的，可以拒绝提供查阅，并应当自股东提出书面请求之日起十五日内书面答复股东并说明理由。公司拒绝提供查阅的，股东可以向人民法院提起诉讼。
>
> 股东查阅前款规定的材料，可以委托会计师事务所、律师事务所等中介机构进行。
>
> 股东及其委托的会计师事务所、律师事务所等中介机构查阅、复制有关材料，应当遵守有关保护国家秘密、商业秘密、个人隐私、个人信息等法律、行政法规的规定。
>
> 股东要求查阅、复制公司全资子公司相关材料的，适用前四款的规定。

知情权确实是一个重要的权益事项，现实当中，无论是经济向好，还是经济下行的时候,利益纠纷都是长期存在的,好的时候是"亲兄弟",不好的时候反目成仇,此类商业纷争的诉讼事件是比较多见的,有的时候还夹杂着其中一方向税务机关、社保机构、市场监督管理机关的举报行为,甚至以另一方涉嫌虚开发票、侵占公司财产、行贿、欺诈等刑事犯罪事项向公安机关进行举报。由于风险的不可预期性,更说明了合规经营的重要性。

在《公司法》的发展过程当中,这一事项是不断完善的,既要考虑公司法人的独立性,还要保护中小股东的股东权益(见表1-10)。

表1-10 《公司法》1993年版与2005年版差异

《公司法》不同年度版本	规定	备注
1993年	第三十二条 股东有权查阅股东会会议记录和公司财务会计报告	比较简单
2005年(2018年改为第三十三条,内容一致)	第三十四条 股东有权查阅、复制公司章程、股东会会议记录、董事会会议决议、监事会会议决议和财务会计报告 股东可以要求查阅公司会计账簿。股东要求查阅公司会计账簿的,应当向公司提出书面请求,说明目的。公司有合理根据认为股东查阅会计账簿有不正当目的,可能损害公司合法利益的,可以拒绝提供查阅,并应当自股东提出书面请求之日起十五日内书面答复股东并说明理由。公司拒绝提供查阅的,股东可以请求人民法院要求公司提供查阅	增加了可查阅的内容,但只查账簿,不能明确可查记账凭证、原始凭证,往往只能是"一头雾水",看到了但看不透

本次修订,进一步增加了股东的知情权,特别是有权查阅会计凭证,但也增加了保密义务,每一次的修改或修订,是源于司法实践的推动,是理论的升华。在这里,有人可能提出:"会计凭证,是记账凭证还是原始凭证,或是全部?"对于接触财税事项较少的读者,可能会有疑惑。我国《会计法》其实规定得很清楚了:

第十四条 会计凭证包括原始凭证和记账凭证。

办理本法第十条所列的经济业务事项,必须填制或者取得原始凭证并及时送交会计机构。

会计机构、会计人员必须按照国家统一的会计制度的规定对原始凭证进行审核，对不真实、不合法的原始凭证有权不予接受，并向单位负责人报告；对记载不准确、不完整的原始凭证予以退回，并要求按照国家统一的会计制度的规定更正、补充。

原始凭证记载的各项内容均不得涂改，原始凭证有错误的，应当由出具单位重开或者更正，更正处应当加盖出具单位印章，原始凭证金额有错误的，应当由出具单位重开，不得在原始凭证上更正。

记账凭证应当根据经过审核的原始凭证及有关资料编制。

规定中也清晰地列明了对不同事项的查阅权与复制权是不同的，新《公司法》第五十七条规定，对于会计凭证有查阅权但未明确复制权，在现实当中也可能存在一些复杂多样的财务核算情况，比如有的公司是纸质账，还有的公司是电子账，其原始凭证的管理方式、附贴方式是存在差异的，但纸质与电子只是媒介的不同，不影响凭证的性质。有的记账凭证就是一张纸，后面的附加资料如合同另行由销售部门保管，财务部门不进行直接附加或复制附加为附件，一个"好会计"可以将公司所有的事项都核算得很完整清楚。虽然对于原始凭证的理解，只有一个原则性的框架范围，并没有严谨的计量标准，但至少可以看到更多的知情信息了，这些信息都更为有价值。另外，有的单位或许存在"两套账"，要是只提供"外账"，信息是不完整的，反而可能进入知情"误区"，我国《会计法》明确规定不得伪造、变造会计凭证、会计账簿及其他会计资料，不得提供虚假的财务会计报告，如果发现这样的情形，是完全可以采取正当的手段来处罚的。在一般的企业里，银行流水、收款去向往往是比较重要的，结合供应商、客户的类型（如是个人还是公司），进行一些相应的关注、核对与验证，往往是会发现漏洞的。

【例1-5】张三是从事餐饮经营的老板，开发的系列菜品比较受欢迎，于是张三计划进行连锁扩展，于是找到一些有资金实力的朋友，提出来让对方投资入股一起经营的想法。有几位朋友比较感兴趣，但也担心有投资风险，于是张三与对方签订"合作协议"。在实际登记时，张三将新开的饭店登记为一人有限公司，即自己一个股东，朋友投资的资金作为借款入账处理，这种情形下，张三的朋友有查账权吗？

分析：首先在主体上，与张三合作的朋友不是法定意义上的股东，自然无法启用《公司法》的查阅权，而在此之前，需要先确定双方的合作关系是融资还是代经营分成，或者与张三合作的朋友就是想作为一名法定意义上的股东，但在操作中却没有登记成为股东，此时就需要先解决股东身份之争，有了定论之后，才能确定比如是否涉及张三代持、股权回归的认定。在实践中，还有一些名股实债的投资合作方式，这种情形下，尽管有名义上的查阅权，但仍需要结合公司章程的约定，来看投资人的参与方式、利益回报方式等整体评价。

如果小股东想退出了，此时有两种方式：一是减资，但是减资考虑的因素比较多，还需要进行公告或告知债权人，可能对公司的声誉也有影响，现实当中，以减资方式退出并不是主流方式；二是股权转让，在股权转让上，我们做一下内容梳理（见表1-11）。

表1-11　　　　　　　　　股权转让

有限公司股权转让	说明	备注
向当前股东转让	股东间可相互转让（自由权）	章程有特别约定的除外，理论上公司章程可以规定更严格或相对宽松的约定，但也不能实质性地剥夺股东转让股权（包括对外转让）的权利
向股东以外的人转让	先通知其他股东，其他股东在同等条件下有优先购买权[①]	同上

---

① 《公司法》第八十四条规定，有限责任公司的股东之间可以相互转让其全部或者部分股权。

股东向股东以外的人转让股权的，应当将股权转让的数量、价格、支付方式和期限等事项书面通知其他股东，其他股东在同等条件下有优先购买权。股东自接到书面通知之日起三十日内未答复的，视为放弃优先购买权。两个以上股东行使优先购买权的，协商确定各自的购买比例；协商不成的，按照转让时各自的出资比例行使优先购买权。

公司章程对股权转让另有规定的，从其规定。

第八十五条规定，人民法院依照法律规定的强制执行程序转让股东的股权时，应当通知公司及全体股东，其他股东在同等条件下有优先购买权。其他股东自人民法院通知之日起满二十日不行使优先购买权的，视为放弃优先购买权。

续表

有限公司股权转让	说明	备注
要求公司回购	《公司法》规定了可以要求公司回购股权的权利①	此为股东法定权利，不受章程限制

大家都知道，上市公司的股票（属于股权的一个载体）可以在交易所自由转让，对于不能转让的情形，一般是因为诸如限售期等限制，股份有限公司更多考虑资合，除章程特别约定外，对股东变化不作相应限制。有限公司却不一样，它是重要的人合加资合的合作投资关系，股东之间的"默契"是稳定性与信任度的重要基础，适当地限制对外的股权转让，也是考虑了这一因素。新《公司法》对于有限责任公司股东对外转让股权的一个重大变化是放弃了过去的"同意+优先购买权"的两重限制，而只采用了"优先购买权"的一重限制，但其实质效果是一样的，如此反而减少了不必要的程序成本与更多可能存在的争议。

有时候，人性的贪婪、信息的不对称、技术规则的漏洞，以及在经济大潮中的多种风险的存在，都可能对一个公司及公司的股东们带来重大的影响，而相关股东个体的情势变化，也可能对持续的合作带来影响，比如涉及债务问题股权被冻结、司法处置，或者因个人兴趣发生变化需要退出公司，所以有一套完善的事前确认的机制是很重要的，不然每个人都可能认为自己是吃亏的，以致最后的"反目成仇"。

---

① 《公司法》第八十九条规定，有下列情形之一的，对股东会该项决议投反对票的股东可以请求公司按照合理的价格收购其股权：

（一）公司连续五年不向股东分配利润，而公司该五年连续盈利，并且符合本法规定的分配利润条件；

（二）公司合并、分立、转让主要财产；

（三）公司章程规定的营业期限届满或者章程规定的其他解散事由出现，股东会通过决议修改章程使公司存续。

自股东会决议作出之日起六十日内，股东与公司不能达成股权收购协议的，股东可以自股东会决议作出之日起九十日内向人民法院提起诉讼。

公司的控股股东滥用股东权利，严重损害公司或者其他股东利益的，其他股东有权请求公司按照合理的价格收购其股权。

公司因本条第一款、第三款规定的情形收购的本公司股权，应当在六个月内依法转让或者注销。

1.6 关于自然人一人有限公司数量限制的取消

在我们已形成的长期固有认识中，一个自然人只能设立一个一人有限责任公司，其出发点是基于债权人权益的保护，原《公司法》规定：一个自然人只能投资设立一个一人有限责任公司。该一人有限责任公司不能投资设立新的一人有限责任公司。但旧法并不限制以多人出资的公司再行出资设立一人有限公司的数量。因此，其限制规则似乎很容易被"破解"，其实这种规则的突破，一方面是受制于成文法本身的立法技术限制，另一方面，情形的复杂性确实也难以在法条中一一穷尽列举。上面我们提到，虽然《合伙企业法》规定了普通合伙人对于合伙企业债务承担无限连带责任的法定义务，但通过有限公司作为介质主体的植入，在形式上也达到了"隔离无限责任"的功能。尽管我们有时在考虑问题、处理问题时，会提到要"穿透"看问题，实质重于形式的原则，但这样的认定是不具有普适性的，而且往往需要行政、司法机关的介入判断，在经济业态中，多数情形下还是难以轻易否定这样的安排的。

自然人可以出资设立多样的商事主体，进行商业活动，如表1-12所示。

表1-12　　　　　　　　自然人出资设立多样商事主体

商事主体	一个自然人可以设立的数量	责任关联	纳税方式
个体工商户	理论上不限制，之前核定计税多的时候，此类需求比较强烈	无限连带责任	经营所得个人所得税
个人独资企业	同上	同上	同上
合伙企业	不限制，需二人及以上	区分无限与有限合伙人	同上
有限公司	新《公司法》不再限制	有限责任，同时规定只有一个股东的公司，股东不能证明公司财产独立于股东自己的财产的，应当对公司债务承担连带责任	公司缴纳企业所得税，分配利润时按20%计缴个人所得税

当个体工商户、个人独资企业、合伙企业以经营所得核定方式计缴个人

所得税的操作被严格监管之后,这些商事主体不再得到过去那样的"青睐",也没有"井喷式"的注册量了。尽管有着承担无限连带责任的风险,但在过去十余年来,受税收利益驱动,这些商事主体在市场经营活动中频繁地出现,有既得利益者,也有一些因为不合规的操作,比如虚假核定等,而面临被税务机关追缴税款的问题,还要加收滞纳金甚至处以罚款,实在得不偿失。所以,对于税收风险的预判,建议企业老板们更加谨慎,以不违法为底线,而不是习惯跟着某些中介机构宣传的"潜规则"来拍板。如果以查账方式来征收经营所得的个人所得税,其应税所得的税率表如表1-13所示。

表1-13　　　　　　　经营所得个人所得税税率表

级数	全年应纳税所得额	税率	速算扣除数
1	不超过30 000元的	5%	0
2	超过30 000元至90 000元的部分	10%	1 500
3	超过90 000元至300 000元的部分	20%	10 500
4	超过300 000元至500 000元的部分	30%	40 500
5	超过500 000元的部分	35%	65 500

经营所得以每一纳税年度的收入总额减除成本、费用以及损失后的余额,为应纳税所得额,对于最高35%的适用税率级距,一些经营者往往很"心疼",但有一点大家需要清楚,税后所得是属于经营者个人的合法所得,可以合法地放在自己的腰包里用了,是可以说得清楚的合法财产。

一些经营者认为自己挣的钱,还是要继续进行投资的,这时,对于多数小企业来讲,可能转为设立有限责任公司比较合适一些。设立公司,先要确定谁来当股东,选择的空间非常大。比如有的经营者对用自己的名字有所顾虑,改由其父母之一来当股东,这当然是可行的,因为《公司法》并没有限制股东的年龄,也不要求其具备从业能力,更没有要求股东一定要自己来经营公司,基于此,设立公司谁当股东是相对自由的。上面我们也有提到,一个公司存在多个股东,特别是朋友之间,成立的时候想象很美好,但很多时候并不一定如愿，朋友之间的关系也极可能受到影响，正是因为有此方面的顾虑，很多人考虑与家人一起，或单独由自己或家人来当股东设立公司。在创业初期，由于经营风险的天然存在，不建议自己与家人一起来当股东，反而可能带来一些不确定性的风险。但在现实当中，也有的经营者因为有信用方面的问题产生一些受限事项，可能会找员工或者员工的父母，甚至去找在校的大学生来当股东、法定代表人。笔者认为，彼此一定要知道可能存在的风险，比如是否有代持关系的证明存在，公司的业务是否可能存偷逃税款、虚开发票的风险，从而保障各方利益，以免惹火上身。

【例1-6】张三原来是以个体户形式进行服装销售，当时某地给予了核定经营所得的个税计缴方式，核定所得率是10%，张三一年的收入是300万元左右，现在没有核定了，张三一算账，如果销售收入是300万元，利润在60%的水平，若只考虑税收计量因素，张三是用个体工商户继续做划算，还是设立公司呢？

分析：两种设立方式下的计税过程如表1-14所示。

表1-14　　　　　　　　两种设立方式计税过程

主体方式	计税	说明
个体工商户（查账）	180×35%-6.55=56.45（万元） 减半优惠征收①56.45÷2=28.23（万元）	享受时段优惠政策，执行到2027年12月31日

---

① 《国家税务总局关于进一步落实支持个体工商户发展个人所得税优惠政策有关事项的公告》（国家税务总局公告2023年第12号）规定：

一、对个体工商户年应纳税所得额不超过200万元的部分，减半征收个人所得税。个体工商户在享受现行其他个人所得税优惠政策的基础上，可叠加享受本条优惠政策。个体工商户不区分征收方式，均可享受。

二、个体工商户在预缴税款时即可享受，其年应纳税所得额暂按截至本期申报所属期末的情况进行判断，并在年度汇算清缴时按年计算、多退少补。若个体工商户从两处以上取得经营所得，需在办理年度汇总纳税申报时，合并个体工商户经营所得年应纳税所得额，重新计算减免税额，多退少补。

三、个体工商户按照以下方法计算减免税额：

减免税额=（经营所得应纳税所得额不超过200万元部分的应纳税额-其他政策减免税额×经营所得应纳税所得额不超过200万元部分÷经营所得应纳税所得额）×50%

续表

主体方式	计税	说明
有限公司	享受小型微利企业[①]所得税=180×5%=9（万元） 若进行分红，则个人所得税=171×20%=34.2（万元）	享受小型微利优惠下有利，执行至2027年12月31日；若暂时不进行分配，可以继续投入经营，此时不需要计缴个人所得税

个体工商户与公司的计税逻辑是不一样的，个体工商户按经营所得计缴个人所得税，计税后为个人税后所得，所得适用的税率最高为35%，而公司平时需要计缴企业所得税，决议分红时个人股东才需要计缴个人所得税。从持续经营的角度，当公司计缴的企业所得税税负低于个体工商户的税负时，股东更在意当下的利益得失。至于钱是不是分到个人名下，不是那么重要了，在这一点上，选择公司作为经营主体有其独有的价值。平时，个人股东也可在公司履职取得薪酬，能满足基本的生活之需，个人薪酬所得的税负也易于调整。

依据当前的税收优惠政策，当满足小型微利企业所得税优惠时，税负为5%，若一家公司的年应纳税所得额超过300万元时，就不满足小型微利企业优惠条件了。当需要全额按25%（若无其他优惠政策）计税，再考虑个税成本，整体税负比较高，不如选择个体工商户，这也是可行的。但两者之间的不同，在商事主体的品牌上，笔者认为公司的名号比个体工商户更为正式，当下，单位与个体工商户进行业务合作，税收风险关注度比较高。笔者发现，某些大量成立个体工商户的招商园区，涉

---

① 对小型微利企业减按25%计算应纳税所得额，按20%的税率缴纳企业所得税政策，延续执行至2027年12月31日。

小型微利企业，是指从事国家非限制和禁止行业，且同时符合年度应纳税所得额不超过300万元、从业人数不超过300人、资产总额不超过5 000万元等三个条件的企业。

从业人数，包括与企业建立劳动关系的职工人数和企业接受的劳务派遣用工人数。所称从业人数和资产总额指标，应按企业全年的季度平均值确定。具体计算公式如下：

季度平均值=（季初值+季末值）÷2

全年季度平均值=全年各季度平均值之和÷4

年度中间开业或者终止经营活动的，以其实际经营期作为一个纳税年度确定上述相关指标。

及虚开发票与逃避税的问题，受票方受关注的风险高；而且有限责任的公司独立法人性质，较个体工商户也有风险隔离的积极意义。新《公司法》实施之后，笔者也曾有遇到企业主咨询："既然一个自然人下不限制一人有限责任公司的数量了，我能否个人多成立几家公司，这样每个公司独立纳税，分散了收入额与利润，每家都满足小型微利企业的优惠，是不是就完美了？"笔者认为，在真实性、合理性的基础之上，业务成本与结算划分明确，没有严格限制一个人不能设立多个公司。需要提醒的是，一些经营者及其会计往往核算过程中自己就乱了，也懒得分了，搞成了一套糊涂账，如果被认为是故意拆分收入，是可能被认定为偷逃税行为的。所以一定要结合商业合理性与商业流程，多花一些人力成本，做实、做细、账实对应、票据结算真实，这是最基本的要求。

1.7　财务负责人的法律责任升级

曾有老板说："管好公司的钱，是掌握公司大权的主要表现！"作为账房先生，财务负责人一是要有定力，即控制贪念；二是要有专业能力，公司越大就越重要。对于绝大部分小公司而言，其实没有太多的监管、考核要求，记个流水账，把钱管好，定期报税，就是其主要职责了。

《公司法》明确财务负责人是公司高管人员，有人说："《公司法》中的财务负责人是指谁？"是不是必须得有任命、有正式的头衔才算呢？对于上市公司或挂牌公司，一般会有正式的人员职责确定，对于民营的有限责任公司[①]，往往制度规范不是那么清楚，甚至老板的一句话就任命了财务负责人。同时，在现实当中，一般在公司注册成立时，要求填写财务负责人的名字，此时可由法定代表人兼任。同时，在电子税务局填报信息中，也要求填写财务负责人的名字。如果某自然人明确其职责为财务负责人，就非常有必要了

---

①《公司法》第六十七条规定：有限责任公司设董事会，本法第七十五条另有规定的除外。董事会行使下列职权：……（八）决定聘任或者解聘公司经理及其报酬事项，并根据经理的提名决定聘任或者解聘公司副经理、财务负责人及其报酬事项……

解新《公司法》对财务负责人作为高级管理人员的相关法律责任规定，比如表1-15所示的这些事项。

表1-15　　　　　　　　　财务负责人的相关法律责任规定

概述	规定
利用关联关系损害公司利益	第二十二条　公司的控股股东、实际控制人、董事、监事、高级管理人员不得利用关联关系损害公司利益 违反前款规定，给公司造成损失的，应当承担赔偿责任
抽逃出资	第五十三条　公司成立后，股东不得抽逃出资 违反前款规定的，股东应当返还抽逃的出资；给公司造成损失的，负有责任的董事、监事、高级管理人员应当与该股东承担连带赔偿责任
为他人取得本公司或其母公司股份提供财务资助	第一百六十三条　公司不得为他人取得本公司或者其母公司的股份提供赠与、借款、担保以及其他财务资助，公司实施员工持股计划的除外 为公司利益，经股东会决议，或者董事会按照公司章程或者股东会的授权作出决议，公司可以为他人取得本公司或者其母公司的股份提供财务资助，但财务资助的累计总额不得超过已发行股本总额的百分之十。董事会作出决议应当经全体董事的三分之二以上通过 违反前两款规定，给公司造成损失的，负有责任的董事、监事、高级管理人员应当承担赔偿责任
违反规定给公司、他人造成损失	第一百八十八条　董事、监事、高级管理人员执行职务违反法律、行政法规或者公司章程的规定，给公司造成损失的，应当承担赔偿责任 第一百九十条　董事、高级管理人员违反法律、行政法规或者公司章程的规定，损害股东利益的，股东可以向人民法院提起诉讼 第一百九十一条　董事、高级管理人员执行职务，给他人造成损害的，公司应当承担赔偿责任；董事、高级管理人员存在故意或者重大过失的，也应当承担赔偿责任
违反规定分红	第二百一十一条　公司违反本法规定向股东分配利润的，股东应当将违反规定分配的利润退还公司；给公司造成损失的，股东及负有责任的董事、监事、高级管理人员应当承担赔偿责任
违反规定减少注册资本	第二百二十六条　违反本法规定减少注册资本的，股东应当退还其收到的资金，减免股东出资的应当恢复原状；给公司造成损失的，股东及负有责任的董事、监事、高级管理人员应当承担赔偿责任

新《公司法》在法律责任一章，对相关的责任追究机制进行了规范：

第二百五十条　违反本法规定，虚报注册资本、提交虚假材料或者采取其他欺诈手段隐瞒重要事实取得公司登记的，由公司登记机关责令改正，对虚报注册资本的公司，处以虚报注册资本金额百分之五以上百分之十五以下的罚款；对提交虚假材料或者采取其他欺诈手段隐瞒重要事实的公司，处以五万元以上二百万元以下的罚款；情节严重的，吊销营业执照；对直接负责的主管人员和其他直接责任人员处以三万元以上三十万元以下的罚款。

第二百五十一条　公司未依照本法第四十条规定公示有关信息或者不如实公示有关信息的，由公司登记机关责令改正，可以处以一万元以上五万元以下的罚款。情节严重的，处以五万元以上二十万元以下的罚款；对直接负责的主管人员和其他直接责任人员处以一万元以上十万元以下的罚款。

第二百五十二条　公司的发起人、股东虚假出资，未交付或者未按期交付作为出资的货币或者非货币财产的，由公司登记机关责令改正，可以处以五万元以上二十万元以下的罚款；情节严重的，处以虚假出资或者未出资金额百分之五以上百分之十五以下的罚款；对直接负责的主管人员和其他直接责任人员处以一万元以上十万元以下的罚款。

第二百五十三条　公司的发起人、股东在公司成立后，抽逃其出资的，由公司登记机关责令改正，处以所抽逃出资金额百分之五以上百分之十五以下的罚款；对直接负责的主管人员和其他直接责任人员处以三万元以上三十万元以下的罚款。

第二百五十四条　有下列行为之一的，由县级以上人民政府财政部门依照《中华人民共和国会计法》等法律、行政法规的规定处罚：

（一）在法定的会计账簿以外另立会计账簿；

（二）提供存在虚假记载或者隐瞒重要事实的财务会计报告。

第二百五十五条　公司在合并、分立、减少注册资本或者进行清算时，不依照本法规定通知或者公告债权人的，由公司登记机关责令改正，对公司处以一万元以上十万元以下的罚款。

第二百五十六条　公司在进行清算时，隐匿财产，对资产负债表或者财产清单作虚假记载，或者在未清偿债务前分配公司财产的，由公司登记机关责令改正，对公司处以隐匿财产或者未清偿债务前分配公司财产金额百分之五以上百分之十以下的罚款；对直接负责的主管人员和其他直接责任人员处以一万元以上十万元以下的罚款。

纵然有上面列举的这些与财务负责人相关的经济赔偿事项，但就笔者观察来看，所列举的事项中，财务负责人的工作多是被动的，老板多为"一言堂"，在这类情形下，如果财务负责人没有主动地参与、配合，相应的赔偿责任多是可控的。但也有这样的情形，比如在对外采购中，有的财务负责人或可能存在一些利益输送的问题，如果把关不严，也可能给公司的利益带来损害。不过现实当中，与财务负责人责任相关度比较大的是协助公司偷逃税款、虚开发票的问题，如内外"两套账"不如实纳税，为老板或公司高管节税取得不合规的发票，甚至有销毁账簿的情形，这些方面就会涉及刑事责任的问题了，屡有财务负责人因发票违法犯罪而受到刑事审判。《公司法》明确规定，违反该法规定，构成犯罪的，依法追究刑事责任。《刑法》中有专门一节对此进行相应规定：

第三节 妨害对公司、企业的管理秩序罪

第一百五十八条 【虚报注册资本罪】申请公司登记使用虚假证明文件或者采取其他欺诈手段虚报注册资本，欺骗公司登记主管部门，取得公司登记，虚报注册资本数额巨大、后果严重或者有其他严重情节的，处三年以下有期徒刑或者拘役，并处或者单处虚报注册资本金额百分之一以上百分之五以下罚金。

单位犯前款罪的，对单位判处罚金，并对其直接负责的主管人员和其他直接责任人员，处三年以下有期徒刑或者拘役。

第一百五十九条 【虚假出资、抽逃出资罪】公司发起人、股东违反公司法的规定未交付货币、实物或者未转移财产权，虚假出资，或者在公司成立后又抽逃其出资，数额巨大、后果严重或者有其他严重情节的，处五年以下有期徒刑或者拘役，并处或者单处虚假出资金额或者抽逃出资金额百分之二以上百分之十以下罚金。

单位犯前款罪的，对单位判处罚金，并对其直接负责的主管人员和其他直接责任人员，处五年以下有期徒刑或者拘役。

第一百六十条　【欺诈发行证券罪】在招股说明书、认股书、公司、企业债券募集办法等发行文件中隐瞒重要事实或者编造重大虚假内容，发行股票或者公司、企业债券、存托凭证或者国务院依法认定的其他证券，数额巨大、后果严重或者有其他严重情节的，处五年以下有期徒刑或者拘役，并处或者单处罚金；数额特别巨大、后果特别严重或者有其他特别严重情节的，处五年以上有期徒刑，并处罚金。

控股股东、实际控制人组织、指使实施前款行为的，处五年以下有期徒刑或者拘役，并处或者单处非法募集资金金额百分之二十以上一倍以下罚金；数额特别巨大、后果特别严重或者有其他特别严重情节的，处五年以上有期徒刑，并处非法募集资金金额百分之二十以上一倍以下罚金。

单位犯前两款罪的，对单位判处非法募集资金金额百分之二十以上一倍以下罚金，并对其直接负责的主管人员和其他直接责任人员，依照第一款的规定处罚。

第一百六十一条　【违规披露、不披露重要信息罪】依法负有信息披露义务的公司、企业向股东和社会公众提供虚假的或者隐瞒重要事实的财务会计报告，或者对依法应当披露的其他重要信息不按照规定披露，严重损害股东或者其他人利益，或者有其他严重情节的，对其直接负责的主管人员和其他直接责任人员，处五年以下有期徒刑或者拘役，并处或者单处罚金；情节特别严重的，处五年以上十年以下有期徒刑，并处罚金。

前款规定的公司、企业的控股股东、实际控制人实施或者组织、指使实施前款行为的，或者隐瞒相关事项导致前款规定的情形发生的，依照前款的规定处罚。

犯前款罪的控股股东、实际控制人是单位的，对单位判处罚金，并对其直接负责的主管人员和其他直接责任人员，依照第一款的规定处罚。

第一百六十二条 【妨害清算罪】公司、企业进行清算时，隐匿财产，对资产负债表或者财产清单作虚伪记载或者在未清偿债务前分配公司、企业财产，严重损害债权人或者其他人利益的，对其直接负责的主管人员和其他直接责任人员，处五年以下有期徒刑或者拘役，并处或者单处二万元以上二十万元以下罚金。

第一百六十二条之一 【隐匿、故意销毁会计凭证、会计账簿、财务会计报告罪】隐匿或者故意销毁依法应当保存的会计凭证、会计账簿、财务会计报告，情节严重的，处五年以下有期徒刑或者拘役，并处或者单处二万元以上二十万元以下罚金。

单位犯前款罪的，对单位判处罚金，并对其直接负责的主管人员和其他直接责任人员，依照前款的规定处罚。

第一百六十二条之二 【虚假破产罪】公司、企业通过隐匿财产、承担虚构的债务或者以其他方法转移、处分财产，实施虚假破产，严重损害债权人或者其他人利益的，对其直接负责的主管人员和其他直接责任人员，处五年以下有期徒刑或者拘役，并处或者单处二万元以上二十万元以下罚金。

第一百六十三条 【非国家工作人员受贿罪】公司、企业或者其他单位的工作人员，利用职务上的便利，索取他人财物或者非法收受他人财物，为他人谋取利益，数额较大的，处三年以下有期徒刑或者拘役，并处罚金；数额巨大或者有其他严重情节的，处三年以上十年以下有期徒刑，并处罚金；数额特别巨大或者有其他特别严重情节的，处十年以上有期徒刑或者无期徒刑，并处罚金。

公司、企业或者其他单位的工作人员在经济往来中，利用职务上的便利，违反国家规定，收受各种名义的回扣、手续费，归个人所有的，依照前款的规定处罚。

国有公司、企业或者其他国有单位中从事公务的人员和国有公司、企业或者其他国有单位委派到非国有公司、企业以及其他单位从事公务的人员有前两款行为的,依照本法第三百八十五条、第三百八十六条的规定定罪处罚。

第一百六十四条 【对非国家工作人员行贿罪;对外国公职人员、国际公共组织官员行贿罪】为谋取不正当利益,给予公司、企业或者其他单位的工作人员以财物,数额较大的,处三年以下有期徒刑或者拘役,并处罚金;数额巨大的,处三年以上十年以下有期徒刑,并处罚金。

为谋取不正当商业利益,给予外国公职人员或者国际公共组织官员以财物的,依照前款的规定处罚。

单位犯前两款罪的,对单位判处罚金,并对其直接负责的主管人员和其他直接责任人员,依照第一款的规定处罚。

行贿人在被追诉前主动交待行贿行为的,可以减轻处罚或者免除处罚。

第一百六十五条 【非法经营同类营业罪】国有公司、企业的董事、监事、高级管理人员,利用职务便利,自己经营或者为他人经营与其所任职公司、企业同类的营业,获取非法利益,数额巨大的,处三年以下有期徒刑或者拘役,并处或者单处罚金;数额特别巨大的,处三年以上七年以下有期徒刑,并处罚金。

其他公司、企业的董事、监事、高级管理人员违反法律、行政法规规定,实施前款行为,致使公司、企业利益遭受重大损失的,依照前款的规定处罚。

第一百六十六条 【为亲友非法牟利罪】国有公司、企业、事业单位的工作人员,利用职务便利,有下列情形之一,致使国家利益遭受重大损失的,处三年以下有期徒刑或者拘役,并处或者单处罚金;致使国家利益遭受特别重大损失的,处三年以上七年以下有期徒刑,并处罚金:

(一)将本单位的盈利业务交由自己的亲友进行经营的;

(二)以明显高于市场的价格从自己的亲友经营管理的单位采购商品、接受服务或者以明显低于市场的价格向自己的亲友经营管理的单位销售商品、提供服务的;

(三)从自己的亲友经营管理的单位采购、接受不合格商品、服务的。

其他公司、企业的工作人员违反法律、行政法规规定，实施前款行为，致使公司、企业利益遭受重大损失的，依照前款的规定处罚。

第一百六十七条 【签订、履行合同失职被骗罪】国有公司、企业、事业单位直接负责的主管人员，在签订、履行合同过程中，因严重不负责任被诈骗，致使国家利益遭受重大损失的，处三年以下有期徒刑或者拘役；致使国家利益遭受特别重大损失的，处三年以上七年以下有期徒刑。

第一百六十八条 【国有公司、企业、事业单位人员失职罪；国有公司、企业、事业单位人员滥用职权罪】国有公司、企业的工作人员，由于严重不负责任或者滥用职权，造成国有公司、企业破产或者严重损失，致使国家利益遭受重大损失的，处三年以下有期徒刑或者拘役；致使国家利益遭受特别重大损失的，处三年以上七年以下有期徒刑。

国有事业单位的工作人员有前款行为，致使国家利益遭受重大损失的，依照前款的规定处罚。

国有公司、企业、事业单位的工作人员，徇私舞弊，犯前两款罪的，依照第一款的规定从重处罚。

第一百六十九条 【徇私舞弊低价折股、出售公司、企业资产罪】国有公司、企业或者其上级主管部门直接负责的主管人员，徇私舞弊，将国有资产低价折股或者低价出售，致使国家利益遭受重大损失的，处三年以下有期徒刑或者拘役；致使国家利益遭受特别重大损失的，处三年以上七年以下有期徒刑。

其他公司、企业直接负责的主管人员，徇私舞弊，将公司、企业资产低价折股或者低价出售，致使公司、企业利益遭受重大损失的，依照前款的规定处罚。

第一百六十九条之一 【背信损害上市公司利益罪】上市公司的董事、监事、高级管理人员违背对公司的忠实义务，利用职务便利，操纵上市公司从事下列行为之一，致使上市公司利益遭受重大损失的，处三年以下有期徒刑或者拘役，并处或者单处罚金；致使上市公司利益遭受特别重大损失的，处三年以上七年以下有期徒刑，并处罚金：

（一）无偿向其他单位或者个人提供资金、商品、服务或者其他资产的；

（二）以明显不公平的条件，提供或者接受资金、商品、服务或者其他资产的；

（三）向明显不具有清偿能力的单位或者个人提供资金、商品、服务或者其他资产的；

（四）为明显不具有清偿能力的单位或者个人提供担保，或者无正当理由为其他单位或者个人提供担保的；

（五）无正当理由放弃债权、承担债务的；

（六）采用其他方式损害上市公司利益的。

上市公司的控股股东或者实际控制人，指使上市公司董事、监事、高级管理人员实施前款行为的，依照前款的规定处罚。

犯前款罪的上市公司的控股股东或者实际控制人是单位的，对单位判处罚金，并对其直接负责的主管人员和其他直接责任人员，依照第一款的规定处罚。

近期，证监会对一些存在财务造假的上市公司进行了严厉的处罚，其中财务负责人往往充当了重要的角色，屡有对财务负责人进行行政处罚的案例发布。《公司法》主要是对公司及其相关人员的制度规范，行政处罚主要体现为罚款、从业限制等；而刑法却是人身罚，其对个人人生的影响，对家庭的连带影响都是比较大的。刑事风险是财务从业人员的"红线"，须牢记在心。

故意销毁会计账簿、财务会计报告罪应以逃避依法查处为入罪前提

——徐某破坏生产经营案[①]

裁判要旨：

隐匿、故意销毁会计凭证、会计账簿、财务会计报告罪系违反国家

[①] 编写人：上海市虹口区人民法院施月玲、孙琳娜，摘自中国上海司法智库微信公众号，2023年7月31日。

市场经济管理法规，妨害的是国家对公司、企业的管理秩序，属于行政犯，故司法实践中不能仅以相关会计凭证、会计账簿、财务会计报告涉及金额是否达到50万元以上作为是否构成该罪的唯一依据，还应以《中华人民共和国会计法》中行政违法的处罚规定为前置依据，即以行为人是否为了逃避有关监督检查部门依法实施的监督检查作为是否构成犯罪的判断标准。

基本案情：

上海市虹口区人民检察院指控称：被告人徐某自2018年12月起兼职为上海A公司负责会计核算工作，并于2019年4月1日正式入职A公司担任财务主管，后负责整个集团有限公司及其下属公司（包括A公司）的会计核算工作。同年9月27日，徐某因对公司不满而提出辞职，至10月31日离职当日，徐某一直未进行财务交接并拒绝交出财务电脑开机密码。此外，徐某还于离职前，将部分财务数据转存至其个人U盘，并将公司财务电脑内存有包括会计账簿、财务会计报告等账套数据在内的硬盘E盘清空，致该公司财务电脑、财务软件无法正常工作。同年11月1日，A公司至公安机关报案，次日，徐某将载有部分财务数据的SD卡（22.70MB）寄回公司。

2020年1月14日，公安人员在本市宝山区真大路被告人徐某住处将其抓获，并在上址查获载有含集团公司及其下属公司财务数据在内的黑色U盘（1.39GB）一个。经会计师事务所有限公司鉴定，SD卡和U盘内财务数据存在差异；有关期间涉及记账凭证584张，记账凭证借方发生额人民币568 367 139.45元（以下币种均为"人民币"），记账凭证贷方发生额568 367 139.45元等。

公诉机关认为，被告人徐某故意销毁依法应当保存的会计账簿、财务会计报告，情节严重，应以故意销毁会计账簿、财务会计报告罪追究刑事责任。提请法院对其定罪处罚。

被告人徐某对起诉书指控的基本事实无异议。

辩护人辩称：被告人徐某破坏的财务文件在电脑中另有备份，被害单位所有的会计凭证、会计账簿、财务会计报告均未被销毁,徐的行为不构成故意销毁会计账簿、财务会计报告罪,但被告人徐某破坏电脑文件后,被害单位因此委托第三方重装电脑、恢复文件造成被害单位生产经营被破坏,系破坏生产经营罪,且情节较轻。

法院经审理查明:被告人徐某自2018年12月起兼职为A公司负责会计核算工作,并于2019年4月1日正式入职A公司担任财务主管,负责集团及其下属公司(包括A公司)的会计工作,使用企业财务管理软件金蝶软件进行财务记账、制作财务账册、财务会计报告等。金蝶软件安装在被告人徐某的办公电脑内,由徐个人负责电脑开机密码。同年9月27日,徐某因对公司不满而提出辞职,10月31日离职,离职时将部分文件拷贝至个人U盘、点击删除办公电脑内包括会计账簿、财务会计报告等文件,未与A公司进行工作交接,亦未交付电脑开机密码后关机离开,致A公司财务系统无法工作,造成A公司直接损失21 600元。

裁判结果:

上海市虹口区人民法院于2021年4月27日作出(2020)沪0109刑初314号刑事判决,被告人徐某犯破坏生产经营罪,判处有期徒刑一年;追缴损失发还被害单位。宣判后,上海市虹口区人民检察院提出抗诉。上海市第二中级人民法院于2022年3月11日作出(2021)沪02刑终595号刑事裁定,驳回抗诉,维持原判。

裁判理由:

法院生效裁判认为:会计凭证、会计账簿、财务会计报告是记录和反映一个单位经济业务的重要资料和证据。隐匿、故意销毁会计凭证、会计账簿、财务会计报告罪违反国家市场经济管理法规,妨害国家对公司、企业的管理秩序,属于行政犯,应以行为人是否为了逃避有关监督检查部门依法实施的监督检查作为是否构成犯罪的判断标准。被告人徐某并非因为A公司被司法机关、行政机关或者有关主管部门进行监督或被要求提供相关会计资料而销毁会计账簿、财务会计报告,而是因和所在单位存在矛盾而为之,故不符合故意销毁会计账簿、财务会计报告罪的构成要件。被告人徐某由于泄愤等个人目的，以其他方法破坏生产经营，其行为已构成破坏生产经营罪。上海市虹口区人民检察院指控被告人徐某破坏生产经营的事实清楚，证据充分，但罪名不当，应予以纠正。

案例注解：

本案在审理过程中，就被告人徐某的行为是否构成犯罪，如果构成犯罪的话应认定何种罪名，存在几种不同的意见：

第一种意见认为，被告人徐某的行为构成故意销毁会计账簿、财务会计报告罪，理由是根据最高人民检察院、公安部《关于公安机关管辖的刑事案件立案追诉标准的规定（二）》（以下简称《追诉标准（二）》）第八条规定："隐匿或者故意销毁依法应当保存的会计凭证、会计账簿、财务会计报告，涉嫌下列情形之一的，应予立案追诉：（一）隐匿、故意销毁的会计凭证、会计账簿、财务会计报告涉及金额在50万元以上的……"本案中被告人徐某故意销毁的会计账簿、财务会计报告涉及金额超过50万元，应构成故意销毁会计账簿、财务会计报告罪。

第二种意见认为，被告人徐某的行为不构成犯罪，应宣告无罪，理由是被告人徐某故意销毁会计账簿、财务会计报告不具备依法应当向司法机关、行政机关、有关主管部门等提供的前提条件，故未侵害该罪的法益，不符合定罪的条件。

第三种意见认为，被告人徐某的行为不构成故意销毁会计账簿、财务会计报告罪，应构成破坏生产经营罪。关于不构成故意销毁会计账簿、财务会计报告罪的理由同第二种意见，但认为被告人徐某因与单位矛盾故意对唯一财务电脑内会计账簿、财务会计报告等文件错误处理，导致公司在生产经营过程中无法正常进行财务工作，造成经济损失，符合破坏生产经营罪的构成要件，应以破坏生产经营罪定罪处罚。

我们同意第三种意见，即被告人徐某的行为不构成故意销毁会计账簿、财务会计报告罪，应构成破坏生产经营罪，理由如下：

一、仅以被告人徐某故意销毁的会计账簿、财务会计报告涉及金额超过50万元，尚未达到认定其构成故意销毁会计账簿、财务会计报告罪

的构成条件

刑法第一百六十二条之一规定的隐匿、故意销毁会计凭证、会计账簿、财务会计报告罪，罪状描述中只是明确会计凭证、会计账簿、财务会计报告属于"依法应当保存"，同时规定"情节严重"为入罪条件，对此2010年《追诉标准（二）》第八条规定了立案追诉的三种情形，其中第一项规定为"隐匿、故意销毁的会计凭证、会计账簿、财务会计报告涉及金额在50万元以上的"，但司法实务中不能仅以相关会计凭证、会计账簿、财务会计报告涉及金额是否在50万元以上作为是否构成该罪的唯一依据，还应以《中华人民共和国会计法》（以下简称《会计法》）中行政违法的处罚规定为前置依据。

首先，本罪是为配合1999年10月31日《会计法》的修订，而由同年12月通过的《刑法修正案》所增设，本罪所保护的法益是国家会计资料的管理制度。显然，本罪属于行政犯的范畴，即只有当对某种违法行为采取行政处罚措施已不足以对相关法益进行保护时，才需要刑法予以调整。具体而言，本罪作为行刑衔接中所常见的一种基本犯罪类型，规定在我国刑法分则第三章"妨害对公司、企业的管理秩序罪"一节中，侵害的法益是国家对公司、企业的财务会计管理秩序，而非公司内部的管理秩序。如果行为侵犯了公司、企业等单位的内部管理秩序，造成单位损失，但没有侵犯国家对单位的财务、会计管理秩序的，不构成本罪，如果构成其他犯罪的，以相关犯罪处罚。

其次，既然本罪是基于保护《会计法》规范目的的国家会计资料管理制度而设立，便决定了本罪刑事违法的判断具有对行政违法依附性的特点。行为是否构成本罪，应当依照《会计法》的相关规定进行前置性判断，只有当行为符合《会计法》的相关禁止性规定时，才能考虑是否构成本罪。具体而言，《会计法》第三十五条规定"各单位必须依照有关法律、行政法规的规定，接受有关监督检查部门依法实施的监督检查，如实提供会计凭证、会计账簿、财务会计报告和其他会计资料以及有关情况，不得拒绝、隐匿、谎报"，第四十四条规定"隐匿或者故意销毁依法应当保存的会计凭证、会计账簿、财务会计报告，构成犯罪的，依法追究刑事责任"。从上述《会计法》的规定来看，行政法规对"隐匿"进行限缩解释，"隐匿"不再是汉字字面上的意思，而是给"隐匿"赋予了特定的目的，只有为了逃避"有关监督检查部门依法实施的监督检查"而实施的隐瞒、藏匿行为，才是行政法规范下的"隐匿"行为。我们认为，应在行政法规范充分前置的条件下，对刑法规范中的"隐匿"两字亦作实质解释，即判断某种行为是否构成隐匿会计凭证、会计账簿、财务会计报告罪，必须前提是为了逃避有关监督检查部门依法实施的监督检查。

前述理解基于行政法对行为性质的定义和判断，对于刑法的判定具有基础性意义，站在刑法的谦抑性角度，避免出现不依附于行政违法的前提，而导致刑法适用的路径发生偏移，出现扩大入罪范围的情况，甚至造成某种行为无须行政处罚，却需刑事处罚的怪象。

因此，本案不能单纯以被告人徐某故意销毁的会计账簿、财务会计报告涉及金额超过50万元，即简单认定构成本罪，而应结合《会计法》的相关规定和本罪的规范目的，进行综合判断。

二、被告人徐某并非为逃避依法查处而故意销毁会计账簿、财务会计报告，其行为不符合故意销毁会计账簿、财务会计报告罪的规范目的

隐匿、故意销毁会计凭证、会计账簿、财务会计报告罪系选择性罪名，罪状中包含了两个行为和三个对象，即行为系"隐匿""故意销毁"，对象系依法应当保存的"会计凭证""会计账簿"和"财务会计报告"。根据前面的分析，刑事入罪的认定标准，应以《会计法》的相关规定为依据，而我国《会计法》目前仅明确规定在接受有关监督检查部门依法实施的监督检查时，不得"拒绝、隐匿、谎报"，而应如实提供相关会计凭证、账簿、财务会计报告等，其中并未出现"故意销毁"的明确规定。对此我们认为，基于选择性罪名的同一体系解释，故意销毁行为的入罪当然适用"逃避依法查处"这一前提。

一方面，从文字字义的理解，"隐匿"是指将依法应当保存的会计资

料隐藏起来，或者不明示其去向，使别人无法查找，属于妨害他人依法发现会计凭证、会计账簿以及财务会计报告的行为，而"故意销毁"既包含上述"隐匿"行为，又包含使会计凭证、会计账簿、财务会计报告失去法律法规赋予其效力的行为，与"隐匿"行为同样严重影响了会计资料的保存，破坏了会计资料的完整性。

另一方面，从选择性罪名的规定看，"隐匿"和"故意销毁"两种行为在同一法条中，对应一个具体个罪的犯罪构成，侵害行为具有同质性，犯罪对象具有同类的特点，刑法设定其保护的法益也相同，因此对"故意销毁"的行为，应作出与"隐匿"行为同等规范目的的前提限制，即"故意销毁"行为是否构成犯罪，亦应以是否为了逃避有关监督检查部门依法实施的监督检查为标准。换言之，只有当国家行使管理职权，需要调阅、查询会计凭证、会计账簿、财务会计报告时，会计人员违反规范的会计行为，"隐匿""故意销毁""拒不交出"，阻碍国家行使管理职权，且达到一定程度时，才构成本罪。

本案中，被告人徐某销毁电脑中的会计账簿、财务会计报告，不是发生在A公司被司法机关、行政机关或者有关主管部门进行监督或被要求提供上述会计资料的情况下，仅因私人矛盾而未与公司进行财务交接，不符合逃避依法查处这一前提，故不构成隐匿、故意销毁会计凭证、会计账簿、财务会计报告罪。

三、被告人徐某的行为构成破坏生产经营罪

本案中被告人徐某销毁的对象是电脑中的会计账簿、财务会计报告，这些材料对象在健全财务制度、加强企业管理、提高经济效益等方面具有重要的作用，而现实中最直接的影响就是导致公司生产经营停滞造成经济损失，对此可能涉及构成我国刑法第二百七十六条规定的破坏生产经营罪。而前述刑法条文关于罪状的描述是"出于泄愤报复或者其他个人目的，毁坏机器设备、残害耕畜或者以其他方法破坏生产经营的"，由于法律对其他破坏方法并未进行明确，致使在刑法理论以及司法实践中对于使用非暴力手段损害生产经营的行为，是否构成破坏生产经营罪存在一定争议。

我们认为，判断是否构成破坏生产经营罪的核心在于对生产经营产生重大不利影响，而不论暴力还是非暴力性，这既符合对"破坏"的刑法文义理解和法理解释，也完全符合刑法保护相关法益的目的。

一方面，从汉语意思和习惯表达看待"破坏"一词，其既有摧毁、毁坏等暴力有形破坏之意，也包含扰乱、损害之内涵。随着社会发展和企业经营的多元化，生产经营的破坏行为不再局限于传统的毁坏机器设备、残害耕畜，其他行为手段例如破坏网络交易平台等，与前述传统暴力破坏行为实质上并无二异，对此均以"破坏"理解并未超出刑法用语的含义。

另一方面，从破坏生产经营罪的保护法益看，生产经营由经营人、经营对象、经营载体等诸多部分组成，毁坏机器、残害耕畜等只是对经营载体的破坏，此外还存在诸多对生产经营产生不利影响的方法。正如本案被告人并非破坏机器设备，只是销毁电脑中的会计账簿、财务会计报告，但是同样对生产经营这一法益造成严重侵害后果。需要指出的是，机器、耕畜等亦属于财物范畴，如若认为破坏生产经营罪中的"破坏"只包括毁坏，则会导致本罪与故意毁坏财物罪立法功能重叠，大大限缩了本罪的法益保护功能。

因此，本案被告人徐某作为A公司的会计人员，明知会计人员从业规则的要求，即会计人员离职须与接管人员办清交接手续，却在因个人原因对公司不满的情况下，出于泄愤将办公电脑中的财务文件等无故删除，后关机离职，使公司生产经营过程中无法正常进行财务工作，公司财务系统一段时间停滞，直接损失共计21 600元。被告人徐某主观上明知未提供财务电脑开机密码、错误处理财务电脑内相应文件的后果，仍积极实施前述相应行为，客观上直接造成公司生产经营方面的损失，符合破坏生产经营罪的构成要件，应以破坏生产经营罪对其定罪处罚。

相关法条：

《中华人民共和国刑法》第二百七十六条

案件索引：

一审案号：上海市虹口区人民法院（2020）沪0109刑初314号刑事判决书

二审案号：上海市第二中级人民法院（2021）沪02刑终595号刑事裁定书

财务人往往对数字是比较敏感的，对实物资产或现金的感觉反而会弱一些，而对于与职业相关的法律责任方面，却更不敏感，比如有的会计仍在帮老板做账外收入不计缴税款，甚至帮老板去"代开"发票冲成本费用，这很可能触及严重法律责任的问题了。尽管会计认为自己做的是分内的事，比如做内外两套账的问题，还可能主要是会计在操办，将"少缴的税"作为自己的工作"业绩"，明显还是"吃亏吃少"了，没有对风险的预期评估能力。

【例1-7】某财务总监入职某公司，发现之前公司的"两套账"比较乱，认为当时的会计人员"不专业"。于是经过"周密规划"，将公司的会计人员分为内账会计与外账会计，了解了同行业的增值税税负率，并以此"倒推成本费用"入账，其余的收入均通过个人卡收支。对于收入增长幅度、利润水平也作了很好的规划。在收款方面，一方面使用老板亲属、员工甚至自己家人的收款二维码帮收款，从而做到分散风险。看似同行业一些企业也有类似的做法，心存侥幸"法不责众"，但是若问题发生在自己身上，而没发生在别人身上，"倒霉的就是自己"。千万不要以"大家都这么干，是行业问题"来给自己"找心理安慰"。未来此类风险的检查力度会进一步强化，方式也会多起来，财务负责人千万不宜过多地发挥自己的"聪明才智"。甚至有的财务人员视自己为老板的"心腹"，存在出了问题替老板"担责"的想法。

至于其他一些为了给公司"节税"而想出的不合规"筹划"的方式，比如通过取得第三方公司不合规发票入账抵账冲往来、套现的方式，涉票责任往往就更为严重了，极可能直接涉及刑事犯罪。

【例1-8】承上例，有的公司老板授意会计少缴税，私户收款隐藏起来，只就开票收入纳税，老板因为经常参加一些商学院的培训课程，听到成功企业家分享的故事，回到公司后也搞绩效考核、各种业绩分析汇报群、日或周的在线例会等，将所有的资金收支、数据证据"记录"在案。这种情况下，往往"一查一个准"。

一定程度上看，对于很多的中小型公司来讲，一方面国家在小微企业的增值税与所得税上有力度比较大的税收优惠政策，增值税一般纳税人是通过销售收入的销项税抵减扣除凭证的进项税来算应纳税额的。如果企业经营中，供应商不能提供专用发票（如从自然人处购买），或供应商能开具专用发票但要求增加"开票税点"，老板为了省钱没要发票的情形，也有的是未给供应商结算，对方不给予提前开具发票的情形。当对外销售产生应税销售额后，老板一看当期税额比较高，就可能通过第三方"买票"来抵增值税，并在企业所得税税前扣除，实务中这类情形屡有发生。那么，作为企业财务负责人，如遇到老板将上述发票给财务入账时，一方面是"工作之需"，另一方面是职业安全，如何面对是个两难事项，好不容易有一个高管的职位，直接辞职不干，也要顾虑自己的职场转换成本与生活之需。所以，在一家公司里，财务负责人看似"挺风光"，相比其他职位其实背负着比较大的纳税责任风险，所以，相关人员更应该丰富自己的专业水平与视野，维护公司的财税安全，也保障自己的职业安全。

有时，老板出于各种原因，有意让财务负责人来当法定代表人、代持股份，此时要么不干，不要做自己不可控制的事；如果真想去当法定代表人、去代持股份，建议提前约定清楚，比如不参与经营的确认签字等，以免真涉及责任时，自己有口难辩，成为"背锅侠"。有人说："有一些资料让我签字时，我能拒绝吗？"当然可以拒绝，但这样可能就不会有什么合作可谈了，基于此，若提前进行协议约定，后面的签字也大概率会被认为是形式签字，能尽可能减少自己的风险。

1.8 本章小结：财务人的商法思维

尽管财务人员的职责就是给公司做账，记录公司的经营业务、资产增减、人员薪资以及股东投资、股东的变化等信息数据，但是，财务人往往更关注的是"数字"，是账平不平、钱少没少，对于商法之下的法律责任、争议解决、合同签订等，往往仍是"门外汉"，毕竟术业有专攻！从学习的角度来讲，技不压身，财务人员应主动拥抱新《公司法》，既要懂算账，更要懂责任。比如大股东让会计做假账，这不新鲜吧？大股东让会计协助"侵占"公司财产，这也可能发生，甚至还许诺给会计相应的好处，让会计去倒账、提现、虚假做成本费用，帮助股东抽逃出资等。会计人员认为只是"听从"老板的指令，自己没有违法的故意，但实际上很有可能把自己置入"危险境地"，极端情形下可能成为"背锅侠"。另外，上市公司财务造假的案例频有发生，被追究责任的也不在少数，而财务负责人作为造假的"技术主角"，一般都会牵涉其内。

在很多中小公司，会计往往是老板的"心腹"，比较受到器重，所以知道的、经手的事项也多，随着法制的完善，它既是一份专业技术岗位，同时也是一项"高危"职业，风险高，但待遇不一定有多高。

当下，一些第三方财税机构经常协助老板搭建股权架构，但多数是以"节税"为单一目标去处理，随着国家对税收征管力度的强化，以及金税工程信息化技术的应用，老板们对于税的敏感度逐渐提高。如果搭建的架构很炫目，但没有业务功能与流程相匹配，整体"空心化"，很容易出现"虚开""拆分收入"的涉税问题，从而埋下隐患。

基于本章内容，笔者一方面建议财税人员注重商法的学习，跨界取经，同时要特别关注法律风险。这个法律风险是多方面的，尽管会计以"算清账""管好钱"为己任，但是，在保护好自己的基础之上，受人之托，做好专业的事，这是基本要求；同时利用自己的专业知识，为企业规划更好的价值管理、风险防范，也是该职业获得可持续发展的根本保障。

随着新《公司法》的落地实施，作为财务人员，除了上面我们提到的扩充自己的跨界知识、关注自身的法律风险之外，可以在如下方面为公司做一些工作及建议：

一是提前对公司股东的出资情形协作进行落实，做出沟通与安排。在大部分情形下，原来的认缴出资额过于乐观，实缴出资也没有考虑期限限制，随着新《公司法》的修订实施，这一事项需要提上日程。有的老板不想减资，或者在减资方面有顾虑，此时可能会想到一些歪门邪道，比如虚假无形资产出资、不实出资、出资后抽逃出资等，财务人员对此不宜过多参与，更不宜直接操盘处理，而可以从财务的角度，多提出一些合规、有效的建议。

二是部分老板存在的一个认知误区是"外来的和尚好念经"，十分迷信自媒体平台上的一些"大咖税筹"的讲座，如果真是这么简单，恐怕不至于强化税收征管了。在过去的一段时间内，利用空壳公司、洼地公司、平台公司做利益筹划的事项确实比较多，但是窗口不可能一直敞开，至少目前来看，之前宣传的路径几乎都不大灵了，而且税务机关还在不断追缴历史上的"旧账"。在这个过程当中，财务人员对于老板通过交易架构搭建的业务，有必要在真实性、合理性上做出自己的判断与防护。

三是正确理解公司的价值，以及在公司成立、发展过程当中的价值规划。首先，公司是一个成熟的商事经营主体，更是老板们追求价值梦想的成熟载体，与志同道合的伙伴一起创业，吸引外部的投资伙伴，实现其商业价值、社会价值，符合条件的话可进一步奔赴资本市场成为上市公司，实现更多的人生价值。其次，公司的所有业务，都需要用经济学的逻辑与原理去运营，用会计的语言进行记录，其真实性、准确性与完整性，需要责任心，需要对业财融合的理解能力、创新能力。最后，公司经营可以产生现实的利润价值，公司本身也有"品牌溢价"的市场价值，它并不是现实中计算出来的数据，是一种预期的估值。

但有一点，《公司法》作为商法，规范与解决的是公司治理规范与商事行为的规范化问题，即大家都有一个遵循的规则，这个规则并不一定标准化，虽有法的统一规定，但又在某些方面充分地给予公司或其股东、管理层的意思自治的空间，通过一种契约来约定彼此的权利与义务，比如公司章程被称为公司的"小宪法"，也说明了约定的重要性。所以，作为企业的经营者、财务人员，有必要充分地结合自己的实际情形、需求，做出安排与协调，这样或可避免很多的争议，也减少了彼此之间的诉争或者内耗成本。

变化即意味着新的机会、新的可能，当市场竞争趋于激烈，当规范逐步实现全面法治化，在公司这一载体的背后，是股东、运营者，也是法务、财务人员的各司其职，更是彼此在战略与战术上充分配合与协同，如此这样，公司才可能"开花、结果"！

第2章

股东与公司之间的关系及变化

现实当中,对于某些上市公司的大老板,媒体有时会说"某某身家多少",比如其身家人民币500亿元、2 000亿元等,注意,这不是简单地指代现金,是基于市场参考值的评估。我们需要从两个维度来理解公司价值:

一是这家公司实实在在地通过经营活动获取的收益、收回的资金或资产,这是基于当前价值的一种计量,但加总起来的数据不代表这家公司的价值,仅仅只是这家公司经营的现状及盈利状况的一种表现。

二是这家公司的"估值",在股票市场上,主要表现为股价,是公众对于这家公司的价值认可度。不过这里的影响因素比较多,并不能仅仅以经营业绩指标来评估。对于机构或个人投资者,对持股股票的变现往往直接以股价为参考,对于实控人股东,其持有股票能否变现并不一定仅受限于当前的股价,除了减持的限制政策外,在供需关系上,一个市场的接盘能力往往也有限,公司的估值并不完全等于变现能力,所以老板也希望持续提升估值空间。

股东以公司为载体追求价值的过程是多样的、漫长的,这其中的成长之路也是不同的,彼此之间是难以复制的,可以说,在某个历史发展时期,公司是受当时的环境影响的,是历史的产物,能够存续几十年的公司也是凤毛麟角。在公司的成立及成长路上，股东们对于投资主体、经营主体、商业模式、人员任命等方面是有广泛的法定自主权的，比如设立多少家公司，以哪个的主体来开展业务，是不是有亲戚朋友一起合作投资等，这一系列的安排背后，是一个人对于自己的能力、社交圈子、专业理解、商业展望的综合资源全面整合能力的体现。当下，网络上有比较多的股权架构讲授课程，比如讲马某通过合伙企业控制庞大的商业版图，牢牢掌握公司控制权之类的宣传；对家族公司传承规划的架构图，提出了诸如钱包公司、控股公司、家族公司的概念，加上家族信托之类的功能工具，一时讲得让各位创业人、老板们热血沸腾，无不梦想自己可以成为故事中的主角。但很可惜，很多中小公司并没有这样的命，能够持续生存下去已是不错了，立足于现实，活在当下，更为实用。

【例2-1】张三是一位大学老师，也想出来创业，由于对专业知识比较下功夫，平时经常学习网络大咖的投资课程，于是花重金请专家团队打造了一个包括其家人、员工、合作伙伴在内的股权架构，并且还考虑了未来上市募资的减持路径（比如自然人持股多少，家族控股公司持股多少，员工股权激励留多少股份，外部基金留多少股份等）。纵向搭建了三级以上的层级，看起来非常缜密与完美。但可惜的是，张三的技术研发与市场能力十分脱节，折腾几年下来，还是一无所成。笔者认为，在没有市场探索与磨合经验之前，规划过于理想，可能得不偿失。没有市场竞争能力、资源聚合能力，先搭一个"花架子"没有多少意义。现在不是靠着包装与个人魅力就可以运筹帷幄的时代了。

笔者发现，一些法务律师在审核商业合同、合作协议时，似乎总在努力对合作方设置各种责任条款，缺乏商业尊重的民事条款，有时会得小利而失大局。

可以说，单独成立的公司只是一个"躯壳"，而有了人才有了思想，有了业务才有了血液的循环、利益的交换、价值的创造。我们对公司的相关法律关系、财税问题进行研究，实质上是对公司的业务进行研究，它不仅仅是经济学的内容，还有人情世故的变化影响。有时，也难免存在有人利用公司进行违法犯罪活动的行为，比如将产品包装成某种金融商品进行诈骗、非法吸收公众存款等，以合法形式掩盖非法目的，作为普通大众，也有必要多了解公司法相关的内容，多关注一些有业务关系的公司的信息。其实，在很多时候，我们都在与公司交往、产生业务关联，与我们交流洽谈的人，往往只是这个公司的工作人员而已，容易有信息盲区。

尽管很多的老板运营公司多年，甚至有的已实现了上市，但可能存在这样的想法："我已经很熟悉公司了，不需要学什么《公司法》，我的公司我说了算，也没有人管我！"笔者认为：

第一，重情而轻法。在公司的内外业务关系中，很多是建立在人情关系上，没出事的时候，一片祥和，但是，在过于自信的情况下，如果缺乏对法律规范的了解，有可能发生"马失前蹄"的情形！据笔者观察，比较多的中小型企业家在财税合规方面存在"硬伤"，有历史上延续的，也有正在发生的，严重的时候，一旦被发现、被处理，家底可能都不够"赔"的。

第二，树立自我保护意识。这里主要是对自己取得的财富进行安全性评价，也需要在法律责任方面注重防范方式与措施。

第三，对于部分成功的企业家而言，现在面临着向下一代交班，或者需要寻找职业经理人的问题，如何将家族的兴旺传承下去，以什么样的方式来维护自己创立的一份产业，也是大家需要关注的重点。

2.1 个人投资为什么需要公司

截至2023年底我国个体工商户达1.24亿户

新华社北京1月31日电（记者 赵文君）截至2023年底，全国登记在册个体工商户1.24亿户，占经营主体总量的67.4%，支撑近3亿人就业。

这是记者31日从国新办举行的"激发经营主体活力　助力经济高质量发展"新闻发布会上获悉的。

市场监管总局登记注册局局长任端平在发布会上介绍，2023年，全国新设个体工商户2 258.2万户、同比增长11.4%，个体工商户发展总体平稳，活跃度和营收水平实现双提升。

近年来，市场监管总局建立与个体工商户常态化沟通交流机制，出台分型分类精准帮扶政策，明确"生存型""成长型""发展型"三型和"名特优新"四类个体工商户的认定机制和培育措施。

下一步，在提升个体工商户发展质量方面，市场监管总局将全面推进分型分类精准帮扶，建成全国统一的"个体工商户名录"，推动出台更为精准的政策措施。建成"全国个体工商户发展网"，探索运用市场化手段，有针对性地为个体工商户提供法规政策、市场供求、招聘用工、创业培训、金融支持等服务。

另外，在《人民日报》一则报道《2023年新设经营主体3 273万户　持续提质扩容　结构进一步优化》（2024年3月14日）中提到：

国家市场监督管理总局日前发布数据显示：2023年，我国新设经营主体3 273万户，同比增长12.6%。其中，新设企业1 002.9万户，增长15.6%；新设个体工商户2 258.2万户，增长11.4%。

2023年，我国经营主体持续提质扩容，经营主体结构进一步优化。截至2023年底，登记在册经营主体达1.84亿户，同比增长8.9%。其中，企业5 826.8万户，个体工商户1.24亿户，农民专业合作社223万户。

在笔者看来，第一，企业中更多的是民营的中小企业、小微企业，其组织形式主要是公司；第二，目前上市的公司数量约占现有公司数的千万分之一，因此做好当下更为重要；第三，既然个体户占比这么高，是否说明个体户更好呢？为什么一定要成立公司呢？个体户其实是一个"不具有多元经营能力的虚体"，多是自己给自己干活而已，特别是最近几年来，大量过去以劳务、服务提供为主的自然人，"被要求"基于灵活用工平台的"引导"，解决了支付方的发票入账问题及法定扣缴个人所得税的问题，纷纷成立个体工商户，进而对其按经营所得核定个税，这一系列的财税利益驱动，让人们越来越"喜欢"个体户形式。不过，经济模式的创新，往往带来对传统税收规则的挑战，如果存在基于逃避或规避税收、社保责任的底层动因，很难长久地糊弄下去。比如我们接触的外卖小哥、快递员，饭店的服务员、上门保洁人员，他们很可能就是一个个个体户在为你提供服务。同时，我们还要有一个基础的认识，即公司的使命与个体户是不同的，这里包括成熟的运营方式、发展目标、有限责任的隔离等，在商业合作中也更为正式，为大众所认可接受，是市场经济体系中的"正规军"。至于有人提到的个体工商户是无限连带责任、有限公司是有限责任的"本质区别"，这只是理论上的，绝大多数情况下不会发生。至于那些以公司"有限责任"的规定来进行谋利、骗取贷款等违法经营活动的主体，确实也是存在的，公司作为载体与工具，是经营者"种花得花、种豆得豆"的结果。

当面临成立不同的经营体的选择时，我们可以作一下基本分析（见表2-1）。

表2-1　　　　　　　　　　不同经营体区别

主体形式	出资要求	主要用途
个体户[①]	无严格要求，自然人或家庭承担无限连带责任	个体经营活动，不能对外投资当公司股东。之前在税收核定政策比较宽松时，甚至存在达到年数亿元收入的个体户，比如煤炭等大宗贸易经销、大额服务费收取等，现在因为系统的风险关注，如有核定的情形多掌握在月所得10万元以下

---

① 依据《促进个体工商户发展条例》规定：有经营能力的公民在中华人民共和国境内从事工商业经营，依法登记为个体工商户的，适用本条例。

续表

主体形式	出资要求	主要用途
个人独资企业[①]	要求有申报的出资，投资人承担无限连带责任	可以对外投资作为股东、合伙企业合伙人
合伙企业，两个以上合伙人	约定出资无严格的期限限制，普通合伙人可用劳务出资	有限合伙企业应用广泛，如私募基金、持股平台等，可以作为公司股东，决策机制较公司简单、实用
公司（有限公司）一个以上五十个以下股东	有明确的出资规范与要求	股东决策、公司管理较为完善，有限责任的"保护"利于实体化运营
公司（股份有限公司）有一人以上二百人以下为发起人	有更为严格的出资要求及募资条件与程序	利于发行股份并可依条件在交易所进行股份交易，创新财富的变更方式

从长远发展的角度来看，公司更适合我们的创业人去选择、开启自己的"商业梦想"，主要是因为《公司法》下公司的成立、决策与治理规范、监督机制、利益保护机制，为投资伙伴所接受。在市场经济条件下，存在高昂信任成本，一些涉及商法、民法的纠纷，某些人正是利用了法律的漏洞，但我们也相信，随着人们物质、精神生活的提升，对国家、社会、自己的后代，会有新的价值理解与责任思考，公司不仅仅只是"赚钱机器"，而更应具有人性的良善的光芒。

公司作为市场经济中的成熟的中坚力量，有较好的法律规范体系来规范与保护，开展多种多样的联营与合作投资，通过股权纽带建立集团化、关联关系、投资关系，类似有了"联姻关系"等。大家也可以发现，通过竞争形成的规模化公司（集团公司）将越来越集中，并深深影响到我们每个人的生活、工作。

如何成立公司、与谁一起成立公司、成立什么样的公司、成立多少家公司、以什么投资成立公司，在很多人看来，这是很轻松的事，找个代理服务机构，支付千把元的费用，就搞定了！其实这里面有许多的门道，也是想成

---

① 依据《个人独资企业法》规定：个人独资企业，是指依照本法在中国境内设立，由一个自然人投资，财产为投资人个人所有，投资人以其个人财产对企业债务承担无限责任的经营实体。

为成熟企业家的创业者们需要好好琢磨的地方。

2.2 个人与公司之间投资关系建立与资产独立性

《公司法》规定：

> 第三条 公司是企业法人，有独立的法人财产，享有法人财产权。公司以其全部财产对公司的债务承担责任。
>
> 公司的合法权益受法律保护，不受侵犯。

对于有限责任公司，《公司法》详细规定：

> 第四十八条 股东可以用货币出资，也可以用实物、知识产权、土地使用权、股权、债权等可以用货币估价并可以依法转让的非货币财产作价出资；但是，法律、行政法规规定不得作为出资的财产除外。
>
> 对作为出资的非货币财产应当评估作价，核实财产，不得高估或者低估作价。法律、行政法规对评估作价有规定的，从其规定。
>
> 第四十九条 股东应当按期足额缴纳公司章程规定的各自所认缴的出资额。
>
> 股东以货币出资的，应当将货币出资足额存入有限责任公司在银行开设的账户；以非货币财产出资的，应当依法办理其财产权的转移手续。
>
> 股东未按期足额缴纳出资的，除应当向公司足额缴纳外，还应当对给公司造成的损失承担赔偿责任。

通常来看，股东以其财产出资设立公司，并取得股权，股东用于出资的财产不得随意取回，公司对股东出资的财产享有独立的财产权，这样才能使公司作为市场主体参与到经济活动中成为债务人时保障债权人的利益，同时，股东对公司的债务承担法定出资的有限责任，这是赋予公司法人人格的基本逻辑。但现实中，很多中小公司的老板还是视公司为自己的"个人财产"，多有"公私不分家"等财产混同的问题，当公司逃避债务时，公司的债权人维护权益的成本过高,从而影响了法律条款的权威性与遵从性。

2.2.1 个人通过什么形式成为股东及其选择

对于股东而言,需要统筹考虑法律责任与财税成本。股东出资目前存在两种方式:一个是老板个人[①]直接出资持股,另一个是复杂的嵌套出资(见表2-2)。

表2-2　　　　　　　　　　出资方式

出资方式	中间通道载体	考虑因素
直接出资	无	简单直接,一看就是自己的"孩子",且可能就"生一个独生子",挣钱自己用;有了起色再考虑变更调整
间接出资	合伙企业	之前合伙企业不允许设立一人有限公司,新《公司法》不再限制。在引入其他投资者如员工持股平台时,设立有限合伙企业当股东,利于自己作为管理合伙人发挥管理权、控制权。个人对合伙企业承担无限连带责任,如果合伙企业没有经营活动,其风险一般也不大,不过认缴出资额要适当、力所能及
	有限公司	通过一层或多层有限公司来间接当股东投资,有一定的隔离风险的功能,同时利于以控股公司的形式进行集团化投资管理、多业发展

如果一个公司未来的经营业务有比较好的发展基础,且对其有良好的规划,可以参考下面的架构形式(见图2-1),以免未来调整时产生过多的调整成本,其中比较重要的是税负成本。

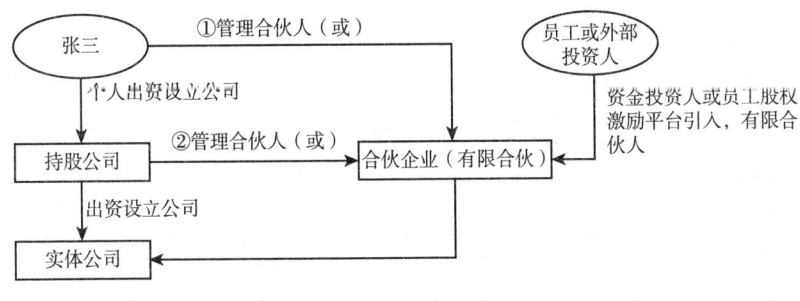

图2-1　公司架构

---

① 本书中除特别说明外,不包括外籍人、中国香港、中国澳门与中国台湾地区的自然人。

图2-1所示只是一种理想状态下的基本框架，在现实应用中可进一步细化，比如：

股东将资产交付给公司，取得股权并享有股东权益，公司以股东投入的资产进行运营，以期得到经营收益，并可分配回馈给股东。在上面的利益传递链条中，将公司作为经营载体有许多的便利之处，而以公司作为载体有两种方式：一是自己投资并亲自打理经营，另一个是投资给别的公司，让别人打理，自己坐收利益，但这种方式也有投资损失风险。上面也有提到，以公司进行经营的最大便利之处是在市场经济环境中容易被交易对手认可，比直接用个人的名字签约合作更正式一些，在工商登记、开具发票、银行结算上均给对方带来便利。而个人付款就涉及取得发票难、支付款项有可能涉及法定扣缴个人所得税的义务问题等，所以，公司是便利双方的一种交易主体。

通常情形下，个人以认缴出资方式取得公司注册资本的份额，并需按照《公司法》的五年实缴期限出资，在上述期限内，股东可以自行决定或彼此协商来解决。股东拿来出资的资产是多样的，但也存在虚假出资、不实出资与抽逃出资的情形。

《实缴注册资本也能作假！花2 000元买的软著，轻松评估到500万元，增值2 499倍完成实缴》（每日经济新闻，2024年7月30日）中有这样的内容（摘录）：

2024年7月1日起施行的新《公司法》规定，股东认缴的出资额，须在规定时限内实缴到位。除了用现金实缴，还可用知识产权等非货币财产作价出资。

但就是这一条款，被一些人利用来弄虚作假。《每日经济新闻》记者调查中发现，不少中介机构在社交媒体平台发布广告，宣称可以不用真实出资，而是花很少的钱购买软著或专利，再评估增值几百倍至几千倍，作价入股完成实缴注册资本。

如果中介机构的广告属实，那么就是虚假评估软著或专利价值，导致股东实际出资虚高，这就成了涉嫌诈骗和虚假出资的违法行为，每经记者就此展开暗访调查。

2 000元软件著作权
中介称可评估至近500万元

"只要几千元！千万实缴轻松解决""1 000万元实缴，终于不用掏真金白银了"……在部分社交媒体平台上，有不少中介大量发布低价实缴注册资本的广告。而在帖子下方，也有大量的留言咨询。

根据新《公司法》及同日实施的《国务院关于实施〈中华人民共和国公司法〉注册资本登记管理制度的规定》，今年6月30日前登记设立的有限责任公司，注册资本应当在2032年6月30日之前完成实缴；7月1日后成立的有限责任公司要自成立之日起5年内缴足。

《每日经济新闻》记者（简称NBD或每经记者）根据网上注册资本实缴代理广告，联系了多家中介机构了解情况，不少中介都承诺"买知识产权必成功"。

……

知识产权评估价值
评估机构是如何得出的？

记者仔细阅读了中介机构提供的两份评估报告，两份报告均选定收益法作为评估方法，也就是把知识产权未来可能产生的现金流量折现到当下。

其中一个名为"食×材"的商标，被以收益法的方式评估为1亿元。该评估报告内容提到，该商标主要收益来自于提供技术服务的未来收益情况，关键指标折现率（将未来可能产生的现金流量折现到当下）为15%，技术分成率（指技术交易占可获利润的比例）定为30%，预期收益年限为5年。委托方预计该专利第一年可以达到收入6 800万元，自第二年起假设每年递增40%，到第10年年收入将达到18.95亿元，营业成本预计为营业收入的45%。最终，评估机构结合相关计算方式，得出该商标价值1亿元。

另一份资产评估报告对两份发明专利评估出3 800万元，评估方式大同小异。

记者注意到，评估出3 800万元的报告出具于今年3月，但出具报告的评估机构在今年7月17日已经发布了注销备案信息。

评估值过高、虚假出资
股东和企业均面临较大风险

针对市场上的评估乱象，记者曾拨打中国知识产权评估中心评估热线了解情况。

据该中心相关人士介绍，低价知识产权实缴注册资本，在相关部门普查或抽查时，若被认定为虚假出资，企业可能面临罚款。若明知是假报告仍使用并获取利益，除了罚款，还可能追究刑事责任。

即便中介口口声声称这种操作"包过""无风险"，但是出于成交的动机，极少有中介会主动告知其中的风险。

北京中银（合肥）律师事务所王瑶律师指出，若虚假评估专利价值，导致股东实际出资虚高，这不仅违反了《公司法》第48条"不得高估或者低估作价"的规定及会计准则，还可能涉嫌诈骗罪和虚假出资罪。

安徽省资产评估协会相关人士也表示，评估机构若违法违规，必将受到相应的处理处罚。

不过，企业和出资的股东承担的风险更为重大。

首要风险是股东纳税负担的显著增加。根据财税政策，个人以专利等知识产权出资入股，被视为非货币性资产对外投资，税务上通常按"财产转让所得"项目计税，适用20%的税率。若以1万元购得评估值1 000万元的实用新型专利，那么999万元的差额将需缴纳199.8万元个人所得税，尽管个人股东可以申请纳税递延，但这笔税负已然存在，股东在后续股权转让时可能面临额外的税负。

此外，一些企业被诱导使用专有技术（非专利技术）进行低价实缴。安徽某农业公司负责人王涛向记者表示，因为价格便宜，他花费了5 000元想完成500万元的注册资本实缴，但是在办理税务登记时得知，其购买的是专有技术，不是知识产权，不能享受个人所得税递延政策，需要缴纳100万元个人所得税，他只好放弃了实缴，花费的5 000元也打了水漂。

其次，对企业而言，入账的知识产权属于无形资产，每年需要做摊销，影响企业净利润，容易造成偷税漏税等问题。

在上面的报道中，我们可以看到"八仙过海，各显其能"，对于一个没有实际应用场景的技术，如专利、软件，是无形资产，何以出现这么高的评估价值？这是基于一种假设的未来营业收入等数据测算出来的，至于未来能不能真正实现，"对不起，那就与我不相关了！"所以，一本厚厚的评估报告，看起来非常专业，但很可能就是画的一个大饼。"为何不把认缴出资额降下来呢？"这里面有的是为了与投资合作对手共同出资合作，有的是为了面子，有的是出于招投标的考虑等。有人说："我虚高估价评估出资了，但公司没有发生损害债权人的利益，这没事吧？"或许会有这样的情形存在，但如果公司要持续经营下去，虚假的出资是可能误导合作方的，还是有潜在的问题存在。依据《刑法》规定：

第一百五十九条 【虚假出资、抽逃出资罪】公司发起人、股东违反公司法的规定未交付货币、实物或者未转移财产权，虚假出资，或者在公司成立后又抽逃其出资，数额巨大、后果严重或者有其他严重情节的，处五年以下有期徒刑或者拘役，并处或者单处虚假出资金额或者抽逃出资金额百分之二以上百分之十以下罚金。

单位犯前款罪的，对单位判处罚金，并对其直接负责的主管人员和其他直接责任人员，处五年以下有期徒刑或者拘役。

上面提到违反《公司法》的规定，即：

> 第四十八条　股东可以用货币出资，也可以用实物、知识产权、土地使用权、股权、债权等可以用货币估价并可以依法转让的非货币财产作价出资；但是，法律、行政法规规定不得作为出资的财产除外。
>
> 对作为出资的非货币财产应当评估作价，核实财产，不得高估或者低估作价。法律、行政法规对评估作价有规定的，从其规定。
>
> 第四十九条　股东应当按期足额缴纳公司章程规定的各自所认缴的出资额。
>
> 股东以货币出资的，应当将货币出资足额存入有限责任公司在银行开设的账户；以非货币财产出资的，应当依法办理其财产权的转移手续。
>
> 股东未按期足额缴纳出资的，除应当向公司足额缴纳外，还应当对给公司造成的损失承担赔偿责任。
>
> 第五十条　有限责任公司设立时，股东未按照公司章程规定实际缴纳出资，或者实际出资的非货币财产的实际价额显著低于所认缴的出资额的，设立时的其他股东与该股东在出资不足的范围内承担连带责任。

股东的身份可以是自然人，也可能是合伙企业、个人独资企业或公司，需要匹配相应的条款。但我们注意到《全国人民代表大会常务委员会关于〈中华人民共和国刑法〉第一百五十八条、第一百五十九条的解释》规定：

> 全国人民代表大会常务委员会讨论了公司法修改后刑法第一百五十八条、第一百五十九条对实行注册资本实缴登记制、认缴登记制的公司的适用范围问题，解释如下：
>
> 刑法第一百五十八条、第一百五十九条的规定，只适用于依法实行注册资本实缴登记制的公司。
>
> 现予公告。

而在其后,《最高人民检察院 公安部关于严格依法办理虚报注册资本和虚假出资抽逃出资刑事案件的通知》(公经〔2014〕247号)规定:

> 各省、自治区、直辖市人民检察院,公安厅、局,新疆生产建设兵团人民检察院、公安局:
>
> 2013年12月28日,第十二届全国人民代表大会常务委员会第六次会议通过了关于修改《中华人民共和国公司法》的决定,自2014年3月1日起施行。2014年4月24日,第十二届全国人民代表大会常务委员会第八次会议通过了《全国人大常委会关于刑法第一百五十八条、第一百五十九条的解释》。为了正确执行新修改的公司法和全国人大常委会立法解释,现就严格依法办理虚报注册资本和虚假出资、抽逃出资刑事案件的有关要求通知如下:
>
> 一、充分认识公司法修改对案件办理工作的影响。新修改的公司法主要涉及三个方面:一是将注册资本实缴登记制改为认缴登记制,除对公司注册资本实缴有另行规定的以外,取消了公司法定出资期限的规定,采取公司股东(发起人)自主约定认缴出资额、出资方式、出资期限等并记载于公司章程的规定。二是放宽注册资本登记条件,除对公司注册资本最低限额有另行规定的以外,取消了公司最低注册资本限制、公司设立时股东(发起人)的首次出资比例以及货币出资比例限制。三是简化登记事项和登记文件,有限责任公司股东认缴出资额、公司实收资本不再作为登记事项,公司登记时不需要提交验资报告。全国人大常委会立法解释规定:"刑法第一百五十八条、第一百五十九条的规定,只适用于依法实行注册资本实缴登记制的公司。"新修改的公司法和上述立法解释,必将对公安机关、检察机关办理虚报注册资本和虚假出资、抽逃出资刑事案件产生重大影响。各级公安机关、检察机关要充分认识新修改的公司法和全国人大常委会立法解释的重要意义,深刻领会其精神实质,力争在案件办理工作中准确适用,并及时了解掌握本地区虚报注册资本和虚假出资、抽逃出资案件新情况、新问题以及其他相关犯罪态势,进一步

提高办理虚报注册资本和虚假出资、抽逃出资刑事案件的能力和水平。

二、严格把握罪与非罪的界限。根据新修改的公司法和全国人大常委会立法解释,自2014年3月1日起,除依法实行注册资本实缴登记制的公司[参见《国务院关于印发注册资本登记制度改革方案的通知》(国发〔2014〕7号)]以外,对申请公司登记的单位和个人不得以虚报注册资本罪追究刑事责任;对公司股东、发起人不得以虚假出资、抽逃出资罪追究刑事责任。对依法实行注册资本实缴登记制的公司涉嫌虚报注册资本和虚假出资、抽逃出资犯罪的,各级公安机关、检察机关依照刑法和《立案追诉标准(二)》的相关规定追究刑事责任时,应当认真研究行为性质和危害后果,确保执法办案的法律效果和社会效果。

三、依法妥善处理跨时限案件。各级公安机关、检察机关对发生在2014年3月1日以前尚未处理或者正在处理的虚报注册资本和虚假出资、抽逃出资刑事案件,应当按照刑法第十二条规定的精神处理:除依法实行注册资本实缴登记制的公司以外,依照新修改的公司法不再符合犯罪构成要件的案件,公安机关已经立案侦查的,应当撤销案件;检察机关已经批准逮捕的,应当撤销批准逮捕决定,并监督公安机关撤销案件;检察机关审查起诉的,应当作出不起诉决定;检察机关已经起诉的,应当撤回起诉并作出不起诉决定;检察机关已经抗诉的,应当撤回抗诉。

四、进一步加强工作联系和沟通。各级公安机关、检察机关应当加强工作联系,对重大、疑难、复杂案件,主动征求意见,共同研究案件定性和法律适用等问题;应当加强与人民法院、工商行政管理等部门的工作联系,建立健全案件移送制度和有关工作协作制度,全面掌握公司注册资本制度改革后面临的经济犯罪态势;上级公安机关、检察机关应当加强对下级公安机关、检察机关的指导,确保虚报注册资本和虚假出资、抽逃出资案件得到依法妥善处理。

各地在执行中遇到的问题,请及时报告最高人民检察院和公安部。

如依上述的解释,对于认缴出资背景下涉及上述情形时,不完全适用

《刑法》的相应条款，而是按照行政责任或民事关系处理。随着新《公司法》限期出资的强制性规定，有必要结合变化规范对解释的相关内容进行调整。

依笔者的理解，在公司设立时，特别是对于其他投资伙伴以无形资产出资的情形，要特别加以注意，新《公司法》第五十条明确了公司设立时的其他股东与该股东在出资不足的范围内承担连带责任。

2.2.2 个人以不同资产出资成立公司的税费影响

一个很现实的问题，个人出资时，如果需要计缴较大金额的税费，这是"硬支出"，没有即时的补偿，在没有现金流支持的情形下，如果有不缴、递延缴、分期缴或免税的适用情形时，多是投资人愿意接受的，正是因为如此，老板懂一点财税知识是非常必要的。但是，要长远地看待此问题，从投资的角度，如果预期收益远大于实现过程中的税费支出，也是可以接受的。有时候，企业家认为在财税之外，有更多有价值的地方，税费只是利益中的一部分，而不是全部，不宜轻易地以"税费高低论英雄"。

新旧《公司法》对于出资条款的规定比较如表2-3所示。

表2-3　　　　　　　新旧《公司法》比较

旧《公司法》	新《公司法》
第二十七条　股东可以用货币出资，也可以用实物、知识产权、土地使用权等可以用货币估价并可以依法转让的非货币财产作价出资；但是，法律、行政法规规定不得作为出资的财产除外	第四十八条　股东可以用货币出资，也可以用实物、知识产权、土地使用权、股权、债权等可以用货币估价并可以依法转让的非货币财产作价出资；但是，法律、行政法规规定不得作为出资的财产除外
对作为出资的非货币财产应当评估作价，核实财产，不得高估或者低估作价。法律、行政法规对评估作价有规定的，从其规定	对作为出资的非货币财产应当评估作价，核实财产，不得高估或者低估作价。法律、行政法规对评估作价有规定的，从其规定

在新《公司法》之前，股权出资是很常见的出资方式，而债权出资相对较少，主要是涉及其未来资产价值金额的不确定性，所以最后往往是对自身

债务下的"债权转股权"。本次《公司法》特别列举了债权出资的情形,笔者认为,《公司法》重在强调用于出资的资产需满足"货币估价并可以依法转让"的条件,这将会给予原来对用债权出资持怀疑态度的人们法律支持,也有了更多的市场想象空间。《市场主体登记管理条例》规定:出资方式应当符合法律、行政法规的规定。公司股东、非公司企业法人出资人、农民专业合作社(联合社)成员不得以劳务、信用、自然人姓名、商誉、特许经营权或者设定担保的财产等作价出资。《市场主体登记管理条例实施细则》进一步规定:依法以境内公司股权或者债权出资的,应当权属清楚、权能完整,依法可以评估、转让,符合公司章程规定。但依《合法企业法》规定,普通合伙人是可以用劳务出资成立合伙企业的。

说到这里,有人提出来:"我不如1元设立一家公司,需要用钱的时候,股东就提供借款记入往来,这样不是更灵活?而且自己的利益更容易得到保护!"《公司法》确实没有规定最低注册资本(特别规定除外),只是"面子"上感觉不好看而已。笔者查询了一下国内公司的登记公开信息,注册资本1万元的公司是很多的。面子固然重要,但有没有实力才是核心。对于很多小公司来讲,更多是对个人价值的信任,而不是靠注册资本多少来评价实力。

对于以不同的资产来出资,是需要考虑税负成本的,这个环节过去被忽略或遗漏得比较多,现在随着征管信息系统的完善与强化,想蒙混过关是比较难了,况且这都是公开的登记信息。

个人资产出资环节的涉税费情形如表2-4所示。

表2-4　　　　　　个人资产出资环节的涉税费情形

出资方式	计税方式	说明
货币出资	无应税交易属性,不涉及税费	外汇出资或有利率的变化影响,但本身出资不能增加货币的市场价值
动产货物出资	按财产转让所得计缴个人所得税	评估报告与代开发票支持入账,个人取得原值的凭据建议保留

续表

出资方式	计税方式	说明
不动产出资（土地使用权）	视同销售计缴增值税及附加税费 按财产转让所得计缴个人所得税① 印花税 如为非住宅投入房地产开发企业需计缴土地增值税② 契税（限受让方）	不动产出资需要以评估报告与代开发票（可以是专用发票）入账，在计税征管中，二手房交易系统也有相应的参考价评估处理
知识产权（无形资产）	视同销售计缴增值税及附加税费③ 按财产转让所得计缴个人所得税 部分涉及印花税	用知识产权出资的方式，对评估的要求比较高，如果涉及多方合作投资的，也需要彼此的认同
股权	股权交易不征增值税，个人股票转让免征增值税；股权出资需按财产转让所得计缴个人所得税	个人股权转让，个人所得税征管有严格的反避税政策与征管规范要求
债权	在当前的政策下认为不属于增值税的应税对象（特别是第一步形成的债权），而对于后续的债权转让行为是不是需要计缴增值税，政策不明确；个人所得税需要看原值、来源情形确定	税务总局曾回复过意见：个人通过招标、竞拍或其他方式购置债权以后，通过相关司法或行政程序主张债权而取得的所得，应按照"财产转让所得"项目缴纳个人所得税

从上面所涉及的个人出资成立公司的出资方式来看，会涉及不同的税种，但对于表中提到的个人所得税事项，还是存在如表2-5所示的三个延伸处理方向可考虑与相应选择。

表2-5　　　　　　　　　个人所得税延伸处理方向

不同情形	个人所得税缴纳适用情形	说明
一次性	于转让环节一次性计缴个人所得税	以财产转让所得按20%计缴个人所得税

---

① 《财政部 国家税务总局 建设部关于个人出售住房所得征收个人所得税有关问题的通知》（财税字〔1999〕278号）规定：四、对个人转让自用5年以上，并且是家庭唯一生活用房取得的所得，继续免征个人所得税。

② 《财政部 国家税务总局关于调整房地产交易环节税收政策的通知》（财税〔2008〕137号）规定：三、对个人销售住房暂免征收土地增值税。

③ 依据《关于全面推开营业税改征增值税试点的通知》（财税〔2016〕36号）规定，个人转让著作权免征增值税。

续表

不同情形	个人所得税缴纳适用情形	说明
五年分期	以非货币性资产投资，可以选择不超过5个公历年度内（含）分期缴纳个人所得税①	需要向主管税务机关办理备案
递延纳税	投资时暂不缴纳个人所得税，允许递延至转让股权时计缴②	需要向主管税务机关办理备案

---

① 《财政部 国家税务总局关于个人非货币性资产投资有关个人所得税政策的通知》（财税〔2015〕41号）规定：

一、个人以非货币性资产投资，属于个人转让非货币性资产和投资同时发生。对个人转让非货币性资产的所得，应按照"财产转让所得"项目，依法计算缴纳个人所得税。

二、个人以非货币性资产投资，应按评估后的公允价值确认非货币性资产转让收入。非货币性资产转让收入减除该资产原值及合理税费后的余额为应纳税所得额。

个人以非货币性资产投资，应于非货币性资产转让、取得被投资企业股权时，确认非货币性资产转让收入的实现。

三、个人应在发生上述应税行为的次月15日内向主管税务机关申报纳税。纳税人一次性缴税有困难的，可合理确定分期缴纳计划并报主管税务机关备案后，自发生上述应税行为之日起不超过5个公历年度内（含）分期缴纳个人所得税。

四、个人以非货币性资产投资交易过程中取得现金补价的，现金部分应优先用于缴税；现金不足以缴纳的部分，可分期缴纳。

个人在分期缴税期间转让其持有的上述全部或部分股权，并取得现金收入的，该现金收入应优先用于缴纳尚未缴清的税款。

五、本通知所称非货币性资产，是指现金、银行存款等货币性资产以外的资产，包括股权、不动产、技术发明成果以及其他形式的非货币性资产。

本通知所称非货币性资产投资，包括以非货币性资产出资设立新的企业，以及以非货币性资产出资参与企业增资扩股、定向增发股票、股权置换、重组改制等投资行为。

② 《财政部 国家税务总局关于完善股权激励和技术入股有关所得税政策的通知》（财税〔2016〕101号）规定：

三、对技术成果投资入股实施选择性税收优惠政策

（一）企业或个人以技术成果投资入股到境内居民企业，被投资企业支付的对价全部为股票（权）的，企业或个人可选择继续按现行有关税收政策执行，也可选择适用递延纳税优惠政策。

选择技术成果投资入股递延纳税政策的，经向主管税务机关备案，投资入股当期可暂不纳税，允许递延至转让股权时，按股权转让收入减去技术成果原值和合理税费后的差额计算缴纳所得税。

（二）企业或个人选择适用上述任一项政策，均允许被投资企业按技术成果投资入股时的评估值入账并在企业所得税前摊销扣除。

（三）技术成果是指专利技术（含国防专利）、计算机软件著作权、集成电路布图设计专有权、植物新品种权、生物医药新品种，以及科技部、财政部、国家税务总局确定的其他技术成果。

（四）技术成果投资入股，是指纳税人将技术成果所有权让渡给被投资企业、取得该企业股票（权）的行为。

由于财产转让所得是单次计缴个人所得税，不像个人综合所得、经营所得有年度汇算清缴。同时，又因投资环节相当于非货币性资产交易，以一个资产换回另外一个资产，现在要求缴纳个人所得税，哪有所得呢？其实这里有一个所谓的"市场价格激活"的概念，自己手里的初始资产可能是别人送的、父辈传的，也可能是自己做的、买的，反映了该资产的历史成本。当时代发展，物价上涨，再拿到市场上用作出资，相当于"变现"后再投资了。投资是一项交易，在此逻辑上，税收征收机制就需要发挥作用了。

有一些对财税知识略有了解的人问："有没有所得税上的特殊性税务处理政策，对这种以资产溢价换股方式暂不征税？"可以很明确地说，当下在一些培训、文章中提到的涉及个人所得税的特殊性税务处理的意见是没有明确依据的，"合情但不合法"。笔者也发现，现实当中确有蒙混过关的事发生。估计之前财税部门也考虑过制定与企业所得税一致的特别性政策，但由于个人的涉税管理非常复杂与麻烦，延续管理上也存在困难，最终并没有得到实施。不过，笔者认为，比如自然人股东的公司分立，在当前的个人所得税征税规则下，是很难推理出来分立是"公司视同销售、股东收回资产再投资"的结论的。尽管所得税的原理相通，但财税〔2009〕59号文件中关于分立的一般性税务处理的计税环节的解释，并不必然适用个人所得税，完全以此为依据照搬依据性不足，这样进入到传统意义上的应税所得认定，结合工商变更程序，就没有资产的流转及出资额的损益变化，有其意但征税无据。

笔者也曾看到有文章提到借款用于出资的情形，其实现实当中，这种情况是比较复杂的。有的老板从公司借款进行出资，是常见之事，但是如果从银行贷款，一般会有借款的用途规定，《贷款通则》规定不得用贷款从事股本权益性投资，国家另有规定的除外。而从银行贷款的时候，往往会要求有担保物或担保人，如果发现借款人未按约定用途使用贷款，可以中止贷款并提前收回或采取其他相应的措施。

但是，不知大家发现没有，在《公司法》的条款中提到的"非货币财产"与前文税收政策中提到的"非货币性资产"是存在差异的。第一，非货币财产即货币之外的所有财产范围；第二，非货币性资产属于财税范畴的说法，是指现金、银行存款等货币性资产以外的资产，包括股权、不动产、技术发明成果以及其他形式的非货币性资产。而货币性资产还包括应收账款、应收票据以及准备持有至到期的债券投资等货币性资产，比如债权，即为非货币财产，也属于货币性资产。

【例2-2】张三与李四投资设立了大力合伙企业（有限合伙），该合伙企业持有甲公司的股权。现在张三与李四拟拿各自合伙份额的90%投资设立乙公司，从而使乙公司成为大力合伙企业的合伙人（见图2-2），但在办理过程中有了困难，合伙企业份额能不能作为非货币财产出资？

分析：合伙企业份额是满足可货币计量、可依法转让条件的，从这个角度说，是满足《公司法》的出资条件的。

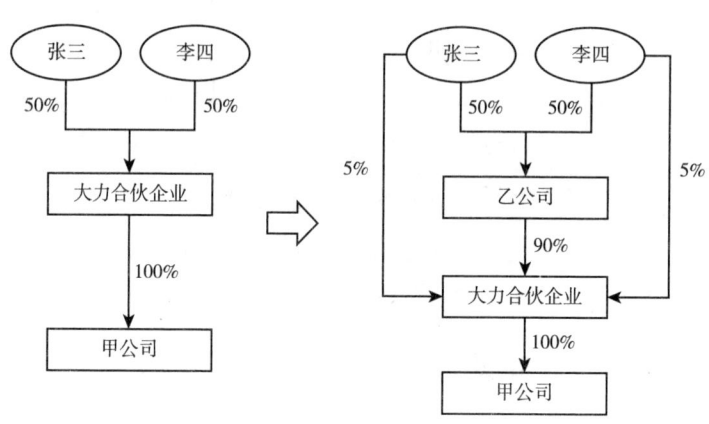

图2-2 公司架构变化

但是大家不要小看这个出资的行为，它实际具有财税价值优化的可能性。如果进行非货币性资产出资，按照《个人所得税法》及相关财税政策依"财产转让所得"评估出资并计算个人所得税，此时纳税人可选择5年分期纳税。同时，接受投资的乙公司按评估入资的价值作为计税基础原值，结合合伙企业持有股权的变现方式，可能有如表2-6所示的情形。

表2-6　　　　　　　　　乙公司可能存在的计税情形

情形	计税情形	注意事项
合伙企业继续经营，取得分红收益或转让收益进行分配	个人合伙人：利息、股息、红利所得按照20%计缴个人所得税，其他按经营所得依5%—35%计缴个人所得税 公司合伙人：公司合伙人分配所得类型，进行应纳税所得额的调整处理 将来合伙企业注销时，乙公司收回的所得扣减接受投资的成本计算收益或损失；个人合伙人按照清算所得计缴个人所得税	合伙企业不是所得税纳税人，由各合伙人按照"先分后税"方式计缴各自的所得税
合伙企业解散	相关资产按清算所得分配给合伙人，由各合伙人按照适用政策计缴个人所得税或企业所得税	股权需要以公允价值参与计算清算所得
转让合伙企业份额	张三、李四或乙公司转让合伙企业份额，前者按财产转让所得计税，后者须将所得并入当年度公司的应纳税所得额	要特别注意与合伙企业当期实现的经营所得计税的协调处理

在上面的架构中，我们对合伙企业的认识，主要有如下方面：

第一，合伙企业特别是有限合伙，是一种主流的利于管理合伙人的经营决策架构，相比公司运营，条条框框少，日常管理权集中，对于需要进行有效控制的投资人组合来讲，是非常有采用价值的。但不可否认，合伙企业这种架构的透明度、参与度弱，平时我们可能会注意到，有一些合伙企业组织形式的私募基金，对有限合伙人（即投资人）的利益保障不充分，往往在最后出现问题时，有限合伙人才知道什么情况，从而不能及时处理。

第二，在税收上，合伙企业是"虚体""穿透体"，它实现的利润（税收上通过纳税调整转化为应纳税所得额）直接分到合伙人头上分别计缴所得税，包括个人所得税与企业所得税。如果产生亏损就自己消化，允许用企业下一年度的生产经营所得弥补亏损，并且允许逐年延续弥补，税法给予了五年弥补期限。即合伙企业不需要等分配决议作出时才将对外投资分回的利息、股息、红利所得计为合伙人的所得，这一点与公司有根本的不同，公司是需要作出分配决议时才产生了投资人的所得确认。在上面的架构中，合伙企业将利息、股息、红利所得分给乙公司之后，需要按乙公司的股东意思自治下的决议才会产生给付股东的分红并在此时计税。

第三，涉及个人合伙人时，基于不同的交易，当前的税法分别给出了两种合伙企业所得计算类型，一种是合伙企业份额转让所得为财产转让所得，按照20%税率由合伙人分别计缴所得税；另一种是合伙企业经营所得，除创投基金可选择单一核算20%计税方式外，合伙企业经营所得分配按5%—35%计个人所得税。计税方式的差异可能会促使不同的交易方式的有利选择。笔者对此进行了深入的研究，并与相关权威专家作了有效研讨，结合实践当中遇到的服务案例或避税争议问题，发现被挑毛病的案例多是交易做得比较简单直接，转让操作明显，甚至自己转让给自己、家人或其设立的合伙企业、公司等，交易主体混同。另外，一些税务干部戴着"有色眼镜"看待20%税率与经营所得最高税率35%的适用问题，认为存在恶意避税，需要对其交易进行否定，但这说起来容易，做起来需要依据，也是需要斟酌的。

所以，对于合伙企业这一组织形式，无论是公司作为其合伙人，还是合伙企业作为公司股东，它的应用场景是非常灵活且广泛的，部分搭配合伙企业组织形式的股权安排可以避开《公司法》中对管理决策、利润分配、争议解决、责任追究等方面的限制，减少矛盾的发生，有着很好的理论与实践价值。

另外，笔者认为，对于以债权出资，或承接原来的债转股方式，在财税功能上也将产生很多的想象空间。但也要注意不宜滥用，对于它的真实价值、作为非货币财产，依据《公司法》第四十八条的规定也是需要评估作价的，在商业信任保障不充分的情形下，不良债权的处置价格往往是"象征性的"，或许，建立在关联方之间的债权进行出资，更宜在实践当中得到认可。

【例2-3】张三与李四各认缴出资1 000万元设立甲公司，两人都没有现金，但有一些货物和贵金属。直接用货物出资有点显眼，于是张三与李四商量找人各借100万元进行出资，随后用100万元采购其个人名下的货物，如此循环，出资完成。

分析：笔者认为，这类出资方式满足约定条件，不能认为其有问题；至于注资后购入他们自己手里的资产，一是价值相当，二是公司决策同意的，不涉及假公济私，也不能说是违法行为。这种情形下，存在的问题主要是取得自然人开具发票，与个人所得税计缴扣缴的问题。基于此，笔者认为，由于涉及代开发票及计征个税方面的复杂性（如能不能核定、有没有取得原始票据等），只要钱花出去，未来至多税前不得扣除，如果恰好公司满足小型微利企业的优惠条件，此时就至多按5%计缴所得税。至于有"专业人士"担心的未来分红按20%计缴个人所得税的问题，要注意会计利润与应纳税所得额之间的关系，在会计上未取得上述发票的成本依然是可以扣除的，会计上可分配的利润是扣除后得到的。而个人财产转让所涉的个人所得税自行申报，或者扣缴义务人的法定扣缴义务问题，或许就等有问题再说吧，暂时不去碰这个"风险之事"了。

营改增之后，有一些税务干部对政策理解得不够全面，看到有的政策指引提到投资也是一种应税交易，所以发现某公司用货币出资之后，认为这也是增值税应税行为，需要计缴增值税，如何进行解释呢？

分析：在传统的增值税规则中，单位和个体工商户以货物对外投资是视同销售，在营改增之后，仍延续了这样的认识逻辑。货币流转不在征税范围内，也没有征税的基础，即使对于贷款服务，也只是对利息征税即对价征税，而货币本身的金额并不含在计税基数之内。延伸一下，对于股东收到的对外投资分红，这不属于交易事项，不是贷款服务的利息，不属于增值税征税事项。

所以，以不同资产出资设立公司时，股东（包括个人股东或其他主体形式的股东）可以选择不同的资产用于出资，前提是满足《公司法》规定的出资条件，同时还要考虑对自己的税负影响，权衡自己能不能承受。如下面案例所示。

【例2-4】张三与李四先设立了甲公司，二人后又设立了乙公司，感觉上市前景不错，于是在专家的指导下，将乙公司的股权评估出资到甲公司，从而让乙公司变成甲公司的子公司，张三与李四充满期待地去办理了非货币性资产出资分五年纳税的备案。现在五年到期了，于是进行咨询："公司没有预期挣钱，能不能反悔？这个税缴不起啊！"要知道，这是确定性的欠国家的税款，是欠税，只是给了一个不加收滞纳金的分期纳税的政策。这跟有的对赌业务是不同的，对赌的某些情形下，如果先行缴税了，后期对赌失败，特定情形发生收入退回时，是可以去争取办理退税的。然而上面提到的欠税，是不能再创造条件退回的。这说明，分期缴税并不是最优选择，需要充分考虑当前的纳税义务，可以尽量提前设想一下未来利益实现时形成纳税义务的安排，至少纳了税后还有回报所得，有余款。笔者发现，在对赌失败情形下退税的案例并不多见，反而有否定案例，一是相关政策并不清晰明确，二是涉及审批及财政负担能力。

笔者在学习《公司法》的时候，看到有的专家提出这样的观点："当出现出资财产评估价低估的时候，就有可能引起国家税款的流失问题！"笔者虽研究税法数十载，实践当中还没有遇到这样的情形。《增值税暂行条例实施细则》规定：

> 第四条　单位或者个体工商户的下列行为，视同销售货物：
> ……
> （六）将自产、委托加工或者购进的货物作为投资，提供给其他单位或者个体工商户；
> ……

在营改增之后，对外投资已不再从视同销售的角度解释，而是直接认为其属于销售，取得的对价是股权，这样的理解是建立在"以物易物"的基础上，也能解释得通。

【例2-5】张三拟以个人新购置的吊车设备出资设立公司，购置价是50万元，以估价30万元入资，此时我们评估一下其中的涉税问题（见表2-7）。

表2-7 案例涉税处理

税项	个人	公司
增值税	张三是小规模纳税人，只能开具普通发票给公司入账；增值税=500 000÷（1+1%）×1%=4 950.50元，同时附征附加税费，可享受减半优惠	不存在抵扣问题[①]
所得税	个人所得税下无财产转让所得	按30万元计入资产，列入成本费用
印花税	无	无

大家可能认为，低估不是对公司有利吗？为何不可以呢？这里需要考虑股东与公司双方的利益，低估自然会影响出资股东的权益，是不公平的。但由于市场主体多、价格变化大，也很难保证是不是低估，在该股东与其他股东都认可的情形下，于税收上可能会带来影响，如个人所得税、增值税的计缴，但整体上会延伸到公司的计税。估价低时，公司的入账成本就低，影响税前扣除。自然人作为纳税人，在出资财产估价故意估低的情形下，不排除有其他税收利益的考虑。但个人所得税与企业所得税之间税基的延续是一致的，不必然引起税款流失。

2.2.3 中间搭建隔离层的投资公司结构及其应用考虑

笔者发现，我们接触的一些培训或专家意见中，多给老板们灌输了需要搭建控股公司的思想及其功能规划，这里面的内容确实需要了解，只是需谨慎适用，其他如"钱包公司""家族公司""控股公司"等等噱头过于冗杂，截至目前一共才有5 000多家上市公司，这占公司中千万分之一的比例。再者说，成立的公司，有那么多值得传承的吗？有那么多家族斗争的情况吗？有那么多对外投资的产业吗？过度的规划与服务，要么是服务机构的专业化商业梦想去努力"孵化"出伟大的企业来，要么是生意上的"简单问题复杂化"的一种套路使然，过犹不及，给老板的建议是适可为宜。

---

① 目前自然人可代开专用发票的情形包括：
（1）转让、出租不动产，购买方或承租方不属于其他个人的；
（2）个人保险代理人、证券经纪人、信用卡和旅游等行业的个人代理人；
（3）在中国境内提供公路货物运输和内河货物运输，且具备相关运输资格并已办理临时税务登记的。

情形一：通过有限公司间接进行投资的考虑（见图2-3）。

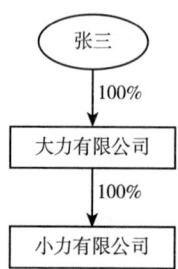

图2-3　通过有限公司间接投资

结合大家日常的关注理解，我们梳理一下这种结构的特点（见表2-8）。

表2-8　结构特点

关注事项	解释	说明
免税说	小力公司有盈利后，直接向张三分红需按20%计个人所得税；而如果向大力公司分红，可暂时享受免税待遇，但未来向个人分配时仍需要按20%计缴分红个人所得税	不是真免税，是暂时性免税，但资金的流动较为便利，大力公司也可作为一个资金的"储蓄池"，降低放在小力公司的经营风险
风险隔离说	直接当股东，如果小力公司有法律风险发生，不直接波及张三，可由大力公司来缓冲	虽不是绝对，但相对有其有利的一面
出资责任说	比如"以小博大"出资，这样张三的个人责任可受保护；大力公司可用免税分红方便出资，但若张三用分红出资，就面临着20%的个人所得税问题	《公司法》对这类情形的规定并不详细明确，需具体分析
个人消费说	比如在小力公司直接报销张三的费用，受关注高，但在大力公司报销，相对债权关系简单，达到"优化个人所得税"的目的	本身就是形式主义，绝对不是某些人所说的钱包公司去"买包包"
大力公司再投资说	小力公司负责一方面业务，大力公司收回分红再用于投资其他产业，这样职能独立，风险不过于集中	这也是一种常规的便利操作，本身母子公司间、子子公司间在企业所得税上有相应的特殊性税务处理的政策，若涉及重组较为便利
股权转让的便利	当前对于个人股权转让设置了严格的"反避税"措施，征管规则较多，而公司持股转让则没有必须"反避税规则"前置考验	特别是对于净资产大于出资额，但又没钱可分、低价转让之时，核定计税的"结果"多会不利

情形二：通过合伙企业投资公司（见图2-4）。

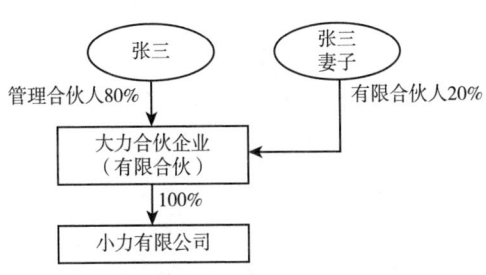

图2-4　通过合伙企业投资公司

在图2-4的结构中，有的专家是这样解释的："老板啊，你要注意啊，自己要当管理合伙人，外姓人（妻子）当有限合伙人，这样就不会发生吕后当权那样的事情啊！这样你的商业王国会牢牢地掌握在自己手中！"顺着这样的思路，张三及其妻子作为合伙人成立大力有限合伙企业，再由大力企业出资设立小力有限公司，如此这样，完美地解决了控制权的问题。"算计"固然重要，但是，成大事者，需要懂得抓重点，尽管我们也有看到兄弟反目、子女争夺企业继承权的情形，但正如笔者上面提到的，毕竟是个例。

或许这种情形下，有担心张三作为管理合伙人有无限责任的问题，隔离得不够彻底，于是演化出如下的两种结构方式。

第一种架构是合伙企业与小力公司之间加一层有限责任公司（见图2-5）。

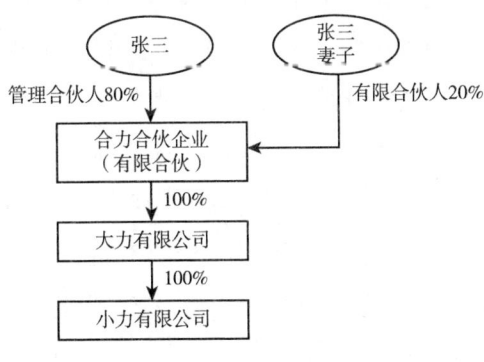

图2-5　第一种结构

这种架构相当于强化了控制权,又进一步隔离了风险,似乎更完美了。这里还有一个功能,如果是合力合伙企业直接控股小力公司,当小力分红给合力时,个人合伙人是需按"利息、股息、红利所得"20%计税的;在上图中,由于加入了大力有限公司,利润在此处与合力合伙企业隔离开了,只有当大力有限公司决定分红时才会发生利润的分配并确认为合伙企业的所得,进而由合伙人计个人所得税。

有人提出来:"这样张三还有无限责任的风险,再完美设计一下吧!"于是,图2-6所示的第二种架构就出来了。

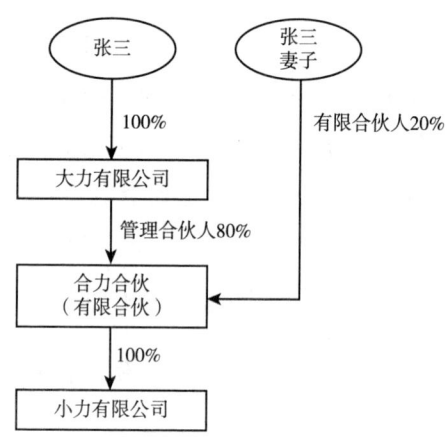

图2-6　第二种架构

在笔者与一些企业家的交流中发现,企业家其实想得并没有这么复杂,所谓商场如战场,还是要在市场上取得先机、良机,才是根本。笔者认为,当快形成有价值的产业链的时候,此时结合投资、业务两个角度,来考虑调整或重新规划商业架构也不迟。有时,笔者与律师伙伴会有一些业务交流,大家在提供技术服务的时候,常常引用某企业老板与其老婆签订的婚前协议案例,意思是一旦离婚,女方将得不到男方的财产!以单个样本为例,意图劝说其他老板也签订婚前协议。但老板们的家庭情况各异,最好是结合具体情况具体分析,避免走火入魔。

2.2.4　公司创造价值的来源及正当性

成立公司的目的是什么？粗浅来看，是挣钱！在传统的会计学理论中，公司的目标是股东利益最大化，这似乎也没错。笔者认为，公司作为社会经济体系中最为活跃的一种经济类型主体，从它产生起，就肩负起发展市场经济、激活经济增长、创造财政收入的责任。公司作为载体，通过股东投入资产，进行品牌、人员、产品、服务的组合，创造利润价值，加之会计上对独立主体的核算、税法上对独立纳税人的认定管理，从而形成了合规纳税的基础。

不过，也不排除有以合法形式掩盖非法目的的问题，比如通过公司进行走私、虚开发票、从事不法生意等，国家的相关法律法规对此了有相应的追责机制。我们时常提到："违法经营收入与所得，也要纳税的！"在税收法规体系中，对某些特定情形，税务机关是可以没收违法主体的违法所得的，但并不普遍。

【例2-6】某无车承运平台因被怀疑团伙虚开发票受到关注。其商业模式是这样的，比如运输单位需要对外支付100元的费用，此时收费方无法提供发票，于是企业找到平台，平台加价"5%税点"，以105元向运输单位开具9%的增值税专用发票，运输单位抵扣8.67元［105元÷（1+9%）×9%］进项，"白得3.67元"，平台向实际运输人支付100元，对方仍然提供不了发票，但平台"胆大"，以白条列支，自己缴纳8.67元增值税，同时地方政府给予约4.3元的财政补贴。整个交易过程中，地方政府买了单，有了经济体量，还有小小的剩余。那么这种平台的价值是什么呢？是撮合了交易，还是提升了经济效率？恐怕都甚少，其作用主要是解决发票的问题，而且还是挣了国家的钱！其经济意义并不明显，没有生产力价值，存在的正当价值自然不大。

一个公司的存在价值，是需要靠其自身的生产力支持的，新技术经济下，创新了价值提供的方式，也创新了创造利润的方式，一个公司经营是不是安全,首先要考虑一下自己从事的业务是不是有违法的风险,并且自己能不能抵御这种风险。比如有人提出来:"某某宝当初也不是那么合规,某滴当初是不是也没有营业牌照?"或许,企业家会或多或少地面临创业的行业监管、责任风险,但还是需要做好评估,一是对自己的能力评估,二是对风险的防御规划,但如果寄希望于做"发票生意",想着未来会得到"允许",这就是"自投罗网"了。

【例2-7】某老板看到当下网上订餐平台比较火,于是想到一个好生意,思考能不能开发一套系统给这些小商家提供物料、粮油菜之类的东西。一想这生意可够大的,相当于餐饮的供应链生意了!第二天该老板就开始做规划、找投资,找专家论证。"我这个生意很简单,我去统一采购,再销售给这些商家,因为我的成本低,客户自然愿意找我!"笔者一问:"为什么成本低呢?""因为我们不要发票,供应商也不开票销售成本低!"

分析:笔者认为,如果是小规模运营,可能还能一试,争取要一个核定计所得税的政策,但增值税要不要缴?如果一般纳税人则多是按9%或13%计缴销项税额,此时还能不能有可观的利润?若都想着自己体外循环,不入到经营主体的账上计税,就是故意偷逃税款,是违法行为。而如果做成平台做撮合型的生意,收取交易方的手续费,恐怕交易双方自己就对接上了,其合规下的核心竞争力并不强。

在财税法的体系下,股东追求的不一定是纯多赚钱,而是需要在行政法与刑法等的规范中,以合规利润为基础进行商业设计,这样才持久、安全。

现在市场上有很多代理记账机构,如果能在不同类型、不同行业的公司设立运营方面,提供一些辅佐性的产品与服务,基于老板的安全规划考虑,这种增值服务比给对方提供咨询服务更有作用,因为咨询服务多是被动型服务,对方来问,这边进行回答,纯是技术层面的交流。也有的代理记账机构基于自己安全的考虑,害怕企业做假账逃税、虚开发票违法犯罪等,只做资料的形式审核，既然是对方提供的票据，所有的责任都由对方承担，这样一旦有问题时，可以"一问三不知"！此时的代理记账价值就不会大。

每个人的思想、个性、认知、资源等差异较大，这种差异性决定了一家公司要做什么、如何做，但这类虚拟的东西是无法作为出资资产的，而是慢慢体现在公司的无形价值与经济创造价值中，这也是无法从经济计量的角度进行衡量的原因，由此，这种隐形的价值，或可通过利润创造进而通过对公司的估值来得到体现。

2.2.5 股东与公司之间的利益关系建立及公司法定财产独立性的体现

《公司法》强调股东不得抽逃出资，不能侵占公司财产、挪用公司资金等，这样才能保障公司的法人财产的合法性与所有权，但现实当中我们发现，很多小企业的老板，就当公司是自己的"家"，有时家里的东西摆在公司，有时公司的东西拿回家，不足为奇！这不是明目张胆地违反《公司法》的责任规定吗？有人也提出来："很多老板为公司操碎了心，可一分钱也没有拿，不是说要划分清晰嘛，是不是要清晰地记录应付劳动、智慧的成本呢？"如何理解这种情形呢？

这里有两个层面的问题：

一是规定公司财产不被股东"挪用、抽回出资"，意在用"公开声明的出资+经营中的盈利"来保护与公司进行交易、进行业务往来的债权人的利益，即一定要把外账算明白、保护好，再来考虑股东的得失问题；二是在税收上，公司是一个完整的独立纳税人，而且是年度核算型的纳税人，所有的收支需要遵循税法标准、规则，且要保持完整性，而对于个人，其所得体现在"实际取得所得"的情形下的计税，如果没有实际所得，基本上可以认为就没有应税行为发生，而不存在因股东应取得而未取得所得，税务机关需要强制计算应取得的所得，核定所得额要求股东计缴个人所得税等税项，自然人与公司的计税逻辑是不同的，并没有因为股东不要报酬而减少了国家的税收征收。理解了这一点，再去理解债权人的权益保护机制就顺利多了。"股东取得报酬的方式是多种多样的，比如用单位的车、用单位的物品，这不一样是所得的另外一种形式嘛！"没错，现实当中真是分不清，有的公司为老板承建的会所，购买个人爱好的物品、车辆使用，确实是说也说不清的。从理论上看，需要确定为股东的个人所得（享受的服务也是一种应税所得），但由于在计量、取证、成本效益方面的问题，该情形已经司空见惯。笔者通过案例收集研究，发现有的会计在记录公司的凭证时，可能记录为"为公司老板家安装空调、为老板别墅装修等"字样，这不是明显的公为私用吗？这样的案例，定性为老板的股息类个人所得，是有先例的，同时由于涉及与公司不相关的支出，不得在企业所得税前扣除。在这里其实可以认为单位支付了老板的薪酬，按薪酬扣缴个税，并在税前扣除，这样理解是可以衔接起来的。而有的税务机关可能认为与公司业务不相关，直接调增了企业所得税的年度应纳税所得额，至于个人所得，要么认定为股息红利，要么就没去管了，也有这样的处理。

若涉及多位股东一起投资设立的公司，此时就特别需要"亲兄弟，明算账"了，这里可不是钱的问题，而是实实在在的法律责任的问题。

《清华海归博士孙夕庆：我心光明》（法治网2023年1月17日）中有这样一段报道（摘录）：

"追光"路上的"急转弯"

正当孙夕庆在"做世界上最好光"的路上迅跑之时，一场骤然而至的官司，让他的人生在此拐了个"弯儿"。

2014年，因公司股东纠纷，孙夕庆被免去董事长和总裁等所有职务并被赶出其一手创建的潍坊中微公司。此后不久，公司一名姜姓董事向公安机关举报孙夕庆利用职务便利侵占公司财产。孙夕庆遂被潍坊高新公安分局以涉嫌职务侵占罪和虚开增值税专用发票罪刑事拘留，后被批捕。从此，孙夕庆走上了被羁押1 277天、长达5年114次开庭的"刑狱路程。

2017年,潍坊市高新区法院一审判决认定孙夕庆犯虚开增值税发票罪,判处有期徒刑三年半。孙夕庆不服判决,提出上诉。潍坊市中级法院审理后将案件发回重审。

重审过程中,检察机关以事实不清、证据不足为由撤诉,孙夕庆获释。2019年11月,潍坊高新区法院向孙夕庆进行国家赔偿并公开赔礼道歉,孙夕庆案件也在同年被最高人民法院列为五件体现产权保护国家赔偿典型案例之一。

对于该案的典型意义,最高人民法院表示,实践中,有的民营企业家因经济纠纷被刑事羁押,影响了企业的正常经营,也引发了一些企业家对于自己人身和财产安全的担忧。司法机关坚持实事求是、公正司法的坚定立场和有错必纠、依法纠错的明确态度,对于民营企业、民营企业家,始终坚持贯彻落实党和政府关于产权保护的相关法律及政策,在司法的全过程,始终注重实施和传递党和政府关于依法保护产权和企业家人身财产安全的明确信号。

"5年的时间里我不得不离开最珍爱的事业,十分痛惜;司法机关坚持有错必纠、公正司法,给我们民营企业家吃了'定心丸',让我重拾'做世界上最好光'的梦想,继续为祖国的高科技发展尽心尽力。"孙夕庆说。

在公司设立初期,大家往往是"豪情万丈""兄弟情深",但每个人并不都是神仙,也可能存在各种各样的问题,比如私心、贪心的行为,再加上若没有协同的决策机制与透明的财务管理,容易因合作矛盾做出不法行为,这些行为可能涉及侵占公司财产、偷逃税款或虚开发票违法,这些问题往往十分敏感,若不慎牵涉其内,还真可能给自己与家庭带来损害与影响。所以,一个有法律意识与法律能力保障的股东,是何等的重要,既可在事前与事中保护自己,也能在事后抵御风险。

此时,对于财税人来讲,较为熟悉的是股东借款超一年的个税问题,股东买车、家用品在公司报销的问题等等,而很少去考虑是否涉及对公司财产独立性的影响。即在征税的结果确定上,税务机关并不会考虑是不是涉及个人股东侵占公司财产的问题,也不会对此进行行政执法程序的参与与线索移送。作为商法方面的律师,掌握这类情形下的涉税政策是有必要的(见表2-9)。笔者发现,现在网上的此类文章也是五花八门,同时税务机关加大了这方面的税收检查与风险管理,越来越多的老板借款超一年不还被认定为个人取得股息红利需计缴20%的个税,还可能进一步追究企业扣缴的征管义务,并依据税收征管法作出税额50%至3倍的罚款。

表2-9　　　　　　　　　相应涉税政策

相应税收政策	内容	解释
财税〔2003〕158号①	二、关于个人投资者从其投资的企业(个人独资企业、合伙企业除外)借款长期不还的处理问题 纳税年度内个人投资者从其投资企业(个人独资企业、合伙企业除外)借款,在该纳税年度终了后既不归还,又未用于企业生产经营的,其未归还的借款可视为企业对个人投资者的红利分配,依照"利息、股息、红利所得"项目计征个人所得税	也存在通过中间公司中转借支、代付情形
国税发〔2005〕120号②	第三十五条　各级税务机关应强化对个体工商户、个人独资企业和合伙企业投资者以及独立从事劳务活动的个人的个人所得税征管 …… (四)加强个人投资者从其投资企业借款的管理,对期限超过一年又未用于企业生产经营的借款,严格按照有关规定征税 ……	延伸了对纳税年度结束的理解,相当于多了一份谈判的空间

首先需要解释一下,财税〔2003〕158号文件是一个反避税的文件,在常规的个人所得税所得认定上是不充分的。笔者发现有专家对此提出质疑:"会计报表上有可分配的利润,才能依158号文件征税,不然没有支撑基

---

① 财税〔2003〕158号,即《财政部 国家税务总局关于规范个人投资者个人所得税征收管理的通知》。

② 国税发〔2005〕120号,即《国家税务总局关于印发〈个人所得税管理办法〉的通知》。

础。"笔者认为,反避税政策本就不是传统意义上的"讲理逻辑",意在对特定涉税事项的治理或设置警戒线,避免形成税收漏洞,或常规政策被滥用。专家进而提出:"如果借款后征了税,将来进行利润分配时可以对上面已征的税进行抵减。"笔者认为,逻辑看似是完美的,这样的推论或可能在税务机关那里蒙混过关,或者让对方感觉确属非常专业的理解,作为一种谈判的手段,有其可行性。但笔者发现,在有的法院案例与较多地方税务局的问答中,对于借款后超过一年又归还的情形,仍认为要计征个税,即使是归还了借款,也不将之前所缴个人所得税退还。上面我们提到,158号文件是反避税政策,加之退税责任重大、程序复杂,很难得到退税。但若当地税务机关有此方面的灵活执行口径或地方性支持政策,作相应争取是可以考虑的。在情理上,股东普遍认为债务都还了,凭什么还要征税,理应退税;或者在借款一年后被税务机关发现,认为及时归还就没有对所得征税的基础了。这种朴素的理解,笔者也认同,只是在政策规则之下,没有统一的支持意见,基层税务机关也难以擅作决定,这就涉及我们国家成文法体系下的"依据论",特别是在税收领域,"咬文嚼字"式理解税收政策是常有之事。

还有一种情形是股东个人的消费性支出,开具公司抬头的发票,列在公司账上扣除,这本身也是股东的一种所得,依据财税〔2003〕158号文件规定:

一、关于个人投资者以企业(包括个人独资企业、合伙企业和其他企业)资金为本人、家庭成员及其相关人员支付消费性支出及购买家庭财产的处理问题

个人独资企业、合伙企业的个人投资者以企业资金为本人、家庭成员及其相关人员支付与企业生产经营无关的消费性支出及购买汽车、住房等财产性支出,视为企业对个人投资者的利润分配,并入投资者个人的生产经营所得,依照"个体工商户的生产经营所得"项目计征个人所得税。

除个人独资企业、合伙企业以外的其他企业的个人投资者,以企业

资金为本人、家庭成员及其相关人员支付与企业生产经营无关的消费性支出及购买汽车、住房等财产性支出,视为企业对个人投资者的红利分配,依照"利息、股息、红利所得"项目计征个人所得税。

如果是公司,有发生上述的情形,按股息红利征股东的个人所得税,这样的案例也时有发生,如某税务机关的处罚公告中提到:

2.股东个人消费支出列支业务招待费 你单位于2021年度购进白酒用于股东个人消费56 700.00元,计入"管理费用——业务招待费",导致税前多扣除业务招待费34 020.00元,同时也未视同分红代扣代缴"利息、股息、红利所得"个人所得税11 340.00元(证据三、四)。你单位已于2023年11月9日补扣缴"利息、股息、红利所得"个人所得税11 340.00元(证据六)。

另外一个处罚公告的内容提及:

(二)用于股东个人消费的支出在单位列支,且未代扣代缴个人所得税 你单位2021年9月30日记19号会计凭证反映,列支管理费用及销售费用共计104 671.63元。其后附凭证包括保×(武汉)物业管理有限公司宜昌分公司开具的增值税普通发票2张,一张为车位物业服务费300.00元,一张为车位租赁费1 200.00元,购买方名称均为苟×(你单位法定代表人陈××配偶),陈××;×高新区××家具经营部开具的普通发票6张(发票代码:0420019001×,发票号码98729539-987295×),品名家具,合计金额59 670.00元,购买方名称为×市××服饰有限公司。检查人员检查你单位生产经营地点时,并未发现新购置家具,通过询问你单位法定代表人,确定这三笔支出合计61 170.00元为你单位法定代表人位于××时代的个人住宅相关消费,属于与你单位生产经营无关的支出,以上三笔款项实际应由你单位法定代表人个人支付,以上支出就视为你单位对个人投资者的红利分配代扣代缴个人所得税。

实务当中这类情形是非常多的,从成本效率的角度而言,派出大量的人员对此类事项进行检查、查补个税，也不一定就产生多大的效果，而且其中的举证也难以辨析，检查出的案例，往往是记录比较明显，或者购入的物品与公司的业务确实很难相干的。

在上述案例中，股东拿着自己消费的发票来单位报销，这算不算虚开发票呢？《发票管理办法》规定：

> 第二十一条　开具发票应当按照规定的时限、顺序、栏目，全部联次一次性如实开具，开具纸质发票应当加盖发票专用章。
>
> 任何单位和个人不得有下列虚开发票行为：
> （一）为他人、为自己开具与实际经营业务情况不符的发票；
> （二）让他人为自己开具与实际经营业务情况不符的发票；
> （三）介绍他人开具与实际经营业务情况不符的发票。

本来不属于单位采购取得的发票，是个人的支出，将发票抬头开具成单位，这属于取得不合规的发票情形之一，与实际业务产生背离，倒是可以认为属于虚开的一种行为，但延伸到《刑法》层面，首先个人购买的物品是真实的，销售方是真实的，个人开具发票的目的是报销自己的费用，少缴个人所得税，同时也达到了税前扣除的目的，若达到数量与金额条件的，认定为虚开发票罪确实有一些牵强。《最高人民法院　最高人民检察院关于办理危害税收征管刑事案件适用法律若干问题的解释》（法释〔2024〕4号）规定：

> 第十二条　具有下列情形之一的，应当认定为刑法第二百零五条之一第一款规定的"虚开刑法第二百零五条规定以外的其他发票"：
> （一）没有实际业务而为他人、为自己、让他人为自己、介绍他人开具发票的；
> （二）有实际业务，但为他人、为自己、让他人为自己、介绍他人开具与实际业务的货物品名、服务名称、货物数量、金额等不符的发票的；
> （三）非法篡改发票相关电子信息的；

（四）违反规定以其他手段虚开的。

在实践当中，税务处理上尚未看到有前述情形移送公安机关的案例。但对此也不能大意，在某些情形下，在某些个案中，不排除认定虚开刑事犯罪的可能。对于民营企业家来讲，一旦涉及刑责，自己的企业很可能就难以经营下去了，而且对自己的家庭、子女都会产生无法估量的损害和影响。

在上面提到的股东借款计征个税的案例中，还要提到一个当前税务机关比较关注的事项，即增值税视同销售的处理，要求单位按视同销售计缴增值税及附加税费，在《财政部 国家税务总局关于全面推开营业税改征增值税试点的通知》（财税〔2016〕36号）附件1《营业税改征增值税试点实施办法》中明确地规定：

第十四条　下列情形视同销售服务、无形资产或者不动产：

（一）单位或者个体工商户向其他单位或者个人无偿提供服务，但用于公益事业或者以社会公众为对象的除外。

（二）单位或者个人向其他单位或者个人无偿转让无形资产或者不动产，但用于公益事业或者以社会公众为对象的除外。

（三）财政部和国家税务总局规定的其他情形。

将于2026年1月1日施行《增值税法》中将视同销售改为视同应税交易，但未提及无偿借款的情形，作了相应的限缩。如果真要借款，索性就签订一个有偿公允的借款合同，哪怕是给付一些利息也好，总比20%的个税成本可能要好一些。因为有的时候，即使征了20%的个税，借款也并不就属于自己了，而是仍需要归还给公司。

此时我们可能会有一些疑惑，为什么将这部分所得直接定性为股息红利所得，而不是薪酬所得呢？特别是对于在单位工作拿工资的股东来讲，定性为工资薪金所得不是更有利于征税吗？其实是因为此事项的发生并不是基于工作关系认定，而是基于收益角度的所得，定性为股息红利较为恰当。

《公司法》中明确了抽逃出资的法律责任问题：

第五十三条　公司成立后，股东不得抽逃出资。

违反前款规定的，股东应当返还抽逃的出资；给公司造成损失的，负有责任的董事、监事、高级管理人员应当与该股东承担连带赔偿责任。

其实在税务机关行政执法层面，没有必要考虑股东是否抽逃出资的行为，因为与税收执法并没有直接的关系。税收行政执法往往是看形式体现，依据计征税收政策判断处理，比如发生"抽逃出资"事项，将相应资金转移到第三方的机构，给到股东的关联方或者股东个人名下，当下税务机关可以认为属于无偿借款按视同销售计征增值税，企业也不大可能向税务机关解释："我这是抽逃出资，不是借款！"由于公司的银行账户有严格管理记录，钱进钱出，会计上都会核算得比较清楚，特别是流出的钱，是什么性质的，有没有合同、发票等，往往都会体现在会计报表科目中，税务机关对于报表、纳税申报数据的风险分析管理也是越来越细致多样，时不时就会收到税务部门的风险推送。有的老板可能会让会计做假账，一是包装成为业务款项对外预付支出，甚至以虚开发票的方式慢慢地向外流转；二是直接虚报报表，向税务机关报送的会计报表数据是虚假的，又或者让会计人员将报表的科目打乱，不要记得太清晰，从而减少其他应收款、其他应付款等敏感科目的余额，以免过于明显引起关注。

【例2-8】在税务机关的风险排查中，发现得利公司往来款项金额较大，科目余额8亿多元，于是风控部门将其列为风险点，推送到基层税务机关要求核实。税务机关让企业财务负责人进行解释，财务负责人知道这笔钱是对外有偿借款，但由于对方经营陷入困境无力支付本息，已欠数年。事实虽然如此，不过这样去解释明显会被要求补缴税款，因为合同约定的收息时间早就过了！于是就解释为这是关联业务合作款，这笔钱属于无偿借款，最后按照同期的银行贷款利率计缴了相应的增值税。

案例中的这类情形其实是普遍存在的，而如何合理处理，需要财务人员发挥智慧。比如甲公司向乙公司采购货物，预付了30%的货款，但乙公司迟迟未交付，30%的款项预付快一年了，此时税务机关发现后，认为其属于无偿的资金占用，需要计缴增值税！这样处理是存在误解的，我们所说的无偿借款，是基于借款行为本身，比如企业间无息拆借资金的情形，而对于有利息约定，或者是预付货款、服务费的往来，是有交易基础前提的，其性质就不一样。另外依据《财政部 税务总局关于延续实施医疗服务免征增值税等政策的公告》（财政部 税务总局公告2023年第68号）的规定，对企业集团内单位（含企业集团）之间的资金无偿借贷行为，免征增值税。这是例外性规定。

2.2.6 拍卖是一种可以"避税"的方式吗

近期在网上看到深圳市税务局官网有一篇报道：

深圳市税务局稽查局依法查处一起未按规定履行代扣代缴税款义务案件

2023-09-20 来源：国家税务总局深圳市税务局

近期，深圳市税务部门在税收管理中分析发现深圳×国际拍卖有限公司偷逃税风险较高，遂依法对其进行立案检查。

经查，深圳×国际拍卖有限公司在2018年至2020年向自然人支付拍卖款及向股东分红时未按规定履行代扣代缴个人所得税义务。税务部门对其立案检查后，深圳×国际拍卖有限公司已补代扣代缴个人所得税433.19万元。依据《中华人民共和国个人所得税法》《中华人民共和国税收征收管理法》《中华人民共和国行政处罚法》等相关法律法规规定，深圳市税务局稽查局对该公司未按规定履行代扣代缴义务的行为处以罚款216.60万元。目前，深圳市税务局稽查局已依法送达《税务处理决定书》和《税务行政处罚决定书》。

深圳市税务局稽查局相关负责人提醒纳税人、扣缴义务人，代扣代缴税款是法定义务，扣缴义务人未依法履行代扣代缴义务的要及时纠正，避免出现法律风险。

笔者有遇到这样的咨询："为了减少直接的交易关系，也减少涉税的问题，能不能用拍卖的方式来解决公司资金的支付问题，包括利润支出、出资支出？"何以这样说呢？《国家税务总局关于加强和规范个人取得拍卖收入征收个人所得税有关问题的通知》（国税发〔2007〕38号）提出：

> 据部分地区反映，对于个人通过拍卖市场拍卖各种财产（包括字画、瓷器、玉器、珠宝、邮品、钱币、古籍、古董等物品）的所得征收个人所得税有关规定不够细化，为增强可操作性，需进一步完善规范。为此，根据《中华人民共和国个人所得税法》及其实施条例和《中华人民共和国税收征收管理法》及其实施细则规定，现通知如下：
>
> ……
>
> 四、纳税人如不能提供合法、完整、准确的财产原值凭证，不能正确计算财产原值的，按转让收入额的3%征收率计算缴纳个人所得税；拍卖品为经文物部门认定是海外回流文物的，按转让收入额的2%征收率计算缴纳个人所得税。

如果让公司来拍卖个人的物品，是不是可以套用核定来考虑个税税负的问题？同时《国家税务总局关于明确二手车经销等若干增值税征管问题的公告》（国家税务总局公告2020年第9号）规定：

> 三、拍卖行受托拍卖文物艺术品，委托方按规定享受免征增值税政策的，拍卖行可以自己名义就代为收取的货物价款向购买方开具增值税普通发票，对应的货物价款不计入拍卖行的增值税应税收入。
>
> 拍卖行应将以下纸质或电子证明材料留存备查：拍卖物品的图片信息、委托拍卖合同、拍卖成交确认书、买卖双方身份证明、价款代收转付凭证、扣缴委托方个人所得税相关资料。
>
> 文物艺术品，包括书画、陶瓷器、玉石器、金属器、漆器、竹木牙

雕、佛教用具、古典家具、紫砂茗具、文房清供、古籍碑帖、邮品钱币、珠宝等收藏品。

对于个人自用的物品，因享受免征增值税待遇，还可以让拍卖行帮忙开具发票，这样不是完美地实现了资产的"低成本"套现转移了吗？承上面深圳市税务局的案件，笔者认为，在征管中或许存在一些类似的盲区，但我们还要考虑，对于不动产、机器设备等，是不是有必要拍卖，且还有手续费、沟通等成本，需要结合多种情形综合评价。

2.2.7 多股东合作投资情形下的"公平"价值论

对于有限责任公司，是"资合+人合"相结合的产物，在《公司法》的框架下，设置了意思自治的权益主观性的约定规则。股东投资的价值，不仅体现在其出资金额上，还在于其自身无法计量的"品牌价值""思想观念"等，因此在约定章程内容的时候，对于决策权、分配权等，就可能出现不完全按照出资额进行计量分配的情形。尽管我们平时接触的多是以出资额为基准进行的权益平衡与约定分配，一是惯例使然，二是平时接触的中小企业居多，在利益与合作上大家也没有考虑那么多。

【例2-9】张三与李四、王五拟投资设立创业公司，李四、王五是张三的大学同学，平时经常一起谈天说地，张三经过观察发现了一种比方便面更便捷的"即食面"，于是拉朋友一起创业，张三准备投资50万元，李四与王五各投25万元。张三经常听专家的课程，据说控制股要在三分之二以上，这样才能具有较好的控制权，所以在制订公司章程时，约定其占有的公司权益与表决权在80%，李四与王五各10%，大家也没意见，于是公司就开张了。

《公司法》规定：

第六十五条　股东会会议由股东按照出资比例行使表决权；但是，公司章程另有规定的除外。

第二百一十条 公司分配当年税后利润时，应当提取利润的百分之十列入公司法定公积金。公司法定公积金累计额为公司注册资本的百分之五十以上的，可以不再提取。

公司的法定公积金不足以弥补以前年度亏损的，在依照前款规定提取法定公积金之前，应当先用当年利润弥补亏损。

公司从税后利润中提取法定公积金后，经股东会决议，还可以从税后利润中提取任意公积金。

公司弥补亏损和提取公积金后所余税后利润，有限责任公司按照股东实缴的出资比例分配利润，全体股东约定不按照出资比例分配利润的除外；股份有限公司按照股东所持有的股份比例分配利润，公司章程另有规定的除外。

公司持有的本公司股份不得分配利润。

承接上述情形，对于数据敏感的人士提出："李四与王五本来各占25%的股份，现在自愿放弃到10%，这其中的差额15万元，属于赠送给张三的所得，属于股权转让应税所得！"但这说不通啊，李四与王五各"转让"15%的份额给张三，按理张三应付款给李四与王五，现在反而是李四与王五倒贴钱给张三，这不是很奇怪吗？"反正张三这30万元是白得的，有隐性的涉税义务，有风险！"在笔者看来，这里根本不存在与税相关的风险，张三、李四与王五约定的是未来的分配权与决策权，不是基于投资的100万元的"盘子"进行利益的分割，这些钱是属于公司的，根本就不存在所谓的"公平角度之下隐性的交易"，是根本没有交易，比如未来产生200万元的所得，依据分配比例，大家分的是第一手各自的应税所得，这种分配也不是先按出资比例分配，再由股东之间进行赠送或让渡，这个逻辑纯是一种臆想。《公司法》对于意思自治下的约定分配与表决权配置的规定，不是由名义出资额多少决定的，有的人的预期贡献大，就可以多分，或许其未来有其他的不可估价入资的因素，是不是也要对隐性因素进行视同销售的涉税分析？税法本身是法定的，但它并不一定以穷尽公平或数字平衡为追求目标，它的课税规范与义务，是一种人为的规则，在税收法定的基础之上，需要依规定计缴税，做好税法遵从。而且，股东彼此之间的约定是可以在经营过程当中修改的！税法也很难针对此事项进行强制调整。

承例2-9，如果张三是个人，而李四与王五换成甲公司与乙公司，在200万元所得的分配中，甲公司与乙公司免税处理收入，若按出资额比例25%"公平计算出"应分的利润额，甲公司与乙公司各应分50万元的利润，但依章程各自实得20万元，则先将50万元算入免税所得，再将差额30万元"赠送"给张三并扣缴其个税，但张三依约定本来就分了160万元的利润，按20%计缴股息红利个税，在这种情形下，是不是处理十分混乱？有意义吗？

2.2.8 认缴出资后在法定出资期限内加速出资的情形

新《公司法》明确规定：

> 第五十四条 公司不能清偿到期债务的，公司或者已到期债权的债权人有权要求已认缴出资但未届出资期限的股东提前缴纳出资。

这条规定是有前提条件的，即不能清偿到期债务的情形，如果能够偿还，就不存在可要求已认缴但未到规定出资期限的股东提前实缴出资。从认缴到实缴，这相当于股东的投资成本形成，也是股东责任的体现。

海淀法院适用新公司法作出首例判决，认定数次转让未届出资期限股权的诸原股东应向债权人承担补充责任[①]

近日，海淀法院一审宣判原告孙某诉被告张某、王某、李某、赵某及第三人天和公司、仁和公司、钱某变更、追加被执行人异议之诉案，法院认定在公司财产不足以清偿生效法律文书确定的债务时，根据新公司法第八十八条第一款之规定，即使数次转让股权的原股东转让股权时均未届出资期限，但在受让人未按时足额缴纳出资的情况下，诸原股东

---

① 李囡，北京海淀法院，2024年8月14日。

应依次就受让人未能足额缴纳的出资部分向债权人承担补充责任。

该案系新公司法施行后海淀法院首次认定数次转让未届出资期限股权的诸原股东应向债权人承担补充责任。

基本案情

海淀法院已生效判决确认，孙某为天和公司、仁和公司及钱某的债权人，钱某为仁和公司唯一股东，仁和公司为天和公司唯一股东，仁和公司、钱某均未能举证证明其财产独立于公司财产。该判决判令天和公司向孙某偿还欠款，仁和公司就天和公司债务承担连带责任，钱某就仁和公司债务承担连带责任。在执行阶段，因天和公司、仁和公司、钱某无财产可供执行，法院裁定终结本次执行程序。

为此，本案原告孙某申请追加仁和公司的原股东即被告张某、王某、李某、赵某为已生效判决的被执行人。被告张某、王某以其出资期限并未到期、股权系代持、转让股权系因离职为由抗辩其不应就仁和公司的债务承担责任。被告李某、赵某未作答辩，第三人天和公司、仁和公司及钱某未作陈述。

经查，仁和公司成立于2007年6月，原注册资本10万元，发起人股东为蔡某（实缴出资3万元）、徐某（实缴出资7万元）。2016年4月，蔡某、徐某分别将其出资转让给张某、王某。张某、王某形成新的股东会决议，将公司注册资本增至500万元，其中张某认缴出资150万元，王某认缴出资350万元，出资期限均为2027年6月。此后，仁和公司注册资本增至3 000万元，其中张某认缴出资900万元，王某认缴出资2 100万元，出资期限均为2027年6月。2018年10月，王某将其2 100万元出资转让给钱某。2018年11月的公司章程载明，张某认缴出资900万元，钱某认缴出资2 100万元，出资期限均为2027年6月。2019年6月，张某将其900万元出资转让给李某。同月的公司章程载明，李某认缴出资900万元，钱某认缴出资2 100万元，出资期限均为2027年6月。2019年7月，李某将其900万元出资转让给赵某。同月的公司章程载明，赵某认缴出资900万元，钱某认缴出资2 100万元，出资期限均为2027年6月。2019

年8月,赵某将其900万元出资转让给钱某,钱某成为仁和公司唯一股东。同日,钱某作出股东决定,修改公司章程,将股东认缴出资期限修改为2019年7月。

裁判理由

根据《最高人民法院关于民事执行中变更、追加当事人若干问题的规定》第十七条之规定,作为被执行人的营利法人,财产不足以清偿生效法律文书确定的债务,申请执行人申请变更、追加未缴纳或未足额缴纳出资的股东、出资人或依公司法规定对该出资承担连带责任的发起人为被执行人,在尚未缴纳出资的范围内依法承担责任的,人民法院应予支持。

本案的核心争议焦点为,仁和公司原股东赵某、李某、张某、王某转让股权时,其出资期限均未到期,是否应根据上述规定追加为仁和公司债务的被执行人。根据《最高人民法院关于适用〈中华人民共和国公司法〉时间效力的若干规定》第四条第一项之规定,公司法施行前的法律事实引起的民事纠纷案件,当时的法律、司法解释没有规定而公司法作出规定的下列情形,适用公司法的规定:(一)股东转让未届出资期限的股权,受让人未按期足额缴纳出资的,关于转让人、受让人出资责任的认定,适用公司法第八十八条第一款的规定。

本案事实发生于2018年修正的《中华人民共和国公司法》(以下简称2018年《公司法》)施行期间,但2018年《公司法》对于未届出资期限时转让股权的股东出资责任未作规定,而2023年修订的《中华人民共和国公司法》(以下简称2023年《公司法》)第八十八条第一款对此作出了规定,且该规定体现了平衡公司债权人权益和股东出资期限利益之下充分保护公司债权人权益的立法目的。

同时,2018年《公司法》第二十八条与2023年《公司法》第四十九条中关于股东按期足额缴纳认缴出资义务之规定一致,根据"新法优于旧法"的法律适用基本原则,应适用2023年《公司法》第四十九条第一款之规定。故2023年《公司法》就本案情形具有溯及力。

2023年《公司法》第四十九条第一款规定，股东应当按期足额缴纳公司章程规定的各自所认缴的出资额。第八十八条第一款规定，股东转让已认缴出资但未届出资期限的股权的，由受让人承担缴纳该出资的义务；受让人未按期足额缴纳出资的，转让人对受让人未按期缴纳的出资承担补充责任。因此，公司股东是维持公司资本充足的第一责任人，股东有义务按期、足额缴纳其认缴的出资。

钱某作为仁和公司的现任唯一股东，其出资期限已于2019年7月到期，钱某未到庭积极举证证明其出资情况，故现并无证据证明钱某已经按期、足额缴纳出资。钱某的股权受让于赵某（900万元）和王某（2100万元），且钱某于其受让股权后修改了公司章程，将出资期限提前至2019年7月，则股权的转让人与受让人均应据此期限确定并承担相应的法律责任。根据上述法律规定，即使赵某、王某转让股权时其出资期限并未到期，但在股权受让人钱某未按期足额缴纳出资的情况下，赵某、王某作为钱某股权的转让人仍应在其转让的出资金额范围内，就钱某未能足额缴纳的出资部分承担补充责任。

因赵某的股权系自蔡某、张某、李某先后受让而来，王某的股权系自徐某受让而来，而蔡某、徐某在仁和公司设立时已分别实缴出资3万元、7万元，故钱某未实缴的出资数额为2990万元，赵某应在钱某未按期缴纳的出资897万元范围内承担补充责任，王某应在钱某未按期缴纳的出资2093万元范围内承担补充责任。

关于赵某受让股权的前手股东李某和再前手股东张某是否应承担相应补充责任，因补充责任是指在责任人财产不足以承担其应负担的民事责任时，由相关责任人对不足部分予以补充的责任。在股权经先后数次转让的情形下，该补充责任的承担应具有先后顺序性，首先应由最终的受让人承担出资责任，在最终受让人的财产不足以补足应缴出资时，再由前手转让人依次对不足部分承担补充责任。因此本案中，鉴于赵某的股权受让于李某，李某的股权受让于张某，故在赵某的财产不足以补足钱某的应缴出资时，应由李某对不足部分承担次补充责任。继而在李某的财产不足以补足赵某的应缴出资时,应由张某对不足部分承担再补充责任。

故此,根据《最高人民法院关于民事执行中变更、追加当事人若干问题的规定》第十七条之规定,现仁和公司的财产不足以清偿生效判决确定的债务,孙某有权申请追加张某、王某、李某、赵某以上述责任形式对仁和公司的债务不能清偿的部分承担法律责任。至于张某、王某关于其出资期限并未到期、股权系为代持、转让股权系因离职等抗辩意见,均不足以免除其作为仁和公司登记股东应承担的出资义务,以及在公司财产不足以清偿到期债务的情况下其对公司债权人应承担的法律责任。法院对张某、王某的抗辩意见不予采纳。

裁判结果

海淀法院经审理后判决,追加被告张某、王某、李某、赵某为已生效判决的被执行人,就该判决确认的第三人仁和公司的债务不能清偿的部分向原告孙某承担补充责任,其中被告赵某在第三人钱某未按期缴纳的出资897万元范围内承担补充责任,被告王某在第三人钱某未按期缴纳的出资2 093万元范围内承担补充责任;如被告赵某的财产不足以清偿债务,由被告李某对不足部分承担补充责任;如被告李某的财产不足以清偿债务,由被告张某对不足部分承担补充责任。

宣判后,各方当事人未明确表示是否上诉。

新法理解与适用:

出资是股东对公司的基本义务,也是形成公司财产的基础。股东是维持公司资本充实、保障交易安全的第一责任人,股东有义务按期、足额缴纳其认缴的出资。自2013年修正公司法实施公司注册资本认缴登记制,取消出资期限、最低注册资本和首次出资比例以来,方便了公司的设立,激发了创业活力,公司数量增加迅速,有效地促进了市场竞争。但实践中也出现诸多股东认缴期限过长,影响交易安全,损害债权人利益的情形。因此,2023年修订公司法在总结实践经验的基础上,进一步完善认缴登记制度,维护资本充实和交易安全,增加了有限责任公司股东认缴出资期限不得超过五年的规定,明确全体股东认缴的出资额应当按照公司章程的规定自公司成立之日起五年内缴足，体现了2023年修订公司法平衡公司债权人权益和股东出资期限利益之下充分保护公司债权人权益的立法目的。

法院在充分理解并落实新公司法立法目的的基础上，兼顾减少当事人诉累，一揽子解决纠纷的溯源治理原则作出以上判决，明晰了在未届出资期限的股权数次转让的情形下，股权转让人依次承担补充责任的条件，明确了通过一起诉讼合并解决维护债权人可另行通过诸多诉讼方能得以实现的债权权益的路径。也即在股权最终受让人修改公司章程将出资期限提前，或其出资期限符合加速到期（即新公司法第五十四条规定）的条件，即使转让人转让股权时未届出资期限，转让人亦应受该出资期限调整的约束，在股权受让人未能足额缴纳出资的情况下，转让人应就受让人未能足额缴纳的出资部分向债权人承担补充责任。

对于加速出资，股东可能遇到的问题是认缴出资额为货币资金时，在没有很好的现金流支持的情况下，往往面临出资困难的问题。此时能否将货币出资改为非货币财产出资，这估计存在困难，除非在被要求加速出资之前，股东调整出资形式。

股东将认缴的货币出资变更为知识产权出资的效力认定

——北京高院判决王某诉许某甲等追加、变更
被执行人异议之诉案[①]

裁判要旨

公司成立后，股东可以通过法定程序变更出资方式。但在公司无法清偿到期债务，已被法院裁定执行终本的情况下，将出资方式由认缴货币出资变更为知识产权出资，具有逃避货币出资故意的，属于滥用股东权利损害债权人利益，应当认定该变更行为不对债权人发生法律效力，

---

① 禹海波、黄蕾：《股东将认缴的货币出资变更为知识产权出资的效力认定——北京高院判决王某诉许某甲等追加、变更被执行人异议之诉案》，载《人民法院报》2024年7月25日第7版。

股东未履行出资义务，仍应在未出资范围内对公司不能清偿的债务承担补充赔偿责任。

案情

某商贸公司注册资本100万元，实际经营投资业务，成立时股东许某甲、许某乙分别认缴出资98万元、2万元，认缴出资时间均为2048年5月6日，出资方式为货币。因公司与王某之间的合伙协议纠纷，2023年1月北京仲裁委员会裁决某商贸公司向王某支付投资款、律师费共计35万余元。之后，王某申请法院强制执行，法院认定某商贸公司暂无财产可供执行，于2023年3月裁定终结本次执行。后王某申请追加许某甲、许某乙为被执行人，法院裁定驳回王某的请求，王某不服该裁定，遂向法院提起本案诉讼。

经查，2023年4月19日，许某甲、许某乙受让"一种打包模块及其中药自动配药系统"的实用新型专利。次日，某资产评估公司出具资产评估报告，载明该专利技术市场价值为100万元。同日，某商贸公司作出股东会决议并修改公司章程，确定许某甲、许某乙的出资方式变更为知识产权——专利技术出资，某会计师事务所出具验资报告，确认已收到许某甲、许某乙缴纳的实收资本100万元。2023年6月20日，上述某资产评估公司注销登记。许某甲、许某乙在本案中据此主张已经完成出资，不应对公司债务再行承担责任。

裁判

北京市第三中级人民法院审理后认为，债权人对公司公示信息享有信赖利益，股东在公司债务对外不能清偿的情况下，将货币出资变更为非货币的知识产权出资，降低了财产的流动性，逃避货币出资义务，主观上有逃废债务的恶意，客观上损害了债权人利益，构成滥用股东权利损害公司债权人利益的行为，该变更出资行为不能对抗债权人王某对某商贸公司在先的债权，不产生出资的法律效力。因某商贸公司目前确无财产可供执行，具备破产原因，遂判决许某甲、许某乙在各自未出资范围内对某商贸公司不能清偿的债务对王某承担补充赔偿责任。

宣判后，许某甲、许某乙不服，提起上诉。北京市高级人民法院审理后认为，公司成立后，股东可以通过法定程序变更出资方式。但在公司到期债务不能清偿之时，股东将出资方式变更为不易变现的非货币出资，应确保评估作价的客观公允，还应考虑对公司偿债能力的影响，避免股东滥用股东权利损害债权人利益。本案中，许某甲、许某乙于法院出具终本裁定后受让案涉专利权，且受让次日评估机构即出具与某商贸公司注册资本100万元完全一致的评估报告，该评估公司在出具评估报告后2个月即注销登记，且案涉专利的内容与公司经营业务无关。综合以上事实及证据判断，评估报告不具有可靠性，且现有证据不能证明案涉专利能为公司带来经济价值，因此某商贸公司在债务不能清偿时将股东的出资方式变更为实用新型专利权出资，侵害了王某利益。遂判决，驳回上诉，维持原判。

评析

本案争议焦点在于公司无法清偿到期债务，经法院执行终本后，股东将认缴的货币出资变更为知识产权出资，能否产生实际出资的法律效力。

1.股东将货币出资变更为知识产权出资不得损害公司债权人的利益。2018年修正的《公司法》第二十七条规定，股东可以用货币出资，也可以用实物、知识产权、土地使用权等可以用货币估价并可以依法转让的非货币财产作价出资。关于公司成立后股东能否变更出资方式，《公司法》并无禁止性规定，通常认为公司成立后，在正常经营状态下，股东可以通过法定程序变更出资方式。此处的"正常经营"，一般指公司未明显丧失清偿债务能力，公司债权人亦未起诉要求股东在未实缴或认缴的出资范围内对公司债务承担相应责任的情况，此时变更出资方式涉及的仅为股东之间以及股东与公司之间的利益，但当公司已经存在无法清偿的债权，股东变更出资方式便可能会对公司债权人的利益产生不利影响。

债权人基于公司公示信息产生信赖与公司进行交易，对公示的出资方式对应的偿债能力存有合理期待，公司不能清偿到期债务的，债权人有权要求已认缴出资但未届出资期限的股东提前缴纳出资。在公司债权产生后，如果允许股东不受限制的变更出资方式，将认缴的货币出资变更为不易变现的知识产权等非货币出资，无疑会损害债权人对股东出资加速到期的期待利益，直接影响债权的受偿。因此，在公司债务产生后，应当对股东变更出资方式加以限制，不得有逃废债务的恶意，不得影响公司偿债能力，避免股东滥用股东权利损害公司债权人利益。

2.股东将货币出资变更为知识产权出资是否属于损害公司债权人利益的认定。在公司债务产生后，股东将出资方式由货币出资变更为以知识产权出资，要依法经过股东会决议、评估作价、权利转移等法定程序，否则不产生变更出资方式的法律后果。对于判断股东主观上是否有逃废债务的恶意，客观上是否对公司债权人的债权实现产生不利影响，应综合考虑评估是否公允、作价是否合理、知识产权权利的具体内容以及能否给公司带来经济效益、变更出资方式的原因及过程等具体情形，对股东是否存在虚假出资或出资不实、恶意逃避货币出资义务进行实质性判断。

通常来说，在公司设立阶段，对于股东以知识产权出资的，在完成评估作价及权利转移后，即完成了出资义务，即使用以出资的知识产权在公司经营过程中发生贬值，也属于公司应承担的正常商业风险。但在公司设立后，尤其是公司已经处于非正常经营状态，由于将货币出资变更为知识产权出资降低了财产流动性，因此在债权人已提供证据对评估作价产生合理怀疑的情况下，应由股东就评估作价的真实性和变更出资方式的合理性承担举证责任。本案中，变更出资方式发生于公司债务经执行终本之后，在债权人已举证证明存在评估价格不合理、评估机构被注销、评估过程违规、拟出资的实用新型专利对公司不具有实益性等情况下，股东未能作出合理解释，亦不申请重新评估，则可认定该评估结论具有不可靠性，综合推定其具有逃避货币出资义务的恶意。

3.股东变更出资方式损害债权人利益的法律后果。《民法典》第一百三十二条规定，民事主体不得滥用民事权利损害国家利益、社会公共利益或者他人合法权益。2018年修正的《公司法》第二十条第三款规定，公司股东滥用公司法人独立地位和股东有限责任，逃避债务，严重损害公司债权人利益的，应当对公司债务承担连带责任。该规定明确了公司股东不得滥用股东权利损害公司债权人利益。在公司债务产生后，公司债权人亦已经通过诉讼的方式要求股东出资加速到期的情况下，股东通过股东会决议变更股东出资方式逃避货币出资义务，属于滥用股东权利损害公司债权人利益的行为，为公司法所禁止，但对于该行为的法律效力，公司法没有明确规定。《最高人民法院关于适用〈中华人民共和国民法典〉总则编若干问题的解释》第三条第三款规定，构成滥用民事权利的，人民法院应当认定该滥用行为不发生相应的法律效力。该条款明确了滥用民事权利的法律后果，也为确定股东滥用股东权利损害债权人利益的法律后果提供了明确的法律依据，该规定与公司法规定并不冲突，可在本案中予以适用。因此，股东将出资方式由货币出资变更为以知识产权出资，即使经过股东会决议、评估作价、权利转移等法定程序，若其严重损害债权人的合法权益，则该变更行为不能对抗已经形成的债权，股东仍需承担变更前的货币出资义务。

通过案例可以发现，认缴出资确实是"一诺千金"，依新《公司法》有5年强制出资期限，同时在这期间还有加速出资的事项可能发生。此时有人提出："我们还是成立合伙企业、个人独资企业、个体工商户好了，不成立公司了！"如果是个人设立，上述三类主体是存在无限连带责任要求的，责任承担边界更为广泛。所以保持一个谨慎的认缴出资额，生意一样会做得好。如果想在市场上博得更多的市场机会，就要有实缴出资的计划。

在实务中，笔者也遇到过这样的案例，有的老板为了规避家庭风险，与夫人办理了离婚，同时子女归夫人抚养，自己负责运营公司，所有的经营风险都自己扛，这样"祸不及家人"，这个规划方案看着不错啊！在人性与利益面前，有人会利用规则进行风险防范，比如有的企业遇到取得虚开发票涉及司法调查的问题，风险极高，但处理问题时"一家人"还是并肩作战。然而，如果公司挣的钱仍源源不断地转给其夫人的时候，在有责任需要承担时，不排除有索回的可能，对于无名分、无正当理由的转移财产，在特定情形下是可以进行追索并要求其履行责任义务的。有的人可能采用提现方式，以大额现金进行转移，认为可以不留下痕迹，此时所面临的是大额提现的监管措施。而且取得后总不能一直存放着现金，如果去银行存款，对于货币冠字号也是有记录的。至于有人认为可以通过拆分、跨境转移、购买虚拟货币等方式，那极可能涉及更严重的违法行为了，对此需要有清醒的认识。

2.2.9 股东与所投资公司建立关系的回报预期与方式

在有的老板看来，我们所讲的公司有独立法人地位，拥有自己的财产权，其合法权益受法律保护，"我凭什么把自己的资产交给别人！"恐怕这个朴素的认识，与教科书上说的存在差距。股东投资公司是为了什么呢？笔者认为，这里包括的内容非常多样，在我们的经济学理论中，认为股东投资是以股东利益最大化为目标，不过这种观点也在发生变化，不再简单地向"钱"看了（见表2-10）。

表2-10　　股东投资目标

价值目标	情形	说明
挣更多的钱	春种一粒粟，秋收万颗子，很好理解	绝大多数中小企业的追求目标
志同道合，干出一番事业	创业伙伴一腔热情成立公司，梦想与优秀的企业家一样，做出一番事业来；同时希望实现公司上市、发行股票，实现财富自由	伙伴优势互补，公司是合法的合作事业发展运营平台
拿干股，悄悄地挣钱	这种情形下，如给员工的虚拟股份，给某些人的暗股代持股，有不当得利的可能。但也有如某公司的工会持股方式，其实于《公司法》上并没有清晰的条款规定，属于特殊时期的特殊事项	让员工手握股权，与企业的"生命共同体"更紧密一些，也可能节约现金支付成本，是一项不错的创新合作用人路径
明股实债，保本收益	这种情形下，名义上成为公司股东，实际上是股东与公司签订的融资协议，在税收政策上也给予了特定情形下作为利息收支而非分红处理的例外条款。此时对方是以融资利息作为回报	明股实债方式可能会对公司的债权人利益带来隐性风险，在实践中需要综合考虑退出时的情形，同时也可能涉及其他股东的担保、回购等义务

续表

价值目标	情形	说明
规避风险	有限责任公司的规则较个体户、合伙企业、个人独资企业更为正式，也有利于股东责任隔离	合规的有限责任"保护"，尽管现实当中有向一人有限股东追偿，或者让股东加速出资的情形，但毕竟是有时间成本、实施成本的
合法形式掩盖非法目的	"非吸跑路"等案件时有发生，作为投资人，在利益与风险之间，还是要保持清醒的认识	包装成上市项目、投资项目后用于欺骗投资人，在形式上让其作为合伙人或小股东出现
钱包公司、家族公司	这些名字是网上一些专家、培训机构创造的，意思是作为个人消费支出、家族控股公司之用，能省税，还能隔离风险，买车买房等消费成本都放在公司处理	一旦纳入公司，很多信息是透明的，因为纳入公司就是公司财产，尽管股权是自己的，毕竟是两回事，只要放在公司就有相应的风险
项目管理	对于一些投资项目，比如地产项目，为便于算清经济账，多会成立项目公司进行投资，后面进行清算分账	实务中发现因为税负重，有逃避税行为的发生，对于经手操办的股东来讲，需要考虑给自己带来的法律风险
享受小型微利企业优惠	在个体户、合伙企业个税核定趋严掌握，代开发票核查严格的情形下，企业所得税的小型微利企业优惠政策为更多人关注、使用与享受	尽管未来面临20%个税的问题，但先把收入挣回来放在公司慢慢"消化"再说，这是比较多的老板的想法

正常来看，股东投资公司是基于利益的驱动，以财产出资后，由于《公司法》对公司债权人利益的保护，"认可"这些财产不属于自己了，变成了无形的股权。有的人说："为了安全，我将财产注入公司之后，就放在那里不动，也不运营，等后面再进行清算收回来！"如此还真不一定能收回来那么多，因为出资的行为是商业行为，财产特别是不动产，如住宅转入公司之后，即使不用也面临着房产税、城镇土地使用税的计缴问题，放在自己名下的住宅不运营则通常不存在上述税费，即使有个人的税费计缴往往是少的，而且过户过程也有印花税、个人所得税、增值税等的计缴，有可能产生"较大的支出成本。如果是现金，放在银行收利息也要计缴企业所得税，而个人存款利息收入不征个税。所以，设立公司的目的可以"天马行空"，但是，经济账必须要提前算明白，以免得不偿失。

"我的东西，换个持有人，还是我控制的东西，凭什么要缴税？"在上面的内容中，我们对投资涉税事项进行了一些说明，究其原因，是因为非货币性资产在两个主体之间发生转移时，在税法上认为这是一次销售行为，至于给予上述环节的减免税待遇、分期纳税或者是递延纳税待遇的，只是特殊情形，满足条件下适用。通常企业所得税中有"一般性税务处理"与"特殊性税务处理"，前者就是正常计缴纳税，后者在满足条件下，给予相关方企业所得税纳税人递延纳税政策，但在个人所得税层面，没有明确给予如同企业所得税一样的特殊性税务处理，实务中有个案发生，不代表就是有据可依、有法定保障的。"某某大咖专家培训中说了，分立、合并的业务中，个人股东没有实际所得，不存在个税问题！"话可以随便讲，但做事担责却是自己，笔者也在培训中听闻知名专家表达这样的意见，但仅仅是意见，不是承诺。如果股东是拿货币出资，其本身就不是应税"货物"或"服务"，不属于税收上的应税事项，在投资环节，一般是不会形成应税行为、应税所得的。即使是溢价出资部分，也不属于被投资公司的应税所得，它只是放在了资本公积的科目中，也属于股东投入的资本。

认缴出资下，也一样形成了股东与其所投资公司之间的法定关系，是法定强制性要求实际出资的，只是给了股东可以调整认缴金额、减资退出的权利等。而认缴出资、实缴出资下，当约定以注册登记的份额比例进行收益分配时，法律尊重这种股东之间的意思共识与约定，税法上对此也不应强制进行公平性计量，一般是予以尊重认可的。但如果背后存在交换利益，可能隐藏了偷逃税的行为，就需要进行关注了。

2.2.10 本节小结

之前我们常说，"大众创业，万众创新"，成立公司似乎是太简单的事情了，但成立公司之后，靠经营解决吃饭问题都可能很困难，能坚持下来三五年就不错了。

《公司法》下个人设立公司，是自己当单一股东，还是合伙共同当股东，这里面的纠葛非常多，股权争夺、兄弟反目的故事时有上演。从本质上看，人是趋利的，创业容易守业难，所以，"择良木而栖"，是股东的第一个选择题。至于其后的出资、分工、利润分配等，要达成共识并信守承诺。同时要给自己留下退路，量力而行，别把自己的身家性命全部压上去。

对于公司来讲，它是"资合+人合"下的产物，资即为财，管好账、报好税，合规的目的是保护公司的合法权益，更是保护自己；人合即为决策机制、运营机制、监督机制。财理顺了，还要合法有保障，笔者认为，《公司法》看似洋洋洒洒，"算清账、算好税"将是大家合作与安全前行的核心。

个人出资成立公司，可以是直接设立，也可以是间接设立，对于中小公司，即使是通过由公司出资、合伙企业或个人独资企业出资，背后也有可能是个人在决策。但对于一些大型企业集团，自身就是独立决策的机构，本身就可以决定投资，这时可由其直接出资，也可能通过设立合伙企业出资，或者让其子公司出资。因此，现实当中，我们有时只是表面上听说某某公司投资了什么产业，或者收购了什么公司，但其背后实施主体的真实面貌，却并不一定展示给外界看。股东与所投资的公司之间的关系建立，有如表2-11所示四种基本方式。

表2-11　　　股东与所投资公司之间的关系建立方式

股东与所投资公司建立关系方式	入资成本与投资成本差异	说明
"亲生公司"	原始股东出资到公司，出资与接受投资金额一致	原始股东有认缴实缴相关义务
"后爹妈股东"	通过增资加入公司当股东，此时多有溢价的考虑，比如风投基金进行项目孵化时多是如此；但原股东也可以增资，即新股东或为"新人"，也可能为"旧人"	有限责任公司增加注册资本时，股东认缴新增资本的出资，依照《公司法》设立有限责任公司缴纳出资的有关规定执行，如五年实缴期的规定

续表

股东与所投资公司建立关系方式	入资成本与投资成本差异	说明
换股东	通过股权转让方式，原股东转让全部或部分股权给新股东，此时对价结算不涉及所投资的公司	如以1 000万元收购原股东实缴出资的100万元股权；或1 000万元收购原股东认缴的100万元股权，此时可能会涉及实缴出资的连带责任问题
继承，家庭成员间股东身份调整	这实质上是属于一种特殊的股权转让方式，只是不是市场交易行为，而是继承、转赠等	税收政策对此类情形也采取了"尊重事实"的处理原则
转增资本	如原股东将原来投入公司的溢价出资额转增资本，或者以利润转增资本，但这不属于《公司法》上所说的新增资本	这种情形的涉税处理比较常见，也比较多样

在以上方式中，其中从其他股东手中过继过来的股权，可能是平价，也可能是溢价或折价，这是在公司价值估计的基础之上，参照公司净资产、以原出资额平价转让、以进行评估的价值转让或者以近期可参考的价值进行交易价格确定转让。作为一个股东，大家更多是关注其与公司之间的权利义务关系、股东间的权益平衡及决策机制、公司发展规划安排等，但实践当中，很多的争议事项是发生在股东之间、转让方与被转让方之间，如信息不对称下收购可能涉及的"上当"，也有附对赌条件下的回购、补偿等后续义务等，甚至发生股东举报其他股东或管理层侵占公司财产、偷税或虚开发票违法犯罪的行为。《公司法》给我们展示的更多是商业经营有关事项，但参与、经营一家公司，其中也可能面临刑事风险，但可惜的是，很多的投资人往往对于涉刑违法犯罪的底线思维掌握不足，而这也是企业家们最大的风险。

作为企业老板，应该对新《公司法》的内容有更多的了解，而不仅仅限于限期出资这一点变化，更重要的是，通过公司的搭建、规划，推动公司向更有利的方向前行，无论是涉及法律风险的防范，还是经济利益的扩大化，都是值得的。但我们还需要对《公司法》心有敬畏，《公司法》中有强制性的规定，也有参考性的意见条款，即可由股东、公司管理层参考使用，也可以在相关框架内自行商定，从刚性到意思自治，《公司法》是从国家对经济体治理、引导的角度，规范经济交易规则，保护公司主体相关利益方的权益，减少争议的发生几率与无效成本的发生，特别是股东之间的争议事项。作为企业会计、法务，对于《公司法》的规范与应用，更需要自己深入掌握，因为本身就是吃的技术这碗饭。提供财税服务的机构，比如会计师事务所，其组织机构多是特殊普通合伙企业，日常更多的是研究别人的事项、案例，实践方面的微观经验可能会少一些。还有税务师事务所、代理服务机构，他们往往登记为有限责任公司形式，作为公司，面临着《公司法》中的相关义务规范，股东合作关系、对外投资模式的搭建，在实践当中业态纷呈，特别是近年来，集团化发展的企业服务公司、税务师事务所，面临着《公司法》下的"集团一家人"的架构，又面临着各地自负盈亏、自行管理的"小作坊""挂靠式"关系，没有充分体现出《公司法》下的治理规范与决策程序要求，"一言堂"仍是一些中小公司的主要管理特色。

在理解与现实之间，《公司法》给我们描绘出了理想的蓝图，在法律责任上，在权利与义务上，我们将会面临着更多的诱惑与机会，挑战与应对，先行一步，将纠纷、风险提前处理，这是需要专业技术能力的，更需要实践操作能力。一个公司或许不一定面临涉及《公司法》中相关的责任、争议，但一定会面临经营及财税问题，而财税无风险，就会大大增强公司的平安，继而也是管理层、股东的平安。

2.3 一人有限责任公司的"全面开花"

新《公司法》全面解放了自然人设立一人有限公司的数量限制，在笔者看来，这可能也会引起一波新公司的成立潮，为什么这么说呢？其一，前面我们探讨过，一起合作做生意，时有矛盾发生，况且现在的生意也不是那么容易就能做起来，难免需要进行一些尝试；其二，这里有一些税收政策上的利益追求问题，即对小企业的增值税与企业所得税税收优惠政策。

这里还需要注意一点，在旧《公司法》下，合伙企业是不能自己出资设立单一股东公司的，现在政策已不再限制，即合伙企业可以设立一人有限责任公司了。《新〈公司法〉"十必知"》（茂名市市场监督管理局，2024年7月29日）已有这样的内容提示：

> 十、取消"一人有限责任公司"限制规定
>
> 新《公司法》取消了"一人有限责任公司"的提法及其原有限制，允许一个自然人投资设立多家"只有一个股东的公司"，允许一个自然人投资设立的公司再投资设立"只有一个股东的公司"，"只有一个股东的公司"其股东不再限制为自然人或法人，可以是一个合伙企业或者个人独资企业等非法人组织。此外，股份有限公司也可以只由一个发起人设立。

想必大家还有印象，之前很多带货主播设立多个体工商户或个人独资企业，将服务方支付的费用拆分到不同的个体名下，从而开具相应的发票结算，其实就是一个空壳，但由于税务局给予了核定征收的政策，这样拆分下来风险似乎被分摊了，而且纳税看上去还是合规的！听说这样的方案最初也是业内的专家提出的，后来直接被否定按劳务报酬征收个税，加收滞纳金及罚款，以偷税进行定性处理。所以老板一定要注意是不是真实的核定，别到时出问题"跑都跑不掉了"。至于其中有无权益维护空间，也需结合案例情况分析。

现在新《公司法》放开了成立一人有限公司的数量限制，就有了一些新机会，虽然说公司缴完税后分红还有个税，但那是第二步的事，先把第一步开票收款少缴税的事项给办理了，后面慢慢去消化吧，这也是当下一些企业的老板所想的方法。

【例2-10】笔者曾接过这样一个咨询的案例，某咨询机构拟为公司设计一个公司营业架构，即设立29家公司，将收入拆分到29家之中，从而完美地实现小规模纳税人按1%计缴增值税，且满足小型微利企业企

所得税的优惠，以此规避增值税一般纳税人的高税率及企业所得税25%的高税负。

分析：理想很丰满，现实很残酷。如对方设计所想，需要注意两个问题：一是相应的业务是不是真实，每一家能不能支撑起相应的业务场景；二是在商业合理性上，需要考虑人为拆分的痕迹，这里需要关注的内容就多了，比如股东、财务人员是不是同一个人，注册地址是不是一个，开具发票的网址是不是同一个，业务人员签字是不是同一个人等。在形式上虽然满足各自计税的条件，但如果存在瑕疵，被挑毛病也会比较容易。如果真要这样做，建议在真实性上不要偷懒，彻底地体现出各自的业务、人员、运输等事项，至少给自己留好解释的空间。

而且，上面这种公司设立的目的，主要是基于税收利益的考虑，反而没有去考虑企业发展问题。利益驱动下，融入商法、民法的实践应用，可能会让提供服务的公司法务律师们头疼，而其对于税收实践的接触比较少，若只重形式不重实务，在未来很可能会出现意想不到的困难。

在图2-7所示的架构中，张三凭一己之力设立了29家公司，这样的情景当然会比较显眼，于是张三可能去找一堆人来当"代持人"。当然，这样也是有风险的，万一出现争议，或者钱收不回来，也是麻烦。笔者发现实务中一些老板通过员工、亲戚代收款项，将对方银行卡的密码掌握在自己手里，以为这样就行了，这其实是存在风险的，比如万一该个人存在赔偿、偿债风险，被实施财产保全了，就真有可能说不清楚了。或者有个别人因为疾病、事故等特殊原因去世了，也可能会引起财产纠纷。

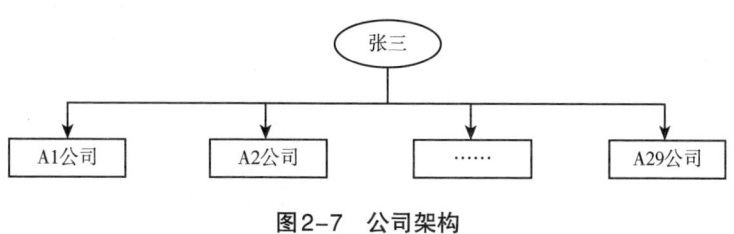

图2-7 公司架构

所以对于上述事项，提前签好协议也算是留好一份证据。但有人提出，这样不完美，让张三设立一个有限公司，再让有限公司设立这些底层公司（见图2-8），这样将来分红是免税的，可将分红暂时存放在中间层的有限公司！这种方式也是可以考虑的，不过笔者主张最好还是业务真实，具有合理性与经济实质。

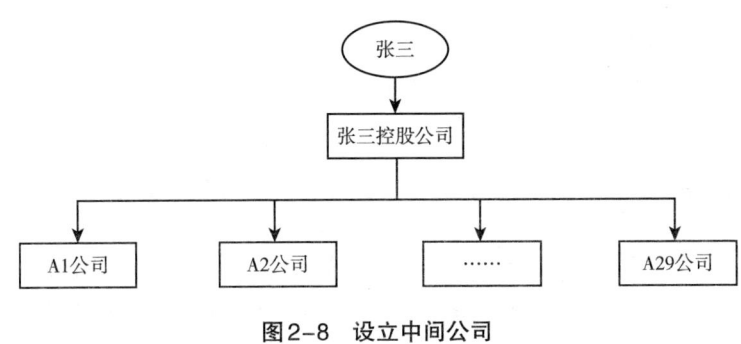

图2-8 设立中间公司

通过图2-8的架构，张三控股公司收回的利润，可以进行一些新的业务活动或对外投资，在财税方面确实会发挥资金池的作用，而不是原来只能由张三将各个小公司的利润纳税后提出来再投到别的地方去。

上面所涉及的税收优惠政策主要是表2-12所示的两个相关税收优惠政策。

表2-12　　　　　　　　　　相关税收优惠政策

税种	政策规定	政策依据
增值税	一、对月销售额10万元以下（含本数）的增值税小规模纳税人，免征增值税 二、增值税小规模纳税人适用3%征收率的应税销售收入，减按1%征收率征收增值税；适用3%预征率的预缴增值税项目，减按1%预征率预缴增值税 三、本公告执行至2027年12月31日	财政部　税务总局公告2023年第19号①

---

① 财政部　税务总局公告2023年第19号，即《财政部　税务总局关于增值税小规模纳税人减免增值税政策的公告》。

续表

税种	政策规定	政策依据
企业所得税	对小型微利企业①减按25%计算应纳税所得额，按20%的税率缴纳企业所得税政策，延续执行至2027年12月31日	财政部 税务总局公告2023年第12号②

如果在上面的架构中，张三控股公司改为合伙企业的话，就失去税收上"截留"的效果了，因为合伙企业的所得直接穿透到个人合伙人进行计税，当分回利润时，直接认定为张三的股息红利所得，按20%扣缴纳税，即使不分配也不能阻止计税，这是合伙企业的税收规则所决定的。

据笔者观察，当个体工商户、个人独资企业的核定征税政策被大大压缩可用空间之后，以有限公司为载体的主体，下一步可能会被广泛使用，而且如果做实、做完整，也可能会发挥出独特的作用。

2.4 个人当了股东又退出或转让的情形

当前成立一家公司是相当简便的事情，当股东容易，但要进行转让、减资、清算，则需要经过一套严格的程序，主要是为了保护与公司有业务关系的债权人的利益。不过要特别注意，如果看到一张报表，上面有列示的应付

---

① 小型微利企业，是指从事国家非限制和禁止行业，且同时符合年度应纳税所得额不超过300万元、从业人数不超过300人、资产总额不超过5 000万元等三个条件的企业。

从业人数，包括与企业建立劳动关系的职工人数和企业接受的劳务派遣用工人数。所称从业人数和资产总额指标，应按企业全年的季度平均值确定。具体计算公式如下：

季度平均值=（季初值+季末值）÷2

全年季度平均值=全年各季度平均值之和÷4

年度中间开业或者终止经营活动的，以其实际经营期作为一个纳税年度确定上述相关指标。

小型微利企业的判定以企业所得税年度汇算清缴结果为准。登记为增值税一般纳税人的新设立的企业，从事国家非限制和禁止行业，且同时符合申报期上月末从业人数不超过300人、资产总额不超过5 000万元等两个条件的，可在首次办理汇算清缴前按照小型微利企业申报享受第二条规定的优惠政策。

② 财政部 税务总局公告2023年第12号，即《财政部 税务总局关于进一步支持小微企业和个体工商户发展有关税费政策的公告》。

债权人的款项，即使是审计过的报表，也不代表这就是完整的债务现状，比如可能涉及表外债务、核算不完整、对赌或衍生工具交易等，这些"坑"就算专业的会计师也不一定可以全部查出来。我们看到的一些重大的股权转让合同中，如果对于某年某月某日交易日前的涉税责任承担规定得特别细致，并且约定了相应的补偿条款，那可能会有两个方面的潜在风险：一是原来的公司涉及偷逃税款的问题，二是可能在涉税处理上存在瑕疵或争议之处。如果税务机关进行检查，有一些之前处理的事项可能不予认可，还有的情形是因业务相关方的发票问题牵涉补税、应履行法定扣缴义务但未履行的行政处罚问题。至于刑事责任，又要考虑涉嫌逃税罪与虚开发票相关罪责的追究，这主要是涉及责任人的问题，但不排除有相应的高管、员工参与其内，也可能被一并追究，即刑事责任的追究并不是必然地区分清楚是在股权转让前还是转让后，它是与人相关的。不过单位也可能受到罚金处理，从而在一些招投标、商业活动中受限制，品牌名声受影响，这家公司受到的重大影响就不仅仅是税款由谁来承担的利益的归责问题了。对于法定代表人需要承担的责任，是一个"有对应对象关系的处罚"，虽然后来担当法定代表人的个人不是承担责任的原来的人，但依然可能会被信用管理、阻止出境。

至于个人转让股权的纳税管理，更是让很多老板和服务机构"头疼"的问题。这里既有法定管理条款，更有具体的反避税评估计税措施，在税收征管实务中，对于税务机关人员来讲，审核责任重大，不敢掉以轻心，不会轻易听纳税人的"一家之言"，更多是照本宣科执行税务总局的规范性文件。可以肯定的是，征管程序确实有效地管控了股权转让中的个税涉税漏洞，但实务仍存在诸如"阴阳合同""拆分收入"等问题，任重而道远。

2.4.1 涉及个人股权转让相关法律法规及政策规定

为什么税法对于个人所得税的重点税源事项给予了特别严格的程序规定（见表2-13），是因为个人所得税中的财产转让所得是单次性的收入，一旦没有征收到位，税款很容易流失，再次追缴的成本是比较高的。而企业转让股权,由于企业是一个独立核算的主体,如果不作收入,相关的信息勾稽、款项结算会或多或少地在账上反映出来,而且税务机关可以通过数据进行追溯检查、评估,若涉及偷税则会无限期追缴,企业违法违规所承担的潜在成本比较高。同时,对于收购方来讲,也要记录与企业之间的交易,形成信息的反馈。如果收购方记录的是支付个人的款项,就算税务机关知道了,查找个人的成本也是很高的,此时多是依征管法进行行政处罚处理,但期限是五年,同时税务机关向个人纳税人进行追缴,此时也不知道对方是不是真的有所得,通过打电话等方式进行约谈、确认的过程也不轻松,即使努力通过"通知申报"方式定性为偷税,下税务处理决定书,并拟进一步移送司法机关的程序也相对漫长,对于工作职责考核也有部分影响。

表2-13　　　　　　　　个人股权转让相关规定（事项）

法规及相关政策	规定内容	说明
个人所得税法	个人转让不动产的,税务机关应当根据不动产登记等相关信息核验应缴的个人所得税,登记机构办理转移登记时,应当查验与该不动产转让相关的个人所得税的完税凭证。个人转让股权办理变更登记的,市场主体登记机关应当查验与该股权交易相关的个人所得税的完税凭证	对于转让,现实当中有税务机关延伸到个人股东减资、增资中,站在风险管理的角度可以理解,但若刚性地同样进行行为事实之外的反避税测算调整有扩大执法之嫌
国家税务总局公告2014年第67号[①]	67号公告详细规定了个人股权转让的适用类型、计税规则、核定机制、征管措施等内容	围绕着67号公告,深刻地影响着相关主体之间的民商事关系,发生着多种多样的涉税故事

笔者也有看到,有的专家对于民法主体之间的自由约定交易价格与行政法"强制确定计税价格"之间的协调问题,认为这是不同法之间的差异,需要尊重行政法的核定权。我们知道,税往往是基于商事交易基础,即有事实收入、有所得的情况下,才会产生计税行为与结果;如果没有合理公允地反映交易,比如关联方之间实施避税安排导致税收不公平性、税源流失,税

---

① 国家税务总局公告2014年第67号,即《国家税务总局关于发布〈股权转让所得个人所得税管理办法（试行）〉的公告》。

务机关可以进行适当地特别纳税调整,这种反避税措施是有必要的,也是国际上的一种通行做法。但对于个人转让股权,即使与受让方不存在关联方关系,是真实的股权转让交易,税务机关仍可依67号文件规定进行核定转让价格,这是常规反避税措施下的直接核定权,而不是磋商调整,这需要我们重点关注、思考,并希望能够进一步优化,在尊重事实的前提下,对利用"阴阳合同"逃税、虚假申报等涉税违法行为进行打击、监控与防范非常有必要。但是有的税务人员并不考虑《公司法》中的意思自治的约定,机械地进行数据核定,会增加征纳双方之间的矛盾,影响到商法、民法下的理论基础。

【例2-11】张三经营一家餐饮公司,在疫情期间,考虑到承担的成本、发展的预期性,拟进行股权转让,在转让之时,公司有净资产100万元,张三实际出资20万元。之所以不考虑解散公司,是因为张三如果解约所租赁的商铺,公司需要赔偿违约金50万元,如果辞退员工同样需要承担赔偿金30万元,恐怕越来越亏,再者公司的资产主要是厨具设备、家具等,现金并不多。所以张三拟转让公司,定价10万元。在办理股权变更前完税凭证时,税务机关相关人员予以核定转让价格为100万元,转让所得为100-20=80(万元),个人所得税为80×20%=16(万元)。问题来了,张三转让取得所得10万元,还不够缴税的,再掏6万元才行。那么能否将多出来的6万元税款,转嫁到受让人身上呢?对于个税的纳税人身份,不因民事约定而改变,但对于金钱的承担或给付义务,则可以进行转让约定。但问题是,有的时候转让人并不是最原始的公司出资人,是从前者手中"过继"过来的,成本并未体现在公司账上,当转让人亏本转让时,出现核定出来的个税谁来承担呢?实务中若考虑不周争议会较大。但67号文件也给予了一个"心理平衡式"的权益延续:

第十六条　股权转让人已被主管税务机关核定股权转让收入并依法征收个人所得税的,该股权受让人的股权原值以取得股权时发生的合理税费与股权转让人被主管税务机关核定的股权转让收入之和确认。

这里就要看转让方与受让方之间的关系了,其实这个事项宜由税务机关在系统当中予以延续确权为好，但笔者目前并没有发现这样的规范性处理标准，既然征了税，就应以不重复征税为原则，保障纳税人的权益延伸。但这里的受让人，是将其认定为个人来考虑的；如果受让方是公司、合伙企业或个人独资企业，上述主体是独立的核算型主体，对于上述股权原值的确认方式，并没有得到同样的认同适用，仍以自己真实发生的支出为计量基础。

分析：税收法定，税款是不能少的，这是强制性规定。这样理解虽然没错，但是如果基于人们的常识理解，确实只转让了10万元，有相应的理由，但管理人员依税收政策，核定出计税结果，实际上张三没有取得所得，而解释理由又未得到认可，这对转让人的影响是比较大的，包括经济与心理的影响。此时有人提出："既然你说有违约金、赔偿金支出，但那毕竟没有发生，发生了再说！"确实是没发生，此时计提出来准备金也难以认可，但凭着一个商人的感觉，当时的情形下，能以10万元转让也是好的退路了，难道非要让张三处理完公司的所有资产看看变现是多少才行？笔者并不是说文件规定有问题，而是认为在执行中产生的问题，需要我们用良好的心态与方法来解决，有真实交易的情形，保持合理的怀疑可以，但如果一定要核出税来，这就是执行政策的问题了。下面这则审判案件，充分地说明了在涉及股权转让交易中对个税的规避动力，主要是源于利益驱动，因为其计税基数往往比较大，20%的个税金额相对比较高，转让人的"心疼"转化成了逃避税的行为。

下面看一则行政判决书。

程×才、国家税务总局合肥市税务局第三稽查局税务行政管理（税务）二审行政判决书

安徽省合肥市中级人民法院

行政判决书

（2020）皖01行终780号

上诉人（原审原告）原告程×才，男，汉族，1967年4月2日出生，

住合肥市蜀山区。

被上诉人（原审被告）国家税务总局合肥市税务局第三稽查局，住所地安徽省合肥市高新区天乐路6号。

负责人丁×华，副局长（主持工作）。

委托代理人李×阔，该局案件检查股副股长。

委托代理人陈×鑫，安徽天禾律师事务所律师。

上诉人程×才因诉被上诉人国家税务总局合肥市税务局第三稽查局（以下简称第三稽查局）行政处罚决定一案，不服安徽省合肥高新技术产业开发区人民法院（2020）皖0191行初48号行政判决，向本院提起上诉。本院依法组成合议庭进行审理，现已审理终结。

原审查明，2018年底，被告第三稽查局收到实名举报，反映原告程×才与其妻子张×兰转让合肥×医疗设备有限公司10%股权给姜×民，隐匿股权转让收入500万元偷逃税款。根据举报线索和前期调查核实情况，被告于2019年2月27日决定对原告程×才转让合肥×医疗设备有限公司个人股权，隐匿收入少缴税款立案检查。第三稽查局查明：2016年5月20日，程×才、张×兰与姜×民签订《关于姜总入股有关条款的说明》的三方协议，约定以500万元的价格向姜×民转让合肥×医疗设备有限公司10%股份（程×才、张×兰各转让5%股份），姜×民前期福建市场投入公司100万元划归股权转让款，姜×民再付400万元即可。同时约定，为了节省高额转让税费，三方去工商机关办理股权变更手续签订的《股权转让协议》中的股权转让款为虚假金额。2016年5月23日，姜×民通过银行转账方式分别支付程×才、张×兰股权转让款200万元，合计金额400万元。2016年5月30日，通过增资扩股的方式，姜×民取得合肥×医疗设备有限公司10%股份，程×才、张×兰各减少5%股份，至此，原告程×才及张×兰向姜×民转让合肥×医疗设备有限公司10%股权的"协议"履行完毕。2017年初，姜×民因病去世。因程×才、张×兰对姜×民前期福建市场投入公司100万元划归股权转让款存在异议，且鉴于姜×民已经去世，本着对行政相对人有利的原则，被告认定原告及张×兰转让×医疗设备有限公司10%股份各获得转让款200万元。原告取得上述股权转让款后，没有按照税法规定在次月15日前申报缴纳个人所得税，违反法律规定。2019年7月26日，第三稽查局经过案件审理委员会集体研究，向程×才直接送达《税务处理决定书》（合税三稽处〔2019〕74号）和《税务行政处罚事项告知书》（合税三稽罚告〔2019〕23号）。2019年7月29日，程×才提出听证申请，并递交《申辩材料》和《听证申请》。根据《税务行政处罚听证程序实施办法》规定，2019年8月14日，被告合并举行了程×才、张×兰税务行政处罚第一次听证会，会上听取了程×才的陈述申辩。听证会后，被告组织检查人员对程×才陈述申辩的情况进行进一步的调查核实，并于2019年9月3日向其下达《税务事项通知书》，告知申请人程×才、张×兰一并提供支持其观点和对其有利的相关证据。综合听证会后调查核实情况，2019年9月18日，第三稽查局经过案件审理委员会集体研究，决定对程×才送达的《税务处理决定书》（合税三稽处〔2019〕74号）和《税务行政处罚事项告知书》（合税三稽罚告〔2019〕23号）有关内容予以更正，决定撤销上述两份税务文书。2019年9月23日，被告出具《撤销具体行政行为决定书》（合税三稽撤〔2019〕1号）。2019年10月9日，上述文书直接送达程×才。2019年10月21日，被告向程×才直接送达《税务行政处罚事项告知书》（合税三稽罚告〔2019〕30号）。2019年10月22日，程×才、张×兰再次递交《听证申请》。2019年11月1日，被告合并举行了程×才、张×兰税务行政处罚第二次听证会，对有关证据进行了质证，并听取了程×才、张×兰的陈述申辩。根据第二次听证会情况，2019年11月5日，被告依据《中华人民共和国个人所得税法》第二条第八款之规定对原告作出合税三稽处〔2019〕145号《税务处理决定书》，决定对原告应缴少缴个人所得税349 800元进行追缴；同日，被告依据《中华人民共和国税收征收管理法》第六十四条第二款之规定作出合税三稽罚〔2019〕30号《税务行政处罚决定书》，决定对原告程×才处以少缴个人所得税349 800元百分之五十罚款174 900元，并于2019年

11月19日向原告依法送达了合税三稽处〔2019〕145号《税务处理决定书》以及合税三稽罚〔2019〕30号《税务行政处罚决定书》。原告认为，被告的行政处罚决定认定事实不清，程序严重违法。为此，原告诉至该院，请求判如所请。另查明，1.2019年11月19日收到被告作出的合税三稽处〔2019〕145号《税务处理决定书》，原告未申请行政复议。2019年12月2日，程×才缴纳了税款及滞纳金。2.原告程×才在税务行政处罚决定书规定的期限内缴清了罚款。

原审法院认为，《中华人民共和国税收征收管理法》第六十四条第二款规定：纳税人不进行纳税申报，不缴或者少缴应纳税款的，由税务机关追缴其不缴或者少缴的税款、滞纳金，并处不缴或者少缴的税款百分之五十以上五倍以下的罚款。本案中，程×才、张×兰与姜×民于2016年5月20日签订的《关于姜总入股有关条款的说明》条款明确约定，《股权转让协议》约定股权转让款为1万元为虚假金额，是为了节省高额转让税费，这也是国内外公司股份转让的常规做法；实际股权转让款为500万元，其中100万元为姜×民前期福建市场投入公司划归本次购股资金，姜×民只需再投入400万元购股资金；三方同意及时到工商局变更股东事宜。合同签订后，2016年5月23日，姜×民通过姜×琪（姜×民的外甥）个人账户转入200万元到张×兰中国银行账户卡号62××61；2016年5月23日，姜×民通过其个人账户转入200万元到程×才农业银行账户卡号62××71，张×兰相关转账款项银行记录和回单附言中明确注明为购买股份款。此外，程×才和张×兰签名的《收据》明确注明其于2016年5月23日分别收到姜×民200万元系投资款。同时，工商部门的相关登记资料，证明了姜×民2016年5月30日取得合肥×医疗设备有限公司10%股份。被告依据上述证据材料认定程×才应缴少缴个人所得税349 800元并对原告程×才处以少缴个人所得税349 800元百分之五十罚款174 900元，该行政处罚决定认定事实清楚，适用法律正确，程序合法。原告程×才诉称其系公司增资扩股，不是转让股份，被告的行政处罚决定认定事实错误。该院认为，虽然姜×民通过增资扩股的方式于2016年5月30日取得合肥×医疗设备有限公司10%股份，但程×才、张×兰与姜×民于2016年5月20日签订的《关于姜总入股有关条款的说明》（下称《说明》）中明确说明了《股权转让协议》所约定的股权转让款1万元为虚假金额，目的是为了节省高额转让税费。庭审中原告认为该《说明》系复印件，不能作为处罚的依据，该院通过庭审查明，原告在2019年2月28日的询问笔录中回答"经过仔细看后，上述资料是真实的，相关签字是我签的，我和张×兰各转让5%股份给姜×民，共收到转让款400万元……"结合程×才、张×兰的收据、《股权回购协议》《信用卡交易明细》以及刘×、李×艺的自述材料等证据材料，足以认定原告转让股份以及收到股份转让款后不进行纳税申报的事实。同时，被告作出的合税三稽处〔2019〕145号《税务处理决定书》中也已认定了原告收到股份转让款后不进行纳税申报的事实。原告未在法定期限内申请行政复议，该决定书已发生法律效力。现原告诉请撤销案涉行政处罚决定书，无事实和法律依据，依法不予支持。原告又称被告作出的行政处罚决定，程序严重违法。通过庭审查明，第三稽查局经过案件审理委员会集体研究决定后，于2019年7月26日向程×才送达了《税务处理决定书》（合税三稽处〔2019〕74号）和《税务行政处罚事项告知书》（合税三稽罚告〔2019〕23号）。程×才提出听证申请后，被告举行了税务行政处罚第一次听证会，听取了原告的陈述申辩。综合听证会情况并经调查核实，2019年9月18日，被告决定对原告送达的《税务处理决定书》（合税三稽处〔2019〕74号）和《税务行政处罚事项告知书》（合税三稽罚告〔2019〕23号）有关内容予以更正，决定撤销上述两份税务文书。2019年9月23日，被告出具了《撤销具体行政行为决定书》（合税三稽撤〔2019〕1号）。2019年10月21日，被告向程×才直接送达《税务行政处罚事项告知书》（合税三稽罚告〔2019〕30号）。2019年10月22日，程×才再次递交《听证申请》。2019年11月1日，被告举行了税务行政处罚第二次听证会，对有关证据进行了质证，并听取了原告的陈述申辩。根据第二次听证会情况，2019年11

月5日，被告依据相关法律规定对原告作出了合税三稽罚〔2019〕30号《税务行政处罚决定书》以及合税三稽处〔2019〕145号《税务处理决定书》并送达给了原告。因此，被告在处罚前履行了立案、调查、听证等程序，并向原告告知了对其所作处罚决定认定的事实理由及依据，履行了告知义务，同时将被诉行政处罚决定向原告依法进行送达，故被告执法程序符合《行政处罚法》的相关规定。原告关于被告执法人员对其询问调查过程中进行威逼利诱，属于程序违法的主张。因原告未向本院提供证据予以证实，对此依法不予采信。综上，依照《中华人民共和国行政诉讼法》第六十九条之规定，判决驳回原告程×才的诉讼请求。

程×才不服一审判决，向本院提出上诉。

上诉人上诉的事实和理由：上诉人认为一审法院对本案的事实认定错误、适用法律错误，故在指定期限内提起上诉，具体理由如下：一、一审法院关于"名为增资扩股实为股权转让"的认定明显错误。自合肥市税务局接到信×、刘×等人的举报至本案一审庭审开庭。上诉人与被上诉人对于以下证据的真实性不持异议：1.检查存款账户许可证明及程×才银行账户流水情况（被告证据8），2.合肥市工商的关于"工商登记资料信息"（被告证据9），对于该两组证据，其真实性双方均不持异议，虽然各自对于上述两份证据的证明目的持不同意见，对于持不同意见的各方需对该两份证据证明事项通过举证来完成自己的主张。上诉人认为一审法院认定关于"名为增资扩股实为股权转让"的认定明显错误是基于被上诉人未能通过调查、搜集证据证明合肥市工商局的"工商登记资料信息"中的增资扩股不是姜×民先生和上诉人的真实意思表示。首先，一审法院认定的依据是上诉人程×才的笔录中的供述，在庭审中上诉人对于该供述进行了反驳且不认可其陈述。再次，一审法院认定的依据是信×、刘×的自述材料以及李×艺女士的自述材料。对于信×、刘×的自述均无采信的事实基础，对于李×艺女士的供述，在庭审中被上诉人拒绝提供原件。最后，一审法院认定的依据是上诉人对于合税三稽处〔2019〕145号《税务处理决定书》的履行。上诉人不是法律专业人士，混淆复议期限和行政诉讼期限属于人之常情，不能作为认可被上诉人处罚符合法律规定的证据。对于上述一审法院认定的三个主要依据，上诉人认为该认定明显错误。第一，上诉人的自述不能排除一审法院当庭查明案件事实的义务，且本案在税务处罚决定书下发前，本案上诉人的陈述明显不一致，且单纯上诉人的供述不能作为认定违法的依据。第二，根据上诉人与李×艺女士的电话沟通记录，李×艺女士从未见过本案被告的工作人员，那么本案被上诉人所出具的李×艺女士的自述材料只有从天而降，税务局从何而来。依据《最高人民法院关于行政诉讼若干证据的规定》第十条、第十一条的规定应当提供原件。第三，上诉人履行税务处理决定书确定的款项缴纳事项是法律的强制性规定，只有履行了相关事项才可以进行行政诉讼或者复议，且在税务处理决定书确定的行政复议期限到期时间为2020年2月2日，当时，全国均处于抗击新冠病毒疫情的关键时刻，各机关单位均不复工，也导致上诉人的行政复议无提起的客观要件。回归至此，被上诉人并未能证明工商局的增资扩股实为股权转让，被上诉人未能举证证明该增资扩股协议不具有真实性。对于一份由工商部门登记备案的登记信息最能反映当时双方的真实意思表示。因此，一审法院关于"名为增资扩股实为股权转让"的认定明显错误。二、一审法院适用法律错误。一审法院以复印件认定案件关键事实属于适用法律错误。《最高人民法院关于行政诉讼若干证据的规定》规定，对于案件事实部分均需提供证据原件，但是本案被上诉人作出具体行政行为所依据的《关于姜总入股的情况说明》等材料均无原件，且被上诉人也未能提供证据证明未能提供原件的正当理由。被上诉人只是简单地依据《税务稽查规程》进行简单说明，但是《税务稽查规程》的效力明显低于最高人民法院关于相关行政诉讼方面的规定，该《税务稽查规程》并不能排除被上诉人对于案件事实的举证责任即提供证据原件的责任。一审法院对于法律的适用存在明显偏颇，在庭审中上诉人举证其与李×艺女士的微信聊天记录以此来向法庭还原案件的真实情形，但是被上诉人的出庭行政机关负责人对于上诉人提供的微信聊天记录的真实性当庭不予以认可并自述回去核实，由于被上诉人在处罚所依据的事实中明确说明来自信×与李×艺女士的聊天记录，因此，被上诉人对于李×艺女士的微信信息是明确知情的，但是被上诉人当庭不予认可，也未曾看到被上诉人在庭后对于该证据的回复。因此，一审法院的法律适用方面未能充分保障上诉人的合法权益。李×艺女士未曾见过被上诉人的工作人员，被上诉人却自称与李×艺女士进行了原件的核实，法律明确规定据以认定事实的证据需提供原件，但是一审法院却不顾被上诉人无原件对上诉人予以处罚的实际情形维持合税三稽查〔2019〕30号税务行政处罚决定书。可以看出一审法院所作出的行政判决书是依据错误的事实和违法的程序所作出。综上，上诉人认为安徽省合肥高新技术产业开发区人民法院（2020）皖0191行初48号行政判决应当予以撤销。请求二审法院判令：一、撤销安徽省合肥高新技术产业开发区人民法院（2020）皖0191行初48号行政判决并改判撤销合税三稽查〔2019〕30号税务行政处罚决定书；二、本案上诉费用以及一审费用由被上诉人承担。

被上诉人第三稽查局答辩称：一、程×才、张×兰股权转让行为的证据充分，一审法院认定事实准确。第三稽查局依法收集了程×才转让股权未申报缴纳个人所得税的相关证据，主要包括：1.2016年5月20日，程×才、张×兰与姜×民签订的《关于姜总入股有关条款的说明》，银行付款信息、收到股权转让款收据、工商部门股权变更资料、2019年2月28日对程×才和张×兰的《询问笔录》对股权转让的事实以及相关材料真实性予以确认、国家税务总局合肥市蜀山区税务局出具证明、程×才和李×艺于2017年4月25日签订《股权回购协议》、有关电子U盘影像资料、《税务处理决定书》等。相关证据已经形成完整证据链条，足以证明股权转让的事实以及程×才、张×兰收取股权转让款未申报纳税的事实。第三稽查局在查办该案过程中证据来源正当，取证手段合法，证据确凿充足，逻辑关联严谨，构成了对违法事实认定的完整证据链条。程×才、张×兰与姜×民于2016年5月20日私下签订《关于姜总入股有关条款的说明》（以下简称《转让说明》）系三方真实的意思表示。程×才、张×兰在签订《转让说明》后，于2016年5月23日收取姜×民200万元股权转让款并向姜×民出具收据。2016年5月30日，程×才通过增资扩股的方式完成了转让5%股权给姜利民。本案中股权转让是真实目的，增资扩股仅仅是程×才完成股权转让的形式，是其逃避缴纳股权转让个人所得税的手段。本案中程×才、张×兰的行为并非其所称的增资扩股。增资扩股是公司资本金的增加，股东增资扩股应将增资款交至公司账户，同时股东应根据公司股权价值和各自股权比例缴纳增资款。本案中，首先姜×民的400万元分别转入程×才、张×兰的个人账户，并未转入公司账户，与增资扩股不符。其次，程×才、张×兰、姜×民并未按照相同的估值进行增资，姜×民除了认缴60万元外还付出400万元，而程×才、张×兰仅仅分别认缴30万元和10万元，上述情况与增资扩股不符。再次，程×才、张×兰收取股权转让款后如何使用系其个人行为，其辩称其个人账户归公司使用并未提供相应的证据，也与财务管理规定不符。最后，程×才、张×兰辩称是姜×民要求转入其账户再委托其转入公司账户与事实与常理不符，更没有证据证明。相反，程×才、张×兰和姜×民之间不仅有《转让说明》表明有股权转让和避税的安排，姜×民更将400万元转入程×才、张×兰个人账户并由两人出具收据，上述行为与股权转让的特征完全相符。答辩人上述证据与调查事实的陈述，目的是为了便于法院了解案件情况。实际上，程×才、张×兰的行为是否为转让股权行为，是否应缴纳个人所得税属于纳税争议，该问题已经在我局《税务处理决定书》中予以确认。根据《税收征收管理法》第八十八条规定，纳税争议属于复议前置的行为，程×才、张×兰未在法定期限内申请行政复议，《税务处理决定书》已经发生法律效力，其转让股权应缴纳个人所得税的事实已经确定，程×才、张×兰无权再要求法院对上述纳税争议进行审查。综上，第三稽查局收集了充分的证据证明程×才、张×兰收取姜×民200万元股权转让款的行为是收取股权转让款的行为，而非其所称的借款、代收增资款或代姜×民保管的款项。程×才、张×兰在《税务处理决定书》确定其取得股权转让收入应缴纳未缴纳个人所得税并已经生效的情况下，再次要求法院审查认定其行为不是股权转让行为，无须缴纳个人所得税没有事实和法律依据，一审法院认定事实准确。二、程×才、张×兰转让股权所得未申报缴纳个人所得税依法应予处罚。程×才、张×兰与姜×民签订《关于姜总入股有关条款的说明》，约定股权转让。程×才、张×兰在实际收到姜×民股权转让款后，在工商部门办理增加股东与注册资本金认缴金额的方式完成股权转让，以欺骗、隐瞒手段不申报税款的主观故意性比较明显。《中华人民共和国个人所得税法》第二条规定：下列各项个人所得，应当缴纳个人所得税：……（八）财产转让所得。《中华人民共和国个人所得税法实施条例》第六条规定：个人所得税法规定的各项个人所得的范围：……（八）财产转让所得，是指个人转让有价证券、股权、合伙企业中的财产份额、不动产、机器设备、车船以及其他财产取得的所得。根据上述规定，程×才转让×医疗公司股权依法应缴纳个人所得税。同时，《中华人民共和国个人所得税法》第十条规定：有下列情形之一的，纳税人应当依法办理纳税申报：……（三）取得应税所得，扣缴义务人未扣缴税款。程×才、张×兰收到股权转让款，在扣缴义务人未扣缴个人所得税的情况下，程×才、张×兰应依法向税务机关申报缴纳个人所得税。程×才、张×兰的上述行为已经在第三稽查局《税务处理决定书》确认并发生法律效力。鉴于程×才、张×兰并未依法申报缴纳个人所得税，根据《中华人民共和国税收征收管理法》第六十四条规定：纳税人不进行纳税申报，不缴或者少缴应纳税款的，由税务机关追缴其不缴或者少缴的税款、滞纳金，并处不缴或者少缴的税款百分之五十以上五倍以下的罚款。根据上述规定对程×才转让股权未申报缴纳个人所得税的行为予以少缴税款50%的处罚符合法律规定，依法应予维持。程×才、张×兰要求撤销第三稽查局行政处罚行为的诉请依法应予驳回。三、第三稽查局税务行政处罚具体行政行为程序合法。本案中，第三稽查局严格按照《中华人民共和国税收征收管理法》(中华人民共和国主席令第四十九号)、《税务稽查工作规程》(国税发〔2009〕157号)等规定进行调查取证，依法下达《税务检查通知书》《询问通知书》《检查存款账户许可证明》《税务事项通知书》等税务文书，充分保障了纳税人在案件办理过程中的合法权益。在行政处罚过程中，第三稽查局认真听取程×才、张×兰陈述、申辩，依法组织行政处罚听证，程序合法正当，充分保障纳税人的合法权益。值得注意的是，第三稽查局于2019年9月3日向程×才、张×兰送达《税务事项告知书》告知其提供证明其行为不是股权转让的证据，充分保障了程×才的陈述、申辩的权利。程×才、张×兰收到上述告知书后并未提交任何证明其行为不是股权转让的证据，也从侧面说明程×才对其行为违法性的认识。此外，第三稽查局作出的合税三稽处《税务处理决定书》中也已认定了程×才、张×兰收到股份转让款后不进行纳税申报的事实。程×才、张×兰依照该《税务处理决定书》于2019年12月2日缴纳了税款和滞纳金，表明其认可该决定书内容。之后，程×才、张×兰在长达两个月的时间内没有对《税务处理决定书》提起复议，也表明其认可《税务处理决定书》的内容。因此，程×才、张×兰对依据该决定书作出的《行政处罚决定书》提请诉讼，没有事实和法律上的依据，依法应予驳回。综上所述，国家税务总局合肥市税务局第三稽查局作出的行政处罚行为证据充分，实体和程序上均符合法律规定，一审法院的判决结果完全正确，请贵院依法驳回程×才的上诉请求，维持原判。

程×才向一审法院提交如下证据：1.程×才转账记录、程×美情况说明、×医疗情况说明。2.×医疗变更信息、股东会决议、章程修正案（与被告提供的第九份证据一致）。证明目的：程×美的个人账户用于×医疗使用，在姜×民部分增资扩股款到账后程×才及时转给程×美用于×医疗日常经营使用；姜×民部分增资扩股款400万元到账后，及时为姜×民办理了增资扩股手续，虽然增资扩股份额为100万元，但是实际购买金额为500万元。3.李×艺与程×才聊天记录，证明目的：

姜×民过世后，李×艺作为姜×民的股权继承人一直在和程×才进行互动、沟通，且一直说明的是公司经营壮大后进行分红，能够证明系增资扩股成为×医疗的股东。4.《民事起诉状》《律师函》《合肥市蜀山区（2018）皖0104民初4880号民事裁定书》《合肥市中级人民法院（2019）皖01民终2503号民事裁定书》《关于解除合作的说明》《解除合作协议说明》，济宁市兖州区人民法院（2019）鲁0812民初2099号判决书；证明目的：举报人信×、刘×在与×医疗合作期间恶意向代理商、经销商发布虚假信息以及恐吓信息、电话等导致×医疗名义受损，恶意攻击原告，在本次举报中信×、刘×等人提供的材料均是两人恶意为之，对于此类严重危害当地企业的人员不能听之任之。因此，举报人恶意举报的信息不应当予以采纳，且原告与×医疗股东遗孀李×艺一直保持良好的沟通。5.视频，庭后三日内提交，否则视为不做证据。内容是：第一次听证会之后[①]；时间是2019年8月14日中午12点左右；地点是税务稽查第三稽查局的三楼会议室。证明目的：被告提供的重要视频中的张×梅因与原告股权转让纠纷，恶意伪造股权转让协议妄图使原告权益受损。可以证明张×梅等人属于恶意的行为，该视频存在胁迫的情形，不能作为证据使用。

第三稽查局向一审法院提供的证据：1.《税务行政处罚决定书》（合税三稽罚〔2019〕30号）及送达回证，主要证明：案涉税务行政处罚决定已经生效并送达原告。2.转办函、立案审批表、税务登记表，证明目的：国家税务总局合肥市税务局接到对合肥×医疗设备有限公司股东程×才、张×兰股权转让过程中涉嫌偷逃税款的举报，经查属于被告管辖范围，交由被告进行处理。被告经审查后决定对合肥×医疗设备有限公司进行税务检查。在对合肥×医疗设备有限公司检查过程中，发现程×才、张×兰涉嫌在转让合肥×医疗设备有限公司股权过程中隐匿实际转让收入偷逃税款，经审查，决定对程×才、张×兰进行立案查

---

① 这是视频的内容，不是文字，公开原文即这样（中国裁判文书网）。

处。3.税务检查通知书、送达回证以及检查人员税务检查证，证明目的：税务机关通知合肥×医疗设备有限公司、程×才对其涉税违法行为进行立案查处。4.信×和刘×的自述材料以及信×提供的股权转让协议、《关于姜总入股有关条款的说明》、收据、信用卡交易明细、电子银行回单、股权回购协议，证明目的：信×和刘×就程×才涉嫌在转让合肥×医疗设备有限公司股权过程中隐匿实际转让收入偷逃税款提供了证人证言和相关证据。5.姜×民的讣告，主要证明：股权受让人已经去世，合肥×医疗设备有限公司在讣告中确认姜×民为其股东。6.姜×民妻子李×艺的自述材料以及股权转让协议、《关于姜总入股有关条款的说明》、收据、信用卡交易明细、电子银行回单、股权回购协议，主要证明：2016年5月20日程×才、张×兰与姜×民签订《股权转让协议》《关于姜总入股有关条款的说明》，转让合肥×医疗设备有限公司股权。2016年5月23日，姜×民通过银行转账方式支付购买股份款400万元。同日，程×才、张×兰个人账户分别收到购买股份款200万元。程×才、张×兰未依法进行申报并缴纳个人所得税。7.对程×才、张×兰的询问笔录，主要证明：程×才、张×兰与姜×民签署《股权转让协议》《关于姜总入股有关条款的说明》，收取400万元股权转让款并将合肥×医疗设备有限公司10%股权转让给姜×民的事实，进一步印证李×艺提供材料的真实性。8.检查存款账户许可证明及程×才银行账户流水情况。证明目的：程×才收到姜×民股权转让款200万元。9.工商登记资料信息（股东会决议、章程修正案等），证明目的：程×才、张×兰收到股权转让款后，于2016年5月30日办理工商登记变更，确认姜×民取得合肥×医疗设备有限公司10%股份。10.验资情况证明和验资报告，证明目的：程×才转让给姜×民的5%股权的原始成本为25万元。11.国家税务总局合肥市蜀山区税务局证明，证明目的：程×才和张×兰转让合肥×医疗设备有限公司股权并未向主管税务机关申报缴纳个人所得税。12.程×才、张×兰提供的股权回购协议，证明目的：明确注明，2016年5月姜×民从程×才处以250万元购得合肥×医疗设备有限公司5%股份，进一步印证程×才、张×兰将股权转让给姜×民的事实。13.程×才、张×兰提供的电子影像资料，证明目的：1分20秒后和10—12分钟期间，多次提起股权转让以及回购事宜，进一步印证程×才和张×兰将×医疗10%股权以400万元转让给姜×民的事实。14.《税务处理决定书》（合税三稽处〔2019〕145号）及送达回证，证明目的：被告经检查确认程×才不进行纳税申报，不缴或者少缴应纳税款的行为违反了《中华人民共和国个人所得税法》《中华人民共和国印花税暂行条例》等法律法规，相关证据由第三稽查局出具并直接送达程×才，程×才未提出行政复议。15.税务事项通知书及送达回证。16.程×才陈述申辩材料。17.税务处理决定书（合税三稽处〔2019〕74号）及送达回证。18.税务行政处罚事项告知书（合税三稽罚告〔2019〕23号）及送达回证。19.程×才、张×兰陈述、申辩材料。20.程×才听证申请（2019年7月29日）。21.税务行政处罚听证通知书（合税稽听通〔2019〕3号）。22.关于税务行政处罚听证有关事项告知书（合税稽告听〔2019〕3号）及送达回证。23.授权书、听证笔录（2019年8月14日）。24.税务事项告知书（合税三稽通〔2019〕2146号）及送达回证。25.撤销具体行政行为决定书（合税三稽撤〔2019〕1号）。26.税务行政处罚事项告知书（合税三稽罚告〔2019〕30号）及送达回证。27.程×才听证申请（2019年10月22日）。28.关于税务行政处罚听证有关事项告知书（合税稽告听〔2019〕5号）及送达回证。29.税务行政处罚听证通知书（合税稽听通〔2019〕5号）。30.授权书、听证笔录（2019年11月1日）。31.税务行政处罚决定书（合税三稽罚〔2019〕30号）及送达回证。上述证据证明目的：被告在进行税务检查和作出税务行政处罚过程中，依法要求纳税人提供对其有利的证据，充分听取了纳税人的陈述申辩，开展了听证，保障了纳税人在案件办理过程中的合法权益。被告作出的税务行政处罚决定程序合法有效。法律依据有：《中华人民共和国税收征收管理法》《中华人民共和国税收征收管理法实施细则》《中华人民共和国个人所得税法》《中华人民共和国个人所得税法实施条例》《国家税务总局关于发布〈股权转让所得个人所得税管理办法（试行）〉的公告》《税务稽查工作规程》《国家税务总局关于修改部分税收规范性文件的公告》《国家税务总局安徽省税务局关于印发〈国家税务总局合肥市税务局职能配置、机构设置和人员编制暂行规定〉的通知》（皖税发〔2018〕37号）。

本院二审中，程×才当庭提交《关于姜总汇款资金的说明》证据一份。第三稽查局发表质证意见认为对其真实性有异议，即使真实，也被5月20日之后一系列协议推翻，且在行政执法过程中从来没有看到过该份证据。第三稽查局在行政处罚过程中要求上诉人提供相关证据证明不是股权转让，但上诉人一直没有提供，该证据不能作为定案依据。本院经审查认为，根据《最高人民法院关于适用〈中华人民共和国行政诉讼法〉的解释》第四十五条的规定，被告有证据证明其在行政程序中依照法定程序要求原告或者第三人提供证据，原告或者第三人依法应当提供而没有提供，在诉讼程序中提供的证据，人民法院一般不予采纳。因此，本院对上述证据不予采纳。

本院二审查明的事实与原审判决相同，对原审判决认定的事实，本院予以确认。

本院认为，第三稽查局依法履行法定职责，根据第三稽查局提交的程×才、张×兰的收据，《股权回购协议》《信用卡交易明细》以及刘×、李×艺的自述材料，询问笔录、听证笔录等证据材料，可以形成完整的证据链条，足以认定程×才转让股份以及收到股份转让款后不进行纳税申报的事实。另外，根据《中华人民共和国税收征收管理法》第八十八条第一款之规定，纳税人、扣缴义务人、纳税担保人同税务机关在纳税上发生争议时，必须先依照税务机关的纳税决定缴纳或者解缴税款及滞纳金或者提供相应的担保，然后可以依法申请行政复议；对行政复议决定不服的，可以依法向人民法院起诉。案涉《税务处理决定书》（合税三稽处〔2019〕145号）经依法送达，但程×才未依法提起行政复议，该决定书已经依法生效，相关违法事实已经被确认。第三稽查局在处罚前履行了立案、调查、听证等程序，并向程×才告知了对其所作处罚决定认定的事实理由及依据，履行了告知义务，同时将被诉处罚决定向程×才依法进行送达，所作处罚决定程序合法，事实清楚并无不当。综上，原审判决认定事实清楚，适用法律正确，程序合法。根据《中华人民共和国行政诉讼法》第八十九第一款第一项之规定，判决如下：

驳回上诉，维持原判。

二审案件诉讼费用人民币50元由上诉人程×才负担。

本判决为终审判决。

附：本裁判文书适用的法律规范

《中华人民共和国行政诉讼法》

第八十九条　人民法院审理上诉案件，按照下列情形，分别处理：

（一）原判决、裁定认定事实清楚，适用法律、法规正确的，判决或者裁定驳回上诉，维持原判决、裁定；

（二）原判决、裁定认定事实错误或者适用法律、法规错误的，依法改判、撤销或者变更；

（三）原判决认定基本事实不清、证据不足的，发回原审人民法院重审，或者查清事实后改判；

（四）原判决遗漏当事人或者违法缺席判决等严重违反法定程序的，裁定撤销原判决，发回原审人民法院重审。

原审人民法院对发回重审的案件作出判决后，当事人提起上诉的，第二审人民法院不得再次发回重审。

人民法院审理上诉案件，需要改变原审判决的，应当同时对被诉行政行为作出判决。

在我们的日常实践中，尽管可能有各种各样的合理的理由，但由于主观性的内容无法得到有效验证，加之相关的理由无法适配67号公告中所列举的正当理由，如果出现核定征税处理，则往往面临比较大的沟通成本。因此，需要交易双方、律师们提前做出预测，以减少争议的发生，减少对自己的经济利益带来的不利影响。

2.4.2　个人股权的形成及权益的价值考虑

无论是个人独自成立一家公司，还是与伙伴们一起创业成立的公司，除了满足《公司法》规定条件的实际出资成本，也会有老板自身的智力劳动投入，这些无形和有形的投资一方面形成未来的投资回报，另一方面构成了彼时的变现价值。而在平时，我们会更多地关注企业的报表，这是最为直接的计量数据，是财税人最为关注的，也是税务机关了解企业最直接的入口，股东付出的智力劳动往往无法体现在报表上，报表是记录成立公司时股东实实在在投入公司的出资等。老板往往不是很关注报表数据，因为，公司发展得如何，说到底只有老板自己心里清楚。

个人费心费力设立的公司，无论是自己设立的，还是与伙伴（外部个人或投资主体）一起投资设立的，难免发生例外情形，即退出或转让。我们在这里所说的退出，是指已正式登记在市场监督管理部门的登记信息系统中，形成了法定身份的认定。退出方式主要有表2-14所示的几种情况。

表2-14　退出方式

退出方式	描述	风险关注
减资后退出	需按照信息公示流程办理，以保护债权人权益，可以分为已实缴减资与未实缴减资两种情形	从形式上看，减资退出不属于67号文件规定的转让情形，不属于《个人所得税法》中规定的财产转让范围；而个别税务机关从实质性质上看，认为其属于广义的转让，也要进行税务前置出具完税凭证，是一种超范围的行政事务扩大
转让股权退出	将股权转让给其他股东或第三方，实现退出	需按67号公告的相关规定办理行政核定程序，可能面临时间长、沟通成本高的问题，甚至无收入也要缴税的情形
转赠处理	转赠是一种特殊的转让行为	需要考虑受赠对象的不同，在税收政策上有不同的定价核定规则

续表

退出方式	描述	风险关注
公司解散	尽管成立了公司，但由于决策调整，或者合作产生矛盾，索性解散公司进行彻底清盘，也不失为一种解决方式	依法进行清算、办理注销，将资产处置或分配给股东

所以，我们在学习新《公司法》所带来的一系列涉及减资、转让股权过程当中的新变化时，非常有必要植入行政法对其的管理要求及程序规范，尽管在《公司法》的规定和意思自治下，可以有效地解决彼此之间的投资合作事项，但很有可能受税收政策及征管规范的要求而使其受到影响，有的可能还是重大的影响，给利害相关人带来不必要的损失。

【例2-12】张三与李四拟一起做生意，两人商量由张三主导，李四参与，张三认缴出资60万元，李四认缴出资40万元。张三前期做了大量的工作，又是出差，又是与朋友交流、开会、做可行性调研等，耗费了不少的时间与费用。但不幸的是，张三忽然被检查出患了重病，无法继续经营，于是找李四商量，能不能由李四接盘或者介绍其他朋友承接其股份，经过商量，张三介绍了一位可信赖的朋友王五愿意承接其认缴的60万元股份。考虑到张三前期投入的大量精力与支出，王五补偿给张三10万元，双方签订股权转让合同，张三个人所付出的人力与物质成本无法体现在公司的投资成本账上，须按照10万元所得以20%计缴2万元个人所得税。即使张三个人前期投入的筹建成本估算超过了10万元，依据《公司法》出资计量的规定条件，特别是股东身心的付出成本，是不予计入公司出资额的。但股东如果为拟成立的公司垫支的费用，是可以在成立之后补开之前的发票入账进行报销处理的，不过这是公司的成本费用，不会视为股东的投资成本。

承上所述，笔者认为，从商事与财税两个角度来考虑《公司法》的相关问题才是完整的。涉及出资事项时，一方面是股东的付出，另一方面是在公司层面的计量确认，如上面的案例，两者并不完全等同，实际上也很难等同。对于多股东合作投资，彼此之间的贡献付出也不是完全契合出资比例，但基于对公司未来发展的美好预期，此时一般不会太计较得失。对外发生的成本费用支出，是可以合同约定，取得合规的票据，在公司成立后进行入账处理。如果签订的是重大业务合同，需要考虑在公司成立后进行确认，从而进一步保障相关方的权利与义务（见表2-15）。

表2-15　　　　　　　　　　统筹考虑相关规定

类型	描述	关注点
《公司法》相关规定	确定合作章程、出资义务、高管职责、议事规范等，即责、权、利相关事项	部分事项需结合民法相关规定统筹考虑
税法相关规定	尊重民商法的规定及事实，但在执行中多按税法规则来实施，这里会涉及责任履职的顾虑，同时也涉及跨界的法律条款理解缺乏的问题	将税法可能带来的影响，考虑到民商法的业务关系中，避免产生无法实施或实施成本较大的问题

在实践当中，我们在面临行政法与其他法律政策之间的协同考虑时，往往会产生"如何有效利用"思维。比如涉及与公司相关联的法人股东与个人股东时，约定"定向分红给法人股东"，企业会计说："我们不违背《公司法》的规定，这是我们股东之间意思自治的权利！"而我们有的税务人员可能认为："凭什么你要这么做，怪事必有因，为何别的股东愿意吃亏？是不是你们之间串通好了做的避税安排？"因此，即使在法条上是允许的，税收政策上也没有明确的限制规定，但从人的常规心理来看，"这是不正常的！"反避税有其范围、适用情形。个人股东也要有分红，要征其个人所得税，如果定向分配给公司股东，公司股东享受免税待遇，征不到税了，属于规避当下的纳税义务，要进行反避税，视同个人股东分红了再赠送给公司股东！而且，平时一些财税专家从所谓"公平"的角度，也来阐述其"背后利益让渡的问题"。笔者认为，就算股东本意有避税的考虑，但我们要理解并尊重其法定权利，这是法律授予其的决议权利。若发起反避税，肩负起"打抱不平"的任务，说起来容易做起来不一定轻松。定向分红给公司股东，股东可

以享受企业所得税免税，在股东公司层面，分回的利润要么继续投入其他业务经营，要么进一步给股东分红。通常，以合法方式回到个人股东手中的所得主要是分红与薪酬所得，即使在这个环节个人股东没有取得分红、没有纳税，但最终会流向个人名下，这是一个时间性的问题，退一步讲，这部分的税收利益没有流出境外的情况下，对于其通过合法程序下的决议行为，应予以尊重，这个权限宜限缩而不是凭感觉扩大。有人提出来："能不能找公安机关查查他们内部的交流微信，有没有私底下的利益交换？"这是理想化想法，如果个人股东确实没有拿到钱或其他交换利益，不宜简单地认为这就是避税行为。笔者发现，实务中有的个人股东与公司股东不存在关联方，确实是根据贡献或出资条件作的分红决议，而有的存在一定的关联关系，但也不能凭其存在关联交易就认定个人股东应有分红所得，需要尊重事实与法定规则。上面提到，财税、法律人喜欢拿着"公平公正"的大旗来主持"正义"，又擅长用数据来解释公平，其实大家可以发现，《公司法》中的意思自治，是多种原因下的一种谈判条件、规则的平衡，绝对不是简单的数字平衡。但不巧的是，由于一些因素不具有计量属性，很难体现出公平，比如决策权、分红权、优先权等，我们的税法应去尊重它。其实我们的思想已进步了很多，大家普遍也认可了，只是在发生一些个案时，会引起人们的"浮想联翩"。但是，我们仍需要强调一点的是，业务要真实，有适当的商业合理性与持续性，这样利于我们的专家在"心理"上接受它，从而在分析或行政执法中接受它。

笔者曾经也看到过这样的案例，某房地产企业未取得项目预售许可证就开始做广告，被市场监督管理部门处罚，在会计核算中列支了广告宣传费30万元，罚款10万元。依所得税法的规定，违法经营的罚款10万元不得税前扣除，但对于企业支出的30万元费用能不能税前扣除产生了争议。有的专家提出来："这是违反其他法律规定的支出，凭什么税前扣除！"用别的政策规定来解释税法应用问题，也是日常中很多人的理解误区。税法是基于收入、支出及特别限制条件约定的，30万元的支出为销售作出了潜在的贡献，是有相关性的，该公司违反其他部门的政策规定已受到了处罚，承担了相应的责任后果，与30万元支出是两回事！税收法定需要有边界感，需要明确依据。

公司是核算规范要求非常高的纳税人，《公司法》的修订，自然会涉及公司行为，公司与其股东、债权人之间的关系，这种关系的背后是利益的达成与调整转移，进而极可能影响计税。

对于以劳务出资的方式，在我国《合伙企业法》中有明确的规定：

> 第十六条　合伙人可以用货币、实物、知识产权、土地使用权或者其他财产权利出资，也可以用劳务出资。
>
> 合伙人以实物、知识产权、土地使用权或者其他财产权利出资，需要评估作价的，可以由全体合伙人协商确定，也可以由全体合伙人委托法定评估机构评估。
>
> 合伙人以劳务出资的，其评估办法由全体合伙人协商确定，并在合伙协议中载明。
>
> 第六十四条　有限合伙人可以用货币、实物、知识产权、土地使用权或者其他财产权利作价出资。
>
> 有限合伙人不得以劳务出资。

以劳务出资，并不是将个人的劳务评估作价，而是在合伙协议中约定劳务出资的计量与未来收益分配办法，合伙企业并不是法定注册资本制，这一点与公司有着本质的差异，前者合伙人是无限责任制，后者是有限责任制。有人提议："个人先以劳务出资到合伙企业，再由合伙企业出资到公司可以吗？"无论是谁的劳务，均难以形成《公司法》下的法定出资财产，通过合伙企业过渡间接出资也难解决。但可以考虑另外的方式，比如该个人将劳务转化为无形资产出资，又或者公司以货币购入该个人的劳务服务，形成债务后再考虑债转股，这样就形成了股本。但这种方式需要考虑好税负成本，比如个人劳务报酬，其个税的税负成本会相对较高，此时应如何处理？

在图2-9的合作业务关系中，可以演绎很多的故事走向。比如张三的劳务预计值100万元，若张三改为由其个人成立的甲公司向乙公司提供服务，张三作为甲公司的管理者具体实施，在两种情形下的税负测算如表2-16所示。

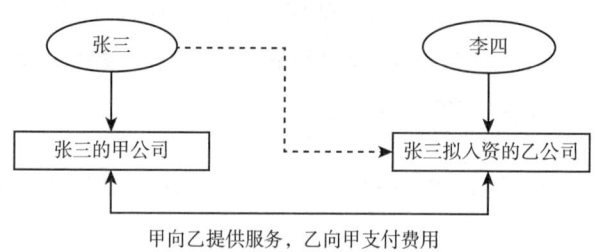

图2-9　张三设立公司参与乙公司经营

表2-16　　　　　　　　　　两种情形下的税负测算

所得类型	计算过程（举例）	说明
张三的综合所得	若张三没有其他的综合所得，相关专项扣除、专项附加扣除及其他税费等暂不考虑： 应纳税所得额=1 000 000×80%-60 000=740 000（元） 个人所得税=740 000×35%-85 920=173 080（元）	支付方有预扣预缴法定义务，汇算清缴多退少补
张三的公司所得（享受小型微利企业优惠）	若相关成本支出为0，则计算所得税=1 000 000×5%=50 000（元） 分红=950 000×20%=190 000（元）	按照小型微利企业所得税优惠政策进行的测算

可以看出来，图2-9架构下通过公司投资并不一定划算，张三听闻个体工商户也可以提供服务，于是张三将公司改为个体工商户（见图2-10）。

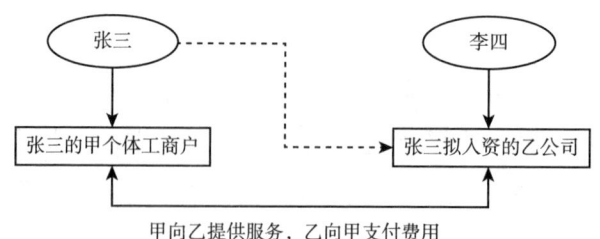

图2-10　张三设立个体工商户参与乙公司经营

个体工商户按经营所得计个税，依据财政部、税务总局公告2023年第12号[①]文件规定：

> 一、自2023年1月1日至2027年12月31日，对个体工商户年应纳税所得额不超过200万元的部分，减半征收个人所得税。个体工商户在享受现行其他个人所得税优惠政策的基础上，可叠加享受本条优惠政策。

依据税务总局关于经营所得汇算清缴的计算规定，甲个体工商户的应纳税所得额=1 000 000-60 000=940 000（元），应纳税额=（940 000×35%-65 500）×50%=131 750（元）。要注意，这里的金额可能是有变化的，因此需要结合金额、具体情形做一些有利的选择，这是经营主体的权利。

设立公司、运营公司，看似是只涉及《公司法》的事，其背后是切切实实的利益对接、交换、传递，其中也夹杂着许多争议，这也是以盈利作为目标追求公司的"税务处理之路"。而税负的有或无、多与少、直接与间接，随着税收法治化的日趋完善、税收信息化能力越来越广泛，公司与股东作为税收义务的遵从主体，受到的考验也越来越多。一个公司架构的搭建，不仅仅是控制权、利益分配、竞争能力的平衡，还是顺应、适配国家财税政策的选择与适用问题。

2.4.3 认缴出资下股权转让与退出的税务困惑与陷阱

认缴出资，0元转让，却要缴税！这是现实当中吐槽比较多，但又似乎无可奈何的一个问题。甚至有的股东提出来："宁肯缴点税，也想尽快办理完毕！"上面提到，当税收规则遇到公司法的商事调整之时，税收上具有天然的强制性与主动性，而企业、个人则处于相对弱势的一方。

自从无限期实缴期限的认缴制即可成立公司开放绿灯之后，认缴成立公

---

① 财政部 税务总局公告2023年第12号，即《财政部 税务总局关于进一步支持小微企业和个体工商户发展有关税费政策的公告》。

司的情形比比皆是。在新《公司法》设置了5年的实缴期限之后，认缴成立公司也是可以的，只是当认缴出资人转让或退出公司时，可能形成了意思自治与税收规定之间比较大的分歧，甚至是矛盾。笔者印象中，十多年前就遇到过这样的问题，有一个0元实缴出资、0元股权转让的案例，因计税核定争议足足拖了大半年之久，最后还是计缴了核定转让收入后计算出来的个人所得税才办结。

国家税务总局公告2014年第67号文件规定：

第二条 本办法所称股权是指自然人股东（以下简称个人）投资于在中国境内成立的企业或组织（以下统称被投资企业，不包括个人独资企业和合伙企业）的股权或股份。

第三条 本办法所称股权转让是指个人将股权转让给其他个人或法人的行为，包括以下情形：

（一）出售股权；

（二）公司回购股权；

（三）发行人首次公开发行新股时，被投资企业股东将其持有的股份以公开发行方式一并向投资者发售；

（四）股权被司法或行政机关强制过户；

（五）以股权对外投资或进行其他非货币性交易；

（六）以股权抵偿债务；

（七）其他股权转移行为。

第四条 个人转让股权，以股权转让收入减除股权原值和合理费用后的余额为应纳税所得额，按"财产转让所得"缴纳个人所得税。

合理费用是指股权转让时按照规定支付的有关税费。

第五条 个人股权转让所得个人所得税，以股权转让方为纳税人，以受让方为扣缴义务人。

第十一条 符合下列情形之一的，主管税务机关可以核定股权转让收入：

（一）申报的股权转让收入明显偏低且无正当理由的；

（二）未按照规定期限办理纳税申报，经税务机关责令限期申报，逾期仍不申报的；

（三）转让方无法提供或拒不提供股权转让收入的有关资料；

（四）其他应核定股权转让收入的情形。

第十二条　符合下列情形之一，视为股权转让收入明显偏低：

（一）申报的股权转让收入低于股权对应的净资产份额的。其中，被投资企业拥有土地使用权、房屋、房地产企业未销售房产、知识产权、探矿权、采矿权、股权等资产的，申报的股权转让收入低于股权对应的净资产公允价值份额的；

（二）申报的股权转让收入低于初始投资成本或低于取得该股权所支付的价款及相关税费的；

（三）申报的股权转让收入低于相同或类似条件下同一企业同一股东或其他股东股权转让收入的；

（四）申报的股权转让收入低于相同或类似条件下同类行业的企业股权转让收入的；

（五）不具合理性的无偿让渡股权或股份；

（六）主管税务机关认定的其他情形。

第十三条　符合下列条件之一的股权转让收入明显偏低，视为有正当理由：

（一）能出具有效文件，证明被投资企业因国家政策调整，生产经营受到重大影响，导致低价转让股权；

（二）继承或将股权转让给其能提供具有法律效力身份关系证明的配偶、父母、子女、祖父母、外祖父母、孙子女、外孙子女、兄弟姐妹以及对转让人承担直接抚养或者赡养义务的抚养人或者赡养人；

（三）相关法律、政府文件或企业章程规定，并有相关资料充分证明转让价格合理且真实的本企业员工持有的不能对外转让股权的内部转让；

（四）股权转让双方能够提供有效证据证明其合理性的其他合理情形。

第十四条　主管税务机关应依次按照下列方法核定股权转让收入：

（一）净资产核定法

股权转让收入按照每股净资产或股权对应的净资产份额核定。

被投资企业的土地使用权、房屋、房地产企业未销售房产、知识产权、探矿权、采矿权、股权等资产占企业总资产比例超过20%的，主管税务机关可参照纳税人提供的具有法定资质的中介机构出具的资产评估报告核定股权转让收入。

6个月内再次发生股权转让且被投资企业净资产未发生重大变化的，主管税务机关可参照上一次股权转让时被投资企业的资产评估报告核定此次股权转让收入。

（二）类比法

1.参照相同或类似条件下同一企业同一股东或其他股东股权转让收入核定；

2.参照相同或类似条件下同类行业企业股权转让收入核定。

（三）其他合理方法

主管税务机关采用以上方法核定股权转让收入存在困难的，可以采取其他合理方法核定。

大家可以发现，税法上对于某些认为个人股权转让收入明显偏低的情形，如果没有正当理由，主管税务机关可以核定股权转让收入。这里有两个关注点：

一是有了实际的转让收入，但相比设置的标准明显偏低，又无正当证据理由的，主管税务机关需要进行核定转让收入。在主管税务机关层面就可以进行调整处理，不需要稽查机关或反避税部门处理，即作出行政执法处理。

二是转让方认为自己有特殊理由，比如疫情影响、家庭变故、手头缺钱、出国安排等原因，"有理走遍天下"，这是老板们经常挂在嘴边的话，但它不符合税法的"理"，而且由于67号公告列举的视为有正当理由情形相对较少，税务机关经办人员自然会非常谨慎地评估理由的合理性，如果没有客观证据或者与67号公告所列情形适配相近的情形，认可度会比较低。

随着征管系统的日趋完善与程序管理要求提高，对于个人股权转让的涉税管理只会越来越严格，如对报表的数据进行延伸性检查（见表2-17）。

表2-17　　　　　　　　　　对报表收据的延伸性检查

转让延伸情形列举	说明	风险点
净资产额大幅降低	查阅上年末结束的数据，与转让前一月的数据，看看有无大幅降低人为调整的问题	有的是真实的亏损情形，也有的纯粹是人为调减净资产额的情形
大额成本费用、发票取得情形	进一步进行实质性复核，以确定企业是否存在弄虚作假的情形	比如计提大额准备金、直接改报表的情形屡有发生
比对取得发票与成本费用的比例合理性	以票管税在某些情形下仍发挥着很现实的作用	对于列支的工资薪酬、折旧等，不需要发票支持

有一次，笔者曾听闻某中介机构为客户提供了股权转让的解决方案：某企业原来有两位股东，后来因合作出现问题而分家，恰好这两个股东共同投资了两家公司（甲公司与乙公司），于是各定一家归自己所有，作为股东分别从另一方选定的企业退出来，在业务交易体现上，是各自的股权转让。某中介公司给出了这样的方案，将公司的存货直接进行减值核减，比如原来是1 000万元，调整净值为200万元，净资产一下子降下来了，确实是"神笔马良"。税务人员看到后也为难了："企业说计提的减值准备金，不值钱了，我如何去反证呢？"这更是一下掉到坑里了！要想进一步确定的方法很多，比如企业取得这些货物的近期采购价、同期对外加工销售的价格等。这个解决方案还算是"文明做法"，有的公司直接改报表数据，做假账。尽管似乎是无奈之举，但中介机构提供服务还是要有底线，同时也要给自己留下后路。虽然有的中介机构通过这样的"野蛮做法"加上"关系沟通"，也做"成功"了，但风险仍是存在的，如果企业找这样的服务，最好签一个"责任条款"，不然人家挣走钱，后面的雷全要自己扛了。

新《公司法》对于有限公司的股权转让进行了程序简化规定：

第八十四条　有限责任公司的股东之间可以相互转让其全部或者部分股权。

股东向股东以外的人转让股权的，应当将股权转让的数量、价格、支付方式和期限等事项书面通知其他股东，其他股东在同等条件下有优先购买权。股东自接到书面通知之日起三十日内未答复的，视为放弃优先购买权。两个以上股东行使优先购买权的，协商确定各自的购买比例；协商不成的，按照转让时各自的出资比例行使优先购买权。

公司章程对股权转让另有规定的，从其规定。

在税法上，涉及转让交易定价管理，主要依照67号文件规定处理。其中特别考虑的情形是近亲属[①]之间的转让，不对其定价作出强制性核定管理。

【例2-13】张三与李四共同投资设立甲公司，双方约定各认缴出资50万元，考虑到张三与李四认缴与实缴时间的时间差异，成立公司可能面临的情形如表2-18所示（假设净资产只涉及出资，没有收益及资本公积）。

表2-18　　　　成立公司实缴下的不同情形　　　　单位：万元

股东	情形一	情形二	情形三	情形四
张三	0	0	50	50
李四	0	50	0	50
合计	0	50	50	100
各50%	0	25	25	50

对于情形一，张三以0元转让股权，此时的公司净资产是0，自然没有什么可以"看得到"的数字价值，因此在向税务机关办理完税凭证时，会比

---

① 配偶、父母、子女、祖父母、外祖父母、孙子女、外孙子女、兄弟姐妹以及对转让人承担直接抚养或者赡养义务的抚养人或者赡养人。

较明确，不大会遇到沟通困难。

对于情形二，张三以0元转让股权，但这时比较多的税务人员会认为，净资产是50万元，张三占50%股权比例，那么其份额为25万元，"强制性地"进行核定转让收入，而不考虑这是李四的实缴出资，并不必然地属于张三可享有的财产份额。如果在章程当中没有清楚约定的情形下，真是"有口难辩"，没有直接的证据亮出来。即使有的公司的章程中清楚地约定，以实缴出资作为自己在公司中的权益享受比例，实缴方实缴的出资属于实缴股东所有，当拿着这样的章程解释的时候，也并不一定得到认可（有认可个案）。之前笔者在某地税务机关交流时发现，有的意见确实考虑了未实缴出资所占"比例权益"的剔除处理，但似乎并没有形成全国性共识。

对于情形三，张三按50万元转让，由于大于其净资产的50%即25万元，此时一般也是通得过的。原因上面提过，基于税收政策对于股东之间不同的认缴、实缴情形及其权利义务关系并没有相关的规范与进一步要求确认的安排，加之介入商法，又有意思自治，同时涉及跨界问题，还真不好解释明白。但认缴与实缴情形下的权益有或无、多与少的问题，确实又是存在的，如果不加区别一视同仁，形成形式治税、计税与纳税，引起一些矛盾也就再正常不过了。

对于情形四，张三与李四各实缴50万元到位，此时张三按50万元转让，也满足净资产的比例水平，相对也是易于理解的，转让收入50万元减原值成本50万元，这样转让所得为0，不需要计缴个人所得税。

如果仅仅因为想少缴税就不多要价，那就本末倒置了，我们考虑税负问题的时候，不是单纯看缴税多少，而是自己缴完税还能剩下多少！

上面我们只是提到了认缴出资环节形成的股权进行转让时可能遇到的税收问题。比如情形二，明明转让的是认缴份额，即转让的是注册资本的出资份额，而不是真实的股权价值，反而可能会被认为必须缴税。那么此时如何办呢？有人提到做成本费用预提，做亏50万元；也有的"不服"，非要向主管税务机关的上级部门反映情况，认为自己有理！不过据笔者观察，很多公司在成立的时候，用的是模板化的章程，没有去仔细查阅章程当中认缴与实缴的权利义务差别。有问题的时候临时更改，就容易被质疑是有"特殊目的"。实务中有的人操作为张三先减资处理，受让方再增资处理，如果是转让给李四，张三直接减资处理也未尝不可。此时要看张三在经营中有没有参与，以及其认缴出资额对公司相关债务的影响如何；或者受让方直接先支付转让方价款，转让方用于实际出资，完成了出资与转让，似乎也可以理解，但此时信任是比较重要的。理想的情形下，如果设立的时候章程就约定得非常清楚，认缴方不享受认缴股份的权益，这样更贴近实际情况。类似这样的痛点，恐怕仍会持续发生。

前面我们是从悲观的角度来探讨可能出现的税务问题，在即使股东们0元出资的情形下，这个公司的估值仍可能比较高，因为当股东的智力成果转化为公司的资产时，比如无形资产，或者拥有市场资源、代理权时，很可能就非常值钱了。此时有人可能又提出来了："股东给所投资的公司提供了研发智力服务，要不要进行对价支付？这里是不是涉及关联交易的问题？"对于一些爱研究的人来说，很可能会以想到这个问题为傲！在这里多延伸一下，股东以工作人员的身份未取得薪酬来付出劳动，这不是交易，其本人也没有所得，我们税务人员不至于非要让企业支付给员工所得，加之个人所得税上也没有视同销售的规范要求，直接以职务工作体现在公司但不要所得是不存在税务瑕疵的。但如果公司有意愿支付劳动、智力对价，也是应予以尊重的，即以交易事实来认定，而不是强制要求必须这样做。

在《公司法》上，关于认缴与实缴出资的义务会约定得非常清楚：

> 公司弥补亏损和提取公积金后所余税后利润，有限责任公司按照股东实缴的出资比例分配利润，全体股东约定不按照出资比例分配利润的除外；股份有限公司按照股东所持有的股份比例分配利润，公司章程另

有规定的除外。

《公司法》首先明确了按实缴出资确定分配利润的基础原则，除非全体股东另有约定。那么，在未实缴出资的情形下，是否拥有对留存收益包括盈余公积、未分配利润的分配权益，是非常重要的权益事项。据笔者观察，在个人股权转让的税收征管中，没有对认缴与实缴出资情形的成熟处理规则，有的税务机关人员不去重点研究《公司法》的规定，查阅公司章程的约定，而是直接依认缴比例核定股权转让最低收入价格，这是存在基础缺陷的。从对利益的追求来看，转让方大都会愿意多转让一部分钱，由于税务机关担心转让方签订"阴阳合同"、隐匿收入金额等，所以才出此核定之策，鉴于彼此之间信任度的问题，作为纳税人，也是需要理解的。在实务中，有的税务机关尊重了转让人转让其认缴的股权，由于章程中已明确约定了实缴出资的股东才有分配权，由于未出资，不能以认缴比例去享有已出资股东的"实收资本"权益，现实中0元转让是合理的。

有人提出来："为什么公司作为股东时，当其转让其子公司的股权，没有此方面的核定规定？"要解释这个问题，我们需要理解两个事项：一是公司是一个完整的核算型的经营主体，二是企业所得税上有关反避税的规定，是对于关联方之间的交易进行的反避税，但使用起来非常谨慎。如果公司转让股权也需要按照净资产进行核定，这将对所得税规则产生挑战，对核算型的转出方、受让方都会带来牵连影响。在企业所得税政策上，没有采取个人转让股权一样的核定方式，加之对公司进行涉税检查，相应的记录会比较完备。而对于个人的税收征管成本比较高，如果在转让环节没有管住，后续再进行税款追缴，其困难是很难想象的。但不排除在风险排查时，税务主管人员套用67号公告来检查公司作为股权转让方的转让定价问题。

如果从简便管理的角度，公司转让股权较个人转让股权，在一些情形下，行政管理程序与要求更多。但若有较高溢价时，会面临着税负的差异（见表2-19）。

表2-19　　　　　　　　　　公司与个人转让股权差异

转让类型	计税基本情形	说明
个人转让股权	财产转让所得按20%计个税，当下股权转让不是增值税应税范围，转让股票属于金融商品转让，按差额计缴增值税	20%个人所得税
公司转让股权	公司转让股权所得并入当年所得通常需按25%计税，满足条件时按15%或小型微利企业5%计缴企业所得税；再分配给个人股东时按20%计股息红利个税	企业所得税税负有不同适用情形，个人所得税20%

所以，税收并不是完美的，需要有条件地选择与预测。有时候我们建议通过控股公司间接持股，这里有考虑法律责任的隔离因素，也有出资义务的问题，底层公司分红享受免税待遇，可进一步灵活归集资金，而分到个人名下需要先计缴20%个税，再投入经营之中使用，会产生损耗。但个人直接持股转让，没有企业所得税的影响，税负上会有其单一性，这就是为什么有的公司在上市的时候，会考虑由实控人个人持一部分股份，未来转让限售股时税负相对可控，同时还可以享受个人差别化股息红利的减免税政策；而通过公司或合伙企业间接持股的方式则无法享受到差别化股息红利减免税待遇，税负也极可能增加。

2.4.4　认缴股权转让后产生的"或有"出资义务的问题

依法释〔2024〕15号对于新法施行后发生的未届出资期限的股权转让行为，我们看一下《公司法》的规定：

> 第八十八条　股东转让已认缴出资但未届出资期限的股权的，由受让人承担缴纳该出资的义务；受让人未按期足额缴纳出资的，转让人对受让人未按期缴纳的出资承担补充责任。
> 未按照公司章程规定的出资日期缴纳出资或者作为出资的非货币财产的实际价额显著低于所认缴的出资额的股东转让股权的，转让人与受让人在出资不足的范围内承担连带责任；受让人不知道且不应当知道存在上述情形的，由转让人承担责任。

这还真是一个需要谨慎对待的事项，在认缴出资的情形下转让出资份额，它可能是0元，也可能是高溢价转让，几乎不可能是转让方"倒找钱"给受让方的。对于转让方来讲，要特别注意一下其后的出资义务牵连问题，只是这不能通过协议约定来规避法定责任，但后续的经济负担责任却是可以约定的，即如果转让方承担了相应的补充出资义务，只要转让协议有约定，是可以向受让方追讨出资金额的。其实这也可以理解，原来未出资的时候，转让价格自然不会包括这个出资额，既然出资了，相应的转让价格也应有调整。如果在协议中没有约定，转让方"自认"承担了这个出资义务，假设原来有转让价格，由于是认缴出资，在计算财产转让所得时原值按0元认定，计缴了个人所得税，后补充出资还能不能再追溯之前转让时的扣除？这并不必然，因为这是后续发生的事项，而且可能涉及追讨受让方承担的情形，具有不确定性，自然也"不敢"放开这样的操作口径。但如果涉及公司股东转让后又承担相应的出资义务呢？一是需要考虑当时合同中是否明确责任，有无追索权利；二是在追索无果的情形下，只能自己承担这样的损失了。

总之，认缴出资形成的股权权益转让，对于未来可能面临的出资牵连责任，需要有一定的心理防范及准备措施，毕竟这实实在在地写在了《公司法》条款中。

2.4.5 关于代持股权回归的"变通"处理

从司法的角度来看，由被代持人提起诉讼向代持人主张权利，进而办理过户，突破67号文件"核定关"，笔者也听闻过这样操作的案例，也听说有的律师为老板支招，让代持人与被代持人签订一份有偿代持协议，这样以被代持人不给费用为由，提起诉讼，顺带以此为由提交给税务机关就把"代持关系"办好了。不过随着对虚假诉讼的打击，此类情形往往也面临着被怀疑的风险，通过诉讼确权来解决"税务核定关"，似乎属于正当理由，加上法院权威加持，看起来是个不错的办法，但近几年热度也逐渐下降。当然，诉讼本身的效率问题，也是被代持人与代持人需要考虑的。

在代持关系中，如果有实现的收益，如何处理呢？（见表2-20）

表2-20　　　　　　　　代持中实现的收益如何处理

情形	涉税处理	关注点
个人为个人代持	以代持人名义计缴税款取得税后所得后，再转付给被代持人时，一般不会再重复征税	即使是个人之间的捐赠（我国税法除不动产之外），受赠所得不属于个人所得税的应税所得类型
单位为个人代持	单位计缴税款后给付到个人，这种情形在处理上并不像个人为个人代持的涉税处理那么确定，因为是从单位支付出去的，目前有报道的样本案例及有类似事项的政策支持可争取①	从税不重征的角度，个人可以争取不再计税，不然易认为属于从单位取得的"偶然所得"等，还是需要有明确的凭据支持。不过，如果公司直接冲减未分配利润，有时也并不一定引起关注
个人为单位代持	这种情形就比较复杂了，对于单位取得的个人转付的所得，如想不纳税需进行纳税调减处理，但又无明确的政策依据，导致重复纳税的可能性比较大	如果想从个人不缴的角度来突破，个人作为法定纳税义务人，是一个跨不过去的槛

不过也有特殊情形，比如夫妻、父子等之间的代持关系，67号文件对此情形开放了"绿灯"，不管是以股东身份回归，还是收益变现后付给关系人，基本上不涉及个税的计缴问题。但也有个别情形，比如父亲"代"儿子持有股权，出资款10万元是儿子出的，后来因为子女成年，需要对相关的财产厘清分配，于是父亲拟将股权作价11万元转让给儿子，差价1万元是辛苦费。此时父亲凭当时出资的10万元作为扣除原值，儿子支付给父亲11万元"走账"，好作为未来的投资成本证明，父亲收到钱之后，扣下1万元，余款

---

① 《国家税务总局关于企业转让上市公司限售股有关所得税问题的公告》（国家税务总局公告2011年第39号）规定：

三、企业在限售股解禁前转让限售股征税问题

企业在限售股解禁前将其持有的限售股转让给其他企业或个人（以下简称受让方），其企业所得税问题按以下规定处理：

（一）企业应按减持在证券登记结算机构登记的限售股取得的全部收入，计入企业当年度应税收入计算纳税。

（二）企业持有的限售股在解禁前已签订协议转让给受让方，但未变更股权登记、仍由企业持有的，企业实际减持该限售股取得的收入，依照本条第一项规定纳税后，其余额转付给受让方的，受让方不再纳税。

10万元又转送给儿子，而原来的出资10万元仍在公司里体现为权益，由儿子进行承继，不需要父亲归还。

在实践当中，如果涉及代持的，建议最好有代持协议，方便能说得清，举证也清楚。同时对于代为出资的款项，也宜在备注中有所标识，这样的处理是基于民事关系的处理考虑，对被代持人于税法上的出资原值认定，并不予以支持，即民事关系中的权益往往是归属于被代持人的权益支持，而在税收征收计税认定上，仍是以法定代持人作为计税主体来计缴税款。但现实当中，基于代持的背后原因往往是多样的，比如在某些不当利益的输送中，有的人在企业当中有"暗股"，这不仅仅涉及税的问题了，还可能存在行贿受贿的违法犯罪行为。还有如有的企业老板因为不愿意抛头露面，或因受信用影响无法成立公司，于是找到员工，让员工找其父母来作股东投资公司，自己仍作为实控人，象征性地给其父母点好处费，这也是实务中存在的情形。一般找自己熟人的也有，但因为考虑到低调保密的问题，往往找一个不相干的人来；也有去学校找学生来当股东的，这种情形下，不排除有人利用这样的公司做一些非法的生意，比如非法吸收公众存款、虚开发票，时有报道有人上当被骗，给自己的信用带来很大的影响。在商场上，确实需要有"防人之心不可无"的风险意识，同时也要知道"没有无缘无故的爱"。

《国家市场监管总局关于撤销冒用他人身份信息取得公司登记的指导意见》（国市监信〔2019〕128号）明确：

一、积极应对群众诉求

对于被冒用身份信息取得公司登记的人民群众（以下简称被冒用人）撤销冒名登记的反映，各级市场监管部门应积极应对负责。撤销冒名登记工作由作出该次登记决定的市场监管部门（以下简称登记机关）负责。登记机关发生过变更的，由现登记机关负责撤销。

被冒用人本人向登记机关反映被冒名登记情况的，登记机关及时做好记录。被冒用人本人不能到场反映的，登记机关应对其进行远程身份核验。

登记机关要认真核验被冒用人本人签字的撤销登记申请及其身份证件复印件（本人到场的，核实原件）。被冒用人还可以一并提供身份证件丢失报警回执、身份证件遗失公告、银行挂失身份证件记录、由专业机构出具的笔迹鉴定报告等有助于认定冒名登记基本事实的文件材料。

二、做好公示和调查工作

登记机关应将公司涉嫌冒名登记的情况（包括被冒名登记时间、具体登记事项、登记机关联系方式等）通过国家企业信用信息公示系统（以下简称公示系统）及时向社会公示。公示期45日。公示期内调查终结并作出调查结论的，终止公示。

登记机关要通过查阅冒名登记行为涉及的档案材料，对公司住所或经营场所进行现场检查，询问公司相关人员、登记代理人或利害关系人等方式，对冒名登记基本事实进行调查，并根据需要征询公安、税务、金融、人力资源社会保障等相关部门意见。

利害关系人主张与冒名登记相关的民事权利正在诉讼过程中，人民法院尚未作出判决、裁定或生效判决、裁定尚未执行完毕的；或者有证据证明冒名登记涉及的股权存在争议，各方尚未达成一致的，登记机关应中止调查，并相应延长公示期。

三、审慎作出撤销登记决定

登记机关在调查终结或公示期满后作出调查结论，并据此作出撤销或不予撤销登记的决定。公司在调查前已被吊销营业执照的，不影响登记机关作出撤销登记的决定，但因提交虚假材料或者采取其他欺诈手段隐瞒重要事实取得公司登记、被吊销营业执照的除外。

登记机关调查认定冒名登记基本事实清楚，或者公司和相关人员无法取得联系或不配合调查且公示期内无利害关系人提出异议，登记机关认为冒名登记成立的，应依法作出撤销登记决定。

有证据证明被冒用人对该次登记知情或事后曾予追认，或者公示期内利害关系人提出异议经调查属实，登记机关认为冒名登记不成立的，应依法作出不予撤销登记决定。

人民法院生效判决或裁定已认定冒名登记事实的，登记机关应作出撤销登记决定。公安、税务、金融、人力资源社会保障等相关部门出具书面意见不同意撤销登记，或者撤销登记可能对公共利益造成重大损害的，登记机关应作出不予撤销登记决定。

登记机关应将撤销（不予撤销）登记决定送达冒名登记的公司及被冒用人。在调查过程中已发现公司通过登记住所或经营场所无法联系的，可以直接采取公告方式送达该公司。

四、准确公示撤销信息

登记机关作出撤销登记决定后，应在登记注册系统标注作出撤销决定的状态，并通过公示系统向社会公示。撤销公司设立登记的，公示公司名称、成立日期、被撤销登记日期和原因、作出撤销决定的登记机关等基本信息。撤销公司变更登记的，恢复公示冒名登记前的信息，同时公示撤销冒名登记相关信息。撤销公司注销登记的，公示注销前的信息，并标注"已撤销注销登记，恢复主体资格"。

撤销冒名登记所形成的全部材料，要单独立卷，归入公司登记档案。

五、强化信用惩戒

总局建立全国虚假登记责任人数据库。登记机关负责将冒名登记的直接责任人录入虚假登记责任人数据库。对再次提交登记申请材料或作为登记申请人的，可以进行严格审查。对虚构事实或提交虚假证明材料，逃避债务、偷漏税款或进行其他违法犯罪活动的，登记机关配合有关部门进行查处，并实施信用惩戒。

对冒名取得公司变更或注销登记，被撤销登记的，应按照《严重违法失信企业名单管理暂行办法》的规定，将所涉公司列入严重违法失信企业名单。

六、做好后续处理工作

冒名登记被撤销后，因冒名登记导致的被冒用人相关信用惩戒和市场禁入措施停止执行。登记机关应及时更新数据，解除信用约束措施。

登记机关或其上级机关认定撤销登记的决定错误的，可以撤销该决定,恢复公司原登记状态,并通过公示系统进行公示。

七、加强部门协调配合

各级市场监管部门要在地方党委政府的领导下,加强与公安、税务等相关政府部门和司法机关的协调配合。在撤销冒名登记工作中发现的其他违法行为线索,应当移送有管辖权的部门处理;涉嫌犯罪的,应当移送公安机关。要做好部门间信息共享工作,及时推送撤销冒名登记相关数据,推进被冒用人无辜受限问题的解决。

八、做好工作保障

各省(区、市)市场监管部门要结合实际情况,制定撤销冒名登记的细化措施,明确撤销冒名登记工作的职责分工、工作流程、审批权限、档案管理等。要按照总局相关技术方案的要求做好公示系统优化改造,及时调整登记注册系统,为撤销冒名登记工作提供有效支撑。

撤销冒用他人身份信息取得个人独资企业、合伙企业、非公司制企业、农民专业合作社、个体工商户等市场主体的登记,以及撤销冒用他人身份取得公司董事、监事、高级管理人员、清算组成员等备案的,参照本意见执行。

在撤销冒名登记工作中遇到的问题,请及时报告总局相关司局。

尽管有上述的政策对权利人加以保护,但这其中面临的困难曲折与各项成本都不可小瞧,毕竟彼时有可能是自己面临诱惑进行的刷脸、签字,这种情形下,都不知找谁去配合解决。笔者曾接触到一大学生,在某兼职群中受诱惑收了500元好处费,配合对方在北京某区成立一有限公司,随即对方就开具了240余万元的普通发票,等次月也未申报之时,税务机关联系到该大学生,才发现对方没有缴税,也无法再联系到对方。后来该学生在家长陪伴下到税务机关自行处理了"善后"事宜,作了注销处理,当时正好是采取1%征收率的优惠,涉及税款不多。如果能够证明发票是虚开的,可以让税务机关进行冲红处理,这也不失为一个有效的办法。

这种所谓的"代持",是基于某种不法之需找的"替罪羊",背后也不存在代持的合理需求，就是秉着"我挣钱，你背锅"的企图。而且，笔者接触的很多虚开发票刑事案件中，确实有"背后隐身人"没有锁定并抓获的情况，以至于明面上的人因或多或少地参与了其中的业务，果真"背了锅"。作为企业的高管人员，特别是会计人员，一定要注意，作为老板"可信的人"，要充分区别是公事还是私事，在老板不参与的情形下，让财务人员独立作为股东的请求，能拒绝最好；如果难以拒绝，纸质协议还是有必要备一份，比如涉及公司实际运营由某某负责，与自己无关，自己不参与公司的运营管理等。如此这样，才有可能在发生责任风险时"逃过一劫"。

《公司法》规定：

> 第一百四十条　上市公司应当依法披露股东、实际控制人的信息，相关信息应当真实、准确、完整。
>
> 禁止违反法律、行政法规的规定代持上市公司股票。

笔者发现，在某些新《公司法》的释义解释中，认为此条规定是与证券相关规范相衔接，但同时也认为股权代持是较为普遍的事项，是现实当中的一种商业性行为。在《公司法》的相关条款中，对代持情形并没有进行规范，也是基于这里面的复杂性，禁与不禁都可能面临着较多的问题，因此这一情形仍会持续地存在。但是不得不说的是，代持关系模糊了公司作为法人对外披露公示信息的准确性、真实性，就好比我们对外公示注册资本，并要求限期出资，如果真实的股东都可以"隐身"，是不是对于债权人的利益保护也是一种"障碍"呢？这个问题是值得我们思考的。而同时，对于不受法律保护的"代持关系"，在涉及重大金融、民生相关事项时，就可能并不必然地"以代持之由行股东之事、得股东权益"。

名义股东要担责，挂名需谨慎！[①]

有些投资人为了规避法律或者其他原因不愿外化显名登记为有限责

---

① 来源：如皋市人民法院池锋；发布时间：2024年4月28日。

任公司股东，而选择借用他人名义代为持股并登记为公司股东，由此便产生名义股东及隐名股东的身份，并引发名义股东是否需要对外担责的问题。

2009年12月，甲公司注册成立，注册资本为50万元（已实缴），股东为小吴、小熊、小孙（均为化名）三人。小吴欲对甲公司进行增资扩股并持100%的股权，因自身存在债务问题难以审批，遂于2020年7月找到其朋友小祝（化名），委托小祝帮其代持20%甲公司的股权，由此双方签署股权代持协议书，明确了各自的权利、义务。

2020年9月，甲公司注册资本由50万元变更为1 100万元，股权架构变更为小吴持股80%（认缴出资额为880万元）、小祝持股20%（认缴出资额为220万元），认缴期限均至2040年12月31日。

后甲公司经营不善，经债权人向法院申请，甲公司进入破产清算程序。甲公司破产管理人经查阅公司银行流水等资料，发现小吴、小祝均未向公司缴纳注册资本，遂向法院提起诉讼，要求小吴、小祝分别向甲公司缴纳出资款840万元、210万元。

如皋法院经审理认为，股东应当按期足额履行公司章程规定的各自所认缴的出资额，小吴、小祝作为甲公司的登记股东，该登记具有公示效力，理应承担缴纳注册资本的义务，小祝与小吴之间签订的股权代持协议仅系其内部约定，对外不能产生免除其履行出资义务的效力。因甲公司已进入破产清算程序，管理人要求股东小吴、小祝缴纳所认缴的出资，不受出资期限的限制，遂判决小吴、小祝于判决生效后分别向甲公司缴纳出资款840万元、210万元。该判决作出后，双方均未上诉。

名义股东在工商登记上显示为公司股东，该登记对外具有公示效力，根据公示外观主义原则，从维护交易稳定性、保护善意第三人信赖利益的角度出发，名义股东与实际出资人之间关于责任免除或承担等内部约定，不能对抗公司的外部债权人，名义股东仍需依法承担缴纳注册资本等法律责任。在生活中，当遇到亲戚、朋友或者具有劳动关系的领导、老板等人，欲请你帮忙代为持股，并许诺不会有任何风险、无须承担责任时，一定要增强自我保护意识，做好风险防控，切记因一时"大意"

而深陷债务泥潭。

上面我们提到了代持人的代持风险，而对于被代持人，有时也存在风险。比如笔者也曾接触过一个案例，某境内自然人委托境外某个人，代持境内公司股份，其背后是出于成立"外商投资企业"的目的，结果某一天，忽闻境外代持人去世，一下子就出问题了。因为这种代持是跨境的，并不是在境内彼此之间处理起来简便。于是老板着急地找律师商量对策，"万一其子女作为遗产处理了，那就麻烦了！"所以，不掌握在自己手中的"资产"是面临着变数的，而没有提前的防备，很可能就真的不属于自己了。

如果代持要"回归"，有时并不一定与税务机关非要争个谁对谁错，本身作为纳税人，想简单地"打破"个人股权转让流程中的名义出资人的完税凭证，是非常难的，或许只能自己想办法了。

【例2-14】张三代李四持有一人有限公司的股权，2015年李四转了100万元给张三，张三用于实缴出资。2024年，李四想把股权变更到自己名下，依当前的税收征管规范，这视为一次转让行为，即使张三收不到100万元，也要进行正常定价。假设净资产还是100万元未变化，税务机关以净资产核定价格100万元转让收入，此时财产转让所得为0元。看似比较顺利，那么李四要不要实际支付张三100万元呢？

分析：从有利于李四未来处置股权、收回股权的角度来看这个问题，还是实际支付为宜，因为在税收上这视为李三从原股东手中过户收购的股权，并不认为其代持人实际出资作为其可扣除的股权原值（投资成本）处理。如果此时不支付，将来可扣除成本在无支付凭据支持的情形下，扣除额为0，未来李四的税负成本可能比较高。如果先将对价支付给了张三，张三"私下"再转回到李四，这其实是一种变通的方式，笔者认为，这并不是造假，本身业务是真实的情形下，就应认可原出资的100万元，奈何税收规则上无法认同，"空转"一笔支出能解决彼此之间的"衔接"也有其存在的合理性。

2.4.6 个人减资退出的问题

上面我们提到的个人退出公司的方式是转让股权，后来人们"发明"了股权收益权转让，还有在融资中常见的股权抵押等，对于这些，本身并不改变股权的法定身份，其纳税人的身份也并没有变化，只是在权益的享有及分配上产生了变动。但对于收益权，原来也是考虑的融资需要，实际业务中，在分配处理时也会产生争议，特别是涉及有收益时，直接通过名义持有人取得并转让给受让方，相当于直接"坐支"了，如果税务机关发现此问题，名义持有人往往也会陷入被动。但如果交易真实合理，倒也可以解释。实践中也有认为，收益权转让是一种变相融资，应按贷款服务计缴增值税。针对收益权转让是否涉及增值税，从实质上来看，背后往往是出于融资的安排，如果开具了发票，可能在处理上会更明确一些。但近年来以收益权融资似乎没有前几年使用得多了。

在前述内容中，我们提到，为了避开个人股东转让的"核定区"，选择了"先减资、再增资"的方式间接解决股东身份的变更处理，在特定时期与地区，这一方法有其实践空间。笔者认为，一是基于业务真实性，在这一过程当中，没有因股东得到真实利益所得而少缴税行为；二是这一处理方式，有"投机"安排，其规避的是反避税的管理程序问题，但在《公司法》层面并不限制。基于真实交易，以规避反避税审核为目的，若其本身不存在偷逃国家税款之故意，也可以作为正当理由。这里会有一个问题，如果适用反避税会有"核定"征税，此税款未缴纳，属于偷逃税款吗？肯定不属于，在这种情形下，是属于交易方的一种主观选择方式，既然没有反避税的规则，也就不存在涉税责任问题。但是，由于这种情形的增多，也可能因为有的地方发生过责任追究的前例，加之税务人员对这种方式的了解，有一些地方开始对此方式设置反避税管理措施，将个人股权转让的涉税处理流程"移植"过来。严格来讲，是突破了征管规范，从发现问题、防范问题的角度评价，是可以的，但是如果"强制性"地纳入评估核定范围，是值得探讨的。也有的专家认为，如果是全体股东一致性进行等同条件比例减资的，这样不涉及背后利益交换、传递问题，这时不进行税务监管是合理的，而反之，则背后就会存在利益的交换问题，产生税源流失。笔者认为，即使涉及了分配权、决策权的变化，也并不必然存在应税结果。

新《公司法》中关于减资的相关规定如下：

第二百二十四条 公司减少注册资本，应当编制资产负债表及财产清单。

公司应当自股东会作出减少注册资本决议之日起十日内通知债权人，并于三十日内在报纸上或者国家企业信用信息公示系统公告。债权人自接到通知之日起三十日内，未接到通知的自公告之日起四十五日内，有权要求公司清偿债务或者提供相应的担保。

公司减少注册资本，应当按照股东出资或者持有股份的比例相应减少出资额或者股份，法律另有规定、有限责任公司全体股东另有约定或者股份有限公司章程另有规定的除外。

第二百二十五条 公司依照本法第二百一十四条第二款的规定弥补亏损后，仍有亏损的，可以减少注册资本弥补亏损。减少注册资本弥补亏损的，公司不得向股东分配，也不得免除股东缴纳出资或者股款的义务。

依照前款规定减少注册资本的，不适用前条第二款的规定，但应当自股东会作出减少注册资本决议之日起三十日内在报纸上或者国家企业信用信息公示系统公告。

公司依照前两款的规定减少注册资本后，在法定公积金和任意公积金累计额达到公司注册资本百分之五十前，不得分配利润。

第二百二十六条 违反本法规定减少注册资本的，股东应当退还其收到的资金，减免股东出资的应当恢复原状；给公司造成损失的，股东及负有责任的董事、监事、高级管理人员应当承担赔偿责任。

《国务院关于实施〈中华人民共和国公司法〉注册资本登记管理制度的规定》（国务院令第784号）规定：

> 第四条 公司调整股东认缴和实缴的出资额、出资方式、出资期限，或者调整发起人认购的股份数等，应当自相关信息产生之日起20个工作日内通过国家企业信用信息公示系统向社会公示。
>
> 公司应当确保前款公示信息真实、准确、完整。

结合上述规定，我们可以发现，对于减资，有两个角度的情形考虑（见表2-21）。

表2-21 减资考虑

情形	不同情形	说明
单一还是共同减资	同比例减资	原则同比例条件减资，法律另有规定、有限责任公司全体股东另有约定或者股份有限公司章程另有规定的除外
	不同比例减资	
形式减资还是实质性减资	认缴出资减资	没有资金实质性的减少退回股东，对于过渡期内的认缴减资虽有简化措施的考虑，但仍有公示的责任，并需要通知债权人
	减资弥补亏损	
	实质性减资	此时股东需要切实从公司减回资产，涉及非货币性资产的，需要考虑以公允价值计量、计税问题
失权减资	未按规定出资的情形	相当于"被动性减资"

情形一：对认缴出资进行形式减资。

这种情形下，其实仍需要考虑认缴出资的权益问题，同时需要考虑是共同减资还是单一减资。结合资产负债表及财产清单，需要看认缴出资有无对净资产的权益。但减资与公司清算并不一样，清算需要进行全部的公允计量，并清算分配；但减资并不必然对资产进行公允计算并依其权益比例进行"彻底分摊"计算。在《公司法》上也没有清晰的规定，比如表2-22所示的张三投资的一人有限公司资产负债情况。

表2-22 张三投资的一人有限公司资产负债情况 单位：万元

资产	金额	负债及权益	金额
银行存款	10	负债	60
其他流动资产	100	注册资本（认缴1 000万元）	0
固定资产	40	未分配利润	90
合计	150	合计	150

张三原来认缴额为1 000万元，约定出资日期为2050年12月31日前，现在有了调整期限的强制性要求了，张三主动减资到50万元，此时张三需要告知债权人并进行公示减资950万元。虽然现实当中也多有不通知的情况，但如果没有影响到债权人的债权实现，也不太会造成本质性的影响。此时减资，并不需要对未分配利润进行强制性减回。如果涉及多数股东，且减资比例不同步的情形，依其约定，其对公司留存收益有分配权时，是可以要求分得利润的，这里就涉及股东们的意思自治了。如上文所述，张三可以按注册资本减资比例"分走"95%的利润，此时按20%计算个人所得税。但有意思的是，依照税收政策，个人收回投资无论是取得的利润还是溢价所得，均视为"财产转让所得"。不过，在这个案例中，如果张三决定直接将90万元分红，也是可以的，分红按20%计税后，余下的认缴出资减资就看着简单多了。但是，做财税人更容易理解，如果一个公司的利润很好，然而钱收不回来，没有快速有效的可变现能力，往往也只是空中楼阁，这种情形下，分红预期下的支付能力就很关键。有的老板说："之前我借公司的款项，能不能用分红来抵账？"如果个人计缴了20%的分红个税，这样相抵也未尝不可。

正因为减资有可能存在故意不要或暗送留存收益的猫腻，所以有的人认为，这妥妥是有阴谋，凭什么有利益但不要了呢？既然这样，那么别的股东就在这次的减资中得到了利益，由此非得核定出来张三要有净资产所得才行！笔者想问的是："如果在这里核定了，将来在哪里抵回来？"有时候，我们要想，做生意能拿回本钱来或脱了身，已是不错的选择了，不宜因个案问题放大化，戴着有色眼镜看问题。

情形二：对实缴出资减资的处理。

有实缴出资情形下的减资，如果是取回的现金，相当于冲减投资成本，这里的投资成本可能是原始的实缴出资成本，也可能是溢价或折价从上家投资人处收购的。对于企业所得税的纳税人，对其减资有特别明确的规定，《国家税务总局关于企业所得税若干问题的公告》（国家税务总局公告2011年第34号）规定：

> 五、投资企业撤回或减少投资的税务处理
>
> 投资企业从被投资企业撤回或减少投资，其取得的资产中，相当于初始出资的部分，应确认为投资收回；相当于被投资企业累计未分配利润和累计盈余公积按减少实收资本比例计算的部分，应确认为股息所得；其余部分确认为投资资产转让所得。
>
> 被投资企业发生的经营亏损，由被投资企业按规定结转弥补；投资企业不得调整减低其投资成本，也不得将其确认为投资损失。

上面的内容比较容易理解，因为直接持股股东分红可享受免税待遇，即当减资时，如果涉及减资金额源于被投资企业的留存收益时，是可以享受免税待遇的，因此对此给予了划段处理。对于先冲减"初始出资"，若是第一手股东的减资，比如减资对应实收资本的部分为100万元（无资本公积事项），对应留存收益20万元，此时冲减长期股权投资100万元，20万元作为股息红利处理，再有多余的则作为应税所得。但文件谨慎地以减少实收资本比例计算的部分，才作为税收上的股息红利处理，并不是以约定的分配比例（与上述比例有差异时）来确定，这里或有差异存在，不过倒也与《公司法》中以按股东实缴的出资比例分配利润相对应，只是错认为34号文件可能并未考虑认缴实缴的复杂情况。这里会产生一个疑惑，即如果当股权投资的来源是溢价或折价收购取得的，此时减资收回的资产相当于初始出资的部分，是对应第一手股东的出资，还是自己实际的出资部分？在这里，笔者认

为宜按实际发生额确认投资收回的初始投资金额，这样才具有合理性与匹配关系。为此笔者也有咨询权威税务专家，对此的理解也是肯定的。这里还需要关注一点，并不是说收回的资产是分步骤冲减的，比如上面的举例，不是120万元全部冲减初始出资，是如果有余额才继续向后确认股息红利，因为有的时候是部分减资，有的时候是全部减资，会有不同的情形。如果想进一步理解这个逻辑，可以借鉴企业所得税汇算清缴申报表中关于减资中股息红利的确认方法，以初始投资和减少投资占总投资比例，来确定收回初始投资的金额，再依规定确定股息红利的"享受额"，从而确定本次减资中最终的可享受免税的股息红利金额。不过如果有人认为这样可能少计股息红利，也不妨提前进行利润分配，依分配决议分配的金额，直接锁定股息红利。

对于个人，则没有上面这般复杂，就是简单以"财产转让所得"计税处理。《国家税务总局关于个人终止投资经营收回款项征收个人所得税问题的公告》（国家税务总局公告2011年第41号，以下简称41号公告）规定：

> 一、个人因各种原因终止投资、联营、经营合作等行为，从被投资企业或合作项目、被投资企业的其他投资者以及合作项目的经营合作人取得股权转让收入、违约金、补偿金、赔偿金及以其他名目收回的款项等，均属于个人所得税应税收入，应按照"财产转让所得"项目适用的规定计算缴纳个人所得税。
>
> 应纳税所得额的计算公式如下：
>
> 应纳税所得额=个人取得的股权转让收入、违约金、补偿金、赔偿金及以其他名目收回款项合计数－原实际出资额（投入额）及相关税费

依此文件规定，退出投资直接套用"财产转让所得"计缴个人所得税，不需要区分投资成本、应计利润及其他所得等类型，因为最终税率都是20%，简捷有效就好。但在这里需要延伸解释一个疑惑，笔者也曾对此有过纠结，其实就是自己的认识误区。大家知道，合伙企业清算注销时，需要按清算所得计缴经营所得的个税，《财政部 国家税务总局关于印发〈关于个人

独资企业和合伙企业投资者征收个人所得税的规定〉的通知》（财税〔2000〕91号，以下简称91号文件）规定：

> 第十六条 企业进行清算时，投资者应当在注销工商登记之前，向主管税务机关结清有关税务事宜。企业的清算所得应当视为年度生产经营所得，由投资者依法缴纳个人所得税。
>
> 前款所称清算所得，是指企业清算时的全部资产或者财产的公允价值扣除各项清算费用、损失、负债、以前年度留存的利润后，超过实缴资本的部分。

千万不宜认为，在按91号文件处理完毕之后，仍需按照41号公告的内容再计算一次财产转让所得的个税，因为合伙企业的清算所得，计算经营所得个税后已是属于个人合法的税后所得了，而41号公告的内容是对于未税之前的所得类型处理。同时，我们也可以理解为41号公告是普适性的规定，而91号文件是特殊性的规定。

但是如果站在税务人的角度，往往依据41号公告的理解，"判定"减资行为就是股权转让行为，是把股权卖给被投资公司，如果是股权转让行为则适用67号公告反避税的规定，进而可以进行核定，这个推理逻辑是站在税务人对于所得定性一致的基础之上，反推出来的结果，似乎比较"完美"。但我们需要从普通人能理解的角度来分析，比如对于市场监督部门，结合《个人所得税法》的规定，转让行为与减资行为是完全不同的商业行为，在民事关系上也是不一样的，业务办理程序、法律责任规定均有差异，如果仅仅因为个税所得类型一致，就认为这两种行为的性质一样，是存在问题的。不宜简单地认为："减资相当于公司将股权买回去，同样以独立法人的财产进行支付对价！"从经济本质上看，似乎可以如此理解，但是在税收执法中以税定性，本身就会带来对经济常识的干扰，同时也存在一定的"越权"嫌疑，所以，不宜在没有法律法规文件明确之下，作大规模地推广理解。也有人提出，67号公告中提到股权转让的形式中有一项"公司回购股权"，上面的减资是不是公司回购股权？不是一回事！回购股权在《公司法》中也有相应的描述：

> 第八十九条　有下列情形之一的，对股东会该项决议投反对票的股东可以请求公司按照合理的价格收购其股权：
> （一）公司连续五年不向股东分配利润，而公司该五年连续盈利，并且符合本法规定的分配利润条件；
> （二）公司合并、分立、转让主要财产；
> （三）公司章程规定的营业期限届满或者章程规定的其他解散事由出现，股东会通过决议修改章程使公司存续。
> 自股东会决议作出之日起六十日内，股东与公司不能达成股权收购协议的，股东可以自股东会决议作出之日起九十日内向人民法院提起诉讼。
> 公司的控股股东滥用股东权利，严重损害公司或者其他股东利益的，其他股东有权请求公司按照合理的价格收购其股权。
> 公司因本条第一款、第三款规定的情形收购的本公司股权，应当在六个月内依法转让或者注销。

这是一种特殊事项下的回购条款的使用，它独立于公司减资的情形，而且以合理价格进行收购，这说明了它本身也是基于市场价格考虑。最为重要的一点是，回购后并不减少公司资本额，出资额仍是存续的，其后可以进行转让或注销处理，这些是公司自行决定的事项了，并不是在股东层面的处理。

情形三：实物减资的处理。

除了以货币进行减资外，对于公司来讲，以实物进行减资，需按照公允价值计算减资的金额，比如公司有一辆小汽车，原购买价格为113 000元，已抵扣税额13 000元，经过折旧后会计净值为50 000元。假设实际减资200 000元，企业以车抵50 000元，余下150 000元为现金减资，这也是可行的。但此时需要考虑实物减资的税负影响（见表2-23）。

表2-23　　　　　　　　　实物减资的税负影响

税费	计算说明	提示
增值税，视同销售	50 000×13%=6 500（元），同时在计算当月应纳税额后加征附加税费，此税费成本由单位负责	如果是豪华小汽车，定价或有评估争议的问题
企业所得税，视同销售[①]	视同销售利润调整为50 000−50 000=0	问题同上，同时所得税的视同销售是调整视同销售利润

企业在做会计处理时：

借：实收资本　　　　　　　　　　　　　　　200 000
　　累计折旧　　　　　　　　　　　　　　　 50 000
　　营业外支出　　　　　　　　　　　　　　 6 500
　贷：银行存款　　　　　　　　　　　　　　 150 000
　　　固定资产　　　　　　　　　　　　　　 100 000
　　　应交税费——应交增值税（销项税额）　　 6 500

大家可以发现，6 500元是根据税收政策的规定计算出来的销项税额，这个金额或由企业承担，或由个人承担。比如有人认为："小汽车的价税合计是56 500元，应以此金额作为减少的实收资本。"如果要这样确认，也未尝不可，因为这是彼此商谈得出的结果，如果不认可，以50 000元冲实收资本，6 500元由企业"买单"，也能接受。而附加税费需要看当期的销项税额与进项税额的情况计算出应纳税额，再计算附加税费金额；企业所得税没有所得，不影响计算。要注意，既然上面计缴了增值税，如果股东是企业，是可以由企业开具增值税专用发票进行抵扣的，如果没有抵扣之需，不需要进一步取得普通发票，因为其本身是视同销售，并不是减资人需要支付给被减

[①] 《企业所得税法实施条例》第二十五条规定，企业发生非货币性资产交换，以及将货物、财产、劳务用于捐赠、偿债、赞助、集资、广告、样品、职工福利或者利润分配等用途的，应当视同销售货物、转让财产或者提供劳务，但国务院财政、税务主管部门另有规定的除外。

资企业对价，投资企业作为所得入账。同样，企业以公允价值计税后，"买单后的资产"延续以公允价值作为资产原值进行核算、税前扣除，也并无不当。

某地税务机关发布的一个处罚公告中提到：

违法事实

……

2.转让自有车辆价格明显偏低且无正当理由，你单位2022年1月通过盐城××汽车有限公司购买奔驰S450L一辆，车辆价格1 356 800元。2023年7月你单位将该车转让给个人（非本单位职工且无其他关联关系）并在2023年7月28日向其开具增值税普通发票2份，售价20 000元，经查该车评估价格为61.6万元，你单位以明显不合理的低价处置资产，少缴2023年7月增值税68 566.7元、城市维护建设税68 566.3×5%×50%=1 714.16元。根据《中华人民共和国增值税暂行条例》第一条、第七条、第十一条、第十九条及《中华人民共和国税收征收管理法》（中华人民共和国主席令第49号）第三十五条第六款，追缴你单位2023年7月增值税68 566.37元。根据《中华人民共和国城市维护建设税法》第一条、第二条第一款、第四条第一款第（一）项、第五条、第七条，《财政部 税务总局关于实施小微企业普惠性税收减免政策的通知》（财税〔2019〕13号）第三条、第四条，《财政部 税务总局关于进一步实施小微企业"六税两费"减免政策的公告》（财政部 税务总局公告2022年第10号）之规定，追缴你单位2023年7月城市维护建设税1 714.16元。

情形四：溢价出资部分减资能否减回来。

【例2-15】张三与李四拟设立一家公司，约定张三出资100万元，李四出资150万元，其中李四的100万元计入资本，50万元计入资本公积,双方各占50%的股权比例(见图2-11)。

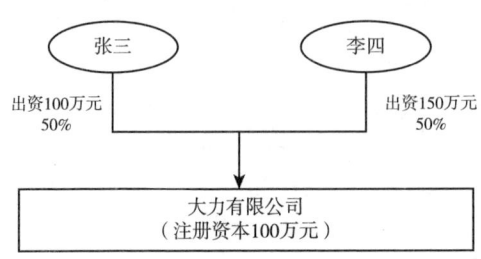

图2-11 大力有限公司架构

这时候,"公平专家"可能又提出异议了:不公平啊,李四亏本了。而且要向张三征税,张三取得了"利益所得"!这些意见于法无据,更没意义。有时我们发现,在出现公司成立后增资的情况时,因为公司有了溢价的品牌价值等,所以在算股权比例的时候,需要补偿原股东的"付出",主要是体现在公司价值的估算上。但在成立公司的时候就出现溢价出资,似乎有很大问题。实则不然,即使在公司刚成立的时候,彼此之间的谈判条件也是不对等的,在这种情形下,张三与李四没有利益的"交易",只是对未来潜在价值的一种分配权的确定。从单一行为来看,比如李四是躺平型的,张三是付出型的,未来多分、少分,是基于一种当前条件下的协商,所以即使是新成立的公司,也是可以有"溢价资本公积"的。

承上所述,李四在投资后,因为一些变故想减资退出,此时可能有三种退出方式:

一是将原来的150万元全部减资退出;二是退出100万元与25万元资本公积;三是只退出100万元资本额。在笔者看来,这三种情形都可能存在,不过前提仍需看是不是履行了告知与公告的义务。至于退多少,则是股东之间协商的结果,《公司法》对此并没有强制性的标准规范。在实践当中,笔者发现,有的案例是可全退的;有的认为资本公积是所有股东的资产,只能分一半;而有的公司因为没钱可给,就同意减资本对应的金额。笔者认为,投资人形成的投资损失,是实际发生的,由于李四是个人,这个投资损失不能去抵减其他投资，对于财产转让所得是按照单次计算，那就是真亏了。而对于公司，则可以抵减当年度的其他应纳税所得额，或形成亏损，作为损失处理。

对于失权减资，就可能显得比较被动了，在涉及失权股东对过去成果的分享权益，以及在有留存收益但没有分享权的情形下，笔者担心的是，如果在做股权转让变更或注销其股权时，就可能遇到"税收核定个税"这道坎，是谁承担、如何承担，建议要提前想到并做出安排，而不是出了问题再想办法。

整体来看，减资是基于新《公司法》修订所带来的监管新规下的对认缴出资的调整，减资案例大量存在。而因个别原因发生的减资，在税收政策管理、债权人利益保护、减资资产形式上，会存在一些个性化问题，需要具体情况具体处理。而对于减资计税的错误理解也伴随着上述事项的发生频有争议，所以我们还是要以法为本，切实维护相关方的权益。

2.4.7　净资产转让与评估作价的"有效性"是多久

笔者曾观察到这样的案例，某公司的职工股拟进行股权转让，受让方为另一股东，双方以2023年12月31日作为截止日进行评估，并约定期后的增减变化不影响交易定价。于是该公司提交其集团公司审批，最后经过批准，双方开始办理变更手续。但经过半年的运营，公司的账面净资产又增加1 000余万元，税务机关在进行股权风险排查时，发现了这一问题，认为其评估价有问题，应随着净资产的增多进行调整！这里发生的业务也是个人作为股东对外转让股权。在股权转让的交易中，往往是基于某个节点进行的交易定价，而公司的经营是持续的，甚至不排除有天上掉馅饼的情况发生，比如有的公司持有不动产，当地政府收储给予了大额的补偿；但也可能存在倒霉的情形，比如某餐饮店转让后，面临着规划调整，要求搬迁，黄金地带优势突然消失，这也是一种经营风险。所以，股权交易是一件需要评估与综合考察的事项，如果当时已确定好了交易价格，也明确了签订合同后的经营风险均由受让方承担，比如疫情影响的风险，这种情形下，我们不宜只看到人家"吃肉"，而不考虑还有风险问题。即在看到此类问题时，需要整体来看，而不能光从"可以多征税"的角度来考虑问题。好比当下，对赌情形下的股权转让交易，征税是很明确得到支持的，但若完不成对赌业绩，无论何种理由就是不予退税，也像站在单方面的"既得利益方"的角度来考虑问题，这是不公平的。承前文，如果半年的经营业务增加或减少，评估价做相应的调整，这样的交易条件在现实当中也有，但不宜认为只能在变更的时点上来确定此时公司股权的价值。

【例2-16】张三是公司的股东，拟将其股权转让给另一位股东李四，2024年8月某日，张三带着资料来办理完税凭证，税务人员查阅后发现，公司净资产是200万元，张三持股30%（出资额10万元），即可参考的净资产价格是60万元，但张三转让价是35万元，税务人员认为依67号公告需要按60万元核定转让收入。张三认为自己已经溢价转让了，很满意，税务机关核定的60万元，是只让自己算税，而李四不会多给25万元，这样处理是不能接受的！后来张三的解释无法得到税务人员同意，于是告诉税务人员自己的报表拿错了，回去让会计再算一算。次日，张三又拿来一张报表，说昨天提供的报表不对，是去年底的报表，今天这份报表是7月底截止的，是最近的。税务人员一看，报表净资产变为了100万元，此时归属于张三的净资产是30万元，转让价格是35万元！税务人员一看，这变化也太大了！于是又开始研究起来。

分析：对于股权转让，其定价有时会参考一下上一期末的会计报表，如果是大的收购，还需要对受让方进行尽职调查，看看有无潜在风险，以免出现"背锅"问题，比如隐性债务、担保，这是常有的事。上面我们提到，对于涉税补缴、滞纳金及罚款的事项，是很有必要约定的，在上市公司公告中，我们也发现有这样的事发生。签订合同与办理股权变更完税凭证存在时间差时，转让方在提交资料时，需要查阅报表的波动，以免"核定出税款"。同时在确定交易价格时，需要看看净资产情况，以免出现争议，很有可能发生转让方认为自己不能吃亏，受让方又不想再多花钱来承担税款的困境。

而且当下对于合伙企业份额的转让，有的地方税务机关也视其为股权进行涉税管理了，甚至一律要求出具评估报告，有时交易双方也是有苦难言。大家知道，合伙企业的利益分配更多是依据合伙协议的约定，相对比较自由，而且对于管理合伙人，当其承担无限连带责任时，就可能约定超额收益。67号公告规定：

> 第二条　本办法所称股权是指自然人股东（以下简称个人）投资于在中国境内成立的企业或组织（以下统称被投资企业，不包括个人独资企业和合伙企业）的股权或股份。
>
> 第三十条　个人在上海证券交易所、深圳证券交易所转让从上市公司公开发行和转让市场取得的上市公司股票，转让限售股，以及其他有特别规定的股权转让，不适用本办法。

笔者认为，可以参考借鉴，但不宜直接套用，这是对税法的尊重，也是对纳税人权益的尊重，不能因为有偷漏税行为的发生，就让所有人为此"买单"。所以，一个地方的税收治理与服务环境，将直接决定着营商环境、招商环境，有的地方即使给的财政优惠很高，但是设置关卡、不准备兑现的情形，时有发生。笔者认为一个地方的税收环境，其实也反映人的意识与认知的水平，并决定着未来地方的发展潜力。再来看苏宁环球发布的一则公告：

苏宁环球股份有限公司关于无锡苏亚医疗美容医院有限公司收到税务行政处罚决定书的公告

苏宁环球股份有限公司（以下简称"公司"）控股子公司无锡苏亚医疗美容医院有限公司（以下简称"无锡苏亚"）此前收到国家税务总局无锡市税务局第二稽查局出具的《税务行政处罚事项告知书》（锡税二稽罚

告〔2022〕128号）（以下简称"告知书"），对无锡苏亚2013年—2016年的税收违法行为拟作出行政处罚决定。具体内容详见公司2022年8月19日在巨潮资讯网（www.cninfo.com.cn）披露的《关于无锡苏亚医疗美容医院有限公司收到税务行政处罚事项告知书的公告》（公告编号：2022-028）。

2022年9月23日，无锡苏亚收到国家税务总局无锡市税务局第二稽查局出具的《税务行政处罚决定书》（锡税二稽罚〔2022〕156号）（以下简称"决定书"），现将有关情况公告如下：

一、行政处罚决定书的主要内容

1. 违法事实

无锡苏亚通过快钱支付系统和拉卡拉支付系统将收取的部分营业款未入账，合计少申报营业收入25 123 984.69元。其中2013年少申报营业收入2 502 526.21元，2014年少申报营业收入7 291 039.97元，2015年少申报营业收入12 166 064.06元，2016年少申报营业收入3 164 354.46元。

2. 处罚决定

根据《中华人民共和国税收征收管理法》第六十三条第一款的规定："纳税人伪造、变造、隐匿、擅自销毁账簿、记账凭证，或者在账簿上多列支出或者不列、少列收入，或者经税务机关通知申报而拒不申报或者进行虚假的纳税申报，不缴或者少缴应纳税款的，是偷税。对纳税人偷税的，由税务机关追缴其不缴或者少缴的税款、滞纳金，并处不缴或者少缴税款百分之五十以上五倍以下的罚款"，决定对上述偷税行为处应缴企业所得税一倍罚款计4 883 476.78元。

二、相关说明及应对措施

2021年7月，公司全资子公司苏宁环球健康投资发展有限公司（以下简称"健康投资"、系协议乙方）与镇江苏宁环球医美产业基金合伙企业（有限合伙）（以下简称"医美基金"、系协议甲方）、苏宁环球集团（上海）股权投资有限公司（以下简称"苏宁集团投资"、系协议甲方）签订了《股权转让协议》（以下简称"医美基金转让协议"），收购无锡苏亚100%股权，将无锡苏亚纳入上市公司合并报表。医美基金转让协议之"6陈述、承诺与保证"之"6.1甲方陈述、承诺保证如下事项"之"（6）"中约定："甲方确认在本协议签订前，目标公司及其自身向乙方作出的有关目标公司的法人资格、合法经营及合法存续状况、资产权属及债权债务状况、税收、诉讼与仲裁情况，以及其他纠纷或可能对目标公司造成不利影响的事件或因素均真实、准确、完整，不存在任何的虚假、不实、隐瞒，并愿意承担目标公司及其自身披露不当所引致的任何法律责任"。

2016年7月，医美基金与无锡苏亚原股东5名自然人（以下简称"无锡苏亚原股东"）签订了《关于无锡美联臣医疗美容医院有限公司之股权转让协议》（以下简称："股权转让协议"），收购无锡苏亚，根据股权转让协议的约定，"因无锡苏亚原股东的经营行为、非经营行为导致无锡苏亚受到有权机关的罚款、滞纳金等处罚，或被要求补缴相应款项的，由无锡苏亚原股东承担连带赔偿责任。"此次处罚的违法行为均发生在公司收购之前，系无锡苏亚原股东逃避纳税义务行为，根据股权转让协议，因无锡苏亚收购前事项导致的行政处罚由无锡苏亚原股东承担法律责任。

自公司收购无锡苏亚以来，其严格遵循财务会计及税收法律法规，依法纳税，没有因纳税问题受到税收征管部门处罚的情形。公司将加强对子公司管控，落实责任定期检查排查风险，并以此次税收处罚事件为警示，加强管理人员、财务人员培训学习，防微杜渐，以严格管理促进子公司高质量发展。

三、对公司的影响

公司本次收到决定书的事项，不属于《深圳证券交易所股票上市规则》第9.5.1条、第9.5.2条、第9.5.3条规定所述的重大违法强制退市的情形，不会对公司的正常经营产生重大影响，不会对公司财务状况及经营成果产生重大不利影响。

本次行政处罚金额及需补缴的税款（合计1 465万元：其中应补税款4 883 476.79元、罚款4 883 476.79元、滞纳金4 883 476.79元），占公司2021年末经审计净资产比例为0.17%，占公司2021年度经审计归属上市公司股东净利润的比例为 2.33%。公司将通过推动刑事立案、民事诉讼等各种可采取的方式，穷尽一切手段追究无锡苏亚原股东偷税、侵占无锡苏亚营业收入行为的全部法律责任，切实保障公司及全体股东的利益。对公司财务报表产生的影响，公司将根据《企业会计准则》的相关规定会同审计机构积极开展相关工作，并及时履行信息披露义务。

公司披露的信息以在巨潮资讯网、《证券时报》《中国证券报》《上海证券报》《证券日报》刊登的公告为准，敬请广大投资者注意投资风险。

四、备查文件

无锡市税务局第二稽查局出具的《税务行政处罚决定书》

苏宁环球股份有限公司董事会

2022年9月23日

另外，有时在收购股权之后，受让方安排团队入场，各种问题频出，甚至因税收问题无法正常经营，此时是自认倒霉还是走法律救济程序？如摘自中国裁判文书网的一则法院判例可以借鉴一下。

王某、罗某良与李某波、刘某骏等股权转让纠纷一审民事判决书
云南省通海县人民法院
民事判决书

（2022）云0423民初1886号

原告：王某，女，1974年11月16日生，汉族，住云南省玉溪市通海县。

原告：罗某良，男，1974年6月24日生，汉族，住云南省玉溪市通海县。

共同委托诉讼代理人：李某，云南××律师事务所律师。代理权限：特别授权代理。

共同委托诉讼代理人：赵某平，云南××律师事务所律师。代理权限：特别授权代理。

被告：李某波，男，1970年9月2日生，汉族，住云南省玉溪市通海县。

被告：刘某骏，男，1988年10月27日生，汉族，住云南省玉溪市通海县。

被告：刘某富，男，1966年8月17日生，汉族，住云南省玉溪市通海县。

共同委托诉讼代理人：王成，云南万捷律师事务所律师。代理权限：特别授权代理。

被告：王某林，男，1956年8月17日生，汉族，住云南省玉溪市通海县。

原告王某、罗某良与被告李某波、刘某骏、刘某富、王某林股权转让纠纷一案，本院于2022年12月9日立案受理后，依法适用简易程序，于2023年2月8日公开开庭进行了审理。原告王某、罗某良及其共同委托诉讼代理人李某、赵某平，被告刘某富及被告李某波、刘某骏、刘某富的共同委托诉讼代理人王成，被告王某林到庭参加诉讼。2022年12月23日至2023年2月7日期间，原告王某、罗某良因案件材料众多，需向税务、工商等部门调取证据材料而申请延期开庭，其间因疫情原因致本案多次调整开庭时间而无法正常开庭。2023年2月23日至2023年3月9日系本院等待通海县国税局回函期间。本案现已审理终结。

原告王某、罗某良向本院提出如下诉讼请求：1.判决解除《转让协议书》及三份《股权转让协议》；2.判决四被告连带向二原告返还股权转让款990 000元；3.判决四被告连带向二原告支付资金占用损失159 055.38元（以990 000元为基数，自2018年10月15日至2019年8月19日按照同期人民银行贷款利率计算，自2019年8月20日至所有款项实际付清之日止按照一年期LPR计算，现暂计至2022年11月30日）。以上合计1 149 055.38元；4.本案案件受理费、保全费（若有）等由四被告承担。事实及理由：二原告系夫妻关系，被告李某波、刘某骏、王某林系通海天×农产品进出口有限公司（以下简称天×公司）的前任股东，被告刘某富系天×公司的实际控制人。2018年10月，被告刘某富与二原告就股权转让事宜进行磋商，嗣后在被告刘某富的协调、安排下，被告方于2018年10月15日与二原告签署《转让协议书》，约定被告方同意以99万元将天×公司的全部股权转让给原告二人，股权转让款于协议签订之日一次性付清；并约定天×公司转让变更前的所有经营税费、员工工资、社会保险、贷款等所有债务均由被告方承担并已清偿完毕，公司变更完成后产生的债务由原告承担。同日，原告二人分别与被告李某波、刘某骏、王某林签署《股权转让协议》，原告向实际控制人刘某富指定的银行转账支付《转让协议书》约定的99万元股权转让款。2018年10月16日，双方完成天×公司的法定代表人变更、投资人（股权）变更、联络员变更等登记、备案手续。2022年10月14日，二原告收到国家税务总局玉溪市税务局第三稽查局作出的玉税三稽处〔2022〕20号《税务处理决定书》，二原告方才得知：股权转让变更前，被告经营公司期间存在虚开911份"云南省增值税普通发票"（农产品收购发票）、骗取增值税退税4 308 611.76元的违法行为。2022年10月31日，国家税务总局玉溪市税务局第三稽查局作出的玉税三稽强催〔2022〕1号《税务处理决定书》，追缴前述已退增值税。原告认为，股权转让变更前，被告四人经营公司存在虚开增值税发票、骗取退税的违法行为且尚存应退未退的税款未缴导致天×公司自收购后便遭受税务处罚，至今仍无法正常经营，故被告四人的行为已经严重违反《转让协议书》中的"保证与承诺"，系根本违约，导致原告二人购买股权以经营公司的合同目的不能实现。原告为维护自身合法财产权益，特诉至贵院，望判如所请。

被告李某波、刘某骏、刘某富共同辩称，一、原告诉请的事实及理由不成立，被告的行为不构成违约。《转让协议书》第三条第3小条第二款约定：甲方承诺在其经营期内及因其经营在后期产生的所有经营税费、员工工资、社会保险、贷款等所有债权债务、税务问题均由甲方承担并给予清偿，公司变更后因乙方经营产生的债权债务、税务问题由乙方承担。被告在经营期间应缴纳的税费已经全部缴纳完毕，现税务机关的《税务处理决定书》要求的是追缴已退的增值税，税务机关认为被告有虚开行为，不应该获得退税，故追缴。此属于该条第二款规定的税务问题，按约定由被告承担并给予清偿即可。被告的行为并没有违反《转让协议书》的"保证与承诺"，不存在违约。二、税务机关的处理决定并没有影响原告的正常经营，不存在原告转让合同的目的不能实现。2022年10月14日，国家税务总局玉溪市税务局第三稽查局作出的玉税三稽处〔2022〕20号《税务处理决定书》，2022年10月31日，国家税务总局玉溪市税务局第三稽查局作出的玉税三稽强催〔2022〕1号《税务处理决定书》，追缴前述已退增值税。但该处理至今没有强制执行，也没有对目标公司采取任何行政强制措施，原告的经营正常进行。被告在税务机关作出处理决定后，已积极配合税务机关的追缴措施，承诺向税务机关分期支付追缴的款项，并已在实际履行，被告已履行《转让协议书》中约定的"保证与承诺"，对出现的税务问题承担并给予清偿。税务机关并不会对目标公司采取任何行政措施，不存在影响目标公司的正常经营的事由。综上所述，被告没有违约行为，更不存在影响目标公司正常经营的事由，原告诉请的事实和理由不成立，请求依法驳回原告对被告的诉请。

被告王某林辩称，一、被告王某林只是天×公司的挂名股东、挂名法定代表人，天×公司是由李某波、吕某华、刘某富（由刘某骏代持股）、王某（被告王某林儿子）发起成立的公司，设立之时被告虽被登记为股东，但被告仅是帮王某代持股权，其只是公司的挂名股东。公司最初的法定代表人为吕某华，因吕某华一直不履行出资义务导致其退股，不能再担任法定代表人，同时其他股东因各种原因不愿意或不能担任法定代表人，就让其挂名担任公司的法定代表人。公司成立至今，其未参与公司的经营管理，未实际享有股东权利，未正常履行法定代表人职责，就连案涉《转让协议书》商量及签字的时候，其均不在场。二、其未收取案涉股权转让款，没有承担连带责任的依据。《转让协议书》签订后，股权转让款是由刘某富收取，再分配给王某等其他几个股东，该股权转让款其一分钱都没有收过，即便该款需要返还，也应当由实际收款的人员返还。三、本案遗漏诉讼当事人。本案合同的签订当事人为天×公司，根据合同相对性原则天×公司应作为本案被告；同时王某是公司股东，且实际分取了案涉股权转让款，本案的处理与其具有法律上的利害关系，其应当作为案件当事人参加诉讼。综上所述，请法院查明案件事实，依法审判，确定具体的权责人，驳回原告对其的诉讼请求。

原告针对其诉讼请求，举证如下：

一、原告身份证复印件2份、被告身份证复印件4份，证明原、被告双方具备诉讼主体资格；

二、转让协议书1份、股权转让协议3份、转让记录详情1份、准予变更登记通知书1份，证明：1.在被告刘某富的安排下，被告方于2018年10月15日与二原告签署转让协议书，约定被告方同意以99万元将天×公司的全部股权转让给原告二人，股权转让款于协议签订之日一次性付清，并约定被告方承诺天×公司转让变更前法定代表人变更前的所有经营税费、员工工资、社会保险、贷款等所有债务均由被告方承担并已清偿完毕，公司变更完成后产生的债务由原告承担的事实；2.2018年10月15日，原告二人分别与被告王某林、李某波、刘某骏签署《股权转让协议》的事实。同日，原告向被告刘某富指定的银行转账支付99万元股权转让款的事实；3.2018年10月16日，双方完成天×公司的法定代表人变更、投资人（股权）变更、联络员变更等登记、备案手续的事实。

三、税务处理决定书1份、催告书1份，证明：1.2022年10月13日，国家税务总局玉溪市税务局第三稽查局作出的玉税三稽处〔2022〕20号《税务处理决定书》，确认2016年1月至2017年2月（即股权转让登记前，被告经营公司期间）存在虚开911份"云南省增值税普通发票"（农产品收购发票）、骗取增值税退税4 308 611.76的违法行为的事实；2.2022年10月31日，国家税务总局玉溪市税务局第三稽查局作出的玉税三稽强催〔2022〕1号《税务处理决定书》，追缴前述已退增值税的事实。

经质证，被告李某波、刘某骏、刘某富认为：对证据一的三性及证明目的无异议；对证据二的三性无异议。虽然证明目的一至三是事实，但是不能证明被告违约，原告所罗列的就是转让协议里面的第二大条保证与承诺里面的第三小条的第一款、第二款，现在被告已经承担并愿意清偿，符合协议的约定，并不存在违约，合同解除的条件并不能成就；对证据三，税务机关出具处理决定书以及催收通知书后，被告积极配合税务机关的税收追缴行为，所以税务机关并没有申请强制执行，也没有采取其他的强制措施，所以对原告的经营客观上没有产生任何影响，也不会对原告的经营行为在后期带来影响，故该两组证据不能证明会对原告的正常经营产生影响，原告的证明目的不能实现。

经质证，被告王某林无异议。

被告李某波、刘某骏、刘某富为证明其抗辩主张，举证如下：

一、被告身份证复印件各1份，证明三被告的诉讼主体资格。

二、申请书1份、税收完税证明，证明被告在税务机关作出处理决定之后已经积极配合税务机关的追缴措施，承诺分期支付追缴的款项，并已经实际履行，被告履行了转让协议书里面的承诺与保障，对出现的所有问题承担并已清偿，并不存在违约行为。

三、移交清单1份，证明：1.移交清单是对转让协议完整性的补充；2.如果解除合同，原告客观上有可能存在无法返还天×公司所具备的正常经营的资质及条件，客观上会给被告造成损失。

经质证，原告认为：对证据一的三性认可；证据二，对申请书的真实性无法核实，对合法性、关联性不予认可，系被告单方出具，没有任何签章，故对三性和证明目的都不认可。对完税证明的三性认可，但该证据只能证明在税务机关作出处罚后，被告仅承担55万元补缴税款，仍欠3 758 611.76元税款尚未补缴，故原告受让的公司欠缴税款的违法事实并未消除，仍给公司造成不可经营的后果；对证据三的真实性、合法性认可，是被告一方的附随义务。

经质证，被告王某林无异议。

被告王某林向本院提交如下证据：借记卡账户历史明细清单1份，证明被告王某林并没有收到任何转让款，该卡被告并未持有及管理。

经质证，原告认为：对真实性、合法性认可，对关联性及证明目的不予认可，原告已将股权转让款支付给刘某富，至于被告内部如何分配原告不清楚。

经质证，被告李某波、刘某骏、刘某富认为：对证据的三性无异议，对证明目的，其陈述不是非常清楚，该卡是王某林之子王某在实际管理使用，王某是本案的股东和实际控制人，与本案有利害关系，追加其参与诉讼更有利于查明案件事实。

为核实通海天×公司能否正常经营的问题，本院于2023年2月23日函致通海县国税局，通海县国税局于2023年3月9日向本院回函。

经质证，原、被告对回函的三性均予以认可，本院对回函内容的真实性予以确认。

对本案证据，本院分析认为：原、被告各自所举证据于庭审中出示，并经对方质证，本院确认证据的合法性。双方各自所举证据均与案件相关联，结合本院出证据，本院对双方证据的真实性予以确认。对其证明目的，本院下文进行评论。

经本院审理查明：王某、罗某良系夫妻。王×系王某林之子，刘某骏系刘某富之子。天×公司成立于2014年12月19日，系自然人投资有限责任公司。2018年，天×公司股东为王某林、李某波、刘某骏，王某林任法定代表人。

2018年10月15日，原天×公司股东召开股东股权转让会议，并形成变更公司股东的会议决议：一、同意变更公司股东，由"王某林、李某波、刘某骏"变更为"王某、罗某良"。二、同意股东王某林将持有天×公司认缴资金200万元，占公司注册资本40%的股权，按200万元转让给罗某良。三、同意股东李某波将持有天×公司认缴资金150万元，占公司注册资本30%的股权。将其中9%的股权按45万元转让给罗某良，剩下21%股权按105万元转让给王某。四、同意股东刘某骏将持有天×公司认缴资金150万元，占公司注册资本30%的股权，按150万元转让给王某。五、股权转让完毕，王某林、李某波、刘某骏退出公司股东会，不再享有股东权利和承担股东义务，其认缴未缴出资由转让后股东王某、罗某良按比例继续履行出资义务。六、股权转让后，公司的债权债务由新一届股东全权承担。七、撤销公司股东会，由新一届股东另成立新的股东会。八、新一届股东会选举王某为公司执行董事兼经理，根据修订后的《公司章程》约定，执行董事王某担任公司法定代表人。九、选举罗某良为公司监事。十、指定公司联络员为王某。十一、公司全权委托刘某骏办理公司变更事宜。

2018年10月15日，天×公司（甲方）与罗某良、王某（乙方）签订《转让协议书》，约定：一、转让公司的基本情况：1.公司名称：天×公司；2.公司营业执照注册号：9153042332525042×4；3.公司法定代表人：王某林；4.公司地址：云南省玉溪市通海县××镇××街××；5.其他证件或物件：营业执照正副本、开户许可证、机构信用代码证、对外贸易经营者备案登记表、中华人民共和国海关报关单位注册登记证书。二、保证与承诺：1.甲方保证公司已通过本年度年检，未被主管部门依法注销或撤销。2.甲方保证对公司拥有合法所有权和处置权，并出具公司股东大会股权转让决议原件作为本协议的附件。3.甲方承诺公司转让变更前法定代表人变更前的所有经营税费、员工工资、社会保险、贷款等所有债务均由甲方承担并已经清偿完毕，公司变更完成后产生的债务由乙方承担。甲方承诺在其经营期内及因其经营在后期产生的所有经营税费、员工工资、社会保险、贷款等所有债权债务、税务问题均由甲方承担并给予清偿，公司变更后因乙方经营产生的债权债务、税务问题由乙方承担。4.甲方保证对所转让的企业名称没有设置任何抵押、质押或担保，并不会遭受任何第三人的追偿。三、公司转让价款及支付方式：1.经双方协商，甲方同意以990 000元的价格转让给乙方。甲方应积极配合乙方办理公司的营业执照、组织机构代码证、税务登记证等相关证照的变更登记。2.经双方协商，支付方式为一次性付清。双方自签订本协议签订之日支付990 000元。随即甲方将上述证件及变更证件所需资料交予乙方办理变更登记，甲方应配合乙方办理，直到乙方将所有证照变更完毕。3.甲方收取转让费应给乙方出具收款凭据。四、产权交割：1.甲方与乙方签订本协议后，甲方还享有原公司的权利，因甲方还有未达款项（包括政府部门的补贴奖励资金），若这些款项打入公司账户，乙方应将该款项退还给甲方。2.待乙方办理完所有变更手续后，甲方在公司享有的权利和应承担的义务随企业名称转让而转由乙方享有和承担，乙方即拥有通海天×农产品进出口有限公司的所有权和处置权。五、费用和税费：经甲乙双方约定，因本次转让所产生的费用和税费由甲乙双方各自承担。六、待所有变更手续办理完毕后，公司公章及财务用章由甲方转交给乙方。七、争议处理：在本协议履行过程中，甲、乙双方发生争议，经协商无效时，当事人可以依法向公司所在地人民法院起诉。八、甲方或乙方有权选择下列违约条款要求违约方承担相应的违约责任。1.如因乙方原因导致本协议无法履行或乙方不履行协议的约定，则乙方无权要求返还转让费；如因甲方原因导致本协议无法履行或甲方不履行协议的约定，甲方应退还乙方转让费。2.一方未按约定履行本协议的，守约方有权要求违约方支付违约金，违约金为本协议第四条第一款所列金额的20%。3.因不可抗力或者国家政策法规导致转让未能完成，所产生的一切经济损失由乙方承担。九、协议的变更和解除：当发生下列情况之一时，可以变更、解除协议：1.因情况发生变化，当事人双方协商一致，并订立了变更或解除协议，而且未因此损害国家和社会公共利益的。2.由于不可抗力致使本协议的条款不能履行的。3.由于一方在协议约定的期限内因故没有履行协议，另一方予以认同的。本协议需变更或解除，甲、乙双方必须签订变更或解除协议。十、协议的生效：本协议由甲、乙双方当事人签字盖章后生效。十一、其他：本协议正本一式四份，通海天×农产品进出口有限公司留存一份，甲乙双方各执一份，报工商行政管理机关一份，均具有同等法律效力。十二、公司变更登记时甲方需将通海天×农产品进出口有限公司下列证照及资料提供给乙方。1.营业执照正副本原件；2.银行开户许可证原件；3.发票领用簿、金税盘；4.机构信用代码证原件；5.公司章程；6.公章、财务章、发票专用章、私人章。以上资料是甲方需提供给乙方的。营业执照变更通知书、税务变更通知书、变更后的营业执照复印件（以上资料由乙方在变更后交给甲方）。同日，天×公司向王某移交相关物品，形成"通海天×农产品进出口有限公司转让移交清单"，清单载明：1.营业执照正本原件；2.营业执照副本原件；3.开户许可证原件；4.机构信用代码证原件；5.对外贸易经营者备案登记表原件；6.中华人民共和国海关报关单位注册登记证书原件；7.自理报检企业备案登记证明书原件；8.发票领购簿；9.票管家金税盘；10.公章一颗、财务章一颗、法人王某林私章一颗、发票专用章一颗；11.公司章程复印件一份；12.增值税一般纳税人申请认定表原件；13.未用增值税普通发票197份（15964089—15964260共171份，08546615—08546640共26份）；14.基地备案证原件13份（5300GCO11、53IIGY088、5300GY047、5300GY035、530423SC00041、5309GY096、5309GY095、5309GY093、5300GY058、5309GY098、5309GY097、5309GY094、5309GY097）；15.出口食品生产企业备案证明原件一份。

2018年10月15日，王某林（转让方）与罗某良（受让方）签订《股权转让协议》，约定：一、转让方王某林自愿将其在天×公司认缴出资额200万元（占公司注册资本40%的股权）以人民币200万元转让给罗某良。二、受让方罗某良须于2018年10月30日前将转让款一次性支付给王某林。三、转让完毕，王某林退出公司股东会，不再享有股东的权利和承担股东的义务，附属于股权的其他权利随股权的转让而转让。四、本协议如有其他未明确事项，由转让双方另协商进行补充，补充协议同样具有法律效力。五、本协议一式二份，双方各持一份，交登记机关留存一份，双方签字后生效。

2018年10月15日，李某波（转让方）与罗某良、王某（受让方）签订《股权转让协议》，约定：一、转让方李某波自愿将其在天×公司认缴出资额150万元（占公司注册资本30%的股权），将9%的股权按45万元转让给罗某良，剩下21%的股权按105万元转让给王某。二、受让方罗某良、王某须于2018年10月30日前分别将各自转让款一次性支付给李某波。三、转让完毕，李某波退出公司股东会，不再享有股东的权利和承担股东的义务，附属于股权的其他权利随股权的转让而转让。四、本协议如有其他未明确事项，由转让双方另协商进行补充，补充协议同样具有法律效力。五、本协议一式四份，双方各持一份，交登记机关留存一份，双方签字后生效。

2018年10月15日，刘某骏（转让方）与王某（受让方）签订《股权转让协议》，约定：一、转让方刘某骏自愿将其在天×公司认缴出资额150万元（占公司注册资本30%的股权）以150万元转让给王某。二、受让方王某须于2018年10月30日前将转让款一次性支付给刘某骏。三、转让完毕，刘某骏退出公司股东会，不再享有股东的权利和承担股东的义务，附属于股权的其他权利随股权的转让而转让。四、本协议如有其他未明确事项，由转让双方另协商进行补充，补充协议同样具有法律效力。五、本协议一式三份，双方各持一份，交登记机关留存一份，双方签字后生效。

2018年10月15日，罗某良通过网上银行转账990 000元至刘某富银行账户。

2018年10月16日，通海县市场监督管理局同意天×公司工商登记信息变更，其中变更内容：原法定代表人王某林变更为王某；原投资人（股权）刘某骏（出资150万元）、王某林（出资200万元）、李某波（出资150万元）变更为罗某良（出资245万元）、王某（出资255万元）。

2022年10月13日，国家税务总局玉溪市税务分局第三稽查局对天×公司作出玉税三稽处〔2022〕20号税务处理决定书，其中处理决定及依据：（一）根据《中华人民共和国发票管理办法》第二十二条第二款第（一）项之规定，对你公司2016年1月至2017年2月开具的物品名称为葵花子、南瓜子的911份"云南增值税普通发票"（农产品收购发票）定性为虚开。（二）根据《国家税务总局关于加强增值税征收管理若干问题的通知》（国税发〔1995〕192号）第一条第（三）项之规定，你公司2016年1月至2017年2月开具的物品名称为葵花子、南瓜子的911份"云南增值税普通发票"（农产品收购发票）不得抵扣进项税额，应做进项税额转出处理。2016年葵花子、南瓜子计提的进项税额为7 417 333.36元，2017年葵花子、南瓜子按投入产出法计提的进项税额为3 321 927.34元，上述计提的进项税额应在计提的当期进项全额转出。（三）根据《财政部 国家税务总局关于出口货物劳务增值税和消费税政策的通知》（财税〔2012〕39号）第九条第（二）款第5项之规定，对你公司应当追回已退增值税4 308 611.76元，其中2016年2 409 219.11元，2017年1 755 521.22元，2018年143 871.43元。

2022年10月31日，国家税务总局玉溪市税务分局第三稽查局对天×公司作出玉税三稽强催〔2022〕1号催告书，其中载明"缴纳2016年至2018年应追回已退增值税3 928 611.76元"。

2023年3月9日，通海县国税局针对本院咨询的问题回函内容如下：1.天×公司于2018年10月22日因被云南省税务局列为风险企业而被停供发票。2.国家税务总局玉溪市税务局第三稽查局于2022年3月10日向天×公司法定代表人王某送达了《税务检查通知书》，对该公司2016年1月1日至2018年12月31日增值税情况进行检查。3.根据国家税务总局玉溪市税务局第三稽查局税务处理决定书（玉税三稽处〔2022〕20号），应追回通海天×农产品进出口有限公司已退增值税4 308 611.76元，其中2016年2 409 219.11元，2017年1 755 521.22元，2018年143 871.43元。截至2023年3月5日，该公司已缴纳600 000元，尚未缴纳3 708 611.76元。根据《中华人民共和国税收征收管理法》第七十二条"从事生产、经营的纳税人、扣缴义务人有本法规定的税收违法行为，拒不接受税务机关处理的，税务机关可以收缴其发票或者停止向其发售发票"的规定，天×公司能正常开票的条件是：缴清欠缴税款及滞纳金。4.天×公司自2018年10月15日至2023年2月24日共缴纳税费658 477.3元（其中：日常申报缴纳税费36 503.3元，代扣代缴个人所得税7 157 400元，罚款400元，稽查查补税款550 000元），2023年2月27日缴纳稽查查补税款50 000元，目前尚未缴清稽查查补税款3 708 611.76元。5.天×公司于2014年12月19日成立，玉溪市税务局第三稽查局目前只对该公司2016年1月1日至2018年12月31日增值税情况进行了检查，查补增值税4 308 611.76元，截至2023年3月5日，还欠缴税款3 708 611.76元。除稽查查补期间（2016年1月1日至2018年12月31日）以外，该公司自成立至2015年12月暂未发现需补缴税款的问题。6.根据国家税务总局玉溪市税务局第三稽查局税务处理决定书（玉税三稽处〔2022〕20号），限该公司自收到决定书之日起15日内（2022年11月1日前）缴清税款及滞纳金。截至2023年3月5日，该公司已缴纳600 000元，还欠缴3 708 611.76元，根据《中华人民共和国税收征收管理法》第三十一条"纳税人、扣缴义务人按照法律、行政法规规定或者税务机关依照法律、行政法规的规定确定的期限，缴纳或者解缴税款"之规定：该公司应于2022年11月1日前缴清税款及滞纳金，因此，不支持原公司股东提出分期或延期缴纳税款的意见。

本院认为，《中华人民共和国公司法》第七十一条第二款规定有限责任公司的股东可向股东以外的人转让股权，本案原告王某、罗某良与被告刘某骏、李某波、王某林各自签订的《股权转让协议》系双方当事人的真实意思表示，内容不违反法律、行政法规的强制性规定，协议合法、有效，应当受法律保护。原告向被告刘某骏、李某波、王某林转让天×公司100%的股权，其合同目的在于通过股权转让实现对天×公司股权的控制及经营管理，而天×公司作为法人，并不能作为股权转让的主体，而案涉《转让协议书》所涉协议内容实质系原天×公司股东与原告对案涉三份《股权转让协议》内容的扩展及细化，实为《股权转让协议》的协议内容，原告与天×公司基于错误认识而与之签订《转让协议书》不能产生股权转让的效果意思，故天×公司非本案适格被告，对被告王某林要求追加其为被告的主张，本院不予支持。

关于案涉四份协议应否解除的问题。首先，如上述分析，案涉《转让协议书》实为《股权转让协议》的协议内容，并不单独产生股权转让的效果意思，现原告主张解除《转让协议书》，于法无据，本院不予支持;其次,《中华人民共和国民法典》第五百六十三条规定:"有下列情形之一的,当事人可以解除合同……(四)当事人一方迟延履行债务或者有其他违约行为致使不能实现合同目的……"本案,虽然原告作为股权受让方已完成工商变更手续,且云南省税务局停供天×公司发票时间晚于股权变更登记之后,但停供的原因系因被告刘某骏、李某波、王某林经营天×公司期间因税务异常问题所致,加之通海县税务局已明确天×公司正常开票的前提是缴清欠缴税款及滞纳金,而被告刘某骏、李某波、王某林至今仍未缴清税款,其持续性的违约行为致使作为股权受让人的原告签订《股权转让协议》的根本目的无法实现,原告依法享有法定解除权。原告直接以起诉的方式解除合同,本院确认该合同自起诉状副本送达给被告李某波、刘某骏、王某林时,即2022年12月13日解除。

关于合同解除后的问题。《中华人民共和国民法典》第五百六十六条规定:"合同解除后,尚未履行的,终止履行;已经履行的,根据履行情况和合同性质,当事人可以请求恢复原状或者采取其他补救措施,并有权请求赔偿损失。合同因违约解除的,解除权人可以请求违约方承担违约责任,但是当事人另有约定的除外。"基于上述法律之规定,原告要求被告李某波、刘某骏、王某林返还股权转让款990 000元,于法有据,本院予以支持。对原告主张的资金占用损失问题。本案原告自股权转让后便已知天×公司无法正常开具发票,且至本院起诉解除合同前,原告并未举证证实与被告刘某骏、李某波、王某林有过协商解除合同的意思表示,故原告对损失的扩大具有一定过错,加之协议并无资金占用费的约定,因此,原告主张的资金占用损失自合同解除之日即2022年12月13日起至款项付清之日止按全国银行间同业拆借中心公布的一年期贷款市场报价利率计付,超出部分,本院不予支持。因本院已确认合同解除,故原告有义务协助被告办理工商变更登记手续及返还合同签订后实际收取的公司物件。被告主张的税票系税务局基于公司的申请而免费提供,而被告并未提交证据以证实因原告将税票开完已给公司造成损失,故对被告主张因税票产生的损失，无事实依据，本院不予支持。针对被告主张的原告未延续基地备案导致证件作废的问题。本案，被告交付原告的基地备案证的有效期均于合同签订前到期，被告在股权转让之前并未按规定提前向基地或公司所在地的海关申请换证，致交付原告的基地备案证全部失效，现被告以原告未续签导致证件失效并造成损失与事实不符，对其主张，本院不予采信。

被告王某林主张其仅系代其子王韬持有原天×公司股权，要求追加王×为本案被告参加诉讼，对其主张，本院已单独作出裁定以驳回其申请，在此不再赘述。同理，被告刘某富虽然参与案涉合同的前期洽谈，但最终系刘某骏作为天×公司原股东身份与之签订合同，且后期股权转让款的接收系天×公司原股东内部之间协商一致的结果，故被告刘某富非本案适格被告，原告以税务机关的调查结果来认定被告刘某富合同相对方的身份，并以此要求承担责任的主张，于法无据，本院不予支持。

综上所述，依照《中华人民共和国民法典》第七条、第五百六十三条、第五百六十六条、第六百一十条、第六百一十七条、第六百四十条，《最高人民法院关于适用〈中华人民共和国民法典〉时间效力的若干规定》第一条第三款，《中华人民共和国民事诉讼法》第六十七条，《最高人民法院关于适用〈中华人民共和国民事诉讼法〉的解释》第九十条、第一百零五条之规定，判决如下：

一、原告王某、罗某良与被告李某波、刘某骏、王某林分别签订的《股权转让协议》于2022年12月13日予以解除。

二、被告李某波、刘某骏、王某林于判决生效后十日内连带返还原告王某、罗某良股权转让款990 000元。

三、被告李某波、刘某骏、王某林自2022年12月13日起至款项清偿之日止连带支付原告王某、罗某良资金占用损失，以990 000元为基数，按全国银行间同业拆借中心公布的一年期贷款市场报价利率计付。

四、原告王某、罗某良于判决生效后十日内协助被告李某波、刘某骏、王某林办理通海天×农产品进出口有限公司工商变更登记手续，并返还如下物件：1.营业执照正本原件；2.营业执照副本原件；3.开户许可证原件；4.机构信用代码证原件；5.对外贸易经营者备案登记表原件；6.中华人民共和国海关报关单位注册登记证书原件；7.自理报检企业备案登记证明书原件；8.发票领购簿；9.票管家金税盘；10.公章一颗、财务章一颗、法人王某林私章一颗、发票专用章一颗；11.公司章程复印件一份；12.增值税一般纳税人申请认定表原件；13.基地备案证原件13份（5300GCO11、53IIGY088、5300GY047、5300GY035、530423SC00041、5309GY096、5309GY095、5309GY093、5300GY058、5309GY098、5309GY097、5309GY094、5309GY097）；14.出口食品生产企业备案证明原件。

五、驳回原告王某、罗某良的其余诉讼请求。

如果未按本判决指定的期间履行给付金钱义务，应当依照《中华人民共和国民事诉讼法》第二百六十条之规定，加倍支付迟延履行期间的债务利息。

案件受理费15 142元，减半收取计7 571元，保全费5 000元，由被告李某波、刘某骏、王某林共同负担。

如不服本判决，可以在判决书送达之日起十五日内，向本院递交上诉状，并按对方当事人的人数或者代表人的人数提出副本，上诉于玉溪市中级人民法院。

本案生效判决书确定的履行期限届满，当事人向人民法院申请强制执行的期限为二年。

所以，股权转让涉及的因素往往非常多，受让方的顾虑也非常多，尽管这种情形下，可以采取自己设立公司"生孩子"的办法，但奈何速度慢，或因资源问题、商业时机，又或者因被转让公司有现成的利益，当评估下来利大于弊的时候，收购也是非常正常的。比如北京有的公司有小汽车牌照，而有的个人一直抽不到购车的指标，此时收购一家有牌照的公司，以公司名义购车，同时供个人使用。但我们要注意，当下我们收购股权的时候，有的是收购有限公司的股权，由于有限公司的信息披露不充分，收购方更多的是看人，心里也没底。这跟大家在股票二级市场上买卖股票（实际也是股权性质）是不一样的，大家认为买卖股票是一种金融投资，并不是真真切切地想去参与管理这家公司，本身也很难参与进去，表决权也不够。而且大家是想着股价升高后卖出去挣差价，这是其主要的目的，而且股票交易的价格就摆在那里，这就是公认的市场价格，几乎没有人再去想要不要研究一下公司的估值如何。在证券交易市场中，股价的波动也并不一定代表公司真实的价值波动，而是可能存在利好或利空的情形，或者受国家政策、行业发展的影响，其波动性也比较大。大家更多是关注市场而非关注公司运营本身，实际上，股票是部分脱离了公司而存在，一方面，投资者买入与卖出，是基于市场波动的差价预期，价高或价低，不涉及公司本身的经营利益，公司也不会因此受损害，股价是公司经营好坏，未来成长的"表现"，但股价与经营资产、利润没有挂钩绑定关系，只能作为基础存在。另一方面，也有的投资人，确实是出于分得股息的目的，购买一些银行股，这些银行股通常经营较为稳健，每年分配的股息红利还不错，比如在6%左右的，这比存银行存款更为划算，也有退出的便利，不致出现大的波动。对于购买有限公司的股权，需要考虑运营团队、行业发展前景、公司竞争优势、经营指标如何等，有的是种子投资，希望在公司进一步发展的时候，转让给风投等退出，也有的是期望培育上市并公开发行股票，从而实现更大溢价的退出，这种退出是相对有预期的，而且市盈率比较高的时候，这种价值获取往往远超过经营利润回报周期。从计量的角度看，比如市盈率达到80倍，大家可想一下，这需要多少年才能通过利润收回投资？恐怕不是自己能等得起的，而股票这一融资工具的发明，所带来的预期更像一种投资的信心表现。当然，这中间也充斥着陷阱，某些机构的操作可能让散户们面临着"被割韭菜"的结果，炒过股的人多数会有感觉的。

《公司法》中明确了公司的组织形式包括了有限责任公司和股份有限公司，本书更多的着墨点在于有限责任公司，因为它具有更多的不确定性风险、意思自治的情形。而通过改制成为股份有限公司，或者直接成立股份有限公司的，多数目标是融资上市。目前我们国家的股份有限公司一般存在三种状态（见表2-24）。

表2-24　　　　　　　　　　股份有限公司三种状态

状态	说明	备注
上市公司	上交所与深交所，也有直接境内外同时发行股票	一般是公开发行股票并上市，独立在海外上市的中概股不属于《公司法》规范范围
挂牌公司	俗称"新三板"，不能发行股票，不能像主板一样公开交易，流动性不强	多有挂牌后又退出转板，或干脆直接退出的情形
未上市未挂牌的	相当于"民间"的股份有限公司，难以享受对上市或挂牌股份有限公司的税收优惠政策	其适用规则也有别于有限责任公司的地方

最后总结一下，在做股权转让的时候，生意人往往想到的是别被骗了，有没有潜在责任与风险。最近几年来，随着2019年新《个人所得税法》的实施，结合67号公告规范与流程化的落地实施，大家才更多地关注起变更过户过程当中的计税问题。但笔者结合案例建议，在签订合同的时候，一定要明确价款、责任归属承担，明确税、税费及费的承担，虽然只是一字之差，但在边界上却是很不相同的，有的诉讼案例就是因这个字眼上产生争议偏差，甚至官司打到最高人民法院，这也说明了股权转让时，涉"税"无小事。

2.4.8　母公司的股东发生变更之下的公司权益问题

有限责任公司的股东往往是基于"志同道合"成立而来，但当股东本身就是一家多股东成立的公司，这时的权益关系就较为复杂。

话说张三与李四是朋友，之前他们一起设立了一家大力公司，后来遇到王五，三人合计做一家高端餐饮店，在成立新公司时，由大力公司与王五作为股东，一起组建了悟空有限公司（见图2-12）。看起来，张三、李四与王五一起创业，是创业合伙人，但背后股东形式是不一样的，从《公司法》的角度来看，其面临的出资风险就是不一样的，大力公司参与决策表决的代表可以是第三人。后来，张三与李四拟将全部股权转让给另一家餐饮公司小力公司，即大力公司作为悟空公司的股东并没有发生变化，但实质上其股权作了变更，绕开了王五的优先购买权，这就会给悟空公司的"人合"带来重大影响，其实是对王五的不公平。建议三人开始合作时，对于合作关系提前约定，比如如果上面的转让情形发生时，王五可优先收购大力公司持有的股份，不然张三与李四需承担违约责任。这种"暗渡陈仓"式的收购方式，在现实当中是有发生的，比如十余年前某两位地产大佬之间的官司，就是某一方拟通过收购"爷爷公司"的股权，来达到收购地产项目的目标，轰动一时。

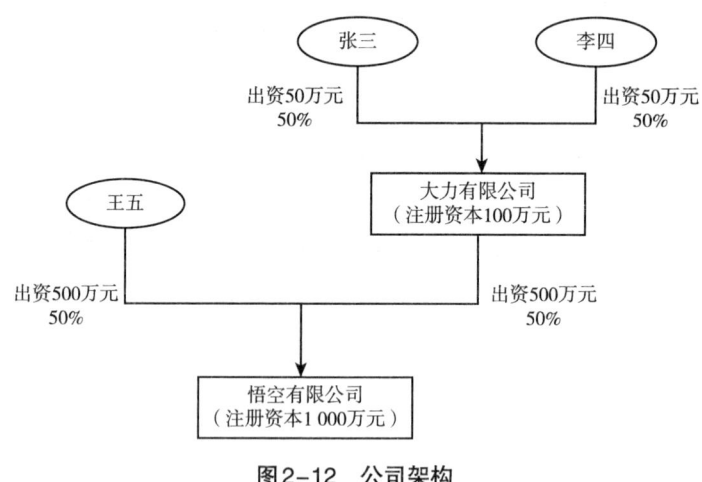

图2-12　公司架构

在层层嵌套的股权投资架构下，比如张三与李四卖股权，他们的股权价格如何定价呢？首先是大力公司的价值，大力持有悟空的股权，理论上看，要先评估悟空公司的价值，按50%比例考虑。如果只是简单地看大力公司账面的股权投资金额，则很可能不实。张三与李四转让股权，属于自然人转让公司股权，需要依据国家税务总局公告2014年第67号文件来进行税务处理，并取得相应的完税凭证。67号文件对转让价格核定时，在净资产核定法中提到：

（一）净资产核定法

股权转让收入按照每股净资产或股权对应的净资产份额核定。

被投资企业的土地使用权、房屋、房地产企业未销售房产、知识产权、探矿权、采矿权、股权等资产占企业总资产比例超过20%的，主管税务机关可参照纳税人提供的具有法定资质的中介机构出具的资产评估报告核定股权转让收入。

6个月内再次发生股权转让且被投资企业净资产未发生重大变化的，主管税务机关可参照上一次股权转让时被投资企业的资产评估报告核定此次股权转让收入。

如果列示资产的比例超过总资产的20%，虽然文件中提到的是"可"，为了减少不必要的争议与责任，税务人员一般会要求提供评估报告。在实践中，比如在网络售卖评估报告的，其评估价格往往因需而定，而正规一些的评估机构，自由调剂的空间往往很小。个案情形下，税务机关办理人员可能会质疑评估报告中的评估价值，但其再想找一家权威度高的机构来复核或重新评估还是有一定难度的。同时，张三与李四对外转让所持大力公司的股权，往往自己心里也有一个可接受的最低价位，如果所达成的交易价格不低于评估报告的价值，一般在税务处理层面上，也是流程式的处理。笔者结合实务情形，认为评估的价值可先行参考净资产金额，这样评估容易接受些。不过这里有一个知识点，如果一个企业集团的股东要转让所持有集团公司的股权，集团公司所投资的子公司比较大，有的盈利，有的亏损，在评估集团公司价值的时候，是提供集团的单体报表为基础，还是提供集团的合并报表呢？似乎合并报表更能体现出来公司的价值范围，这样理解是不是合理？会计上对于合并报表的编制有一套合并逻辑，当子公司发生亏损时，依会计准则规定，在合并时，需要将子公司的亏损额进行合并，合并报表的净资产额会受到影响,对合并报表评估时会有减少影响。笔者认为,可以借鉴一下合并报表的数据,但是在税收上并不是以合并报表为基础进行核定评估,而仅是以集团公司的单体报表为基础进行评估,比如集团公司对子公司甲的长投金额为100万元,甲公司当期亏损是50万元,若净资产是50万元,此时对该长投资产的评估值可能是净资产50万元,也可能因为甲有其他的投资、不动产事项,虽然其利润亏损导致的账面净资产为50万元,但评估值可能是150万元。严谨来看,如果真要好好地评估这种投资嵌套式的公司价值,是一件不容易的事,而现实当中的评估,会采取相对简化的假设来展开评估工作。再者说,评估值本来就只是一个参考,并不代表马上就可以进行转让的现金价值,评估值大了或小了,有时也没有绝对的对与错,这里既考验执行评估准则的专业能力,也涉及从业人员及其机构的职业能力与道德水平。

【例2-17】张三拟转让其100%投资的甲公司股权,目前甲公司的现状如表2-25所示。

表2-25　　　　　　　　甲公司现状

资产	金额（万元）	负债与权益	金额（万元）
现金	25	应付账款	50
应收账款	80	实收资本	50
长期股权投资	30	未分配利润	35
合计	135	合计	135

长期股权投资占比30÷135×100%=22.22%,此比例超过20%,此时张三的朋友告诉他:"这个比例你可以调整一下,你现在跟我借20万元,看看结果如何。"张三一听:"这么简单吗?"(见表2-26)。

表2-26　　　　　　　借款后甲公司现状

资产	金额（万元）	负债与权益	金额（万元）
现金	45	应付账款	70
应收账款	80	实收资本	50

续表

资产	金额（万元）	负债与权益	金额（万元）
长期股权投资	30	未分配利润	35
合计	155	合计	155

在这种情形下，30÷155×100%=19.35%，此时就在67号公告规定的20%标准以下了，是不是会少很多的评估成本呢？但是这算不算造假偷税呢？如果业务真实发生，而不是只改了一下报表，笔者认为这是企业的实际情形，而非造假，更谈不上偷税。尽管看上去似乎是规避了某些涉税管理的规范，但这个行为本身并不违背税收政策，顺其自然发生即可。不过也不排除有的老板满大街吆喝："我少缴税了！"本来没有事，但这样一说往往就真有税了，有好事者举报一下，如果上述的借款只是挂了账，没有现金往来的流转，就容易说不清了。再说，企业还可能涉及其他的税收风险，再延伸一下可能就更容易出问题。

从事法律工作的伙伴们要知道，"皮之不存，毛将焉附"，解决一些涉及财报数据的法律问题时，不宜仅局限于法条上的纠缠与论证，而是要梳理一下数据源头相关事项，有的时候某些事务所的鉴证数据、审计报告等，都是可能有瑕疵甚至错误。任何法律问题的解决，都需要一个事实的支撑点，如果没有这个支撑点，再怎么表演也不会轻易让法官认可。有的税务机关已开始关注起报表方面的"管理漏洞"所导致的税收优惠政策适用问题。

"潜税响叮咚"微课堂："资产负债表"的几个
往来科目你填对了吗？[①]

"资产负债表"是最主要也最常用的财务报表之一，相信广大财务人员都比较熟悉。但其中有一些项目的编制规则，可能与一些人的习惯和直觉不同，而容易填报错误，产生一些问题。

[①] 来源：潜江税务，2023年10月17日。

今天要说的"应收账款""应付账款""预收账款""预付账款"这几个往来科目，就属于这种情况。

一、错误编制方法

根据总账科目余额直接填列。

这种编制方法，确实是"资产负债表"大部分项目所使用的，但"应收账款""应付账款""预收账款""预付账款"这几个往来科目，并不是采用这种方法。

二、正确编制方法

根据明细账科目的余额计算填列。即：

1."应收账款"＝"应收账款"所属明细科目借方余额＋"预收账款"所属明细科目借方余额（当存在符合规定的坏账准备时，可以再减去与应收账款有关的坏账准备贷方余额）

2."预收款项"＝"应收账款"所属明细科目贷方余额＋"预收账款"所属明细科目贷方余额

3."预付款项"＝"应付账款"所属明细科目借方余额＋"预付账款"所属明细科目借方余额（当存在符合规定的坏账准备时，可以再减去与预付账款有关的坏账准备贷方余额）

4."应付账款"＝"应付账款"所属明细科目贷方余额＋"预付账款"所属明细科目贷方余额

三、错误填报产生的问题和风险

一般来说，采用上述"一"的错误编制方法填报"应收账款""应付账款""预收账款""预付账款"这几个往来科目，可能会造成"资产负债表"左右两边的资产总额和负债总额同时减少，就好像"资产负债表"整体"收缩"了。

而"资产负债表"中"资产总额"的减少，会影响相应所属期企业所得税纳税申报表"资产总额"的计算，进而可能会影响申报系统对"小型微利企业"资格的自动判定（"资产总额"全年季度平均值≤5 000万元，是满足小型微利企业的一个必要条件之一）。

对于错误享受小型微利企业优惠的行为，则可能会对企业带来依法调整、补缴税款、加收滞纳金、罚款等涉税影响。

请财会人员务必按照规范的编制规则填报每一个报表项目！

从理论到实务，从小公司到大公司，从数据到政策，综合考虑的能力、延伸的视野、实践的经验，这些往往是企业股东所缺少的，也正是老板们需要补充的内容，更是专业服务人士需要具备的服务能力所在。

2.4.9　会计报表的"水分"与转让价格的问题

为什么说有的公司的会计报表有"水分"呢？笔者主要是指一些有"二套账""多套账"的公司情形。试想一下，在现实当中我们会遇到，有的企业老板会准备不同的报表给不同的单位或部门使用，比如银行融资贷款提供的"美化报表"，报给税务机关的"穷酸报表"，在公司官网上、对外广告上夸大式的宣传，还有个别是报给统计的虚假数据。如果只是看单方面的报表，恐怕很难知道一个公司的资产情况、盈利能力如何。一些民营中小企业的会计往往给老板做二套账，看着是技术水平高的表现，实则是在做假账、偷逃税款，但似乎并未得到根治这说明税务治理任重道远！有的老板在招会计的时候，有时招内账会计，有时招外账会计，就业形势不好，确实让会计也为难，谁不想做合规合法的堂堂正正的工作呢？不过这事也容易出问题，比如老板与会计出现矛盾时，一个举报，就可能让老板难受起来，但也特别提示，如果以举报为条件向就业单位要求金钱补偿的，要特别警惕是否涉嫌敲诈勒索犯罪[1]，别因小失大。

当会计报表存在水分时，我们要关注不同的风险情形（见表2-27）。

---

[1] 《刑法》第二百七十四条规定，【敲诈勒索罪】敲诈勒索公私财物，数额较大或者多次敲诈勒索的，处三年以下有期徒刑、拘役或者管制，并处或者单处罚金；数额巨大或者有其他严重情节的，处三年以上十年以下有期徒刑，并处罚金；数额特别巨大或者有其他特别严重情节的，处十年以上有期徒刑，并处罚金。

表 2-27　　　　　　　　关注会计报表风险情形

情形	风险	可能的风险来源
一人股东	比如账外收入不计缴税款，公私利益不分损害债权人利益的风险，基于法人独立学说存在侵占公司财产的风险①	税务检查、举报、债权人诉讼等
多人股东	鉴于涉及其他股东的利益，加上与一人股东同样的情形，存在违法风险	税务检查、举报、债权人诉讼或因矛盾其他股东举报等情形

在会计报表有"水分"的情形下，相当于这个公司的法人财产独立性就不完整了，财务数据是失实的，我们不是继续来讨论上面所涉的法律责任问题，而是站在财税合规与安全、税务机关行政执法的角度来考虑这个问题。

上面我们提到，对于个人股权转让行为，67号公告提供了反避税的规范，但是如果企业提供的是虚假的报表，则可能会蒙混过关，而且这种情形可能还是大量存在的。然而税收征管部门是比较难发现的，去查也只是在资料层面，没有稽查的权限，最终走到稽查环节的也并不多，在这个方面其实是隐藏着比较大的税收漏洞的。那么，对于"私户收款不纳税"，似乎是一些民营企业老板的公开秘密。笔者曾听闻，某一比较大的家具类企业，利用各种私户收款，收款金额比较大，企业解释的原因有进项缺少发票，销项按13%计增值税销项税额，"心疼啊"，账外收入形成的资产、经营投入与实际报表极不相配，企业会计们也是认真地记录着两套账的数据，这是帮企业"偷逃税款"，万一被举报，这都是证据！当然，只要一查银行流水，也能看出来问题。由于经济下行，房地产行业面临困境，自然购买家具、装修的就减少了，"合规改变"谈何容易啊，省一分算一分。甚至企业还聘请了新的财务

---

① 《刑法》第二百七十一条规定，【职务侵占罪】公司、企业或者其他单位的工作人员，利用职务上的便利，将本单位财物非法占为己有，数额较大的，处三年以下有期徒刑或者拘役，并处罚金；数额巨大的，处三年以上十年以下有期徒刑，并处罚金；数额特别巨大的，处十年以上有期徒刑或者无期徒刑，并处罚金。

国有公司、企业或者其他国有单位中从事公务的人员和国有公司、企业或者其他国有单位委派到非国有公司、企业以及其他单位从事公务的人员有前款行为的，依照本法第三百八十二条、第三百八十三条的规定定罪处罚。

总监，进行这方面的筹划继续。笔者认为，企业家还是要认清大势，私户收款看着省税"一时爽"，小心将来"拉清单"。

那么，上面提到的一些公司的"水分"主要体现在哪些方面呢？（见表2-28）

表2-28　　　　　　　　　公司"水分"体现

"水分"方面	说明	隐藏的问题
账外收入	明明收到款项，但不入账进行核算记账、不报税，如直接流入私人账户形成截留	偷税，可能涉嫌逃税犯罪
直接拆分分流	通过中间过渡收款账户，直接对收到的款项进行拆解，分流到不同的主体或个人名下	此为拆分收入，也属于偷逃税款的一种行为
"改头换面"	本来是甲公司的业务，转为乙公司账上收款作收入	属于偷逃税款的一种行为
成本费用虚假	预估不实的成本费用，冲抵收入，这种情形并不是未取得税前扣除的合规票据的问题，而是没有业务发生故意编造业务	有时为了增加成本费用，取得虚开发票入账，有可能涉及虚开发票违法犯罪行为
虚增业绩	财务数据造假包装上市，及上市之后造假的情形，实控人、责任人甚至中介机构受到牵连接受处罚	此种情形下，有可能还"多"缴税，但触及其他方面的违法犯罪，夹杂着虚开发票的问题

上面提到，如果是自己所有的公司面临的风险及责任还可能小一些，如果多人投资公司有侵占公司财产的行为发生，一不小心就可能引发合作矛盾，若以此理由举报，往往一时半会说不清楚了。

笔者发现，一些公司如果处于零售终端，如电商、餐饮、美容健身等服务业，客户要发票的情形比较少，正是由于没有发票"牵制"，收到的客户的款项就"任性发挥"进行转移处理，造成账实不符、业财不符。

【例2-18】某餐饮公司成立后，装修不错，收入也不错，但是会计为了给老板省税，想了几个好办法，比如每过几天换一个二维收款码，有时是自己的，有时是其他员工的，有时是亲戚的。后来又发明一个办法，即注册了一个与公司名称一样的个体工商户，这样就算遇到客户要发票，也可以灵活开具，反正客户也不知道饭店的名字对应的是公司还是个体户。但是，这样操作也是面临风险的，至少自己的职业安全受到很大威胁，值得还是不值得，这个不是咨询服务所能解决的，而是看个人的意愿了。

还有一些中介机构为公司做账，有的参与度较深，对一些事项直接操盘落地；有的参与度比较少，凭来票、来单做账，给什么做什么，发现问题也不主动反映，明哲保身。举一个最简单的例子，如果企业的账务由中介机构协助处理，企业老板通知中介机构业务人员开具300万元的发票，如果中介机构并不关注合同、结算信息，直接上来就开，多次开具的情况下，依职业敏感度，应有基本的判断，但却懒得跟进，如果最终定性虚开，此中介机构人员可能会被牵涉其内，因此还是要做好风险的专业防范。比如下面这个摘自12309网站的不起诉决定书，作为一名财务公司的员工，谁能想到祸从天降呢？

福建省莆田市秀屿区人民检察院不起诉决定书

秀检刑不诉〔2022〕86号

被不起诉人郭某甲，女，1992年××月××日出生，（信息略）。因涉嫌虚开发票罪，于2021年11月11日被莆田市公安局秀屿分局取保候审。

本案由莆田市公安局秀屿分局侦查终结，以被不起诉人郭某甲等5人涉嫌虚开发票罪，于2022年11月1日向本院移送起诉。

经本院依法审查查明：

2016年至2021年，同案人卢某某（已起诉）委托莆田市某某财务公司秀屿分公司注册公司、税务办事、代理记账、开具发票等。被不起诉人郭某甲、同案人黄某某（另案处理）系该财务公司秀屿分公司的员工。同案人卢某某明知其莆田市××医疗器械有限公司及其子公司在没有实际交易的情况下，仍为福鼎××医院、××医院虚开药品增值税普通发票，并将需要虚开的发票情况转发给被不起诉人郭某甲、同案人黄某某进行虚开发票。虚开金额合计人民币（币种下同）9 719 226.46元，税额合计256 208.1元，价税合计9 975 434.56元。按约定，同案人卢某某收取开具发票面额的6%作为手续费。

2018年至2019年，同案人郭某乙（另案处理）通过同案人卢某某使用同案人卢某某实际控制管理的××医疗器械有限公司与××××××总医院、××××××总医院分院、×××骨科医院、××××××××医院、××××××附属第三人民医院签订医用耗材采购协议。在与上述医院存在真实交易的情况下，同案人卢某某、郭某乙将需要开具的发票情况转发给被不起诉人郭某甲、同案人黄某某进行开票，发票金额共计18 364 603.5元，税额550 938.4元，价税合计18 915 541.9元。按约定，同案人卢某某收取开具发票面额的5.5%作为手续费。

××财务公司仅收取正常的挂靠服务费用，未收取开具发票等其他额外的费用。被不起诉人郭某甲、同案人黄某某仅领取固定工资。

认定上述事实的证据如下：1.书证：转账记录截图、户籍证明等书证；2.证人证言：同案人卢某某、黄某某等人的供述；3.被不起诉人的供述和辩解：被不起诉人郭某甲的供述和辩解；4.辨认笔录：莆田市公安局秀屿分局辨认笔录等。

本院认为，郭某甲的上述行为，情节显著轻微、危害不大，不构成犯罪。依照《中华人民共和国刑事诉讼法》第十六条第（一）项和第一百七十七条第一款的规定，决定对郭某甲不起诉。

莆田市秀屿区人民检察院
2022年11月10日

此类操作边界模糊，作为财务人员也需要密切关注自己的风险系数，如果辩解自己不知道是违法犯罪行为，这个理由是不一定成立的。下面案例是摘自上海高院网的裁决文书。

上海市宝山区人民法院
刑事判决书

案号：（2023）沪0113刑初453号

公诉机关上海市宝山区人民检察院。

被告单位某某公司1（以下简称"某某公司1"），统一社会信用代码：×××，住所地上海市宝山区，法定代表人李某。

诉讼代表人嵇某，男，1989年2月23日生，被告单位员工。

被告人李某，女，1977年12月13日生，公民身份号码：××××××××××××××××××，××，中专文化，某某公司1法定代表人，户籍所在地上海市静安区，现住上海市静安区。因本案于2022年11月25日被取保候审。

辩护人张某，某某律师事务所律师。

被告人胡某，女，1973年1月8日生，公民身份号码：××××××××××××××××××，××，专科文化，某某公司1财务，户籍所在地上海市静安区，现住上海市宝山区。因本案于2022年11月25日被取保候审。

辩护人杨某，某某律师事务所律师。

上海市宝山区人民检察院以沪宝检刑诉（2023）313号起诉书指控被告单位某某公司1、被告人胡某犯虚开增值税专用发票罪、被告人李某犯包庇罪，于2023年3月29日向本院提起公诉。本院依法组成合议庭，公开开庭审理了本案。上海市宝山区人民检察院指派检察员刘某出庭支持公诉，被告单位诉讼代表人嵇某、上述被告人及其辩护人均到庭参加诉讼。期间，公诉机关提出延期审理建议，本院同意并决定延期审理。现已审理终结。

公诉机关指控，2021年1月至7月，某某公司1实际经营人沈某（另案处理）伙同公司财务被告人胡某，在经营某某公司1期间，与某某公司2（以下简称"某某公司2"）签订《共享经济项目承揽协议》，由某某公司2以"灵活用工"方式向其公司的外包人员代发工资，并取得某某公司2开具的增值税专用发票，价税合计共计人民币460余万元（以下币种均为人民币），税款共计26万余元。

2022年11月25日，被告人李某、胡某接民警电话通知后至公安机关，其中被告人李某以法定代表人身份（实为挂名法人）向民警谎称其参与虚开增值税专用发票的经过，被告人李某、胡某二人在供述中均隐瞒沈某的身份及行为。后在2023年3月9日二人接公诉机关电话通知后，携沈某主动至公诉机关并如实供述上述犯罪事实。涉案税款在案发后已作进项转出。

公诉机关以某某公司1营业执照复印件，共享经济项目承揽协议及补充协议，付款清单，银行交易凭证，发票清单，某某局1某某局2第二稽查局出具的抵扣证明，某某公司1提供的记账凭证，银行电子回执，增值税及附加税费申报表，证人沈某的证言，被告人胡某的供述，被告人李某的供述，取保候审决定书，证人沈某、胡某的证言，聊天记录，账户交易明细，劳动合同，某某局3、某某局4经侦支队出具的工作情况，本院工作情况，户籍资料，营业执照等证据指控被告单位某某公司1及被告人胡某构成虚开增值税专用发票罪，被告人李某构成包庇罪。其中被告人李某有自首情节，被告人胡某有坦白情节，系从犯。据此，提起本院根据《中华人民共和国刑法》第二百零五条第二款、第三款、第二十五条第一款、第三百一十条、第六十七条第一款、第三款、第二十七条之规定，依法追究被告单位某某公司1、被告人李某、胡某的刑事责任。

被告单位某某公司1辩称，其公司不构成虚开增值税专用发票罪，理由是其公司与某某公司2之间有真实交易；某某公司1不具有骗取税款的目的，未造成国家税款的损失；"灵活用工"作为平台经济产生的新业态，需要逐步规范，但应保持刑法的谦抑性，不宜用刑法进行规制。

被告人李某辩称，其只是某某公司1的挂名法人，其对某某公司1是否存在虚开增值税专用发票不知情,其仅是根据老板沈某的要求向公安机关做虚假陈述的。

被告人李某的辩护人提出,被告人李某不构成包庇罪。主要是被告人李某是涉案某某公司1的挂名法人,其对某某公司1的实际经营情况并不清楚,其缺乏基本的法律常识,其在公安机关侦查阶段,没有如实披露某某公司1的实际经营人,是因其认为相关税款已经补缴,其没有认识到公司实际经营人沈某可能构成犯罪,其主观上没有实施包庇罪的主观故意。故被告人李某的行为不构成包庇罪。

被告人胡某辩称,其是某某公司1的兼职财务,公司业务方面都是老板沈某在操作,其仅负责做账,其认为其本人不构成虚开增值税专用发票罪。

被告人胡某的辩护人提出,被告人胡某在本案中不构成虚开增值税专用发票罪。理由是,被告人胡某在涉案公司担任的是代记账的会计,并没有与某某公司1建立劳动关系;被告人胡某在本案中的主要行为是向某某公司2催问发票是否开出及收到发票后找公司实际经营人沈某签字打款,其主观上没有虚开增值税专用发票的故意。某某公司1和某某公司2之间有真实的交易,双方签订了《共享经济项目承揽协议》;某某公司1不具有骗取税款的目的,其向某某公司2支付的价款中包含了6%的税费,所付的款项未回流到某某公司1,未造成国家税款的损失。

经审理查明:

2021年1月至7月,某某公司1实际经营人沈某(另案处理)伙同公司财务被告人胡某,在经营某某公司1期间,与某某公司2签订《共享经济项目承揽协议》,由某某公司2以"灵活用工"方式向某某公司1的外包人员代发工资,并取得某某公司2开具的增值税专用发票,价税合计460余万元,税款共计26万余元。

2022年11月25日,被告人李某、胡某接民警电话通知后至公安机关,其中被告人李某以法定代表人身份(实为挂名法人)向民警谎称其参与虚开增值税专用发票的事实经过。被告人李某、胡某二人在供述中均隐瞒沈某系某某公司1实际经营人的身份及被告人胡某参与虚开增值税专用发票的行为。2023年3月9日被告人李某、胡某接上海市宝山区人民检察院电话通知后，陪同沈某主动至上海市宝山区人民检察院并如实供述了上述犯罪事实。本案相关涉案税款在案发后已作进项转出。

上述事实，除有被告人李某、胡某的当庭供述证实外，尚有下列经庭审质证属实的下列证据予以证实：

1.某某公司1营业执照复印件、共享经济项目承揽协议及补充协议、付款清单、银行交易凭证、发票清单、某某局1某某局2第二稽查局出具的抵扣证明，证实2021年1月至7月，某某公司1收受某某公司2开具的增值税专用发票，价税合计460余万元，税款共计26万余元，均已申报抵扣。

2.某某公司1提供的记账凭证、银行电子回执、增值税及附加税费申报表等，证实涉案税款已作进项转出。

3.证人沈某的证言，证实某某公司1的挂名法人是李某，李某不参与某某公司1的任何经营活动，沈某是某某公司1的实际经营负责人，某某公司1的所有事情由其负责。某某公司1主要做软件开发业务。2020年11月前后，某某公司1刚成立，公司对外接到的软件开发业务都要发包给公司以外的人员去做，某某公司1需要支付开发费用，但这部分费用某某公司1没有办法取得发票，其经人介绍认识了河南某某公司2的周某。周某向其介绍了灵活用工的模式。即某某公司1的外包人员下载某某公司2的一个APP，然后在实名认证写明是帮某某公司1服务的。之后，等外包人员完成开发软件任务后，由某某公司1将费用支付给某某公司2的，由某某公司2将费用结算给相关外包人员，某某公司2再将相关增值税专用发票开给某某公司1。相关软件外包人员都是某某公司1自己找的。某某公司2除了正常6%的应缴纳的税款外，另额外收取某某公司11.2%的服务费。某某公司2将上述费用和税款也一起开进发票的总金额中。胡某是某某公司1的财务，负责为某某公司1记账，胡某向某某公司2付款，有时也会联系某某公司2催问发票有没有开出等等。李某是根据沈某的要求向公安机关陈述说李某是某某公司1的负责人。沈某还将如何取得某某公司2的发票的过程和李某说了，沈某要求李某向公安机关谎称李某是某某公司1的负责人。

4.被告人胡某的供述，证实其系某某公司1的财务人员，某某公司1和某某公司2签订了共享经济项目承揽协议，胡某将某某公司1需要向软件外包人员支付的费用的钱直接打款给某某公司2，再由某某公司2向相关软件外包人员支付费用，并向某某公司1开具增值税专用发票；某某公司1向某某公司2支付7.2%的服务费。

5.被告人李某的供述、取保候审决定书，证实被告人李某在本案侦查阶段虚构其系某某公司1负责人，虚构其参与虚开增值税专用发票并隐瞒某某公司1的实际经营人系沈某的情况。

6.聊天记录、账户交易明细、劳动合同，证实被告人李某系某某公司4的员工，在某某公司1只是挂名法人，沈某系某某公司1的实际经营负责人。

7.某某局3某某局4经侦支队出具的工作情况、宝山区人民检察院出具的工作情况，证实被告人李某和胡某的到案经过。

8.户籍资料、营业执照证实，某某公司1的登记信息和被告人李某和胡某的身份信息。

9.被告人李某的供述的，证实被告人李某是在审查起诉阶段如实供述的其系某某公司1的挂名法人，其不参与某某公司1的任何经营活动，系根据某某公司1的实际经营负责人沈某的要求到公安机关将沈某告知李某某某公司1取得某某公司2的增值税专用发票的经过向公安机关做了虚假说明。胡某作为某某公司1的财务，钱是胡某付出去的，胡某对虚开发票的事情是清楚的。

10.被告人胡某的供述，证实胡某担任某某公司1的财务，某某公司1有一些软件开发业务是外包给公司以外的个人的，开发完后，某某公司1需要支付费用，但相关开发的个人不能提供发票。为此，某某公司1和某某公司2签订了共享经济项目承揽协议，某某公司1需要向外包人员支付费用时，由某某公司1将相关费用支付给某某公司2，再由某某公司2[①]向相关外包人员支付费用，并向某某公司1开具相应的增值税专用发票。某某公司1向某某公司2支付7.2%的服务费。某某公司2是某某公司1的老板沈某自己找的，协议也是沈某自己签的。其负责和某某公司2的人员进行对接并支付费用收取发票。

本院认为，被告单位某某公司1、某某公司1直接责任人员被告人胡某伙同他人，让他人为某某公司1虚开增值税专用发票，被告单位某某公司1及被告人胡某的行为均已构成虚开增值税专用发票罪，依法应予处罚。被告人李某明知是犯罪的人而作假证明进行包庇，其行为已构成包庇罪，依法应予处罚。公诉机关指控的犯罪事实清楚，证据确实充分，指控罪名成立。被告人李某在被采取强制措施期间，如实供述司法机关尚未掌握的本人的其他罪行，有自首情节，依法可以从轻处罚。被告人胡某到案后能如实供述自己的罪行，依法可以从轻处罚。被告人李某、胡某在当庭审理中能如实供述本案的主要犯罪事实，虽对相关行为是否构成犯罪提出了自己的辩解，但相关辩解系对行为性质的辩解，并非否认相关犯罪事实，不影响被告人李某自首情节、被告人胡某坦白情节的认定。被告单位某某公司1的诉讼代表人否认某某公司1构成虚开增值税专用发票罪，本院认为，被告单位某某公司1与某某公司2之间并无真实软件代开发的业务关系，证人沈某的证言和被告人李某、胡某的供述可以相互印证，证实某某公司1系因软件外包业务外包给个人缺少进项发票，而联系某某公司2，由某某公司2向相关软件外包业务人员结算费用，代相关外包人员向某某公司1开具相关增值税专用发票。据此，某某公司1在取得相关进项增值税专用发票后，对相关进项发票申报抵扣，在客观上造成了国家税收的减少，故对被告单位某某公司1及

---

① 结合上下文此处宜为某某公司2。

被告人胡某辩护人提出的某某公司1与某某公司2之间有真实业务,不具有骗取国家税款目的等相关辩解和辩护意见本院不予采纳。被告人胡某在虚开增值税专用发票的共同犯罪中起次要作用,系从犯,依法应当从轻处罚。鉴于相关税款已补缴,可酌情对被告单位某某公司1、被告人胡某从轻处罚。据此,依照《中华人民共和国刑法》第二百零五条、第三百一十条、第三十一条、第二十五条第一款、第二十七条、第六十七条第一款、第三款、第五十二条、第五十三条第一款、第七十二条第一款、第七十三条第二款、第三款之规定,判决如下:

一、被告单位某某公司1犯虚开增值税专用发票罪,判处罚金人民币八万元。

(上述罚金于本判决生效后十日内缴纳。)

二、被告人李某犯包庇罪,判处有期徒刑六个月,缓刑一年。

(缓刑考验期从判决确定之日起计算。)

三、被告人胡某犯虚开增值税专用发票罪,判处有期徒刑六个月,缓刑一年。

(缓刑考验期从判决确定之日起计算。)

李某、胡某回到社区后,应当遵守法律、法规,服从监督管理,接受教育,完成公益劳动,做一名有益社会的公民。

如不服本判决,可在接到判决书的第二日起十日内,通过本院或者直接向上海市第二中级人民法院提出上诉。书面上诉的,应当提交上诉状正本一份,副本一份。

看着会计报表只是一个个的数字,然而这些数字是出自会计之手,甚至可以"改来改去",一旦落实到法律责任上,数字就可能转化为法律责任了。再比如《刑法》中有关于骗取贷款方面的刑责条款:

> 第一百九十三条 【贷款诈骗罪】有下列情形之一,以非法占有为目的,诈骗银行或者其他金融机构的贷款,数额较大的,处五年以下有期徒刑或者拘役,并处二万元以上二十万元以下罚金;数额巨大或者有其

他严重情节的，处五年以上十年以下有期徒刑，并处五万元以上五十万元以下罚金；数额特别巨大或者有其他特别严重情节的，处十年以上有期徒刑或者无期徒刑，并处五万元以上五十万元以下罚金或者没收财产：

（一）编造引进资金、项目等虚假理由的；

（二）使用虚假的经济合同的；

（三）使用虚假的证明文件的；

（四）使用虚假的产权证明作担保或者超出抵押物价值重复担保的；

（五）以其他方法诈骗贷款的。

还有一条是与中介机构相关的：

第二百二十九条【提供虚假证明文件罪】承担资产评估、验资、验证、会计、审计、法律服务、保荐、安全评价、环境影响评价、环境监测等职责的中介组织的人员故意提供虚假证明文件，情节严重的，处五年以下有期徒刑或者拘役，并处罚金；有下列情形之一的，处五年以上十年以下有期徒刑，并处罚金：

（一）提供与证券发行相关的虚假的资产评估、会计、审计、法律服务、保荐等证明文件，情节特别严重的；

（二）提供与重大资产交易相关的虚假的资产评估、会计、审计等证明文件，情节特别严重的；

（三）在涉及公共安全的重大工程、项目中提供虚假的安全评价、环境影响评价等证明文件，致使公共财产、国家和人民利益遭受特别重大损失的。

有前款行为，同时索取他人财物或者非法收受他人财物构成犯罪的，依照处罚较重的规定定罪处罚。

【出具证明文件重大失实罪】第一款规定的人员，严重不负责任，出具的证明文件有重大失实，造成严重后果的，处三年以下有期徒刑或者拘役，并处或者单处罚金。

再比如有的会计在税务稽查过程中，提供虚假的财务资料、文件，甚至私刻公章，这里面就极可能涉及刑事责任，如刑法规定伪造公司、企业、事业单位、人民团体的印章的，处三年以下有期徒刑、拘役、管制或者剥夺政治权利，并处罚金。

《谢某某伪造、变造、买卖国家机关公文、证件、印章、隐匿、故意销毁会计凭证、会计账簿、财务会计报告一审刑事判决书》[（2018）冀0521刑初119号] 中有这样的内容（摘录）：

……

邢台县人民检察院指控：

一、2014年11月，被告人谢某某在邢台县南石门镇西小郭村新农村13号住宅楼建设过程中，为办理该楼电力配套设施，私下找人伪造"邢台县城市管理行政执法局"印章，然后伪造了《邢台县城管局关于西小郭新农村建设13号住宅楼电力配套设施的函》，得以逃避审批办理了相关用电手续。

二、2008年至2015年期间，被告人谢某某销售其承建的邢台县南石门镇南小郭村滨江西小区1-12号住宅楼，销售额约为1.3亿元。在邢台县地方税务局稽查局对其进行调查核实期间，被告人谢某某拒不提供会计账簿、凭证、财务会计报告等相关资料，致使税务机关无法取得相关涉税材料，无法正常开展调查工作。

针对上述指控，公诉机关提交了相应的证据，认为被告人谢某某私自伪造国家机关公文，其行为触犯了《中华人民共和国刑法》第二百八十条第一款之规定；拒不交出应有的会计凭证、会计账簿，其行为触犯了《中华人民共和国刑法》第一百六十二条之一之规定，犯罪事实清楚，证据确实、充分，应当以伪造国家机关公文罪、隐匿会计凭证、会计账簿罪追究其刑事责任。提请本院依法判处。

被告人谢某某对起诉书指控其犯伪造国家机关公文罪的犯罪事实及罪名均无异议，表示自愿认罪，希望法庭从轻处罚。对公诉机关指控其犯隐匿会计凭证、会计账簿罪有异议，辩解其没有隐匿会计凭证、会计账簿，其没有会计账簿，自己没有文化，当时也没有人要求其记账。认为自己不构成该罪。

……

本院认为，被告人谢某某伪造国家机关公文，其行为已构成伪造国家机关公文罪，公诉机关指控被告人犯该罪的犯罪事实清楚，证据确实、充分，罪名成立。被告人谢某某在税务机关通知其提交相关的会计凭证时拒不提交，情节严重，其行为构成隐匿会计凭证罪，公诉机关指控其犯该罪，犯罪事实清楚，证据确实、充分，罪名成立。公诉机关指控被告人犯隐匿会计账簿罪，现有证据不能证实被告人确有会计账簿而拒不交出，指控被告人犯隐匿会计账簿罪的证据尚不充分，罪名不成立。对被告人及辩护人所提所被告人不构成隐匿会计凭证罪的辩由不予支持，对所提被告人不构成隐匿会计账簿罪的辩由予以支持。被告人对其犯伪造国家机关公文罪如实供述，自愿认罪，可以从轻处罚，辩护人所提相符的意见予以采纳。被告人犯伪造国家机关公文罪的行为在《中华人民共和国刑法修正案（九）》实行以前实施，按照从旧兼从轻的适用原则，应适用修正前的刑法，对其不适用罚金刑。对被告人予以数罪并罚。根据犯罪的事实、性质、情节和对于社会的危害程度，综合上述各量刑情节，对被告人予以量刑。依照1997年修订的《中华人民共和国刑法》第二百八十条第一款，《中华人民共和国刑法》第一百六十二条之一、第十二条、第六十七条第三款、第六十九条之规定，判决如下：

被告人谢某某犯伪造国家机关公文罪，判处有期徒刑六个月，犯隐匿会计凭证罪，判处有期徒刑十一个月，并处罚金人民币二万元，数罪并罚，决定执行有期徒刑一年零两个月，并处罚金人民币二万元。（罚金在判决生效后十日内缴纳）

上面提到的会计报表的"水分"，有的是虚增，有的是虚减。比如虚增，此时是愿意多缴税，得到预期利润大头是自己的。这样的案例平时我们也可能遇到，如某上市公司的实控人拟将其自持的公司置入上市公司，通过定向增发的方式募资来收购自己的公司，从而可以顺利变现。但对于收购一些外部的主体，依当前资本市场的做法，多会设置对赌条件，这是对收购估值的考验，也是对"水分"的担保与校验。而对于虚减的情形，即使在67号文件的反避税措施之下，往往也难以查出来，本身在税收征管过程中，并不是对纳税人的稽查，更多是依据所提供的资料进行查阅、分析与判断，这也为什么说有的企业或个人提供的资料是进行过加工的。据笔者观察与实际接触，其实67号公告的征管力度看起来很强，里面的漏洞仍是非常多的。但随着我们信息化的持续发展，当某一天对资金监控实现普及智能化的时候，个人股权财富的涉税将得到更有效的管控，也希望那时可以不需要进行反避税。

2.4.10 非货币性资产出资下分期纳税与递延纳税的"清结"问题

在上面的内容中我们提到，非货币财产出资作为股东出资的一种形式，在实务中非常多见，比如笔者接触到某公司老板用设备、技术、不动产出资等情形，这是履行出资义务的交付，也是本次新《公司法》的主要修订使命之一。只是用不同的资产出资，需要考虑交付环节的税负成本，否则钱还没有挣到手，先纳税了。而且这并不具有确定性的回报，它仅仅是换了个新资产股权。尽管因为评估价增加产生了所谓的名义价值，但没有形成资金流，所以在这个环节，很多人并不愿意估高价，不想为此多缴税。

不过，我们也不排除用类似方式进行安排，比如张三拟让其个人公司用技术出资，与另一股东合作。另一股东宏大雷公司是外企，资金实力雄厚，拟用货币出资，两方设立合资企业。其实张三的主要目的是"虚增投资额，套对方的钱"。这里就说到了其利用技术成果出资暂不征企业所得税的税收优惠政策，避开了出资环节的主要税负问题，实现了完美的"空手套白狼"。

但很不幸,听说后来又发生变故,对方发现上当后,以欺诈之名将其告上法庭,因为其技术成果的估价,不是货真价实,认定为其主观故意进行这样的欺骗安排,被判入刑。我们进一步延伸探讨,如果张三将来用减资方式,套出对方的现金,真可能实现其"美好愿望"。

在《公司法》的出资要求中,非货币财产出资是一次性交付的,同时考虑计税的问题,以评估价作为计税价格,依据税法来计算该股东用非货币性财产出资需要计缴的税费。若股东用债权出资,这属于非货币财产,但属于税法上的货币性资产,一是不给予分期纳税的优惠政策,二是增值的空间也小,通常情形下就是账面价值与相应的利息价值,其中的利息属于原债权人的应收权益,由权益享有人来确认应税收入作计税处理;而投资之后产生的利息属于接受投资的公司了,应确实其利息收入(见表2-29)。

表2-29　　　　　　债权出资的权益延伸及发票事项

债权出资	权益延伸	发票事项
债转股	债权人将债权转为对债务人的出资,该出资并不一定入在企业的实收资本,或有部分计入资本公积内	截止投资日的利息(若有)需要计为债权人的利息收入,并可开具结算发票给债务人,债务人计入成本费用并记到往来中,与债权本金一并转入股本
以对其他单位的债权向本单位出资	尽管此类出资方式并不多见,但新《公司法》对此种出资已有支持	这种情形下,基于原债权债务关系存在的业务基础已发生,形成债权对应的销售收入部分,涉及开具发票的情形,由原单位开具;如果是融资借款的债权,则不存在本金发票开具的问题

【例2-19】甲公司借款给乙公司1 000万元,年利率为10%,借款日期从2024年1月1日到2025年12月31日,约定到期还本付息。到2024年12月31日,甲公司拟用此债权进行投资,且也提前告知了乙方并得到乙方的认可同意。甲用于出资的金额是本金加一年期利息,即1 100万元,但由于未到结算时点,待接受债权投资的公司未来向乙公司收回。

分析：债权出资不是金融商品转让，不需要开具发票支持，这一点应达成共识，之前曾经有个别税务机关在培训时提到亦需对此计征增值税，并没有得到太多的认可与实施。但案例中的问题在于，如果从所得税与增值税的角度，未到合同约定的付息收款时点，应税收入均未发生，不需要计为应税收入，这样，乙公司在未来收到相应款项时，如果开具了200万元的利息费用发票，此时在收入上却只体现100万元，另100万元是从甲公司承继过来的债权。如果乙公司开具100万元发票缴纳增值税与计缴所得税，这还说得通。如果要开具200万元利息发票，这是乙公司的正当诉求，就会产生100万元的缺口收入，如果计为乙公司收入并由乙公司缴纳税款，这相当于是"营业外支出"了，不属于自己的生产经营产生的税费；此时，宜由甲公司开具发票，因为其收款权益在2025年12月31日得到了实现，也确实用于了出资实缴的责任履行。从享有权益与收入匹配的原则来看，由甲公司对100万元开具发票，确认收入入账，这样与其出资额也适配。不过，有一个小问题在于，甲用于出资的100万元利息，应先将增值税剔除才好衔接，因为名义出资额是100万元，当开具100万元发票后，剔除增值税不含税金额是小于100万元的，相当于自己需要承担此税项支出。

甲出资时的会计处理：

借：长期股权投资——乙公司　　　　　　　　11 000 000
　　贷：投资收益　　　　　　　　　　　　　　　943 400
　　　　其他应收款　　　　　　　　　　　　10 000 000
　　　　应交税费——待转销项税额　　　　　　　56 600

这样自己再用现金进一步去承担5.66万元的销项税额，视当期甲整体的进销情形计算应纳税额及当期的附加税费金额。

个人股东用非货币性资产出资，在不采用一次性计税纳税而是采取一次性计税并选择在不超过五个年度缴税的方式，相当于欠着国家的税款，是固定化的债务。

国家税务总局关于纳税人收回转让的股权征收个人所得税问题的批复

国税函〔2005〕130号

四川省地方税务局：

你局《关于纳税人收回转让的股权是否退还已纳个人所得税问题的请示》（川地税发〔2004〕126号）收悉。经研究，现批复如下：

一、根据《中华人民共和国个人所得税法》（以下简称个人所得税法）及其实施条例和《中华人民共和国税收征收管理法》（以下简称征管法）的有关规定，股权转让合同履行完毕、股权已作变更登记，且所得已经实现的，转让人取得的股权转让收入应当依法缴纳个人所得税。转让行为结束后，当事人双方签订并执行解除原股权转让合同、退回股权的协议，是另一次股权转让行为，对前次转让行为征收的个人所得税款不予退回。

二、股权转让合同未履行完毕，因执行仲裁委员会作出的解除股权转让合同及补充协议的裁决、停止执行原股权转让合同，并原价收回已转让股权的，由于其股权转让行为尚未完成、收入未完全实现，随着股权转让关系的解除，股权收益不复存在，根据个人所得税法和征管法的有关规定，以及从行政行为合理性原则出发，纳税人不应缴纳个人所得税。

国家税务总局
二〇〇五年一月二十八日

结合该批复，在现实当中，如果要借鉴此批复的意见，可以考虑合同在民法关系上是不是执行完毕，给出一个可借鉴的意见，加之仲裁或法院的意见，可以争取不缴或退税处理。不过仲裁与法院判决是需要时间的，也得先能够立上案，并得到认可。

王某、国家税务总局五莲县税务局第二税务分局税务行政管理（税务）二审行政裁定书

山东省日照市中级人民法院

行政裁定书

（2019）鲁11行终83号

上诉人（原审原告）王某，男，1983年6月3日出生，汉族，居民，住日照市东港区。

委托代理人黄某亭，山东文康律师事务所律师。

委托代理人臧某英，山东文康律师事务所律师。

被上诉人（原审被告）国家税务总局五莲县税务局第二税务分局，住所地五莲县利民路××号。

负责人李某灵，局长。

委托代理人崔某东，国家税务总局五莲县税务局第二税务分局工作人员。

委托代理人刘某刚，山东阳尔律师事务所律师。

被上诉人（原审被告）国家税务总局五莲县税务局，住所地五莲县城富强路×××号，统一社会信用代码11371121004370×××。

法定代表人王某友，局长。

行政机关出庭负责人林某亮，党委副书记。

委托代理人丁某田，国家税务总局五莲县税务局工作人员。

委托代理人盛某，山东阳尔律师事务所律师。

上诉人王某因与被上诉人国家税务总局五莲县税务局第二税务分局（以下简称"第二税务分局"）、被上诉人国家税务总局五莲县税务局（五莲县税务局）税务行政答复及行政复议一案，不服山东省五莲县人民法院（2018）鲁1121行初39号行政判决，向本院提起上诉。本院受理后依法组成合议庭审理了本案。

上诉人王某上诉称：股权转让对价已通过合同变更形式调减，调

减对价以资产评估报告为依据,并获商务主管部门批准,价格公允,合法有效,上诉人应税所得自始为零,申报税款也应为零,无须缴纳个人所得税,上诉人申请退回多缴税款于法有据,被上诉人的税务行政答复和行政复议决定应予撤销。上诉人补充上诉意见如下:一、本案系上诉人申请退税但被上诉人不同意而引发的行政诉讼。在上诉人已实际缴纳10 142 537.11元税款的情形下,本案是否应退税涉及一个基本事实行为,上诉人因与港华燃气投资有限公司(以下简称"港华燃气公司")之间的股权转让行为应纳税额到底是多少,即如果上诉人已实际缴纳的税款数额多于应纳税额,则被上诉人应退税,反之则无须退税。上诉人认为,原判决认定以上基本事实不清,证据不足,应发回重审,或者查清事实后改判。(一)上诉人与港华燃气公司之间仅发生一次股权转让行为,上诉人因该次股权转让行为的转让收入及应纳税额应根据涉案股权转让行为全部事实进行确定,原审判决仅根据阶段性的协议进行认定,忽略了股权转让的整体性,属于认定基本事实不清、证据不足。(二)修改协议系各方真实的意思表示,原审判决并未否认修改协议的真实性、合法性、有效性,其认定"修改协议不能作为税务机关退税的依据"证据不足。首先,本案被上诉人并没有任何证据证明修改协议约定的价款过低或不真实。本案因五莲县政府不断调整目标公司的燃气经营区域导致目标公司经营区域大幅减少,股权价值降低,上诉人已提供了五莲县政府的相关批文。退一步讲,即便税务机关认定修改协议约定的价款明显偏低,根据《股权转让所得个人所得税管理办法(试行)》(国家税务总局公告2014年第67号,以下简称"67号公告")第十三条"符合下列条件之一的股权转让收入明显偏低,视为有正当理由:(一)能出具有效文件,证明被投资企业因国家政策调整,生产经营受到重大影响,导致低价转让股权"之规定,上诉人也有正当之理由以修改协议约定价款进行交易。其次,即便税务机关认定修改协议约定的价款明显偏低,且不认可转让价款调低之事由,那么税务机关可以核定上诉人股权转让收入。根据67号公告第十四条规定,税务机关可以根据净资产法核定股权转让收入，即按照每股净资产或股权对应的净资产份额核定。本案即便税务机关对股权转让收入进行核定，上诉人提供的资产评估报告完全可以证明修改协议约定的价款高于目标公司的净资产，并非明显偏低。最后，67号公告第九条规定，纳税人按照合同约定，在满足约定条件后取得的后续收入，应当作为股权转让收入。涉案股权购买协议约定的转让价款虽然是8 800万元，但协议明确约定该价款分三期支付，各期付款应满足先决条件，2015年4月纳税申报时，各期付款条件均未满足，显然不应当作为股权转让收入，不应据此计算应纳税额。而且，上诉人与港华公司之间已经实际履行了修改协议并得到山东省商务厅的确认。本案被上诉人将未满足约定条件的后续收入确认为上诉人的股权转让收入不符合67号公告的规定，亦与客观事实不符。因此，修改协议的签订调整了股权转让的价格，上诉人股权转让收入大幅度降低，就该股权转让应缴纳的税款也随之大幅降低至0元。修改协议是确认上诉人股权转让收入及应纳税额的重要事实依据，上诉人因超过应纳税额缴纳税款而申请退税具有充分的事实依据，原判决认定修改协议"不能作为税务机关退税的依据"，没有充足的证据。二、本案复议机关在复议程序中将港华燃气公司列为了第三人，港华燃气公司系与被诉行政行为有利害关系的人。法院应当通知港华燃气公司作为第三人参加诉讼，但原审法院未依法通知，遗漏了当事人，应裁定撤销原判决，发回重审。涉案税款系由港华燃气公司代王某缴纳，《修改协议》亦明确约定税款归港华燃气公司所有。港华燃气公司作为涉案税款的"所有权人"，与被诉退税行为具有利害关系。为更好查清案件事实，避免同一问题引起新的争议，在港华燃气公司并未提起诉讼的情况下，一审法院应通知港华燃气公司参加诉讼。三、原审判决适用法律错误。《中华人民共和国税收征收管理法》第五十一条及《中华人民共和国税收征收管理法实施细则》第七十八条第一款明确规定了退税的条件是"纳税人超过应纳税额缴纳税款"，并未规定纳税人系何时、因何原因多缴税款，也未规定不能基于缴纳税款后发生的新情况申请退税，原审判决认为以上两条款适用的情况必须是"纳税人缴税时多缴、误缴且引起退税的事件必须发生在缴税之前",完全不符合该两条款文义,并且无任何法律依据,原判决适用法律错误。另外,根据修改协议,涉案股权转让价款为 3 428 571 元,但缴纳的个人所得税却高达 10 142 537.11 元,是股权转让价款的近三倍,也就是说,如果上诉人诉讼请求得不到支持,造成的结果将是:上诉人对外转让自己的股权后,所得的全部价款尚不足以缴纳税款,为了缴足税款,甚至还要额外支付 670 余万元。该结果严重违反《中华人民共和国税收征收管理法》第一条所确立的"保护纳税人的合法权益"的宗旨,明显不具有合理性和合法性,显失公正,不是上诉人所应承受的结果,属于《中华人民共和国行政诉讼法》第七十条第(六)项规定的"明显不当"情形。综上,原审判决认定基本事实不清、证据不足,遗漏了当事人,且适用法律存在错误,涉案被诉行政行为亦存在主要证据不足及明显不当之情形,应发回原审法院重审或依法改判。

被上诉人第二税务分局辩称:港华燃气公司代扣代缴上诉人个人所得税时,完全符合法律规定的申报纳税条件。上诉人以应税所得为零无须缴纳个人所得税的退税,理由不能成立。一审法院不支持上诉人退税请求完全正确。针对上诉人的补充上诉意见,补充答辩如下:1.对于上诉人提出的五莲县人民政府不断变更五莲一达燃气有限公司(以下简称"一达燃气公司")经营范围的问题,这属于一达燃气公司在经营过程中的商业风险,上诉人对此应当有充分的预知。2013 年,一达燃气公司即跟五莲县政府相关部门签订特许经营协议,一达燃气公司在进入五莲市场之前就已经做了充分的准备和考虑,与上诉人一审时声称的不知道一达燃气公司与五莲县人民政府之间有特许经营协议的这一陈述相矛盾。2.上诉人提到在签订了股权转让协议之后又签订了一个新的协议,且不说后来签订的补充协议是否对转让价款做了调整是否属实,本案重要的事实是在上诉人已经依法履行完毕缴纳税款的义务之后又签订的补充协议,上诉人在与港华燃气公司签订股权转让协议之后,港华燃气公司负有代扣代缴税款的义务。事实上,该公司也依法履行了法定义务,依法向税务机关申报纳税。第二税务分局在接到港华燃气公司的纳税申报之后，依法进行了调查核实，确认了相应的缴税数额，程序和实体均符合法律的规定，上诉人对此未提任何异议，至此上诉人纳税义务已经完成。所以上诉人此后与港华燃气公司达成的新协议，不管是否属实，均不影响第二税务分局执法行为的准确性，对此，上诉人在一审开庭时也是认可的，并未对第二税务分局的执法行为的合法性有任何质疑，只是一再声称在自己纳税后又对转让价款进行了调整，所以才申请退税，这是两个完全不同的阶段，不能混为一谈。特别要说明的是上诉人提交的山东省商务厅批准的补充协议，根据相关法律规定，山东省商务厅是对外商投资的比例进行依法审查，商务厅并没有任何职权来确认股权的转让对价，更没有权利认定股权的转让对价是否进行调整，因此上诉人一再以补充协议为由认为商务厅批准了股权的转让对价显然没有法律根据。3.上诉人提出应纳税额到底是多少的问题，这是上诉人与港华燃气公司签订股权转让协议之后由代扣代缴义务人按照股权转让协议的内容，依法向税务机关进行的申报纳税，即这是上诉人主动进行的行为，税务机关按照上诉人代扣代缴义务人的申报依法征税，在没有签订补充协议之前，上诉人对纳税的数额是没有任何异议的，所以上诉人提出的纳税税额到底是多少的问题，在本案中是一个伪命题。4.上诉人声称原审判决忽略了股权转让的整体性这种观点没有法律依据。人民法院进行行政审判，是对行政机关的执法行为是否合法进行审查，审查无非是从执法的主体、执法的程序以及适用的实体法方面进行审查，从本案实际来看第二税务分局的执法主体没有任何问题，执法程序、适用的法律依据非常明确充分，计算的纳税数额也具体明确，人民法院对行政机关的执法行为依法审查，故一审法院适用法律正确，不存在上诉人声称的忽略了股权转让的整体性的问题。5.上诉人提出可以对纳税数额核定或者是核实征收，这是在无法计算准确的纳税税额的情况之下，才有的一种纳税政策，在本案中不存在核实征收，这是基于代扣的义务人主动提交的相应的证据，主动进行纳税申报所认定的纳税数额。6.关于上诉人提出的本案应追加第三人的问题，上诉人在提出行政复议的过程中曾经主动将港华燃气公司列为复议第三人，在提起诉讼的过程中也曾经有过类似的行为，但是最后上诉人自行补正了起诉的内容，明确将港华燃气公司第三人自行撤销，而且从本案来看，港华燃气公司仅仅是代扣代缴，仅仅是一个代理人的主体地位，与上诉人之间是一个股权转让的民事法律关系，而本案法院仅仅对行政机关行政执法的合法性进行了审查，上诉人认为应当追加第三人的主张不符合法律规定。7.上诉人以修改后的补充协议作为提出退税的要求没有法律依据，行政机关依法执法的基本原则是法无明文规定不能为，在没有明确退税法律规定的情况之下，或者说在上诉人提出的相关的证据不符合退税法律规定情况之下，被上诉人不能满足上诉人的退税请求。何况上诉人提交的商务厅批准的所谓的股权调整协议并没有法律支持。故一审判决完全符合法律规定，请求法院对上诉人的上诉请求予以驳回。

被上诉人五莲县税务局辩称：五莲县税务局作出的行政复议决定认定事实清楚，适用法律正确，上诉人以股价降低未取得转让收益为由，申请退还已缴纳的个人所得税，不符合《中华人民共和国税收征收管理法》第五十一条、《中华人民共和国税收征收管理法实施细则》第七十八条的规定，退税理由不能成立。五莲县税务局行政复议程序合法，五莲县税务局收到上诉人行政复议申请后，依法告知上诉人受理情况，通知第二税务分局提交书面答复及作出行政行为的证据和依据，经依法审查后，五莲县税务局在法定期限内作出行政复议决定，并依法送达双方当事人，五莲县税务局的行政复议程序符合法律规定，请求二审法院驳回上诉，维持原判。

本院认为：

首先，一审法院对于被告主体认定错误，程序违法。本案中，第二税务分局的税务行政答复认为，股权转让合同未履行完毕，解除股权转让合同及补充协议等应由仲裁委员会作出合法有效的法律文书，其再根据仲裁委员会做出的裁决审核是否符合退税条件，故王某与港华燃气公司之间签订的补充修改协议不能作为税务机关退税的依据。而五莲县税务局的行政复议决定认为，王某申请退税的依据是双方签订的修改协议，该协议是缴纳个人所得税之后发生的行为。相关法律法规并没有规定税款征缴完毕后，基于新发生的情况而退税的情形，故决定维持第二税务分局作出的《关于王某申请退税有关事项的答复》。《最高人民法院关于适用〈中华人民共和国行政诉讼法〉的解释》第二十二条第一款规定，复议机关改变原行政行为，是指复议机关改变原行政行为的处理结果。综合分析上述税务行政答复及行政复议决定，本院认为，上述行政复议决定虽在最后决定内容中表述为维持第二税务分局的《关于王某申请退税有关事项的答复》，但从其行政复议决定的实质内容来看，其对王某的退税申请作出了新的独立的判断，实质上完全改变了第二税务分局税务行政答复的处理结果。基于该情形，根据《最高人民法院关于适用〈中华人民共和国行政诉讼法〉的解释》第一百三十四条第二款规定，不应将原行政行为机关与行政复议机关列为共同被告。一审法院应向王某释明，告知其选择适格的被告。其次，由于一审法院认定被告主体错误，导致本案基本事实认定不清。第二税务分局的税务行政答复处理结果为有条件地审核是否退税，而五莲县税务局的行政复议决定处理结果为退税申请不符合规定，不存在退税情形。第二税务分局的税务行政答复的处理结果与五莲县税务局行政复议决定的处理结果相互矛盾。《最高人民法院关于适用〈中华人民共和国行政诉讼法〉的解释》第一百三十六条第一款规定，人民法院对原行政行为作出判决的同时，应当对复议决定一并作出相应判决。一审法院对原行政行为和行政复议行为均进行了审查并作出认定，认为原行政行为和行政复议行为均合法，从而驳回了王某的诉讼请求。对于处理结果相互矛盾的原行政行为和行政复议行为，一审法院同时认定为合法，显然属于基本事实认定不清。

综上，一审判决认定被告主体错误，程序违法，基本事实认定不清，且二审不宜径行判决，应当发回原审法院重审。据此，依照《中华人民共和国行政诉讼法》第八十九条第一款第（三）项、第（四）项之规定，裁定如下：

一、撤销山东省五莲县人民法院（2018）鲁1121行初39号行政判决；

二、发回山东省五莲县人民法院重审。

笔者通过企查查等工具进行查询，发现该案件于2022年3月29日在山东省日照市中级人民法院处于开庭审理的状态。在民事关系中，得到双方认可的交易条件变更，这是业务基础，但税收上却可能基于分解征税环节的理解，将交易行为"截断"，从而形成两次交易论，加之退税有严格的审批程序，职责要求高，或许通过诉讼的方式解决，对执法人员来讲，是一种职责的保护。在税收政策不明确的情形下，基于事实作出有利于纳税人的处理，需要敢作为、有作为，需要有担当，我们希望，税收政策理解应更多体现中性化，至于交易本身是不是有人为偷逃与避税的安排，则是另一个层面的问题，而不宜用堵来防范后面的问题。

承前分析，非货币性资产出资办理了分期纳税的备案，相当于打了一个欠税的"欠条"，通常来讲，此欠条的截止期是从当前公历年度起算到第五年，但在发生某些情况时，会加速税款缴纳的进度（见表2-30）。

表2-30　　　　　　　　加速缴税的情形

事项	说明	提示
现金优先缴税原则	取得现金补价的，现金部分应优先用于缴税；现金不足以缴纳的部分，可分期缴纳转让其持有的上述全部或部分股权，并取得现金收入的，该现金收入应优先用于缴纳尚未缴清的税款	有了现金，就需先缴税，不能截留，但这里的监管可能并不十分完备。另外，如果该投资股东从接受投资的单位取得薪酬所得，则与此不相关
接受投资企业破产清算	即使接受投资企业破产清算了，所欠的分期缴纳的税款"一分也不会减少"	投资前要三思
发生诸如未成功上市实现有效价值预期的情形	有的准备进行上市的公司通过增发股票收购一些老板的股权，相当于是非货币性资产投资，此时价值往往预期比较大，期望值也比较大，但上市之路越来越不容易了，如果想通过转让股权、分红来履行之前的欠税缴纳义务，恐怕是不现实的	以为是"金子总会发亮"，但也保不齐是一个"陷阱"，在无法变现的结果下背负沉重的欠税义务

从变现有钱、纳税负担能力的角度来看，能不能在五年之内取得充分的资金是刚需，不然就需要考虑交易时要求现金对价的商务条件，要知道，当对方用增发股权或股票来收购某自然人股权时，对方的股权也作了一个估值，对应的被收购股权也进行了估值，这个估值有时就是一个泡沫，至少对方不用掏现钱结算，身价看着高高的，大家都很开心，但实际只是一种以物易物的虚拟对价，可能"空欢喜"一场。

对于递延纳税的情形，财税〔2016〕101号文件也有与上面类似的"清税"规定，选择技术成果投资入股递延纳税政策的，经向主管税务机关备案，投资入股当期可暂不纳税，允许递延至转让股权时，按股权转让收入减去技术成果原值和合理税费后的差额计算缴纳所得税。

但什么时候转让股权？这里面有比较多的主观成分，比如就是一直不转让，反正出资达到了，溢价估值入账在接受投资公司税前扣除的目的达到了。笔者曾有接触某税务机关在检查此类案件时，对于虚估技术成果的价值似乎较为无奈，因为确实难有一个清晰的标准，尽管看着比较假，但在行政程序中，不好直接否定。这就牵涉到《公司法》对不实出资情形的条款上来，彼此之间有了对应。

笔者也发现，尽管上述优惠政策的漏洞比较大，但实务中却比较少用，一是可能相关投资人确实不太了解此政策，税务机关也没有大张旗鼓地进行宣讲；二是有的投资人自己感觉心里没底，技术成果评估价值低了，利益空间也不大，不够折腾的。但是，合规恰当地结合实际业务情形进行应用，这是政策的本意。

2.4.11 公司的空壳化运营与涉税风险交汇

笔者先解释一下，并不是说公司的空壳化运营违背什么法律，需要区分不同的情形，比如一些股权的控股公司，往往就没有实体运营，甚至发放薪酬的人员都没有，只是对外投资；也有通过有限公司搭建的持股平台，往往也是虚体，不作持股之外的其他业务运营，这种公司在投资领域一般称为特殊目的公司（SPV，Special Purpose Vehicle）。不过员工持股平台多采用有限合伙企业的形式，易于实控人的决策及灵活的进退。更为大家所熟悉的是在境外避税地设立壳主体公司，再向境内投资，形成资金往来的投资渠道与个人财富的管理工具。

但税务机关对于空壳式的经营主体，往往会比较关注其税务风险，比如表2-31所示的情形。

表2-31　　　　　　　　　税务机关关注情形

关注事项	说明	风险
是否涉及虚开	比如利用小规模纳税人税收优惠对外虚开发票，特别是同一注册地址、投资人或办税人员等情形下	空壳公司如果没有对外经营投资，但有卡着小规模纳税人与企业所得税小型微利企业享受优惠政策的情形
有收入有成本但发票不充分	比如收到的发票金额占成本费用的比例比较小，可能涉及虚列成本费用	企业所得税风险
没有人员成本	没有人员成本、水电物业费等支出，往往认为这个公司的功能有缺失	如果只有收入没有人员成本，可能会怀疑人员个税有问题，或者公司的经营功能不完整
投资人异地投资经营，如无车承运平台、用工平台等运营公司	股东异地投资设立公司是没有政策限制的，比如当地有财政扶持政策、行业园区，在这种情形下，如果发生整体性风险，有可能会受到牵连	比如招商园区的集中化注册，风险集中度较高，特别是有的中介机构帮客户拆分收入"筹划"，容易带来查补税款，甚至涉刑风险

我们关注到，一些在中国香港地区设立并向内地投资的公司，原来多是空壳化运营，随着香港地区对于本地公司获得香港以外地区的利润是否征收利得税规定需要满足一定的豁免条件，因此开始考虑转为实体化运营，满足一定的经济实质，也成为其考虑的重要因素。同时，根据内地与香港地区之间的税务安排，内地公司向香港地区的公司分配股息时，满足相应条件的，扣缴所得税的比例为5%，而不是常规的10%。随着全球税收管理的协同，

一些所谓的避税地公司，也面临着新的挑战。不过，新《公司法》的管辖范围，是指依其规定在中华人民共和国境内设立的有限责任公司和股份有限公司，而不涉及跨境实施的效力。对于如香港地区的这类壳公司需要关注当地的财税政策变化风险。

再回到空壳化公司所面临的财税问题上来，这样的公司设立后，除非不经营，只要运营都是会产生成本费用的，毕竟需要有人付出劳动或智力，如果只有收入没有成本费用，属不正常的财税特征之一，并可能触发风险质疑。有时老板会想，我们没有成本费用，只有收入，税务机关还"多收税"，这不是好事嘛，我们还做贡献了！但凡出现这种事，税务机关也屡有关注，比如下面是一个稽查案例中摘录的内容：

> 你企业2022年8月至2022年12月向税务机关领购增值税电子普通发票共计73组，开具金额价税合计6 337 904.5元。你企业自开业以来从未取得过购货发票，对外开具的销货发票没有与之对等数量的购进货物发票作为支撑，进销严重失衡。2023年10月11日主管税务机关将你企业划定为非正常企业进行管理。

所以，好事背后往往是有代价的，比如上面提到的虚开发票的问题，有成本而不扣，有违常理，有没有账外收入未计收入纳税？员工的薪酬是不是通过个人卡进行收支的？从笔者的角度看，如果是有真实的业务，即使是自己的家人白干活，不给钱，也是情理上的事，但是在财税记录上，还是体现出来一些支出为宜。当下，一些代理机构在招商的时候，与当地政府部门协调了集群式注册的方式，甚至成百上千家企业注册于一个地址，这明显是壳公司的特征，即没有具体的自己的办公地址。比如一个常住上海的自然人，跑到西藏、新疆成立了一家公司，显然，老板是不大可能经常跑去这些地方长期办公的，这种类似于"空中指挥""互联网空中公司"的情况也是比比皆是。于工商登记层面，是没有限制不允许个人异地成立公司的，也就是说，在国内跨地区设立公司（也包括个体户、个人独资企业、合伙企业等），不需要在当地有居住证、业务需要的证明，即使在海南成立公司，也没有此方面的要求，但要享受海南15%企业所得税等优惠政策，则需要实质性运营管理的业务支持，这也是出于减少空壳公司的不当获利的目的。

在现实当中，有一些大型的企业集团，是"两块牌子、一帮人马"，比如某国资委下属企业，当年有集团有限公司一块牌子，后来拆分业务成立了股份有限公司上市并公开发行股票，公司的主要人员也随着核心业务转入股份有限公司，这样集团公司的人就少了，但集团公司遗留的业务及例行的工作仍要持续，所以一些人仍身兼两份工作，但工资不会发两份，有一些费用也是由一家公司主要进行采购。在这种情形下，集团公司与股份有限公司之间的成本费用是不是划分得那么清晰，也是存在税收漏洞的地方，比如涉及所得税的计缴、视同销售、进项税额抵扣等。大家可以发现，在《公司法》的规则架构下，此处的有限公司与股份有限公司完全满足《公司法》的规则，甚至治理体系还比较完善，属于国内公司的典范，但其背后的账与利益，有时搅和在一块，想要分得清，则需要明确规则，有人员或系统跟踪处理，还可能有税收管理成本与纳税成本。

2.4.12 "阴阳合同"下股权转让的法律风险

由于转让方避税之需，有时转让方与受让方之间为了减少正常交易价格之下的税负，双方达成默契签订"阴阳合同"，去办理商事登记与纳税申报事宜，而这其中，直接损害的是国家的税收利益，上面我们提到，基于67号公告下的个人股权转让反避税措施的实施，不属于打击税收计缴造假，而是基于真实业务情景下的反避税，即税务机关认为不应值"这么少钱"情形下的调整，当然通常是调高交易价格，鲜有调低交易价格的！不过这也不是绝对，比如下面的情形：

【例2-20】张三持有甲公司的股权，同时张三还投资了一家乙公司，截至2024年，乙公司的利润还不错，有未分配利润5 000万元，而张三的甲公司却一直亏损，实际上也没什么价值。张三看着乙公司的利润比较高，不想缴太多的企业所得税，于是就想到一个办法，把所持甲公司股权按4 000万元卖给乙公司，由于股权投资不能直接入成本费用，张三想着2024年底将甲公司清算注销，这样4 000万元的亏损就做出来了！

分析：笔者发现，实践当中有这样的操作案例。张三明显是有意去做"假"业务，不是独立自主的交易，在上面的情形下，对这个投资及快速注销形成的损失的商业合理性，可以进行质疑，恐怕应对起来也会比较被动。虽然张三也缴了20%股权转让的个税，但其实张三是用20%去换乙公司的25%企业所得税及分红的20%个税。不过，也有的老板可能连这20%的"本钱"也是不愿意出的，从而打起了发票的主意，一旦入了这个"坑"，看似当时得到了利益，却可能背负起了潜在的刑事风险，很多的悲伤故事就是这样开始的。有人提出来："既然甲公司是亏损的，能不能让甲公司卖点东西给乙公司，还能让乙公司作为成本费用扣除？"在某些情形下，是有应用场景的，一是要真实，二是要合理，掌握这两个原则非常重要。

阴阳合同一旦暴露，就易被认为是偷逃税款之举，这种行为本身就具有主观故意性。《最高人民法院 最高人民检察院关于办理危害税收征管刑事案件适用法律若干问题的解释》（法释〔2024〕4号）明确规定以签订阴阳合同等形式隐匿或者以他人名义分解收入、财产的，属于《刑法》第二百零一条第一款规定的"欺骗、隐瞒手段"，按照《中华人民共和国税收征收管理法》追究其偷税的责任，若达到公安机关立案标准的，也可能触及刑事责任。这与有的股权转让未纳税过了税法规定的追缴期的情形有根本性的不同，在个别的行政案件或司法案件中，如果未界定为"偷逃税款"，对于个人而言，在未进行纳税申报的情形下，当过了三年或五年的追缴期限之后，是有不予追缴的先例的。有时我们会想，不缴不比"阴阳合同"情形下少缴的还多，不是更应进行严厉打击吗？尽管有可能不进行申报的个人也有某种主观故意，但也可能确实有其他原因，不能只看税额大小。不过，现在想拖着不进行申报的概率很小了，因为我们的市场监督管理登记与税收征管进行了充分的衔接，变更个人股权需要税务机关出具个人完税凭证作为前置条件。而之前有笔者所述的税务监管不到位的情形。通过阴阳合同逃税的行为，在利益的驱动之下可能会持续发生的。

所涉股权转让中通过阴阳合同方式偷税的案件，屡有出现，比如下面的案例。

如某税务机关发布的一则处罚公告，其中的违法事实是这样描述的：李××与左××发生股权转让行为时，就同一行为签订两份《股权转让协议》，转让金额分别为59万元和1 840万元，按照59万元的股权转让协议前往工商局和税务局办理相应股权变更手续，按照1 840万元支付股权转让价款，此行为构成偷税。由于受让方未及时支付股权转让款，转让方向人民法院起诉，受让方于2018年支付了延迟支付转让款的利息1 246 333.34元，受让方李××得到的股权转让款和利息收入均未申报缴纳个人所得税。

另一地方的税务稽查局的一则公告中提到：你于2018年9月21日与杜××1、杜××2签订的《股权转让协议》，约定以29 874 690元的价格转让厦门××体育用品有限公司100%股权，却通过阴阳合同的方式申报股权转让价格，未足额申报个人所得税和印花税，我局拟追缴你少缴印花税14 937.35元，个人所得税——股权转让所得3 253 830.53元，并从税款滞纳之日起按日加收万分之五滞纳金。因采取其他方式无法送达，根据《中华人民共和国税收征收管理法实施细则》第一百零六条第（二）项的规定，现将《税务处理事项告知书》（×税二稽处告〔2024〕×××号）予以公告送达，自公告之日起满30日，即视为送达。

阴阳合同交易，即"阳合同"是拿出来给别人看的，"阴合同"是转让方与受让方私下用的。如果受让方只承认"阳合同"约定的支付义务，而不认"阴合同"的支付义务，这种情形下，转让人是可以在民法关系上提起诉求要求受让方履行合同义务的，但这样就可能把事情公开，税务机关顺藤摸瓜，也容易追到税款。目前来看，税务机关与法院之间的协同越来越多了，比如民间借贷争议的诉讼判决，若涉及利息的，税务机关往往会依据掌握的信息去追缴借出人取得利息收入的增值税与个人所得税税款。就算对方遵照"阴合同"履行约定的结算义务，也需要考虑以何种方式、在哪里、何时给的问题，私人之间的转款，往往难以发现，而若是单位对外支付款项，就需要合理的名义，有时还需要编造出一个新的交易来掩盖"阴合同"。受让人其实也挺苦恼的，如果签订一份真实的交易合同，受让方支付款项计入收购成本，于自己是有利的，将来无论是再次转让还是退出公司，其抵减额是高的；但可能因为若签订真实的交易合同，转让方要求将自己应纳税税款加到转让价格中，无形当中买单的仍是受让方，这时双方基于当前利益的考虑，就可能共谋出避税的方式。比如下面的这个案例，双方对"阴合同"的履行就设计了一个方式，某地税务机关在发布的处罚公告中是这样描述违法事实的：

2020年下半年期间，你公司原出资方FU×TRADING COMPANY［福×贸易公司（香港）］与沙家浜×印染有限公司达成公司转让约定，以股权转让的方式出让你公司。为逃避转让过程中的相关税费，双方名义上通过协议约定股权转让价格为6 271.2万元，实际履行价格为9 271.2万元。因转让方福×贸易公司（香港）的实际控制人与你公司的法定代表人均为蔡某玲，故相应股权转让款通过福×贸易公司（香港）直接收款、蔡某玲控制的其他境内关联企业代为收款、蔡某玲个人套取账面资金等多种方式取得，具体股权转让金额及过程如下：1.2021年1月25日，沙家浜×印染有限公司按蔡某玲指定付款至晋江市福×针织制衣有限公司1 400万元；2.2021年2月3日，沙家浜×印染有限公司按蔡某玲指定付款至晋江市福×针织制衣有限公司549.5万元；3.2021年4月13日，沙家浜×印染有限公司付款至原出资方福×贸易公司（香港）2 800万元；4.2021年5月14日，沙家浜×印染有限公司按蔡某玲指定付款至福×纺织（常熟）有限公司400万元；5月17日付款至福×纺织（常熟）有限公司4 508 472.44元［代福×贸易公司（香港）偿还与福×纺织（常熟）有限公司之间的欠款，结清与原出资方的债务关系］；5.2021年5月27日，沙家浜×印染有限公司付款至原出资方福×贸易公司（香港）170.85万元；6.2020年10月28日、2021年1月15日，沙家浜×印染有限公司以借款名义分别预付1 330万元、1 500万元（合计2 830万元）至福×纺织（常熟）有限公司，公司转让变更手续完成前，蔡某玲从你公司套取账面资金（连同部分公司账户余额）合计3 000万元。综上，沙家浜×印染有限公司在公司收购过程中实际支付股权转让款合计87 711 972.44元，另有余款500万元，双方约定待股权完全变更且无任何法律风险后再行支付。经查，蔡某玲为将公司账户内的3 000万资金套取至个人账户，在顾某权的策划帮助下，先由蔡某玲亲属蔡某辉垫资人民币15万元购买5个技术专利，并将上述专利以3 000万元价格转让给你公司。蔡某辉收到3 000万元专利转让费后，再将转让资金回流到了蔡某玲实际掌控的个人银行账户内。为使上述专利转让费合法入账，你公司通过蔡某玲在无真实交易的情况下，以支付90万元开票费的方式从山东省乳山县开票团伙购得价税合计3 000万元的增值税普通发票15份。上述发票于2020年12月31日计入你公司"无形资产"科目（记字第105号凭证），但未在企业所得税税前摊销扣除，发票明细如下：

……

总之，付款的账还是要圆的，曾有老板说："我们的阴阳合同签订得没风险，因为我们是通过海外的公司收取一部分款项，国内的税务机关查不到吧！"或许能查到，但是征管成本是不是值得，以及未来会不会查到，这些存在不确定性。对于阴阳合同避税之法，最具有不确定性的因素是举报，昨天还是好兄弟，明天有可能反目成仇，彼此会考虑用不同的手段来制衡对方，举报偷税，似乎已是当下当事人的杀手锏了。比如笔者曾接触到一个案例，当时转让方老板与受让方某大型企业签订了一份阴阳合同来避税，因涉及当时的中间介绍人参与，有一定的佣金需要支付，后来转让方老板因病去世，交易还没有最终结算完成，介绍人的佣金也未支付，久拖未决，于是中间介绍人一气之下拿着当时的"阴合同"举报到税务机关，税款与滞纳金就差不多与转让价款相近了。甚至有的老板还让律师参与制订相关的假合同，如果真这样做，是协助偷税，建议对这种赤裸裸的税收违法行为多加提防。

在笔者看来，对于没有变现交易情形下的投资与重组业务，当缺乏存量资金能力时，纳税人有缴税压力，此时规划相应的递延纳税、特殊性税务处理的方案，是有一定必要性的。但对于有较为确定可变现的业务，可能连20%的税负成本都认为是对自己"割肉"，就可能出现违规动因。对此进行筹划，要从头做实，而不是做到一半"作假"，其定性就发生变化了，特别是起初签订了相应的交易合同，后续的行为与前面的主观约定产生了背离的情况下，这就说不清了，有主观故意偷税之嫌！笔者注意到某地税务机关发布过一个稽查案例，某自然人给某企业提供了融资咨询服务，后来感觉劳务报酬的税负比较高，于是找到第三方机构进行筹划，在上海设立了两家个人独资企业进行结算、开票，并进行核定经营所得计个人所得税，结果"东窗事发"，被税务机关发现之前是个人签订的合同，这与后面的事实产生了偏离，进行补缴处理。

下面这个案例，也是比较有特点：

国家税务总局×税务局第一稽查局税务处理决定书

×税一稽处〔2024〕94号

林×（纳税人识别号：×）：

我局对你（地址：×海市×庄）2010年1月1日至2011年12月31日期间有关涉税线索进行了检查，违法事实及处理决定如下：

一、违法事实

2010年12月你将拥有的100%×园农业综合开发有限公司股权转让给曹×彬、任×洁、林×彤、胡×四人，签订股权转让合同，合同金额157 000 000元，在提供给工商的变更资料中，用于工商信息变更的股权转让合同，合同金额57 000 000元。

通过银行流水等证实，你取得了157 000 000元的股权转让款，并于2010年12月9日办理了过户手续。你未将收到的股权转让款157 000 000元申报缴纳个人所得税及印花税，造成少缴个人所得税28 996 544元及印花税78 500元。

（一）转让股权未申报缴纳印花税

根据《中华人民共和国印花税暂行条例》（国务院令第11号）第一条"在中华人民共和国境内书立、领受本条例所列举凭证的单位和个人，都是印花税的纳税义务人（以下简称"纳税人"），应当按照本条例规定缴纳印花税"、第二条"下列凭证为应纳税凭证：2.产权转移书据"、附件1"印花税税目税率表第11点：产权转移书据包括财产所有权和版权、商标专用权、专利权、专有技术使用权等转移书据、土地使用权出让合同、土地使用权转让合同、商品房销售合同按所载金额0.5‰贴花"、第五条"印花税实行纳税人根据规定自行计算应纳税额，购买并一次贴足印花税票（以下简称"贴花"）的缴纳方法，为简化贴花手续，应纳税额较大或者贴花次数频繁的，纳税人可向税务机关提出申请，采取以缴款书代替贴花或者按期汇总缴纳的办法"、《中华人民共和国印花税暂行条例施行细则》（财税字〔1988〕第255号）第五条"条例第二条所说的产权转移书据，是指单位和个人产权的买卖、继承、赠与、交换、分割等所立的书据"的规定，你应缴印花税78 500元，未申报缴纳印花税，应补印花税78 500元。

（二）转让股权未申报缴纳个人所得税

根据《中华人民共和国个人所得税法》（中华人民共和国主席令第八十五号）第二条第（九）项"下列各项个人所得，应纳个人所得税：九、财产转让所得"、第三条第（五）项"个人所得税的税率：五、特许权使用费所得，利息、股息、红利所得，财产租赁所得，财产转让所得，偶然所得和其他所得，适用比例税率，税率为百分之二十"、第六条第（五）项"应纳税所得额的计算：五、财产转让所得，以转让财产的收入额减除财产原值和合理费用后的余额,为应纳税所得额"的规定,你转让100%的股权所收到的157 000 000元收入扣除股权原值和合理费用后,经计算应纳税所得额144 982 720元,应纳个人所得税28 996 544元,未申报缴纳个人所得税,应补个人所得税28 996 544元。

二、处理决定及依据

(一)追缴税款

1.个人所得税

根据《中华人民共和国税收征收管理法》第六十三条"纳税人伪造、变造、隐匿、擅自销毁账簿、记账凭证,或者在账簿上多列支出或者不列、少列收入,或者经税务机关通知申报而拒不申报或者进行虚假的纳税申报,不缴或者少缴应纳税款的,是偷税。对纳税人偷税的,由税务机关追缴其不缴或者少缴的税款、滞纳金,并处不缴或者少缴的税款百分之五十以上五倍以下的罚款;构成犯罪的,依法追究刑事责任"、《最高人民法院 最高人民检察院关于办理危害税收征管刑事案件适用法律若干问题的解释》(法释〔2024〕4号)第一条"纳税人进行虚假纳税申报,具有下列情形之一的,应当认定为刑法第二百零一条第一款规定的'欺骗、隐瞒手段':(一)伪造、变造、转移、隐匿、擅自销毁账簿、记账凭证或者其他涉税资料的;(二)以签订'阴阳合同'等形式隐匿或者以他人名义分解收入、财产的;(三)虚列支出、虚抵进项税额或者虚报专项附加扣除的;(四)提供虚假资料,骗取税收优惠的;(五)编造虚假计税依据的;(六)为不缴、少缴税款而采取的其他欺骗、隐瞒手段"的规定,你签订"阴阳合同"转让股权造成少缴个人所得税28 996 544元的行为是偷税行为,追缴你2010年少缴个人所得税28 996 544元。

2.印花税

根据《中华人民共和国印花税暂行条例》(国务院令第11号)第五条"印花税实行纳税人根据规定自行计算应纳税额,购买并一次贴足印花税票(以下简称"贴花")的缴纳方法,为简化贴花手续,应纳税额较大或者贴花次数频繁的，纳税人可向税务机关提出申请，采取以缴款书代替贴花或者按期汇总缴纳的办法"的规定，你本次转让股权造成少缴印花税78 500元，追缴少缴印花税78 500元。

（二）加收滞纳金

根据《中华人民共和国税收征收管理法》第三十二条"纳税人未按照规定期限缴纳税款的，扣缴义务人未按照规定期限解缴税款的，税务机关除责令限期缴纳外，从滞纳税款之日起，按日加收滞纳税款万分之五的滞纳金"及《中华人民共和国税收征收管理法实施细则》第七十五条"税收征管法第三十二条规定的加收滞纳金的起止时间，为法律、行政法规规定或者税务机关依照法律、行政法规的规定确定的税款缴纳期限届满次日起至纳税人、扣缴义务人实际缴纳或者解缴税款之日止"的规定，你应补缴个人所得税税款28 996 544元，从税款滞纳之日起按日加收滞纳税款万分之五的滞纳金。

限你自收到本决定书之日起十五日内到国家税务总局×海市税务局将上述税款申报缴纳入库，并按照规定进行相关账务调整。逾期未缴清的，将依照《中华人民共和国税收征收管理法》第四十条规定强制执行。

你若同我局在纳税上有争议，必须先依照本决定的期限缴纳税款及滞纳金或者提供相应的担保，然后可自上述款项缴清或者提供相应担保被税务机关确认之日起六十日内依法向国家税务总局××税务局申请行政复议。

国家税务总局×税务局第一稽查局
2024年6月11日

从2010年开始到现在，滞纳金快到税款的三倍了，这是真得不偿失了，在偷税定性的情形下，如果缴不齐，又达不到《刑法》对逃税罪规定的阻却事由，都极可能被移送司法机关。同时税务机关可进一步推进强制执行措施，执行个人的财产用于收缴税款与滞纳金。案例所说事项过了行政处罚的五年期限[①]，不再对其进行行政处罚了。

"阴阳合同"避税安排也频见于房产交易中，不过，这对于受让方有一个"致命"的问题，就是所涉个人所得税的法定扣缴义务，《个人所得税法》中明确规定："个人所得税以所得人为纳税人，以支付所得的单位或者个人为扣缴义务人。"实务中，有的受让方为单位，应特别谨慎此扣缴义务的履行，如果销售方承诺不用代扣代缴，自己去计缴完税，也要特别考虑自己被行政处罚的风险，《税收征收管理法》规定："扣缴义务人依法履行代扣、代收税款义务时，纳税人不得拒绝。纳税人拒绝的，扣缴义务人应当及时报告税务机关处理。"当发生这样的事项时，建议及时做好保护性的措施，即向税务机关报告。另外有的人可能认为，受让方为个人时，就不用过多地考虑扣缴义务，在税务处理实践当中，笔者也发现对个人未履行应扣未扣法定义务时，给予了行政处罚的案例。而对于转让方与受让方之间以"阴阳合同"方式进行的避税串谋，此时扣缴义务人会产生少扣的情形，如果被税务机关检查，需要以真实的金额计算扣缴税额并以此为基数计算行政罚款的金额。笔者也曾接触过某以阴阳合同方式进行房产交易的案例，当时约定由受让方承担税费，在被税务机关发现后，要求转让方补缴税款及滞纳金，转让方转而向受让方追讨上述税费，就此事双方发生了诉讼，受让方的律师提出基于转让方以虚假方式进行报税，而受让方已履行了承担的义务，后续发生被税务检查需要补缴的税款、滞纳金及罚款，与受让方无关，因为受让方并不知道其是以虚假金额进行的申报，这个违法责任应由转让方自行承担。

尽管依据《税收征管法》和《个人所得税法》的规定，向个人支付应税所得的时候，有相应法定扣缴个人所得税的义务，但实践当中，税务总局对非货币性资产投资的个人所得税征管，要求由纳税人自行申报缴纳，实质上"豁免"了扣缴方的扣缴义务。如《长春高新：2024年半年度财务报告》曾披露如下内容：

---

① 《中华人民共和国税收征收管理法》第八十六条规定，"违反税收法律、行政法规应当给予行政处罚的行为，在五年内未被发现的，不再给予行政处罚"。

本公司下属子公司金赛药业 2024 年 6 月 19 日收到国家税务总局长春新区税务局向公司出具的《税务事项通知书》（长新税通〔2024〕2003 号）。文件内容：金赛药业于 2021 年 1 月申报并代扣代缴了金某、林某海两位股东"非货币性资产投资"的个人所得税，并于 2022 年申请退还了此笔税款的代扣代缴手续费 22 238 924.08 元。按照《国家税务总局关于个人非货币性资产投资有关个人所得税征管问题的公告》（国家税务总局公告 2015 年第 20 号）第二条规定，非货币性资产投资个人所得税由纳税人向主管税务机关自行申报缴纳。处理结果：收到本通知之日起十五日内退还已经取得的手续费。

金赛药业于 2024 年 6 月 21 日退还已经取得的手续费，因此，公司调减 2024 年其他收益 22 238 924.08 元。

2.4.13 "承债式"股权转让本身就是一个涉税"陷阱"

为什么以"陷阱"来表述，因为笔者遇到数个这样的涉税争议案例，一方面，向税务机关解释起来费尽周折，也不一定得到认可；另一方面，税务机关多认为只要是承债，不管是什么债务，都是转让价格的组成部分，需要计入转让价格计缴相关所得的税款。不过，笔者也曾协助某地税务机关对企业的涉税案件进行技术咨询，发现其中的商务关系与计税关系经常会纠缠在一起，有很大的迷惑性，当然也存在税收漏洞。

那么，在承债式转让的过程当中，我们的老板们与律师们，往往会下沉到如何算清账、避免争议的角度来书立合同文本，但是，鲜有对涉税风险的考虑，笔者曾接触过这样的合同文本，在笔者的建议下，就其事实想要获得的结果，进行了条款内容的修改，以免被误以为受让方承担的被转让公司的债务是股权转让价格的组成部分。

不过，此处所负的债务，在现实当中有多种形式，比如常规的是被转让公司直接融资借款（一般不包括对赌回购形式），最为普遍的是银行借款；

还有的是关联方借款、第三方民间借款，极端情形下有客户的暂付款。可能有人提到了："有没有非法集资这种情形的？"最近财富公司暴雷的比较多，钱滚不动了，资金链断了，故事编不下去了！出事是迟早的，这样的公司也有可能被转让，但刑事风险往往就在不远处等着。至于股东注入的借款，这是股东出资的一种方式，包括以债权形式注入公司，也可以通过注入资本金方式，在转让股权的时候，单独约定如何处理，也可以不单独约定。有一种是隐性的债务，有人称之为表外负债，比如对外担保、或有负债等，在股权转让的时候，这个责任要么隐藏了，要么就说出来让受让方承担，实务中业态比较复杂。

对于被转让公司来讲，已经明确的负债对公司价值及对转让价格是什么样的影响？

【例2-21】张三投资设立了一家地产经纪甲公司，前几年地产业红火的时候，买了一处地皮准备开发公寓从事租赁业务，当时从银行借了5 000万元，张三自己也作了担保，5 000万元已计入该公司的短期借款，期间正常归还银行贷款利息。2024年8月，张三拟转让该公司，有一上市公司拟收购后在该公司的土地上开发物流园区及从事仓储业务。同时双方找了一家正规的评估公司对甲公司进行估值，结合资产负债表，整体评估出来结果如表2-32所示。

表2-32　　　　　　　　甲公司评估结果　　　　　　　　单位：万元

类型	账面价值	评估价值	说明
资金	1 000	1 000	
无形资产——土地使用权	2 000	8 000	市价法结合年限进行的评估
银行贷款	5 000	5 000	即将于2024年10月31日到期
应付款项（合计）	1 000	1 000	包括利息、员工薪酬、税费等
实收资本	1 000	1 000	认缴已出资
累计收益	-4 000	—	—

其实张三本心是不想转让的，也想自己进行项目开发，但无奈自己的生意不大好，资金链出现问题了，要是10月无法及时偿还银行贷款，将面临自己担保兑现的问题，而且自己也没有这么大的资金可使用。我们再来看，这家公司的账面价值，总资产减总负债后为3 000万元，即其净价为3 000万元，累计亏损只是会计账上的数据，其实已通过增值得到了补偿。这里其实有一个"虚计价值"，如果这块土地对外转让的话，需要将税费暂估出来，这样算下来，很可能土地增值税、增值税等税费就比较多了，企业所得税因为有可弥补亏损，影响可控，如果受让方想卖地获利，是需要通过考虑自己收购股权的成本来权衡能不能获利的。但在计税主体独立性划分上，被转让公司是独立的纳税人，受让方的受让溢价不会下沉到该公司作为土地增值税税前可扣的成本，这也是前几年一些大地产公司收购小地产公司股权的时候所面临的土地增值税压力的问题所在。但有的老板就是认为，自己花的钱无论买的股权还是土地，都是成本，非要在项目开发收入中进行扣除处理，这就"秀才遇到兵"。回到本案例中，受让方并不想进行开发销售或转让，是拟长期持有并运营业务，所以对于上面考虑的模拟转让产生的税费预测，并不过度关注，而更多是关注未来十余年的物流业的发展趋势及可能带来的收益预测。

上面的基础资料我们已掌握了，依公允值来计算，公司价值3 000万元（9 000万元−6 000万元）并以此作为转让价格，税费由各方依法各自承担。但是，张三依然是怕公司转让后被转让公司还不起债务，最后还要先找担保人。于是张三与受让方在股权转让合同交易结算条款中约定受让方需代被转让公司偿还债务5 000万元，相应的担保义务通过民事约定均转由受让方履行，受让方需配合张三办理担保义务人的变更等（见图2-13）。看似合同约定得很清楚，但张三在办理股权变更时，却被税务机关经办人员指出问题来了（见表2-33）。

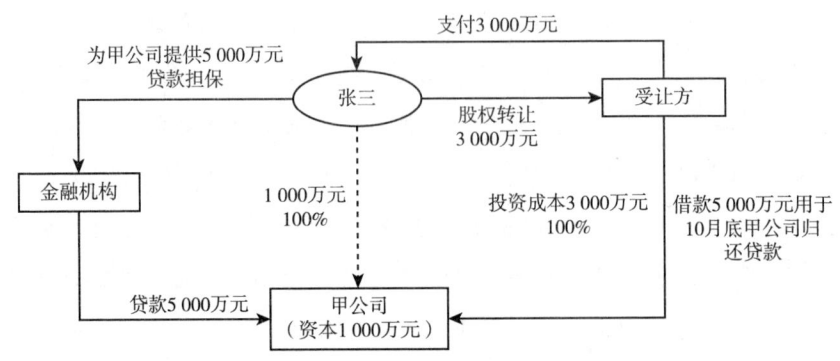

图2-13 股权转让架构

表2-33 股权变更存在的问题

问题	说明	备注
转让价格不是3 000万元	认为受让方承担的负债,即花的钱是8 000万元,这是受让方实实在在付的相关购款项,不管钱给谁	这里其实有点混淆主体间关系,受让方借的钱是给谁了,谁受益了
有评估报告不需要再行核定土地的价值	对土地公允价值,认可评估报告的金额公允	满足67号公告的涉税管理规定

张三想:"公司明明就值3 000万元,5 000万元也没有给我,就算我担保了吧,但不是还没有到强制来履行我的担保义务的时候吗?"笔者认为,张三的想法是合理的,也是可以认可的,奈何自己把合同签出"毛病"来了。笔者认为,为了减少混淆在一块的麻烦,可以考虑由被转让公司与受让方公司签订一份借款协议,张三来督促先完成自己担保的借款由甲公司完成归还。同时张三与受让方再签订公司转让协议,定价3 000万元,自己把自己的事情处理清晰了,再动手启动变更也不迟。

如果再要分析得透彻一些,可以进一步分析:

第一,如果张三没有担保义务,承笔者上面的分析,借款人、受益对象与张三没有关系,5 000万元算作张三转让收入不恰当。不过不排除张三有从甲公司取得资产,影响了银行贷款的偿还,影响张三独立性。但是,甲公司有土地使用权,还是比较值钱的,在这种情形下,其本身的偿债能力是有的。

第二，如例中，张三有担保义务，张三为了"解套"自己的担保责任，要求受让方替甲公司偿还即将到期的债务，这种关联性经济关系是可以理解的。但能不能就此认定张三因解除其担保义务得到了可计量的经济利益即转让收入呢？笔者曾参与过某地税务机关的一个类似案件的技术支持研讨，得到了司法机关的认可。一方面，如果被转让公司有偿还债务的能力，只是缺乏流动性，此时可以不需考虑张三的所得问题，因为没有这个利益的核心基础，受让方基于受让利益的预期，愿意以张三提的条件向被转让公司注资或借款，解决其资金问题，将来还是可以收回的。另一方面，如果被转让公司就是一个空壳，没有可计量的价值，此时如果还有意愿受让并替张三承担即将发生的担保责任，那么将该所得视为张三的"转让所得"，但这样似乎税法就没有遵守确定性与法定原则了，随交易的表现左右动摇，也存在一定的问题。在这种情形下，如被转让公司的价值接近0元，张三转让1元，依67号公告估计也能过得去"核定"的门槛，同时受让方又单独向被转让公司注资偿还债务，这在民事关系上是清楚的，形式上是独立的，不大会触发税收风险。笔者也曾接到某地风控部门人员的咨询，大致是涉及超低价转让公司股权，同时约定了股东的担保权解除的条款，作为交易对价的组成部分。此时可以考虑先看被转让公司的价值，从行政执法的角度，这是关键性的问题，所谓担保计税很可能是计算中的一个"误区"。就公司股权价值进行核定评估后，转让价公允，是可以"放行"的；但如果因为担保因素，调低了转让价，这是可以对转让标的的金额进行核定的。担保其实是一个或有事项，或有事项是不是必然发生并可计量，笔者认为还是须谨慎考虑。

对于承债式的交易，一是在民事关系的处理上，不要自己给自己"挖坑"，否则很容易误导税务人员，并极可能考虑将其划归收入，更何况还写在交易价款中，这更是"雪上加霜"了。还是要掌握一个核心问题，即这个公司本身值多少钱，同时合理评估转让方与被转让公司之间是否存在可计量的利益关系。退一步讲，如果张三替甲公司偿还了债务，履行了担保义务，张三是可以再向甲公司收回的，即使受让之后受让方未注入资金，张三可以继续向甲公司进行追偿，甚至可要求给付利息补偿。从受让方与被转让公司两个主体之间的经济关系进一步考虑，如果受让方将相关借款计为投资成本，将来也是可以操作的，作为其追加投资成本考虑，这个逻辑才通。国家的税款并没有流失，是平衡的。所以说将借款直接作为交易对价计入转让收入的逻辑还是不完善的，实务中还需要结合事实、证据及交易方的主观表达来综合考虑。

【例2-22】承上例，甲公司为张三的另一家公司（乙公司）提供了担保，担保金额3 000万元。张三拟转让甲公司100%股权，在转让条款中约定受让方需履行其担保义务（乙公司无力偿还银行贷款3 000万元），且明确甲公司不得再向乙公司追偿所担保的款项。

分析：在这里其实已比较确定，受让方必须愿意完成甲公司为乙公司提供的担保，张三本身是间接获得了此收益，即乙公司不需要偿还的债务将转入营业外收入作为利得计缴企业所得税。另外，既然甲公司不能追偿乙公司的被担保需要承担的偿还义务，其应收款项相当于损失了，但款项是受让方来决定并提供的，那么受让方需要将这笔款项视为对甲公司的借款或入资，一般是借款处理，受让方将来能不能收回就可能另说了。在本案例中，受让方是直接将款项支付给了乙公司，没有通过甲公司过账，此时可以认为在交易对价中，受让方确实支付了该款项，即替转让方的关联方承担了债务，乙公司为了不转入所得计税，也可以记入应付张三的款项，张三将包括此偿还部分的金额作为转让收入计税，这样是比较合理与顺畅的。反而将款项打入甲公司，甲公司向乙公司履行担保义务，再放弃追讨款项，涉及不同法人主体的独立性问题，就更复杂了。于张三来说，既然以"担保"的名义收了款，替张三完成了款项的"转支付"，视为转让价格的一部分，是更为真实的处理。

鉴于被转让公司的往来款项可能形成对价的组成部分，引起不必要的争议,让转让人或受让方产生纳税沟通成本,所以可以考虑在转让前将彼此有利益关系的往来清理干净。

比如,转让方有借款给被投资公司使用,在转让股权时,可以先将债权转移给受让方,受让方直接拥有被转让公司的债权,再安排收购股权事宜。不过有时这种安排并不一定是出于税收规划目的,而是基于民事关系的协调处理。对于应付款项,也是一样,受让方可以先替被转让公司偿还,并形成对被转让公司的债权。这种债权与债务的清理,有时确实会避开一些税收上的计税争议。

总之,承债式转让如何计税,很难用一句话说清,现实当中确实有发生此类争议,且最终也确有将借款算到了转让收入中的案例报道,这有可能是"被冤枉"的。

但我们也要考虑一个不同的交易情形,转让公司股权与转让公司所有的资产、负债情形的不同,比如约定转让日前的债权、债务受让方都不要,就要公司的核心资产,这种情形在商业中也是存在的。税务总局曾有过一个类似的批复文件,笔者发现在现实当中还是可以借鉴使用的。

国家税务总局关于股权转让收入征收个人所得税问题的批复

国税函〔2007〕244号

广东省地方税务局:

你局《关于个人所得税财产转让所得中的转让股权的认定问题的请示》(粤地税发〔2006〕187号)收悉。经研究,批复如下:

一、你省某温泉公司原全体股东,通过签订股权转让协议,以转让公司全部资产方式将股权转让给新股东,协议约定时间以前的债权债务由原股东负责,协议约定时间以后的债权债务由新股东负责。根据《中华人民共和国个人所得税法》及其实施条例的规定,原股东取得股权转让所得,应按"财产转让所得"项目征收个人所得税。

二、应纳税所得额的计算

（一）对于原股东取得转让收入后，根据持股比例先清收债权、归还债务后，再对每个股东进行分配的，应纳税所得额的计算公式为：

应纳税所得额=（原股东股权转让总收入−原股东承担的债务总额+原股东所收回的债权总额−注册资本额−股权转让过程中的有关税费）×原股东持股比例。

其中，原股东承担的债务不包括应付未付股东的利润（下同）。

（二）对于原股东取得转让收入后，根据持股比例对股权转让收入、债权债务进行分配的，应纳税所得额的计算公式为：应纳税所得额=原股东分配取得股权转让收入+原股东清收公司债权收入−原股东承担公司债务支出−原股东向公司投资成本。

国家税务总局

二〇〇七年二月二十八日

承上文，如果个人分得了被转让公司相应的债务并需要去偿还的，是可以从转让收入中扣减的。其实这个逻辑也好理解，因为剔除债务之后，被转让公司的价值提升了。不过如上例甲公司向乙公司提供担保的情形，就可能存在争议。主要是因为这个担保义务是或有的，不是确定的，即使是确定要履行了，但又可以在履行后向乙公司进行追偿，所以它又可以形成新的债权，而如果该债权收不回来，就是另外一回事了，并不能直接从转让收入中扣减，我们要从确定的经营关系中找到解决路径。

在实务中，还有一种可能的"债"，比如张三转让甲公司股权，甲公司有未分配利润100万元，但张三为了降低净资额，将该100万元转入"应付股利"下，并认为没有发放也不用缴纳个税，等以后受让方再安排将此款项支付。这其实是一个缓兵之计，如果张三要取得100万元分红，仍是需计缴20%的个人所得税的，除非不想要这笔钱。而如果将张三换成一家持股公司，此时应付股利的取得是享受所得税免税待遇的，此时转让价格是不是可扣除100万元后并入转让公司的所得呢？如此操作，笔者认为一定要完善好相应的资料与凭据，比如分红决议、会计处理分录、转让方公司计入应收股息申报等，如果处理上有瑕疵，很可能被税务机关认为这是形式拆分收入，基础不牢靠，就容易被突破。

思考与处理承债式转让，不宜钻牛角尖，且须尊重交易事实，所谓的税收规则的套用、理解与判断，需结合收益、国家税款的保障等方面进行考虑。

2.4.14 对公司估值的新理解

股东投资公司时，可以粗略地认为是向公司投入货币资产或实物资产，但有时候，当公司在经济红利期或技术发展期，股东的无形资产可能比现金出资更被看好。比如前几年，笔者曾接触一家餐饮创业公司，即使公司没有正式投入经营，但投资人很认可创始人团队的产品创意与理念，于是数家风投对公司进行估值后增资入股注入投资资金。这时的估值价值是基于对未来的预期，并非当下公司的资产、利润等数据，主要在于创始人团队的"无形价值"，该无形价值又难以记录在公司账册上，不属于会计上资产的核算范围，但它又实实在在存在于经济活动当中。如果风投基金以估值收购这家公司，管理人团队"出局"，那么这家公司很可能"一文不值"。所以，对一家公司估值，并非简单地套用资产评估的方法（如市场法、成本法与收益法等），而是要考虑很多的影响因素。不过，这种考虑公司管理团队"无形价值"的投资，也是极具风险的，一是团队的稳定性，二是从理论到现实的转化能力等，都具有不确定性。

【例2-23】张三是一个归国创业青年，在美国一直从事AI方面的研究，之前的履历也不错，曾在头部IT公司工作过。归国后在北京成立了一家AI新技术公司，该公司引起了国内投资机构的关注，纷纷拜访交流投资事宜，张三也希望有资金引入。在做公司估值的时候，并没有市盈率的数据，因此直接按天使轮进行的估值，"拍脑袋"定的估值金额是5 000万元，并投入1 000万元风险基金，从而让公司有了很好的启动资金。

分析：对于这类天使投资，更多像押宝，看人式押宝型投资，说不定有一个成功了呢。笔者在2015年以后发现较多这样的风险投资，不过成功确实很难，在红利期，资金流动性好的时候，钱像用不完似的。但在紧缩、经济调整期，我们会发现，风险投资越来越少了，大家更多是希望有一些稳健性的投资。但是在上例中，张三并不是自己转让股权拿走现金，而是将自己的劳动投入公司，风险基金也是将资金投入公司，张三并不是来挣这1 000万元的，而是有更大的期望。但有的风险基金会让创业人签订回购协议，从而保障自己的利益，比如大家熟悉的网红罗某某，其与一位投资之间的争议，也是说明了风险与收益的合作结果并不一定那么完美。

中国裁判文书网中《郭某、于某远、杭州科发创业投资合伙企业合同纠纷二审民事判决书》[（2019）浙01民终10260号]中有这样的描述内容（摘要）：

一审法院认定事实：雷龙公司（注册资本100万元，实收资本100万元）原法定代表人为郎某，郭某为股东（43万元）并担任监事一职，于某远为公司股东（45万元）。2013年12月18日，科发创投以投资1 300万元入股雷龙公司，其中11.1111万元作为注册资本，剩余1 288.8889万元计入资本公积，占注册资本的10%。同时，科发创投（甲方）与雷龙公司（乙方）、杭州雷联科技有限公司（丁方）及于某远、郭某（丙方）签订《杭州雷龙网络技术有限公司股权投资协议》，约定甲方完成本次投资后，在乙方董事会拥有一名具有投票权的董事席位，公司的财务总监或财务负责人由甲方推荐后，由乙方聘用。各方同意，在条件成熟的情况下，争取在2017年实现公司在国内外证券市场申报上市，各方承诺，在获得甲方出资款后，公司在上市前原则上不进行现金分红，确需分红的，须经股东会一致同意，本协议签订后，非经协议各方达成一致意见不得变更。同日科发创投（甲方）与雷龙公司（乙方）、杭州雷联科技有限公司（丁方）及于某远、郭某（丙方）签订《杭州雷龙网络技术有限公司股权投资补充协议》，表明该补充协议与2013年12月18日签署的《杭州雷龙网络技术有限公司股权投资协议》一起组成不可分割的整体，协议约定：限售权丙方同意在甲方未退出前（上市除外），未经甲方书面同意，不得转让所持有的公司股权，但是甲方同意，在甲方投资后4个月内，允许丙方对外转让不超过公司14%的股权，且转让价格原则上不低于本次融资时公司估值，同等条件下，甲方对丙方所转让的股份拥有优先购买权；同时约定，如果发生如下任何一种情况，甲方有权（并非义务）要求丙方回购甲方所持有的公司股份，若甲方行使回购权，在甲方发出书面通知后，丙方应在二十个工作日内，与甲方签订相关回购合同，回购款应在甲方提出要求之日起两个月内支付给甲方，逾期未支付相应款项的，丙方应当按照应付而未付的款项的每日千分之一金额支付逾期付款违约金，直至股权回购款全部支付完毕之日。2014年1月17日，雷龙公司办理工商变更手续，法定代表人变更为于某远，注册资本为111.1111万元，实收资本111.1111万元，增加科发创投为股东（11.1111万元），郭某为董事兼总经理等等。2014年3月5日，甲方（于某远、郭某）、乙方（科发创投）、丙方（雷龙公司）、丁方（杭州雷联科技有限公司、张某）签订《关于杭州雷龙网络技术有限公司股权转让协议》，约定于某远将其持有的公司7.5%股权转让给乙方，郭某将其持有的公司2.5%股权转让给乙方，乙方同意受让上述合计10%股权。同日甲方（于某远、郭某）、乙方（科发创投）、丙方（雷龙公司）、丁方（杭州雷联科技有限公司、张某）又签订《关于杭州雷龙网络技术有限公司股权投资及转让补充协议（二）》，约定本协议与前述三份协议一起组成不可分割的整体，共同产生法律效力；若本补充协议与前述三份协议在内容表达上不一致的，则以本补充协议的约定为准，该协议约定，于某远、郭某对公司业绩的承诺目标2014年丙方实现税后净利润2 000万元，乙方承诺若丙方2014年度实际净利润超过2 000

万元的，乙方将其所持丙方6%股权（对应6.6667万元出资额）以估值调整或奖励等各种方式（根据公司届时聘请的券商、会计师、律师的建议并有利于各方利益的原则确定）给以总经理为主的经营团队。同时又约定：如果发生如下任何一种情况，乙方有权（并非义务）要求于某远、郭某回购乙方所持有的全部公司股份：（a）公司2014年度实际净利润低于本补充协议1.1条所述承诺目标60%的；（b）公司在2017年12月31日前未能成功上市，或者上市存在实质性障碍而无法上市，回购价格为A、B值之间的熟高者：A＝2 600万元＋乙方对丙方所持比例×本次股权转让完成后的公司累计净利润－累计分红；B＝2 600万元×（1＋n×10%）－累计分红（其中：n＝投资年数，投资年数按照乙方实际投资天数除以365计算）。2015年10月19日，雷龙公司工商登记变为：股东于某远76.8889万元，科发创投22.2222万元，于某远为董事长兼总经理等等。另查明：科发创投分别于2013年12月24日及2014年3月12日向雷龙公司账户付款1 300万元。庭审中，于某远、郭某确认已各自收到科发创投通过雷龙公司转付的股权转让款，且三方均确认期间雷龙公司未分红，且雷龙公司至今未能上市。再查明：郭某抗辩其转让股权与于某远，科发创投负责人陈某峰曾表态郭某不承担对赌责任，并申请证人邬某出庭证明，科发创投当庭表示陈某峰从未有该意思表示。

一审法院认为：《杭州雷龙网络技术有限公司股权投资协议》《杭州雷龙网络技术有限公司股权投资补充协议》《关于杭州雷龙网络技术有限公司股权转让协议》及《关于杭州雷龙网络技术有限公司股权投资及转让补充协议（二）》系签约方当事人的真实意思表示，并无违反国家强制性规定，该四份协议合法有效。协议签订后，科发创投按约履行2 600万元的付款义务。根据约定如果雷龙公司在2017年12月31日前未能成功上市，或者上市存在实质性障碍而无法上市，科发创投有权（并非义务）要求于某远、郭某回购乙方所持有的全部公司股份，现因雷龙公司未能成功上市，科发创投要求责任人承担对赌责任，履行回购义务的条件成就。本案争议的主要焦点为郭某是否承担对赌责任。1.郭某认为科发创投签订的"对赌协议"的对象应为公司的实际控制人；实践中所称是"对赌协议"，是指在股权性融资协议中包含了股权回购或者现金补偿等对未来不确定因素事项进行交易的协议，从签约主体的角度看，有投资方与目标公司的股东或者实际控制人"对赌"，投资方与目标公司"对赌"，投资方与目标公司的股东和目标公司"对赌"等形式。审理中，科发创投明确涉案"对赌协议"的签订是基于于某远、郭某为股东身份，郭某基于对协议内容的推测及案例的总结，认为"对赌协议"的对象即为公司的实际控制人缺乏事实和法律依据，该抗辩意见不予采信。2.郭建将股权转让他人后，即非公司股东是否仍承担对赌责任？该院认为"对赌协议"是国外引进的概念，是投资协议的核心组成部分，既是投资方利益的保护伞，又对融资方起着一定的激励作用，实质上是一种期权的作用。本案于某远、郭某作为目标公司的原股东自愿签订"对赌协议"，当投资方入股目标公司后，目标公司原股东可以仍是股东，也可以不是，故本案"对赌协议"回购条件成就时，郭某作为合同一方当事人并非因其不是公司股东而免去回购义务。3.科发创投同意郭某持有的公司股权转让给于某远，是否豁免被告郭某的回购义务？该院认为涉案协议均为多方共同签订，并非涉案三方签订。根据合同法要求，双方当事人协商一致，可以变更合同，债务人将合同的义务全部或者部分转移给第三人的，应当经债权人同意。涉案合同规定如果雷龙公司在2017年12月31日前未能成功上市，或者上市存在实质性障碍而无法上市，科发创投有权（并非义务）要求于某远、郭某回购乙方所持有的全部公司股份。现郭某既未提供充分证据证明科发创投的代表豁免其回购义务，也未提交证据证明于某远受让郭某股份后，自愿承担郭某的回购义务，更未提供合同签约方均同意变更回购义务人的意思表示。综上，该院认为当回购条件成就后，科发创投要求于某远、郭某根据协议内容，承担回购责任理由正当，其诉请予以支持。于某远、郭某履行回购义务后，科发创投应配合于某远、郭某办理股权变更手续。故根据《中华人民共和国合同法》第六十条、第七十七条、第八十四条及《中华人民共和国民事诉讼法》第六十四条之规定，该院于2019年11月5日作出如下判决：于某远、郭某于判决生效之日起10日内支付杭州科发创业投资合伙企业（有限合伙）股权回购款38 294 794.5元，并自2018年12月4日起以26 000 000元为基数，按年利率10%支付股权回购款至付清之日。如果于某远、郭某未按判决指定的期间履行给付金钱义务，应当依照《中华人民共和国民事诉讼法》第二百五十三条之规定，加倍支付迟延履行期间的债务利息。案件受理费233 274元，财产保全费5 000元，由于某远、郭某负担。

二审期间，各方当事人均未向本院提交新的证据。

本院经审理查明的事实与原审法院认定的事实一致。

本院认为，本案中，郭某主张其已非雷龙公司的实际控制人，故不应当承担股权回购义务。但根据案涉书面协议的约定，当事人在合同中一再明确了回购义务人为于某远、郭某，并未约定任何关于协议条款仅约束回购义务发生时的实际控制人的合同条款。且根据合同的相对性原则，若实际控制人发生变更，不能排除变更为并非协议签订主体的其他人的可能性，而案涉协议显然无法约束并非合同相对方的其他人，郭某的主张显然并非签约主体当时的真实意思表示。故郭某的该项主张，因缺乏事实与法律依据，本院无法采信。现案涉协议约定的回购条件已经成就，而未有证据表明科发创投已明确豁免郭某的回购义务，科发创投有权要求于某远、郭某依约履行其回购义务。另，经审查，科发创投在原审中仅仅将前两项诉讼请求进行了合并，并未实质性变更诉讼请求，原审法院审理程序并无不当，于某远对此所提上诉异议不能成立。综上，原审法院认定事实清楚，适用法律正确，审理程序合法。郭某、于某远的上诉理由均依据不足，本院均不予支持。依照《中华人民共和国民事诉讼法》第一百七十条第一款第（一）项之规定，判决如下：

驳回上诉，维持原判。

二审案件受理费466 548元，由郭某负担233 274元，由于某远负担233 274元。

本判决为终审判决。

类似的司法判例如《范某军与瑞可特医疗科技（北京）有限公司等合同纠纷二审民事判决书》[（2022）京03民终15417号]中摘要如下：

投资方与目标公司订立的"对赌协议"在不存在法定无效事由的情况下，目标公司仅以存在股权回购或者金钱补偿约定为由，主张"对赌协议"无效的，人民法院不予支持。投资人请求目标公司承担金钱补偿义务的，经审查目标公司没有利润或者虽有利润但不足以补偿投资方的，人民法院应当驳回或者部分支持其诉讼请求，今后目标公司有利润时，投资方还可以依据该事实另行提起诉讼。本案中，根据在案证据以及陈述意见可知，瑞可特公司现没有利润，故一审法院未予支持瑞可特公司返还投资本金及支付收益，并无不当。根据《投资合同书》约定，对赌条件触发时，原股东向中宏公司返还投资本金并支付收益。根据合同约定，范某军按年化10%的年化收益归还中宏公司投资本金及收益，于法有据，本院予以支持。范某军以其离职解除劳动合同为由，主张不予承担上述合同约定的义务及责任，缺乏依据，本院不予支持。

笔者认为，创业人对公司的估值要有清醒的认识，所谓的估值在公司没有业绩支撑、没有在资本市场得到认可的情形下，往往只是数字而不是真实的已实现的财富。再者说，在对外签订"对赌协议"时，要充分评估团队的稳定性，及因特殊原因职务、股东身份发生变化时，不能天真地认为事情就与自己无关了，毕竟白纸黑字，合同中已"签字画押"了，有法律意识，特别是法律保护意识是很关键的。

在《上海中汇金玖四期股权投资基金管理合伙企业与上海互捷企业管理咨询合伙企业、上海城客投资管理有限公司等股权转让纠纷一审民事判决

书》[(2020)沪0117民初9687号]有一段话令笔者深有感触:

> 本院另需指出,"对赌协议"是柄双刃剑,一方面,风险投资、私募投资行业中存在滥用的情形。实践中,"对赌协议"已常丧失其解决信息不对称、产生正向激励机制的作用,而沦为投资人规避、转嫁风险的工具。另一方面,许多企业的主要发起股东、创始人对此警惕不足,过分自信,导致"对赌"失败,给自身背上沉重负担,也给上升期的企业发展带来障碍,进而可能对全社会创业积极性产生不利影响。本院向创业者致以最良好的祝愿,向投资人发出最仗义的倡导。但商海非童话世界,商行为显著区别于日常民事活动在于营利性,俗语云,"慈不带兵,义不养财",创业者寄希望于投资人高尚的道德情操,显然是不够理性的,而法律作为道德底线,难以对商主体设定过高的道德要求。人民法院可以通过裁判,引导商行为、营造好的营商环境,亦难以从根本上改变商业规则。回归本案,本院无理由否定系争《协议书》效力,惟辨法析理,酌情适当调整协议的履行,以期公平。

对于公司的估值,价值得到回报的前提是取得现金对价,或增发的股票(不是股权),股票有一定的流动性与预期较大的溢价空间,比较容易变现。但若为了高估值与收购对价,绑定了公司的利润目标,在充满风险的市场波涛中,是有着很大的变数的。

回到估值的技术层面,目前对于一个公司的价值评估,可能不同的评估公司会测出不同的结果,因为本身就没有标准答案。基于未来收益预期进行的价值评估,本身就是推测出来的,有太多的变数了,而如果用市场法,又很难找到对标物;用成本法,更评估不出作为一个公司的整体的"商誉价值"了。但笔者也曾遇到这样的估价方式,比如某餐饮公司做得还不错,有一家上市公司拟进行收购,于是找到市场上市餐饮公司的样本,以股票总市值除以收入,折算出来一个比例,并就被收购餐饮公司的收入乘以该比例,从而估出一个"价值"。

2.4.15 "对赌"收购、融资等方式下股东的纳税义务问题

"对赌"这一投资或交易模式本身是"一个愿打、一个愿挨"的事,而且当前的司法判例中,是认可这种约定效力的,只是在实施方式上需要多加重视,比如对被投资的公司需要综合判断由其来履行对赌失败义务时需要受到相应的限制,不致损害其他股东或债权人的利益,所以更倾向于由股东来承担与履行相应的责任,这是从公司法人财产独立性与保护债权利益的角度考虑的,而对于接受投资方的股东,如果签订了对赌的承诺协议,则需要承担相应的民事责任。

目前涉及对赌的方式多种多样,有代表性的是如表2-34所示的两种:

表2-34　　　　　　　　　代表性对赌方式

形式	说明	涉税争议
对赌上市	以能否上市作为对赌的条件	这对投资的估值没有直接的影响,现实当中很难作为交易对价的条件
对赌业绩	如上市公司从股东手中收购其持股公司的股权,一般通过增发股票加现金对价的方式,同时约定未来如三年的业务完成指标,这些指标是多样化的,比较重要的是利润指标,这样会给收购方并表带来比较好的效果,还有的互联网公司有附加的用户数量增长情形等,如果完不成需要退款或对方以名义价回购股票并对股票进行注销等处理	税务处理上的争议主要在于认为是一次交易的调整,还是独立的两次交易,实践当中有认为是一个交易,即先计收入多缴了税,后面涉及收入减少的给予退税;还有的是两次交易论,即不给退税处理

近年来,关于对赌业务的涉诉争议、仲裁案件比较多,如约定完成对赌义务的一方,认为遇到疫情等特殊情形没有完成对赌是客观原因,这其中的利益纠缠比较复杂,但多数还是充分保护了所约定的对赌权利与义务。

在税收实践当中,笔者观察发现,有个别案例中税务机关给予了退税,而有的不给予退税处理。新近中国裁判文书网上的一则法院判例,极具代表意义,是少有诉讼案例:

王某与国家税务总局上海市税务局等不予退税决定及行政复议决定二审行政判决书

上海市第三中级人民法院

行政判决书

（2024）沪03行终133号

上诉人（原审原告）王某1，男，1987年4月19日出生，汉族，住所地北京市朝阳区。

委托代理人寇某，某某律师事务所1律师。

被上诉人（原审被告）国家税务总局上海市青浦区税务局，住所地上海市青浦区。

法定代表人徐某，国家税务总局上海市青浦区税务局局长。

出庭应诉行政机关负责人王某2，国家税务总局上海市青浦区税务局副局长。

委托代理人鲁某，国家税务总局上海市青浦区税务局工作人员。

委托代理人丁某，某某律师事务所2律师。

被上诉人（原审被告）国家税务总局上海市税务局，住所地上海市徐汇区。

法定代表人程某，国家税务总局上海市税务局局长。

委托代理人王某3，国家税务总局上海市税务局工作人员。

委托代理人龚某，国家税务总局上海市税务局工作人员。

上诉人王某1因诉被上诉人国家税务总局上海市青浦区税务局（以下简称青浦税务局）不予退税决定及被上诉人国家税务总局上海市税务局（以下简称市税务局）行政复议决定一案，不服上海铁路运输法院（2023）沪7101行初518号判决，向本院提起上诉。本院于2024年2月23日受理后，依法组成合议庭，于2024年4月11日召开庭前会议，并于2024年6月3日公开开庭进行了审理。上诉人王某1的委托代理人寇某，被上诉人青浦税务局出庭应诉负责人王某2及委托代理人鲁某、丁某，被上诉人市税务局的委托代理人王某3、龚某均到庭参加诉讼。各方当事人曾同意本院主持调解，但因各方调解方案差距过大，本案调解未成。本案现已审理终结。

原审查明，2015年12月至2016年6月，案外人某某有限公司（以下简称"某某公司"）与王某1、案外人袁某某签订《发行股份及支付现金购买资产的协议》（以下简称《购买资产协议》）、《发行股份及支付现金购买资产的利润预测补偿协议》（以下简称《利润预测补偿协议》）、补充协议等，约定某某公司1（以下简称"某某公司1"）资产评估基准日为2015年12月31日。某某公司以交易对价115 000万元购买王某1、袁某某各持股50%的某某公司1股权，支付方式为支付现金及发行股份。王某1出让某某公司1股权的现金对价为25 000万元，股票对价为32 500万元。王某1、袁某某承诺某某公司1在2016—2019年度净利润目标分别不低于一定金额。若某某公司1未达到承诺净利润数，王某1、袁某某须按照协议约定进行补偿。2016年9月8日，王某1收到某某公司的现金对价25 000万元。某某公司另向王某1定向发行16 598 569股股票。2016年9月12日，上述股票预登记至王某1名下。同月26日，上述股票最终登记到账，王某1正式列入某某公司股东名册。2018年4月25日，某某公司实施2017年度权益分派方案"每10股转增10股"，王某1持有股票变为33 197 138股。2017年3月，王某1由某某公司1作为代某就现金对价款缴纳个人所得税5 000万元。青浦税务局稽查局于2017年9月13日至2017年11月1日对王某1于2015年1月1日至2017年5月31日期间的纳税情况进行了检查，后作出沪地税青稽处（××××）××号《税务处理决定书》（以下简称"2018税务处理决定"），责令王某1补缴个人所得税6 400万元，告知王某1可自上述款项缴清或者提供相应担保被税务机关确认之日起六十日内依法向青浦税务局申请行政复议。王某1实际于2017年11月15日针对前述股票对价部分补缴个人所得税6 400万元，王某1未就2018税务处理决定提起行政复议。

因某某公司1在2018年度、2019年度净利润未达标，某某公司发布关于回购某某公司1未完成业绩承诺对应补偿股份的公告，2018年度王某1补偿20 730 949股股份，2019年度王某1补偿6 717 799股。2021年3月8日，某某公司发布关于重大资产重组项目涉及补偿股份部分注销完成的公告，已完成2018年度王某1及袁某某业绩补偿股份的回购注销手续。2021年12月17日，某某公司发布关于某某公司1业绩承诺应补偿股票回购注销事项的进展公告，王某1向某某公司补偿的6 717 799股股份已于2021年3月4日注销。

2022年10月11日，王某1认为其股权转让交易多申报和缴纳个人所得税53 744 652.18元，向青浦税务局申请退还。青浦税务局于同日受理，经审查于同年11月8日作出沪青税税通〔2022〕1990××号《税务事项通知书》（以下简称"被诉不予退税决定"），认为王某1不符合误收多缴税款应退税情形，决定不予退税，并向王某1送达。王某1不服，向市税务局申请行政复议。市税务局于2023年1月8日受理，并向王某1、青浦税务局分别送达受理通知书、提出答复通知书。同月19日，青浦税务局提交行政复议答复书及相关证据材料。2023年2月22日，市税务局作出延期审理通知书，决定延长复议审理期限30日，并向王某1、青浦税务局送达。期间王某1提出阅卷申请，市税务局于2023年3月1日收到，联系王某1确认阅卷时间，约定的阅卷当日王某1告知市税务局取消阅卷。2023年3月16日，市税务局作出沪税复决字〔××××〕×号《税务行政复议决定书》（以下简称"被诉复议决定"），维持被诉不予退税决定，并向王某1、青浦税务局送达。王某1仍不服，诉至原审法院，请求撤销被诉不予退税决定和被诉复议决定。

原审认为，根据《中华人民共和国税收征收管理法》（以下简称《税收征管法》）第五条第一款、《中华人民共和国行政复议法》（以下简称《行政复议法》）第十二条第二款之规定，青浦税务局与市税务局分别具有作出被诉不予退税决定及被诉复议决定的法定职权。青浦税务局于2022年10月11日受理王某1提出的退税申请，经审查后于同年11月8日作出被诉不予退税决定并向王某1送达，程序符合《中华人民共和国税收征收管理法实施细则》(以下简称《税收征管法实施细则》)等相关规定,王某1对此亦不持异议。本案的争议焦点在于,王某1以对赌失败补偿股份导致股权转让所得利益减少为由申请退税,青浦税务局作出被诉不予退税决定认定事实是否清楚、适用法律是否正确。对此,原审认为,王某1是否符合超过应纳税额予以退税的情形,可从股权交易应税事实判断、利润补偿是否影响应税金额确定、退税申请期限计算等三方面进行审查。

第一,关于案涉交易应税事实的判断。根据当时有效的《中华人民共和国个人所得税法》(2011年修正,以下简称《个人所得税法》)第二条第(九)项规定,财产转让所得应当缴纳个人所得税。该法第六条第一款第(五)项规定,财产转让所得,以转让财产的收入额减除财产原值和合理费用后的余额,为应纳税所得额。根据当时有效的《中华人民共和国个人所得税法实施条例》(2011年修订)(以下简称《个税法实施条例》)第八条第一款第(九)项规定,财产转让所得,是指个人转让有价证券、股权、建筑物、土地使用权、机器设备、车船以及其他财产取得的所得。该条例第十条规定,个人所得的形式,包括现金、实物、有价证券和其他形式的经济利益。根据上述规定,个人转让股权份额应以财产转让所得为基准缴纳个人所得税,股权转让即构成征收个人所得税的应税事实。王某1向某某公司转让其所持有的某某公司150%股权,某某公司向王某1分别支付现金对价25 000万元、股票对价32 500万元,故本次交易符合股权转让应缴纳个人所得税的情形,应税事实明确。王某1认为,针对该应税事实,其所缴纳的税款属于预缴性质,缺乏依据。

第二,王某1因利润未达预期约定向某某公司补偿股份是否影响应税金额确定。根据《个人所得税法》《个人所得税法实施条例》有关应税事实的规定,发生股权转让属于应缴纳个人所得税的情形,纳税人在收到转让收入后根据所得额、税率等向税务机关缴纳税款。股权转让收入已确定并据此缴纳个人所得税后发生股权变动的,与此前的股权转让不属于税收征管上的同一法律关系,构成新的应税事实,符合纳税条件的,应就新的股权变动缴纳税款。某某公司支付给王某1的股票对价于2016年9月12日完成预登记,并于同月26日完成登记,王某1成为某某公司的股东,于2017年11月15日缴纳股票对价部分的个人所得税。后因某某公司1在2018年度、2019年度净利润未达标,某某公司回购并注销王某1所持有的股份,该情形并未改变应税事实确定,系发生了新的行政法律关系,王某1主张应按一次交易来确定应税事实和纳税金额,无法成立。王某1提出的国家税务总局公告2014年第67号《股权转让所得个人所得税管理办法(试行)》(以下简称"2014年67号文")第九条规定系对股权转让收入范围的界定,王某1以对赌失败为由要求进行退税,不属于上述规定的调整范围。

第三,王某1的退税申请是否超过三年期限。根据《税收征管法》第五十一条规定,纳税人自结算缴纳税款之日起三年内发现的,可以向税务机关要求退还多缴的税款并加算银行同期存款利息,税务机关及时查实后应当立即退还。王某1于2017年11月15日缴纳股票对价个人所得税6 400万元,于2022年向税务机关申请退税,已然超过了上述纳税人可以申请退税的期限。王某1主张应从2021年最后一次补偿某某公司股份的时间开始计算申请期限,不符合上述规定。

综上,青浦税务局经审查后,在目前尚无明确法律规定案涉情形应予退税的情况下,依据《税收征管法》第五十一条、《税收征管法实施细则》第七十八条、第七十九条之规定作出被诉不予退税决定,认定事实清楚、适用法律正确。市税务局收到王某1的复议申请后,于法定延长期限内作出被诉复议决定,维持被诉不予退税决定,认定事实清楚、适用法律正确、程序合法。王某1的诉讼请求缺乏事实根据及法律依据,法院无法支持。据此,依照《中华人民共和国行政诉讼法》第六十九条、第七十九条规定,原审法院于2024年1月2日判决驳回王某1的诉讼请求,案件受理费人民币50元由王某1负担。判决后,王某1不服,上诉至本院。

上诉人王某1上诉称:第一,一审法院法律适用错误,一审法院依据的《税收征管法》第五十一条和《税收征管法实施细则》第七十八条、第七十九条系关于退税的程序性规定，不是退税的实体依据。本案中，上诉人申请退税的实体依据是2014年67号文第九条。另外，根据《国家税务总局关于纳税人收回转让的股权征收个人所得税问题的批复》（国税函〔2005〕130号）（以下简称"130号批复"），如股权转让合同未履行完毕，则股权转让行为没有完成，收入也未完全实现，不应缴纳个人所得税。第二，一审法院事实认定错误，某某公司的股份回购行为是对股权转让交易对价的调整行为，并非单独的交易行为。税法法律评价应建立在民事法律评价的基础上，对赌协议的合法性已经在民事法律评价中获得确认。税务机关征税应当充分尊重交易本身的民事安排，本案不具备否定民商事交易的基础。本案中，对赌失败导致退回的股份应当从已经申报的股权转让收入中扣除，相应的，已经缴纳的个人所得税也应当退还。一审法院认为某某公司回购股份，系发生了新的行政法律关系，属于认定错误；且一审判决认定某某公司以1元每股的价格回购，构成明显的事实认定错误。第三，上诉人申请退税未超过三年。2018年税务处理决定没有要求上诉人王某1缴纳滞纳金，说明王某1无论就现金对价部分缴纳的个人所得税还是股票对价部分缴纳的个人所得税，都属于预缴性质，税款结算时点应该是王某1最后一次股份补偿给某某公司的6 717 799股份在某某公司2完成注销的时点，即2021年3月4日。故王某1于2022年10月申请退税，并没有超过《税收征管法》规定的三年期限。此外，本案如不予退税，涉案股权交易的实际税率高达37.84%，属于暴力征税行为。综上，原审法院认定事实错误，适用法律不当，故上诉人请求撤销原审判决，改判支持其原审诉求。

被上诉人青浦税务局辩称：第一，2014年67号文的第九条，仅针对后续的收入，无法推出后续亏损应当退税的结论，上诉人王某1主张的退税依据是不存在的。第二，上诉人转让某某公司1股权，获得某某公司的股份，某某公司股份登记至上诉人名下时，上诉人即完成了与个人所得税纳税义务所对应的股权转让交易，我国税法上对对赌协议的税务处理没有特别安排，针对本案股权转让交易情形，最新的规定是财政部、国家税务总局的财税〔2015〕41号《关于个人非货币性资产投资有关个人所得税政策的通知》（以下简称"财税〔2015〕41号文"）。第三，上诉人之前缴纳的合计11 400万元的个人所得税税款不属于预缴性质。税法上规定的"预缴"需由法律明确规定，目前《个人所得税法》中明确存在预缴加汇算方式缴纳税款的应税所得项目，仅包括针对居民个人的综合所得及个人的经营所得。综上，青浦税务局作出被诉不予退税决定，主体合法、程序正当、适用法律正确，认定事实清楚，并无不当。请求法院驳回上诉，维持原判。

被上诉人市税务局辩称，市税务局依据《行政复议法》（2017年修正）《税务行政复议规则》等规定，依法履职，程序合法正当，认定事实清楚，适用法律正确，上诉人诉讼请求缺乏事实根据和法律依据，请求法院驳回上诉，维持原判。

经审理查明，原审判决认定基本事实清楚，本院依法予以确认。

本院另查明，2015年12月18日，案外人某某公司作为甲方与王某1、案外人袁某某作为乙方签订《购买资产协议》。关于标的资产作价部分，双方同意，标的资产交易价格不超过115 000万元，交易价格以《资产评估报告》的评估结果为依据，由双方协商确定。在最终交易价格确定后，签署补充协议明确交易价格并同时签署《业绩承诺补偿协议》，约定乙方对某某公司1在2016年、2017年、2018年的经营业绩承诺及补偿安排等事项。关于交易中乙方取得对价的安排，双方同意，乙方拟出让某某公司1的100%股权所取得对价中的56.5%由甲方以发行股份的方式购买，另外43.5%由甲方以现金方式购买。其中，王某1对某某公司1出资额500万元，转让股权后获得现金对价为25 000万元，股票对价为32 500万元，合计57 500万元。同日，双方签订《利润预测补偿协议》，约定利润补偿期间、利润补偿方式及数额等。关于保证责任及盈利预测与承诺，乙方保证，某某公司1在利润补偿期间实现的净利润数不低于乙方承诺某某公司1在利润补偿期间实现的净利润数。乙方承诺，某某公司1的

2016年度净利润不低于人民币6 000万元，2017年度净利润不低于人民币7 000万元，2018年度净利润不低于人民币9 000万元。其中5.4条约定，如5.1条约定的补偿条件触发，甲方按照人民币总价1元回购补偿方持有的该等应补偿股份并按照有关法律规定予以注销，并以书面方式通知补偿方。

2016年3月7日，某某公司作为甲方与王某1、袁某某作为乙方签订《购买资产协议之补充协议》，约定将《购买资产协议》2.1条修改为"……以2015年12月31日为基准日，某某公司1股东全部权益的评估值为115 295万元。以前述资产评估报告的评估值为基础，经公司与交易对方公平协商后确定公司就购买标的资产需支付的交易总对价为115 000万元。"同日，双方签订《利润预测补偿协议之补充协议》，约定《利润预测补偿协议》3.2条修改为"……参考具有证券从业资格的资产评估机构某某公司3出具的《某某有限公司拟发行股份及支付现金收购上海某某公司1科技有限公司股权涉及的股东全部权益价值评估报告》（沪申威评报字〔2016〕第0058号），经过双方协商，乙方承诺，某某公司1的2016年度净利润不低于人民币6 000万元，2017年度净利润不低于人民币7 000万元，2018年度净利润不低于人民币9 000万元。"

2016年6月2日，双方签订《利润预测补偿协议之补充协议（二）》，约定在《利润预测补偿协议》中添加5.5条，主要内容是承诺期限届满后的减值测试及补偿。

2016年6月22日，双方签订《利润预测补偿协议之补充协议（三）》，约定将2.2条修改为"……利润补偿期间为2016年、2017年、2018年、2019年。"将3.2条修改为"……乙方承诺，某某公司1的2016年度净利润不低于人民币6 000万元，2017年度净利润不低于人民币7 000万元，2018年度净利润不低于人民币9 000万元，2019年度净利润不低于人民币11 000万元。"删除承诺期限届满后的减值测试及补偿条款。同时，还约定将《购买资产协议》12.1条、12.2条约定的锁定期从三期修改为两期。

根据某某公司2019-90号《关于重大资产重组项目涉及补偿股份注销完成的公告》，因未完成2018年度业绩承诺，某某公司1原股东袁某某、王某1合计应补偿公司21 928 087股股份。2018年度袁某某实际补偿1 197 138股股份，王某1补偿20 730 949股股份。回购总价1元，且已经在2019年8月15日完成回购注销手续。

根据某某公司2020-34号《某某公司关于回购注销某某公司1 2019年度未完成业绩承诺对应补偿股份的公告》，因未完成2019年度的业绩承诺，某某公司1原股东袁某某、王某1应当补偿股份合计32 969 408股，某某公司将以总价1元回购注销。根据某某公司2021-08号《某某公司关于重大资产重组项目涉及补偿股份部分注销完成的公告》，某某公司本次回购注销某某公司1原股东王某1应补偿的股份数量共计6 717 799股，占回购前公司总股本的0.64%，回购总价为1元。本次回购的股份已于2021年3月4日在某某公司2完成注销手续。同时公司将督促相关补偿义务人尽快完成剩余需补偿股份26 251 609股的回购及注销工作。

根据某某公司2021-76号《某某公司关于某某公司1业绩承诺应补偿股票回购注销事项的进展公告》，尚未完成业绩承诺应补偿股份回购注销事项所涉及的补偿责任人为袁某某，涉及股份数量为26 251 609股，应补偿股份回购注销完成时间存在不确定性，敬请广大投资者注意投资风险。

本院还查明，本案二审期间，原审法院出具更正裁定书，将原判决书第15页第13行中的1元每股，更正为总价1元。

以上事实，根据原审中王某1提交的第二组和第四组证据、青浦税务局提交的某某公司2019-90号公告等证据，并结合各方当事人在二审中的一致陈述予以确认。

本院认为，本案二审中的争议焦点是，上诉人王某1因某某公司1的2018年度、2019年度净利润未达标，补偿某某公司股份后是否可以主张个人所得税退税。该争议焦点涉及补偿义务的履行是否影响涉案股权转让所得的确定、个人所得税的退税依据等问题。现分述如下：

一、补偿义务的履行是否影响案涉股权转让所得的确定

本案中，上诉人认为，《购买资产协议》与《利润预测补偿协议》及补充协议等系一揽子关于股权转让交易的协议，《利润预测补偿协议》属于主合同的一部分，属于对股权转让价格的调整，故股权转让所得应当在《利润预测补偿协议》履行完毕后最终确定。两被上诉人认为，《购买资产协议》与《利润预测补偿协议》等协议的履行相互独立，股权转让所得在上诉人获得现金对价和股票对价后确定。原审法院认为，某某公司回购并注销上诉人所持有的股份，该情形并未改变应税事实确定，系发生了新的行政法律关系。

本院认为，第一，从民商事交易形态来看，本案补偿股份义务的履行是对某某公司1经营风险的补偿，并非是对交易总对价的调整。案涉《购买资产协议》与《利润预测补偿协议》于同日签订，且《购买资产协议》中明确同时签署《业绩承诺补偿协议》，约定对某某公司1经营业绩承诺及补偿安排等事项。之后，交易各方又分别签订《购买资产协议》与《利润预测补偿协议》的补充协议，其中，《利润预测补偿协议的补充协议三》还将《购买资产协议》约定的锁定期从三期修改为两期。某某公司的系列公告也展示，上诉人履行了股份补偿义务，分两次补偿某某公司股份20 730 949股、6 717 799股，某某公司回购总价均为1元，且上述股份相继在2019年8月15日、2021年3月4日在某某公司2完成注销登记手续。因此，《购买资产协议》《利润预测补偿协议》以及相关的补充协议、某某公司公告等证据，全面展示了某某公司1原股东王某1与某某公司之间就转让某某公司1股权所完成的交易的整体情况。

从《购买资产协议之补充协议》约定内容来看，以2015年12月31日为基准日，某某公司1股东全部权益的评估值为115 295万元。以该资产评估值为基础，交易各方确定某某公司购买资产需支付的交易总对价为115 000万元。在《利润预测补偿协议》关于保证责任及盈利预测与承诺中，交易各方约定了某某公司1各个年度的净利润目标值以及未达目

标值需补偿的约定，但该约定并非是对交易总对价115 000万元的调整，而是对某某公司1未来经营业绩的保证和经营风险的补偿安排。2016年6月2日，双方签订《利润预测补偿协议之补充协议（二）》，约定在《利润预测补偿协议》中添加5.5条，主要内容是承诺期限届满后的减值测试及补偿。但之后，《利润预测补偿协议之补充协议（三）》删除承诺期限届满后的减值测试及补偿。因此，交易各方在确定交易总对价为115 000万元后，未对某某公司1的减值进行测试，未对某某公司1估值重新进行调整。双方约定的净利润未达标并不意味着某某公司1估值必然下降。可以说，从本案民商事交易的情况来看，上诉人对某某公司补偿股份义务的履行是对某某公司1经营风险的补偿，并非是对案涉股权转让交易总对价115 000万元的调整。

第二，从《个人所得税法》角度看，上诉人补偿股份义务的履行并不改变税收征管意义上的股权转让所得。根据《个人所得税法实施条例》第八条第一款第（九）项规定，财产转让所得，是指个人转让有价证券、股权、建筑物、土地使用权、机器设备、车船以及其他财产取得的所得。根据财税〔2015〕41号文第一条、第五条之规定，个人以非货币性资产投资，属于个人转让非货币性资产和投资同时发生。因此，上诉人转让某某公司150%股权，获得现金对价和某某公司股票对价，应按照财产转让所得项目申报缴纳个人所得税，其中获得某某公司股份，属于个人转让非货币性资产和投资同时发生。转让非货币性资产应按评估后的公允价值确认非货币性资产转让收入。本案中，基于2015年12月31日这一时点资产评估的公允价值，交易各方确定标的资产交易总价为115 000万元。根据财税〔2015〕41号文第二条规定，个人以非货币性资产投资，应于非货币性资产转让、取得被投资企业股权时，确认非货币性资产转让收入的实现。2014年67号文第二十条规定，具有下列情形之一的，扣缴义务人、纳税人应当依法在次月15日内向主管税务机关申报纳税：（一）受让方已支付或部分支付股权转让价款的；（二）股权转让协议已签订生效的；（三）受让方已经实际履行股东职责或者享受股东权益的；

（四）国家有关部门判决、登记或公告生效的；（五）本办法第三条第四至第七项行为已完成的；（六）税务机关认定的其他有证据表明股权已发生转移的情形。本案中，就股票对价部分，上诉人应当自2016年9月26日某某公司发行的股份登记在上诉人名下时确定纳税义务发生。此前，上诉人取得的现金对价部分已由某某公司代扣代缴个人所得税5 000万元。因此，从个人所得税法角度看，上诉人股权转让所得及纳税义务在2016年9月已经最终确定。上诉人认为其缴纳的11 400万元税款属于预缴性质。但从当时有效的《个人所得税法》来看，财产转让所得不适用预缴制。从现行有效的《个人所得税法》（2018年修正）第十一条、第十二条规定来看，采用预缴加汇算清缴模式的个人所得税，也仅限于居民个人取得综合所得或经营所得。因此，上诉人分两次补偿某某公司股份，共获回购总价2元，该总价虽然与取得股份时的价值存在差额，但无法通过预缴加汇算清缴模式来重新核定应纳税额。

综上，在民商事交易中，上诉人因履行《购买资产协议》《利润预测补偿协议》等一揽子协议而导致股权转让的实际所得减少，但该所得的减少，并非是对股权转让交易总对价的调整，而是对经营风险的补偿。同时，由于个人所得税法意义上的个人财产转让所得并不采用预缴加汇算清缴的模式，上诉人补偿某某公司股份的行为也不改变税收征管意义上的股权转让所得。

二、补偿义务的履行是否可以成为退税的理由

如前所述，上诉人无法通过预缴加汇算清缴模式调整针对股权转让所得所缴的税款，那么，上诉人是否可以以利润补偿赔付股份后造成个人实际最终获益减少为由，申请退税。

对此，上诉人认为，2014年67号文第九条规定，纳税人按照合同约定，在满足约定条件后取得的后续收入，应当作为股权转让收入。因此，在满足约定条件后承担的亏损，也应当从股权转让收入中扣除，继而所征收的个人所得税也应当退还。两被上诉人认为，2014年67号文第九条仅针对后续的收入，不能引申出后续亏损应当如何结算个人所得税的结

论。上诉人股权转让的实际获益减少，系在纳税义务发生后，基于相应经济目的履行另行达成的协议约定，不对交易价格产生影响，上诉人不存在多缴纳税款的情形，故不符合退税条件。原审法院认为，根据《税收征管法》第五十一条规定，纳税人自结算缴纳税款之日起三年内发现的，可以向税务机关要求退还多缴的税款。本案中，上诉人于2017年11月缴纳股票对价部分的个人所得税6 400万元，于2022年10月向税务机关申请退税，超过了可以申请退税的期限。

本院认为，第一，《税收征收管理法》第五十一条仅适用于超过应纳税额缴纳的税款的退还，本案并不存在多缴纳税款的情形。个人转让股权，以股权转让收入减除股权原值和合理费用后的余额为应纳税所得额，按财产转让所得适用比例税率20%申报缴纳个人所得税。本案中，税务机关针对上诉人57 500万元的股权转让所得，扣除500万元原值后，适用比例税率20%合计征收11 400万元税款，不存在超过应纳税额缴纳的税款，故青浦税务局无法依据《税收征收管理法》第五十一条为王某1办理退税。第二，对于《利润预测补偿协议》约定的补偿行为，目前个税法领域并无相应的退税规定。上诉人认为，《税收征收管理法》第五十一条是程序性规定，不适用于本案，本案应当参照2014年67号文第九条规定和130号批复精神进行退税。本院认为，2014年67号文第九条是对股权转让收入的确认，并非是关于退税的规定。根据130号批复，如股权转让合同未履行完毕，则股权转让行为没有完成，收入也未完全实现，不应缴纳个人所得税。但本案中，某某公司定向发行的股份于2016年9月登记至上诉人名下，上诉人转让某某公司1股权所得已确定，股权转让行为已经完成，上诉人不存在不应当缴纳个人所得税的情形。可以说，虽然上诉人股权转让的实际获益最终随着《购买资产协议》《利润预测补偿协议》等一揽子协议整体履行完毕而确定，但是，在税收领域，目前尚未针对此类交易模式设计专门的税收征管安排。第三，上诉人在没有退税依据的情形下，不存在超过退税申请期限之情形。《税收征收管理法》第五十一条规定，纳税人自结算缴纳税款之日起三年内发现多缴税款的，可以向税务机关要求退还。被上诉人认为，上诉人于2017年11月15日缴纳股票对价个人所得税6 400万元，于2022年向税务机关申请退税，超过了上述纳税人可以申请退税的期限。但如前所述，本案不存在多缴纳税款的情形，无法依据第五十一条办理退税，故超过退税申请期限之说无法成立。

综上，虽然上诉人王某1与案外人某某公司签订并履行《购买资产协议》《利润预测补偿协议》以及补充协议等，可以被交易各方看作整体交易，交易各方可以认为案涉股权转让的实际收益在上述一揽子协议履行完毕后最终确定。但在个人所得税征管领域，个人股权转让所得属于财产转让所得，不适用预缴加汇算清缴模式，而是按照20%的比例税率按月或按次征收个人所得税。上诉人主张根据第二笔补偿股份回购注销登记时点即2021年3月4日最终确定股权转让所得，继而确定应缴纳的个人所得税，多收取的部分应当退还，但目前尚未有相应的税收法律法规或政策文件可以支持该观点。针对本案的情形，目前沿用的仍是2014年67号文所指的股权转让所得个人所得税管理办法及财税〔2015〕41号文所指的关于个人非货币性资产投资有关个人所得税政策。简而言之，因履行补偿义务而导致股权转让所得实际减少的情形，个人所得税征管领域的法律法规政策文件等尚未作出相应的退税规定。故被上诉人青浦税务局根据现行法律法规及政策文件，对上诉人王某1的退税申请经审核后决定不予退税，并无不当。被上诉人市税务局受理复议申请后，经审查作出被诉复议决定，维持被诉不予退税决定，亦无不当。

需要指出的是，本案所涉的股权转让和利润预测补偿模式，呈现了投融资各方为解决对目标公司未来发展不确定性而设计的交易新形态。案涉一揽子协议的合法有效履行，有助于提升市场活力，助推经济发展。为了营造更加规范有序、更显法治公平的税收营商环境，建议税务部门积极调整相关政策，持续优化税收征管服务举措，为经济新业态提供更合理更精准的税收规则，健全有利于高质量发展、社会公平、市场统一的税收制度。

综上,上诉人王某1的上诉请求和理由,现阶段尚缺乏充足的法律依据,本院实难支持。原审判决驳回王某1的诉讼请求并无不当,应予维持。据此,依据《中华人民共和国行政诉讼法》第八十九条第一款第(一)项之规定,判决如下:

驳回上诉,维持原判。

二审案件受理费人民币50元,由上诉人王某1负担。

本判决为终审判决。

我们可以举一个简单的例子,张三、李四共有一家互联网公司甲公司,主要从事海外商品的代购销售,经营收入不错,引起了一些投资人与大电商平台的关注。大发公司是一家上市公司,拟收购张三、李四持有的甲公司的全部股权,但经营仍由张三、李四负责。经过评估,甲公司估价5亿元,大发公司拟以现金5 000万元加向张三、李四定向增发公允价值为4.5亿元的450万股股票予以收购,同时约定甲公司未来三年经审计的业绩须分别达到利润8 000万元、9 000万元和1亿元,如有一年未完成,则大发公司可1元回购增发给张三与李四的股票150万股,并进行注销处理。

张三与李四相当于将股权卖给了大发公司,现金对价的部分需要计缴个人所得税,而受让的股票对价,属于非货币性资产投资,没有货币对价,依据财税〔2015〕41号可以向税务机关进行备案办理合理的分期纳税,分期纳税是确定税额后进行的分期,是分年度分期进行缴纳。对于5亿元总收入扣除原计税基础成本之后,计算出来总的转让所得按20%计算个人所得税税额,比如共计8 000万元,则取得现金5 000万元先用于缴纳个税,余下的3 000万元进行分期处理。而不是按现金5 000万元和股票4.5亿元分别计算各自部分的个人所得税。但我们需要思考一个问题,这个公司何以值5亿元?这里面就要考虑到一般企业估值转让中的评估方法,即一般用收益法来评估,是基于未来预计的收益来估价的,如此下来,如果基于此估值为基础,商定了一个收购价,同时加上未来数年的经营业绩,这个业绩有时与估值因素相匹配，有时不相匹配，前者如未来的预计收益，后者如上市与否。尽管很多人理解，将来涉及退还利益的问题，是基于原来转让价格的重新调整，即所谓重估调整的方式。但笔者认为，并不是必然的，尽管有时是一种对于原来转让价格的调整，但回到交易本身，原来转让的股权的市场公允价到底是不是值5亿元，这才是核心逻辑。有时我们可以想想，在反避税的逻辑中，转让方都没有实际所得，一样可征缴其税款，是不是这个感性的思维会发生新的改变呢？

【例2-24】张三、李四持有股权的公司被某创投基金收购部分股权，并约定三年后以上市为目标，如果不能上市成功，则需要退回收购款项50%。张三与李四在转让股权时已缴纳了20%的个人所得税，但由于受疫情等多种因素影响，未成功上市，张三、李四需要退回收购款的50%，此时张三与李四能否申请退税呢？

分析：一方面，双方达成的收购协议，其股权定价是以上市为目标，但上市这个评价因素在交易当时是不存在的。以未来一个预期目标来确定当前的价格，这对税收计量带来挑战，征税对象所对应的交易行为与价格确定是关键，如果以未来不确定性因素进行交易价格回溯，则将充满极大的不确定性。比如一项交易，如果未来发生了质量事故，则双方商定要"砍"多少比例的销售价格作为赔偿，此时再允许重新去办理原来销售时"多缴税"下的退税，是存在管理上的复杂问题的。且在这样的情形下，如果一个商务合同都带来这样复杂的处理的话，其带来的潜在征管压力是可想而知的。在这种情形下，在损失发生时税前扣除，是一个现实的方式。如上面的上市失败下的对赌，显然这是一个后续的事项，既然是后续的事项，那么在后续发生期间处理更为合理，也符合实际发生原则。至于有人提出来："如果没有上市的预期，收购方也不会愿意给这么多钱！"诚然，这里面确实有此因素，且当时评估的因素中可能以"上市"作为调整系数，突破了评估估价中的技术因素，它与上面提到的业绩为导向，且以业绩作为收益法估价的考虑因素是相协同的。

在这里，用估价调整逻辑来理解，那么就需要将估价时与后续发生对赌条件相关联分析。笔者认为，从交易主体经济利益实际发生的角度，它产生了前后关联，是一揽子交易；但从税收规则的角度，是两个独立的税收行为。会计上遵从"业务实质化处理"，这是这几年来，会计突破形式向实质转化的一种新的计量理念，会计与税收的协同越来越复杂、多样化，而且也越来越难协同。正是基于此，财税部门似乎也比较难给出一个标准化的规范性政策来明确，而基层也就存在五花八门的理解了，从而带来了更多的理论与实践的错乱，这也就出现了上海市第三人民法院的审判结果了。但不可否认，这个判例的出现，将给对赌方面的涉税处理带来更多的不确定性，在没有明确的文件规定之前，估计各地税务机关的理解口径会进一步收紧。

结合当下的经济形势、鼓励民营企业发展的背景，有必要适当给出一定的"体谅"性政策。笔者认为，税收宜为经济发展提供政策支持，摒弃理论上的争议与风险，给予适当情形下的退税，是符合大众的朴素理解与观念的，况且也不会危害国家的财政税收利益，只是对于退税，要看各地的承受能力了。我们在理解对赌的涉税政策的时候，不仅仅是讨论政策本身的技术问题，而是要考虑责任、利益的影响等多重因素。笔者从感性上是认同追溯调整法的涉税处理的，但是从基本的税收逻辑来讲，还是要区分一些现实的情形，而不是一概而论地处理类似的问题。

之前关注过有的税务专家提出过破解的路径，比如从反向补偿到正向补偿，估价10亿元的股权，开始时交易额定为5亿元，若三年后业绩达到一定的条件，则再补偿5亿元，这样财产转让所得计算个税时开始按5亿元收入计算，后面的追加补偿再按5亿元计算，这样就与实际对应上了。这个方式需要确定两个因素：一是个人股权转让时的公允价如果估值是10亿元，硬折扣按5亿元计缴个税，显然是过不了67号反避税的核定关卡的，即起始仍按10亿元计算转让收入，后面如果得不到补偿，还是按10亿元收入计算个人所得；如果后面得到补偿了，前面的核定收入是不是可以"包括后面的补偿",并没有成熟的政策口径来支持,搞不好再要求计缴5亿元收入的所得。在这里,笔者认为,如果起始转让时税务机关核定的收入是考虑了未来或有的收入的事项,那么后面恰好得到了补偿,则后面实际收入时,可以不确认为计税所得,这样个人的实际收入10亿元与计税收入10亿元是一致的。还有的专家提出来起始定价为5亿元,另5亿元作为保证金支付给转让方,如果未来达到设定的交易条件时,保证金由其他应付款项转为收入。这也是一种交易的方式,有的情形下是可行的,但有的情形下并不一定适用,比如增发股票收购情况下就不一定走得通。笔者认为,对赌交易下的估值技术如何与对赌条件相对应,是一个需要认真考虑的问题,我们需要换位思考,同时还要考虑尽量减少征管漏洞,减少被利用的灰色空间。可惜的是,在当前的规则下,无论是从"一揽子交易"还是"分次交易"的角度来考虑对赌交易的税务问题,都有一定的理由与逻辑基础,在法无明确规定的情形下,本着有利于纳税人的角度,尊重事实,似乎更为仁义与大度,而不是以技术规则来对抗纳税人的朴素诉求。

民事范畴下,有一些涉诉争议是基于对赌条件的造假,在利益驱动下,造假行为实难避免。如下面这则上市公司发布的公告:

山东联创产业发展集团股份有限公司关于
刑事诉讼事项终审判决胜诉的公告

山东联创产业发展集团股份有限公司(以下简称"公司")收到山东省高级人民法院出具的《刑事裁定书》【(2022)鲁刑终354号】。现将相关情况公告如下:

一、案件基本情况

被告人孔×与高×宁等人共谋包装上海鳌投网络科技有限公司被上市公司高价并购。在被告人孔×的策划下,上海鳌投公司调整股权结构,确定通过借用体外资金、购买虚假业绩等手段虚增公司业绩,制作虚假财务账目,提升上海鳌投公司的估值,以达到被上市公司并购的目的，通过被告高×宁、王×、黄×、叶×等人具体实施。在不具备合同履行能力的情况下，许诺很高的业绩承诺，最终诱骗公司与其签订协议，分两次巨额收购上海鳌投公司，最终造成公司巨额损失。公诉机关认为，被告人孔×、高×宁、王×、黄×、叶×以非法占有为目的，在签订、履行合同过程中，骗取他人财物，数额特别巨大，其行为触犯了《中华人民共和国刑法》第二百二十四条第（五）项，要求以合同诈骗罪追究其刑事责任。

山东省淄博市中级人民法院出具的《刑事判决书》【（2022）鲁03刑初1号】，判决如下：

本院认为，被告人孔×、高×宁、王×、黄×、叶×以非法占有为目的，在签订、履行合同过程中，骗取对方当事人财物，数额特别巨大，其行为均构成合同诈骗罪。在共同犯罪中，被告人孔×、高×宁、王×起主要作用，系主犯，但被告人王×相较被告人孔×、高×宁在共同犯罪中地位、作用相对较轻，在量刑时酌情考虑。被告人黄×、叶×在共同犯罪中起次要作用，系从犯，对二被告人依法减轻处罚。被告人叶×有立功情节，对其可从轻处罚。各被告人部分赃款未实际取得，对其依法可从轻处罚。被告人黄×认罪认罚，对其可从宽处罚。被告人黄×积极退赔并取得被害单位谅解，被告人高×宁有退赔情节，对二被告人可酌情从轻处罚。被告人叶×认罪态度相对较好，对其可酌情从轻处罚。各被告人违法所得依法应予追缴，不足部分由各被告人退赔。据此，依照《中华人民共和国刑法》相关条款之规定，判决如下：

（一）被告人孔×犯合同诈骗罪，判处无期徒刑，剥夺政治权利终身，并处没收个人全部财产。

（二）被告人高×宁犯合同诈骗罪，判处有期徒刑十五年，并处罚金人民币二百万元（刑期从判决执行之日起计算。判决执行前先行羁押的，羁押一日折抵刑期一日。即自2021年12月15日至2036年12月12日止。罚金限判决生效后一个月内缴纳）。

（三）被告人王×犯合同诈骗罪，判处有期徒刑十一年，并处罚金人民币一百五十万元（刑期从判决执行之日起计算。判决执行前先行羁押的，羁押一日折抵刑期一日。即自2020年11月4日至2031年11月3日止。罚金限判决生效后一个月内缴纳）。

（四）被告人黄×犯合同诈骗罪，判处有期徒刑三年六个月，并处罚金人民币五十万元（刑期从判决执行之日起计算。判决执行前先行羁押的，羁押一日折抵刑期一日。罚金限判决生效后一个月内缴纳）。

（五）被告人叶×犯合同诈骗罪，判处有期徒刑三年，并处罚金人民币五十万元，与所犯非国家人员行贿罪被判处的有期徒刑六年，并处罚金人民币十万元并罚，决定执行有期徒刑七年六个月，并处罚金人民币六十万元（刑期从判决执行之日起计算。判决执行前先行羁押的，羁押一日折抵刑期一日。即自2020年6月5日至2027年12月4日止。罚金限判决生效后一个月内缴纳）。

（六）扣押在案的被告人孔×、高×宁、王×、黄×、叶×违法所得现金及股票予以追缴，返还被害单位山东联创产业发展集团股份有限公司，不足部分责令被告人继续退赔。

一审判决后，被告人不服，提起上诉。

该内容详见公司于2022年11月21日在中国证监会指定信息披露网站巨潮资讯网上发布的《关于收到刑事判决书的公告》（公告编号2022-064）。

二、案件进展情况

公司于近日收到山东省高级人民法院出具的《刑事裁定书》【（2022）鲁刑终354号】，山东省高级人民法院认为："上诉人孔×、高×宁、王×、黄×、叶×以非法占有为目的，在签订、履行合同过程中，虚构事实，隐瞒真相，骗取对方当事人财物，数额特别巨大，其行为均构成合同诈骗罪。在共同犯罪中，上诉人孔×、高×宁、王×系主犯，应按其参与的全部犯罪予以处罚，上诉人高×宁有退赔情节，上诉人王×所起作用要小于孔×、高×宁，对高×宁、王×可酌情从轻处罚。上诉人黄×、叶×系从犯，且黄×认罪认罚，积极退赔并取得被害单位谅解，叶×认罪态度相对较好且有立功情节，依法均可减轻处罚。原审判决认定事实清楚，证据确实、充分，定罪准确，量刑适当，诉讼程序合法，五上诉人及辩护人的上诉理由、辩护意见均不予采纳，对山东省人民检察院所提检察意见和被害单位所提主要代理意见予以采纳。依照《中华人民共和国刑事诉讼法》第二百三十六条第一款第（一）项之规定，裁定如下：

驳回上诉，维持原判。本裁定为终审裁定。"

三、其他尚未披露的诉讼、仲裁事项

截至本公告日，公司无应披露而未披露的其他重大诉讼、仲裁事项。

四、本次裁定对公司本期利润或期后利润的影响

本裁定为终审裁定，本裁定预计对公司本期利润或期后利润无重大影响。根据判决结果的司法鉴定数据，上海鳌投公司2017—2019年期间累计虚增净利润约3.44亿元。其中2017年11月至2018年12月上市公司按照50.1%的持股比例对上海鳌投进行了并表处理，2019年1—12月上市公司按照100%持股比例对上海鳌投进行了并表处理。经初步测算，本裁定预计对公司2017—2019年经审计的归母净利润金额不会产生重大影响，预计不会造成2017—2019年连续三年亏损情形，不影响财务审计报告意见类型。公司将尽快进行财务报告差错更正。

后续，公司将依据本裁定判决配合司法部门尽快完成涉案资产的处置工作。目前被司法机关冻结的涉案资产包括：（1）被告人名下持有的公司限售股股票合计70 498 471股（该限售股股票将被注销）。（2）被告人共同持股平台持有的公司流通股股票5 696 907股。（3）现金资产不少于4 200万元。（4）被告人黄×主动退赔现金1 100万元。不足部分公司将会继续向被告人进行追讨，并适时启动对相关人员的民事责任索赔。公司管理层坚决维护上市公司利益，将积极采取一切有效措施追回上市公司损失，切实维护上市公司和股东利益。

上市公司已经完全回归化工新材料领域，且已完成了对互联网板块

业务的彻底清理。本次裁定对上市公司现有业务和未来发展不会产生重大影响。

公司将持续关注案件后续情况，及时履行信息披露义务，敬请广大投资者注意投资风险。

五、备查文件

山东省高级人民法院出具的《刑事裁定书》【（2022）鲁刑终354号】。

特此公告。

山东联创产业发展集团股份有限公司董事会
2023年10月9日

关于对赌交易的相关话题比较多，最后我们补充一下《最高人民法院关于印发〈全国法院民商事审判工作会议纪要〉的通知》（法〔2019〕254号）中的摘要内容：

（一）关于"对赌协议"的效力及履行

实践中俗称的"对赌协议"，又称估值调整协议，是指投资方与融资方在达成股权性融资协议时，为解决交易双方对目标公司未来发展的不确定性、信息不对称以及代理成本而设计的包含了股权回购、金钱补偿等对未来目标公司的估值进行调整的协议。从订立"对赌协议"的主体来看，有投资方与目标公司的股东或者实际控制人"对赌"、投资方与目标公司"对赌"、投资方与目标公司的股东、目标公司"对赌"等形式。人民法院在审理"对赌协议"纠纷案件时，不仅应当适用合同法的相关规定，还应当适用公司法的相关规定；既要坚持鼓励投资方对实体企业特别是科技创新企业投资原则，从而在一定程度上缓解企业融资难问题，又要贯彻资本维持原则和保护债权人合法权益原则，依法平衡投资方、公司债权人、公司之间的利益。对于投资方与目标公司的股东或者实际控制人订立的"对赌协议"，如无其他无效事由，认定有效并支持实际履行，实践中并无争议。但投资方与目标公司订立的"对赌协

议"是否有效以及能否实际履行,存在争议。对此,应当把握如下处理规则:

......

5.【与目标公司"对赌"】投资方与目标公司订立的"对赌协议"在不存在法定无效事由的情况下,目标公司仅以存在股权回购或者金钱补偿约定为由,主张"对赌协议"无效的,人民法院不予支持,但投资方主张实际履行的,人民法院应当审查是否符合公司法关于"股东不得抽逃出资"及股份回购的强制性规定,判决是否支持其诉讼请求。

投资方请求目标公司回购股权的,人民法院应当依据《公司法》第三十五条关于"股东不得抽逃出资"或者第一百四十二条关于股份回购的强制性规定进行审查。经审查,目标公司未完成减资程序的,人民法院应当驳回其诉讼请求。

投资方请求目标公司承担金钱补偿义务的,人民法院应当依据《公司法》第三十五条关于"股东不得抽逃出资"和第一百六十六条关于利润分配的强制性规定进行审查。经审查,目标公司没有利润或者虽有利润但不足以补偿投资方的,人民法院应当驳回或者部分支持其诉讼请求。今后目标公司有利润时,投资方还可以依据该事实另行提起诉讼。

2.4.16 小股东的"权益"考虑及退出

在日常业务中,我们接触比较多的多股东公司,特别是疫情时,有的企业发生了经营困难,未达到经营预期,甚至经营失败,从而出现了股东之间的利益纷争与矛盾。有时小股东的诉求也比较简单,比如退出公司、转让股权等,新《公司法》充分考虑了小股东的利益保护诉求问题,在本小节内容中,我们主要看所涉经济利益的税收因素分析。

一般小股东退出会涉及如表2-35所示的处理情形。

表2-35　　　　　　　　　　小股东退出所涉情形

情形	说明	涉税问题提示
小股东退出，各种形式给予适当补偿	小股东将股权转让给大股东，此时一般按净资产或原值转让；同时大股东考虑给予一定的补偿，比如公司的资产处置一部分给小股东，也有的是将一些货物低价转让给小股东，甚至让小股东"拿"一些发票来公司报销	一是小股东不想计缴退出时的所得个税，小股东感觉自己吃亏了，想从公司再得点利益，这种情形比较多见；二是涉及小股东转让股权时的定价问题，同样会涉及67号公告的核定程序审核管理
减资退出	直接通过减资程序退出	涉及财产转让所得时需要由单位扣缴个税
对簿公堂	在涉及利益争议相关方达不成一致之时，双方或多方很可能诉诸法院进行判决处理	法院判决中往往不会涉及税收计量问题，但涉及利益的变化，建议一并提出涉税税费的处理等问题，避免产生新的争议

正因为存在争议，股东之间的利益关系也是很微妙的。在这种情形下，股东之间的矛盾很可能通过向相关部门举报等形式发泄，甚至举报社保问题。笔者认为，在经济的红利期过了之后，企业的经营风险越来越具有不确定性，在疫情当中能够存活下来的企业其实已不容易了，在不同的经济周期里，是做细水长流的小企业，还是高举风险业务做大企业，其实都充满着变数，而小股东往往比较看重所投资的资产，本身多出于投机的目的，真正志同道合的情形哪有那么多！小股东所投的资金来源也不容易，这一点，就决定了小股东的想法行动与一般的风险投资基金是不一样的。

笔者曾接触过某国有大型企业，多年前企业老总搞多元化投资，公司参股了一些地方性小公司，这些小公司多是个人股东，且占大股，当时无非是想借国企的牌子开展业务，后来随着清理国有企业的下属公司，发现还有一些这样的操作，但是想退出来还有点难度。笔者认为，随着新《公司法》的实施，在法律救济手段上会多一些路径选择。

《公司法》规定：

第五十七条　股东有权查阅、复制公司章程、股东名册、股东会会议记录、董事会会议决议、监事会会议决议和财务会计报告。

股东可以要求查阅公司会计账簿、会计凭证。股东要求查阅公司会计账簿、会计凭证的，应当向公司提出书面请求，说明目的。公司有合理根据认为股东查阅会计账簿、会计凭证有不正当目的，可能损害公司合法利益的，可以拒绝提供查阅，并应当自股东提出书面请求之日起十五日内书面答复股东并说明理由。公司拒绝提供查阅的，股东可以向人民法院提起诉讼。

股东查阅前款规定的材料，可以委托会计师事务所、律师事务所等中介机构进行。

股东及其委托的会计师事务所、律师事务所等中介机构查阅、复制有关材料，应当遵守有关保护国家秘密、商业秘密、个人隐私、个人信息等法律、行政法规的规定。

股东要求查阅、复制公司全资子公司相关材料的，适用前四款的规定。

由于上述规定并不是一个无条件适用的强制性条款，因此，在股东的需求之下，仍存在较多的不确定性因素，因为理由本身就是可以"编"的。再者说，有一些资料在所保留凭证当中是不一定有的，我们知道会计在做账的时候，一定要清清楚楚地解释附注，而有的会计只提供一个摘要说明就解决了。会计信息的重要性主要表现在其对于经济业务的描述定性，比如老板想给自己多发点工资，又不想缴个税时，老板去找了家里购物时开具的公司抬头的发票到单位进行报销，如果会计明明白白地写上"股东报销费用替代工资薪酬发放"，是不是会出现比较多的问题？这到底是不是老板该得的薪酬？是仅仅出于节税的考虑，还是涉及侵占公司财产？

笔者曾经遇到这样的股东，其想从公司退出，于是公司将减资款退到其个人卡中，股东提出来："你能不能安排通过个人账户给我付款，这样我就不用考虑个税的问题了！"笔者想说，计较所得是一方面，有了所得再贪心税负降低，就有点得寸进尺了。在这里要考虑，一是单位有扣缴个税的法定义务，个人有纳税的义务，通常来讲，两个主体都面临着征管法的责任追究问题，一般来看，税收行政处罚的追罚期是五年，个人申报如果涉及追缴期的问题，有时也可能存在争议。但有一点需要明确的是，不建议公司为个人的利益配合做一些虚假的安排，不然这本身就可能涉及税收违法的偷逃行为，如果存在虚开发票，还可能涉及刑事责任。同时一定要明确，所给付的款项，由相关各方依据国家税收法律法规履行各自的税收遵从义务，而对于扣缴个税的处理，如果是经营所得，则不涉及代扣代缴；如果是个人股权转让或个人从公司减资有所得，建议先扣缴其个税，如果不配合，则可以及时向主管税务机关报告，以减少自己被处罚的风险。

《税收征收管理法》规定：

第三十条　扣缴义务人依照法律、行政法规的规定履行代扣、代收税款的义务。对法律、行政法规没有规定负有代扣、代收税款义务的单位和个人，税务机关不得要求其履行代扣、代收税款义务。

扣缴义务人依法履行代扣、代收税款义务时，纳税人不得拒绝。纳税人拒绝的，扣缴义务人应当及时报告税务机关处理。

税务机关按照规定付给扣缴义务人代扣、代收手续费。

2.4.17　股权转让"包税"产生的计量困惑与争议

"包税"交易，其实是交易双方的一种优势体现，对于购买方，其之所以愿意"包税"购买，是站在总成本的角度下来考虑的，虽与定价提升是一样的结果，但是因为包税问题，在财税计量上却可能产生较多的计缴税款的争议。

【例2-25】张三拟转让公司股权给大叶公司，转让价格为1 200万元，张三的成本价为200万元，净所得为1 000万元，但张三要求大叶公司承担转让中发生的所有税费，大叶公司也同意，双方签订合同开始转让股权。

基于本例的定价方式，有两种计算个人所得税的方式（见表2-36）。

表2-36　　　　　　　　　两种计算个人所得税方式

方式	计税（不考虑过程当中的杂费）	评价
方式一	1 000×20%=200（万元）	按转让净价作为所得计算个税
方式二	1 000÷（1-20%）×20%=250（万元）	反计算毛所得再计算个税

从计量的角度看，笔者认为，方式二的计算处理较为恰当，基于双方的合意，张三取得的是税后所得，那么个税是其中最为主要的税项，反计算出来个税由大叶公司代扣，并向被投资企业所在地税务机关缴纳，较为恰当。

关于包税的涉税处理，在某些特定情形下，笔者认为并不是千篇一律地反算处理，比如在法拍不动产的业务场景中，拍卖价是公允价的体现，并不是双方的合意定价，从拍得人代为缴纳角度来看，笔者认为就不需要进行反算计税处理。更何况在拍卖不动产时所需考虑的税费涉及增值税、土地增值税、印花税、个税，还包括物业费、水电费，甚至还涉及之前所欠缴的城镇土地使用税、房产税等，在这种情形下，反算就非常复杂了。

在商务合同的签订中，包税也经常是一个容易产生争议的地方，比如本不该买受方承担的税费，但为了过户，买受方替为缴纳了相关税费，此时可以进一步向原本的纳税人主张权利，追偿该项支出。下面这则摘自中国裁判文书网的判例，很具有代表性：

罗×庆、兴宁市忠万实业发展有限公司股权转让纠纷二审民事判决书

广东省梅州市中级人民法院民事判决书

（2017）粤14民终975号

上诉人（原审原告，反诉被告）：罗×庆，男，1946年3月28日出生，汉族，住所地：广东省兴宁市。

委托诉讼代理人：张×华、罗×苑，广东粤邦律师事务所律师。

被上诉人（原审被告，反诉原告）：深圳市忠信利实业发展有限公司。住所地：广东省深圳市南山区。

法定代表人：薛×忠，该公司董事长。

被上诉人（原审被告）：兴宁市忠万实业发展有限公司。住所地：广东省兴宁市。

法定代表人：薛×忠，该公司董事长。

被上诉人（原审被告）：兴宁市中原实业发展有限公司。住所地：广东省兴宁市。

法定代表人：薛×忠，该公司董事长。

被上诉人（原审被告）：薛×忠，男，1964年9月18日出生，汉族，住所地：广东省深圳市南山区。

被上诉人（原审被告）：李×万，男，1962年10月13日出生，汉族，住所地：广东省珠海市香洲区。

被上诉人（原审被告）：孔×彬，男，1978年3月12日出生，汉族，住所地：广东省深圳市宝安区。

上述六被上诉人的共同委托诉讼代理人：陈×方，广东海埠律师事务所律师。

上诉人罗×庆因与被上诉人深圳市忠信利实业发展有限公司（下简称忠信利公司）、兴宁市忠万实业发展有限公司（下简称忠万公司）、兴宁市中原实业发展有限公司（下简称中原公司）、薛×忠、李×万、孔×彬股权转让纠纷一案，不服广东省兴宁市人民法院（2016）粤1481民初748号民事判决，向本院提起上诉。本院于2017年9月20日立案后，依法组成合议庭对本案进行了审理。上诉人罗×庆的委托诉讼代理人张×华，被上诉人忠信利公司、忠万公司、中原公司、薛×忠、李×万、孔×彬的共同委托诉讼代理人陈×方到庭参加诉讼。本案现已审理终结。

罗×庆上诉请求：一、变更一审判决第一条为：一、忠信利公司应在判决生效之日起十五日内给付罗×庆股权转让款人民币2 960 609.4

元;二、增加一个判项:忠信利公司应在判决生效之日起十五日内给付罗×庆股权转让款违约金(利息)暂定20 000元,违约金以应付股权转让款为基数,从2013年12月19日起,按月利率2%的标准计算至付清款项之日止;三、一审本诉、反诉案件受理费和二审诉讼费用由忠信利公司、忠万公司、中原公司、薛×忠、李×万、孔×彬共同承担。事实和理由:上诉人认为一审判决对反诉部分的裁决是正确的,对于本诉部分判决却不尽合理。

一、股权转让税费由忠信利公司承担的约定合法有效。虽然《股权转让所得个人所得税管理办法(试行)》第五条规定:"个人股权转让所得个人所得税,以股权转让方为纳税人,以受让方为扣缴义务人。"但法律并不禁止纳税义务人与他人约定由他人负担本应由纳税义务人缴纳的税款。股权转让双方关于所有税费由受让方负担的约定并不改变纳税人身份,实质是约定由他人承担支付相当款额的义务。因此,股权转让协议中约定的税费负担条款合法有效。1.合同约定股权转让的税费由忠信利公司承担。罗×庆认为,本案《公司股权及资产转让收购协议》和相关的补充协议,是合同双方的真实意思,合同没有违反法律的禁止性规定,是合法有效的。其中《公司股权及资产转让收购协议》第五条税费负担的约定:"1.本协议涉及的所有税费由乙方(忠信利公司)负责缴纳;2.双方确认,甲方(罗×庆)向乙方(忠信利公司)开具相关收据。"罗×庆认为,股权转让所涉及的所有税费由乙方负责缴纳,就是股权转让所涉及的所有税费由乙方负责承担的意思,忠信利公司关于"缴纳"就是"代缴",不是"承担"的辩解不成立,根据股权转让、房屋转让等合同的交易习惯,一般都约定由受让方承担相关的税费,出让方关心的是其能实际得到多少,即出让方得到的是裸价或实价,不需要再扣减税费的。本案1 900万元的股权转让价就是裸价,不包括股权转让税费。所以,在股权转让协议和补充协议中,都没有约定忠信利公司代缴纳了税费之后有权再向罗×庆追偿。2014年5月14日《中原纸业出让部分事项协议》也只是预算罗×庆应缴纳税费87万元(补缴税67万元、

780万元设备补税20万元），显然不包括股权转让个人所得税714 459.25元。在诉讼之前，忠信利公司也从未向罗×庆催讨过税费，表明忠信利公司是明知股权转让的税费由其承担，无权向罗×庆追偿。2.股权转让税费由忠信利公司承担的约定合法有效。《中华人民共和国合同法》第四条规定："当事人依法享有自愿订立合同的权利，任何单位和个人不得非法干预。"该条款确定了合同法的意思自治原则，被誉为民法领域的帝王条款，也最好地诠释了那句妇孺皆知的法谚："法无禁止即自由"。《中华人民共和国合同法》第五十二条规定了合同无效的五道警戒线，分别为：一方以欺诈、胁迫的手段订立合同，损害国家利益；恶意串通，损害国家、集体或者第三人利益；以合法形式掩盖非法目的；损害社会公共利益；违反法律、行政法规的强制性规定。忠信利公司承担股权转让税款的约定没有触碰上述五道红线：第一，该合同是双方真实意思表示，忠信利公司负担税款完全基于其在合同谈判中的利益权衡，属于周瑜打黄盖，一个愿打一个愿挨，并无欺诈、胁迫情节发生；第二，无论是罗×庆，抑或是忠信利公司，均没有非法目的，因此合法形式掩盖非法目的条款实在无法强加在其头上；第三，该包税条款是否导致国家利益受损呢？包税条款并未导致国家税款流失，只是该税款是由罗×庆还是忠信利公司上缴税务机关而已；第四，该条款损害公共利益否？显然，这根本就是风马牛不相及，答案一定是否定的；第五，包税合同条款是否违反了法律和行政法规。纵观各个税种的立法，均明确规定了纳税义务人，但却未见任何一部法律或行政法规有禁止性规定，纳税人不得约定税款由他人承担。最高人民法院公告案例"山西嘉和泰房地产开发有限公司与太原重型机械（集团）有限公司土地使用权转让合同纠纷案"，在认定嘉和泰房地产公司和太原重型机械公司约定的包税条款法律效力时，最高人民法院判决："虽然我国税收管理方面的法律法规对于各种税收的征收均明确规定了纳税义务人，但是并未禁止纳税义务人与合同相对人约定由合同相对人或第三人缴纳税款。税法对于税种、税率、税额的规定是强制性的，而对于实际由谁缴纳税款没有作出强制性或禁止性规定。

故《补充协议》关于税费负担的约定并不违反税收管理方面的法律法规的规定，属合法有效协议。"因此，包税条款是合法有效的，一审判决却有意回避了这个焦点问题。

二、因未及时和足额缴纳税款（包括但不限于股权转让税款）而产生的滞纳金、罚款，应由忠信利公司等承担。根据股权转让协议，特别是2014年5月14日《中原纸业出让部分事项协议》的约定，由忠信利公司代付税费（包括股权转让前应付税费），款项在应付股权转让费中扣减，兴宁市地方税务局稽查局作出〔2016〕1号的《税务处理决定书》和〔2016〕1号《税务行政处罚决定书》，也认为根据《公司股权及资产转让收购协议》的约定，认定忠万公司具有代缴股权转让个人所得税的义务。所以，因忠信利公司未及时和足额纳税而产生的滞纳金、罚款都应由忠信利公司承担。大额的滞纳金和罚款主要有：2015年10月10日缴纳的滞纳金38 700元，11月27日缴纳的滞纳金77 456.07元（两笔合计116 156.07元），2016年1月25日纳税而产生的罚款79 169.71元。其他小额的滞纳金和罚款参见罗×庆根据忠信利公司提供的纳税发票制作的《中原公司股权转让案税费明细》《中原公司股权转让案（过渡期）税费明细（二）》。

三、合同生效之后的税费由忠信利公司承担。根据2013年3月9日签订的《公司股权及资产转让收购协议》，其中第四条债权债务约定"1.合同生效前，甲方（罗×庆）个人及经营管理公司期间所发生的一切债务、税费全部由甲方承担，债权亦归甲方享有，乙方（忠信利公司）不予负担"；第八条其他副项约定"2.本协议一式肆份……均须经双方签字盖章后生效"；合同签订日期为2013年3月9日。因此，《公司股权及资产转让收购协议》于2013年3月9日生效，中原公司在2013年3月9日之前的税费由罗×庆承担，之后的税费由忠信利公司承担。关于税费金额问题，罗×庆并没有在庭审确认2013年8月31日前缴纳税费2 547 581.93元，2013年9月1日后的缴纳税费为90 594.26元。一审期间，罗×庆根据忠信利公司提供的纳税发票，按照纳税时间和税款所属时期进行了统计分析，向法庭提交了《中原公司股权转让案税费明细》《中原公司股权转让案（过渡期）税费明细（二）》，这两份表格计算出2012年12月31日之前的各种税费569 846.9元，2013年1月1日至2013年3月31日期间的税费共145 192.32元，合计569 846.9+145 192.32=705 039.22元（包括滞纳金和罚款，与2014年5月14日《中原纸业出让部分事项协议》预算的税费87万元相当）；2013年4月1日至2013年8月31日期间（过渡期）税费72 656.51元；2013年9月1日至2013年12月31日期间税费72 479.81元，2014年1月1日之后剩1 528 925.29元，忠万公司和薛×忠税费253 135.55元，即2013年4月1日之后的税费合计1 927 197.16元，该税费应由忠信利公司和忠万公司、薛×忠承担。

四、2014年7月18日收据的15万元和2015年5月13日收据中18.8万元不应在股权转让款中扣减。1.忠信利公司（李×万）并未代向兴宁市人民法院支付2014年7月18日的收据约定的执行款15万元，所以该15万元就成了忠信利公司的不当得利，不应当在股权转让款中扣减；2.2015年5月13日收据中18.8万元就是兴宁市国土资源局的办证费用，而忠信利公司实际在2015年5月26日代交的办证费用只有121 460元，即罗×庆先写好了18.8万元的收据，之后忠信利公司才代缴办证费用121 460元，罗×庆同意在股权转让款中扣减办证费用121 460元，但不应当再次扣减18.8万元。

五、忠信利公司应承担延期支付股权转让款的违约责任。合同签订之后，罗×庆已协助忠信利公司办理股权变更手续，向忠信利公司移交了土地和厂房，不存在违约行为，而忠信利公司至今仍未付清股权转让款，其违约行为显而易见，应按合同的约定支付违约金。因合同约定的每日千分之一的违约金标准过高，罗×庆自愿要求按月息2%的标准支付违约金，故请求法院判令忠信利公司向罗×庆支付股权转让款违约金（利息）暂定20 000元，违约金以应付股权转让款为基数，从2013年12月19日起，按月利率2%的标准计算至付清款项之日止。

综上所述，罗×庆实际收到股权转让款1 360万元，同意扣减的垫付款项（包括税费、土地办证费、机械设备款、租金等）合计2 439 390.6元，忠信利公司等被上诉人仍应支付股权转让款合计2 960 609.4元。

罗×庆在二审庭审中补充：因上诉人法律意识不强，其向被上诉人出具收条的时候，都是写收到股权转让款多少钱，没有备注这个款项是用来办理土地使用证或者是还欠款，没有注明用途，比如2014年7月8日的64万元是用于缴纳土地出让金；2015年5月13日的18.8万元是用来办理土地使用证，对此都没有注明具体的用途。现在被上诉人只承认64万元是用于支付土地出让金，不承认18.8万元是用来办理土地使用证，对此上诉人请求二审法院根据上诉人书写收条的习惯，结合被上诉人办理土地证款项的时间和出具借条的时间相吻合等事实，认定2015年5月13日的18.8万元实际上就是用来办理土地使用证的费用，与2015年5月26日的办证费用121 460元是重复计算的款项。

忠信利公司、忠万公司、中原公司、薛×忠、李×万、孔×彬辩称，一、一审判决的对剩余应当支付的股权转让款的认定数额790 066.69元是准确的，被上诉人的上诉理由不成立。1.上诉人罗×庆主张股权转让合同生效之后的税费由被上诉人承担没有依据。2.未及时足额缴纳税款是上诉人的原因造成的。3.被上诉人代扣代缴上诉人股权转让的个人所得税是法律的强制性规定，且与双方的约定不矛盾。4.上诉人于2014年7月18日收款时出具收到15万元的收据和2015年5月13日收款时出具了收到18.8万元的收据，上诉人称未收到款项与事实不符，相关款项当然应当在股权转让款中扣除。二、被上诉人未延期支付过股权转让款，相反上诉人存在延期交付标的公司资料和资产的重大违约行为。综上所述，被上诉人认为，上诉人未能诚信地履行股权转让合同义务是导致纠纷发生的原因，一审判决查明的剩余应当支付的股权转让款数额并无不当，上诉人的上诉请求理由不能成立。

罗×庆向一审法院起诉请求判令：1.被告忠信利公司向原告支付股权转让款451万元和违约金（利息）暂定20 000元，违约金以应付股权转让款为基数,从2013年12月19日起,按月利率2%的标准计算至付清款项之日止(诉讼标的暂定453万元);2.被告忠万公司、中原公司对上述股权转让款和违约金承担连带清偿责任;3.案件诉讼费用由三被告承担。

忠信利公司提出反诉请求:1.罗×庆立即将中原公司的办公楼和宿舍楼交付给反诉人;2.罗×庆偿还反诉人的代付费用3 292 518.57元;3.罗×庆向反诉人支付交接过渡期内的纸板制品厂租金15万元;4.罗×庆向反诉人支付延期交付违约金4 457 400元(按已付股权转让款的万分之三十计算);5.罗×庆承担本案反诉费。

一审法院认定事实:2013年3月9日,原告罗×庆(甲方)代表中原公司作为转让方与被告忠信利公司签订了一份《公司股权及资产转让收购协议》,约定原告罗×庆将其在中原公司的全部股份及公司资产整体转让给被告忠信利公司,转让总价款为人民币1 900万元整,其中在签订协议前已支付10万元定金,在签订转让协议后5日内支付首笔转让价款500万元;在甲方协助乙方办理中原公司股东变更等手续和向乙方移交公司所有印章后,乙方在3日内向乙方支付第二笔转让款500万元,甲方则应在收到第二笔款项后办理解除中原公司房地产权、国有土地使用权证的抵押手续,赎回相关的证照并交与乙方;其中2013年4月1日至9月1日期间为双方过渡交接期,在半年过渡期满、全面移交条件成就后(如解除原有租赁协议、全面清场、协助完善公司国土使用权证等),乙方即向甲方支付所有剩余款项900万元。协议第八条"违约责任"第2点约定:"乙方(忠信利公司)应当按照本合同约定的付款时间及方式进行付款,否则,应支付违约金,违约金计算标准为每延迟一日,应支付当期款项总额的万分之三。"协议第五条"税费负担"特别约定:"本协议涉及的所有税费由乙方(忠信利公司)负责缴纳。"协议签订后,忠信利公司于2013年3月14日向罗×庆支付了首笔500万元,原告罗×庆于2013年4月3日到工商登记部门办理了标的公司股权变更手续,标的公司股东由原来的何×东、罗×庆变更为忠万公司,但原告罗×庆的原有公司印章未办理备案手续，无法移交具有法律效力的公司印章，同时国土证仍在抵押无法移交。2013年4月8日，原告罗×庆和被告忠信利公司就过渡期有关交接事宜签订了一份《公司股权及资产转让补充协议（一）》，双方约定2013年4月1日至9月1日为过渡交接期，过渡期内原股东占用厂区继续经营，过渡期内继续经营所产生的所有税费均由原告罗×庆负责缴费和处理，过渡期内纸板制厂每月租金6万元由双方各收取一半，过渡期满后原告罗×庆无条件向被告忠信利公司交付公司整体资产，包括并不限于标的公司厂区内厂房、办公楼、宿舍楼等相关物业、纸制品厂、泡沫厂相关设备等、公司历来财务报表、收据、财务清单及公司印章。2013年5月17日，原告罗×庆与被告忠信利公司、忠万公司及其股东、中原公司签订了《中原实业发展有限公司股权及资产转让补充协议（2）》，特别约定忠万公司及其股东中原公司与忠信利公司一起，对股权转让款的支付承担连带清偿责任。2013年8月30日，原告罗×庆和被告忠信利公司签订了《补充协议书（二）》，约定鉴于双方之前签订的《中原公司股权收购协议书》《补充协议书（一）》《备忘录》等，并约定于9月1日前办理完所有交接手续，但由于甲方未能按照之前合同约定，拿出相关国土使用权证等，经双方协商后，被告忠信利公司在签订补充协议的3日内，向原告罗×庆支付转让款200万元，原告承诺于9月30日前办妥所有证手续并向被告移交完整的国土使用权证，否则自愿承担所有延期责任。上述协议签订后，罗×庆于2013年4月16日办妥了股东名称变更手续，于2013年5月25日移交了中原公司的6本土地使用证、房产证等，于2013年8月31日移交了中原公司的机械设备等资产。2013年9月1日之后，中原公司已由忠万公司实际经营管理。但原告至2013年12月18日才将第二本集体土地使用权证［兴府集用（2007）第20-0002号］赎回交付被告，最后一本集体土地使用权集用证［兴府集用（2007）第20-0003号］在2015年5月18日才赎回交付被告，至2014年3月才将标的公司的会计账册移交给被告。被告持有标的公司股权后，即被兴宁市国税局、兴宁市地税局多次催缴从2011年以来的各种税务欠款，被告向税务机关缴付了税款共计2 638 176.19元，双方因此产生纠纷。其间被告应原告要求陆续于2014年1月16日支付了100万元，2014年3月20日代付肇庆瑞力机械有限公司设备款25万元，2014年5月22日支付了50万元，2014年7月8日支付了64万元，2014年7月18日支付15万元，2015年2月15日支付了3万元，2015年5月13日支付18.8万元，累计实际支付股权转让款及其他款项14 858 000元。此外被告还代原告清偿了标的公司2013年3月9日以前的债务532 891.38元（其中代付兴宁市明得纸业有限公司389 830元，代付广东富农生物科技股份有限公司133 061.38元，代付陈×怡会计工资10 000元）。2014年5月14日，在兴宁市工业园管委会的主持调解下，原、被告达成1份《中原纸业出让部份事项协议》，原告同意预留款229万元用于支付中原公司在转让前拖欠的土地出让金、机械设备款等，被告则同意将315万元打入第三方账户。留款229万元待支付完后双方另行结算。协调会之后，被告在2014年5月22日支付了50万元转让款就没有继续支付，原告多次以电话、发函或在中原公司张贴《催款函》，通过管委会协调等方式催促被告履行付款义务。但原、被告因税费问题及移交土地使用权证等问题产生矛盾，双方均未再履行各自义务。原告遂向法院起诉，提出如上诉请；被告则认为原告需向忠信利公司承担延期交付等违约责任并返还代付的税款和代为偿债的费用，原告与忠信利公司的相互债务抵消后，股权转让款已经没有剩余，原告的诉请不能成立。同时，被告以原告已构成违约为由提出反诉，提出上述反诉请求。

另查明，原兴宁市中原实业发展有限公司是原告罗×庆创办的公司，股东为罗×庆、何×东，原告罗×庆与被告签订股权转让协议，已得到另一股东何×东的确认并认可股权转让款。

一审法院认为，本案为股权转让纠纷。原、被告签订的股权转让协议及相关股权转让的补充协议，是双方当事人的真实意思表示。中原公司系有限责任公司，依据法律规定，经其他股东过半数同意，股东可以向股东以外的人转让股权。本案中，原、被告签订股权转让协议，将中原公司股权转让给忠信利公司的行为已得到另一股东何×东的同意,故上述协议系股权转让双方的真实意思表示,内容不违反法律、行政法规的强制性规定,应认定有效,对当事人具有法律约束力,当事人均应当按照约定履行自己的义务。本案双方争议焦点为:1.原、被告双方是否构成违约;2.被告给付股权转让款多少问题;3.股权转让期间公司税费由谁负担问题;4.中原公司宿舍楼和办公楼的移交问题;5.被告忠万公司、中原公司、薛×忠、李×万、孔×彬是否承担连带责任问题。针对双方在履行股权转让协议过程中出现的纠纷,就原告罗×庆的诉讼请求及被告忠信利公司、忠万公司、中原公司的答辩及忠信利公司的反诉请求逐一分析如下:

一、关于原、被告双方是否构成违约问题。

本案中,虽然原告罗×庆在签订《公司股权及资产转让收购协议》后未及时移交土地产权证等相关证照构成违约,但原告罗×庆与被告忠信利公司后来补签了《补充协议书(一)》《补充协议书(2)》《补充协议书(二)》等相关补充协议,视为双方对履行合同作了新的约定,特别是2014年5月14日双方在兴宁工业园管委会协调下签订的《中原纸业出让部分事项协议》中对股权转让作出新的协议后,原、被告双方均未按该协议履行各自义务,原、被告双方均存在过错,应各自承担违约责任。因此,对原告诉请被告承担违约责任及被告反诉原告承担违约责任的要求均不予支持。

二、被告给付股权转让款问题。

2013年3月9日原告罗×庆与被告忠信利公司签订一份《公司股权及资产转让收购协议》及《补充协议书(一)》《补充协议书(2)》《补充协议书(二)》《中原纸业出让部分事项协议》后,被告忠信利公司提交11份证据证明其向原告支付股权转让款及垫付款合计14 858 000元,原告只承认被告已给付股权转让款1 360 000元及肇庆瑞力机械有限公司设备款250 000元、兴宁市国土局土地出让金640 000元、2015年2月15日被告垫付工资30 000元,对于被告提交的2014年7月18日的150 000元的收据认为被告未实际垫付，支付兴宁市国土局办证费用188 000元与被告提交的兴宁市国土局的收款凭证121 460元是重复收费，但原告未提交相关证据证实。因此，对被告提交的2014年7月18日的150 000元的收据及兴宁市国土局办证费用188 000元、124 460元予以认定。此外，被告还垫付了原告尚欠兴宁市明得纸业有限公司欠款389 830元、欠广东富农生物科技有限公司133 061.38元、欠会计陈×怡10 000元，原告认可并同意在股权转让款中抵扣，被告实际向原告支付股权转让款1 360 000元及垫付款1 912 351.38元，两项合计3 272 351.38元。同时，原告同意返还厂租150 000元给被告。被告已垫付款项及原告同意返还的厂租款均可在股权转让款中抵扣。

三、股权转让期间的税费由谁负担问题。

双方在庭审中确认，忠万公司2013年8月31日前缴纳的税费为2 547 581.93元，2013年9月1日后的缴纳的税费为90 594.26元。

1.关于股权转让个人所得税问题。2014年8月，忠信利公司以中原公司的名义向兴宁市地方税务局缴纳了股权转让所得个人所得税556 119.84元，滞纳金116 156.07元；2016年1月12日，兴宁市地方税务局稽查局作出〔2016〕1号《税务处理决定书》和〔2016〕1号《税务行政处罚决定书》，认为根据《公司股权及资产转让收购协议》的约定，认定忠万公司具有代缴股权转让个人所得税的义务，应缴税款714 459.25元（其中罗×庆591 276.62元，何×东123 182.63元），实际纳税556 119.84元，因此税务局要求忠万公司补缴税158 339.41元（其中罗×庆131 037.40元，何×东27 302.01元），并处50%的罚款79 169.71元。根据国家税务总局关于《股权转让所得个人所得税管理办法（试行）》（2015年1月1日起施行）第五条"个人股权转让所得个人所得税，以股权转让方为纳税人，以受让方为扣缴义务人"的规定，忠万公司是股权转让个人所得税的扣缴义务人，罗×庆是股权转让个人所得税的纳税义务人，因此，忠万公司代缴股权转让个人所得税的款项，理应由罗×庆负担。

2.2013年3月9日原告与被告双方签订的《公司股权及资产转让收

购协议》中第五条税费负担的约定:"1.本协议涉及的所有税费由乙方（忠信利公司）负责缴纳；2.双方确认,甲方（罗×庆）向乙方（忠信利公司）开具相关收据"。第六条"1.双方约定……从4月1日至9月1日为双方过渡交接期……4.双方约定,过渡期内因甲方继续经营生产所产生的所有税费均由甲方负责缴付……"2013年4月1日至9月1日过渡期间的税费应当根据合同的约定由原告承担,被告忠信利公司只是具有代缴税款的义务。过渡期满后,中原公司已交由被告经营管理,相关的税费根据权利义务对等的原则及合同约定,应当由被告忠信利公司承担。

因此,原告应该承担2013年8月31日前的税费2 547 581.93元（包括了股权转让个人所得税）,被告应该承担2013年9月1日后的税费90 594.26元。原告负担的税费2 547 581.93元应该从股权转让款中抵扣。以上双方当事人给付事项折抵后,被告（反诉原告）忠信利公司应当向原告（反诉被告）罗×庆支付股权转让款数额为人民币19 000 000元（股权转让款）-13 600 000元（已付股权转让款）-1 912 351.38元（被告垫付款）-2 547 581.93元（原告应负担的税款）-150 000元（原告返还被告的租金）=790 066.69元。

四、关于中原公司宿舍楼和办公楼的移交问题。

在一审庭审中原告认为,涉案中原公司的宿舍楼在股权转让前是出租给"兴宁市明得纸业有限公司"（简称明得公司）使用；股权转让后,忠信利公司继续将该宿舍楼（连同厂房车间等）出租给明得公司使用,原告和被告双方没有办理该宿舍楼的交接手续,但该宿舍楼已由忠信利公司控制和收益。涉案办公楼共三层,建筑面积约1 800平方米,在股权转让前,一楼左边约50平方米的办公室出租由明得公司使用,右边约80平方米的办公室由中原公司使用；二楼、三楼办公室空置。股权转让之后,一楼左边约50平方米的办公室继续出租给明得公司使用,右边约80平方米的办公室则继续由罗×庆使用；二楼、三楼办公室已移交给忠信利公司（目前仍然是空置状态）。因此,实际未办理移交手续只有一楼约

80平方米的办公室，之所以至今还没有移交，是因为双方约定"在乙方（忠信利公司）未付清全部股权转让金之前，（中原）公司资产暂由甲方（罗×庆）保管"。同时原告向一审法院提交证据中有被告薛×忠及李×万签名确认收到中原公司办公楼第1层（粤房地证字第××）、第2-4层（粤房地证字第××），宿舍楼第1层（粤房地证字第××），宿舍楼第2层（粤房地证字第××），宿舍楼第3-4层（粤房地证字第××）证共5本。结合原告的陈述，应认定原告尚未移交给被告的中原公司的物业为中原公司办公楼一楼右边约80平方米办公室。

五、关于被告忠万公司、中原公司、薛×忠、李×万、孔×彬是否承担违约责任问题。

2013年5月17日，原告罗×庆与被告忠信利公司、忠万公司、中原公司签订了《中原实业发展有限公司股权及资产转让补充协议（2）》，特别约定忠万公司及其股东、中原公司与忠信利公司一起，对股权转让款的支付承担连带清偿责任，被告薛×忠、李×万、孔×彬均是忠信利公司的股东，虽然被告李×万、孔×彬未在该补充协议（2）上签名确认，但在庭审中被告李×万、孔×彬认可该补充协议。因此，被告薛×忠、李×万、孔×彬应按照该补充协议（2）的约定，与被告忠万公司、中原公司对忠信利公司股权转让款的支付承担连带清偿责任。

综上所述，依据《中华人民共和国合同法》第五条、第一百零七条、第一百二十条，《中华人民共和国公司法》第七十一条，《中华人民共和国担保法》第十二条、第十八条的规定，判决：一、被告（反诉原告）深圳市忠信利实业发展有限公司应在判决生效之日起十五日内给付原告（反诉被告）罗×庆股权转让款人民币790 066.69元；二、被告兴宁市忠万实业发展有限公司、兴宁市中原实业发展有限公司、薛×忠、李×万、孔×彬对被告（反诉原告）深圳市忠信利实业发展有限公司的第一项给付事项承担连带清偿责任；三、原告（反诉被告）罗×庆应在判决生效之日起十五日内将尚未交付的中原公司办公楼一楼右边约80

平方米的办公室移交给被告（反诉原告）深圳市忠信利实业发展有限公司；四、驳回原告（反诉被告）罗×庆的其他诉讼请求；五、驳回被告（反诉原告）深圳市忠信利实业发展有限公司的其他反诉请求。如果被告未按判决指定的期间履行给付金钱义务，应当依照《中华人民共和国民事诉讼法》第二百五十三条之规定，加倍支付迟延履行期间的债务利息。案件受理费43 040元，由原告（反诉被告）罗×庆负担；反诉案件受理费49 600元，由被告（反诉原告）深圳市忠信利实业发展有限公司负担。

二审中，当事人未提供新证据。本院对一审法院查明的事实予以确认。本院另查：本案所涉股权转让个人所得税共921 351.28元，即股权转让个人所得税714 459.25元＋股权转让个人所得税罚款79 169.71元＋股权转让印花税9 500元＋股权转让印花税滞纳金2 066.25元＋股权转让个人所得税滞纳金116 156.07元。

本院认为，本案为股权转让纠纷。根据二审双方诉辩主张，本案二审争议焦点是：1. 2013年8月31日前的税费应由谁承担；2. 2014年7月18日收据的15万元和2015年5月13日收据的18.8万元是否应在股权转让款中扣减；3.忠信利公司应否承担延期支付股权转让款的违约责任。

关于焦点1。根据《中华人民共和国个人所得税法》第二条规定，财产转让所得，应缴个人所得税；第八条规定，个人所得税，以所得人为纳税义务人，以支付所得的单位或者个人为扣缴义务人。根据《中华人民共和国印花税暂行条例》第一条规定，在中华人民共和国境内书立、领受本条例所列举凭证的单位和个人，都是印花税的纳税义务人，应当按照本条例规定缴纳印花税。第二条规定，产权转移书据为应纳税凭证。本案中，罗×庆将其持有的中原公司的股权转让给忠信利公司，罗×庆为个人所得税的纳税义务人，忠信利公司为扣缴义务人，双方均为印花税的纳税义务人。忠信利公司履行了扣缴义务，代罗×庆缴纳了印花税、个人所得税共计921 351.28元（含罚款、滞纳金）。另，2013年4月8日罗×庆和忠信利公司签订《公司股权及资产转让补充协议（一）》，双方约定2013年4月1日至9月1日为过渡交接期，过渡期内原股东占用厂区继续经营，过渡期内继续经营所产生的所有税费均由罗×庆负责缴费和处理。而忠信利公司为罗×庆代缴了2013年8月31日前的其他税费共计1 626 230.65元。即忠信利公司在履行股权转让合同过程中代缴的各种税费合计2 547 581.93元。罗×庆称当时双方约定其收取的股权转让价款1 900万元系税后净得，其应付的税费已约定由忠信利公司承担。经查，2013年3月9日罗×庆与忠信利公司签订的《公司股权及资产转让收购协议》第五条"税费负担"特别约定"本协议涉及的所有税费由乙方（忠信利公司）负责缴纳"，并未约定本案所涉的所有税费均由忠信利公司承担。罗×庆上诉主张股权转让有关税费应由忠信利公司承担缺乏事实和法律依据，本院不予支持。一审法院认定忠信利公司在股权转让款中抵扣其代缴的税费2 547 581.93元，并无不当。

关于焦点2。经查，罗×庆分别于2014年7月18日、2015年5月13日出具收据，称收到李×万15万元和18.8万元。诉讼中，罗×庆主张2014年7月18日其并未实际收到该15万元，是叫薛×忠替其向兴宁市人民法院交纳执行款，但薛×忠并没有履行。忠信利公司否认替罗×庆交纳执行款15万元。另，罗×庆认为2015年5月13日收据中的18.8万元与2015年5月26日收款条中的121 460元是同一笔款，属重复计算。因罗×庆对其上述两项主张未能提供足够证据予以证实，故本院对此不予支持。

关于焦点3。经查，罗×庆与忠信利公司于2013年3月9日签订《公司股权及资产转让收购协议》后，双方还签订了《补充协议书（一）》《补充协议书（2）》《补充协议书（二）》，其中2013年8月30日双方签订的《补充协议书（二）》，约定鉴于双方之前签订的《中原公司股权收购协议书》《补充协议书（一）》《备忘录》等，约定于2013年9月1日前办理完所有交接手续，但由于罗×庆未能按照之前合同约定，拿出相关国土使用权证等，经双方协商后，忠信利公司在签订补充协议的3日内，向罗×庆支付转让款200万元，剩余款项待罗×庆办理完所有交接手续、并向忠信利公司交付完整齐全的所有证、照后再统一结算；罗×庆承诺于9月30日前办妥所有证手续并向忠信利公司移交完整的国土使用权证，否则自愿承担所有延期责任。而2013年12月18日和2015年5月18日罗×庆才分别将兴府集用（2007）第20-0×××号和兴府集用（2007）第20-0×××号集体土地使用证交给被上诉人。2014年5月14日双方在兴宁工业园管委会协调下签订了《中原纸业出让部分事项协议》，对股权转让事宜达成新的协议，未提及忠信利公司承担延期付款违约金问题。可见，在履行本案股权转让合同过程中，双方对股权转让款的支付等问题达成补充协议，约定剩余款项待罗×庆办理完所有交接手续、并向忠信利公司交付完整齐全的所有证照后再统一结算，且罗×庆也存在迟延交付有关证照的情况。故一审法院对罗×庆请求判令忠信利公司支付违约金不予支持，亦无不当。

综上所述，罗×庆的上诉请求不能成立，应予驳回；一审判决认定事实清楚，适用法律正确，应予维持。依照《中华人民共和国民事诉讼法》第一百七十条第一款第一项之规定，判决如下：

驳回上诉，维持原判。

二审案件受理费24 324元（已由上诉人罗×庆预交），由上诉人罗×庆负担。

本判决为终审判决。

合同中的一词之差，就产生了截然相反的结果，估计是转让方也没有考虑到的，"缴纳"与"承担"之间意思差距甚远。买卖双方本为融洽的磋商，但如果发生文字的歧义，对簿公堂之时，就看最初约定如何了。

另外，最高人民法院关于一则涉及不动产法拍中的涉税争议事项的观点也是具有非常重要的借鉴价值，即《成都金创盟科技有限公司、成都爱华康复医院有限公司拍卖合同纠纷民事再审民事判决书》[（2022）最高法民再59号]中提到：

本院再审认为,《最高人民法院关于适用〈中华人民共和国民法典〉时间效力的若干规定》第一条第二款规定,"民法典施行前的法律事实引起的民事纠纷案件,适用当时的法律、司法解释的规定,但是法律、司法解释另有规定的除外。"引起本案的法律事实发生在《中华人民共和国民法典》施行前,因此,本案应当适用当时有效的《中华人民共和国合同法》等相关规定。本案的争议焦点为金创盟公司是否应当承担爱华医院补缴的城镇土地使用税 1 579 094.16 元。

《拍卖公告》第六条载明,"标的物过户登记手续由买受人自行办理。拍卖成交买受人付清全部拍卖价款后,凭法院出具的民事裁定书、协助执行通知书及拍卖成交确认书自行至相关管理部门办理标的物权属变更手续。办理过程中所涉及的买卖双方所需承担的一切税、费和所需补缴的相关税、费(包括但不限于所得税、营业税、土地增值税、契税、过户手续费、印花税、权证费、水利基金费、出让金以及房产及土地交易中规定缴纳的各种费用)及物管费、水、电等欠费均由买受人自行承担,具体费用请竞买人于拍卖前至相关单位自行查询。"判断金创盟公司是否应当承担爱华医院补缴的城镇土地使用税,关键在于确定城镇土地使用税是否属于该条约定的"所需补缴的相关税、费"。《中华人民共和国合同法》第一百二十五条第一款规定,"当事人对合同条款的理解有争议的,应当按照合同所使用的词句、合同的有关条款、合同的目的、交易习惯以及诚实信用原则,确定该条款的真实意思。"根据该规定,当事人对合同条款理解存在争议的,应按照文义解释、体系解释、交易规则或者习惯、诚实信用等原则进行解释。

首先,从文义解释上看,《拍卖公告》第六条用概括加列举的方式约定了买受人需自行承担的税费,概括即"办理过程中所涉及的买卖双方所需承担的一切税、费和所需补缴的相关税、费",列举即括号中列明的相关税费。按通常理解,买受人应承担的税费应先以列举项目为准,如果某项税费不属于列举项目,则应判断是否属于"概括"范畴。案涉城镇土地使用税并非括号列明项目。"办理过程中所涉及的买卖双方所需承担的一切税、费和所需补交的相关税、费"明确表明买受人需承担的仅限于"办理过程中所涉及的"。《中华人民共和国城镇土地使用税暂行条例》第三条第一款规定，"土地使用税以纳税人实际占用的土地面积为计税依据，依照规定税额计算征收。"城镇土地使用税是基于土地使用权人实际占用土地而征缴的税种，是为提高土地使用效益设置的税种，与土地权属变更无关，不属于"办理过程中"的税费。因此，城镇土地使用税不属于《拍卖公告》第六条约定的需补缴税费。

其次，从体系解释上看，《拍卖公告》第六条由三句话组成，第三句话是对买受人自行承担税费的约定，前两句话为"标的物过户登记手续由买受人自行办理。拍卖成交买受人付清全部拍卖价款后，凭法院出具的民事裁定书、协助执行通知书及拍卖成交确认书自行至相关管理部门办理标的物权属变更手续"。可见，第三句关于税费负担的约定系在权属变更语境下作出的，并不包括权属变更过程之外的税费，即不包括案涉城镇土地使用税。

再次，从交易规则或习惯来看，一方面，根据《最高人民法院关于人民法院网络司法拍卖若干问题的规定》第六条第（二）项和第十四条第（三）项规定，司法拍卖中应当说明拍卖财产现状、权利负担等内容，并在拍卖公告中特别提示拍卖财产已知瑕疵和权利负担。拍卖财产的瑕疵和权利负担等类似信息应当为被执行人掌握。本案中，执行法院明确要求爱华医院提供案涉土地相关材料，爱华医院也承诺自行承担资料不齐造成的不利后果。但是，爱华医院并未举证其提供了与案涉土地相关的城镇土地使用税欠缴情况，《拍卖公告》未对该笔税费欠缴情况进行说明和提示，《评估报告》也未说明该欠缴情况及其对土地评估价格的影响。基于对《拍卖公告》《评估报告》披露信息的信赖，金创盟公司在参与竞买时对承担城镇土地使用税未有预期应属正常。另外，根据《中华人民共和国税收征收管理法》第八条第二款规定的"税务机关应当依法为纳税人、扣缴义务人的情况保密"，竞买人一般无法从税务机关查询到被执行人欠税信息，即金创盟公司一般无法自行查询案涉城镇土地使用税欠缴情况。因此，在爱华医院未披露欠缴城镇土地使用税具体情况下，由金创盟公司承担拍卖时不属于权属交易行为产生的且无法预见的1 579 094.16元城镇土地使用税，有违公平原则。另一方面，《最高人民法院关于人民法院网络司法拍卖若干问题的规定》第十三条第（九）项规定，法院应当在拍卖公告中公示"拍卖财产产权转移可能产生的税费及承担方式"，据此，竞买人一般仅对权属变更本身形成的税费负担有合理预见。城镇土地使用税虽与案涉土地直接关联，但竞买人对需要补缴城镇土地使用税一般不会有预见，且其本身属于爱华医院纳税义务范畴。如若未经特别说明，即要求金创盟公司承担该税费有违诚实信用原则。

最后，《最高人民法院关于人民法院网络司法拍卖若干问题的规定》第三十条规定，"因网络司法拍卖本身形成的税费，应当依照相关法律、行政法规的规定，由相应主体承担；没有规定或者规定不明的，人民法院可以根据法律原则和案件实际情况确定税费承担的相关主体、数额。"据此，网络司法拍卖本身形成的能够预见的权属变更税费，原则上尚且由法律规定的纳税义务人承担，与权属变更无关的超出竞买人预见的税费更应由法定纳税人承担，除非买卖双方当事人有明确具体的特别约定。本案中，案涉城镇土地使用税属于与权属变更无关的税费，应由其法定纳税人爱华医院承担，而非买受人金创盟公司承担。

综上所述，金创盟公司的再审请求成立。扣除1 579 094.16元城镇土地使用税后，金创盟公司应当向爱华医院支付其缴纳的税费3 743 831.43元（5 322 925.59元-1 579 094.16元）。依照《中华人民共和国民事诉讼法》第二百一十四条第一款、第一百七十七条第一款第二项规定，判决如下：

一、撤销四川省高级人民法院（2021）川民终416号民事判决和四川省成都市中级人民法院（2019）川01民初6964号民事判决；

二、成都金创盟科技有限公司于本判决生效之日起十日内向成都爱华康复医院有限公司支付3 743 831.43元；

三、驳回成都爱华康复医院有限公司的其他诉讼请求。

如果未按本判决指定的期间履行给付金钱义务,应当按照《中华人民共和国民事诉讼法》第二百六十条规定,加倍支付迟延履行期间的债务利息。

一审案件受理费59 270元、保全费5 000元,共计64 270元,由成都爱华康复医院有限公司负担28 788.21元,由成都金创盟科技有限公司负担35 481.79元;二审案件受理费19 011.85元,由成都爱华康复医院有限公司负担。

本判决为终审判决。

所以,若相关的交易合同中涉及包税条款的,一定要约定清楚,而不是简单的概况式描述,比如是包税还是包费,又或是税费一并承担,是代为缴纳还是承担,是过程当中的税费还是包含之前欠缴的税费等。既然税收政策及实务当中认可纳税义务的履行可以由纳税人之外的人来代为完成,这种情形下,尽量遵循避免争议、双方都不吃亏的原则,宜作"先小人后君子"的条款约定。

2.4.18　个人股东调整股权架构时存在的计税成本问题

在实际业务中,笔者经常遇到这样的咨询,比如张三拟将其所持某公司的股权,转让给张三设立的一家一人有限公司,在这种情形下,似乎是张三"左手倒右手",但在税收规则下,并不宜这样简单理解(见图2-14)。

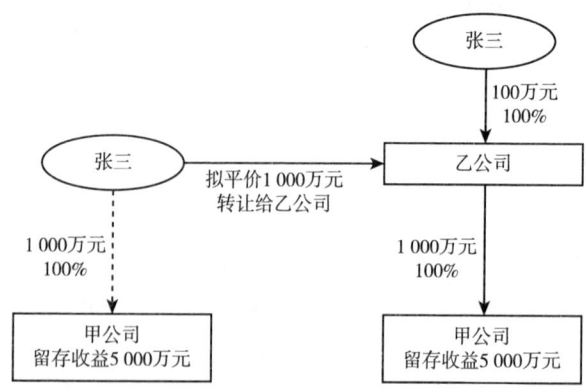

图2-14　个人股东调整股权架构

第一,在税收上,张三将股权转让给其设立的另一家公司,并不能想当然地认为这是张三转让给自己,也不符合67号公告中列举的可以特殊适用的情形①,是视为独立交易处理的。

第二,税法上没有对此类"未变现所得"的情形给予递延纳税或分期纳税政策,即没有特殊性的税务处理规则来"照顾"。

第三,因涉及个人股权转让,其征管流程较为严格,想简单地绕开67号公告的核定程序,是比较困难的。现实当中,有的通过造假报表方式来"糊弄"税务机关,还是面临着比较大的风险的。

但不可否认,之前在税收征管未到位的情况下,有一些公司在上市筹备的过程当中,的确发生了平价调整。也有的情形下,一些调整是为了减少其税负。比如在上面的案例中,张三想对外转让甲公司的股权,但这样张三需要计缴溢价所得20%的个税,恰好张三的乙公司有之前年度大额的亏损,于是张三就想利用"先低价转让,再高价对外转让"的方法,这类操作是比较多见的,也是税务机关难以完全防范的。可能有人疑惑:"乙公司对外转让后,不是一样要面临分红的个税问题吗?"那我们再考虑一下这个问题。

假设乙公司有可弥补的税收亏损8 000万元,张三将甲公司的股权以低价1 000万元顺利地转让给乙,乙公司以1亿元对外转让,这样乙公司实现了9 000万元的转让所得,若乙公司当年没有其他经营事项影响,则此时乙

---

① 第十三条 符合下列条件之一的股权转让收入明显偏低,视为有正当理由:
(一)能出具有效文件,证明被投资企业因国家政策调整,生产经营受到重大影响,导致低价转让股权;
(二)继承或将股权转让给其能提供具有法律效力身份关系证明的配偶、父母、子女、祖父母、外祖父母、孙子女、外孙子女、兄弟姐妹以及对转让人承担直接抚养或者赡养义务的抚养人或者赡养人;
(三)相关法律、政府文件或企业章程规定,并有相关资料充分证明转让价格合理且真实的本企业员工持有的不能对外转让股权的内部转让;
(四)股权转让双方能够提供有效证据证明其合理性的其他合理情形。

公司应纳税所得额为1 000万元，当年计缴企业所得税为250万元。乙公司资产负债表利润为1 000万元−250万元=750万元，乙公司至多可以向张三分配利润750万元，余下的部分只有在张三减持、乙公司清算或张三将乙公司股权对外转让时才进行处理。但这样处理，无疑给张三带来了现时的资金流节约，乙公司账上有了数千万元的现金可以使用。

有人提议："能否让甲公司先行分红给乙公司，再对外转让，这样会不会更好？"这个意义不大，因为本身乙公司有亏损，其亏损在近年度还可以有效地利用，如果先行分红，有部分转让所得转化为乙公司的免税所得，技术层面是可以的，只是要看商务上的受让方能否接受了。这也是为什么张三坚持要把甲公司股权转让给乙公司，因为乙公司有亏损、有分红免税的待遇，而张三无论是对外转让，还是取得分红均有20%的个税税负，这是张三"心疼"的地方。笔者认为，其实有这样的缴税机会是"求之不得"的。

笔者发现，这类案例在现实当中比较多见，主要是个人股东开始也没有想太多，直接自己设立公司就经营了，随着自己业务的发展，设立的公司也多起来，这样的情形下，考虑将业务板块装入自己的控股公司，就变得非常有必要了。这并不必然减少税负，不过可以滞后纳税义务，某些观点提到个人股东变为公司股东时可享受免税待遇，这句话只对了一半，因为是暂时的，钱还不能直接流入个人股东名下。

但是，如果是公司之间的股权资产转让，在目前的税收框架下，没有像个人这样的反避税强制措施，即没有"先税务后工商"的办理程序，而且其适用的是关联交易的定价管理模式，是事后管理，税务系统当中还没有体系化、程序化的监管措施，未来可能会强化这方面的管理手段。在个案当中，笔者发现，有的主管税务机关也借鉴了67号公告中的核定方法对公司间转让股权进行调整，不过毕竟不是有依据的标准化的规定，有一定的执法风险。当下，对于个人向关联方转让、向非关联方转让股权，均执行一样的标准与规则进行反避税，而企业所得税却限于关联方交易，涉及非关联交易的，目前并不在征管规范之中。

有的人看到有这样的操作案例，比如让张三的股权保持不变，让乙公司通过大额增资进来，同时让甲公司向乙公司大额分红，再让分红转为出资，从而曲线达到原来预想的节税目标，这样的方式是不是可行呢？笔者认为，技术上有一定的操作性，但是毕竟心里没底，还是要把合理性的故事"讲好"为宜。

笔者发现，各地税务机关对于个人股权转让的反避税管理有松有紧，某些案例使得税法的强制性规范与公司法、合伙企业法的意思自治产生了对冲，这种对冲当然有效地保障了国家财政利益，打击了偷逃税的行为，但它也对商法自治带来了比较大的影响，可能将一些真实的交易变得"不真实"起来。若发生过多的没有实际所得但有应税所得的情形，那么就可能产生某些负面的影响，关于这一点，建议税务机关作一些适当的调整，在尊重意思自治与税收执法方面找到更好的平衡。

另外，关于个人股权重组情形下的特殊性税务处理，为何未能与企业股权重组下的特殊性税务处理相提并论？难就难在个人的税收管理比较复杂，行政管理成本也比较高，若前面放的空间过大，后面个人没有完税能力、游离于监管之外，确实会给基层执法机关带来很大的压力，放与不放之间，似乎难以找到一个好的平衡。有的专家提出比如个人所持股的公司进行分立、合并的情形下，因为没有实现所得，就不存在应税所得的观点是不恰当的，没有实现所得是真实的，但是否有应税所得却并不一定。承上例，张三所持股权对应的甲公司拟进行分立，在分立过程当中，基于会计与市场监督管理的逻辑，多数是按账面分账，并不进行公允定价的出资重新认定，似乎在会计与商法管理中，都是支持没有所得的观点，但是在税收规则下，一个公司的分立，借鉴企业所得税的逻辑是需要分三步进行处理的（见表2-37）。

表 2-37　公司分立的"三步走"税收处理

步骤	内容	说明
第一步	被分立公司（存续）就拟分立出去的资产、负债、实收资本等进行公允估价，计算被分立公司实现的应税所得	企业所得税处理
第二步	张三收回资产，以公允价计算张三投资收回的所得并计算个人所得税	个人所得税处理
第三步	张三以公允值计量的净资产对外投资，即对应的分立公司的股权，并进行会计与税务差异管理	个人用公允值净资产出资

为了更好理解上表，我们用案例来解释：

张三拟将原公司的部分资产剥离出去，假设剥离出去的资产包括股权100万元，负债50万元，实收资本50万元，其余的资产保留在原公司。假设股权的公允价为500万元，我们以此进行模拟计算（见表2-38）。

表 2-38　公司部分资产剥离的计算

步骤	计算过程	说明
第一步	500-100=400（万元），此为公司视同转让所得，计入被分立公司当年度的应纳税所得额	当年度汇算清缴时一并计算汇缴所得
第二步	张三收回投资50万元，溢价收回的资产公允值为500-50=450（万元），张三个税为（450-50）×20%=80（万元）	此为张三收回投资的应纳个税税额
第三步	张三对外投资，投资成本为450万元，此为计税成本，但在会计上分立公司的账面价值仍为100万元，负债为50万元，实收资本为50万元	税会差异单独核算管理

我们进一步将张三换成一家公司，名叫宏图公司，来考虑一般性税务处理情形下的涉税处理，看看与上面的情形有何不同（见表2-39）。

表 2-39　一般性税务处理

步骤	计算过程	说明
第一步	500-100=400（万元），此为公司视同转让所得，计入被分立公司当年度的应纳税所得额	当年度汇算清缴时一并计算汇缴所得

续表

步骤	计算过程	说明
第二步	宏图公司收回资产500万元（含出资成本50万元，附负债50万元），但这里可能就会有不同的理解了，对多出成本的400万元中要不要考虑哪些是利润分配，哪些是应税溢价所得，税务总局公告2011年第34号文件对此有参考规定①，被分立公司视同销售计税，是不是就产生了视同销售的利润呢？这里有可能产生误解，因为视同销售利润只是计算出来的调整的应纳税所得额，并没有真实产生会计上可分配的利润，同时案例中我们假设宏图公司并不收回被分立公司的利润，那么此收回金额为应税所得，500-50-50=400万元为宏图公司当年的应税所得	视同销售产生的应税所得，并不是实际的利润，只是为了计算被分立公司的所得税，视同销售并不产生真正的可分配的利润。但若被分立公司先转让给宏图公司形成会计利润，后作分配利润倒可以考虑
第三步	将450万元作为对外投资即分立公司的投资计税基础	税会差异进行管理

之前笔者发现有的律师在举例中也有分析类似的案例，并将视同销售的所得即500-100=400万元算作了未分配利润，且作为分红所得进行处理，即取得了此部分的分配红利，这个处理有待探讨：

第一，依据国家税务总局公告2011年第34号文件收回投资，视同销售产生的应税所得并不等同于实现的利润，在会计处理中，如果将自产的货物进行分红处理，依据准则要求需在会计处理上作为销售处理的，并作为利润分配，这时，其毛利对应的部分会进入到可分配利润中。但是这里并不是分红，是税务上进行的计税处理。

第二，如果被分立公司先将股权按500万元卖给宏图公司，待实现利润后，再将货币分给宏图公司，被分立公司实现了400万元的投资收益，同时将500万元股权附50万元负债分配给宏图公司，也包括收回投资的50万元，

---

① 五、投资企业撤回或减少投资的税务处理

投资企业从被投资企业撤回或减少投资，其取得的资产中，相当于初始出资的部分，应确认为投资收回；相当于被投资企业累计未分配利润和累计盈余公积按减少实收资本比例计算的部分，应确认为股息所得；其余部分确认为投资资产转让所得。

被投资企业发生的经营亏损，由被投资企业按规定结转弥补；投资企业不得调整减低其投资成本，也不得将其确认为投资损失。

相当于净资产分回额为450万元。但这时还要看要不要给宏图公司分配减少资产负债表中的留存收益。在案例中并没有实际分配，利润仍保留在被分立公司，所以400万元仍是宏图公司的应税所得。

再延伸考虑，如果一家公司的资产明细简要列举如表2-40所示，其母公司100%持有本公司股权，我们分析其中进行实物分配可能涉及的差异事项。

表2-40　　　　　　　　　某公司资产明细　　　　　　　　单位：万元

资产	金额	负债及权益	金额
现金	100	应付账款	50
股权	100	实收资本	150
合计	200	合计	200

表2-40中，假设股权公允价为500万元，此时该公司进行清算，清算所得=100-100+500-100-50=350（万元），若无其他相关收入费用发生，则清算所得的企业所得税=350×25%=87.5（万元），此时余下的剩余可分配财产=100+500-50-87.5=462.5（万元），财税〔2009〕60号[①]规定：

> 四、企业的全部资产可变现价值或交易价格，减除资产的计税基础、清算费用、相关税费，加上债务清偿损益等后的余额，为清算所得。
>
> 企业应将整个清算期作为一个独立的纳税年度计算清算所得。
>
> 五、企业全部资产的可变现价值或交易价格减除清算费用，职工的工资、社会保险费用和法定补偿金，结清清算所得税、以前年度欠税等税款，清偿企业债务，按规定计算可以向所有者分配的剩余资产。
>
> 被清算企业的股东分得的剩余资产的金额，其中相当于被清算企业累计未分配利润和累计盈余公积中按该股东所占股份比例计算的部分，应确认为股息所得；剩余资产减除股息所得后的余额，超过或低于股东

[①] 财税〔2009〕60号，即《财政部 国家税务总局关于企业清算业务企业所得税处理若干问题的通知》。

投资成本的部分，应确认为股东的投资转让所得或损失。

被清算企业的股东从被清算企业分得的资产应按可变现价值或实际交易价格确定计税基础。

母公司原来的投资额为150万元，则收回投资的所得为462.5-150=312.5（万元），此为应税所得，并不涉及累计未分配利润和累计盈余公积，没有可享受免税的股息红利所得。

我们再转换一个思路分析，母公司在清算中按市场价格500万元购买该公司持有的股权，当在会计准则下满足收入确认的条件，此时待清算公司的报表明细如表2-41所示。

表2-41　　　　待清算公司的报表明细　　　　单位：万元

资产	金额	负债及权益	金额
现金	600	应付账款	50
股权	0	实收资本	150
—	—	未分配利润	400
合计	600	合计	600

清算所得=500-100+100-100-50=350（万元），所得税仍为87.5万元，余下的剩余可分配财产=600-50-87.5=462.5（万元），由于计缴所得税，上表中的未分配利润净额为400-87.5=312.5（万元），依财税〔2009〕60号文件规定，312.5万元为股息红利免税所得，投资转让所得为462.5-312.5-150=0（万元），此时大家可以发现，一样是500万元收回来的股权，但在计算投资收益时，一个是应税所得，另一个是免税所得，似乎有点难以理解。其实税收政策中提到的利润指标或口径，是基于会计上核算出来的利润，并以此为基础作为公司法中可供分配的利润，不然若只是税收上的视同销售利润，将形成不了可分配利润，从而可能带来的不一样的甚至反向的结果。不过我们建议上述的转让处理宜在清算决议之前进行，而不是分配财产之时进行，不然在填报清算报表时，可能产生不必要的争议。

正如上面提到有的时候公司股东对外转让股权时,"先分红再转让",在相关方均能接受的商务条件下,一定程度上会减少转让方公司的应税所得,但于个人股东而言,并无区别。

当下,一些专家或服务机构致力于为企业提供股权架构重组的服务,并且创造出来了很多的概念,如钱包公司、家族公司、控股公司之类的,五花八门,似乎这些架构搭建完了,公司就马上一飞冲天了。笔者认为,对于绝大多数的公司来讲,这些调整的意义并不大,有一个基本的架构就可以了,而对于行业当中那些身居前列的"巨无霸"公司,估计这些东西也用不上,其中利益的盘根错节,根本就不是理论上这般单纯。对于经营主体来讲,首要的是能够在商业上有利润、可发展,在此基础之上再考虑架构合理性的问题,它更多是锦上添花。但不排除有个案,因为涉及某个节点的财税痛点无法消除,业务发展产生阻力,找到一个恰当的方式破解助力疏通。在笔者看来,业务流程的优化有时作用大于形式架构,考虑清楚了业务流程的交易对象、交易标的,其增值的环节、核心的价值体现功能,梳理清楚之后,统筹进行相关的搭建与调整,表里相协同,才可能更为实用、适用。

2.4.19 增资稀释是否必然涉及"暗渡陈仓"转让股权

增资情形要不要征税,这本身就是一个"无中生有"之事,更是一个误导性的论题,或者说臆想出来的问题,我们思考这个问题,需要考虑税收法定的依据在哪里,一系列将增资视为股权转让进行税收监管的措施或观点,更多是从股权转让的反避税措施中得到的"灵感",即具有"天然的"质疑性,认为这其中可能涉及利益的输送问题,从而危害税款的征收。如果从背后确实存在利益输送的情况来看,以"阴阳合同"的形式借增资掩饰股权转让的真相,这本身就是偷逃税款的行为,是税收违法行为。但是硬要划出一个对增资计税计量标准来,借鉴67号公告的净资产核定等方法,其实是突破了正常的税收征管权限,笔者认为,可以进行风险管理,然而不宜直接作为裁判入场执法。一方面,对于纳税人来讲,提高遵从度与对税法的敬畏之心，是主要的；另一方面，如果是真实的交易无所得产生，硬要核定出来一个税项，这本身在执法层面上是存在瑕疵的。据观察，有的地方税务机关已开始在系统当中设置增减资情形下的个人股东的税收管理措施，这是好事，但有可能形成机械执法，反给税务人员带来困扰。

问题一：增资行为是不是股权转让行为？

无论是在市场监督部门管理中，还是在67号公告对于股权转让情形的描述中，均没有视增资行为为股权转让行为的设定，其本身的逻辑与成立公司时的权益划分、利益分配划分的逻辑有相近之处。

国家税务总局公告2014年第67号文件规定：

> 第三条 本办法所称股权转让是指个人将股权转让给其他个人或法人的行为，包括以下情形：
> （一）出售股权；
> （二）公司回购股权；
> （三）发行人首次公开发行新股时，被投资企业股东将其持有的股份以公开发行方式一并向投资者发售；
> （四）股权被司法或行政机关强制过户；
> （五）以股权对外投资或进行其他非货币性交易；
> （六）以股权抵偿债务；
> （七）其他股权转移行为。

有人说这里的其他股权转移行为，是不是可以由主管税务机关进行解释？显然基层是无此权限扩大化解释的，更何况增资行为本身是不是股权转移就存在着大大的问号！

问题二：名义持股比例的变化是不是股权转让行为？

这还真是一个问题，比如张三、李四投资设立了甲公司，各持股50%，后王五加入,王五持股20%,这样张三与李四的股权比例各降为40%,三人合计是100%股权。"你看,张三、李四的股权比例从50%降到了40%,这不是股权转让了吗?"这是被形式迷惑了心智,这不是转让,本身张三与李四的权益多少没有发生变化,但是因为王五的加入,其带来了增量的资产,于是两人对应的比例份额变化了,但不代表其持有的股权权益发生了变化。在公允的逻辑下,权益的多少并没有发生变化,而且在工商登记办理中,也不属于股权转让。

问题三:如何在数据计量中理解增资的"谈判筹码"?

下面我们通过一个案例的演化,来理解增资行为过程当中相关利益方的利益变化。

【例2-26】张三与李四各投了50万元(实收资本与注册资本一致)设立了甲公司,公司经营得不错,王五也想加入发展,三人商量后确定了共同的发展愿景,但后加入的王五要享受甲公司之前的成果,这里面的利益如何平衡呢?假设加入之时公司的报表数据如表2-42所示。

表2-42　　　　王五加入时公司的报表数据　　　　单位:万元

资产	金额	公允值估价	负债与权益	金额	公允值估价
现金	10	10	应付款项	50	50
股权投资	100	900	实收资本	100	100
无形资产	90	200	未分配利润	50	50
合计	200	1 110	合计	200	200

我们发现,在表2-42的数据中,股权与无形资产的增值比较大,共增值了910万元,王五要加入的话,此时公司的"家底"值1 110-50=1 060(万元),王五想加入占股20%,王五要投入多少资金呢?

假设王五投入资金为X元,则X÷(1 060+X)=20%,解得X=265

万元,由于实收资本原来为100万元,王五总投入265万元,这时占实收资本20%,假设王五计入实缴资本为Y,则Y÷(100+Y)=20%,解得Y=25万元,这样计算下来后,资产负债表变为表2-43所示。

表2-43　　　王五加入公司后的资产负债表　　　单位:万元

资产	金额	负债与权益	金额
现金	10+265=275	应付款项	50
股权投资	100	实收资本	100+25=125
无形资产	90	资本公积	265-25=240
—	—	未分配利润	50
合计	200+265=465	合计	200+265=465

这是一个建立在数据计量基础上的增资安排,似乎这样是比较公平的,比如有的税务机关认为,王五只有出资在265万元以上,才不涉及张三、李四向王五"实质性转让股权利益",不然张三、李四怎么会把自己持有的利益无缘无故地送给王五,"你们送不要紧,不能以损害国家税收利益为前提!"比如,王五私下发红包给张三、李四,并以低于所谓的公允价进行增资取得相应的股权,不排除有这样的情形发生,但假设没有私下利益的传递,就是真实的交易,由于张三、李四认为王五有合作的发展潜力,认为王五可能会带领公司进一步发展,尽管公司的资产估值增值比较高,但是变现能力并没有多好,且行业竞争激烈,张三与李四商量,拟以上述估值为基础,以200万元的入资条件邀请王五加入股东行列,给王五20%的股份,此时,是不是必然涉及265 200-65万元的个税问题?这65万元是对谁征税呢?

第一,从王五的角度来看,王五相当于白得了可计量的利益,但依《个人所得税法》对于应税所得的界定,从算账的角度看,王五取得了65万元的虚拟权益,然而王五是投资人,这个65万元也并没有给付到王五名下,即王五没有取得应税所得,对王五征税于法无据。

第二，65万元是不是由张三与李四各承担一半的"股权转让"个税？但张三与李四并没有转让股权，股权还在甲公司的账上，用67号公告作为"武器"出招，显然文不对题。就算张三与李四依税务机关的要求按65万元计缴了个人所得税，问题是65万元对应的投资成本是不是可以延续？即张三与李四原来的出资50万元，再各加上32.5万元的成本，作为将来转让或退出的投资成本①，税务机关能否给延续过来？不能为征税而征税，因为既然征了税，那么计税基础就要增加，这个逻辑是讲理的吧！

第三，基于多年前某地有代表性的意见：

问：企业增资，尤其是不同比例的增资情形，引起原股东股本结构发生变化，经咨询工商部门，其认为该行为不是股权转让，个人所得税如何处理？

答：1.对于以大于或等于公司每股净资产公允价值的价格增资行为，不属于股权转让行为，不征个人所得税。

上述行为中其高于每股净资产账面价值部分应计入资本公积，对于股份制企业，该部分资本公积在以后转增资本时不征收个人所得税；对于其他所有制企业，该部分资本公积转增资本时应按照"利息、股息、红利个人所得税"税目征收个人所得税。

2.对于以平价增资或以低于每股净资产公允价值的价格增资行为，原股东实际占有的公司净资产公允价值发生转移的部分应视同转让行为，应依税法相关规定征收个人所得税。

该观点在网络上有比较大的影响力，这也是本节内容中所讨论的相关事项，如果仅仅是时间性的差异管理，笔者认为尚可接受；如果是永久性的征税，则有待探讨。为此笔者也曾与相关领域的权威专家进行过探讨，认为在

---

① 国家税务总局公告2014年第67号文件第十六条规定：股权转让人已被主管税务机关核定股权转让收入并依法征收个人所得税的，该股权受让人的股权原值以取得股权时发生的合理税费与股权转让人被主管税务机关核定的股权转让收入之和确认。

财政部、国家税务总局对此未明确之前，自行确定征税的依据尚不充分，所以不宜一概而论。

有人提出："张三与李四愿意以低于公允值的条件接纳王五作为增资股东，背后一定是有隐性利益传递的，这是赠送，应考虑税收的问题！"对此笔者并不认同，这类情形下的赠送也不属于《个人所得税法》中明确的偶然所得等应税所得事项，个人所得税中也没有视同销售的问题，在这样的逻辑下，没有产生应税所得。不公平是存在的，但征税却是需要有依据的，我们可以认为这是一个税收漏洞之处，或在反避税方面可以进行思考，但反避税也是需要严格的程序的，并不是认为有避税嫌疑就要反避税，况且这其中都没有所得，何反之有？"水至清则无鱼"，在这种情形下，业务是真实的，个人当前没有取得所得，未来将产生所得，即未来产生的应税所得并没有减少，是一个时间性的问题。比如张三与李四是好朋友，张三为了与李四做生意，在李四的儿子结婚时，送了一个大大的红包，李四很开心，将自己对外销售货物的价格打了八折销售给张三，这种情形下，红包是不是属于上述转让收入的调增项？换个例子来描述，或许对于我们理解这个问题会有帮助。

问题四：为避开股权转让反避税调整而改以增资方式实现的股东身份问题。

在这里，我们首先是基于真实交易进行的问题讨论；其次，避税与偷逃税行为是不同的，税务部门的规范性文件对于个人股权转让设置了反避税的征管规范，我们并不能得出税务机关对于所有的涉税业务设置了反避税规范，其实67号公告是先于2019年1月1日起实施的《个人所得税法》中的"反避税"上位法条款的，如果纳税人避开了67号公告规定的反避税业务流程，改由通过其他方式实现行为目标，是不是违法违规？并不必然，因为这里的税并不必然产生，况且67号公告也并不是说必然有反避税的成果，有的情形下，有特殊原因的并不需要反避税核定，现实中存在认可沟通困难的问题。但是67号公告并没有强制要求一律要进行计税价格核定，有正常可以解释的理由[①]，是可以或应该得到认可的。但是，由于涉及税收征管职责，在基层的业务处理中，对于个人股权转让完税凭证（如完税情况表）的出具，是非常谨慎的，往往需要严格查阅、问询相关问题，而转让方提供的解释说明往往像在"自话自说"，难得到认可。以致在某些个人股权转让的情形下"宁可缴一些税"，就是希望商事变更能够加快一些。比如笔者曾遇到一个案例，从签订合同开始办理税务凭证之日起，在与基层税务机关沟通上，前前后后就认缴与实缴的分红权交涉了三个月，最后总算得到了"放行"。相信税务机关内部也进行了充分的风险评估，包括转让价格、执法风险。在67号公告的征管程序要求下，这样的问题会频繁发生，争议也不会少。从另一方面说，非专业人士可能认为税务机关核定出来的税款高于转让价格计算出来的税款是一定要缴纳的，其实并不必然，如果有合理的理由，可以正当地提出来或通过其他方式维护自己的合法权益。也有人可能疑惑："如果实务中做了股权转让并办理了工商变更，没有经过税务机关的核定程序，是不是存在偷逃税款的问题？"如果纳税人申报的转让价格是真实的，上面我们提到，核定程序是反避税的程序，即认为有可能存在问题时对于价格进行调整的过程，这个调整不代表纳税人少缴纳税款，而是认为计税上的价格偏低，这个计税价格是基于税务机关的调整才会出现的，并非原来就存在应缴税的义务。

如果业务是真实的，通过所谓的"不公允"增资取得股东身份，笔者认为并不违法违规，但这种情形已引起了税务机关的关注，某些地区的税务机

[①] 第十三条 符合下列条件之一的股权转让收入明显偏低，视为有正当理由：

（一）能出具有效文件，证明被投资企业因国家政策调整，生产经营受到重大影响，导致低价转让股权；

（二）继承或将股权转让给其能提供具有法律效力身份关系证明的配偶、父母、子女、祖父母、外祖父母、孙子女、外孙子女、兄弟姐妹以及对转让人承担直接抚养或者赡养义务的抚养人或者赡养人；

（三）相关法律、政府文件或企业章程规定，并有相关资料充分证明转让价格合理且真实的本企业员工持有的不能对外转让股权的内部转让；

（四）股权转让双方能够提供有效证据证明其合理性的其他合理情形。

关将这类情况也加入了"先税后工商变更"的管理程序中,而这是股权转让的例行程序,实践当中的扩大化管理,是值得商榷的。

请注意,笔者在前面更多是从税收法定的角度来展开讨论的,并结合笔者的理解与业务心得,进行了一些延伸分析。但实践中,笔者也遇到一些为了减少或规避税负成本而进行的增减资处理。比如表2-44所示的情形。

表2-44　　　　　　　　　增减资情形

情形	描述	涉税分析
消化利润	个人股东投资的公司,实现了不小的利润,由于分配给股东需缴20%的税,且个人还有对外投资的安排,于是通过设立新公司来增资作为新股东,此时以不公允增资为实现路径,后续将利润分配给该新设立的公司,这样取得免税所得,再由该公司对外投资	基于税收利益进行的业务操作,其商业合理性存疑,税务机关发起挑战,纳税人还是会非常被动的
股东调整股权持有人	由个人股东调整为公司或合伙企业持股,以实现股权的变化	同上
代持人回归	在这种情形下,相当于"一进一退"间接实现股权的变更	同上,只是这种情形下有一定的民事理由与基础

在这里,我们考虑一个商事问题,《公司法》规定:

第二百二十七条　有限责任公司增加注册资本时,股东在同等条件下有权优先按照实缴的出资比例认缴出资。但是,全体股东约定不按照出资比例优先认缴出资的除外。

股份有限公司为增加注册资本发行新股时,股东不享有优先认购权,公司章程另有规定或者股东会决议决定股东享有优先认购权的除外。

第二百二十八条　有限责任公司增加注册资本时,股东认缴新增资本的出资,依照本法设立有限责任公司缴纳出资的有关规定执行。

股份有限公司为增加注册资本发行新股时,股东认购新股,依照本法设立股份有限公司缴纳股款的有关规定执行。

《公司法》对于增资并不强制要求对公司进行评估估值,这是基于《公司法》对于有限公司出资股东权益分配的意思自治,既然在设立时并不看出资多少来确定利润分配,增资时再设置条件的意义也不大,上述的规定也说明了依出资时的规定执行。这里补充一下,从条款上理解,增资的情形下,也是可以分五年实缴的。在前面的内容中我们有提到,如果股东在设立公司之时,有认缴有实缴的情形,或在都是认缴或都是实缴的情形下,其利润分配是可以自行约定的,此时,税务机关是否对此可以发起挑战?即认为应该公平地计分所得,其后才是股东间彼此让渡的结果,隐含其中的税收"漏洞"要得到纠正!笔者认为,在当前的反避税调整中,尚缺乏这方面的支持,而且也存在原则性缺陷。那么税法作为行政法,对《公司法》的这种约定发起挑战的可能性大吗?因为这种分配是在利润的"产出地"进行的分配,它即使在分配比例上与相关股东的出资比例不一样,如果业务是真实的,也并不需要再追溯至前一环节进行公允计量主张"正义"。再者说,在税法上,是用反避税来解决这个问题还是以实务法来解决这个问题呢?就是从行政效率的角度来考虑也不现实!但不排除在个案中,有某种背后利益的交换,该交换是存在应税行为的,如果人为约定的分配掩盖了应税行为的发生与计税结果的出现,这就是另外一个问题了,并不是意思自治带来的"祸"。

我们需要尊重事实、尊重商法规则,而不是过度介入。

2.4.20 转让股权时,税务机关穿透视为转让资产的情形仍具风险

公司的股权是股东资产,公司里的资产是法人的资产,各走各的路,这本来没有什么纠结的,但因为在过往的实务案例中,存在税务机关对"名为股权,实为不动产"转让情形下,"穿透"强制征收不动产转让的土地增值税情形,所以,在税收领域,人们对此还是持谨慎态度的,特别是公司名下只有光秃秃的一块空地的时候。

收购公司股权的意义何在?为何不去将公司的实物资产、无形资产、债

权等购买过来,将人员重新招募过来,在自己的公司重新包装运营呢?我们对这种为什么总是有着好奇,这也是税务机关时常关注的问题点。其实收购股权的重要性可想而知(见表2-45)。

表2-45 收购股权的重要性

收购股权的价值	说明	备注
集合品牌价值	公司的品牌价值往往体现在公司的名称、资质上,作为权利的持有人,有天然的无形价值体现	独立法人地位与身份,可以直接延续业务
拥有某项经营资质	比如行医资质、开发资质、运营牌照等,这些权利是绑定在公司层面上的,难以转移	牌照与资质的重要性
商事主体	债权与债务、合约关系等,是附属于公司名下的,在这种情形下,收购公司股权不需要发生大的商务调整成本	业务连续性

再者说,收购公司之后,如果有一些需要剥离的业务板块或资产、人员调整,是可以进行再次优化的,反之打乱了购买单项资产,尽管买卖资产可能涉及的税项比较多,似乎可以多收税,但是换位思考,商业利益的安排一定是基于现实之需的,而不是空想。

虽然上面有提到,有个案对股权转让视为股权对应的公司内的不动产转让进行土地增值税的征收,这本身就是小概率事件,可以说有风险,但不代表必然需要计缴,如果不是极端的情形下,发生这类事的概率不大,同时也是相对可控的。在最高法民事判决书[(2014)民二终字第264号]中对此有过清晰的论证与说明。

【例2-27】张三投资了一家公司,这家公司经营一家酒店,公司有酒店的产权,但是这几年来因为竞争压力过大,张三欲对外转让,此时会否发生税务机关要求就酒店不动产进行计缴土地增值税的情形呢?延伸开来还有增值税及其附加、要不要开具发票、下游能否要求开具发票抵扣的问题等等。

分析：笔者认为，所谓"穿透"对"名义股权、实为不动产"转让的情形要求缴纳土地增值税的问题，本身是一个打破税收常规逻辑的事项，征了土地增值税，是不是顺带产生增值税、契税呢？这本身就会相互矛盾，实际发生过的案例，是因为做得太明显了，当然在税法适用上也有一点勉强。我们看，张三的这家酒店还在经营，有业务、有人员，本身难以穿透其是转让不动产，它具有一个公司的基本业务场景，转让股权的场景是丰满的，也是恰当的。在实践当中，笔者认为，如果一个公司持有土地或不动产，但没有业务、人员，也没有经营场景，在表现形式上才是存在被质疑的地方的。前几年，一些大的地产开发公司收购一些小房地产开发公司的土地资源，往往是以收购股权的方式进行间接收购，笔者也甚少发现这类情形下，有税务机关要求小的地产开发公司视为转让土地或在建工程计缴土地增值税的问题。

另外在税法上还有一个"产权"的概念，《国家税务总局关于转让企业全部产权不征收增值税问题的批复》（国税函〔2002〕420号，已废止）当时规定，根据《中华人民共和国增值税暂行条例》及其实施细则的规定，增值税的征收范围为销售货物或者提供加工、修理修配劳务以及进口货物。转让企业全部产权是整体转让企业资产、债权、债务及劳动力的行为，因此，转让企业全部产权涉及的应税货物的转让，不属于增值税的征税范围，不征收增值税。

后更新的文件《国家税务总局关于纳税人资产重组有关增值税问题的公告》（国家税务总局公告2011年第13号）规定，纳税人在资产重组过程中，通过合并、分立、出售、置换等方式，将全部或者部分实物资产以及与其相关联的债权、负债和劳动力一并转让给其他单位和个人，不属于增值税的征税范围，其中涉及的货物转让，不征收增值税。在营改增之后，财税〔2016〕36号①文件规定，在资产重组过程中，通过合并、分立、出售、置

---

① 财税〔2016〕36号，即《财政部 税务总局关于全面推开营业税改征增值税试点的通知》。

换等方式，将全部或者部分实物资产以及与其相关联的债权、负债和劳动力一并转让给其他单位和个人。

在财政部、税务总局发布的《企业兼并重组主要税收优惠政策指引》提出，纳税人进行资产重组时，其转让的实物资产对应的债权、负债和劳动力等必须一并转让，三者缺一不可，否则不符合不征收增值税规定，应依法计算缴纳增值税。尽管笔者认为在某个时点上债权或债务可能是没有的，但考虑到基层执法理解的便利，"三者缺一不可"就是要素要齐全，因此建议我们的实施者在打包业务转让中拟想不征增值税需谨慎处理。

2.4.21 股权转让印花税的计缴有特殊性

《印花税法》颁布之后，股权转让的印花税如何缴纳在理解上出现了很多的偏差与误解，《财政部 税务总局关于印花税若干事项政策执行口径的公告》（财政部 税务总局公告2022年第22号）规定：

> 纳税人转让股权的印花税计税依据，按照产权转移书据所列的金额（不包括列明的认缴后尚未实际出资权益部分）确定。

在《印花税法》实施之前，一般就按照转让协议的转让价格贴花，通常是按照真正的转让价格计缴印花税，或者是按照名义的出资额（认缴）来计缴印花税，《印花税法》对此进行了新的明确，这说明之前存在计税模糊之处，需要统一口径，当然，也要有一个基本的原则与逻辑，这是问题的核心之处。

其逻辑前提是对于认缴制度的理解，即通常来讲，认缴情形下未形成股本权益（产权权益），此时转让股权（是一种认缴的出资资格，旧《公司法》对此的规定并不明确，新《公司法》修订征求意见稿倒是明确了认缴下股权转让时的出资义务规则的界定情形），认缴出资资格的转让并不是《印花税法》所说的产权，它只是资格的转让，基础不存在何来征税之说呢？于此理解，没有出资的权益转让的产权转移书据，不计征印花税。

但是，这个问题由于夹杂着对《公司法》传统观念的理解及影响，对于现实当中转让内容的适用，也会存在一些细节方面的差异，比如存在认缴的情形下，有时会有制式合同或自行制订的转让合同两种，上面提到，现实当中多是以实际结算的价格作为产权转移书据计缴印花税，但现在情形发生了变化，不再完全基于双方实际所确定的转让价格计缴印花税。

一是若没有列明认缴出资的情形下，按照原来的方式就产权转移书据所列金额计印花税。

二是在列明的情形下，我们举例说明：

如甲认缴出资500万元，在未到出资时点转让股权（此时并不关注是不是依章程或公司法约定有利益分配权），若转让价格是0元，约定了受让方认缴出资，此时自然没有印花税的计税依据。

若转让价格为100万元（因为有潜在的利益预期因素），约定了受让方认缴出资500万元，此时尽管交易价格是100万元，但因为没有实缴对应的出资，也没有印花税的计税依据。

若甲实缴了300万元，即60%，此时的转让价格定为1 000万元，约定余下的200万元由受让方继续实缴。若合同中列明了这就是300万元对应的转让价，另200万元转让价为0，此时依1 000万元计缴印花税。但是，在一般的交易中，基本上不会说实缴的300万元转让定价多少钱，余下的200万元认缴资格定价多少，但合同列明了已认缴但未出资200万元，此时可以按照1 000万元的60%即600万元计算印花税，另40%即400万元不用计缴印花税。不过这个地方是不是算列明"认缴后尚未实际出资权益部分"，估计又可能存在着诸多不同理解，最好约定清楚。

若500万元全部实缴了，则就依产权转移书据的全额计缴印花税，这里没有争议。

实际业务当中，如公司章程约定未实缴部分也可以分配公司的红利，此时要不要特别考虑？笔者认为不必，毕竟印花税的规定就是简单直接的规定。现实当中比如年终一次性奖金的个人所得税计算，公式规定是除以12来套用按月折算的综合所得税率表，这里的"12"就是固定的，且不管此人当年度工作的真实月份，即使是工作仅1个月也可除以12来计算。

或许有人还提出来："要不要考虑转让时公司的净资产情形，规定之中提到的尚未实际出资权益部分，不就是会计上的概念吗？"笔者认为这里并不需关联财务报表的净资产权益，也不必以此逻辑来计量转让价与所有者权益之间的一致或不一致时的调整。从简化理解的角度，对于转让价格的"划分"及"列明"，它的本质是基于只有实缴的出资才是产权转让，进而计征印花税，只认缴的部分无论转让价格是多少（即使有大额溢价交易转让时）均不需计征印花税。

此条豁免的说明，有"乱花渐欲迷人眼"之意。在政策的发展过程当中，这样明确是一种进步，但是它带来的过渡性的理解差异可能需要经过一段时间的消化，需要征纳双方的磨合与进一步的实践明确。

对于这个问题，上海税务微信公众号的文章《股权转让合同印花税相关问答》提到：

3.问：纳税人转让其未全额实缴出资的股权份额，印花税计税依据如何规定？

答：根据《财政部 税务总局关于印花税若干事项政策执行口径的公告》（财政部 税务总局公告2022年第22号）第三条第（四）项的规定：纳税人转让股权的印花税计税依据，按照产权转移书据所列的金额（不包括列明的认缴后尚未实际出资权益部分）确定。

因此，纳税人应在合同中列明认缴后尚未实际出资权益部分。

【举例】在股权转让合同中分别列明：1.已实缴出资部分对应的"产权转移书据"股权转让的金额。2.未实缴出资部分对应的"出资资格"

的转让金额。

甲某持有A公司100%的股份，对应注册资本认缴份额1 000万元，已实缴金额为500万元。

甲某与乙某签订股权转让协议约定，A公司100%股权的转让价为600万元。本次股权转让完毕后，转让方不再承担对目标公司的任何出资义务，受让方履行标的股权中认缴但未实缴500万元的出资义务。其中已实缴出资500万元部分对应的转让价款为550万元；未实缴出资500万元部分对应的转让价款为50万元。

根据上述协议，本次股权转让印花税的计税依据为列明的已实缴出资部分的转让价款550万元。

2.4.22 本节小结

在本节内容中，我们更多地讨论了在股东设立公司之后，个人股东可能面临的不同情形，包括转让股权、退出公司、新的股东加入等。在充满希望的前景下，出资设立公司，股东的信心往往比较高涨，合作也是亲密无间。但月有阴晴圆缺，无论是个人或公司、合作伙伴，都是处于变化之中的，面对这种变化，有的股东可能会退出，有的股东可能会转让股权，也有可能加入新的股东等，这里面既有商业的因素，也受人的决策影响，有商业风险，也有法律风险，比如有可能公司所从事的业务是不合规的、违法的，这时公司与管理层就可能面临着法律的惩罚。

而上面的一系列变化，基本上都夹杂着利益的追求与碰撞，相应存在着要不要计缴税款、受税务机关的监管，甚至发生涉税争议。这里面的情形与原因非常多样，经过对本节相关内容的探讨，笔者认为在很多时候，发生争议并不必然是纳税人的错，这里面充满着动态的税收风险，需要纳税人提高合规意识、警惕之心，也需要税务机关持续完善税收政策、规则，让税收政策更为明确、公平，减少基层税务机关对于同一问题执法的多样性、差异化理解口径。这需要征纳双方共同促进，一方面，税收政策引导、激励行业、公司发展，另一方面，实践业务又会促进税法完善、政策明确细化，征纳双方能够更好地协同前行，减少不必要的争议与纳税成本，提升税收征管效率，提升税法遵从的刚性。

第一，知法须守法，在当前税收大数据监管之下，金税四期快速发展，一些传统的如"阴阳合同"式逃税、私户收款不纳税、将部分所得在海外收取逃避税收监管，甚至以其他虚假交易逃避纳税义务的方式，已不足取，特别是对于有一定身份地位的知名人物来讲，往往得不偿失，极可能贪小利而失大利。

第二，对于诸如67号公告这样的反避税征管政策，股权转让个人要提前考虑，尽管没有经济变现所得，但很可能在核定中出现需要计缴的个税。而这种情形，对于业务相关方来讲，也是需要注意的，前面我们提到"包税"的情形，就需要受让方来考虑计缴多少税的问题。笔者发现，一些涉及私募投资的股权交易业务，往往就卡在了相关个人办理纳税凭证这个环节上。因此，除了会投资之外，对于税收规则的了解，也是需要下功夫的。笔者也发现，一些契约型私募投资的业务，存在着计税纳税操作不规范的地方，这里有政策不明确的原因，也与私募投资行业的习惯性操作有关。

第三，既然存在未知的涉税管理要求、争议，如何提前预知并作出有效的预防，往往需要专业技术支持。

当商法的规范化要求、意思自治原则，遇到税收法定的底线之时，何去何从，还是要看主角的专业之力与破解之策。

2.5 近亲属之间变更股权的特别考虑

《公司法》属于商法体系，当公司的股东由家庭成员、亲戚组成时，这里既有人情上的千丝万缕关系，也有《公司法》上"无情"的一面，正因为如此，税收政策一方面给予了某些特殊考虑，另一方面，于当事人来讲，又多了一些自由处理的权利。

在《公司法》中，有一个这样的相关规定：

第九十条　自然人股东死亡后，其合法继承人可以继承股东资格；但是，公司章程另有规定的除外。

我们平时更多的是关注到夫妻财产管理、离婚析产等情形，比如下面这个案例，《科×制造股份有限公司关于股东权益变动的提示性公告》（2024年9月19日）中摘录内容如下：

重要内容提示：

科×制造股份有限公司（以下简称"公司"）股东边某先生自前次披露权益变动报告书以来曾通过大宗交易减持公司股份、公司发行存托凭证导致其持股比例被动稀释、注销回购股份导致其持股比例被动增加，本次因边某先生与关某女士解除婚姻关系进行财产分割，导致边某先生持有公司股份的比例将减少至2.573%，关某女士持有公司股份比例将增加至2.573%，本次权益变动不触及要约收购。

边某先生与关某女士于《表决权委托协议》约定，关某女士将于完成股份非交易过户相关手续之日起至其不再持有公司股份之日止，不可撤销地将本次取得的49 349 799股股份所对应的表决权、提名权及提案权委托给边某先生行使，包括因公司实施送股、资本公积转增股本、主动增持公司股份等事项产生的股份对应的表决权、提名权及提案权。本次非交易过户完成后，关某女士构成边某先生的一致行动人，边某先生可支配的表决权对应的公司股份数量不会发生变动，即为98 699 598股，占公司总股本的比例为5.146%。

边某先生与关某女士承诺，自上述股份办理完毕非交易过户手续之日起的12个月内，不以任何方式减持所持有的公司股份，包括承诺期间因公司发生资本公积转增股本、派送股份红利、配股、增发等产生的股份。

本次权益变动不会使公司的第一大股东发生变化，亦不会对公司的经营管理产生实质影响，不存在损害公司及其他股东利益的情形。

本次非交易过户尚未完成相关登记手续，敬请广大投资者注意投资风险。

非交易过户的方式在中国证券登记结算有限责任公司发布的《证券非交易过户业务实施细则（适用于继承、捐赠等情形）》中有提到：

第三条　本细则规定的证券非交易过户业务包括以下情形：

（一）继承所涉证券过户；

（二）捐赠所涉证券过户，指向基金会捐赠所涉证券过户，且基金会是在民政部门登记并被认定为慈善组织的基金会（不含境外基金会代表机构）；

（三）依法进行的财产分割所涉证券过户，暂仅指离婚情形；

（四）法人资格丧失所涉证券过户；

（五）私募资产管理所涉证券过户；

（六）中国证监会认定的其他情形。

第四条　继承、法人资格丧失所涉证券过户的，由过入方作为申请人提交过户业务申请；捐赠、离婚、私募资产管理所涉证券过户的，由过出方、过入方作为申请人共同提交过户业务申请。

回到股权层面，67号公告也规定了办理股权变更时的"便利情形"：

第十一条　符合下列情形之一的，主管税务机关可以核定股权转让收入：

（一）申报的股权转让收入明显偏低且无正当理由的；

（二）未按照规定期限办理纳税申报，经税务机关责令限期申报，逾期仍不申报的；

（三）转让方无法提供或拒不提供股权转让收入的有关资料；

（四）其他应核定股权转让收入的情形。

第十二条　符合下列情形之一，视为股权转让收入明显偏低：

（一）申报的股权转让收入低于股权对应的净资产份额的。其中，被投资企业拥有土地使用权、房屋、房地产企业未销售房产、知识产权、探矿权、采矿权、股权等资产的，申报的股权转让收入低于股权对应的净资产公允价值份额的；

（二）申报的股权转让收入低于初始投资成本或低于取得该股权所支付的价款及相关税费的；

（三）申报的股权转让收入低于相同或类似条件下同一企业同一股东或其他股东股权转让收入的；

（四）申报的股权转让收入低于相同或类似条件下同类行业的企业股权转让收入的；

（五）不具合理性的无偿让渡股权或股份；

（六）主管税务机关认定的其他情形。

第十三条　符合下列条件之一的股权转让收入明显偏低，视为有正当理由：

（一）能出具有效文件，证明被投资企业因国家政策调整，生产经营受到重大影响，导致低价转让股权；

（二）继承或将股权转让给其能提供具有法律效力身份关系证明的配偶、父母、子女、祖父母、外祖父母、孙子女、外孙子女、兄弟姐妹以及对转让人承担直接抚养或者赡养义务的抚养人或者赡养人；

（三）相关法律、政府文件或企业章程规定，并有相关资料充分证明转让价格合理且真实的本企业员工持有的不能对外转让股权的内部转让；

（四）股权转让双方能够提供有效证据证明其合理性的其他合理情形。

如果具有上述第十三条第（二）项规定的情形，转让收入明显偏低的视为有正当理由，我们可对相关情形进行分析（见表2-46）。

表2-46　　　　　　　　　　收入明显偏低情形分析

收入明显偏低的情形	说明	成本延续
0元转让或赠送	上述近亲属之间的赠送、馈赠行为，以及继承	67号公告规定通过无偿让渡方式取得股权，具备该办法第十三条第（二）项所列情形的，按取得股权发生的合理税费与原持有人的股权原值之和确认股权原值
名义价如1元转让	近亲属之间亦可做生意，既然1元转让是交易价，那么按1元确定转让收入	1元作为受让方的支付成本，如果未实际支付，则只能认定成本为0元，这与上面的情形产生了较大的"心理反差"
平价转让	原股东没有所得，受让人以支付对价作为取得的成本原值	相当于承继了原价成本
溢价转让	原股东有所得需计缴财产转让的个人所得税，受让方以支付的价款作为取得成本	这种情形与一般的交易情形相近

通过表2-46的列示，我们发现，赠送、平价及溢价转让，对于保障成本的延续有积极的意义，不过如果都是认缴出资，这个出资成本还没有发生，其意义就不大。如果张三实缴出资了100万元，此时张三拟按1元转让给他的儿子，显然是不划算的，因为未来张三的儿子只能按1元算取得的成本原值。这时有人质疑："1元不就是白给吗？"这还真不一样，定价就是定价，不公允的定价也是定价。但张三就是想要钱，这如何办呢？比如张三转让股权的价格80万元，又不想要儿子的钱，如果其儿子将来再转让股权，其成本的证明通常需要付款凭证，此时张三完全可以让儿子先支付80万元，再"私下"给儿子80万元作为馈赠处理，前者是"一家人明算账"，后者是"一家人不用算账"。但这样的话，其中有20万元的成本不能进行延续，因为张三转让股权出现亏损，不如张三将股权赠送给儿子，而儿子给张三100万元养老的费用，这样也合情合理。如上处理仍需以业务真实为基础。

在这里，我们需要充分理解个人应税所得的范围问题，依据《个人所得税法》，我国界定的九大类应税所得如下：

第二条　下列各项个人所得，应当缴纳个人所得税：

（一）工资、薪金所得；

（二）劳务报酬所得；

（三）稿酬所得；

（四）特许权使用费所得；

（五）经营所得；

（六）利息、股息、红利所得；

（七）财产租赁所得；

（八）财产转让所得；

（九）偶然所得。

前几年大家多有讨论的微信红包的涉税问题，国家税务总局曾进行过明确，《财政部 税务总局关于个人取得有关收入适用个人所得税应税所得项目的公告》（财政部 国家税务总局公告2019年第74号）规定：

企业在业务宣传、广告等活动中，随机向本单位以外的个人赠送礼品（包括网络红包，下同），以及企业在年会、座谈会、庆典以及其他活动中向本单位以外的个人赠送礼品，个人取得的礼品收入，按照"偶然所得"项目计算缴纳个人所得税，但企业赠送的具有价格折扣或折让性质的消费券、代金券、抵用券、优惠券等礼品除外。

为此，财政部税政司、国家税务总局所得税司专门对文件进行了解读：

四、问：该公告对"网络红包"征税是如何规定的？

答：近年来，不少企业通过发放"网络红包"开展促销业务，网络红包成为一种常见的营销方式。"网络红包"既包括现金网络红包，也包括各类消费券、代金券、抵用券、优惠券等非现金网络红包。

按照《财政部 国家税务总局关于企业促销展业赠送礼品有关个人所得税问题的通知》（财税〔2011〕50号）规定，企业在业务宣传、广告等活动中，随机向本单位以外的个人赠送礼品，以及企业在年会、座谈会、庆典以及其他活动中向本单位以外的个人赠送礼品，个人取得的礼品收入，应征收个人所得税；企业通过价格折扣、折让方式向个人销售商品（产品）和提供服务等情形，不征收个人所得税。该公告未改变财税〔2011〕50号文件关于礼品的征免税规定。

从性质上看，企业发放的网络红包，也属于该公告所指礼品的一种形式，为进一步明确和细化政策操作口径，便于征纳双方执行，该公告明确礼品的范围包括网络红包，网络红包的征免税政策按照该公告规定的礼品税收政策执行，即：企业发放的具有中奖性质的网络红包，获奖个人应缴纳个人所得税，但具有销售折扣或折让性质的网络红包，不征收个人所得税。

需要说明的是，该公告所指"网络红包"，仅包括企业向个人发放的网络红包，不包括亲戚朋友之间互相赠送的网络红包。亲戚朋友之间互相赠送的礼品（包括网络红包），不在个人所得税征税范围之内。

亲戚朋友之间互相赠送的网络红包、礼品，在我国的个人所得税法体系中，没有被认定为个税应税所得。作为尊崇礼尚往来的礼仪之邦，感情友情往来频繁，对此征税的困难是比较大的，一是征管层面难实施，二是法定征税的必要性方面不充分。但不可否认的是，这种情形下，存在着一些税收的漏洞，比如在检查虚开发票的案件中，对于可能存在资金回流的情形，有的当事人将其解释为朋友之间的借款、馈赠，但这种漏洞并不是一定要封堵，而是要确定证据来应对处理。不过，假的就是假的，两个生意人之间，如果通过多种支付方式分拆纳税人的应税所得、规避纳税义务，往往是有事前"勾兑"行为，掩盖了业务真相，在现实当中，这种情形也是多见的。但如果单纯看张三赠送给李四一辆汽车、一件古董、一套衣服、一块手表、一次豪华旅游活动、一顿豪华大餐等，这时双方都没有涉及个税应税事项。尽管有上面的普适性规定，我们还是需要考虑两个税收上的概念，一个是非上面列示的近亲属情形之外的赠送股权行为，另一个是赠送房屋的情形，其个人所得税的政策有特殊规定（见表2-47）。

表2-47　　　　　　　　　　两个特殊征税情形

情形	征税规定	说明
赠送股权	受赠人不需要计缴个税，这里的受赠所得不属于列举的应征个税的偶然所得①的范围；但对赠送人则需要进行反避税核定考虑，确定对其征收"财产转让所得"的个税，此时即使没有所得，也要计缴个税	赠送股权看似"豪气冲天"，但在税收政策的适用上并不见得是"好"方案
赠送房屋，依据《关于个人取得有关收入适用个人所得税应税所得项目的公告》（财政部 国家税务总局公告2019年第74号）规定	房屋产权所有人将房屋产权无偿赠与他人的，受赠人因无偿受赠房屋取得的受赠收入，按照"偶然所得"项目计算缴纳个人所得税。按照《财政部 国家税务总局关于个人无偿受赠房屋有关个人所得税问题的通知》（财税〔2009〕78号）第一条规定，符合以下情形的，对当事双方不征收个人所得税： （一）房屋产权所有人将房屋产权无偿赠与配偶、父母、子女、祖父母、外祖父母、孙子女、外孙子女、兄弟姐妹 （二）房屋产权所有人将房屋产权无偿赠与对其承担直接抚养或者赡养义务的抚养人或者赡养人 （三）房屋产权所有人死亡，依法取得房屋产权的法定继承人、遗嘱继承人或者受遗赠人 前款所称受赠收入的应纳税所得额按照《财政部 国家税务总局关于个人无偿受赠房屋有关个人所得税问题的通知》（财税〔2009〕78号）第四条规定计算。 财税〔2009〕78号规定： 一、以下情形的房屋产权无偿赠与，对当事双方不征收个人所得税： （一）房屋产权所有人将房屋产权无偿赠与配偶、父母、子女、祖父母、外祖父母、孙子女、外孙子女、兄弟姐妹 （二）房屋产权所有人将房屋产权无偿赠与对其承担直接抚养或者赡养义务的抚养人或者赡养人 （三）房屋产权所有人死亡，依法取得房屋产权的法定继承人、遗嘱继承人或者受遗赠人 …… 三、除本通知第一条规定情形以外，房屋产权所有人将房屋产权无偿赠与他人的，受赠人因无偿受赠房屋取得的受赠所得，按照"经国务院财政部门确定征税的其他所得"项目缴纳个人所得税，税率为20%	受赠所得计缴个人所得税，这与股权受赠计税是不一样的，也是少有的规定受赠所得计税的情形

---

① 偶然所得，是指个人得奖、中奖、中彩以及其他偶然性质的所得。

续表

情形	征税规定	说明
赠送房屋，依据《关于个人取得有关收入适用个人所得税应税所得项目的公告》（财政部 国家税务总局公告2019年第74号）规定	四、对受赠人无偿受赠房屋计征个人所得税时，其应纳税所得额为房地产赠与合同上标明的赠与房屋价值减除赠与过程中受赠人支付的相关税费后的余额。赠与合同标明的房屋价值明显低于市场价格或房地产赠与合同未标明赠与房屋价值的，税务机关可依据受赠房屋的市场评估价格或采取其他合理方式确定受赠人的应纳税所得额 五、受赠人转让受赠房屋的，以其转让受赠房屋的收入减除原捐赠人取得该房屋的实际购置成本以及赠与和转让过程中受赠人支付的相关税费后的余额，为受赠人的应纳税所得额，依法计征个人所得税。受赠人转让受赠房屋价格明显偏低且无正当理由的，税务机关可以依据该房屋的市场评估价格或其他合理方式确定的价格核定其转让收入	受赠所得计缴个人所得税，这与股权受赠计税是不一样的，也是少有的规定受赠所得计税的情形

比较多的中小型公司是自己的家人、亲戚在帮助老板管理公司，比如担任出纳、采购、行政等职位，"相信自己人"多是私营企业老板的传统思维，家族公司也多是这样形成的，有兄弟姐妹合作管理公司的，有"父子兵"上阵的，至于七大姑八大姨在公司谋个差事的也不在少数。《公司法》规定：

第一百八十二条 董事、监事、高级管理人员，直接或者间接与本公司订立合同或者进行交易，应当就与订立合同或者进行交易有关的事项向董事会或者股东会报告，并按照公司章程的规定经董事会或者股东会决议通过。

董事、监事、高级管理人员的近亲属，董事、监事、高级管理人员或者其近亲属直接或者间接控制的企业，以及与董事、监事、高级管理人员有其他关联关系的关联人，与公司订立合同或者进行交易，适用前款规定。

近亲属之间，对于公司所有权的争议往往较少。只是在参与公司管理过程中，有人因个人原因或从事不当交易，甚至涉及违法犯罪，致使单位利益受损。在这时候，笔者建议，作为公司老板，一定要有隔离风险的考虑，不然最后很可能自己要背锅。比如张三的兄弟张四来请示有一个业务要处理，张三也没有听得特别清楚，于是就回复了一句："你去处理吧！"这时，如果真发生了法律追责的事项，谁来承担责任呢？恐怕张三难逃干系。

【例2-28】张三设立了一家出口贸易公司，由于张三设立的公司比较多，为了减少关注度，于是找来其姐夫王五，让王五来当公司的法定代表人，同时在日常签订合同、签字处理公司业务时，均送给王五签字。时间长了，王五感觉自己的责任重大，签字的时候心里没底，尽管张三每个月给王五2 000元的挂名费，这也消除不了王五的忐忑之心。

分析：在日常业务中，这种情形挺多。由兄弟姐妹等亲戚挂名经营，大家顾虑有时会很多，在这种情形下，如何通过一些方式让张三与王五更为融洽地合作呢？

第一，既然是让王五来当挂名股东，当法定代表人，张三就要为王五考虑好保护措施。在笔者看来，双方签订一份协议书较为合适，比如王五是显名的股东及法定代表人，其不实际参与管理、经营，实际经营均由张三完成，王五不对业务进行实质性审核。同时可以进一步约定，公司经营过程中发生的盈亏与责任均与王五无关，既然张三来经营，享受经营成果，张三也不宜让王五来担所有的风险。这个事项还是要说清楚，不然到时王五很可能会认为挂名使自己受到责任牵连，甚至与家人产生矛盾。在实务中，笔者发现有的虚开发票案件，并不是由挂名的股东或法定代表人经手的，而是由实际控制人经办的，如果能够说清楚，司法机关往往也关注实际犯罪的嫌疑人，确定情况后，如果与挂名人不相关，最终也会确定其他责任人，但也不排除在没有调查清楚之前，挂名人空口无凭，按流程接受问讯。

第二，这家公司往往会涉及出资，这时实控人会将资金打给显名人，平时保存好这些证据，还有如微信聊天记录等，也是很重要的。

2.6 股东以债权出资是不是一种创新方式

新《公司法》首次明确列示了以债权出资的方式，在过去，大家习惯性的操作是将对应债务人的"债权转股权"处理，其规定如下：

> 第四十八条　股东可以用货币出资，也可以用实物、知识产权、土地使用权、股权、债权等可以用货币估价并可以依法转让的非货币财产作价出资；但是，法律、行政法规规定不得作为出资的财产除外。
>
> 对作为出资的非货币财产应当评估作价，核实财产，不得高估或者低估作价。法律、行政法规对评估作价有规定的，从其规定。

关于债权出资其实早已不受限制，只是基于确定性与谨慎的考虑，因为债权出资不易变现，不易流通，有相应的风险，之前实务当中并未被普遍接受。2022年3月1日发布的《中华人民共和国市场主体登记管理条例实施细则》（国家市场监督管理总局令第52号）就规定：

> 第十三条　申请人申请登记的市场主体注册资本（出资额）应当符合章程或者协议约定。
>
> 市场主体注册资本（出资额）以人民币表示。外商投资企业的注册资本（出资额）可以用可自由兑换的货币表示。
>
> 依法以境内公司股权或者债权出资的，应当权属清楚、权能完整，依法可以评估、转让，符合公司章程规定。

2.6.1　债权出资的形式

笔者在实务当中接触到的案例如以债权出资到合伙企业、以债权设立金融工具或产品的方式，其本身有本金的回收变现价值，也有持有的利息回报价值，即要么等着收回本金，要么收利息。但也有一种是可转股的债权，即当借款给企业使用时，有优先可转股的选择权，此时相当于公司先以借款的形式取得资金使用，利息也可以在税前扣除。如果将来转化为借出人对公司的出资，也可以大大缓解公司偿还本金和利息的压力。

表2-48　　　　　　　　　债权出资的形式

序号	形式	内容	涉税处理
1	债权转股权	将对某公司的债权转为对某公司的出资	这里的出资记入科目包括实收资本，也包括资本公积
2	母公司豁免子公司的债务	在某些情形下，股东可能会豁免所投资公司的债务，或者无偿给予拨款等	税收上分情形处理，一是认为是对所投资公司的出资，二是计入所投资公司的利得
3	以对其他主体的债权用于对本公司的出资	债权主体的转移	这属于债权的转让，目前实务中不认为债权转让是金融商品的转让，不属于增值税征税对象

如果从《公司法》规定的出资形式看，表2-48中第1种、第3种情形为其出资的常规形式。在约定用债权出资的情形下，我们一般理解债权加应计利息的金额可能全计入实收资本，也有可能部分计入实收资本、部分计入资本公积，那么能否全部计入资本公积呢？在《公司法》的原则下，是可以的，比如涉及单一股东时，计入资本公积不会产生多股东情形下利益平衡关系。表2-48中的第2种情形是从财税角度来考虑的，即认为通常情形下，如股东豁免子公司债务，并不认为是子公司的所得，基于其地位关系的存在，而认为这是一种投资行为，是属于资本增加的一种。这个逻辑源于会计上的一种思考，比如《财政部关于做好执行会计准则企业2008年年报工作的通知》（财会函〔2008〕60号）提出：

8.企业接受的捐赠和债务豁免，按照会计准则规定符合确认条件的，通常应当确认为当期收益。如果接受控股股东或控股股东的子公司直接或间接的捐赠，从经济实质上判断属于控股股东对企业的资本性投入，应作为权益性交易，相关利得计入所有者权益（资本公积）。

这种逻辑考虑也体现在了税收政策中，《国家税务总局关于企业所得税应纳税所得额若干问题的公告》（国家税务总局公告2014年第29号）规定：

二、企业接收股东划入资产的企业所得税处理

（一）企业接收股东划入资产（包括股东赠予资产、上市公司在股权

分置改革过程中接收原非流通股股东和新非流通股股东赠予的资产、股东放弃本企业的股权，下同），凡合同、协议约定作为资本金（包括资本公积）且在会计上已做实际处理的，不计入企业的收入总额，企业应按公允价值确定该项资产的计税基础。

（二）企业接收股东划入资产，凡作为收入处理的，应按公允价值计入收入总额，计算缴纳企业所得税，同时按公允价值确定该项资产的计税基础。

对于公司而言，需要结合自己的实际情况，选择合理的处理方式，避免出现不该发生的计税事项。从笔者观察到的案例来看，在有的股权转让业务中，原股东所承担的之前涉税查补缴纳税费滞纳金的事项中，多有向被转让公司弥补亏损的补偿，如果原股东已退出股东之列，则通常认为是公司的利得，而如果仍在股东之列（转让部分股权的情形下），则可以考虑增加资本公积作为资本金处理，这样避免形成所投资公司的利得又承担一次所得税。

2.6.2 债权出资的公允计价

从财税角度来看，一项债权的价值确定需要考虑很多因素，比如债务人的偿还能力、经营现状、资产抵押情况、债务人的其他债务违约情况，会计上通常会考虑账龄的长短等。

【例2-29】甲公司借款给乙公司，本金1 000万元，利息季付，若2024年10月1日甲公司用此债权出资到丙公司，经过估价及对方公司的其他股东认可，估价为800万元，这时相当于甲公司转让了该债权，损失为1 000万元-800万元=200万元，那么200万元损失能否税前扣除呢？

分析：这是正常的市场反映出来的结果，为何不让税前扣除呢？还真不一定，这个不一定并不是税法设置了多么复杂苛刻的条件，而是实践当中个别税务机关人员可能存在误解，究其原因，是刻板理解税收政策所致。《企业资产损失所得税税前扣除管理办法》（国家税务总局公告

2011年第25号，以下简称"25号公告"）对这类债权情形未作规定，比如笔者经常遇到金融机构转让债权形成的损失，因为25号公告没有规定这类单一债权的转让，而必须是符合规定中的打包转让才能税前扣除[①]。如果丙公司按800万元入账作为债权的计税原值，将来收回来800万元，对丙公司来讲，资产收回够本了，但如果收回来1 000万元，则200万元属于丙公司的额外所得，需要并入所得计缴企业所得税。再回到甲公司转让该债权的损失200万元，应作为损失才合理。那么，甲公司将债权转给丙公司，估价800万元，估低的200万元能否由甲公司继续向乙公司追讨呢？这个逻辑形式上看着走得通，但其实甲已将全部债权转给了丙公司，并没有分部分转让给丙公司，丙公司拥有的是全部的追讨权益。这跟金融机构变卖债权、处置债权的情形是一样的，比如信用卡贷款共计1亿元，按5%打折处理变卖价为500万元，则银行相当于不再对此债权保留追偿权，至于这其中是否涉及利益转送、低价转移资产，则是另外需要考虑的事情了。

下面这个文件值得我们关注：

国家税务总局关于个人因购买和处置债权取得所得 征收个人所得税问题的批复

国税函〔2005〕655号

天津市地方税务局：

你局《关于个人通过购买债权取得的收入如何征收个人所得税问题的请示》（津地税所〔2005〕4号）收悉。经研究，批复如下：

一、根据《中华人民共和国个人所得税法》及有关规定，个人通过招标、竞拍或其他方式购置债权以后，通过相关司法或行政程序主张债

[①] 国家税务总局公告2011年第25号第四十七条规定：企业将不同类别的资产捆绑（打包），以拍卖、询价、竞争性谈判、招标等市场方式出售，其出售价格低于计税成本的差额，可以作为资产损失并准予在税前申报扣除，但应出具资产处置方案、各类资产作价依据、出售过程的情况说明、出售合同或协议、成交及入账证明、资产计税基础等确定依据。

权而取得的所得，应按照"财产转让所得"项目缴纳个人所得税。

二、个人通过上述方式取得"打包"债权，只处置部分债权的，其应纳税所得额按以下方式确定：

（一）以每次处置部分债权的所得，作为一次财产转让所得征税。

（二）其应税收入按照个人取得的货币资产和非货币资产的评估价值或市场价值的合计数确定。

（三）所处置债权成本费用（即财产原值），按下列公式计算：

当次处置债权成本费用=个人购置"打包"债权实际支出×当次处置债权账面价值（或拍卖机构公布价值）÷"打包"债权账面价值（或拍卖机构公布价值）。

（四）个人购买和处置债权过程中发生的拍卖招标手续费、诉讼费、审计评估费以及缴纳的税金等合理税费，在计算个人所得税时允许扣除。

国家税务总局

二〇〇五年六月二十四日

另外，关于债权出资，对于个人来讲，依财税〔2016〕36号文件，个人从事金融商品转让业务是享受免税待遇的，这与我们所说的债权不是金融商品的分析是出于不一样的考虑。这样也就不需要开具发票给接受投资的企业记账之用，而对于涉及有增值税应税义务的非货币性资产投资，则需要考虑给接受投资的单位开具发票入账，同时考虑抵扣之需。

2.6.3 债权出资下的应税业务处理及发票开具问题

现实之中，债权无非来自两个方面，一个是借款形成债权，另一个是发生了交易行为形成的应收款项，是由交易结算款项转变而来的。有的人认为，应收账款不属于债权，在不同的法律体系框架下，或有不同的认识。比如在民法体系下，债权有广泛性的范围，但是从金融的角度，又可能单指融资的情形，这里并没有官方定义的界限划分。《民法典》中提出债权是因合同、侵权行为、无因管理、不当得利以及法律的其他规定，权利人请求特定义务人为或者不为一定行为的权利。基于民法关系中的债权,笔者认为,当应收款项其确定、可计量、可转让时,是满足用于出资的条件的(见表2-49)。

表2-49　债权出资下的应税业务处理及发票开具

情形	说明	涉税与发票情形
有基础业务支撑的债权	比如销售货物、提供服务、转让资产等情形下产生的债权	债权转移,但经济交易关系未转移,纳税主体未作转移,需要由原纳税人就债权额确认收入及开具发票
融资产生的债权及利息	以无偿或有偿借款方式形成的债权或应收利息	结合收息时点来综合判断属于转让前还是转让后的收入并开具发票

近几年来,信贷资产证券化、债权保理等业务的发展,进一步提供了债权回收的路径,提供了多种市场的变现机会,而债权与股权之间关系的重叠也时有发生,比如"明股实债""保本收益率""优先级分配权限"等,对于这种情形,税收政策上也给予了一定的"照顾"。

国家税务总局关于企业混合性投资业务企业所得税处理问题的公告

国家税务总局公告2013年第41号

根据《中华人民共和国企业所得税法》及其实施条例(以下简称税法)的规定,现就企业混合性投资业务企业所得税处理问题公告如下:

一、企业混合性投资业务,是指兼具权益和债权双重特性的投资业务。同时符合下列条件的混合性投资业务,按本公告进行企业所得税处理:

(一)被投资企业接受投资后,需要按投资合同或协议约定的利率定期支付利息(或定期支付保底利息、固定利润、固定股息,下同);

(二)有明确的投资期限或特定的投资条件,并在投资期满或者满足特定投资条件后,被投资企业需要赎回投资或偿还本金;

(三)投资企业对被投资企业净资产不拥有所有权;

(四)投资企业不具有选举权和被选举权;

（五）投资企业不参与被投资企业日常生产经营活动。

二、符合本公告第一条规定的混合性投资业务，按下列规定进行企业所得税处理：

（一）对于被投资企业支付的利息，投资企业应于被投资企业应付利息的日期，确认收入的实现并计入当期应纳税所得额；被投资企业应于应付利息的日期，确认利息支出，并按税法和《国家税务总局关于企业所得税若干问题的公告》（2011年第34号）第一条的规定，进行税前扣除。

（二）对于被投资企业赎回的投资，投资双方应于赎回时将赎价与投资成本之间的差额确认为债务重组损益，分别计入当期应纳税所得额。

三、本公告自2013年9月1日起执行。此前发生的已进行税务处理的混合性投资业务，不再进行纳税调整。

特此公告。

国家税务总局

2013年7月15日

另外，对于永续债，财政部、国家税务总局也给予了相应例外政策的明确：

财政部　税务总局关于永续债企业所得税政策问题的公告

财政部　税务总局公告2019年第64号

进一步明确永续债的企业所得税政策适用，根据《中华人民共和国企业所得税法》及其实施条例的有关规定，现就有关问题公告如下：

一、企业发行的永续债，可以适用股息、红利企业所得税政策，即投资方取得的永续债利息收入属于股息、红利性质，按照现行企业所得税政策相关规定进行处理，其中，发行方和投资方均为居民企业的，永续债利息收入可以适用企业所得税法规定的居民企业之间的股息、红利等权益性投资收益免征企业所得税规定；同时发行方支付的永续债利息支出不得在企业所得税税前扣除。

二、企业发行符合规定条件的永续债，也可以按照债券利息适用企业所得税政策，即：发行方支付的永续债利息支出准予在其企业所得税税前扣除；投资方取得的永续债利息收入应当依法纳税。

三、本公告第二条所称符合规定条件的永续债，是指符合下列条件中5条（含）以上的永续债：

（一）被投资企业对该项投资具有还本义务；

（二）有明确约定的利率和付息频率；

（三）有一定的投资期限；

（四）投资方对被投资企业净资产不拥有所有权；

（五）投资方不参与被投资企业日常生产经营活动；

（六）被投资企业可以赎回，或满足特定条件后可以赎回；

（七）被投资企业将该项投资计入负债；

（八）该项投资不承担被投资企业股东同等的经营风险；

（九）该项投资的清偿顺序位于被投资企业股东持有的股份之前。

四、企业发行永续债，应当将其适用的税收处理方法在证券交易所、银行间债券市场等发行市场的发行文件中向投资方予以披露。

五、发行永续债的企业对每一永续债产品的税收处理方法一经确定，不得变更。企业对永续债采取的税收处理办法与会计核算方式不一致的，发行方、投资方在进行税收处理时须作出相应纳税调整。

六、本公告所称永续债是指经国家发展改革委员会、中国人民银行、中国银行保险监督管理委员会、中国证券监督管理委员会核准，或经中国银行间市场交易商协会注册、中国证券监督管理委员会授权的证券自律组织备案，依照法定程序发行、附赎回（续期）选择权或无明确到期日的债券，包括可续期企业债、可续期公司债、永续债务融资工具（含永续票据）、无固定期限资本债券等。

七、本公告自2019年1月1日起施行。

财政部

税务总局

2019年4月16日

对于这种兼有股权与债权特性的融资产品，更多是站在融出资金方（投资方）利益保护的角度展开考虑，但对于接受融资（接受投资）的一方，则需要考虑利息的税前扣除问题，如果就看法定形式上的股权关系，则相应的利息是无法在融资方进行税前扣除的，这其实也是给了相关方的一个共同的新的选择。比如有的融资方是以合伙企业基金的形式运营的，本身并不需要企业所得税的股息红利免税政策。

在实务中，笔者发现，对于投资性融资有的企业会计账务处理与最终的报表体现是不一样的，比如报表中体现的是入股，但是账上体现的是融资借款，这样的情形下，企业提供给税务机关的数据是一套，提供给外部审计的报表（调表不调账）是另一套，在集团合并报表的层面上，往往就会以合并数出现，将相关问题隐藏起来。

2.7 股东之间意思自治下权益与利益分配的税收公平问题

关于这个问题，我们在前面的内容中已有过讨论，因为这个问题在"纯洁"的财税人的眼里，存在潜伏的利益交换或利益流转的事项，需要关注其中的涉税风险问题。对此，笔者并不完全认同，如果真有问题，难道当下税务机关的执法都是存在执法违规之处吗？很多存在这类情形的公司难道都是在从事涉税违法行为吗？虽然他们通过了商法的规则体系，但税法的规则体系应是"天网恢恢，疏而不漏"啊！在财税人与法律人的思维中，财税人一方是看什么都可能是风险，另一方是法无禁止即可为。

【例2-30】张三与李四拟一起设立公司，张三的资历与经验更充分，李四家有点积蓄，也想做一些有意义的投资。双方商议后，张三与李四拟各出资50万元，但是李四自愿"让利"，自己虽然出资50万元，但是只想占20%的股份比例，这样在出资方式上可以有两种处理方式（见表2-50）。

表2-50　　　　　　　　　　　出资方式

方式类型	说明	涉税分析
章程约定利润分配方式	双方各50万元均计为注册资本，形式比例各为50%，约定的分配比例为张三80%，李四20%	符合《公司法》中全体股东约定的意思情形
直接在入资时确定比例关系	张三50万元和李四12.5万元计入注册资本与实收资本，李四余下的37.5万元计入公司资本公积项下	资本公积是李四的资本性投入，不是公司的利得不需计所得额计税

考虑到利润是从无到有产生的，此时投资与约定的收益分配比例可能一样，也可能不一样，由于投资时公司还没有实现已有的价值，此时的约定并不代表其背后已实现利益的兑换与流转，这是最主要的考虑点。对于已实现营利的公司，如果进行股权转让，在67号公告的核定管理体系下，需要考虑税收的问题，这是有理论支持的。所以，在公司初设立时，即便所约定的成果分配比例看似"不公平"，也不代表涉及税收漏洞或流失，为什么这么说呢？本质上没有税基减少，因为一是没有实际的交易转让与所得，二是反避税的基础都不存在，三是在应税所得的体现下，这种所谓的"所得"是心理上的感觉，并不是实物上的实实在在的应税所得。

有人认为："为何公司新成立之时就形成了溢价出资的资本公积？"这并不稀奇，只是平时我们关注比较多的是后来投资者增资的时候形成的资本公积，其逻辑是一样的，新成立公司时就形成资本公积，尽管公司没有溢价的公允价值，但出于股东之间的意思自治，也是可以的。

我们再关注一下定向分红的问题，比如在某年度的经营中，公司只向其中一位股东分红，而不向其他股东分红，对于这种情形，并不为《公司法》所禁止，只要全体股东都认可即成立。但这样操作，背后是不是有一个合理的理由，我们是可以关注的。这类情形近年来也是多有发生，在其背后，或许也有其他的原因驱动。

【例2-31】张三与小强公司共同设立了宏图公司，小强公司是张三的儿子设立的公司，其实是一家人的生意。宏图公司经营业绩不错，拟进行分红，但张三与儿子商量，分红给个人需要计缴20%的个税，不如先将利润定向分配给小强公司，正好小强公司也需要发展资金，这种情形下有没有财税风险？

分析：笔者认为，这种情形下，还是存在一定的被质疑风险的，即虚拟地认为张三分红取得所得，同时又送给了小强公司，小强公司作为应税所得处理！比如有的税务干部可能这样认为："你别拿《公司法》的规定来跟我说，我们执行的是税法，而税法中有反避税的规定，凭什么不分给张三利润，一定是背后有不可告人的秘密！"承上理由，就是为了减少张三的个税计缴，"看看，这不是明显的违背税法吗？"如此一解释，或正中管理人员的下怀，于此不得不承认，确实难解此结。但笔者认为：

第一，在本案例中，如果小强公司是外人，张三是会取得所得的，因为毕竟80%是自己可以留下的税后所得。由于小强公司是张三儿子的公司，张三就"舍弃"了分红权，同意将利润定向分配给小强公司。首先，张三确实没有取得所得，没有征税的基础；其次，这种分配方式并不违背《公司法》的规定，也并没有税收法规予以明确的限制。若要进行调整，可能会搬出《税收征收管理法》的条款作为依据，其第三十五条规定：

纳税人有下列情形之一的，税务机关有权核定其应纳税额：

（一）依照法律、行政法规的规定可以不设置账簿的；

（二）依照法律、行政法规的规定应当设置账簿但未设置的；

（三）擅自销毁账簿或者拒不提供纳税资料的；

（四）虽设置账簿，但账目混乱或者成本资料、收入凭证、费用凭证残缺不全，难以查账的；

（五）发生纳税义务，未按照规定的期限办理纳税申报，经税务机关责令限期申报，逾期仍不申报的；

（六）纳税人申报的计税依据明显偏低，又无正当理由的。

税务机关核定应纳税额的具体程序和方法由国务院税务主管部门规定。

但这条规定似乎与上面的问题"文不对题",继而税务机关可能再以《个人所得税法》中的反避税条款加以强化。在征管层面,笔者认为有很多问题是"扯不清"的,单将核定或反避税的条款拿出来进行强调调整的话,税务机关是存在执法风险的,尤其基层税务机关是不能随意给出对法的解释的。上面条款,应由有权机关进行立法解释,而不是由基层税务机关进行解释。所以尽管做法不公平,但并不违法,不违背某项明确的税收政策。同时,笔者认为,对于任何一个经济交易事项,还是要考虑一些合理性的,赤裸裸地以税收安排为目标,未来也并不排除有个税调整的争议。

第二,小强公司取得了张三"应分"的利润,大家可以想想,它一样进入公司的管理体系中,一样是为了经济发展继续发挥作用的,在税收政策上它享受了分配环节的免税待遇,但是小强公司取得的对外经营所得,将来也是有税收贡献的,分到个人名下真就不一定有这个贡献。再者说,张三的儿子将来取得分红所得、薪酬所得时,也会有个税的产生,所以考虑征税问题要眼光长远。

于法的角度,我们持续强调税收法定原则,但在执行层面,税收法定是需要理解、需要结合事实判断的,甚至有时是需要裁量权的。这里是人的思想所决定的,其实现实当中的一些涉税争议,也往往是基于个人的个性思考所引起的。从税收法定的角度,税收是基于法定规则进行的征税,并不是法官进行判决"主持公道"。

尽管笔者也认为张三的想法不够"伟大",但在当前的政策规则下,我们应尊重纳税人在既有政策规则下进行的主观选择行为。

2.8 公司清算中的涉税风险问题

公司注销清算是常有的事,投资有风险、经营有风险,成功的企业毕竟是少数，多数企业会优胜劣汰，失去存续的价值。

《公司法》规定：

第三十七条　公司因解散、被宣告破产或者其他法定事由需要终止的，应当依法向公司登记机关申请注销登记，由公司登记机关公告公司终止。

……

第二百二十九条　公司因下列原因解散：

（一）公司章程规定的营业期限届满或者公司章程规定的其他解散事由出现；

（二）股东会决议解散；

（三）因公司合并或者分立需要解散；

（四）依法被吊销营业执照、责令关闭或者被撤销；

（五）人民法院依照本法第二百三十一条的规定予以解散。

公司出现前款规定的解散事由，应当在十日内将解散事由通过国家企业信用信息公示系统予以公示。

第二百三十条　公司有前条第一款第一项、第二项情形，且尚未向股东分配财产的，可以通过修改公司章程或者经股东会决议而存续。

依照前款规定修改公司章程或者经股东会决议，有限责任公司须经持有三分之二以上表决权的股东通过，股份有限公司须经出席股东会会议的股东所持表决权的三分之二以上通过。

第二百三十一条　公司经营管理发生严重困难，继续存续会使股东利益受到重大损失，通过其他途径不能解决的，持有公司百分之十以上表决权的股东，可以请求人民法院解散公司。

第二百三十二条　公司因本法第二百二十九条第一款第一项、第二项、第四项、第五项规定而解散的，应当清算。董事为公司清算义务人，应当在解散事由出现之日起十五日内组成清算组进行清算。

清算组由董事组成，但是公司章程另有规定或者股东会决议另选他人的除外。

清算义务人未及时履行清算义务，给公司或者债权人造成损失的，应当承担赔偿责任。

第二百三十三条 公司依照前条第一款的规定应当清算，逾期不成立清算组进行清算或者成立清算组后不清算的，利害关系人可以申请人民法院指定有关人员组成清算组进行清算。人民法院应当受理该申请，并及时组织清算组进行清算。

公司因本法第二百二十九条第一款第四项的规定而解散的，作出吊销营业执照、责令关闭或者撤销决定的部门或者公司登记机关，可以申请人民法院指定有关人员组成清算组进行清算。

第二百三十四条 清算组在清算期间行使下列职权：

（一）清理公司财产，分别编制资产负债表和财产清单；

（二）通知、公告债权人；

（三）处理与清算有关的公司未了结的业务；

（四）清缴所欠税款以及清算过程中产生的税款；

（五）清理债权、债务；

（六）分配公司清偿债务后的剩余财产；

（七）代表公司参与民事诉讼活动。

第二百三十五条 清算组应当自成立之日起十日内通知债权人，并于六十日内在报纸上或者国家企业信用信息公示系统公告。债权人应当自接到通知之日起三十日内，未接到通知的自公告之日起四十五日内，向清算组申报其债权。

债权人申报债权，应当说明债权的有关事项，并提供证明材料。清算组应当对债权进行登记。

在申报债权期间，清算组不得对债权人进行清偿。

第二百三十六条 清算组在清理公司财产、编制资产负债表和财产清单后，应当制订清算方案，并报股东会或者人民法院确认。

公司财产在分别支付清算费用、职工的工资、社会保险费用和法定补偿金，缴纳所欠税款，清偿公司债务后的剩余财产，有限责任公司按照股东的出资比例分配，股份有限公司按照股东持有的股份比例分配。

清算期间，公司存续，但不得开展与清算无关的经营活动。公司财产在未依照前款规定清偿前，不得分配给股东。

第二百三十七条　清算组在清理公司财产、编制资产负债表和财产清单后，发现公司财产不足清偿债务的，应当依法向人民法院申请破产清算。

人民法院受理破产申请后，清算组应当将清算事务移交给人民法院指定的破产管理人。

第二百三十八条　清算组成员履行清算职责，负有忠实义务和勤勉义务。

清算组成员怠于履行清算职责，给公司造成损失的，应当承担赔偿责任；因故意或者重大过失给债权人造成损失的，应当承担赔偿责任。

第二百三十九条　公司清算结束后，清算组应当制作清算报告，报股东会或者人民法院确认，并报送公司登记机关，申请注销公司登记。

第二百四十条　公司在存续期间未产生债务，或者已清偿全部债务的，经全体股东承诺，可以按照规定通过简易程序注销公司登记。

通过简易程序注销公司登记，应当通过国家企业信用信息公示系统予以公告，公告期限不少于二十日。公告期限届满后，未有异议的，公司可以在二十日内向公司登记机关申请注销公司登记。

公司通过简易程序注销公司登记，股东对本条第一款规定的内容承诺不实的，应当对注销登记前的债务承担连带责任。

第二百四十一条　公司被吊销营业执照、责令关闭或者被撤销，满三年未向公司登记机关申请注销公司登记的，公司登记机关可以通过国家企业信用信息公示系统予以公告，公告期限不少于六十日。公告期限届满后，未有异议的，公司登记机关可以注销公司登记。

依照前款规定注销公司登记的，原公司股东、清算义务人的责任不受影响。

第二百四十二条　公司被依法宣告破产的，依照有关企业破产的法律实施破产清算。

虽然《公司法》对于公司解散与清算规定了较多的内容，但是实践当中，很多小公司注销并不一定严格按照上述的规范程序与标准来实施。而在公司注销过程当中，最为重要的可能更多涉及税收处理的事项，《税收征收管理法》规定：

第十六条　从事生产、经营的纳税人，税务登记内容发生变化的，自工商行政管理机关办理变更登记之日起三十日内或者在向工商行政管理机关申请办理注销登记之前，持有关证件向税务机关申报办理变更或者注销税务登记。

2023年12月21日发布的《市场监管总局　海关总署　税务总局关于发布〈企业注销指引（2023年修订）〉的公告》（市场监管总局　海关总署　税务总局公告2023年第58号）对公司注销的情形进行了更为细致的规定，同时也考虑了简化的程序。但有的注销并不是公司不经营了，而是变更了公司形式或注册地等，如企业由法人转变为个人独资企业、合伙企业等非法人组织，或将登记注册地转移至中华人民共和国境外（包括港澳台地区），应视同企业进行清算、分配。企业的全部资产以及股东投资的计税基础均应以公允价值为基础确定。近年来，国家也在鼓励个体工商户转登记为公司，《促进个体工商户发展条例》规定：

第十三条　个体工商户可以自愿变更经营者或者转型为企业。变更经营者的，可以直接向市场主体登记机关申请办理变更登记。涉及有关行政许可的，行政许可部门应当简化手续，依法为个体工商户提供便利。

个体工商户变更经营者或者转型为企业的，应当结清依法应缴纳的税款等，对原有债权债务作出妥善处理，不得损害他人的合法权益。

也有的公司是被合并等情形下进行的注销，《公司法》明确规定公司合并时，合并各方的债权、债务，应当由合并后存续的公司或者新设的公司承继。

财政部　税务总局关于企业清算业务企业所得税处理若干问题的通知

财税〔2009〕60号

各省、自治区、直辖市、计划单列市财政厅（局）、国家税务局、地方税务局，新疆生产建设兵团财务局：

根据《中华人民共和国企业所得税法》第五十三条、第五十五条和《中华人民共和国企业所得税法实施条例》（国务院令第512号）第十一条规定，现就企业清算有关所得税处理问题通知如下：

一、企业清算的所得税处理，是指企业在不再持续经营，发生结束自身业务、处置资产、偿还债务以及向所有者分配剩余财产等经济行为时，对清算所得、清算所得税、股息分配等事项的处理。

二、下列企业应进行清算的所得税处理：

（一）按《公司法》《企业破产法》等规定需要进行清算的企业；

（二）企业重组中需要按清算处理的企业。

三、企业清算的所得税处理包括以下内容：

（一）全部资产均应按可变现价值或交易价格，确认资产转让所得或损失；

（二）确认债权清理、债务清偿的所得或损失；

（三）改变持续经营核算原则，对预提或待摊性质的费用进行处理；

（四）依法弥补亏损，确定清算所得；

（五）计算并缴纳清算所得税；

（六）确定可向股东分配的剩余财产、应付股息等。

四、企业的全部资产可变现价值或交易价格，减除资产的计税基础、清算费用、相关税费，加上债务清偿损益等后的余额，为清算所得。

企业应将整个清算期作为一个独立的纳税年度计算清算所得。

五、企业全部资产的可变现价值或交易价格减除清算费用、职工的工资、社会保险费用和法定补偿金，结清清算所得税、以前年度欠税等税款，清偿企业债务，按规定计算可以向所有者分配的剩余资产。

被清算企业的股东分得的剩余资产的金额，其中相当于被清算企业累计未分配利润和累计盈余公积中按该股东所占股份比例计算的部分，应确认为股息所得；剩余资产减除股息所得后的余额，超过或低于股东投资成本的部分，应确认为股东的投资转让所得或损失。

被清算企业的股东从被清算企业分得的资产应按可变现价值或实际交易价格确定计税基础。

六、本通知自2008年1月1日起执行。

财政部 国家税务总局
二〇〇九年四月三十日

通常来看，企业清算相当于公司将所有的资产进行清理处置，最后就剩余财产进行"分家"。但是这个过程其实很复杂，也充满着很多的涉税风险。有的国有企业注销程序较为规范，而有的小型民企可能并不一定走清算期程序，在经营当中就将资产清算处理完了。

2.8.1 清算并不是一定要将所有的资产处置完毕

在早些年人们的传统理解中，特别是在办理税务注销登记过程当中，很多人认为是需要清理完所有资产，最终只能剩下"钱"，这样才好分配。其实这是一个大大的误解，因为清算分配可以分配实物、债权等，并不强求变现处理。

一般我们理解，清算需要分两个阶段（见表2-51）。

表 2-51　　　　　　　　　　　　　清算程序

阶段	事项	涉税说明
第一阶段	就公司层面进行公允计量，计算出清算所得，就清算所得计缴企业所得税	清算期是一个独立的汇算清缴年度，可以就清算所得弥补以前年度亏损
第二阶段	股东（包括合伙企业、个人独资企业、公司、自然人）取得的收回财产，可能形成收益也可能形成损失	（1）合伙企业：收回的剩余财产扣除其投资成本后的所得计为经营所得 （2）个人独资企业：同合伙企业 （3）自然人：依上述计算方法确认财产转让所得 （4）公司：结合被投资企业是否有利润，分别确认免税的股息红利与应税的财产转让所得或损失

如果分回的财产有公允价值，则这个公允价值有一定的"调整空间"，但是由于公司不再经营，这时的估价一般为成本价或市场价，难以再按收益法进行估价了，因为不能再完整地形成一个公司的生产能力与融合的利润产出了。

下面两个关于清算的税务问题，日常当中较为受到关注：

第一，清算期能否享受小型微利企业优惠政策？

通常认为清算期已不具有持续经营的要素条件，只是就财产进行的计税处理，需要按25%的企业所得税法定税率计缴所得税，如天津市税务机关发布过的《企业清算环节所得税管理暂行办法》，对此就有过明确。

同样，如果是高新技术企业进入清算期，也不能享受高新技术企业优惠政策。如下为海口市税务局的在线答疑问题：

> 问：我公司现享受15%的高新技术企业所得税优惠税率，现公司准备注销，请问清算所得应适用什么税率？能否按优惠税率缴纳企业所得税？
>
> 答：根据《财政部 国家税务总局关于企业清算业务企业所得税处理若干问题的通知》（财税〔2009〕60号），企业应将整个清算期作为一个独立的纳税年度计算清算所得。《国家税务总局关于印发〈中华人民共和国企业清算所得税申报表〉的通知》（国税函〔2009〕388号）"中华人民共和国企业清算所得税申报表填报说明"第12行"税率"明确"填报企

业所得税法规定的税率25%"。因此，你企业清算期间作为一个独立的纳税年度应将清算所得依照25%的法定税率缴纳企业所得税。

第二，清算可以有多种路径。

比如甲公司投资设立子公司乙公司，乙公司经过多年运营后准备注销处理，此时可以有两种方式，一是直接清算注销乙公司，甲公司收回剩余财产，进而核销投资，或有收益或有损失；二是由甲公司吸收合并乙公司，乙公司完成注销，这种情形下，在企业所得税上有一般性税务处理与特殊性税处理的考虑选择，在企业所得税上有不同的处理方式，同时若涉及不动产还有契税与土地增值税的税收优惠政策等。但合并情形下，依《公司法》规定合并各方的债权、债务，应当由合并后存续的公司或者新设的公司承继。

笔者列示的这两个问题，是从进一步提高认识的角度考虑的，这应是一种普遍性的认识，不过这些问题相对还是比较传统的，对于注销企业的涉税处理，做好事前安排，或许也能得到一些更有利结果。

我们结合广东省税务局微信公众号中的一个清算案例来给大家作一个过程展示。

【例2-32】某有限责任公司由张三、李四两位自然人投资成立，其中张三占60%，李四占40%，分别实缴6万元，4万元。2024年5月向税务机关申请注销，假设清算期间没有免税收入、不征税收入、其他免税所得和弥补以前年度亏损。该企业清算前资产负债表信息如图2-15、图2-16所示（假设资产类科目没有计提减值损失和坏账准备，固定资产账面价值和计税基础保持一致）。

资产：货币资产2万元，应收账款20万元，存货30万元，固定资产净值8万元。负债：应付账款30万元，所有者权益实收资本10万元，未分配利润20万元。

清算期间，企业发生如下业务：（1）货币资金变现2万元。（2）收回应收账款15万元，另有确实无法收回的应收账款5万元，已申报资产损失。(3)处置存货收入40万元,增值10万元(不考虑相关税费);固定资产经评估机构评估,可变现价值合计18万元。(4)已处置取得18万元(不考虑相关税费)。(5)支付应付账款25万元,另有应付账款5万元无须支付。(6)发生清算费用8万元。

资产处置损益明细表

填报时间: 年 月 日　　　　　　　　　　金额单位:元(列至角分)

行次	项目	账面价值(1)	计税基础(2)	可变现价值或交易价格(3)	资产处置损益(4)=(3)-(2)
1	货币资金	2	2	2	0
2	短期投资*				
3	交易性金融资产#				
4	应付票据				
5	应付账款	20	20	15	−5
6	预付账款				
7	应收利息				
8	应收股利				
9	应收补贴款*				
10	其他应收款				
11	存货	30	30	40	10
12	待摊费用*				
13	一年内到期的非流动资产				
14	其他流动资产				
15	可供出售金融资产#				
16	持有至到期投资#				
17	长期应收款#				
18	长期股权投资				
19	长期债权投资*				
20	投资性房地产#				
21	固定资产	8	8	18	10
22	在建工程				
23	工程物资				
24	固定资产清理				
25	生物资产#				
26	油气资产#				
27	无形资产				
28	开发支出#				
29	商誉#				
30	长期待摊费用				
31	其他非流动资产				
32	总计	60	60	75	15

图2-15 资产处置损益明细表

负债清偿损益明细表

填报时间： 年 月 日　　　　　　　　　　金额单位：元（列至角分）

行次	项目	账面价值（1）	计税基础（2）	清偿金额（3）	负债清偿损益（4）=（2）-（3）
1	短期借款				
2	交易性金融负债#				
3	应付票据				
4	应付账款	30	30	25	5
5	预收账款				
6	应付职工薪酬#				
7	应付工资*				
8	应付福利费*				
9	应交税费				
10	应付利息				
11	应付股利				
12	其他应交款*				
13	其他应付款				
14	预提费用*				
15	一年内到期的非流动负债				
16	其他流动负债				
17	长期借款				
18	应付债券				
19	长期应付款				
20	专项应付款				
21	预计负债#				
22	其他非流动负债				
23	总计	30	30	25	5

图2-16　负债清偿损益明细表

根据图2-17，企业应申报缴纳企业所得税3万元。

中华人民共和国企业清算所得税申报表

清算期间：　　　年　月　日至　　　年　月　日
纳税人名称：
纳税人识别号：□□□□□□□□□□□□□□□　　金额单位：元（列至角分）

类别	行次	项目	金额
应纳税所得额计算	1	资产处置损益（填附表一）	15
	2	负债清偿损益（填附表二）	5
	3	清算费用	8
	4	清算税金及附加	
	5	其他所得或支出	
	6	清算所得（1+2-3-4+5）	12
	7	免税收入	
	8	不征税收入	
	9	其他免税所得	
	10	弥补以前年度亏损	
	11	应纳税所得额（6-7-8-9-10）	12
应纳所得税额计算	12	税率（25%）	25%
	13	应纳所得税额（11×12）	3
应补（退）所得税额计算	14	减（免）企业所得税额	
	15	境外应补所得税额	
	16	境内外实际应纳所得税额（13-14+15）	3
	17	以前纳税年度应补（退）所得税额	
	18	实际应补（退）所得税额（16+17）	3

纳税人盖章： 清算组盖章： 经办人签字： 申报日期： 　　　年　月　日	代理申报中介机构盖章： 经办人签字及执业证件号码： 代理申报日期： 　　　年　月　日	主管税务机关 受理专用章： 受理人签字： 受理日期： 　　　年　月　日

图2-17　企业清算所得税申报表

根据图2-18，张三应缴纳个人所得税=（23.4-6）×20%=3.48（万元），李四应缴纳个人所得税=（15.6-4）×20%=2.32（万元）。

剩余财产计算和分配明细表

填报时间： 年 月 日　　　　　　　　　　　　　金额单位：元（列至角分）

类别	行次	项目	金额
剩余财产计算	1	资产可变现价值或交易价格	75
	2	清算费用	8
	3	职工工资	
	4	社会保险费用	
	5	法定补偿金	
	6	清算税金及附加	
	7	清算所得税额	3
	8	以前年度欠税额	
	9	其他债务	25
	10	剩余财产（1-2-…-9）	39
	11	其中：累计盈余公积	
	12	累计未分配利润	

类别	行次	股东名称	持有清算企业权益性投资比例（%）	投资额	分配的财产金额	其中：确认为股息金额
剩余财产分配	13	（1）张三	60%	6	39×0.6=23.4	
	14	（2）李四	40%	4	39×0.4=15.6	
	15	（3）				
	16	…				
	17	…				

图2-18 剩余财产计算和分配明细表

2.8.2 活用税收政策解决清算的问题

从结果导向来看，注销一个公司的目的是让它消失，在多股东的情形下，这种消失会比较"干净"，没有什么谁得便宜谁吃亏的事情，大家的责任也没有什么可留"后遗症"的情况。但是，从税收的角度，有时注销一个公司涉及税负影响比较大的时候，也有一些税收政策可以灵活应用（见表2-52）。

表2-52　　　　　　　　　　注销公司可用税收政策

考虑情形	解释	特别考虑
若涉及注销公司有房地产的情形	由于不动产所涉土地增值税的计缴影响比较大，如果公司不是房地产企业，可以采取一家公司合并另一家公司的方式①，特别是母子结构下，操作起来更为便利 同样，对于契税也有相应的优惠政策支持②	投资者可以结合土地增值税与契税的相关规定情形，提前进行规划，但建议还是结合一定的商业合理性来处理。合并一家公司，可以视为另一家公司的清算注销，但是我们要充分考虑注销公司的债权债务，评估合并方承继的风险

---

① 《财政部 税务总局关于继续实施企业改制重组有关土地增值税政策的公告》（财政部 税务总局公告2023年第51号）规定：

一、企业按照《中华人民共和国公司法》有关规定整体改制，包括非公司制企业改制为有限责任公司或股份有限公司，有限责任公司变更为股份有限公司，股份有限公司变更为有限责任公司，对改制前的企业将国有土地使用权、地上的建筑物及其附着物（以下称房地产）转移、变更到改制后的企业，暂不征收土地增值税。

本公告所称整体改制是指不改变原企业的投资主体，并承继原企业权利、义务的行为。

二、按照法律规定或者合同约定，两个或两个以上企业合并为一个企业，且原企业投资主体存续的，对原企业将房地产转移、变更到合并后的企业，暂不征收土地增值税。

三、按照法律规定或者合同约定，企业分设为两个或两个以上与原企业投资主体相同的企业，对原企业将房地产转移、变更到分立后的企业，暂不征收土地增值税。

四、单位、个人在改制重组时以房地产作价入股进行投资，对其将房地产转移、变更到被投资的企业，暂不征收土地增值税。

五、上述改制重组有关土地增值税政策不适用于房地产转移任意一方为房地产开发企业的情形。

六、改制重组后再转让房地产并申报缴纳土地增值税时，对"取得土地使用权所支付的金额"，按照改制重组前取得该宗国有土地使用权所支付的地价款和按国家统一规定缴纳的有关费用确定；经批准以国有土地使用权作价出资入股的，为作价入股时县级及以上自然资源部门批准的评估价格。按购房发票确定扣除项目金额的，按照改制重组前购房发票所载金额并从购买年度起至本次转让年度止每年加计5%计算扣除项目金额，购买年度是指购房发票所载日期的当年。

七、纳税人享受上述税收政策，应按相关规定办理。

八、本公告所称不改变原企业投资主体、投资主体相同，是指企业改制重组前后出资人不发生变动，出资人的出资比例可以发生变动；投资主体存续，是指原企业出资人必须存在于改制重组后的企业，出资人的出资比例可以发生变动。

九、本公告执行至2027年12月31日。

② 《财政部 税务总局关于继续实施企业、事业单位改制重组有关契税政策的公告》（财政部 税务总局公告2023年第49号）规定：

一、企业改制

企业按照《中华人民共和国公司法》有关规定整体改制，包括非公司制企业改制为有限责任公司或股份有限公司，有限责任公司变更为股份有限公司，股份有限公司变更为有限责任公司，原企业投资主体存续并在改制（变更）后的公司中所持股权（股份）比例超过75%，且改制（变更）后公司承继原企业权利、义务的，对改制（变更）后公司承受原企业土地、房屋权属，免征契税。

二、事业单位改制

事业单位按照国家有关规定改制为企业，原投资主体存续并在改制后企业中出资（股权、股份）比例超过50%的，对改制后企业承受原事业单位土地、房屋权属，免征契税。

三、公司合并

两个或两个以上的公司，依照法律规定、合同约定，合并为一个公司，且原投资主体存续的，对合并后公司承受原合并各方土地、房屋权属，免征契税。

四、公司分立

公司依照法律规定、合同约定分立为两个或两个以上与原公司投资主体相同的公司，对分立后公司承受原公司土地、房屋权属，免征契税。

五、企业破产

企业依照有关法律法规规定实施破产，债权人（包括破产企业职工）承受破产企业抵偿债务的土地、房屋权属，免征契税；对非债权人承受破产企业土地、房屋权属，凡按照《中华人民共和国劳动法》等国家有关法律法规政策妥善安置原企业全部职工规定，与原企业全部职工签订服务年限不少于三年的劳动用工合同的，对其承受所购企业土地、房屋权属，免征契税；与原企业超过30%的职工签订服务年限不少于三年的劳动用工合同的，减半征收契税。

六、资产划转

对承受县级以上人民政府或国有资产管理部门按规定进行行政性调整、划转国有土地、房屋权属的单位，免征契税。

同一投资主体内部所属企业之间土地、房屋权属的划转，包括母公司与其全资子公司之间，同一公司所属全资子公司之间，同一自然人与其设立的个人独资企业、一人有限公司之间土地、房屋权属的划转，免征契税。

母公司以土地、房屋权属向其全资子公司增资，视同划转，免征契税。

七、债权转股权

经国务院批准实施债权转股权的企业，对债权转股权后新设立的公司承受原企业的土地、房屋权属，免征契税。

八、划拨用地出让或作价出资

以出让方式或国家作价出资（入股）方式承受原改制重组企业、事业单位划拨用地的，不属上述规定的免税范围，对承受方应按规定征收契税。

九、公司股权（股份）转让

在股权（股份）转让中，单位、个人承受公司股权（股份），公司土地、房屋权属不发生转移，不征收契税。

续表

考虑情形	解释	特别考虑
企业所得税的特殊性税务处理应用	结合企业所得税政策中的特殊性税务处理政策，灵活考虑拟被清算注销公司的资产、品牌情况，进行架构与功能重置，但这一操作需要充分地评估有无必要及考虑股东的诉求	结合财税〔2009〕59号[①]文件进行规定
对于大额不需要支付的款项，进行债权债务的重组处理	避免产生无法支付的款项转入其他收入形成纳税成本的问题	关于这一点，可以结合债转股、债权债务处置给关联方等方式考虑，但要避免"承债式"转让的计税"陷阱"
大额留抵税额的情形	个别企业存在大额留抵税额，对于以合并方式注销公司的，依政策规定，相应的进项税额可以结转到合并方继续用于留抵处理	国家税务总局公告2012年第55号[②]的规定

以上所列举的样本，以供我们的股东及决策层参考，在目标一致的情况下，当出现比较大的税收影响时，可以结合公司的资产、人员、负债、业务等情况，进行价值评估，在主观行为与利益协调一致的情形下达成共识，进而减少不必要的注销成本。

十、有关用语含义

本公告所称企业、公司，是指依照我国有关法律法规设立并在中国境内注册的企业、公司。

本公告所称投资主体存续，企业改制重组的，是指原改制重组企业的出资人必须存在于改制重组后的企业；事业单位改制的，是指履行国有资产出资人职责的单位必须存在于改制后的企业。出资人的出资比例可以发生变动。

本公告所称投资主体相同，是指公司分立前后出资人不发生变动，出资人的出资比例可以发生变动。

十一、本公告执行期限为2024年1月1日至2027年12月31日。

① 财税〔2009〕59号，即《财政部 国家税务总局关于企业重组业务企业所得税处理若干问题的通知》。

② 国家税务总局公告2012年第55号，即《国家税务总局关于纳税人资产重组增值税留抵税额处理有关问题的公告》，其规定增值税一般纳税人（以下称"原纳税人"）在资产重组过程中，将全部资产、负债和劳动力一并转让给其他增值税一般纳税人（以下称"新纳税人"），并按程序办理注销税务登记的，其在办理注销登记前尚未抵扣的进项税额可结转至新纳税人处继续抵扣。

2.8.3 税务注销之后不是"一了百了"

在一般人的理解当中，公司注销是公司法人人格的消失，就如同人去世一样。基于当前的条件，人去世是无法复活的，但公司注销了，很有可能会"起死回生"。自强化税收征管以来，时有一些被恢复税务登记的案例发生，以便于税务机关向相关企业或个人追缴其历史上的欠税、偷逃税款或少纳税款、不当纳税。看起来似乎不可理喻，一是税务机关有这样的权限吗？二是恢复税务登记要不要一并恢复工商登记呢？

从有限责任公司"有限责任"的角度看，如果公司发生少缴税款的情形，税务机关也只宜在股东出资的金额内承担公司被追缴税款中的关联责任，而公司注销后，一是要看股东原来的出资额是不是到位，二是看股东分回的财产情况，并在此范围内评估其承担的补缴税款责任。但在目前的税收实践中，鲜有用这样方法进行评价处理的，而是直接采取恢复税务登记这样的方式进行追缴处理，比如在审计部门发现税务机关征管中存在的监管不当的问题，导致某类或某个企业涉及重大的税款少缴的情形，在这种情形下，纳税人公司有可能税务注销与工商注销均已完成，也有可能只完成税务注销但未完成工商登记注销，如果是后者，则恢复税务登记是顺理成章可说的。笔者发现，工商注销后恢复工商登记的情形还是很少见的，或许近年来纳税人的税务问题较为明显且涉及之前监管不力或有漏洞，此时税务机关有两种处理方式，一种是让投资人去进行涉税处理，另一种是恢复税务登记。在税务机关层面，往往恢复税务登记就足够了，税务机关不强求同时去恢复纳税人的工商登记。

厦门一涉嫌偷税企业注销登记被撤销（2024年4月23日　中国税务报）曾报道：

> 近日，厦门市市场监督管理局根据国家税务总局厦门市税务局第一稽查局反映的调查情况，依法撤销涉嫌采取欺诈手段逃避缴纳税款的

某企业的注销登记,恢复企业主体资格,并通过国家信用信息公示系统公示。企业因隐瞒偷税等重要事实而被撤销注销登记,这在厦门市尚属首例。

当前,有涉税违法企业利用注销登记制度改革提供的便利,通过提交虚假材料或者采取其他欺诈手段隐瞒重要事实取得注销登记,借此逃避相关纳税义务及法律责任,危害国家税收利益和经济秩序。为维护经济运行秩序和国家税收安全,厦门税务和市场监管两部门近日首次联合撤销一家涉嫌偷税企业的注销登记,恢复该企业的商事主体资格,为后续案件查办、挽回国家税款损失争取主动权,也对失信企业和不法分子形成有力震慑。

据了解,厦门税务部门还将联合厦门市市场监督管理局,加强对企业的注销管理,努力遏制此类"逃逸式注销"事件,并由点及面,深化拓展税务、公安等八部门联合打击涉税违法犯罪的常态化工作机制,加大打击涉税违法犯罪力度,进一步营造法治公平的税收营商环境,更好服务经济社会高质量发展。

恢复登记之后,相当于这家企业重新"活过来"了,同样其背后的投资人也重新有了责任,至少在国家行政部门的管理系统当中,可以随时关联到该信息,从而形成比较强的震慑力。下面的这则摘自中国裁判文书网的行政判决书,值得我们引起警惕。

丁某峰与国家税务总局北京市税务局等二审行政判决书

北京市第二中级人民法院

行政判决书

(2020)京02行终1464号

上诉人(一审原告)丁某峰,男,1970年5月9日出生,汉族,住江苏省南京市栖霞区。

被上诉人(一审被告)国家税务总局北京市税务局稽查局,住所地北京市西城区车公庄大街10号。

负责人陈某君,副局长。

参加诉讼的行政机关负责人孙某洁,国家税务总局北京市税务局稽查局副局长。

委托代理人石某会,国家税务总局北京市税务局稽查局工作人员。

委托代理人赵某,北京天驰君泰律师事务所律师。

被上诉人(一审被告)国家税务总局北京市税务局,住所地北京市西城区车公庄大街8号。

法定代表人张某乾,局长。

委托代理人温某利,国家税务总局北京市税务局工作人员。

委托代理人王某本,北京天驰君泰律师事务所律师。

上诉人丁某峰因诉国家税务总局北京市税务局稽查局(以下简称北京税务稽查局)所作税务处理决定及国家税务总局北京市税务局(以下简称北京税务局)所作行政复议决定一案,不服北京市西城区人民法院(以下简称一审法院)所作(2020)京0102行初137号行政判决,向本院提出上诉。本院依法组成合议庭,对本案进行了审理,现已审理终结。

2019年12月16日,北京税务稽查局向丁某峰作出京税稽处〔2019〕JW002号《税务处理决定书》(以下简称被诉处理决定),主要内容为:一、违法事实。某顾问咨询(北京)有限公司(以下简称某公司)开具领购方与开具方不符的发票,取得收入未按规定申报缴纳企业所得税。(一)2009年7月,某公司向某证券有限责任公司(以下简称某证券)提供中介服务,取得收入1 100 000元,使用北京某技术服务有限公司向税务机关领购的发票代码为2110008721××,发票号码为101027××的"北京市服务业、娱乐业、文化体育业专用发票",开具给某证券。(二)2009年11月,某公司向原航某证券有限责任公司(以下简称航某证券,该公司于2010年变更为国某证券有限责任公司)提供中介服务,取得收入1 000 000元,使用北京某技术服务有限公司向税务机关领购的发票代码为2110008721××,发票号码为101027××的"北京市服务业、娱乐业、文化体育业专用发票",开具给航某证券。(三)2010年6月,某公司向某信托投资有限责任公司(以下简称某信托)提供中介服务,取得收入250 000元,使用北京某信息咨询有限公司领购的发票代码为2110009700××,发票号码为2138000××的"北京市服务业、娱乐业、文化体育业专用发票",开具给某信托。(四)2011年4月至6月,某公司向某信托提供中介服务,取得收入5 546 400.52元,使用北京某安信咨询有限公司领购的发票代码为2110009700××,发票号码为213662××、213662××的2份"北京市服务业、娱乐业、文化体育业专用发票",开具给某信托。某公司通过上述业务共计取得营业收入7 896 400.52元(其中2009年度取得营业收入2 100 000元;2010年度取得营业收入250 000元;2011年度取得营业收入5 546 400.52元),均未按规定申报缴纳企业所得税,定性为偷税。另查明,2012年5月,某公司在未向税务机关如实申报缴纳税款的情况下,向原工商部门提供虚假清算报告等资料,骗取注销登记。二、处理决定。(一)追缴企业所得税。根据《中华人民共和国税收征收管理法》第六十三条、第五十二条和《中华人民共和国企业所得税法》第一条、第四条、第六条、第二十二条、第五十三条、第五十四条之规定,经计算追缴2009年企业所得税496 125元,追缴2010年企业所得税59 062.5元,追缴2011年企业所得税1 308 451.48元,共计追缴税款1 863 638.98元。(二)加收滞纳金。根据《中华人民共和国税收征收管理法》第三十二条、《中华人民共和国税收征收管理法实施细则》第七十五条之规定,对某公司少缴的企业所得税1 863 638.98元从滞纳税款之日起,按日加收滞纳税款万分之五的滞纳金。鉴于某公司已于2012年5月16日注销登记,其企业法人作为责任承担主体的法律地位已不存在。丁某峰作为公司唯一股东,骗取注销登记,从而逃避缴纳税款,已对国家税收权益造成实质性侵害。根据《中华人民共和国公司法》第二十条、第一百八十九条、《最高人民法院关于适用〈中华人民共和国公司法〉若干问题的规定(二)》(2014年修正)第十九条之规定,决定向丁某峰个人追缴某公司应缴纳的税款及滞纳金。因丁某峰已于2015年12月1日以某公司名义将上述税款、滞纳金解缴入库，且京国税稽处〔2015〕JW3号《税务处理决定书》被复议机关撤销后，某公司因已注销不能再作为法律主体接收退还的税款、滞纳金，故将上述应退还的税款、滞纳金抵为本处理决定项下丁某峰应纳之税款、滞纳金。丁某峰不服被诉处理决定，向北京税务局提出行政复议申请。2020年3月4日，北京税务局作出京税复决字〔2020〕9号《行政复议决定书》（以下简称被诉复议决定），维持了被诉处理决定。

丁某峰向一审法院诉称，被诉处理决定违法，主要理由如下：1.征收方式违法："以数代账、查数征收方式""以票代账、查票征收方式"违反《中华人民共和国税收征收管理法》《中华人民共和国企业所得税法》；为使"查数、查票征收方式"尽量近似于查账征收方式，北京税务稽查局伪造扣除项目，并将"扣除"的时间后移覆盖至"补税"年度，以求形成"有扣除=已查账"的假象，违反《中华人民共和国企业所得税法》；为证明"查数、查票征收方式"合法，北京税务稽查局篡改税收法规，且该法规已经废止；北京税务稽查局不承认"成本费用税金等扣除项目无法查明"这一基本事实，在"应纳税所得额"无法确认的情况下，作出"几乎就收入全额"征收企业所得税的决定（仅扣除营业税及附加），违反"就所得额征税"这一常识性的企业所得税征税原则，更违反企业所得税法和《税务稽查工作规程》。2.计税依据违法：以某一两笔收入作为相关年度的应税收入总额，违反《中华人民共和国企业所得税法》，仅查明部分应纳税收入、不查明准予扣除项目，作出的被诉处理决定违反相关法规和规章，相关年度的扣除项目中未包括原北京市国家税务局稽查局已掌握的法定扣除项目，亦违反《中华人民共和国企业所得税法》。综上，北京税务稽查局通过提供虚假证据材料，伪造事实证据，有意曲解税收法规，篡改税收法规，以不道德的方式侵害公民合法权益。诉讼请求为：1.撤销北京税务稽查局作出的被诉处理决定；2.撤销北京税务局作出的被诉复议决定。

北京税务稽查局一审辩称，2009年至2011年期间，某公司的企业所得税征收方法为查账征收，根据《中华人民共和国税收征收管理法》第十九条的规定，某公司应按照有关法律、行政法规和国务院财政、税务主管部门的规定设置账簿，根据合法、有效凭证记账，进行核算，某公司未如实办理纳税申报，且在税务机关的释明之下仍未能提供证明实际成本、费用支出的证据材料。某公司提供虚假纳税申报资料，掩盖取得收入的事实，从而逃避申报、缴纳税款，此后该公司又提供内容虚假的资料办理税务、工商登记注销，以逃避纳税义务。根据《中华人民共和国公司法》及司法解释的相关规定，公司（企业）已注销后，在法定情形下对注销公司股东可以追究法律责任，以弥补股东、投资人不正当利用"法人有限责任"逃避法律责任的制度漏洞。由于税款属于税收之债，当纳税人非法注销时，应当根据公司法的制度规定对股东追究纳税责任，从而规制逃避缴纳税款的违法行为。综上，北京税务稽查局所作的被诉处理决定认定事实清楚、证据充分、结果适当，丁某峰的请求不具有事实与法律根据，请求法院依法驳回。

北京税务局一审辩称，被诉复议决定认定事实清楚，证据确凿，适用法律正确，符合法定程序，丁某峰的诉讼请求缺乏事实和法律依据，请求法院判决驳回丁某峰的诉讼请求。

一审法院认为，根据《中华人民共和国税收征收管理法》第十四条及《中华人民共和国税收征收管理法实施细则》第九条的规定，北京税务稽查局具有依法查处涉税违法行为，作出相应行政处理决定的法定职责。根据《中华人民共和国行政复议法》第十二条的规定，北京税务局作为北京税务稽查局的上级主管部门，具有对北京税务稽查局作出的处理决定进行行政复议的职责。

综合考虑庭审情况及相关法律规定，本案争议焦点归纳为：1.北京税务稽查局认定某公司应当补缴税款的事实是否成立，2.企业注销后纳税主体的认定。下面分别予以论述。

一、北京税务稽查局认定某公司应当补缴税款的事实是否成立

根据《中华人民共和国税收征收管理法》第六十三条第一款规定，

纳税人伪造、变造、隐匿、擅自销毁账簿、记账凭证，或者在账簿上多列支出或者不列、少列收入，或者经税务机关通知申报而拒不申报或者进行虚假的纳税申报，不缴或者少缴应纳税款的，是偷税。某公司应当按照《中华人民共和国税收征收管理法》《中华人民共和国企业所得税法》的相关规定，设置账簿，根据合法、有效凭证记账，进行核算并缴纳相应的企业所得税。根据查明的事实可知，某公司2009年至2011年间取得的7 896 400.52元营业收入未按规定申报缴纳企业所得税，造成少缴税款的结果，应当依法补缴税款并加收滞纳金。

关于应纳税所得额的计算问题，《中华人民共和国企业所得税法》第五条规定，企业每一纳税年度的收入总额，减除不征税收入、免税收入、各项扣除以及允许弥补的以前年度亏损后的余额，为应纳税所得额。《中华人民共和国企业所得税法》第八条规定，企业实际发生的与取得收入有关的、合理的支出，包括成本、费用、税金、损失和其他支出，准予在计算应纳税所得额时扣除。但丁某峰在税务机关的释明之下仍未提供证明某公司除自行申报的成本费用支出之外的其他成本费用支出的合法有效凭证，故北京税务稽查局按照某公司2009年至2011年经营期间取得的咨询服务收入调增应纳税所得额7 896 400.52元，并在弥补亏损后确定2009年至2011年各年度的应补缴企业所得税，该征税行为符合法律规定。

二、企业注销后纳税主体的认定

《中华人民共和国公司法》第二十条规定，公司股东应当遵守法律、行政法规和公司章程，依法行使股东权利，不得滥用股东权利损害公司或者其他股东的利益；不得滥用公司法人独立地位和股东有限责任损害公司债权人的利益。《中华人民共和国税收征收管理法实施细则》第五十条规定，纳税人有解散、撤销、破产情形的，在清算前应当向其主管税务机关报告；未结清税款的，由其主管税务机关参加清算。

丁某峰作为某公司的唯一股东，在公司清算时作为该公司的清算组负责人理应按照《中华人民共和国公司法》的规定，如实进行公司清算，其中当然包括清缴所欠税款以及清算过程中产生的税款,并在公司清算结束后,制作清算报告并报送公司登记机关,申请注销公司登记。但丁某峰在《企业注销登记申请书》《注销清算报告》中签字确认"公司债权债务已清理完毕,各项税款及职工工资已结清",由此致使某公司于2012年5月16日经原工商登记部门核准予以注销。

《最高人民法院关于适用〈中华人民共和国公司法〉若干问题的规定(二)》(2014年修正)第十九条规定:有限责任公司的股东、股份有限公司的董事和控股股东,以及公司的实际控制人在公司解散后,恶意处置公司财产给债权人造成损失,或者未经依法清算,以虚假的清算报告骗取公司登记机关办理法人注销登记,债权人主张其对公司债务承担相应赔偿责任的,人民法院应依法予以支持。本案中,某公司通过提供虚假清算资料的方式办理了注销登记,导致其法律主体地位不存在,但丁某峰作为某公司唯一股东,应当对某公司注销后不能承担缴纳税款责任而给国家造成的税款损失承担相应的法律责任,北京税务稽查局将丁某峰作为追缴税款的责任承担主体,在某公司已经注销不能作为法律主体接收退还的税款、滞纳金的情况下,将应退还的税款、滞纳金抵为被诉处理决定项下丁某峰应缴纳之税款、滞纳金符合法律规定。

《中华人民共和国行政复议法》第二十三条规定,行政复议机关负责法制工作的机构应当自行政复议申请受理之日起七日内,将行政复议申请书副本或者行政复议申请笔录复印件发送被申请人。被申请人应当自收到申请书副本或者申请笔录复印件之日起十日内,提出书面答复,并提交当初作出具体行政行为的证据、依据和其他有关材料。第三十一条规定,行政复议机关应当自受理申请之日起六十日内作出行政复议决定;但是法律规定的行政复议期限少于六十日的除外。情况复杂,不能在规定期限内作出行政复议决定的,经行政复议机关的负责人批准,可以适当延长,并告知申请人和被申请人;但是延长期限最多不超过三十日。本案中,北京税务局作出的被诉复议决定在受理、通知答复、延期告知、送达等程序上符合上述法律规定、程序合法。

综上所述，北京税务稽查局所作的被诉处理决定认定事实清楚、适用法律正确、符合法定程序。北京税务局在此基础上依据《中华人民共和国行政复议法》第二十八条第一款第一项作出了维持的被诉复议决定，符合《中华人民共和国行政复议法》的相关规定，并无不当。丁某峰的诉讼请求缺乏事实及法律依据，不予支持。一审法院依照《中华人民共和国行政诉讼法》第六十九条、第七十九条之规定，判决驳回丁某峰的诉讼请求。

丁某峰不服一审判决，上诉认为北京税务稽查局作出被诉处理决定时，仅掌握企业银行流水和纳税申报数据，其他必须扣除项目如成本费用等均未查证，无法确定当年收入总额、扣除总额，无法计算企业所得税。涉案计税依据、征收方式均违法。请求确认被诉处理决定在计算2011年度企业所得税时未扣除任何成本费用、弥补以前年度亏损违法；在计算2010年企业所得税时未扣除其他任何成本费用违法；在计算2009年度企业所得税时未扣除任何成本费用违法；北京税务稽查局在未查看任何账簿、凭证的情况下声称采取了查账征收方式，对不具备查账征收条件的企业不依法采取核定征收方式，违反相关规定；查询申报数字等于查账的做法，无法律依据；撤销一审判决；撤销被诉处理决定。

北京税务稽查局同意一审判决，请求予以维持。

北京税务局同意一审判决，请求予以维持。

在一审诉讼期间，北京税务稽查局提交并在庭审中出示了《税务稽查立案审批表》《税务检查通知书》《税务行政执法审批表》《税务事项通知书》《税务行政执法审批表》《询问通知书》《税务稽查案件提请审理书》《税务稽查审理审批表》《行政判决书》《行政复议决定书》《关于〈税务事项通知书〉的意见》、询问（调查）笔录、发票、证明、咨询服务合同、税务代理业务委托协议、某证券的资金汇划补充凭证、记账凭证、航某证券的记账、资金划拨通知单及某信托的资金划拨通知单、资金汇划补充凭证、记账凭证、报销单、工商银行转账支票存根、民生银行对公分户账对账单、中国人民银行支付系统专用凭证、中国银行北京市分行对账单查询及活期基本账户存款账页、网上银行业务凭证、入账通知书、企业所得税年度纳税申报表（2009—2011）、《税务稽查工作底稿（二）》及说明、介绍信、税务和工商登记注销资料、邮单、邮件签收记录、送达回证等证据，用以证明北京税务稽查局所作被诉处理决定的合法性。

在一审诉讼期间，北京税务局提交并在庭审中出示了行政复议申请资料、行政复议申请回执、受理行政复议申请通知书、行政复议答复通知书、行政复议答复书及证据目录、法律依据目录、行政复议延期审理通知书、被诉复议决定、邮寄记录、送达回证等证据，用以证明北京税务局所作被诉复议决定的合法性。

在一审诉讼期间，丁某峰提交并当庭出示计算表格一份，用以证明北京税务稽查局所作被诉处理决定存在问题和错误，应予撤销。

经庭审质证，一审法院对上述证据作如下确认：北京税务稽查局、北京税务局提交的证据符合《最高人民法院关于行政诉讼证据若干问题的规定》中规定的提供证据材料的要求，内容真实、合法，且与本案具有关联性，予以采纳。丁某峰提交的证据是自行计算的材料，未提供其他材料予以佐证，不予采纳。

一审法院已将当事人提交的上述证据随案移送本院。经审查，一审法院对上述证据材料的认证意见符合《最高人民法院关于行政诉讼证据若干问题的规定》，认证意见正确，本院予以确认。

根据上述被认定为合法有效的证据及各方当事人的陈述，本院查明如下事实：2007年11月9日，丁某峰出资设立某公司，该公司类型为有限责任公司（自然人独资），丁某峰为某公司的唯一股东。2009年7月，某公司向某证券提供中介服务，取得收入1 100 000元，使用北京某技术服务有限公司从税务机关领购的发票开具给某证券。2009年11月，某公司向航某证券提供中介服务，取得收入1 000 000元，使用北京某技术服务有限公司从税务机关领购的发票开具给航某证券。2010年6月，某公司向某信托提供中介服务，取得收入250 000元，使用北京某信息咨询有限公司从税务机关领购的发票开具给某信托。2011年4月至6月,某公司向某信托提供中介服务,取得收入5 546 400.52元,使用北京某安信咨询有限公司从税务机关领购的发票开具给某信托。

2015年3月25日,原北京市国家税务局稽查局决定对某公司2009年1月1日至2011年12月31日期间涉税情况进行检查。2015年4月10日,丁某峰确认取得上述营业收入未记账、未申报缴纳税款,但认为有关收入非"中介服务取得收入",系取得税务事项代理服务收入以及顾问咨询服务收入。2015年11月27日,原北京市国家税务局稽查局作出京国税稽处〔2015〕JW3号《税务处理决定书》并送达某公司,认为2009年至2011年期间,某公司共计7 896 400.52元的营业收入未按规定申报缴纳企业所得税,故认定追缴某公司1 863 638.98元税款及相应的滞纳金。丁某峰不服处理决定,于2015年12月2日向原北京市国家税务局申请行政复议。2019年11月15日,北京税务局作出京税复决字〔2019〕25号《行政复议决定书》,认为某公司已于2012年5月16日经公司登记机关注销登记,其企业法人资格消灭,不能再作为行政处理的被处理对象,故撤销原北京市国家税务局稽查局对某公司作出的京国税稽处〔2015〕JW3号《税务处理决定书》。

2019年12月9日,北京税务稽查局向丁某峰送达京税稽通〔2019〕1011号《税务事项通知书》,告知拟向其个人作出处理决定,并告知其享有陈述申辩以及提供相关证据材料的权利,丁某峰提交了书面陈述申辩意见,但未提供相关证据材料。

2019年12月16日,北京税务稽查局作出被诉处理决定并向丁某峰送达。丁某峰不服,于2019年12月19日向北京税务局申请行政复议,北京税务局于2019年12月20日收到丁某峰的行政复议申请。2019年12月26日,北京税务局作出受理行政复议申请通知书及行政复议答复通知书,并分别向丁某峰及北京税务稽查局送达,同时要求北京税务稽查局在10日内提交书面答复及作出被诉处理决定的证据、依据及相关材料。北京税务稽查局于2019年12月31日收到北京税务局的行政复议答复通知，于2020年1月8日提交行政复议答复书及相关证据、法律依据等材料。2020年2月14日，北京税务局作出行政复议延期审理通知书，并向丁某峰及北京税务稽查局送达。北京税务局于2020年3月4日作出被诉复议决定，并向丁某峰及北京税务稽查局送达。

本院认为，根据《中华人民共和国税收征收管理法》第十四条及《中华人民共和国税收征收管理法实施细则》第九条关于涉税案件查处机关及其职责的规定，北京税务稽查局具有依法查处涉税案件并作出相应处理的法定职责。依照《中华人民共和国行政复议法》关于行政复议机关及其职责的规定，北京税务局具有受理丁某峰所提行政复议申请，并根据具体情况作出行政复议决定的法定职责。

根据《中华人民共和国税收征收管理法》第六十三条第一款的规定，纳税人伪造、变造、隐匿、擅自销毁账簿、记账凭证，或者在账簿上多列支出或者不列、少列收入，或者经税务机关通知申报而拒不申报或者进行虚假的纳税申报，不缴或者少缴应纳税款的，是偷税。本案中，根据在案证据证明的事实，某公司自2009年至2011年间通过提供服务取得收入7 896 400.52元，并使用其他公司领购的发票开具给接受服务方，未按规定申报缴纳企业所得税，违反了《中华人民共和国税收征收管理法》《中华人民共和国企业所得税法》中关于纳税人缴纳税款的规定，应当依法补缴税款，并按照《中华人民共和国税收征收管理法》《中华人民共和国税收征收管理法实施细则》的规定加收滞纳金。

根据《中华人民共和国企业所得税法》第五条、第八条关于企业应纳税所得额及相关扣除项的规定，税务机关在计算应纳税所得额时会对企业实际发生的与取得收入有关的成本、费用等支出予以扣除。本案中，税务机关作出要求提交书面陈述申辩意见及相关证据材料的通知后，丁某峰未提交证据材料，故税务机关根据对某公司自2009年1月1日至2011年12月31日的纳税检查结果，依据应纳税所得额、相关扣除项及适用税率等计算并认定自2009年至2011年的追缴税款，并无不当。

根据《中华人民共和国公司法》第二十条的规定，公司股东应当遵守法律、行政法规和公司章程，依法行使股东权利，不得滥用股东权利损害公司或者其他股东的利益；不得滥用公司法人独立地位和股东有限责任损害公司债权人的利益。《中华人民共和国税收征收管理法实施细则》第五十条规定，纳税人有解散、撤销、破产情形的，在清算前应当向其主管税务机关报告；未结清税款的，由其主管税务机关参加清算。《最高人民法院关于适用〈中华人民共和国公司法〉若干问题的规定（二）》（2014年修正）第十九条规定，有限责任公司的股东、股份有限公司的董事和控股股东，以及公司的实际控制人在公司解散后，恶意处置公司财产给债权人造成损失，或者未经依法清算，以虚假的清算报告骗取公司登记机关办理法人注销登记，债权人主张其对公司债务承担相应赔偿责任的，人民法院应依法予以支持。本案中，在案《企业注销登记申请表》等证据能够证明由丁某峰签字确认的"主办单位（主管部门）或清算组织证明清理债权债务情况及同意注销的意见"中载明"公司债权债务已清理完毕，各项税款及职工工资已结清"。后某公司于2012年5月16日被准予注销。在案的发票、证明等证据能够证明某公司在注销前未依法清缴所欠税款。丁某峰作为某公司唯一的股东，应当按照上述规定对某公司欠缴税款及滞纳金承担相应的法律责任。北京税务稽查局将丁某峰作为追缴税款的责任主体，并根据对某公司的查处及解缴情况，与对丁某峰所作追缴处理决定进行相应的退抵，亦无不当。

根据《中华人民共和国行政复议法》第十七条、第二十三条、第三十一条第一款等关于行政复议的受理、审查、程序、时限等相关规定，北京税务局在收到丁某峰所提行政复议申请后，履行了受理、调查、延期、送达等程序，经审查作出被诉复议决定，符合上述法律规定。

综上，一审法院判决驳回丁某峰的诉讼请求正确，本院予以维持。丁某峰的上诉请求无事实及法律依据，本院不予支持。依照《中华人民共和国行政诉讼法》第八十九条第一款第一项的规定，判决如下：

驳回上诉，维持一审判决。

一、二审案件受理费各50元，均由丁某峰负担（已交纳）。

本判决为终审判决。

当下公司简易注销是比较常见的注销方式，依据《市场主体登记管理条例》的规定：

> 第三十三条　市场主体未发生债权债务或者已将债权债务清偿完结，未发生或者已结清清偿费用、职工工资、社会保险费用、法定补偿金、应缴纳税款（滞纳金、罚款），并由全体投资人书面承诺对上述情况的真实性承担法律责任的，可以按照简易程序办理注销登记。
>
> 市场主体应当将承诺书及注销登记申请通过国家企业信用信息公示系统公示，公示期为20日。在公示期内无相关部门、债权人及其他利害关系人提出异议的，市场主体可以于公示期届满之日起20日内向登记机关申请注销登记。
>
> 个体工商户按照简易程序办理注销登记的，无须公示，由登记机关将个体工商户的注销登记申请推送至税务等有关部门，有关部门在10日内没有提出异议的，可以直接办理注销登记。
>
> 市场主体注销依法须经批准的，或者市场主体被吊销营业执照、责令关闭、撤销，或者被列入经营异常名录的，不适用简易注销程序。

所以，即使公司已注销了，但如果是简易注销，是很容易被以"有过承诺"而继续向投资人追责的，特别是公司存在未缴、少缴税款的情形。

《最高人民法院关于适用〈中华人民共和国公司法〉若干问题的规定（二）》规定：

> 第十九条　有限责任公司的股东、股份有限公司的董事和控股股东，以及公司的实际控制人在公司解散后，恶意处置公司财产给债权人造成

损失，或者未经依法清算，以虚假的清算报告骗取公司登记机关办理法人注销登记，债权人主张其对公司债务承担相应赔偿责任的，人民法院应依法予以支持。

笔者观察，当下存在一些企业采取恶意注销方式规避纳税义务，比如存在账外经营未计缴税款、不计少计收入的情形，采取转移收入、往来冲抵等方式，存在较大的涉税风险，税务机关进行强化治理确实刻不容缓。

笔者同时发现，在过往几年，某些地区原来对合伙企业实施经营所得个税核定，纳税人取得了正式的核定通知书，后合伙企业注销，因税务检查发现对该类企业采取核定征收有违公平，存在征管漏洞，遂对其恢复登记要求按查账适当补税处理。这种情况是由税收征管中的核定管理漏洞所致，加之过去某些地区招商引资给出较低的核定措施，并非是纳税人主观故意偷逃税款、少纳税款，所以这种恢复登记的处理就值得探讨，也确有纳税人并没有进行补缴的情况。同时我们也要思考一下，这种情形下，恢复登记办理程序是不是合规，有没有执法依据，对于税务机关的人员，会否存在"一案双查"的问题。过去的税收征管存在的漏洞，在发展过程当中因为问题的出现而得到补充与完善，促进了税收法治的持续进步。而对于那些虚假核定，即倒挤成本进行"核定"征税的情形，部分是中介机构直接操作的，无论责任人是否知晓，这本身就是虚假申报行为，税务机关是可以以偷税行为来定性处理的。况且对于合伙企业的个人合伙人，其本身就是纳税人，对其追缴税款名正言顺。甚至在纳税人不配合的情况下，通过行政程序，继而移送司法机关追究相关责任人的刑事责任都是可能的。另外对于某类已注销的企业，若其投资人或实控人、管理人员涉嫌虚开发票犯罪行为，即使单位已注销，若达到相应标准，也可以追究其刑事责任。《中华人民共和国刑法》中对于单位是否注销并没有特别的例外规定，如果由税务机关来处理，往往需要这个主体存在，进而进行移送，而若公安机关直接立案调查涉及的责任人员，并不很关注其是否进行了税务注销。

恢复工商登记，这对《公司法》的商事程序带来较大影响，但是依据合法程序对于以欺骗、逃避责任等方式恶意注销的公司，是可以恢复登记的。如下为摘录于信用中国（广东珠海）官网上的一则相关报道。

隐瞒事实骗取注销登记 珠海一公司被撤销注销登记并罚款[①]

一家企业在未结清债务的情况下，向企业登记机关申请办理公司注销登记，且在案件调查中表现出不配合的态度。近日，香洲区市场监督管理局撤销了这家企业的注销登记，并处以罚款10万元。

基本案情：

未结清债务申请注销登记。

2017年10月16日，振某公司（以下简称"当事人"）与希某公司签订合同，约定由希某公司向当事人提供广告发布和投放服务，当事人应依约支付广告服务费32 600元。至2019年6月28日止，当事人尚未支付，希某公司向珠海市香洲区人民法院提起诉讼并于2019年8月28日立案。

然而，当事人却于2020年1月2日向珠海市香洲区市场监督管理局提交了注销申请，申请书含有"本企业申请注销登记前未发生债权债务"内容的《全体投资人承诺书》，该申请同日被核准。

处理结果：

撤销注销登记并罚款10万元。

公司隐瞒事实骗取注销登记是否属于违法行为？应当如何处理？

据了解，当事人的上述行为违反了《中华人民共和国行政许可法》第三十一条"申请人申请行政许可，应当如实向行政机关提交有关材料和反映真实情况"的规定。当事人明知公司有未结清债务，在其注销登记时作出虚假的承诺，骗取注销登记。

[①] 珠海特区报，记者：马涛，2021年7月13日。

因此，香洲区市场监督管理局依照《珠海经济特区商事登记条例》第四十四条和《珠海市市场监督管理局行使行政处罚自由裁量权实施办法》第四条第（一）项的规定，作出撤销当事人2020年1月2日的注销登记、并处以罚款人民币10万元的行政处罚决定。

典型意义：

保护经营者和消费者的合法权益。

香洲区市场监督管理局相关人士告诉记者，经营者向市场监督管理机关申请商事登记，应当秉持诚信登记的理念。提交虚假材料或者采取其他欺诈手段隐瞒事实取得商事登记的行为，违反了诚实信用原则，不仅损害了其他债权人的合法权益，也让市场交易变得不确定，严重扰乱了市场秩序，应当予以禁止并重罚，骗取成功的登记行为应当予以撤销。

依法查处经营者提交虚假材料或者采取其他欺诈手段隐瞒事实取得商事登记的行为，是市场监管部门的法定职责。该局积极调查取证，对被证实虚假登记的行为予以撤销，维护良好的市场秩序，保护经营者和消费者的合法权益，促进社会主义市场经济的健康发展。

恢复税务登记的处理并不依附于工商登记是不是存在，或以恢复工商登记为前提，在当前的税务管理系统中，是可以自主进行已注销企业税务登记恢复的，但这个恢复有法定权限，并非是一个常规性操作。比如对于简易注销，若涉及税务稽查案件，恢复登记相对简单，但是对于一般程序下进行的税务注销登记，在理论上是履行了税务机关内部的审核程序后进行注销的，这种情况下恢复注销可能较为困难，责任有关联。

2.8.4 关于清算过程中的注意事项

有两个事项是笔者在日常业务中所遇到的，有的律师、财税人员也对此存在疑惑的（见表2-53）。

表2-53　　　　　　　　　　清算过程中的注意事项

事项	说明	涉税影响
清算公允计价产生的利润	对于没有实际变现处置资产的情况下，未实际产生利润，清算所得的计算是税收上的应税所得，是为计缴所得税进行的清算计算，相关资产并未销售给股东，是分配给股东，至多算是"视同销售"计税。如果以自产货物向股东分配利润，在会计上作为正常销售处理，利润部分作为分配所得；而对于清算分配财产，在会计上不形成会计利润	所谓的公允计量是为了计税目的进行的，以便于计算所得税，估价高于原计税基础的部分并不形成对股东的利润分配；股东分回的财产也是以公允值入账处理的
股东投资成本的问题	如果股东所持股权是收购的，并不是原始投入公司出资形成的股权，其投资成本是实际溢价、平价或折价购买的价格，与原始股东的出资额无直接关系，清算后需对全部投资额进行转销处理	要注意会计与税务对于长期股权投资核算的差异管理

另外，清算分配增值税应税货物、无形资产的情况下，是可以向股东开具发票的，如用于抵扣的，可以索取专用发票用于抵扣增值税。

如果涉及个人股东，有取得"财产转让所得"应计个税的时候，清算的公司作为扣缴义务人，需要对该财产转让所得扣缴个人所得税。承上所述，财产转让所得计算中扣缴的原值成本不一定是对公司的出资额，若是收购其他股东或原股东的股权，则依其收购价为基础确定。另外，对于持续作为公司股东的个人投资人，若其投资额有部分计入实收资本、部分计入资本公积的情形，则以其总额作为出资成本，而不仅仅是实收资本部分。

2.9　本章小结

在本章内容中，我们用了比较多的篇幅梳理了以个人股东为主体，与其所投资的公司之间发生的一系列经济往来，进行财税方面的分析，这种分析是建立在笔者对于相关政策的理解、实践应用与观察之上，也有与同行、团队伙伴及权威专家的交流所获，相信其中的一些观点，会给我们的企业家、律师、财税人员与税务干部带来一些新的思考。

不过这些问题之外，每天还在发生着大量的交易事项、创新事项，并且公司的股东身份种类多样，还包括自然人之外其他主体身份的股东，每一类情形对应的财税核算与管理有一些差别，税收政策繁杂，其间的腾挪与变化，更是充满着不确定性。

笔者认为，公司是一个人、财、物的载体，这些要素的组合，或可形成商业利润，或可团结一帮志同道合的伙伴。在过去，我们更多强调公司的目的是为股东创造更多的价值，随着时代的发展，我们国家的公司主体类型更广泛，从国内到国外，相关的投资场景与财税合规要求更加严谨。本章内容更多聚焦于境内的业务场景，来探讨载体内外，财的形成与流转，税的刚性与价值之间的关系，这是非常有趣且有意义的，公司作为标准化的纳税主体，所面临的税收环境是复杂的，要求是严格的，征管部门对税务合规的管理，从过去的人工管理到现在的以数治税，实实在在地让我们的公司及其投资人、高管体会到了税收的影响力。

那么，我们如何理解税收政策对公司、对股东所带来的影响呢？

第一，《公司法》下的公司，从成立到运营发展，到最后的清算注销，在这一生命周期中，它既要遵循《公司法》的强制性规定，遵循立法机关所设置的商法规则，同时也可以在《公司法》的框架下设置相应的意思自治的规则，包括决策权、分红方式、增减资的安排等，结合自身的情形，作出有利的、各方接受的安排，是每个公司都会面临的选择。

第二，公司运行中涉及对利润的追求，除了《公司法》之外，还要遵循《刑法》《税收征收管理法》《民法典》等法律法规及相应的政策，如果要发行债券或挂牌上市，更需要完善的管理体制、成熟的业务及业绩、技术支撑，取得合法的利润，减少、避免出现违法违规所带来的经济损失、行政或刑事处罚。

第三，采取不同的组织架构、业务分工与流程，在业务交易中采取不同的交易形式、载体及方式，甚至在合同、会计凭证、会议记录、公司管理制度中所表达出来的主观意思，都可能对如何计税产生影响。承上所分析，基于税收法定的大原则，对于交易模式与税收政策计缴税费的适配有多种方式，每一种方式下都需要考虑获利的正当性与商业的合理性。

设立公司与公司开展业务往往是"人"实施的结果，而人的经济属性及价值，往往是难以用数字计量的，所以在出资方式、分配利益、决策上，基于信任或者彼此间的妥协，形成了公司这一载体。同时公司内、公司外均有着各种各样的生态环境，人的贪心、对利益的不当获取，除了给公司带来潜在的法律风险之外，也可能会存在追究个人的责任，对于股东、实控人来讲，往往是灾难性的，每个老板、企业家，往往是一家公司的灵魂与主心骨，如果个人出现了问题，除了对公司带来经济的重大影响之外，这家公司能否继续存续也是关键。笔者建议公司及企业家们进行强制性合规，控制自己的欲望与过度乐观的心态、从众心态，管好自己、做好自己，对公司负责，更是对自己负责。一个企业家，是很有必要有一个自己的法律顾问的，特别是涉及刑事、行政等方面的融合性提示与风险管理。

最后，笔者认为还需要解释一下，给股权转让带来比较大的涉税计缴、核定影响的国家税务总局公告2014年第67号公告，其适用范围上，一是明确不包括个人独资企业、合伙企业，税收实践中部分地区的税务机关借鉴了这样的做法。二是明确不包括个人在上海证券交易所、深圳证券交易所转让从上市公司公开发行和转让市场取得的上市公司股票，转让限售股，以及其他有特别规定的股权转让。由于上市公司的股票转让行为，已经不经过市场监督管理部门的登记管理程序了，而主要是由中登公司来记录其间的变化，市场登记管理系统中管理的诸如公司基本信息及其变更，与纳税管理方面也没有直接的关系。试想一下，交易的股票变更，也是股权变更的一类，股东发生变化，如果也需要办理《个人所得税法》中的完税凭证，在技术上难以实现，加之其交易是公开透明的，出完税凭证的意义何在呢？个人二级市场买卖股票所得是免税的，个人股票转让也是免增值税的，至于限售股方面的个人所得税管理，在券商交易系统已作了很好的监管，但监管的并不是收入是不是真实，而是纳税的效率、准确性。另外，似乎还有一个被忽略的地方，那就是新三板挂牌的公司，这些公司已由有限责任公司改制为股份有限公司，其登记也是由中登公司进行管理的，并不需要完税凭证才能变更，基于交易的市场化，也没有必要对此进行管理。但新三板挂牌公司在过往期间，由于当时对于转让价缺乏管理机制，有的交易竟然以1元、1分的转让价进行转让，难免让人感觉有"利益转移"之嫌，但是这种情形由于没有经过税务机关的前置管理程序，税务机关主动对此发起检查也面临着诸多的规则限制，未有听闻有对此进行纳税管理处理的案例。财税〔2018〕137号文件规定自2018年11月1日（含）起，对个人转让新三板挂牌公司非原始股取得的所得，暂免征收个人所得税。有一些从新三板退出挂牌的股份有限公司，其登记管理未进入我们习惯的工商登记常规变更程序中，当发生股份转让需要计缴个税的时候，往往是在行为发生后由公司办理扣缴或个人进行申报处理，并没有"先税后征"式的强制性管理要求。另外，对于限售股个人所得税的征收管理，2024年12月27日《关于进一步完善个人转让上市公司限售股所得个人所得税有关征管服务事项的公告》（国家税务总局 财政部 证监会公告2024年第14号）明确个人所得税纳税地点为发行限售股的上市公司所在地。

股东与公司的"利益"处理与转移问题

新《公司法》带来了一些新颖的规则与处理意见,比如涉及弥补亏损的问题,与过去的内容发生了比较大的变化。在本章内容中,我们将从税收视角梳理和研讨公司内部的利益调整及其与股东之间的利益传递、转移问题,给我们的商法人士一些关联性的提示与参考。

3.1 公司利润分配新规下的涉税"挑战"

《公司法》规定:

> 第二百一十条 公司分配当年税后利润时,应当提取利润的百分之十列入公司法定公积金。公司法定公积金累计额为公司注册资本的百分之五十以上的,可以不再提取。
>
> 公司的法定公积金不足以弥补以前年度亏损的,在依照前款规定提取法定公积金之前,应当先用当年利润弥补亏损。
>
> 公司从税后利润中提取法定公积金后,经股东会决议,还可以从税后利润中提取任意公积金。

公司弥补亏损和提取公积金后所余税后利润，有限责任公司按照股东实缴的出资比例分配利润，全体股东约定不按照出资比例分配利润的除外；股份有限公司按照股东所持有的股份比例分配利润，公司章程另有规定的除外。

公司持有的本公司股份不得分配利润。

第二百一十一条　公司违反本法规定向股东分配利润的，股东应当将违反规定分配的利润退还公司；给公司造成损失的，股东及负有责任的董事、监事、高级管理人员应当承担赔偿责任。

第二百一十二条　股东会作出分配利润的决议的，董事会应当在股东会决议作出之日起六个月内进行分配。

第二百一十三条　公司以超过股票票面金额的发行价格发行股份所得的溢价款、发行无面额股所得股款未计入注册资本的金额以及国务院财政部门规定列入资本公积金的其他项目，应当列为公司资本公积金。

第二百一十四条　公司的公积金用于弥补公司的亏损、扩大公司生产经营或者转为增加公司注册资本。

公积金弥补公司亏损，应当先使用任意公积金和法定公积金；仍不能弥补的，可以按照规定使用资本公积金。

法定公积金转为增加注册资本时，所留存的该项公积金不得少于转增前公司注册资本的百分之二十五。

……

第二百二十五条　公司依照本法第二百一十四条第二款的规定弥补亏损后，仍有亏损的，可以减少注册资本弥补亏损。减少注册资本弥补亏损的，公司不得向股东分配，也不得免除股东缴纳出资或者股款的义务。

依照前款规定减少注册资本的，不适用前条第二款的规定，但应当自股东会作出减少注册资本决议之日起三十日内在报纸上或者国家企业信用信息公示系统公告。

公司依照前两款的规定减少注册资本后，在法定公积金和任意公积金累计额达到公司注册资本百分之五十前，不得分配利润。

关于前述的相关规定，其中比较重要的有"资本公积金弥补亏损"与"减少注册资本弥补亏损"两个新的提法。从相关的解释资料来看，有一些特殊考虑的原因如疫情发生，有的公司出现比较大的亏损，或者有的公司连年亏损，但又有着比较好的发展前景，由于背负的历史亏损比较大，难以实现融资上市等发展目标，给予其一次"重生"的机会。对此，新《公司法》结合情势进行了充分考虑，这本身也是为经济提供服务的价值所在。

3.1.1 对利润的理解及税法对于分红的规定

一个公司的经营情况和经营成果往往通过财务会计报告体现出来，即专业人员依据《会计法》及相应会计准则的规范要求与标准，完成截至当年末的资产负债表和当年度的利润表、现金流量表、所有者权益变动表及附注。一般大家关注的是利润指标，是这家公司经营成果的重要体现；但是，做生意的都明白，即使业务做得再好，如果资金不能有效回收，往往只是表面的繁荣，所以现金流的多少往往是一家公司是不是可以生存发展的核心基础，它跟人的血液一样，也是公司的血脉。因此即使利润再好，可分红但无法变现利润就是没有价值的数字。同时，我们要知道，利润是依会计政策及规则"做"出来的，比如有的支出是按使用年度摊销来列支，还是一次性列支。最近几年来，会计准则核算规则的快速变化，主要表现在企业管理层"主观选择"空间上，很多情形下没有绝对的对与错，往往是逻辑是不是解释得通。而对于设置内外账的一些企业来讲，对外提供的报表本身是假的，其利润数据大多是微利、亏损的状态，经营收入早已"悄悄转入自己的口袋"，这种情形下，老板对于报表的关注度主要是在税务上不要"出问题"，是为报税目的所做的财务会计报告，这与《公司法》的规定显然是相违背的：

第二百一十七条　公司除法定的会计账簿外，不得另立会计账簿。
对公司资金，不得以任何个人名义开立账户存储。

......

第二百五十四条 有下列行为之一的,由县级以上人民政府财政部门依照《中华人民共和国会计法》等法律、行政法规的规定处罚:

(一)在法定的会计账簿以外另立会计账簿;

(二)提供存在虚假记载或者隐瞒重要事实的财务会计报告。

《会计法》对其也有相应的处罚规定:

第四十三条 伪造、变造会计凭证、会计账簿,编制虚假财务会计报告,构成犯罪的,依法追究刑事责任。

有前款行为,尚不构成犯罪的,由县级以上人民政府财政部门予以通报,可以对单位并处五千元以上十万元以下的罚款;对其直接负责的主管人员和其他直接责任人员,可以处三千元以上五万元以下的罚款;属于国家工作人员的,还应当由其所在单位或者有关单位依法给予撤职直至开除的行政处分;其中的会计人员,五年内不得从事会计工作。

第四十四条 隐匿或者故意销毁依法应当保存的会计凭证、会计账簿、财务会计报告,构成犯罪的,依法追究刑事责任。

有前款行为,尚不构成犯罪的,由县级以上人民政府财政部门予以通报,可以对单位并处五千元以上十万元以下的罚款;对其直接负责的主管人员和其他直接责任人员,可以处三千元以上五万元以下的罚款;属于国家工作人员的,还应当由其所在单位或者有关单位依法给予撤职直至开除的行政处分;其中的会计人员,五年内不得从事会计工作。

第四十五条 授意、指使、强令会计机构、会计人员及其他人员伪造、变造会计凭证、会计账簿,编制虚假财务会计报告或者隐匿、故意销毁依法应当保存的会计凭证、会计账簿、财务会计报告,构成犯罪的,依法追究刑事责任;尚不构成犯罪的,可以处五千元以上五万元以下的罚款;属于国家工作人员的,还应当由其所在单位或者有关单位依法给予降级、撤职、开除的行政处分。

整体来看,利润是基于会计核算的结果计算出来的,基于经营成果,可以向股东分配，这种分配需要按《公司法》的规定完税后才能进行分配（见表3-1）。

表3-1 利润分配内容及说明

利润分配的过程体现	内容	说明
当年实现的税后利润	弥补以前年度亏损	如果不足以弥补亏损的则无须提取公积金
	应当提取利润的百分之十列入公司法定公积金 经股东会决议，还可以从税后利润中提取任意公积金	法定公积金累计额为公司注册资本的百分之五十以上的，可以不再提取，此为注册资本非实收资本
依据决议进行分配	有限责任公司按照股东实缴的出资比例分配利润，全体股东约定不按照出资比例分配利润的除外；股份有限公司按照股东所持有的股份比例分配利润，公司章程另有规定的除外	商法意思自治下，对于利润分配的处理，往往是充满着利益的平衡与人为的"操纵"，但司法并不进行强制性的干预

在实践当中，依附于企业会计核算的会计利润及计算出来的可分配利润，与《公司法》中的相关表述并不尽一致，有的可能引起误解。

首先，从财税的角度，当年实现的税前会计利润，应先进行所得税的纳税调整计算得出应纳税所得额，应纳税所得额乘以适用的所得税税率进而计算当期所得税。由于会计处理与税务处理存在差异，会计核算规则中"所得税费用"与实缴所得税的金额并不一定一致，这种情形下，需要专业判断会计和税法之间的永久性差异和暂时性差异以确定递延所得税费用，计算得出当年度的净利润。

其次，《公司法》中规定"公司的法定公积金不足以弥补以前年度亏损的，在依照前款规定提取法定公积金之前，应当先用当年利润弥补亏损"。实践中的会计处理并不必然以法定公积金来弥补以前年度亏损，而是直接以当年度的净利润来弥补以前年度亏损，这里的亏损是没有年限限制的，因为公司主体就是持续存在的，需要对过去的所有亏损进行弥补。

如果当年度有利润,但之前年度有亏损,此时不需要计提法定公积金,而直接弥补亏损,至于任意公积金的提取,当下很少有企业进行任意公积金的计提。当弥补以前年度亏损、计提法定公积金之后,所余利润才可以进行分配。

另外,之前年度有利润,当年也有利润,能否将累计的利润在当年度合并分配,《公司法》对此并没有特别规定,现行的会计核算也没有这方面的技术处理限制,是可以在当年度一并进行利润分配的。如《关于苏州市新广益电子股份有限公司首次公开发行股票并在创业板上市申请文件的审核问询函之回复报告》中涉及对未分配利润进行大额分红问题的解释①。从合理性来看,截至当前的累计未分配利润情形来决定分红的多少是"看家底"量力而行的选择方式,《公司法》的相关条款难以进行详细的解释说明,我们并不能简单地认为其条款内容不完整,与会计处理不匹配有差异,而是要理解相关条款的原则;至于分红的技术性处理,则需要依据财务数据进行详细确定与计算。

例如,笔者发现同花顺上有这样一则问答:

金融研究中心6月18日讯,有投资者向中文在线(300364)提问:请问贵公司连续四年营业利润正增长,为何这几年都没有分红?

公司回答如下:

尊敬的投资者,您好:公司2014—2017年均有分红,鉴于公司2018—2023年各期末累积未分配利润均为负数,不满足公司实施现金分红的条件,因此公司2018—2023年度未进行利润分配。公司高度重视每一位投资者的回报,未来公司将严格按照相关规定,在符合分红规定及政策的情况下积极实施分红;并将竭尽全力采取多种措施进一步改善公司经营业绩,为投资者和社会创造价值。感谢您的关注。

---

① 具体可查阅相关公开披露的信息。

对于上市公司，监管部门对其分红也设置了相应的规定，《上市公司监管指引第3号——上市公司现金分红（2023年修订）》对此做了相应的引导机制，修订说明中提到"第十三条 将有能力分红但不分红的情形纳入日常监管重点关注事项，将有效引导公司提高分红水平，从前期实践来看也取得积极成效。沪深证券交易所结合各板块企业特点，在自律监管规则中做了差异化的分红引导安排，充分考虑了成长型企业的特点"。

公司要分红，需要股东会进行批准分红方案，对于表决权限，《公司法》规定：

第六十五条 股东会会议由股东按照出资比例行使表决权；但是，公司章程另有规定的除外。

第六十六条 股东会的议事方式和表决程序，除本法有规定的外，由公司章程规定。

股东会作出决议，应当经代表过半数表决权的股东通过。

股东会作出修改公司章程、增加或者减少注册资本的决议，以及公司合并、分立、解散或者变更公司形式的决议，应当经代表三分之二以上表决权的股东通过。

若存在不按照出资比例分配利润的需经全体股东约定通过。现实中，拥有表决权的股东对于何时进行分配、分配多少往往有话语权。分红决议的作出，代表着涉税事项的发生，即股东取得分红所得的取得时间和计税方式的判断。不同主体取得公司分红的税收政策有如下不同（见表3-2）：

表3-2　　　　　　　　公司分红相关税收政策

主体	税收政策	确认所得的时间及计税方式
企业（含公司）股东	直接控股的居民企业享受免税待遇，但不包括连续持有居民企业公开发行并上市流通的股票不足12个月取得的投资收益	被投资方作出利润分配决定的日期确认收入的实现

续表

主体	税收政策	确认所得的时间及计税方式
自然人股东	依利息、股息、红利按20%缴纳个税，但上市公司或挂牌公司的分红可按条件享受差别化税收优惠政策	通常是代扣代缴，如没有扣缴则次年6月30日前自行申报缴纳。《国家税务总局关于利息、股息、红利所得征税问题的通知》（国税函〔1997〕656号）曾提出：扣缴义务人将属于纳税义务人应得的利息、股息、红利收入，通过扣缴义务人的往来会计科目分配到个人名下，收入所有人有权随时提取，在这种情况下，扣缴义务人将利息、股息、红利所得分配到个人名下时，即应认为所得的支付，应按税收法规规定及时代扣代缴个人应缴纳的个人所得税（1994年前为个人收入调节税）
合伙企业	其个人合伙人按照利息、股息、红利计缴20%的个税	国税函〔2001〕84号[①]
	其法人合伙人按照经营所得统筹计算"先分后税"	财税〔2008〕159号[②]
	合伙企业作为合伙人时，其个人合伙人如何计税暂不明确，可考虑按经营所得计税，也可考虑按利息、股息、红利计税。笔者倾向于按经营所得计税，但从有利的角度也可考虑按国税函〔2001〕84号文件计算	目前实务中多有倾向作为合伙企业的经营所得认定案例
个人独资企业	同合伙企业，但个人独资企业的投资人限于个人	国税函〔2001〕84号
契约型私募基金、资产管理计划和信托计划等三类股东，一般通过受托人名义持有股权	税收政策上比较模糊，需要结合事实情形、底层逻辑来进行涉税处理；如果公司作为管理投资人，其取得的投资收益需计入企业所得	特定类型的产品中，如对投资者从证券投资基金分配中取得的收入，暂不征收企业所得税

① 国税函〔2001〕84号，即《国家税务总局关于〈关于个人独资企业和合伙企业投资者征收个人所得税的规定〉执行口径的通知》。

② 财税〔2008〕159号，即《财政部 国家税务总局关于合伙企业合伙人所得税问题的通知》。

如果相关的股东主体涉及跨境的，需要结合相关的税收协定或安排、国内税法进行统筹分析，在所得认定及扣缴方式上有其特别之处。其中，对于外籍个人从外商投资企业取得的股息、红利所得享受免税待遇，目前这个政策仍然有效，并且对于外籍个人的判断并不依据其是否取得中国税收居民身份，而是依据其名义身份来确定。实务中，我们国家是不认可多重国籍身份的，因此拥有中国国籍的个人不适用上述优惠政策。至于中国香港、中国澳门和中国台湾地区的个人能否视同享受该免税待遇，应遵循国家政策的一贯理解，宜认可其可适用上述免税待遇，但笔者也有观察到，有的地方税务机关开始对此进行风险排查，不予认可其适用性，这是值得商榷的。

3.1.2 不当分红需要退回已分配的利润

如下这则摘自中国裁判文书网的判例，可以作为大家理解《公司法》相关内容的样本。

浙江O房地产开发有限公司、王某伟公司
盈余分配纠纷一审民事判决书

（2023）浙0702民初6025号

原告：浙江O房地产开发有限公司，住所地：金华市婺城区凤山街99号二楼，统一社会信用代码913307027964582XXJ。

法定代表人：徐某光，浙江O房地产开发有限公司董事长。

委托诉讼代理人：陈某海，浙江W律师事务所律师。

委托诉讼代理人：余某丹，浙江W律师事务所实习律师。

被告：王某伟，男，1970年10月5日出生，汉族，丽水市青田县。

委托诉讼代理人：陈某，浙江Y律师事务所律师。

委托诉讼代理人：吴某宁，浙江Y律师事务所律师。

原告浙江O房地产开发有限公司（以下简称O公司）与被告王某伟

公司盈余分配纠纷一案，本院于2023年10月10日立案后，依法适用简易程序。因案情疑难复杂，后依法转换为普通程序，公开开庭进行了审理。原告O公司的委托诉讼代理人陈某海和被告王某伟的委托代理人陈某、吴某宁到庭参加诉讼。本案现已审理终结。

原告O公司向本院提出诉讼请求：（1）判令被告返还原告分红款1 496 000元；（2）被告支付原告鉴定费41 200元；（3）本案诉讼费用由被告承担。事实和理由：原告系于2006年11月30日注册成立的房地产开发公司，公司成立时的注册资本为3 200万元；2007年4月12日，原告修改公司章程，确认公司注册资本3 200万元均已实缴；2008年5月19日，公司的注册资本变更为4 600万元，后又于2013年9月23日变更为2 000万元。被告系原告股东，占全部股份的8%。2013年10月25日至2016年1月13日，原告开发的"O·德尚华庭"房地产项目在未申报和缴纳土地增值税的情况下，按持股比例七次向全体股东分红7 625万元（其中前五次经全体股东一致决议分红5 625万元，2015年4月和2016年1月分别以股东向公司借款的形式分红2 000万元），被告实际分得520万元。2021年4月28日，原告收到金华市婺城区税务局《税务事项通知书》，通知原告自收到该通知后按有关规定进行清算，并于90日内到金华市婺城区税务局办理土地增值税清算申报手续。后，原告于2021年11月委托金华某税务师事务所申报税款，金华市婺城区税务局最终核定税款金额为18 730 525.21元。2021年11月27日，原告召开股东会，代表公司79.5%表决权的股东（包括被告本人）一致通过"所有股东归还公司借款2 000万元用来补缴本公司土地增值税税款"的股东会决议，后实际通知股东返还的金额为1 870万元，其中，被告应返还的金额为1 496 000元。2021年11月30日，原告将《股东会决议通知书》发送给全体股东后，原告法定代表人徐某光等九名股东（占股74%）于当月返还分红款1 383.80万元，被告等五名股东（占股26%）未予返还，原告数次沟通协商无果。2022年4月11日，原告向婺城法院提起对股东之一李某月的诉讼[案号：（2022）浙0702民初2687号]，审理过程中，婺城法院于2022年6月委托武义某会计师事务所对原告的利润分配情况进行审计，审计的未分配利润账面余额为-23 877 169.42元，原告并为此预交鉴定费257 500元。2023年3月28日，婺城法院对上述案件作出一审判决，股东李某月返还相应的分红款并负担鉴定费7 725元。现该判决已生效，但被告仍拒不返还上述分红款。综上，原告认为，根据《中华人民共和国公司法》第三十七条第六项和第一百六十六条第五款的规定，公司应当在依法缴纳税金、弥补亏损和提取法定公积金后仍有利润的情况下，且经股东会制订分配方案后才能进行盈余分配，而原告在未依法提取公积金、未缴纳土地增值税的情况下就向股东分配利润，显然违反《公司法》的有关规定，股东需将利润退还；同时，原告未经法定程序将公司注册资本以分红形式返还给股东的行为，属于抽逃出资，亦损害了公司和国家税务的合法权益，依法应予返还。另外，被告作为权利人之一参与了婺城法院（2022）浙0702民初2687号案件的审计且该案判决未返还分红款的股东负担相应的鉴定费，原告据此有权要求被告支付。

被告王某伟辩称，第一，原告在2013年至2016年向被告的分红符合《中华人民共和国公司法》第一百六十六条规定，系属合法有效，原告无权要求返还。《中华人民共和国公司法》第一百六十六条规定，公司可以向股东分配当年的税后利润，但在分配前须先弥补亏损、提取法定公积金。也暨，只要公司在当年有盈利的情况下，缴纳了当年的税款和提取了当年的法定公积金后，剩余利润依法可以分配。结合本案，重点在"当年"二字，原告在2013年到2016年针对2013年至2015年度公司的剩余利润进行了分配分红，那么就只要明确原告在2013年、2014年、2015年的当年度，是否已经弥补了亏损、提取法定公积金，缴纳了应缴税款。原告提交的股东会决议和财务报告显示，原告2013年度、2014年度和2015年度三个年度的公司财务状况和盈利情况完全符合分红条件，原告并没有超额分配利润，被告取得相应分红收入合法有效。至于分红之后的以后年度，企业的亏损、公积金、税款也只能计算在以后年度的企业盈亏中，如果以后年度是亏损，而且弥补不了的，再结转到下一年，而不是追溯到以前的年度。武会师专审（2023）第14号专项审计报告是一个针对原告公司2006年到2022年的跨年度的整体的审计结论，而不是各个分红年度的年度审计，不能用来说明分红年度的分红是超额分配利润。第二，原告公司在向股东分红的年度不存在未依法提取公积金、未缴纳土地增值税的事实。武会师专审（2023）第014号专项审计报告第7页（四）利润表相关项目记载，截至2022年3月31日，O公司账面累计净利润57 438 142.01元，法定公积金的提取比例是净利润的10%，即5 743 814.2元，而该报告第7页同样显示截至2022年3月31日，盈余公积账面余额6 812 089.55元，可见原告已依法提取公积金。土地增值税的征管采取"预征+清算"的模式，在房地产开发项目尚未最终清算土地增值税前，企业只需按规定比例预缴土地增值税即视为完成了纳税义务。在项目开发完结之后进行整体清算，再结合之前的预缴金额予以多退少补。原告土地增值税清算的两份"土地增值税纳税申报表"（原告第三组证据）显示，原告在最终清算前已按规定比例预缴土地增值税9 309 025.40元。2016年以后，原告未实际经营，故可得出上述土地增值税均为项目开发期间依法预缴的税款，原告已按规定履行了纳税义务。因此，原告针对2013年、2014年和2015年的公司年度盈利分红时，已依法提取公积金并缴纳土地增值税，符合《公司法》的规定，被告取得的分红收入合法有效。第三，2022年，原告清算土地增值税所产生的税款并不影响以前年度的盈亏，更而不影响原告在以前年度给股东的分红。根据国税发〔2009〕39号第九条的规定，房地产开发企业在项目完成之后清算土地增值税，最终结算产生的土地增值税计入清算当年的企业损益。故此，原告在2022年清算案涉项目土地增值税所产生的1 800余万元税款按会计核算要求应计入清算当年即2022年的损益，与以前年度无关，也不能影响以前年度企业损益和分红。再退一步说，根据专项审计报告附件2利润表显示，原告2007年3月至2022年3月共实现利润77 412 313.97元，所得税率25%，应交所得税19 353 078.49元。原告实际已缴纳所得税32 065 393.84元，多缴所得税12 712 315.35元。故原告完全可以通过法定程序申请退税，从而解决公司用于缴纳土地增值税的资金不足问题。第四，本案原告给股东的分红不属于股东抽逃出资。《最高人民法院关于适用〈中华人民共和国公司法〉》若干问题的规定（三）》第十二条限定了四种抽逃出资的行为，本案原告主张股东以分红形式抽逃出资，对应其中第四种情况，其他未经法定程序抽回出资。是否构成该种情况的抽逃出资，还是回到原告的分红是否程序合法，而分红是否合法还是要看是否符合《中华人民共和国公司法》第一百六十六条的分红条件。根据被告上述内容，原告在2013年至2016年的分红是完全符合法定程序的，故本案并不存在股东抽逃出资的情形。综上，在房地产项目中，土地增值税的清算有单独的文件予以规定，房地产开发企业只需按规定预缴和清算即可，土地增值税的税款均在当年度收入中进行抵扣，即便产生亏损，也无须冲抵之前年份的利润分红。本案原告以其在以后年度清算了土地增值税导致企业亏损为由，要求股东返还以前盈利年度合法分配税后利润的分红于法无据，应予驳回。最后，从本案的材料以及审计报告中可以看出，明显存在原告公司的高级管理人员侵占公司大量财产的情形。因此才导致公司财产大量流失，最终无力缴纳国家税款。所以，公司应该要求这些高管返还非法侵占的公司财产，而非向股东要求返还合法分红。现在，公司高管人员控制原告起诉股东要求返还分红，真实目的就是不想向公司返还非法侵占的财产，所以本案原告的诉讼请求更不应该得到支持。

当事人围绕诉讼请求依法提交了证据，本院组织当事人进行了证据交换和质证。对当事人无异议的证据，本院确认其证明力并在卷佐证。对当事人有异议的证据，本院认证如下：

原告提供的证据有：（1）股东会决议5份、分红清单7份、打款凭证7份，用以证明2013年10月25日至2016年1月13日，原告开发的"O·德尚华庭"项目在未申报和缴纳土地增值税的情况下7次分红共计7 625万元（其中5 625万元经全体股东一致决议分红，2 000万元未经决议借款转分红),被告实际分得520万元。(2)金华市婺城区税务局税务事项通知书1份、土地增值税申报表2份、税务系统截图1份,用以证明原告欠缴的土地增值税税款金额为18 730 525.21元。(3)2021年股东会决议1份、股东会决议通知书1份,用以证明代表公司79.5%表决权的股东于2021年11月27日召开股东会,一致通过"所有股东归还公司借款2 000万元用来补缴本公司土地增值税税款"的决议,公司并将股东会决议和返还金额通知给各个股东。(4)银行存款明细账1份、银行客户回单1份、税务系统纳税证明截图1份,用以证明公司法定代表人徐某光等九名股东(占股74%)已返还1 383.8万元,公司已缴税款1 400万元。(5)武义某会计师事务所《专项审计报告》1份,用以证明审计的公司未分配利润账面余额为-23 877 169.42元。(6)浙江省金华市婺城区人民法院(2022)浙0702民初2687号民事判决书1份,用以证明贵院已对未返还分红款的股东之一作出生效判决,股东需返还分红款并负担鉴定费,同时该判决对案涉事实部分已作出相应认定。

被告质证认为,证据1真实性、合法性、关联性无异议,待证事实有异议,分红是指公司分配当年的利润,从股东会决议看,公司在2013年到2015年都存在可分配利润、符合分红条件,后两次分红虽未经股东会,但全体股东都接受了分红款未提出异议,而且税务部门也已经确认分红性质,并补缴了个税,所以也是合法的,本案清算的土地增值税是在2022年结算之后产生的,根据税务征管的规范应计入当年的税务成本,而不能倒退追溯以前年度的企业盈亏,故不能以2022年产生的土地增值税来否定2013年至2016年分红的合法性。对证据2真实性、关联性无异议,待证事实有异议,该组证据证明了原告在2022年清算案涉项目的土地增值税,根据税务部门的规定,房地产开发企业在项目开发过程中,土地增值税的征管采取"预征+清算"的模式,证据第21页和22页的两份土地增值税申报表中的项目九(行次29)已缴土地增值税税额的内容,可知公司在此前每年都按照税务部门的规定预缴土地增值税,原告所称未交土地增值税不是事实,另外,2022年清算出来的土地增值税税款应冲抵清算当年（2022年度）的利润，而不能倒推到追溯以前年度；对证据3的真实性、合法性、关联性和待证事实均有异议，白某华无权代表被告，被告也不同意此决议，本案原告公司的分红合法有效，公司分红一旦分到股东个人手中，就属于股东个人财产，公司和股东会无权处分。对证据4的真实性、合法性、关联性无异议，但这是该9人对自己权利的处分，与被告无关，更不能以此约束被告。对证据5的真实性无异议，关联性、合法性和待证事实有异议，但该份审计报告是跨年度审计结论，不能适用于本案，不能证明分红违法，根据土地增值税征管的相关规定，只要公司在2013年、2014年、2015年按照税务部门的规定预缴了当年的土地增值税，就是已经完成了纳税义务，对剩余可分配利润进行分红就是合法的，而项目开发完结之后的土地增值税结算所产生的土地增值税计入土地增值税结算当年的企业盈亏中，不影以前年度的分红，本案的争议焦点是公司在2013年到2016年的分红是否合法，而根据《中华人民共和国公司法》第一百六十六条，公司分红仅针对当年的盈余，应以分红当年的年度审计为依据，另外，原告本案中提交的报告并无完整，通过审计报告可以明确，公司存在大量的未明事项，显然是会影响公司的当年利润，就这些事项却是应冲抵公司当年利润，法院应当予以查明，而且，该份审计报告体现出存在公司实控人侵害公司利益的情形。对证据6的真实性无异议，但被告对该案件的法律适用不认可，该跨年度的审计报告也不能适用于本案，审计费用应由原告自行承担。

本院认为，被告对原告提供的2013—2016年5份股东会决议、分红清单、打款凭证、金华市婺城区税务局税务事项通知书、土地增值税申报表、税务系统截图、银行存款明细账、银行客户回单、税务系统纳税证明截图、武义某会计师事务所《专项审计报告》、（2022）浙0702民初2687号民事判决书等证据真实性无异议，上述证据反映了原告的待证事实，本院确认其证明力。被告认为2021年11月27日股东会其未授权白某华表决，且分红款支付给股东后属股东个人财产，股东会无权处置股东个人财产,本院认为,原告的待证事实与该股东会决议内容一致,但是股东是否需返还分红,仍应以本院委托审计结论为准。

被告提供的证据有:(1)O房产2015年财务报告、O房产公司第十次股东大会会议纪要(2016年1月12日、13日)各1份,用以证明2015年度O公司在依法缴纳税款、提取法定公积金后尚有O房产公司可分配利润2 221.03万元,故此,公司对该可分配利润向股东进行分红,完全合法。(2)武会师(2023)第014号专项审计报告1份,用以证明①、审计报告第7页(四)利润表相关项目记载,公司账面累计净利润57 438 142.01元,盈余公积账面余额6 812 089.55元,公司已依法提取公积金;②审计报告附件2利润表显示公司利润共计77 412 313.97元,应交所得税19 353 078.49元,实际已缴32 065 393.84元,多缴12 712 315.35元,可以通过法定程序申请退回所得税,从而解决资金不足问题。③公司高管人员侵占公司财产,导致公司财产大量流失,最终无力缴纳国家税款。(3)O公司2013年利润表、2014年利润表、2015年利润表、2015年资产负债表、2016年资产负债表、2018年资产负债表各1份,用以证明即便上述来源于原告公司的报表和数据真实,原告也只超额分配利润8 512 718.67元,其余的分配都符合法律规定,具体来说:①2013年12月的利润表显示,原告在2013年当年度利润49 230 578.96元。根据2014年1月8日股东会决议显示,原告在以前年度亏损797 468.56元,所以,在原告弥补亏损及提取法定公积金(弥补亏损后净利润的10%)后,原告在2013年的实际可分配利润43 589 799.36元。故此,原告针对2013年度的可分配利润,在2013年11月15日分红1 250万元、在2014年1月20日分红1 875万元,两次合计分红3 125万元,两次分红后2013年度尚有结余可分配利润12 339 799.36元。②2014年12月利润表显示,原告在2014年度当年实现净利润为16 185 466.98元。原告在提取10%的法定公积金后,2014年度的实际可分配利润为14 566 920.28元,再加上2013年结余可分配利润12 339 799.36元,2014年度合计可分配利润为26 906 719.64元。故此,原告针对2014年度的可分配利润,在2014

年10月15日分红500万元、在2015年2月5日分红750万元，两次分红合计1 250万元，两次分红后2014年尚有结余可分配利润14 406 719.64元。③2015年12月的利润表显示，原告在2014年度当年实现净利润为10 645 068.54元。原告在提取10%的法定公积金后，2015年度实际可分配利润9 580 561.69元，再加上2014年度结余可分配利润14 406 719.64元，2015年度合计可分配利润为23 987 281.33元。但原告针对2015年度的可分配利润，在2015年4月5日分红1 250万元、在2015年4月23日分红1 000万元、在2016年1月13日分红1 000万元，三次分红合计3 250万元。其中，原告超额分配利润8 512 718.67元。综上，若原告提供的财务报表及相应数据真实，则证明了原告超额分配的利润仅为8 512 718.67元，具体到被告股权占比8%的部分仅为681 017.5元。④2016年的资产负债表显示，2016年货币资金的期末余额为9 045 262.95元，完全可以覆盖所有公积金。但据原告提供的2018年的资产负债表显示，2018年货币资金期初余额尚有7 693 592.79元，到期末却只剩下了705 639.88元。显然，公积金有可能是在2018年被挪用了，而与以前年度的分红无关。

原告质证认为，对于证据的真实性均无异议，对于其待证事实有异议：（1）被告证据1，对2015年财务报告作说明，注意三个数据，第一个数据就是预还股东注册资本金1 000万元，股东注册资本就抽逃1 000万元，第二个数据盈余公积金提取了681.21万元，目前账户上资金1 171万元，包括盈余公积金在内的一共资金是1 171万，在2016年1月13日把1 171万元分红分了1 000万，就等于说表面上看虽然提取了法定公积金，其实是后面都分红了。（2）对证据2审计报告中应交税的问题作说明，企业每年3月、4月有汇算清缴，公司每年报的时候会有调整，并不是按照税法的固定税率马上交纳完毕，而且O公司缴纳的任何税款都是通过第三方税务师事务所申报的，是根据税务要求作出的合规报税。退一步讲，没有企业愿意多报税，从审计报告上看，假设O公司有多缴税行为的，审计报告里面也会指出来多缴的税款影响审计结论，但是并没有，从这些方面都可以印证所报的税都是合法合理的。(3)关于公司高管人员侵占公司资产问题，被告王某伟是公司的高管、监事，审计报告里面也很明确，公司白条、尾盘房产、购买车辆、福利、各项报销都有王某伟，其作为高管人员参与了所有的公司的相关福利，对上述情况比较明确，本案不存在这位高管人员侵占公司资产问题。(4)对证据3的真实性无异议，对待证内容有异议，是非财会专业人士的理解，关于超额分配利润问题，原告已经通过法院委托第三方有资质的机构进行了专项审计，该审计报告在没有相反证据予以推翻的情况下是应予采信的，审计报告出具的依据是原告所提交，包含了被告所提交的该组证据，因此，审计报告已明确认定超额分配利润就是2 000多万元，并不是被告所说的800多万元。

本院认为，当事人对被告证据的真实性无争议，但被告的证明目与审计结论并不一致，对被告的证目的本院不予认定，本院仅确认真实性。

本院经审理认定事实如下：原告O公司注册成立于2006年11月30日，公司成立时的注册资本为3 200万元。2007年4月12日，O公司修改公司章程，确认公司注册资本为3 200万元，均已实缴。2008年5月19日，O公司的注册资本变更为4 600万元，后又于2013年9月23日变更为2 000万元。被告王某伟持有O公司8%的股权。O公司在经营期间开发了"O·德尚华庭"房地产项目。2013年10月25日至2016年1月13日，O公司在未申报和缴纳上述房地产项目土地增值税的情况下，按持股比例向全体股东分红共计7 625万元，其中前五次经股东一致决议分红5 625万元，2015年4月和2016年1月分别以股东向公司借款的形式分红2 000万元。2021年4月28日，税务部门通知O公司清算德尚某项目土地增值税，税款金额为18 730 525.21元。2021年11月27日，原告召开股东会，形成"所有股东归还公司借款2 000万元用来补缴本公司土地增值税税款"的股东会决议。随后O公司通知股东退还1 870万元，徐某光等9名股东（合计占股74%）于当月退回预分红款1 383.80万元，而被告王某伟等股东未退还分红款。

因李某月等股东对O公司经营期间的总利润、是否存在超额分配利润等事实提出异议，本院于2022年6月委托武义某正会计师事务所对O公司的利润分配等情况进行审计。该审计机构认为，截至2022年3月31日，O公司的资产总额为7 686 353.63元，其中货币资金账面余额66 377.26元、其他应收款余额7 619 976.37元（包括O公司为股东缴纳个人所得税6 572 791.30元等）、固定资产账面净值0元；盈余公积金账面余额6 812 089.55元；未分配利润账面余额为–23 877 169.42元。审计结论认定：除"三、影响审计结果的未确定事项"可能造成的影响外，O公司成立至2022年3月的净利润为45 346 920.13元，账面已分红7 625万元（不考虑部分股东退还的预分红金额1 383.80万元），账面多分红30 903 079.87元（分红金额–净利润）。上述"三、影响审计结果的未确定事项"包括：（1）O公司职工邵某宁、舒某富、方某云以工程承包商的身份领取工程款1 854 117元；（2）2008年8月、12月，账面反映O公司从江西吉安市某钢铁有限责任公司、江西省闽鑫某钢铁有限公司购入钢材2 108 908.30元，由O公司购入钢材与一期工程采用包工包料形式的承包方式不符；（3）2013年9月33号凭证支付杭州某广告策划有限公司广告费280万元，该广告公司的成立日期为2013年6月9日，《策划推广合作协议》及《户外广告发布合同》的签订时间和服务起始时间均在杭州某广告策划有限公司成立之前，费用的真实性存疑；（4）在2013年9月至2017年12月，O公司存在会计凭证记载的收款人与银行流水记载的收款人不一致的情况，通过不附银行回单仅凭手工填写的支票存根联作为支付依据的方式，将资金汇入股东或职工的个人银行账户累计金额3 888 659.30元；（5）O公司的管理费用中列支股东徐某光、林某甫、厉某民、周某花、陈某云、周某可、王某伟、徐某荣、周某平、雷某琴、徐某平的国际机票2 720 611.50元（白条），国外购笔138 77元（白条）、国外招待158 27元（白条），合计2 750 315.50元，其中会计凭证收款人与银行流水收款人不一致的国际机票报销金额为361 423元；（6）2016

年1月O公司除李某月外的所有股东，向O公司汇入购房款1 932 240.26元，用于认购"O·德尚华庭"尾盘房产，向股东出售房产的价格明显偏低，且低于成本价；（7）2007年12月至2013年3月O公司在开发成本及财务费用科目累计列支利息27 611 110.71元，但审计机构无法确定O公司的利息是否计算正确；（8）O公司购入车牌号为×××、×××、×××、×××、×××、×××、×××的汽车，支付汽车总价5 851 183元，至鉴定委托日所有汽车均已处置完毕，除其中三辆汽车在O公司正常使用外，另外的车辆由股东个人使用，股东私人车辆的相关汽车费用不应计入当期损益；2007年4月至2020年12月股东个人使用的牌照号为×××、×××、×××、×××、×××的车辆累计支出3 927 368.71元；（9）支付徐某光、林某甫、厉某民解除劳动合同补偿金278 120元，其中，2016年5月支付徐某光129 444元、厉某民106 638元、2012年3月支付林某甫42 038元。

另外，为查明O公司的利润分配情况，本院委托武义某会计师事务所进行审计，原告支付审计费257 500元。

本院认为，公司进行盈余分配，应当在公司依法缴纳税金、弥补亏损、提取公积金后仍有利润的情况下，再由股东会制定分配方案后才能进行分配。本案审理过程中，经本院委托审计，发现O公司的账面资金不足以缴纳公司欠缴的土地增值税，且公司虽然账面记有盈余公积金，但并未实际提取。O公司在未依法提取公积金，未缴纳土地增值税的情况下即进行分配利润，违反了法律规定；且O公司未经法定程序将公司的注册资本以分红形式返还还给股东，属于抽逃出资，上述不当行为均应予以纠正。O公司向被告主张返还分红的目的系支付欠缴的税款，被告王某伟与公司或其他股东之间的内部争议不应成为公司缴税的障碍，为了避免因欠缴税款可能对公司和股东造成不利后果，被告也应先向公司退还分红。对原告主张被告返还的分红款，本院予以支持。因王某伟等股东无意愿返还分红导致原告进行诉讼，进而由本院委托审计，但O公司也存在违规分红的过错，结合被告的持股比例及双方的过错程度，原告主张的审计费用合理，可予支持。

综上所述，原告请求合法有据，本院予以支持。依照《中华人民共和国公司法》第三十四条、第三十五条、第三十七条、第一百六十四条、第一百六十六条和《中华人民共和国民事诉讼法》第六十七条之规定，判决如下：

一、被告王某伟于本判决生效之日起十日内返还原告浙江O房地产开发有限公司分红款1 496 000元；

二、被告王某伟于本判决生效之日起十日内支付原告浙江O房地产开发有限公司审计费41 200元。

如果未按本判决指定的期间履行给付金钱义务，应当依照《中华人民共和国民事诉讼法》第二百六十四条之规定，加倍支付迟延履行期间的债务利息。

本案受理费18 634元，由被告王某伟负担。

如不服本判决，可以在判决书送达之日起十五日内，向本院递交上诉状，并按照对方当事人或者代表人的人数提出副本，上诉于浙江省金华市中级人民法院；也可以在判决书送达之日起十五日内，向浙江省金华市中级人民法院在线提交上诉状。

《公司法》规定：公司违反本法规定向股东分配利润的，股东应当将违反规定分配的利润退还公司；给公司造成损失的，股东及负有责任的董事、监事、高级管理人员应当承担赔偿责任。

其实现实中，分红是否恰当，其影响因素比较复杂，涉及会计核算的准确性、是否有支持分红的现金流、股东决议的表决安排等问题。另外，一般利润的分配方案，多是基于年度结束进行的例行性年终盘点结果，比如某公司2023年底公司有未分配利润1 000万元，但2024年前三个季度公司出现经营亏损100万元，由于第四季度还没有结束，此时是可以将1 000万元进行分配的，但如果2024年度结束后实亏200万元，则2024年底未分配利润余额为800万元，此时只能就800万元作为最高限额进行分配。

3.1.3 虽非正式分配利润但税法上可视分红进行征税处理

股东从公司取得的"税后所得",仍需要对其进行征税的,按股息、红利、利息20%的税率计征个人所得税。在上一节中,我们分析过67号公告的反避税规定,但股东从公司取得的所得,其形式多样,为大家所熟悉的就是股东从公司借款但年度结束后未归还的情形,应视同取得分红所得计征个人所得税;而其他的一些情形,如公司为个人消费承担支付义务、公司为员工亲属报销相关费用等,均可按个人所得类型处理。

如下面数则相关案例:

样本1:2018年10月1#记账凭证反映在"销售费用——招待费"科目列支美容美发费用20 000元,该费用实际是你单位股东陈某报销的应由个人承担的消费支出,与实际经营无关。你单位在企业所得税年度补充申报已作纳税调整,但未按规定代扣代缴利息、股息、红利所得个人所得税。

样本2:你单位2019年1月为股东报销购物卡以及停车费,凭证号:2019年1月(25号),金额:7 100.00元,上述业务计入"管理费用——业务招待费"科目中,经你单位会计李某陈述,该购物卡是股东齐某个人消费,与生产经营无关。上述业务实质为以企业资金为个人投资者支付与企业生产经营无关的消费性支出,应按照利息、股息、红利所得代扣代缴个人所得税,导致你单位少代扣代缴个人所得税1 420.00元。上述事实,有以下证据证实:(1)询问笔录(被询问人:李某);(2)情况说明(说明人:齐某);(3)2019年1月报销管理费用——业务招待费25#记账凭证后附增值税普通发票以及定额发票复制件;(4)2019年1—6月管理费用——业务招待费明细账复制件。

样本3:经查,(一)你单位2016年至2017年在账外收取佣金收入,未入账核算,未进行纳税申报。2016年你单位未申报收入611 100.00元(含税),2017年你单位未申报收入489 747.00元(含税)。根据《中华人民共和国增值税暂行条例》（国务院令第538号）第一条、第十一条、第十二条，《财政部 国家税务总局关于全面推开营业税改征增值税试点的通知》（财税〔2016〕36号）附件1：《营业税改征增值税试点实施办法》第十六条、第十九条、第三十四条、第三十五条之规定，你单位少缴2016年增值税17 799.03元，少缴2017年增值税14 264.48元。在少缴上述增值税税款的同时，你单位少缴相应城市维护建设税2 244.43元、教育费附加961.90元、地方教育附加641.28元。经查，你单位2016年至2017年存在滞后申报部分佣金收入的问题，导致少缴增值税滞纳金20 133.31元，少缴城市维护建设税滞纳金1 409.33元。（二）账外向员工发放工资及向股东分红，未代扣代缴个人所得税。经查，你单位2016年至2017年账外向员工发放工资，其中2016年为859 291.40元，2017年为1 456 678.15元。这部分工资支出未代扣代缴个人所得税，未入账核算，未在企业所得税税前列支。你单位2017年度账外向股东发放分红32 000元，这部分股东分红未代扣代缴个人所得税。上述行为违反《中华人民共和国个人所得税法》第一条、第二条、第三条、第六条、第八条之规定，导致你单位少代扣代缴2016年个人所得税（工资、薪金所得）169 181.35元，少代扣代缴2017年个人所得税（工资、薪金所得）323 856.68元，少代扣代缴2017年个人所得税（利息、股息、红利所得）6 400元。

样本4：经核查2021年2月8日你单位通过法人代表人的银行账户向南通某物流有限公司实际股东7人进行了股东分红共计500 000元，你单位未按规定代扣代缴个人所得税。根据《中华人民共和国个人所得税法》第一条、第二条、第三条、第六条、第八条规定，2021年应扣代缴个人所得税（利息、股息、红利所得）500 000×20%=100 000（元），未代扣代缴，少代扣代缴个人所得税（利息、股息、红利所得）100 000元。

样本5：你单位2020年8月第33号凭证记载的管理费用——咨询费20 000元（付江某咨询费），未取得发票，未代扣代缴个人所得税。2019年8月第28号凭证记载的管理费用——办公费（魏某购买手表）4 770元；

2019年10月第20号凭证记载的管理费用——办公费（魏某购买工艺品*第五套人民币）23 840元。2020年4月第21号凭证记载的管理费用——办公费（魏某购买工艺品*第三、四、五套人民币，工艺品*第五套人民币）36 821元；以上凭证记载的业务购买的商品用于股东魏某个人消费，应视同股东分红，未代扣代缴个人所得税（利息、股息、红利所得）。

样本6：你单位于2021年度购进白酒用于股东个人消费56 700元，计入"管理费用——业务招待费"科目，导致税前多扣除业务招待费34 020元，同时也未视同分红代扣代缴"利息、股息、红利所得"个人所得税11 340元。

样本7：2020年，该公司以暂借款形式向6名股东分红合计3 360 000元，截至该年度末，无资料表明以上借款已返还公司，视同分红，应代扣代缴个人所得税690 000元。

就这些涉税处理的意见，若我们作为当事人的委托律师，能否从《公司法》的角度对此进行否定，进而维护当事人的合法权益，不需要计缴20%的个人所得税呢？这是可以争取的。

一是征税有无事实基础。股息红利是基于商法转化过来的概念，其征税基础是有可分配的利润。但如果没有利润仍有取得所得的情形呢？问题的关键是个人股东是否取得了所得，所得有两种：一种是永久性地取得了所得，另一种是短期内占用了所得。前者所得，是事实，也是结果，此时的应税所得类型，要么是股息红利，要么是工资薪金，如果按工资薪金所得，其税负可能较股息红利要高。而后者如股东向公司借款征收个税的问题，可能从一般人的理解是难以"接受"的——"不就是临时占用一下吗，到时还得归还，这不是我的所得"，这就与67号公告的反避税政策有同样的处理逻辑了，基于对此的反避税征管规范，这个逻辑大家目前也慢慢地认同并适应了。对于股东借款征收个税，如果时限不设定一年，而是设定三年、五年，从时间换空间的角度，是不是就合理了？当初也正是因为发生过无限期借款的情形，才有了股东借款征收个税政策的出台规范。另外，尽管在当前的增值税政策下，可以对单位的无偿借款按视同销售征收增值税，但毕竟检查力度弱，实施成本高，无法管理到位，游走其外的情形比较多。

二是站在《公司法》的角度，有的律师可能提出来："案例中这样是不是涉及侵占公司财产？"笔者认为，是可能存在股东侵占公司财产的风险，特别是多股东合作投资的情形下。另外，如果是单一股东其本身没有给债权人带来比较大的影响，估计这样"普遍性的事项"并未对债权人带来实质性的"伤害"。

三是对于个人股东借款征税的规定，有认为应属于预征的概念，即如果未来公司有利润分红时，要进行抵减处理，"既然你以股息红利征个税了，那么先记着账，将来真分红时，需要从利润分配中抵扣预征的部分！"这个逻辑是行不通的，首先纳税人有取得两份收入所得的证据，其次对个人股东借款征税和利润分红征税只是适用了相同的税目的处理。

以下是中国裁判文书网的《福建××传媒有限公司、国家税务总局福州市税务局稽查局税务行政管理（税务）二审行政判决书》[（2020）闽01行终351号]，我们摘录了部分内容。

关于上诉人是否存在应扣未扣个人所得税的违法事实问题。

上诉人主张购房行为系企业，系上诉人先期购买房屋并支付购房款20 392 897元，后因企业资金不足，决定放弃购置房产，由股东卞某兰购置，上诉人与卞某兰签订《协议》，确认所有权属于卞某兰，卞某兰以程某、黄某萍代付方式归还购房款。对此，被上诉人国家税务总局福州市税务局稽查局提供的证据可以证实2010年7月31日其向福州世茂置业有限公司共支付了购房款人民币20 390 580元，同时附有相应支付购房款的转账进账单、支付凭证等。2010年7月28日，上诉人股东卞某兰与福州世茂置业有限公司签订八份《商品房买卖合同》，向该公司购买位于福州市台江区房产，房屋权属登记产权人为卞某兰，上诉人2010年7月31日所付购房款即用于为股东卞某兰支付以上八套房产，同时上诉人原法定代表人程某亦确认上诉人以企业资金为其支付购房款2 317元，综上，上诉人存在以企业资金为股东卞某兰、程某支付购房款的事实能够成立。财税〔2003〕158号第一条第二款规定："除个人独资企业、合伙企业以外的其他企业的个人投资者，以企业资金为本人、家庭成员及其相关人员支付与企业生产经营无关的消费性支出及购买汽车、住房等财产性支出，视为企业对个人投资者的红利分配，依照'利息、股息、红利所得'项目计征个人所得税。"财税〔2008〕83号批复第一条规定："根据《中华人民共和国个人所得税法》（2011修正）和《财政部 国家税务总局关于规范个人投资者个人所得税征收管理的通知》（财税〔2003〕158号）的有关规定，符合以下情形的房屋或其他财产，不论所有权人是否将财产无偿或有偿交付企业使用，其实质均为企业对个人进行了实物性质的分配，应依法计征个人所得税：（一）企业出资购买房屋及其他财产，将所有权登记为投资者个人、投资者家庭成员或企业其他人员的……"第二条规定："……对除个人独资企业、合伙企业以外其他企业的个人投资者或其家庭成员取得的上述所得，视为企业对个人投资者的红利分配，按照'利息、股息、红利所得'项目计征个人所得税……"上诉人主张，财税〔2008〕83号批复第一条规定，房屋所有权须登记在股东卞某兰个人名下才可视为红利分配，而涉案房屋系预告登记，预告登记现已失效，故涉案不属于所有权登记在股东名下的情形，不应计征个人所得税。本院认为，财税〔2003〕158号现行有效，财税〔2003〕158号通知、财税〔2008〕83号批复的规定旨在限制企业为投资者个人出资购房。上诉人关于涉案房屋要完成所有权登记后，征税的起点才能开始的主张，明显有违上述通知、批复的精神，也不符合征缴税收的时效性。涉案商品房的买卖合同及预告登记均已办理在卞某兰名下，至原福州市地方税务局稽查局2016年5月作出本案被诉行政处罚时仍未改变，上诉人为股东支付购房款事实清楚。综上，对于上诉人以企业资金为股东支付购房款共人民币20 392 897元的事实，依法应视为企业对个人投资者的红利分配，应依照"利息、股息、红利所得"项目计征个人所得税。经原福州市地方税务局稽查局重大案件审理委员会会议审议,根据《中华人民共和国个人所得税法》第三条第五款:"个人所得税的税率:……五、特许权使用费所得,利息、股息、红利所得,财产租赁所得,财产租赁所得,财产转让所得,偶然所得和其他所得,适用比例税率,税率为百分之二十"的规定,认定上诉人应扣未扣"利息、股息、红利所得"个人所得税款4 078 579.4(20 392 897×20%)元,应补扣缴人民币4 078 579.4元,事实清楚、依据充分。

其次,上诉人对于股东卞某兰向其借款额为人民币75 000元的款项未用于企业经营且未在该纳税年度内归还的事实无异议,本院予以确认。上诉人主张,股东程某借款的人民币6 128 000元,系用于企业的经营,并提供了与程某签订的《协议》、董事会决议以及"蓝钻会"商标注册证等文件以证明借款是用于企业经营。而在原福州市地方税务局稽查局对企业法定代表人程某所作的询问笔录中,程某对借款在纳税年度内未归还的事实亦予以确认,但未主张该借款系用于企业经营,同时,上诉人在诉讼中亦未提供相应的证据佐证该借款系用于企业经营。原福州市地方税务局稽查局在检查过程及听证时,上诉人虽提交了借款说明及部分还款证明,但银行支付系统专用凭证等还款证明体现的时间均在借款年度终了之后,亦在税务部门立案检查之后,上诉人关于程某借款系用于企业生产经营的主张,不能成立。原福州市地方税务局稽查局认定上诉人两股东卞某兰、程某借款共人民币6 203 000元未用于企业生产经营,且在纳税年度内未归还,依据财税〔2003〕158号通知第二条"纳税年度内个人投资者从其投资企业(个人独资企业、合伙企业除外)借款,在该纳税年度终了后既不归还,又未用于企业生产经营的,其未归还的借款可视为企业对个人投资者的红利分配,依照'利息、股息、红利所得'项目计征个人所得税"的规定,经原福州市地方税务局稽查局重大案件审理委员会会议审议,对于两股东向上诉人借款人民币6 203 000元,视为企业对个人投资者的红利分配,依照"利息、股息、红利所得"项目计征个人所得税,事实清楚。上诉人主张其无利润可分配以及被上诉人适用财税〔2003〕158号通知违反上位法《中华人民共和国公司法》关于利润分配的强制性规定，并在二审中向本院申请对其2007—2010年度各年利润及各年年末未分配利润进行鉴定。对此，本院认为，上诉人在原一审、二审、发回重审后原审审理的近两年期间，均未向法院提出鉴定的申请，故其应承担举证不能的后果，对其鉴定申请，本院不予准许。且上诉人是否有利润可分配，并不影响原福州市地方税务局稽查局在作出本案被诉行政处罚时将股东向其借款在纳税年度内未归还的行为，视为企业对个人投资者的红利分配的认定，上诉人的上述主张，缺乏法律依据，不予支持。根据《中华人民共和国个人所得税法》第三条第五款按税率20%计征个人所得税，上诉人应扣未扣"利息、股息、红利所得"个人所得税款人民币1 240 600元，应补扣缴人民币1 240 600元。综上，上诉人应补扣缴上述两项个人所得税款共计人民币5 319 179.4元。原福州市地方税务局稽查局在作出本案被诉行政处罚决定前，已于2015年11月12日向上诉人作出《税务处理事项告知书》，已告知了上诉人应补缴的税款以及在税务行政处罚决定之前主动补缴的，则处以未代扣代缴个人所得税款5 319 179.4元0.5倍的罚款，但上诉人在原福州市地方税务局稽查局2016年5月16日作出被诉处罚决定前未能主动补缴税款。据此，原福州市地方税务局稽查局根据《中华人民共和国税收征收管理法》第六十九条的规定，对上诉人应扣未扣个人所得税款的行为，处以应扣未扣税款1.5倍罚款计人民币7 978 769.1元，事实清楚、适用法律正确、量罚适当。上诉人关于对于其首次违法行为，原福州市地方税务局稽查局对其处以应扣未扣、应收未收税款1.5倍罚款有误的主张，不能成立。

如此来看，反避税的政策似乎有"不讲理"的地方，那么大家要考虑的是如何防范，避免掉入计税"陷阱"之中，这是常识，也是专业。

但关于股东借款征税的情形，现实中很少见，大家看到的案例，更是凤毛麟角，但它给我们带来警示、警惕之心。

3.2 资本公积与实收资本弥补亏损的涉税新思考

满足条件时资本公积金可用于弥补亏损,这是新《公司法》下的一大重要变化,原来资本公积金更多是用于转增股本。依规定使用资本公积金弥补亏损,是需要先于实收资本弥补亏损的,毕竟实收资本是根本,不宜轻易动了根基。

要理解资本公积金弥补亏损的处理,需要结合财税的习惯性,从公司和股东两个层面来考虑这个问题。但在这里,笔者想表达的是,大家完全没有必要去论证:"《公司法》修订的时候有没有征询财政部、税务总局的意见,有没有税收漏洞,有没有经过科学的分析研究,《公司法》改了税收政策也要修改等等!"这其中并没有太多严谨的协同考虑,也没有所谓的会计学公式来证明此类弥补亏损的处理一定会给财税带来什么样的结果。因为相应条款的修改,更多是建立在相关法学专家对于某些经济事项的关注与研讨,继而提出修改的意见,希望对经济的发展带来正向促进的作用。所以下面的分析是基于当前的税收政策体系进行的类似"关公战秦琼式"的分析,因为税收政策如果没有与时俱进的调整,有可能会产生涉税争议或漏洞,这也需要我们通过实践来促进税收政策理论的持续发展。

3.2.1 资本公积金弥补亏损

我们以案例来解释理论,比如,某公司2024年成立,截至2024年12月31日,简要的资产负债表数据如表3-3所示。

表3-3　　　　　　　　简易资产负债表

资产	金额(万元)	负债及权益	金额(万元)	弥补亏损(万元)
现金	100	应付账款	400	—
其他资产	1 900	实收资本	1 500	

续表

资产	金额（万元）	负债及权益	金额（万元）	弥补亏损（万元）
—	—	资本公积金	300	−200
—	—	未分配利润	−200	200
合计	2 000	合计	2 000	0

我们以上述简单的数据为例，资本公积金300万元系投资者增资时形成的投资溢价，假设2025年公司决定使用资本公积金弥补亏损，这样公司的未分配利润将变为0，"轻装上阵"，公司的报表一下子"好看"了起来。此处的200万元亏损是公司成立后历年形成的会计亏损，弥补亏损也是弥补账面上的亏损。这点还是容易理解的，这个亏损不代表企业所得税上的可弥补亏损，对于税收计缴中的影响是需要进一步关注的。

在表3-3中，资本公积金弥补亏损，于公司而言，并没有产生"应税所得"，该200万元不需要计入利润表中如"营业外收入"等类似科目，而是直接进行上述科目之间的调整账务处理。同样，进行2024年度企业所得税汇算清缴时，也不需要纳税调增200万元作为应税所得认定，因为它不属于法定的企业所得税的应税所得，只是会计上的"数字"。

假设2024年度企业在所得税上的可弥补亏损为150万元，随着会计上弥补亏损的处理，税收上的待弥补亏损是否同样发生变化呢？我们分析过，由于200万元并不进入所得税的收入确认范围，它并不改变税收150万元的可弥补亏损。若2025年企业经营实现利润300万元，当期不存在税会差异调整事项，此金额与税收上的应纳税所得额一致都是300万元，但别忘了，税收上还有150万元的亏损额，当期真正的应纳税所得额是150万元（300万元−150万元），余下的150万元才需要计缴企业所得税，若满足小型微利企业的优惠条件，则2025年度企业所得税应为150万元×5%=7.5（万元），当期的利润总额292.5万元（300万元−7.5万元）为税后利润，此时可向股东进行分配。

但似乎我们发现一个问题，如果没有资本公积金弥补亏损，上述292.5万元还需要弥补亏损200万元后才能分配，这样可分给股东的只有92.5万元，如果是公司股东，可以享受免税待遇，如果是个人股东，则按20%扣缴个税。问题在于，当由公司作为股东时，其享受的免税额变大了，到底可不可以享受292.5万元的优惠政策，这是新《公司法》对此修订之后税务上的一个现实问题。相当于股东用投资成本弥补亏损的部分通过利润分配收回，"虚增了免税额"，未来会有增大投资损失的可能！这种情形与前几年"火热的"基金避税似乎如出一辙。但是如果税法过度介入此问题，将涉及股东、被投资公司对接协调中的复杂管理成本，感觉上国家的税收会受到损害，不过在当下确实又没有现成的政策对此进行管理，至少在形式上，对方是以分红的方式体现出来的投资收益，"名正言顺"地享受免税，难道税务机关再进行核定？

在此，笔者给出的建议是，在未明确之前，不宜过度介入，同时考虑是否有必要对此进行监管，做好政策调整的准备，而且用资本公积金弥补亏损，前提是有资本公积金，这类情形对于有限责任公司并不多见，再加上这种弥补亏损的需求度也具有不确定性。而对于上市公司，这种操作的可能更不大，如果这家公司需要用资本公积金弥补亏损来维持经营，都可能不具备上市的能力与条件了。

但若用法定公积金弥补亏损，因为其本身就是从利润中提取的，再回转到利润当中，并不影响其通过经营实现利润的框架范围，仍属于利润的组成部分，不会涉及上述的问题。

3.2.2 实收资本弥补亏损

《公司法》规定：

> 第二百二十四条 公司减少注册资本，应当编制资产负债表及财产清单。

公司应当自股东会作出减少注册资本决议之日起十日内通知债权人，并于三十日内在报纸上或者国家企业信用信息公示系统公告。债权人自接到通知之日起三十日内，未接到通知的自公告之日起四十五日内，有权要求公司清偿债务或者提供相应的担保。

公司减少注册资本，应当按照股东出资或者持有股份的比例相应减少出资额或者股份，法律另有规定、有限责任公司全体股东另有约定或者股份有限公司章程另有规定的除外。

第二百二十五条 公司依照本法第二百一十四条第二款的规定弥补亏损后，仍有亏损的，可以减少注册资本弥补亏损。减少注册资本弥补亏损的，公司不得向股东分配，也不得免除股东缴纳出资或者股款的义务。

依照前款规定减少注册资本的，不适用前条第二款的规定，但应当自股东会作出减少注册资本决议之日起三十日内在报纸上或者国家企业信用信息公示系统公告。

公司依照前两款的规定减少注册资本后，在法定公积金和任意公积金累计额达到公司注册资本百分之五十前，不得分配利润。

条款中虽然描述的是用注册资本弥补亏损，其实是用实收资本弥补亏损，用认缴的资本弥补根本就不存在弥补的结果。相较于资本公积金，用资本弥补亏损，会受传统观念的影响。比如，利润转增股本时，往往认为是实现了"先分红、再增资"，股东相当于取得了税收利益，同时增加了投资成本，但会计上处理并不完全一致。重要的是，与会计上的数据有改错的机会不同，对于税务上的处理，是涉及纳税人与国家税款的切身利益的，是实实在在的责任与现金支出。反之来看，将实收资本的金额转到公司的未分配利润中，它到底有没有与股东发生利益让渡呢？如果单从公司净资产科目之间数据转移的角度来考虑这个问题，可以推论出它没有实现公司的应税所得，是其科目之间的调整，不是股东放弃出资供公司使用；其实股东出资计入实收资本的金额，本身已属于公司所有，公司按照规定进行弥补亏损调整，只是体现的存放科目不一样，本身仍为公司所有的资产，如此理解，用实收资本弥补亏损本身并不是股东额外给付过来的投资或利得，也不是赠送过来弥补亏损的，实收资本弥补亏损的金额不应视为公司的应税所得。至于与股东进行关联，认为股本是属于股东所有的直接资产，也是比较勉强。再回到利润转增股本的问题上来，其实股东也没有得到实际的所得，但基于作出决议分红达到了税收上收入的确认条件，同时股本增加又可以在未来作为可抵减的投资成本处理，将其视为分红，其整个理论体系衔接起来比较一致。

之前笔者对此也有疑惑，认为股本是直接关联到股东且有股东让渡权益到被投资公司，并进入了利润的考虑范畴，有点像"强扭的瓜"。但实收资本弥补亏损的情形，确实给涉税处理提出了新的"挑战课题"，甚至可能带来一系列税收上的争议或漏洞。下面我们用一个案例进行说明。

某公司2024年成立，大力公司投资了1 500万元计入了实收资本，截至2024年12月31日简要的资产负债表数据如表3-4所示。

表3-4　　　　　　　　　　简易资产负债表

资产	金额（万元）	负债及权益	金额（万元）	弥补亏损（万元）
现金	100	应付账款	800	—
其他资产	1 900	实收资本	1 500	-300
—	—	未分配利润	-300	300
合计	2 000	合计	2 000	0

基于上述的数据，假设2025年由实收资本进行弥补亏损300万元，调整后的实收资本变为1 200万元，未分配利润变为0元。2024年该公司会计上的亏损为300万元，假设与税法上的待弥补亏损是一样的，不过会计上的亏损已弥补完了，基于税会"两条线"的处理标准，若2025年实际利润500万元，与税收上当年度应纳税所得额一样，没有任何所得税的调整事项，2025年度计算企业所得税时，可弥补2024年度的300万元亏损，应纳税所得额为200万元（500万元-300万元），若享受小型微利企业税收优惠，则企业所得税为10万元（200万元×5%），当年度实现会计上的利润为490万元（500万

元–10万元），此490万元当年度全部分配完毕，依常规理解大力公司可就490万元享受免税所得；随后公司启动注销，若报表中的其他数据未发生变化，如表3-5所示。

表3-5　　　　某公司注销资产负债表相关数据

资产	金额（万元）	负债及权益	金额（万元）
现金	100	应付账款	800
其他资产	1 900	实收资本	1 200
—	—	未分配利润	0
合计	2 000	合计	2 000

大力公司原投资成本为1 500万元，收回1 200万元，则形成损失300万元当年度可税前扣除，这300万元去哪里了呢？其实已依《公司法》的条款规定悄悄地转变了性质，在上述490万元的分红里；如果不作实收资本弥补亏损的操作，则当年的利润190万元可供分配，最后大力公司收回投资1 500万元，没有形成亏损。

所以，源于《公司法》的这一"助攻"，可能给税收带来"伤害"，此时税收上有两个处理方式：一是认可上述处理，二是要求纳税人做过程管理，对于弥补亏损的部分不得享受分红的免税待遇。从本源来看，一家公司只有"单纯的从无到有创造的利润"在分配给股东时，享受免税待遇才是符合税法的初衷的。还有第三种方式就是将实收资本弥补亏损的金额，作为当年度公司的应税所得处理，进行所得税的纳税调增，计入应纳税所得额，这个方式相对比较易处理，笔者认为这样的规定也能够得到认可。上例中，公司2025年应税所得500万元+实收资本弥补亏损300万元=全年应纳税所得额800万元，该800万元弥补亏损300万元，余下500万元需要计缴所得税，此时适用税率若为25%，企业所得税为500万元×25%=125万元，余下375万元为可供分配的利润；大力公司分回375万元享受免税，取得清算所得1 200万元形成亏损300万元，此300万元损失与所投资公司调增的300万元相呼应，没有造成国家税基的减少，是平衡的，375万元是实实在在的税后所得，本来它只需要计缴200万元所得额对应的所得税,又追加了300万元来计缴所得税,是股东与公司在计税上的平衡。尽管这其中或有其他的因素影响,如适用的税率差异问题、存在弥补亏损等,但在整个逻辑上形成了一个闭环状态。

但是,如果股东是个人,则其收回投资形成的损失300万元,不能抵减其他的所得,因为个人并不是一个核算主体,需采用按事项确定所得额的计税方式,这时就会产生失去平衡的情形了。

同样,资本公积金弥补亏损也有类似影响,是不是也要求作为所得计税处理呢?看似解决了与股东之间的协同,避免了税收漏洞,不过似乎又给公司带来了"税负"的压力,笔者认为,《公司法》下对资本公积金与实收资本弥补亏损的处理,应引起税收上的重要关注,避免带来对税收的不利影响,以及可能存在的税收公平性问题。但在目前的税收体系下,认定弥补亏损的公司有此应税所得,仍然存在理论上的缺失与支持。站在单一主体的角度,还是站在股东双方的角度来思考,会有不一样的认识。核心影响在于股东取得利润分配时的优惠金额的确认问题,资本公积补亏、实收资本补亏难以确认为应税所得。若与股东联动考虑税务问题,又存在漏洞。让我们继续对此进行关注,并希望在实践中找到为各方所能接受的税收处理规则,以契合《公司法》的这种创新与调整思路。

即使在旧法下,以实收资本弥补亏损的情形仍屡有发生,如下面的部分案例。

《8-1-1发行人及保荐机构回复意见(2023年半年报财务数据更新版)》(江西省××铜箔科技股份有限公司)中摘要内容:

问题:说明减资补亏事项是否应缴纳所得税,减资是否存在纠纷或潜在纠纷,减资程序是否合规。

回复:

一、本次减资是否涉及纳税事宜

鉴于公司累计亏损,为优化公司资本结构,提高公司每股净资产水平，公司实施本次减资。公司本次减资不涉及股东实际收回投资，会计处理上在资产负债表所有者权益科目间进行调整，不涉及《中华人民共和国企业所得税法》（2007年施行）第六条"企业以货币形式和非货币形式从各种来源取得的收入，为收入总额。包括：（一）销售货物收入；（二）提供劳务收入；（三）转让财产收入；（四）股息、红利等权益性投资收益；（五）利息收入；（六）租金收入；（七）特许权使用费收入；（八）接受捐赠收入；（九）其他收入"。所定义的收入。

根据公司《2008年度审计报告》[安永华明（2009）审字第60654279_B37号]，2008年度公司净利润为 –5 021.68万元，当年不涉及企业所得税的缴纳事宜。

另根据国家税务总局南昌高新技术产业开发区税务局第二税务所出具的证明，若该减资存在税款缴纳事宜，根据《国家税务总局关于未申报税款追缴期限问题的批复》（国税函〔2009〕326号）的规定，税务机关同意不予追缴。

综上，本次减资事宜不涉及发行人股东收回投资，不涉及《中华人民共和国企业所得税法》（2007年施行）第六条所定义的收入，发行人不涉及缴纳所得税事宜，不存在被主管税务机关就相关事项追缴税款的风险。

二、本次减资是否涉及纠纷或潜在纠纷

根据发行人及发行人股东出具的确认函，经检索国家企业信用信息公示系统、中国裁判文书网、中国执行信息公开网等公开信息，截至本回复报告出具日，未有相关股东或债权人就公司本次减资时所负债务向公司提起诉讼、仲裁，本次减资不涉及纠纷或潜在纠纷。

三、减资程序是否合规

公司本次减资时虽未编制财产清单，未严格按照《公司法》（2006年修订）之要求于减资决议作出之日起十日内通知债权人，并于三十日内登报公告，但公司已编制了相应的资产负债表，并于办理减资工商登记前于《信息日报》发布了《减资公告》，并出具《债务担保说明》。上述减资公告发布后，公司与公司债权人未就债务清偿或担保事宜发生纠纷事项。

本次减资不涉及股东抽逃出资或收回投资情形，且铜×有限已于本次减资及第一次股权转让后，由股东江西铜×增资26 800万元，公司注册资本增至45 360万元，不存在通过减资侵害债权人利益的情形。截至本回复报告出具日，未有相关股东或债权人就铜×有限减资时所负债务向公司提起诉讼、仲裁，亦未有相关债权人认为公司本次减资损害其合法权益，向法院提起要求公司予以赔偿等诉讼请求的情形。因此，本次减资存在的程序瑕疵不存在损害债权人利益的情形，发行人未因此受到工商行政管理部门的行政处罚，该等程序瑕疵不会对发行人本次发行上市构成实质性法律障碍。

综上，本次减资事项不涉及应缴纳所得税，不存在纠纷或潜在纠纷，减资程序瑕疵事项不存在损害债权人利益的情形，不会对发行人本次发行上市构成实质性法律障碍。

《关于浙江公×新能源科技股份有限公司申请股票在全国中小企业股份转让系统挂牌并公开转让之补充法律意见书（一）》摘录内容：

（四）公司减资是否履行必要的程序，历史上大额亏损的形成原因，减资及补亏的会计处理是否合规，是否符合《公司法》的规定，是否存在潜在争议或纠纷。

1.公司减资是否履行必要的程序

2021年12月21日，公×股份作为公×太阳能股东作出决定，同意公×太阳能注册资本由50 000万元减少至10 000万元，减资方式为无对价减资，减资后无须向股东公×股份退还出资款，并修改公司章程。公×太阳能已按相关法律规定通知债权人，并于2021年12月21日在《中国自然资源报》刊登了减资公告。截至公告期满，未出现相关债权人要求清偿债务或提供担保的情形。

2022年2月11日，公×太阳能就本次减资取得台州市黄岩区市场监督管理局换发的营业执照。2022年4月1日，天健会计师事务所出具《验资报告》（天健验〔2022〕3-30号），经其审验，截至2022年2月11日，公×太阳能已减少实收资本40 000万元，其中，37 966.03万元已弥补前期亏损，剩余2 033.97万元计入"资本公积——资本溢价"。

综上，本所律师认为，本次减资已履行了必要的程序，相关程序合法合规。

2.历史上大额亏损的形成原因

2012年，随着欧盟和美国对光伏行业实施"双反"等负面因素的冲击，全球光伏市场日益低迷，光伏组件产品价格持续下跌，国内光伏组件厂商普遍出现库存积压、停产、减产以及亏损的情况。受到行业大环境的不利影响，自2012年开始，公司的发展受到了严峻的考验，业务规模萎缩严重，一方面公司银行借款增多，利息负担加重，人员编制较多，人工支出较高，另一方面相关设备闲置、存货呆滞，公司对部分存货、设备等资产计提减值，综合导致公司在2012年至2017年出现了大额亏损。

3.减资及补亏的会计处理是否合规，是否符合《公司法》的规定，是否存在潜在争议或纠纷

公司减资时会计处理如下：

借记实收资本400 000 000元，贷记未分配利润379 660 327.86元、资本公积——资本溢价20 339 672.14元。

经过如上处理，公司实收资本减少400 000 000元，以前年度累计未分配利润冲为0，差额部分增加资本公积——资本溢价20 339 672.14元。《公司法》第一百六十六条规定："公司分配当年税后利润时，应当提取利润的百分之十列入公司法定公积金。公司法定公积金累计额为公司注册资本的百分之五十以上的，可以不再提取。公司的法定公积金不足以弥补以前年度亏损的，在依照前款规定提取法定公积金之前，应当先用当年利润弥补亏损……"《公司法》第一百六十八条规定："公司的公积金用于弥补公司的亏损、扩大公司生产经营或者转为增加公司资本。但是，资本公积金不得用于弥补公司的亏损……"除上述规定外，《公

司法》未就公司弥补亏损的方式作出其他强制性及禁止性规定。本所律师认为，《公司法》第一百六十六条侧重于对利润分配顺序的规定，第一百六十八条则明确了禁止用资本公积金弥补亏损，但《公司法》上述条款均未禁止公司用减少注册资本的方式弥补亏损。公司不存在通过减少资本公积金用于弥补亏损的情形，公司通过减资弥补亏损并未违反《公司法》的相关规定。公司本次减资弥补亏损旨在改善公司财务结构，通过净资产折股的方式，整体变更为股份有限公司，符合《公司法》等法律法规、规章、规范性文件的要求。综上，本所律师认为，减资事项的会计处理符合《企业会计准则》的规定，符合《公司法》等法律、法规及规范性文件的规定，不存在纠纷及潜在纠纷。

《关于湖南南新制药股份有限公司首次公开发行股票并在科创板上市申请文件的第二轮审核问询函的回复》摘要内容：

四、减资事项是否用于弥补累计未弥补亏损，若是，减资补亏事项是否应缴纳所得税，并提供相关主管税务机关对发行人相关税务事项的认可情况；公司2017年减资事项是用于弥补亏损。对于本次减资事项，公司认为不需要缴纳企业所得税，原因如下：（1）因本次减资目的是弥补亏损，股东未实际收回投资，公司也未取得任何收入，会计处理只是在资产负债表中所有者权益科目间进行调整。不符合企业所得税"第六条"企业以货币形式和非货币形式从各种来源取得的收入，为收入总额。包括：销售货物收入；提供劳务收入；转让财产收入；股息、红利等权益性投资收益；利息收入；租金收入；特许权使用费收入；接受捐赠收入；其他收入"中关于收入的定义。（2）亏损企业减资弥补亏损是否缴纳企业所得税，税法上没有明确规定，查阅上市公司减资弥补亏损案例：2018年中国船舶重工集团子公司重庆齿×箱有限责任公司减少实收资本12.70亿元用于弥补亏损未缴纳企业所得税。（3）本次减值弥补亏损已与税务部门沟通，税务部门出具证明：认为减资补亏无须缴纳企业所得税。

3.3 股东与所投资公司之间的"利益"计量与让渡问题

尽管《公司法》强调公司的独立法人地位，与股东之间是独立的关系，但无可否认的是，在人们的常规思维中，似乎公司就是自己的私人财产；但说到责任，股东们倒可能意见"出奇的一致"，公司是有限责任制度，股东只应承担有限责任，在责任方面又有考虑对自己有利的一面。

《公司法》规定：

> 第二十三条　公司股东滥用公司法人独立地位和股东有限责任，逃避债务，严重损害公司债权人利益的，应当对公司债务承担连带责任。
>
> 股东利用其控制的两个以上公司实施前款规定行为的，各公司应当对任一公司的债务承担连带责任。
>
> 只有一个股东的公司，股东不能证明公司财产独立于股东自己的财产的，应当对公司债务承担连带责任。

一人有限责任公司，即只有一个股东的公司，这本是国家鼓励创业发展、减少股东投资风险发生时对个人财产的牵连的一类公司类型；但公司的法人地位独立性、法人财产独立性往往易于失控，债权人对其财产独立性提出质疑，认为有资产混同的情形。如何防范此问题呢？笔者发现，有的律师或专家对此也有一些建议，比如对于一人有限责任公司建议最好每年出一份审计报告，利于自证其独立性，万一将来涉及争议诉讼之时，可以有相应的证据。而另一方面，如果并未因此对公司债权人造成损害的话，也不太会触发连带责任。但在一人有限责任公司的责任举证倒置，即需自证的情形下，基于此规则，设立一人有限责任公司更需要谨慎。

笔者发现，在实务中，一人有限责任公司涉税问题如表3-6所示。

表3-6　　　　　　　　　一人有限责任公司涉税问题

情形	说明	涉税问题
账外收入不入账直接归入个人或其他主体名下	通过私户收款等方式，将原属于公司业务的收入转入个人名下或拆分到其他主体名下	拆分收入偷逃税款行为
"阴阳合同"虚假收入	通过签订阴阳合同方式构造虚假交易金额	规避法定纳税义务
为个人（含家庭成员、亲属等）消费购买资产、支付费用	与公司经营无关的支出列支	税前扣除不真实、个人所得税少缴的问题
将公司款项转入个人名下，或将公司资产据为自有	直接占用、挪用等方式，据为自有；以虚假报废等转化为自有方式	个人所得税少缴的问题，成本费用税前扣除的问题
通过虚假交易方式将公司利益转移给个人或其关联方	利用定价不公允、虚假交易等方式，将公司资产进行不当转移；或者将个人或其关联方的资产以虚高、虚低的价格转让给公司	定价不合理减少公司的所得税、增值税等情形

另外，有的控股股东利用管理权限，给自己、亲属发放超出常规的薪酬、劳务报酬等，对此在税收上并无严格合理标准，除非能确定其不在公司履职、工作或提供劳务的证据，这是非常难的，工作量与工作成果在报酬计量上是存在灵活性的，不过如果相关人员计缴了个税，也算是一种平衡条件。如果公司有利润，股东是可以决议分配的，是不是有人质疑："分配了利润就影响了债权人的权益呢？"利润分配中并没有这样的限制性前提条件，股东侵占公司利益可能会影响到债权人的权益。不过笔者也发现，有会计人员在核算公司账务时，平时将未分配利润的金额转入到"应付利润"下，还同时计提了个人股东的股息红利个税，这是明显的错误，很可能给老板带来不必要的纳税影响。不过，笔者看来，很多中小型公司，存在或多或少个人与公司财产混同的情形，在新《公司法》下，建议老板们要谨慎地评估与处理自己从公司取得利益方式的合法化与合理性安排。

3.4 对企业所得税与个人所得税兼顾考虑与顾此失彼的风险关注

个人投资公司，通常学界理论会认为，在所得税上有重复征税的问题，其实这只是看到了"形式上"的一面。公司作为一个运营主体，它有可抵减的成本费用，有比较多类型的税收优惠政策，具有良好的市场运营身份，是成熟的可以上市、融资的主体，是有限责任的风险可控主体等等，在所有的经营主体中，公司是最为成熟的、市场普遍认可的经营主体。尽管现实当中，个体工商户作为一种经营主体在所有市场经营主体中占的数量比例比较高，但它往往是面临着发展瓶颈的，同时也不易快速融入大企业之间的交易体系之中，如不利于参与招投标的活动。另外，最近几年来，对于个体工商户、个人独资企业、合伙企业避、逃税情形严重，在税收管理中，"见之色变"者大有人在，金额大了怀疑虚开发票、虚假计税等安排；金额小了似乎又起不到什么作用，在这种情形下，公司"当仁不让"地成为一种现实的担当运营主体角色的选择。

表3-7是基于企业所得税和个人所得税综合考虑的案例分析。

表3-7　　　　企业所得税和个人所得税案例分析

案例	企业所得税	个人所得税	合计纳税
利润总额1 000万元，所得税按25%计缴了250万元	企业所得税250万元，税后可分配利润750万元	个人所得税150万元（750万元×20%），税后所得600万元	400万元，税负40%
利润总额300万元，满足小型微利企业优惠政策	企业所得税15万元，税后可分配利润285万元	个人所得税57万元（285万元×20%），税后所得228万元	72万元，税负24%

如果按照财税人的思维："老板你的公司不满足小型微利企业优惠政策，税负太重了！"但是，情形是要反向来看的，纳税400万元的情形下，税后所得是600万元；纳税72万元的情形下，税后所得是228万元，并不是说税

负重了，就不划算了，在某些情形下，如何看待一个问题，出发点不一样，得出的结论就会不一样。从笔者的选择来看，宁愿选择多缴税的经营情况作为目标。

笔者认为，不同规模、不同目标的公司，其心中的理想是不一样的，较多中小企业的老板们对于税负的敏感度比较高，习惯了"缴少的税挣少的钱"的"苦日子"。这种习惯的改变，一是源自税收法治化的快速发展，二是源自治理理念的改变。在强化税收征管、提升技术管税与信息管税的保障基础之上，一系列的处罚案例所带来的样本效应，已经深深地影响到了每个人的思维，当监督管理方式与力度持续发展，人们对于税法遵从的主动将逐渐步入正轨，不然的话，一是要承受风险可能随时"爆发"的心理压力，二是要面临追责力度下得不偿失的结果。时代在发展，只有与时俱进，专业为本，合理、合规地安排经营业务、纳税申报，才会让自己的未来有机会，从根本上说会让家庭安稳，让子女有所依靠。

回到缴税的角度，如果一个企业的经营模式能够支撑有竞争力的利润时，此时税款的多少、税负的高低，并不会给税后利润带来实质性的影响。以量取胜，分解风险，这是规模化企业、集团公司的优势所在。在笔者来看，当我们面对"大公司"与"小公司"时，需要调整角度，即使是相同的问题，也需要结合公司的现状进行综合研判，而不是只用一味"药剂"来解决问题。

笔者发现，之前个体工商户、个人独资企业、合伙企业采取核定征收时，高收入者的税负心理线是3.5%及以下，相较于工薪阶段的个税缴纳承担比例，这个核定都有点拿得"不好意思"，但这也是当时税收政策存在的征管"漏洞"，当核定政策被严格控制之后，似乎大家可以接受15%的税率了，如海南的相关优惠政策、大湾区相关的个税优惠政策等，吸引了较多的"追求节税"的企业与个人迁入迁出。笔者也曾有听闻，有的地方在过往的征管中竟然对公司的企业所得税和个人股东的个人所得税"联合核定"。长期以来对公司的企业所得税核定，相对管控的比较严格，但也有听闻某公司基于取得大额的拆迁补偿等，迁户到某"洼地"进行核定征收企业所得税，被大数据捕捉到要求进行整改处理的。

上面的内容多为理论探讨，现实当中，如果是开立一家公司的话，很少有当年度有了经营成果就进行全部分红的情形，特别是自己可以控制的公司，对于分红又没有时限要求，也不需要强制进行利润分配，个人所得税成本更多是理论层面存在的，加之股东可以在单位取得薪酬，与经营活动有相关性的支出如出差、会务、购置办公用品也可税前列支，没有必要先将利润分到个人名下，由个人再去采购。如果是项目合作方式运营的公司，如果年度有了利润，考虑到利益回报与分配约定等情形，经常进行分配倒是比较常见的。

在实务中，我们经常会遇到一些有创意的商业操作方法，这既有商业上的创新，也有利用商业上的路径，来达到转移利润或调整分配利益的目的，有一些事项还未进入税务机关的风险监控中。

【例3-1】张三以技术成果专利估值出资500万元，桔子集团公司以货币资金出资500万元，双方共同设立一家橙子公司，均为实缴出资，其中桔子集团公司也是张三所控制的公司（见图3-1）。张三的专利研发投入了50万元，有相应的支付凭据。此时，张三的财产转让所得有三种缴税方式：一次性计缴个税；最多分五年进行缴纳；递延至其股权转让时缴纳。对于这三种方式，从现金流的角度，选择递延纳税相对是有利的，除了经营有不确定性之外，将来的股权或增值或贬值，递延到未来才知道出资成立公司运营能不能取得投资时的回报；还有一个影响就是货币的贬值问题，如果货币发生了贬值，在投资时将应缴但选择了递延缴纳的税收，投资了别的项目，如买入了稳健型的国债，本身也是有利息收益的，发生风险的概率很小，而递延纳税本身不产生滞纳金，相当于无息情形下的存量资金使用。

第 3 章 | 股东与公司的"利益"处理与转移问题

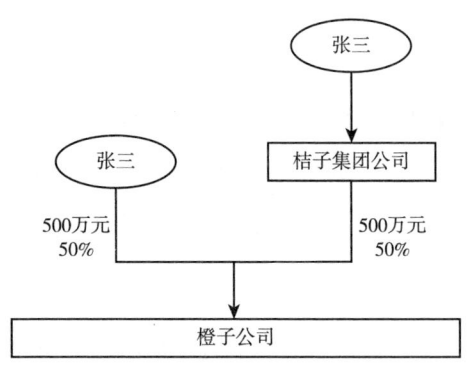

图3-1　橙子公司的股权结构

在图3-1的出资结构中，张三以其名下的技术成果（专利）估价出资，依据财税〔2016〕101号文件，张三选择了递延纳税的政策，选择技术成果投资入股递延纳税政策的，经向主管税务机关备案，投资入股当期可暂不纳税，允许递延至转让股权时，按股权转让收入减去技术成果原值和合理税费后的差额计算缴纳所得税。

这种出资方式形成了张三的股权份额，实现了出资的实缴，在这样的股权结构下，张三的权益会如何呢（见表3-8）？

表3-8　张三股权出资的涉税分析

事项	说明	涉税分析
分配利润	张三按实缴出资的50%分红，分红所得不需缴纳出资个税	张三按20%缴纳个税，可能有财税人员会提出为何不全分配给桔子公司，它可以享受免税待遇，问题是钱不能到张三名下
张三转让股权定价500万元	满足缴税时点，需要按照转让收入减去其原始价值等的余额计缴个人所得税	相当于递延纳税截止到缴税时点了
张三减资退出投资	张三取得了500万元资金	按照财产转让所得计缴20%个税

从表3-8的情形来看，似乎张三该缴的税还是得缴，但享受了递延的优惠；从橙子公司角度来看，张三投入的专利按照税收政策在不低于10年的期限内摊销，可以在税前扣除，这是一个隐性的价值空间。延伸考

虑，如果张三投资进来的专利，经过多年的使用，已失去了使用的价值，并且也有新技术的出现，原来的专利没有预想的价值了，能否认为张三出资不实呢？从张三出资的时点来看，此项专利的估值是基于当时的市场、技术环境，估值方法与数据是合理的，在当时时点的价值是500万元，该出资就是真实的，并不能以技术的更新换代再回溯张三的专利入资价值，500万元的投资价值与占股比例应得到《公司法》和公司章程支持的。

若因技术更新，橙子公司所拥有的技术价值贬值，公司的价值由原来的1 000万元降至700万元，此时张三要转让股权，转让价为350万元，笔者认为在商业上这是比较正常的，但是若从税务机关依据67号公告进行复核出具纳税凭据的角度，就可能会变得"不正常起来"。

一是，税务人员目前的工作重心往往关注报表，如净资产、出资等数据，简单地与转让价格进行比较。如果高于对应持股比例的净资产，事情会相对正常地推进，如果低于对应持股比例的净资产，质疑就会大起来。一方面，我们理解税务人员的职责所在，另一方面，对于实际业务情形的了解并不充分，由表入内地进行探究，部分正常的事项就会变得不正常起来。如上例中，张三出资额是500万元，对应的净资产是500万元，现在转让价为350万元，定价偏低，非要核出一个更高的转让价作为计税基础，笔者认为这本身是一个"脱离业务征税"的逻辑。就算解释清楚了技术替代、资产贬值等原因的影响，但这些证据如何提供，是不是纳税人自己"编造的理由"，难道再去找科技部门做一个"定价鉴定"？似乎这个问题就无休止了！不过上述专利在橙子公司要做摊销处理，净值会持续减少的。

二是，税收行政法与公司法，属于不同的行政管理规范体系，一方面，税收纳税义务的发生，基于经济交易，基于商法规则下的调整变化等事项，但税收规则又自成体系，可以考虑民商事关系与事实，但又可独立成为"上层建筑"。在实践中，如果简单地带着合同、其他法规的相关规定，与税务机关人员进行沟通的话，因在不同的语境里，是需要进行规则转换的，这有点像行政法与刑法之间的证据转换，需要重新以自己的规则进行"安检"才能下结论。不过此时，笔者认为要有确定性的税收法律法规条款为依据，才宜去否定民商事关系中的业务关系事实，如果大量地去否定其基础交易，为征税而征税，为核税而核税，这样无疑会给平衡的经济关注带来重大的影响。现在看，涉及个人股权相关的税收反避税管理措施与程序，正在深度地影响着民商事关系中利益的意思自治关系。税法与商法的协调需要尊重，更需要反省并与时俱进。

三是，自身权责权限受限所致。张三的案例中，如果有一种成熟机制，即股权的定价测量仪，似乎这个问题就好解决了，但是没有！就算税务机关想去测量一下其公允价值，估计找10个评估机构，甚至物价管理部门，测出来的数据很可能是不一样的。以货币计量为标准的价值评估理论，本身存在彼此的认同关系。而如果张三不想被核定出高的价格来，就可能会用虚增费用、制造亏损等方式来拉低净资产金额。按67号公告的规定，如果无形资产占比超过资产总额的20%，需要考虑对公司价值做出评估并提供评估报告，这又可能增加一笔评估费用。

利用技术成果估价出资，应计缴个税但递延计缴（可以无限期），同时接受投资公司企业所得税又可以按估价计提折旧扣税的"断层"关系下，是一些人想到的筹划之计，甚至下层公司继续向下投资。笔者建议，优惠政策是明确的，但业务要真实、估价要合理，技术成果要存在，至于投资之后技术成果能否投入使用、使用中是不是发挥了价值，有没有可能发生技术贬值，这些情形并不必然否定上面的交易。

3.5 股权转让涉及转让所得的计税规定与主体适用情形选择

在日常业务中、网上的文章中，关于这个问题的讨论已比较多了，在此我们结合《公司法》中股东与公司的权益关系，作如下梳理（见表3-9）。

表 3-9　股权转让所得的计税规定与主体适用情形的选择

事项	公司股东	个人股东
转让股权时公司留存收益合计为负数	就转让所得计缴所得税，或形成损失，并计入当年度公司的应纳税所得额	作为分类单次型所得，财产转让所得计缴个税，转让形成损失的也不能抵减其他所得
转让股权时公司留存收益为正数可分配利润	不允许将可分配部分剔除出来，不给予享受免税待遇①，仍按上述标准计算转让所得或损失，并计当年度公司的应纳税所得额	理解的逻辑同公司股东，个人从有限公司即使分红也按20%缴纳个税
先分红、再转让股权	可先享受免税，再就转让收入（理论上价格会降低）抵减原投资成本计算所得或损失处理	在计缴个税的结果上一样
先分红，并将分红权转让，同时转让股权	相当于转让债权与股权，这也是依据《公司法》的决议分红的主观决定或决议下的一种选择，这种选择一般需要提前与购买方进行沟通	先分红并转让分红权，与股权一并转让，并计缴个税，前者是股息红利个税，后者是财产转让所得个税

对公司股东来讲，先分红、再转让确有其税收利益空间，至少分红部分没有形成当年度的应纳税所得额。不过前提是公司得有可分配的利润，不能认为"公司未来可能有利润，我们先预分利润"！可分配的利润是当时存量的未分配利润可分部分。有时，在年度中间形成的利润，能不能进行预分，也有类似的个案存在，如果年底的利润能超过分配的部分，预分配也可以最终得到实现。

在技术处理上，有时分红情形下可能影响资金流出，转让方可以考虑以"分红转股"的方式，以未分配利润转增股权，视同进行了"先分

---

① 《国家税务总局关于贯彻落实企业所得税法若干税收问题的通知》（国税函〔2010〕79号）规定：四、关于股息、红利等权益性投资收益收入确认问题

企业权益性投资取得股息、红利等收入，应以被投资企业股东会或股东大会作出利润分配或转股决定的日期，确定收入的实现。

被投资企业将股权（票）溢价所形成的资本公积转为股本的，不作为投资方企业的股息、红利收入，投资方企业也不得增加该项长期投资的计税基础。

红、后增资"两步走,这样转让方需要将该转股金额视为利润分配进行处理:

公司股东,需要将分红部分确认为投资收益,并增加计税基础。但会计处理上有的企业因为没有取得分红,在会计准则的框架下没有进行会计处理,此时税收上要进行专项税会差异管理,不然很容易遗漏。

个人股东,由于在被投资公司已进行了转股处理,被投资公司需要对个人股东进行扣缴个税处理,个人股东可以把钱转给公司,或者公司用现金分配一部分利润用于个人缴税。如果被投资公司未就其个税进行扣缴,个人需要自行进行计缴。在转让股权的时候,当计算扣减股本的成本原值时,如果利润分配部分不计缴个税,也难计入成本并得到税务审核人员的认可。依个人所得税自行纳税申报的规定,最迟在次年6月30日前,个人应就当年度的分红完成计缴个税的义务。

3.6 转增注册资本涉税计缴情形

依当下的税收政策,利润向资本转移,基本上认为是利润增加了股东的出资,视同分红处理。但由于情形较为多样,我们对此也做了简单分析。

利润一般体现在利润表中的法定公积金中的法定盈余公积金中,不包括资本公积金;一般单位也不计提任意公积金,再就是未分配利润部分,利润转增投资会流向两个科目方向: 是流向实收资本或股本科目,另一个是流向资本公积科目,具体计税方式如表3-10所示。

表3-10　　　　　　　转增股本/资本公积涉税分析

情形	会计分录	涉税分析
未分配利润转增股本	借:未分配利润 贷:实收资本	视同分红进行涉税认定处理

续表

情形	会计分录	涉税分析
未分配利润转增资本公积	这种情形下通常是在有限公司改制为股份公司时,将部分或全部留存收益转入资本公积,同样也可转入股本	转入资本公积不征个税,只有转入股权时依照当前的政策才需计缴个税①;部分人士或个别税务机关的意见认为转入资本公积是企业改制中"先分配再投资"的逻辑,改制是主体延续下的调整,不是"分红再投资"的过程结果

笔者发现,实务中类似的问题比较多,比如,天津市税务局的如下解释:

> 境内居民企业将未分配利润转增所有股东对其的投资,其法人股东(居民企业)是否免征企业所得税?
>
> [发布日期] 2022年6月14日
>
> [来源] 国家税务总局天津市税务局
>
> 根据《中华人民共和国企业所得税法》的规定,符合条件的居民企业之间的股息、红利等权益性投资收益为免税收入。
>
> 因此,境内居民企业将未分配利润转增所有股东对其的投资,相当于股东取得权益性投资收益后再向其追加投资的行为,法人股东(居民企业)取得股息、红利等权益性投资收益为免税收入。

原北京市国家税务局曾有这样的意见:

> 被投资企业将股权(票)溢价所形成的资本公积转为股本的,不作为投资方企业的股息、红利收入,投资方企业也不得增加该项长期投资的计税基础。被投资企业以盈余公积和未分配利润转增股本的应作为投资企业的红利所得,并增加其投资成本。

而对于公积金转增股本,则有如下两种情形(见表3-11):

---

① 《财政部 国家税务总局关于将国家自主创新示范区有关税收试点政策推广到全国范围实施的通知》(财税〔2015〕116号)规定:个人股东获得转增的股本,应按照"利息、股息、红利所得"项目,适用20%税率征收个人所得税。

表3-11　　　　　　　　　公积金转增股本的涉税处理

类型	企业所得税	个人所得税
盈余公积金（法定公积金与任意公积金），是由税后利润中计提产生的	与未分配利润转增股本处理一致	与未分配利润转增股本处理一致
股东投入资本金溢价形成的资本公积金转增股本	不作分红，也不增加投资成本处理①	股份制企业股票溢价发行收入所形成的资本公积金，将此转增股本由个人取得的数额不作为应税所得征收个人所得税，而与此不相符合的其他资本公积金分配个人所得部分，应当依法征收个人所得税

在这里，要进一步解释一下，这次《公司法》修订，没有再采用会计上的盈余公积金（包括法定盈余公积和任意盈余公积），而是统称为法定公积金，溢价投资形成的是资本公积金，这是两者之间的称谓之别。

依据现有政策，当由股票溢价发行形成的资本公积金转增股本，个人股东不需要计缴个人所得税，如果是非股票溢价发行形成的资本公积转增股本，个人股东需要计缴个人所得税；但对于企业股东，无论上述哪种情形，均不需要确认应税所得计缴企业所得税。实践当中很多这方面的讨论和分析文章，其观点、逻辑各有表述，无外乎是认为对某些情形下对资本公积转增股权要征个税有不合理之处，有的人进一步补充了关于历史发展过程中，股份制企业包括有限公司也包括股份有限公司等方面的推理，认为财政部和税务总局的文件就应得出"不征"的依据。其实这些多是分析"走偏了"，其核心是"股票溢价发行收入"的适用范围，上面的理解是误解，把当时起草文件时的背景原因、意图等想象得太丰富了，也过于理论化了。不可否定，对该方

---

① 《国家税务总局关于贯彻落实企业所得税法若干税收问题的通知》（国税函〔2010〕79号）规定：
四、关于股息、红利等权益性投资收益收入确认问题
企业权益性投资取得股息、红利等收入，应以被投资企业股东会或股东大会作出利润分配或转股决定的日期，确定收入的实现。
被投资企业将股权（票）溢价所形成的资本公积转为股本的，不作为投资方企业的股息、红利收入，投资方企业也不得增加该项长期投资的计税基础。

面的监管，实务中检查的力度并不是很强。笔者观察到，在一些拟上市公司的招股书中，律师或券商的意见是五花八门，推理上写得"冠冕堂皇"，实在没有办法搬出来过了追征期的意见，以充分"说明"发行人实控人或个人股东不存在故意违法逃避税的问题，这也算是资本市场的一大怪象吧。

我们通过一个简单的案例来分析一下资本公积转增中的一个计税的特殊现象。

【例3-2】张三投资设立了甲公司，张三实缴了100万元，公司注册资本亦为100万元；后李四拟增资，增资金额为150万元，其中100万元计入注册资本，李甲也进行了实缴，公司实收资本变为200万元，50万元计入资本公积金。其后，张三与李四拟将50万元资本公积转增资本，每人名下转增25万元，此时，对于每人的25万元转增金额，其个人所得税如何缴纳（见表3-12）？

表3-12　　　　　　资本公积转增资本的两个观点

情形	张三个税	李四个税
观点一	25万元×20%=5万元	25万元×20%=5万元
观点二	同上	由于25万元本身就是李四投入的，不需要再转增计税，不涉及缴纳义务

笔者认为，对于上述情形，依税收政策是有应税义务的，观点一的处理，在形式上满足政策的要求；对于观点二，从情理上看，张三计缴个税有其合理性，张三心里也有"所得"的感受，对于李四，其认为25万元就是本人所投资的，再转到个人名下出资，与开始投资时直接计入注册资本125万元金额有何差异，在心理上难以接受的。于情理上，我们似乎也要同情李四，认为李四就此转增计缴个税事实不充分。对于此问题，笔者也有咨询相关专家，认为李四不征个税有其合理性，因为本身也是时间性差异，将来李四转股或退出时，扣减成本就是150万元，本次不计缴个税，其投资成本也不增加25万元，不影响国家税款的流失。但如果我们结合《公司法》与税法进行理解，对李四征税也是可以

说得通的，不过李四缴税换回追加投资成本 25 万元，共 175 万元。

一是资本公积金是什么，是新股东对于原来股东经营公司的一种补偿，这种补偿是公司估值溢价引起的，当该补偿给付到公司之后，就转化为了公司的共同财产，而不再为李四所有，李四对此也没有索取权了。即使李四对外转让股权，也只能以其持有的份额来计量其股权的价值，即公司的价值，既然这 50 万元已属于公司公共所有了，与李四已断了"关系"。

二是李四认为是自己投入的资金又转到了自己的名下，这个观点并不是独立法人关系的体现与意思所在。

三是不排除在政策没有特别明确的时候，就转增李四的部分不应计税得到认可，笔者认为这也是很可能的，符合常规思维。

为什么在转增中个人所得税的计税政策与企业所得税的计税政策有着这么大差异呢？在税理逻辑上，似乎应是一样才合适，但我们要认识一个现实，如果在转增股本的时候，个人的投资成本增加，在转增时点不征，将来投资成本的原值扣减就会产生很大的管理成本，这个追溯过程是比较复杂的，比如张三原来出资 100 万元，现在转增 25 万元后实收资本是 125 万元，当张三对外转让股权时，复核扣除原值还要进一步确认剔除 25 万元，这样压力就会转移到税务机关这一方，不如在转增时就计征了增加投资成本的个税，对于后面的税务管理压力就会变小。征管的现实情形阻碍了我们对于所谓税收公平性、理论性的发声探讨，因征纳双方的角度不同，所选择的路径思路也是有差异的。笔者关注到，财税部门当时也是有意愿放开就转增股权征个税这一事项的，至少会减轻理论瑕疵，在税收逻辑上与企业所得税相通，也减少网上的各种各样的争议，甚至有的律师提出无上位法要求进行"合法性审查"的提议。但最终可能经过综合评估，没有放开这一政策。毕竟过去征收了，现在放开，之前已缴过的能否要求退税？这些情形体现出公平性的问题，也会是一件关系复杂的问题。

对于转增股本过程中的个税计缴，由于缺乏相应的现金所得，《财政部 国家税务总局关于将国家自主创新示范区有关税收试点政策推广到全

国范围实施的通知》(财税〔2015〕116号)对部分情形提出了分期纳税的政策:

1.自2016年1月1日起,全国范围内的中小高新技术企业以未分配利润、盈余公积、资本公积向个人股东转增股本时,个人股东一次缴纳个人所得税确有困难的,可根据实际情况自行制定分期缴税计划,在不超过5个公历年度内(含)分期缴纳,并将有关资料报主管税务机关备案。

2.个人股东获得转增的股本,应按照"利息、股息、红利所得"项目,适用20%税率征收个人所得税。

3.股东转让股权并取得现金收入的,该现金收入应优先用于缴纳尚未缴清的税款。

4.在股东转让该部分股权之前,企业依法宣告破产,股东进行相关权益处置后没有取得收益或收益小于初始投资额的,主管税务机关对其尚未缴纳的个人所得税可不予追征。

5.本通知所称中小高新技术企业,是指注册在中国境内实行查账征收的、经认定取得高新技术企业资格,且年销售额和资产总额均不超过2亿元、从业人数不超过500人的企业。

6.上市中小高新技术企业或在全国中小企业股份转让系统挂牌的中小高新技术企业向个人股东转增股本,股东应纳的个人所得税,继续按照现行有关股息红利差别化个人所得税政策执行,不适用本通知规定的分期纳税政策。

3.7 有限公司改制为股份有限公司的涉税理解乱象待明确

笔者发现,一些申请上市的公司发布的招股说明书、法律意见书中,改制相关的涉税问题"乱象丛生"。在本节内容中,笔者就相关的事项作一个理解式的分析。

一是改制时所涉的个税计缴事项，遗漏非常多，税收征管力度弱，如果就改制也要求税务机关出具一个审核证明，估计这个力度就上来了，如同67号公告的股权转让核定。现在转股的个人合规意识非常强，而对于上市公司出具一个没有发现涉税违规事项的证明，过于笼统，加之地方政府鼓励上市的"政绩体现"，税务机关往往也不会"过度干涉"，而多是积极支持。

二是我们的专家或服务机构往往把工夫花在"如何把故事解释得更通"上，甚少有律师要求相关个人去计缴个税。有一些案例，以"混淆概念"等方式，来解释企业发展过程中涉税争议问题的"合规性"，再加上一个实控人对补缴税款风险"兜底"的承诺，以体现自己的责任担当；不过，一些从事资本业务的律师，对于税收政策的理解不到位，在准确度上把握不够，更多的是找个专家咨询一下，缺乏进一步探究的决心。

三是既然是税收法定事项，建议财税部门要明确发声，止乱象于严格管控，避免各种无序观点在网络上、招股书中"横行无阻"。

笔者看到，某些案例样本中，有的意见认为改制是股东的非货币性出资行为，即改制企业先将资产分红股东，股东再进行投资设立股份有限公司的行为，这个理解是不准确的。从本源上看，改制延续有限公司的经营年限，是国家给予上市公司的一个便利之路，本来只算股份有限公司的经营表现，但为了体现股份有限公司起始经营的现状，直接通过折股的方式，将利润等转入股本、资本公积，这样未分配利润等就从零开始了，这是绝大多数上市公司的"成长之路"。即公司是延续的，从有限责任公司变为了股份有限公司。从这一点上看，考虑净资产相关科目的变化时，结合主体延续这一角度，就难形成先分配再出资的"虚拟过程"了，更无分期纳税之说。

或许改制过程中的计税"乱象"仍会有发生，但是，我们希望这一规则尽早明确，由于上市公司是中国经济发展中的"公司表率"，他们的所言所行，对于其他正在成长中的中小企业、创业者和企业老板来讲，其税收合规遵从度，是重要风向标。

3.8 "打抱不平"，按照实缴出资比例分配遭遇质疑与反避税挑战

是按实缴比例进行利润分配，还是按认缴比例或按人头平均分配利润，《公司法》给予了开放的态度，但这种开放状态的公允性也正在受到税务机关部分人士的关注，在上面的部分章节中，我们对此有过相关观点的表述。

我们需要先厘清一下《公司法》下意思自治情形的规则是怎样的：

> 有限责任公司按照股东实缴的出资比例分配利润，全体股东约定不按照出资比例分配利润的除外；股份有限公司按照股东所持有的股份比例分配利润，公司章程另有规定的除外。

上面的这句话看着很简单，也能看懂，但细想一下，还真是越来越想不透彻。比如按照实缴的出资比例分配利润，情形比较复杂：如果涉及多人股东的，其认缴、实缴的出资时点又不同，企业的经营又是持续的，如何掌握实缴时点与期间计量的问题呢？

【例3-3】2023年1月1日，张三与图强公司共同设立了甲公司，注册资本1 000万元，张三出资30%，图强公司出资70%，均为认缴，公司章程规定以实缴出资进行分配利润。公司在2023年实现利润为200万元，2024年10月20日，图强公司实缴出资700万元，张三手头紧张暂时没有实缴。此时，图强公司与张三商量将2023年度的利润进行分配，由于是依章程分配，张三也没办法。于是在2024年11月1日股东决议分配利润200万元，全部分配给图强公司。

但是，上述情形被税务人员发现了，认为上述分配利润的背后，张三转移了利润，张三应有所得才对。为什么有这个判断呢？其解释如下：

张三与图强公司在2023年都没有实缴出资，他们都是认缴，地位是一致的，那个时候都没有实缴，凭什么图强公司刚实缴就去追溯认缴期的分配权呢？这个质疑似乎非常有道理，笔者认为完全是说得通的，不分配给张三利润确实"不公平"。

《公司法》倡导性地提出了按照实缴比例分红的主张，其本身不是强制性的，但是一种公平的体现，上例中图强公司就算昨天刚刚实缴出资，今天就作出分配决议，也是完全满足《公司法》规定的分配权的，《公司法》中没有规定实缴出资的时长，没有规定按照相应的期限进行归属分配利润，比如2023年度张三与图强公司按3∶7分配才"合理"，2024年度可根据图强公司实缴的实际天数占比来分配年度的利润；或者从2024年10月20日起到年底实现的利润可合理归属于图强公司，在此之前则是张三与图强公司按认缴比例分配，笔者认为这样确实是公平的。但是如果我们再看《公司法》规定的利润分配的意思自治的决定之法，只要在股东全部同意的情形下，是可以自由约定的，当然这种约定由全体股东同意才行，一定是彼此之间的利益平衡，不可能是某位股东"一厢情愿"这么简单。但按实缴比例分配，并不需要全体股东同意，但仍可能存在利益平衡的考虑，如上例中张三就是不同意，非要分配一部分利润，以上面我们所分析的"公平"理由来主张权利。也就是说，如果双方按认缴出资比例分配也是可以的。不过现实当中，在双方均未实缴出资的情形下，企业的利润是从哪来的？这才是最关键的，谁来"当家"挣的钱，谁的功劳体现，才是双方谈判的基础。如果甲公司2023年度的利润是大股东图强公司帮助甲公司实现的利润，在这种情形下，张三要求分配利润也没有底气。所以，所谓的公平，还是看是不是拿得"心安理得"。所以，关于分红的故事，一定是在股东之间的博弈中长期存在的，如上述案例，如果是张三实缴而图强公司认缴，则很有可能图强公司利用自己的表决权不进行分配，而是滞后到自己实缴出资为止。尽管张三可能利用《公司法》中规定请求公司回购其股权，但实践当中其复杂性远非文字写得这么简单，多是利益博弈的结果，而作为局外人，往往难究其理。

对于分红权益提出质疑的税务人员，并不是来为张三维护权益，而是要征税！那么征税的依据是什么呢？既然事实当中张三是不能取得所得的，那么征税的依据就是反避税核定，此时要么引用税收征管法相关规定，要么引用个税法中的反避税条款，但相关的规定及条款是概括性的，对于税务机关行政执法如何使用的程序不明确，在这种情形下，硬要进行调整，"卡"住公司要求进行相关处理，似乎在目标上也并不清晰，除非当发生股权转让时，税务机关经办人员或审批人员发现这个问题，正好"合并处理"，这时才有相应的程序"抓手"。而征管中的一些问题，有时比稽查立案的事项更为自由化，毕竟不是写在法律文书上，那是有规范、有要求、有审理，还要有责任管理的，而征管中更多的是交流、解释，所以彼此之间的信任、权限的缩小或扩大，有时在交流中的边界会相对比较大。我们习惯了股权转让核定征税的事项，认为这是应该征的，其实细想起来，67号文件本身并不是强制性的，只要有合理的理由是可以解释的，只是当执法责任与其他事由没有列举的情形下，难以有人愿意为此担责。但是如果纳税人业务真实，且有相应的理由、基础，对于反避税的争议事项，还是可以进一步探讨的，特别是超出67号文件规定之外的反避税的管理要求，更有面临执法风险的一面。

3.9 股东债权出资与股权出资情形下税务上对"债资比"的涉税处理

一家公司要经营，通常需要启动资金，之前有一些房地产企业利用土地"融资开发"，拿地贷款、预售先拿钱等方式，现在不再那么司空见惯了！股东投入公司运营的资金，往往有多种形式，比较常见的是债权出资（借款给公司使用）与直接投资。站在股东的角度，直接投资计入实收资本，多有股东认为这部分资金就不属于自己了，是有风险的，所以往往不将注册资本投入得过大，多愿意通过借款的方式注入资金，他们认为这样相对灵活，可以随时取回自己的资金，而且作为债权人有优先受偿权。

3.9.1 利润转为债权其背后的"小算盘"是不是非常有利

企业经营，有其商业规划的一面，这其中有自己的"小算盘""小聪明"。商场如战场，并不是那么的守规矩、讲文明、懂礼貌，所以时不时地有人也会咨询一些对自己如何更有利的规划。笔者也发现，在一些商法的培训课上、专家的文章中，经常有这方面的"传经授道"，只要是合法的，我们也是可以理解，但一定要尺度与合理性。

【例3-4】大强公司投资了甲公司，持股100%，甲公司运营不错，截至2023年底有利润2 000余万元，这时有人给公司老板张三出主意："张总，你最好将利润先分配了，再用借款的方式借给甲公司使用，这样你的权益保障会更强，当发生经营风险时，借款可以优先得到偿还！"张三一听确实很有"道理"，何况公司间分红还是可以享受免税待遇的，于是张三立即决定分配，尽管账上资金不够，张三也想办法用临时借入的资金进行周转，最终，甲公司的利润"变成了"甲公司取得的大强公司的借款2 000万元。

分析：上面的处理，有其风险防范的一面，而且看上去还很"聪明"，笔者认为也是可行的，并没有基于逃避债务而进行分红。当然，从正常经营的角度，如果对一个企业的成长有信心、有担当，也没有必要做这点"小聪明"式的算计！

《最高人民法院关于适用〈中华人民共和国公司法〉若干问题的规定（四）》（2020修正）的内容中就提到：

第十四条 股东提交载明具体分配方案的股东会或者股东大会的有效决议，请求公司分配利润，公司拒绝分配利润且其关于无法执行决议的抗辩理由不成立的，人民法院应当判决公司按照决议载明的具体分配方案向股东分配利润。

第十五条 股东未提交载明具体分配方案的股东会或者股东大会决议，请求公司分配利润的，人民法院应当驳回其诉讼请求，但违反法律规定滥用股东权利导致公司不分配利润，给其他股东造成损失的除外。

但大强公司需要考虑，基于当前的税收政策，有必要就该借款收取一定比率的利息，通常不超过同期同类的借款利率，即使不收利息，也是要面临着增值税的视同销售处理的。不过呢，在相对可靠的情形下，大强公司也可以考虑表3-13的收息方式。

表3-13　不同收息方式下增值税和企业所得税处理

收息方式	增值税	企业所得税
10年后还本付息	依合同收款时点确认收入	依合同依付息时点确认所得
10年后还本，每年付息	合同约定的收款时点确认收入	合同约定的付息时点确认所得

但对于甲公司计入成本费用需要以计提方式进行，依当前一些主流税务机关的意见，计提利息不满足企业所得税税前扣除的条件，收息年限过长，可能影响税前扣除，而依政策追溯期过了5年后，就难以进行权益维护了。

3.9.2 "债资比"下利息扣除的影响

其实"债资比"下的利息扣除问题，相对比较专业，但如果通俗地解释，是因为通过借款使用资金，利息支出方可以税前扣除，而资本投入的资金，则是"无偿"使用，为了避免企业减少资本投入加大借款投入，导致利息支出影响到企业所得税的缴纳，产生税收漏洞。

财政部　国家税务总局关于企业关联方利息
支出税前扣除标准有关税收政策问题的通知

财税〔2008〕121号

各省、自治区、直辖市、计划单列市财政厅（局）、国家税务局、地方税务局，新疆生产建设兵团财务局：

为规范企业利息支出税前扣除，加强企业所得税管理，根据《中华人民共和国企业所得税法》（以下简称"税法"）第四十六条和《中华人民共和国企业所得税法实施条例》（国务院令第512号，以下简称"实施条例"）第一百一十九条的规定，现将企业接受关联方债权性投资利息支出税前扣除的政策问题通知如下：

一、在计算应纳税所得额时，企业实际支付给关联方的利息支出，不超过以下规定比例和税法及其实施条例有关规定计算的部分，准予扣除，超过的部分不得在发生当期和以后年度扣除。

企业实际支付给关联方的利息支出，除符合本通知第二条规定外，其接受关联方债权性投资与其权益性投资比例为：

（一）金融企业，为5∶1；

（二）其他企业，为2∶1。

二、企业如果能够按照税法及其实施条例的有关规定提供相关资料，并证明相关交易活动符合独立交易原则的；或者该企业的实际税负不高于境内关联方的，其实际支付给境内关联方的利息支出，在计算应纳税所得额时准予扣除。

三、企业同时从事金融业务和非金融业务，其实际支付给关联方的利息支出，应按照合理方法分开计算；没有按照合理方法分开计算的，一律按本通知第一条有关其他企业的比例计算准予税前扣除的利息支出。

四、企业自关联方取得的不符合规定的利息收入应按照有关规定缴纳企业所得税。

财政部　国家税务总局
二〇〇八年九月十九日

同时，国税发〔2009〕2号[①]文件规定：

---

① 国税发〔2009〕2号，即《国家税务总局关于印发〈特别纳税调整实施办法（试行）〉的通知》。

第九章 资本弱化管理

第八十五条 所得税法第四十六条[①]所称不得在计算应纳税所得额时扣除的利息支出应按以下公式计算：

不得扣除利息支出＝年度实际支付的全部关联方利息×（1−标准比例/关联债资比例）

其中：

标准比例是指《财政部 国家税务总局关于企业关联方利息支出税前扣除标准有关税收政策问题的通知》（财税〔2008〕121号）规定的比例。

关联债资比例是指根据所得税法第四十六条及所得税法实施条例第一百一十九的规定，企业从其全部关联方接受的债权性投资（以下简称"关联债权投资"）占企业接受的权益性投资（以下简称"权益投资"）的比例，关联债权投资包括关联方以各种形式提供担保的债权性投资。

第八十六条 关联债资比例的具体计算方法如下：

关联债资比例＝年度各月平均关联债权投资之和÷年度各月平均权益投资之和

其中：

各月平均关联债权投资＝（关联债权投资月初账面余额＋月末账面余额）÷2

各月平均权益投资＝（权益投资月初账面余额＋月末账面余额）÷2

[①]《企业所得税法》第四十六条 企业从其关联方接受的债权性投资与权益性投资的比例超过规定标准而发生的利息支出，不得在计算应纳税所得额时扣除。

《企业所得税法实施条例》进一步规定：

第一百一十九条 企业所得税法第四十六条所称债权性投资，是指企业直接或者间接从关联方获得的，需要偿还本金和支付利息或者需要以其他具有支付利息性质的方式予以补偿的融资。

企业间接从关联方获得的债权性投资，包括：

（一）关联方通过无关联第三方提供的债权性投资；

（二）无关联第三方提供的、由关联方担保且负有连带责任的债权性投资；

（三）其他间接从关联方获得的具有负债实质的债权性投资。

企业所得税法第四十六条所称权益性投资，是指企业接受的不需要偿还本金和支付利息，投资人对企业净资产拥有所有权的投资。

企业所得税法第四十六条所称标准，由国务院财政、税务主管部门另行规定。

权益投资为企业资产负债表所列示的所有者权益金额。如果所有者权益小于实收资本（股本）与资本公积之和，则权益投资为实收资本（股本）与资本公积之和；如果实收资本（股本）与资本公积之和小于实收资本（股本）金额，则权益投资为实收资本（股本）金额。

第八十七条　所得税法第四十六条所称的利息支出包括直接或间接关联债权投资实际支付的利息、担保费、抵押费和其他具有利息性质的费用。

第八十八条　所得税法第四十六条规定不得在计算应纳税所得额时扣除的利息支出，不得结转到以后纳税年度；应按照实际支付给各关联方利息占关联方利息总额的比例，在各关联方之间进行分配，其中，分配给实际税负高于企业的境内关联方的利息准予扣除；直接或间接实际支付给境外关联方的利息应视同分配的股息，按照股息和利息分别适用的所得税税率差补征企业所得税，如已扣缴的所得税税款多于按股息计算应征所得税税款，多出的部分不予退税。

......

第九十条　企业未按规定准备、保存和提供同期资料证明关联债权投资金额、利率、期限、融资条件以及债资比例等符合独立交易原则的，其超过标准比例的关联方利息支出，不得在计算应纳税所得额时扣除。

第九十一条　本章所称"实际支付利息"是指企业按照权责发生制原则计入相关成本、费用的利息。

企业实际支付关联方利息存在转让定价问题的，税务机关应首先按照本办法第五章的有关规定实施转让定价调查调整。

关于债资比的计算会面临多种情形，比如涉及多个股东的，认缴与实缴并存的情形；但文件同时也规定，如果企业能够满足相关条件的，即使在超过债资比，也是可以税前扣除利息的，其实是认可了企业独立交易原则下的合理化支出，同时文件也特别明确，仅限于关联方的关系，比如股东与所投资公司之间的关系。

在我们的服务实践中，通常会先看看企业之间的融资利率是不是满足独立交易原则，或者看看实际税负水平是不是一样，有没有一方享受了15%的税率优惠，另一方是25%的税率，这样就存在税收利益的差异，有可能给国家税收带来危害。但如果公司是向非关联方的借款，此时就不需要考虑债资比的问题了，不能因为公司借款多，就认为公司的出资必须达到上述标准。除特定行业外，《公司法》对于公司的出资并没有限额要求，即使出资1元钱，从非关联方融资借款1亿元，也是可以列支利息并税前扣除的，因为这是企业经营所需的，也是与企业经营收入相关的；如果融入的资金挪用于股东或关联方的业务了，这就需要考虑关联方交易的问题了，或者考虑相应款项对应的利息是不是与经营相关才允许其税前扣除。

3.9.3　个人股东借款收息与不收息的处理

上一小节，我们讨论的是基于接受投资方给付股东利息的情形，但实践当中，母子公司间、关联方公司间的融通资金，往往是无息借款，通常都记入往来款项中，中小民营企业报表的一大特点就是往来挂账特别多，金额往往也比较大，最后就是一堆"糊涂账"。

如果股东无息借款给公司，则就不存在债资比的问题了，因为没有利息支出的讨论基础。但如果涉及利息支出，就需要关注一下债资比的问题。

笔者经常发现有的民营企业账上记录了老板转入的往来款项，而且金额比较大，这存在多项风险，其中有一个关注的事项很可能就是有一些未纳税的账外收入流转入了公司老板的名下，老板又通过借款支持企业经营发展需求，如果这时候，核查老板的纳税凭证就很容易知道这些资金是不是"纳过税"了。

国税函〔2009〕777号①文件规定：

一、企业向股东或其他与企业有关联关系的自然人借款的利息支出，应根据《中华人民共和国企业所得税法》（以下简称"税法"）第四十六条及《财政部、国家税务总局关于企业关联方利息支出税前扣除标准有关税收政策问题的通知》（财税〔2008〕121号）规定的条件，计算企业所得税扣除额。

二、企业向除第一条规定以外的内部职工或其他人员借款的利息支出，其借款情况同时符合以下条件的，其利息支出在不超过按照金融企业同期同类贷款利率计算的数额的部分，根据税法第八条和税法实施条例第二十七条规定，准予扣除。

（一）企业与个人之间的借贷是真实、合法、有效的，并且不具有非法集资目的或其他违反法律、法规的行为；

（二）企业与个人之间签订了借款合同。

在这里，笔者还要提示，需要有相应的合法凭证，如个人代开发票等凭证提供给企业用于税前扣除列支之用，并依法按照扣缴利息支出金额的20%缴纳个人所得税；还需要关注，个人取得所得的时点是在实际支付时，如果公司只是在账面上计提，还未到支付时点，或者因一些原因滞后延期支付，也是在实际支付时确定为个人所得，并代扣代缴个人所得税。

某地税务机关的一个问答比较有代表性：

请问法人用自己房产抵押贷款218万元用于偿还供应商货款，该笔贷款由银行直接转到供应商账户里，请问这笔贷款产生的贷款利息允许企业扣除吗？因为确实用于公司经营，当时贷款有递交购销合同。

国家税务总局某省"12366"纳税服务中心答复：您好，根据您的叙述，法人将自己房产抵押贷款，该笔贷款并不是以公司的名义贷款，支

---

① 国税函〔2009〕777号，即《国家税务总局关于企业向自然人借款的利息支出企业所得税税前扣除问题的通知》。

付的利息不得在企业所得税税前扣除。

关于公司融资利息支出税前扣除的问题，还有一个情形：

国家税务总局关于企业投资者投资未到位而发生的利息支出企业所得税前扣除问题的批复

国税函〔2009〕312号

大连市国家税务局：

你局《关于企业贷款中相当于投资者投资未到位部分的利息支出能否税前列支的请示》（大国税发〔2009〕68号）收悉。经研究，批复如下：

关于企业由于投资者投资未到位而发生的利息支出扣除问题，根据《中华人民共和国企业所得税法实施条例》第二十七条规定，凡企业投资者在规定期限内未缴足其应缴资本额的，该企业对外借款所发生的利息，相当于投资者实缴资本额与在规定期限内应缴资本额的差额应计付的利息，其不属于企业合理的支出，应由企业投资者负担，不得在计算企业应纳税所得额时扣除。

具体计算不得扣除的利息，应以企业一个年度内每一账面实收资本与借款余额保持不变的期间作为一个计算期，每一计算期内不得扣除的借款利息按该期间借款利息发生额乘以该期间企业未缴足的注册资本占借款总额的比例计算，公式为：

企业每一计算期不得扣除的借款利息＝该期间借款利息额 × 该期间未缴足注册资本额 ÷ 该期间借款额

企业一个年度内不得扣除的借款利息总额为该年度内每一计算期不得扣除的借款利息额之和。

国家税务总局

二〇〇九年六月四日

（抄送：各省、自治区、直辖市和计划单列市国家税务局、地方税务局。）

随着新《公司法》对出资期限的强制性规定要求，如果出资未到位又发生对外融资借款的情形，这部分资金相当于股东要承担的责任，相应的资金使用成本不得税前扣除。但是，在认缴的正常等待期内，是不需要考虑的，这是给股东一个向后选择实缴出资的"法定权利"，但一旦确定后，就需要遵循上文进行涉税处理。

3.10 继承人继承股东权益或欠税义务的案例探讨

《民法典》规定：

> 第一千一百五十九条 分割遗产，应当清偿被继承人依法应当缴纳的税款和债务；但是，应当为缺乏劳动能力又没有生活来源的继承人保留必要的遗产。
>
> ……
>
> 第一千一百六十一条 继承人以所得遗产实际价值为限清偿被继承人依法应当缴纳的税款和债务。超过遗产实际价值部分，继承人自愿偿还的不在此限。
>
> 继承人放弃继承的，对被继承人依法应当缴纳的税款和债务可以不负清偿责任。
>
> 第一千一百六十二条 执行遗赠不得妨碍清偿遗赠人依法应当缴纳的税款和债务。
>
> 第一千一百六十三条 既有法定继承又有遗嘱继承、遗赠的，由法定继承人清偿被继承人依法应当缴纳的税款和债务；超过法定继承遗产实际价值部分，由遗嘱继承人和受遗赠人按比例以所得遗产清偿。

实践当中，中国裁判文书网中有这样一则类似案例：

何某华与国家税务总局毕节市税务局不予受理行政复议申请决定再审审查行政裁定书

贵州省高级人民法院

行政裁定书

（2023）黔行申916号

再审申请人（一审原告、二审上诉人）何某华，男，汉族，住贵州省贵阳市。

被申请人（一审被告、二审被上诉人）国家税务总局毕节市税务局，住所地贵州省毕节市。

法定代表人张某。

委托代理人李某贵。

委托代理人赵某。

再审申请人何某华诉被申请人国家税务总局毕节市税务局（以下简称"毕节市税务局"）不予受理行政复议申请决定一案，不服贵州省毕节市中级人民法院（2023）黔05行终57号行政判决，向本院申请再审。本院依法组成合议庭对本案进行了审查，现已审查终结。

何某华申请再审称：（一）本案已超过税款追缴期限。胡某美与吕某文、郑某培等股权转让发生在2011年5月11日，追缴时间起算点为2011年5月12日，《税务事项通知书》的时间是2022年4月12日，已经过了10年，依据《中华人民共和国税收征收管理法》第八十六条的规定，已过追诉时效。毕节市税务局未依照法律规定对《税务事项通知书》予以纠正，错误。（二）根据国家税务总局发布《股权转让所得个人所得税管理办法（试行）》及国税函〔2009〕326号批复的规定，自然人股权转让未申报缴纳税款行为不构成偷税。（三）本案所涉税款，历经十一年，税务机关三次认定追缴主体错误，因其原因贻误追缴时机，全部责任应由税务机关承担。一审、二审判决忽视上述问题作出判决，属于程序错误，认定事实不清，适用法律错误。综上，再审申请人并没有继承胡某美的财产，没有为胡某美承担补缴矿税和巨额债务的法律义务，故依据《中华人民共和国行政诉讼法》第九十一条第一、三、四、五项申请再审。请求：（一）依法对本案启动再审监督程序，撤销一审、二审判决，并依法改判支持其原诉讼请求，即撤销第一稽查局作出的毕税一稽通〔2022〕10号通知书（以下简称"10号通知书"）；（二）本案一审、二审案件受理费由毕节市税务局承担。

毕节市税务局提交书面意见称：（一）其作为复议机关复议主体适格。第一稽查局系其派出机构，其系第一稽查局的上一级主管部门，根据《中华人民共和国行政复议法》第十二条第二款、《税务复议规则》第十七条之规定，是受理以第一稽查局为被申请人的行政复议案件的适格主体。（二）其在法定期限内依法作出毕税复不受字〔2022〕2号《不予受理复议决定书》（以下简称"被诉不予受理决定"），程序合法。（三）被诉不予受理决定事实清楚。再审申请人不服10号通知书，向其提起复议申请，经审查，再审申请人对10号通知书确定的纳税数额有异议，属于同税务机关在纳税上发生争议，根据《中华人民共和国税收征收管理法》第八十八条第一款、《中华人民共和国税收征收管理法实施细则》第一百条之规定，必须先依照税务机关的纳税决定缴纳或者解缴税款及滞纳金或者提供相应的担保，才可以依法申请行政复议。其审查再审申请人的复议申请资料后，依法通知再审申请人补正复议申请资料，要求再审申请人在10日内提交缴清税款和滞纳金的证明材料或者得到第一稽查局确认的纳税担保材料，再审申请人在规定期限内未提交上述材料，不符合行政复议受理条件，其依法作出被诉不予受理决定。（四）再审申请人要求撤销10号通知书无法律依据。10号通知书未经过实体复议程序，再审申请人申请撤销无法律依据。请求依法维持原判决。

本院经审查认为，根据何某华申请再审的事由，本案的审查重点在于原判决是否存在《中华人民共和国行政诉讼法》第九十一条第一项、第三项、第四项、第五项规定之情形。

本案被诉行政行为系毕节市税务局作出的被诉不予受理决定，何某华提起本案诉讼符合法定起诉条件，原审法院已受理并作出实体判决，并未裁定不予立案或者驳回起诉，故不存在《中华人民共和国行政诉讼法》第九十一条第一项规定的"不予立案或者驳回起诉确有错误的"情形。何某华的该项申请再审的事由不能成立，本院不予采纳。

原判决认定第一稽查局系毕节市税务局的派出机构、第一稽查局向何某华作出10号通知书、何某华不服申请复议、毕节市税务局作出被诉不予受理决定等主要事实，有《国家税务总局毕节市税务局职能配置、机构设置和人员编制暂行规定》、10号通知书、被诉不予受理决定等证据，认定事实清楚，证据确凿，上述证据均已经过一审庭审举证、质证，查证属实。原判决不存在《中华人民共和国行政诉讼法》第九十一条第三项规定的"认定事实的主要证据不足、未经质证或者系伪造的"情形。何某华的该项申请再审的事由不能成立，本院不予采纳。

根据《中华人民共和国税收征收管理法》第八十八条第一款和《中华人民共和国税收征收管理法实施细则》第一百条之规定，同税务机关在纳税上发生争议的，行政相对人提起行政复议之前必须先缴纳或者解缴税款及滞纳金或者提供相应的担保，提起行政诉讼之前必须先提起行政复议，即此类争议实行"清税前置"和"复议前置"。何某华未提供材料证明已缴纳或者解缴税款及滞纳金或者提供相应的担保，不符合《中华人民共和国税收征收管理法》第八十八条第一款、《税务行政复议规则》第三十三条第二款等规定的申请行政复议的条件，被申请人依据《中华人民共和国行政复议法》（2017年修正）第十七条第一款、《税务行政复议规则》第四十五条第一款之规定，决定不予受理何某华提出的行政复议申请，并无不当。何某华提出其不是缴税主体，本案已超过税款追缴时效期间等事由，均系对10号通知书有异议，但10号通知书不属于本案的审查范围。复议为前置程序的，如果复议机关对行政复议申请不予受理，则应先针对不予受理决定提起诉讼。只有在复议机关启动了复议程序，并对行政申请复议的行政行为作出实质性结论后，才可对原行政行为提起诉讼。何某华虽向被申请人申请行政复议，但并未获受理，故尚不能针对10号通知书提起诉讼。被诉不予受理决定证据确凿，适用法律正确，符合法定程序，原判决依据《中华人民共和国行政诉讼法》第六十九条之规定，判决驳回何某华的诉讼请求，适用法律并无不当。原判决不存在《中华人民共和国行政诉讼法》第九十一条第四项规定的"适用法律、法规确有错误的"情形。何某华的该项申请再审的事由不能成立，本院不予采纳。

综上，何某华的再审申请不符合《中华人民共和国行政诉讼法》第九十一条第一项、第三项、第四项、第五项规定的情形。依照《最高人民法院关于适用〈中华人民共和国行政诉讼法〉的解释》第一百一十六条第二款的规定，裁定如下：

驳回何某华的再审申请。

笔者观察到，在某些涉税风险排查案件中，有的当事人如果去世的话，一般税务机关不再继续要求继承人补缴税款，但如果涉及比较重大的案件时，依照民法相关规定，继承人也要依法承担起相应的补缴税款的民事责任。

3.11　本章小结

股东与公司之间的利益关系，有时是"剪不断，理还乱"的关系，一方面《公司法》强调独立法人财产的关系，另一方面，实践中，股东与公司之间又存在不同程度的财产混同，而且通常掌握在多数老板手中，难有监管单位进行强制性管理。这里的原因比较多，比如个人股东发生的费用，到底是为公司的业务发生的，还是基于公司的业务需求所采购的，难有清晰的边界，往往建立在相关人员的口头表达上。又如公司业务用车，有时也用于老板私人、家庭之用，其折旧中的一部分是否不得税前扣除？在技术上是达不到理想的确定状态的！

但，法有张弛，在某些情形下，比如多股东的情形下，如果发生股东非法占用公司财产的事件，其他股东有可能以其侵占公司财产为由进行维护权益，此类恩怨故事在现实当中时有发生，个别案件中的人员可能因此遭受身心沉重的打击，如被公安机关羁押、被法院判刑等处罚，有的创业人的青春年华由此被无情地耗费了。

本章更多的是讨论了公司与股东之间的利益关系中存在的涉税利益与风险的问题，由于相应的税收政策规定不明确，也会存在一些涉税争议，从防范风险、减少争议的角度，笔者认为，提前安排与规划是非常有必要的。不过有的争议是通过解释、沟通解决不了的，在这种情形下，就需要考虑业务的合理性，是否有相应的商业实质，整体评估征税双方的实务风险、执法程序风险、证据风险等，通过法律救济途径应对。

新《公司法》中的相关新增内容，也可能对传统的涉税处理规则带来挑战，如资本公积金弥补亏损、注册资本金弥补亏损的规定，就可能对税法上的"免税分红"的计量带来影响，这时候，需要税务机关视情形与需求，评估是否需要同步细化税收政策及征管规范。

新《公司法》下的意思自治，在当前是一个"无解"的考题。税收规则要不要强调利益公平与税收计量，在税务人员认为不公平的时候，是不是要强制进行"反避税"，这一点，其实在基层税务征管层面也没有统一的认识，它夹杂在似是而非，同时又质疑的角度之下，在执法责任与风险之间，有时会左右摇摆。不过笔者认为，如果事情本身是真实的，首先应得到尊重，税法如果全面介入基础的经济交易关系，并以一个裁判者的身份出现，其本身就会打破交易的平衡，同时也造成相应的税收负担不匹配，反而可能会扰乱基本的经济秩序。但不可以否定，"野蛮式的逃避税行为"，在利益驱动之下的税款流失，还是非常严峻的，未来一段时间里，税法的刚性治理与规范将常伴我们身边。

第4章

股权架构与商业模式搭建中的公司主体功能

在前面的章节中,我们更多的是以公司为中心,围绕公司周边的人、事、法律政策规则等,多角度切入与分析,以期提供给读者更具有创新性的梳理与理解,并给出我们的一些参考意见,与读者共同探讨,从而在新《公司法》的框架下,让合规相伴,并行稳致远。

但是,公司作为一个经营主体,它不是静态的,也不是设立起来就自动运转的,它更像一列火车,当它加好油、充好电,在轨道上跑起来的时候,它就是动态的了。这种动态体现在:

第一,公司本身的业务是动态的,如公司主动尝试业务转型,新技术、新产业的迭代,会对原来旧业务模式产生冲击。在更多的时候,公司有对利润、新业务模式尝试发展的期望,同时也会面临着转型难的问题。最近几年来,网络购物快速发展,对传统门店的经营产生了巨大的影响,线下商场的销售模式已不再适应人们快速效率的节奏,"在线购物、送货到门"已成为主流。

第二,宏观经济环境的影响,比如金融业、教培行业、房地产行业等,这几年来受政策导向的影响,一些曾经"风光无限"的成功公司,已慢慢消失在人们的视线里。

第三，股东的变化，人的变化，其运营思路与管理风格可能有着鲜明的个人特色，无论是公司被收购，还是因为"二代接班"产生的人员调整，人往往是公司里最不确定的因素。

在不确定性之中找到尽量多的确定性，让投资得到价值回报，让经营合规安全，保持与业务合作、交易单位或个人之间的权利义务的对等风险管理是公司发展的目标之一。公司是一个相对复杂的运营体，大公司基于部门、人员之间的职责设定与内控牵制，来达到一个相对平衡的生态体系，也因此有了"大公司病"，比如内部"官僚化"、效率迟钝化、责任感分散等。小公司往往一人兼数职，有时家人齐上阵，这时往往野心勃勃，但小活可以做好，大的项目或业务往往因为环节的纰漏，无法保质保量地完成规模化的业务需求，在某个时点有时可能带来"致命的损失"。

4.1　公司是载体，业务是血液，法税是安全卫士

静态的公司，它只是一个法定的主体，要发展就需要人来开展业务，业务的来源一种是股东直接带来的业务，即股东利用自身的资源或优势以公司名义发展的业务；还有一种是从成立公司开始从无到有发展的业务。一般来讲，对于民营企业，往往是依赖于投资人成长过程中学习或积累的资源，通过公司这一载体承接运营起来。

如何利用公司这一有限责任的法定主体来发展业务，并向股份有限公司转化，进而实现更大的目标，是一般公司的发展方向。但是，公司的功能与风险的配置是有着很大差异的（见表4-1）。

表4-1　　　　　　　不同公司功能与风险配置差异

模式	说明	涉税影响
大而全型	设立一家公司，只要有业务就往里装，真正做大做强	往往难享受诸如小微企业、高新技术减免税等优惠政策，风险过于集中

续表

模式	说明	涉税影响
集团化功能分工式母子公司	结合国家的税收优惠等政策，考虑到经营风险与成本中心的搭配，形成投资主体、研发中心、生产与分销等主体的架构体系	每个主体可适配享受不同的优惠政策，也有风险彼此分解的问题
考虑家庭、员工持股平台、外部投资人等关系搭建管理层主体	在集团化业务搭配的基础之上，在管理层面上以控制权等因素来规划公司的管理决策架构	如员工持股平台以合伙企业的形式搭建，往往其税负按经营所得最高税率35%适用，高于直接持股的20%税率，但基于管理需求，往往还是倾向于以合伙企业形式搭建，而不是让员工每个人都成为公司的股东
通过金融平台等方式来间接管理公司	比如对于一些海外上市的互联网公司，投资人通过搭建家族信托平台来间接管理公司	存在税收征管"盲区"及政策不明确的地方，比如对某些个人的海外信托，即使其为中国个人税收居民，当前税收政策下，仍难突破征到此部分信托收益的个税

无论搭建了多么复杂、绚丽的股权结构，这只是愿望与理想，有一句网络用语讲："理想很丰满，现实很骨感。"一个公司要发展，要盈利，要有业务来支撑，很难有"天上掉馅饼"的好事，公司做大通常是股东与公司的高管、员工一起努力的结果。在很多时候，股东确实承担着很大的压力，一方面，要维持公司存续，另一方面，还要不断尝试发展的路径。现在市场竞争大，行业集中度高，想要合规、凭真才实干做事，有时还要考虑一些发展过程当中的法律风险防范问题，比如行受贿风险、虚开发票风险、骗贷风险、挪用资金风险、职务侵占公司财产风险、非法经营风险、非法集资风险、侵犯商业机密风险、泄露内幕交易风险等等，有时我们看着风光无限的企业家，其背后可能或多或少地背负着一些经营过程中的风险。

随着这几年对于"打虚打骗"的联合治理，纳税遵从度有了比较大的提高，样本警示效应持续提升。但也有一些私企老板因为缺乏对税收法律法规的充分理解，特别是对刑法责任条款的了解，经营中因违法违规"一失足成千古恨",看似小小的发票,就可能让自己失去人身自由,企业经营受到牵连,这样的案例时有耳闻。从笔者的观察来看,税务不合规在某些行业、企业中普遍存在,比如账外收入不纳税、发票开具不合规等,习惯了这样的"野蛮"偷税的行为,很可能将来就要为此买单。而正在发生的这样的案例,可能涉及补税、滞纳金与罚款,带来沉重的经济损失,相关责任人还可能被追究刑事责任。笔者数年来通过接触一些从行政到刑事的涉税案件,发现企业、企业家往往对此存在认识盲区,认为税的事就是钱的事,到时大不了补税就行了。也有很多抱有侥幸心理,认为自己不会那么"倒霉"。又或者认为,自己认识的同行也有纳税不合规的情形,大家都这么做,"法不责众"。这种所谓的概率化理解,是用错了地方,对于涉税违法责任的追究,如果落在自己身上,那就是100%的概率。而现在追究多年前的涉税违法违规案例的事情也频频发生。

笔者也观察到,受经济下行或疫情的影响,有一些企业背负着较大的成本开支,企业经营出现困难。当企业经营出现问题的时候,往往会出现一些内部或外部的矛盾,比如发放员工薪酬不及时、少缴不缴社保,业务交易履约不及时、未及时支付款项,股东间存在利益争议等事项。这些事项发生后,有存在某方就涉税、涉票事项举报另一方税收违法行为之事,处理起来也是非常复杂且具有不确定性。

作为企业的投资人,往往需要统筹考虑公司业务、人员及合规之事,它对投资人提出了更为广泛、更为严格的要求。所以说,成立公司容易,运营公司非常不容易,哪有老板是什么都懂的?即使老板找了专业的人来处理,也得考虑成本问题,很多时候,公司的财税人员、业务人员,完成基本的业务是可以的,但是遇到创新业务、风险事项,很多时候应对起来是存在能力上的不足的。一个领域的专业从业人员,往往是理论与实践相结合,在磨炼的过程中成长起来的,这也为什么说,在一些涉税争议、民商法争议的诉讼中,一审败诉但二审胜诉的情况会发生,一定程度上是以专业人士的专业基础作为支撑的。

4.2 不同投资架构下的资金、税务与法律主体关系的协同

如果一个人要从事商业经营，通常会考虑设立一个经营主体。相较个体工商户、合伙企业、个人独资企业，公司作为优选的商业主体，有成熟的法律保障体系与发展潜力。一是有限责任的机制，利于防范股东的投资风险；二是公司在对外投资、融资及上市等资本运营方面存在优势，三是国家给予了不同行业、多种多样的企业所得税等税种的税收优惠政策，所以，公司这一经营主体的存在，有着天然的吸引力。

之前大家可能有印象，某带货主播的涉税检查中有这样的解释：

> 2019年至2020年，黄某通过隐匿其从直播平台取得的佣金收入虚假申报偷逃税款；通过设立上海蔚×企业管理咨询中心、上海独×企业管理咨询合伙企业等多家个人独资企业、合伙企业虚构业务，将其个人从事直播带货取得的佣金、坑位费等劳务报酬所得转换为企业经营所得进行虚假申报偷逃税款；从事其他生产经营活动取得收入，未依法申报纳税。

账外隐匿收入不纳税，这是赤裸裸地偷逃税款的行为，但也并不是说只要有主体缴税，就是安全的，上面的案例，就是利用一些个独企业、合伙企业，将收入拆分计入这些企业中，再利用经营所得核定的征管漏洞，逃避了大量的税款。在当时来看，这样做似乎在表面上是满足管理要求的，但它忽略了一个基本的商业事实，就是这个"壳主体"根本没有"生产力"，挂个人头就缴税，为什么缴？是将某个或某些主体的收入"搬迁过来"纳税，也就是将劳务报酬收入变性为经营所得。没有了底层的实质业务支撑，在形式上做得再完美，也容易出问题。同时，这类操作的人对于风险的意识不强，在利益的驱动下，容易急功近利。其实当一个盈利模式相当稳健且产生大额利润的时候，对自己的安全评估就不应仅落在表面形式上，而是从更为广泛

的视角来想问题,考虑不同风险配置板块。

"不要把鸡蛋放在一个篮子里!"对于我们的企业家也是一样的,经营中必然是存在风险的,需要利用公司作出风险隔离的安排考虑。

下面我们结合日常实务中的案例,来看一下不同结构下的财税与法律主体关系的适配情形。

情形一:"独立主体"架构(见图4-1)。

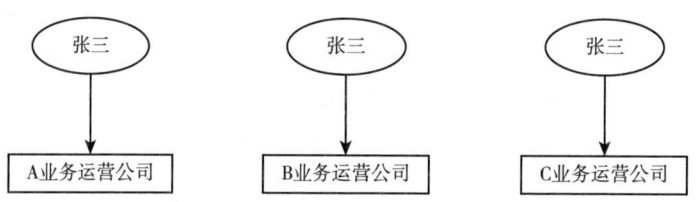

图4-1 "独立主体"架构

在实务中很多的中小企业老板是这样设立与运营企业的,一是考虑不同的公司可以充分享受小规模纳税人的简易征税政策,相对于一般纳税人其进项取得不充分,且当前3%减按1%征收增值税的政策也是相当有利的;二是充分考虑享受小型微利企业所得税优惠的政策。

但这样的公司有三个问题:

一是业务分配与上下游对接上容易混淆,公司的实体化运营分配不平衡,核算不清楚,比如对于A公司购入货物取得发票,C公司对外销售开具发票,这样就比较错乱了。

二是资金归集渠道不通畅,如果某个公司缺乏资金,往往是关联方借款。如张三要追加投资C公司资金,若张三是从B公司取得分配的利润,此时将产生20%的股息红利个税,在"挣钱"与"用钱"之间形成了一个"断层"。

三是"化整为零"的做法使得A、B、C公司的规模都会相对较小,不利于形成规模化品牌与谈判实力。比如有的地方政府在统计公司数据时,三个公司的数据不能汇在一个公司中形成"业绩体现",并因此受到影响。

情形二:"一母带多子"关系架构(见图4-2)。

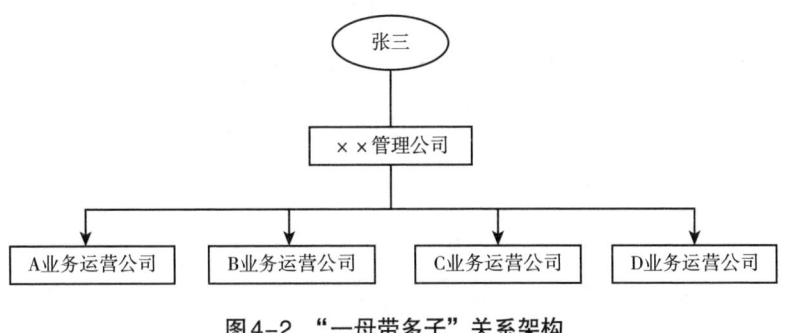

图4-2 "一母带多子"关系架构

对比情形一中彼此分立的主体运营模式,情形二的架构,将可能解决这些公司的资金汇流问题,即底层公司的税后利润,可以通过分红的方式分到上面管理公司,且税后利润免税,这样就容易汇集资金处理了。

在图4-2的架构下,业务仍是各个公司自己做的,独立性仍需要考虑。实务当中,笔者发现有的中介机构或老板在底层设立了数十家子公司,有的达到30家,而有的更是达到近200家,这种情形下,具有明显的人为拆分收入问题,即使这些公司有的设立在一个地方,其他的设立在另一个地方,在全国税务信息联网的大数据管理下,这种避税方式也很容易被识别。

图4-3的这种结构是将子公司改为分公司,分公司是独立的增值税纳税人,仍可独立地适用增值税小规模纳税人的政策,而企业所得税需要汇总计算,整体上要评估是不是满足小型微利企业条件,由于存在相加累计的情形,对于规模稍大一点的公司,往往汇总之后难满足企业所得税的小型微利企业条件,而这一点对于中小企业主来讲,习惯享受该优惠政策,此时需要重新调整业务模式与业务功能。

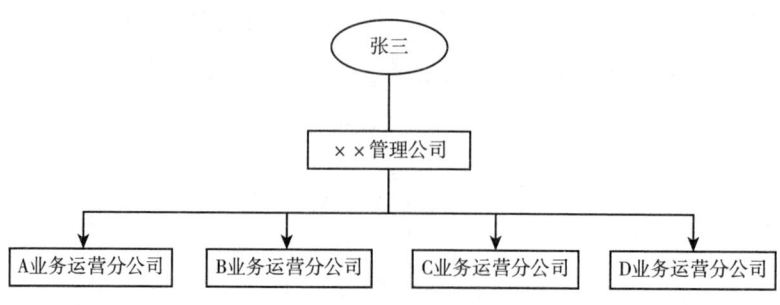

图4-3 将"子公司"改为"分公司"

有人可能会有这样的问题:"相关的人员都在管理公司入职作为员工,其他公司都通过采购服务的方式让这些人为其提供人员协助,这样行不行呢?"在某些集团化公司的运营中,集团总部向子公司提供管理服务、销售服务、研发服务、IT服务等,是常见的关联方服务关系,图4-3的结构中,可以借鉴。不过对于中小公司来讲,这种操作就相对有一些复杂,如果公司的经营业务相对简单,可以考虑安排直接管理的人员入职各公司,但如果规模较大的话,对于一些共性的管理活动,可以通过向母公司采购人员服务的方式,节约成本的支出。

情形三:"功能配置法"(见图4-4)。

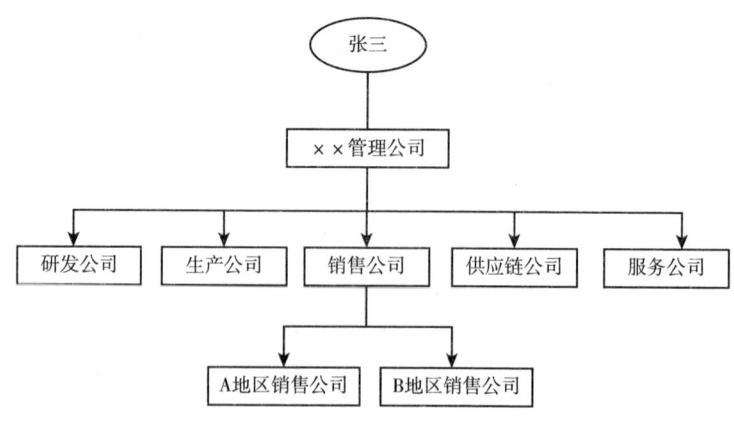

图4-4 "功能配置法"

通常是较大规模的生产型公司考虑图 4-4 所示的架构，它考虑了公司的功能性分工，并以此为基础搭建了公司的架构。在这种情形下，不同主体之间是相互啮合的，与情形二中的结构不一样，情形二中的预设场景是每个主体公司独立完成采购与销售，适合同类化、简单化的公司功能配置规划使用。

而对于股东层面的架构安排，笔者发现实务中一些中介机构比较喜欢给老板作规划，搭建家族公司、持股平台、消费公司等，其中还特别考虑了控股的实控人有绝对的控制权，还考虑了如果老板离婚了，另一方的财产分配权与管理权，要不要签订婚前协议之类的，这时会考虑加合伙企业的管理合伙人与有限合伙人的配置，也有的是直接配置家族信托的顶层安排。在笔者看来，那些所谓的"豪门恩怨"与绝大多数的中小企业基本上沾不上边，而我们的很多培训课程，都无限拔高了这些中小企业老板的想象空间，预想有一天自己做大做强成了"豪门"之后，别重蹈覆辙，别影响家业传承等事情。其实这样的应用场景很少，看当前国内几十年来发展起来的公司，真正做到二代接班的也是比较少的，就算以国内上市公司的总数来估算，也不过是五千家左右而已。笔者认为，公司是资产，但传承更需要的是安全与能力。

4.3　股东投资回报的一种特殊情形关注

笔者认为，一个公司的价值源自两个方面，一方面是自我产出利润、创新技术的价值，这是基于看得见的公司本身的价值，是看得见的利润价值；另一方面是源于公司股权的价值。如果这家公司上市，股权转化为可交易的股票形成了金融商品的价值，此时很少有人再去仔细关注利润了，更关注如大家的心理预期及政府的金融货币政策等因素。股东通过减持股票实现从公司退出，而不是通过分红来取得回报，这是资本市场给公司的投资者带来的一种新的变现方式。上市公司的数量相对较少，股价的波动有个性化的因素影响，也受一些市场内外的利好、看跌等信息的影响。

下面的这个案例就值得我们关注,《河南红××化工股份有限公司2022年半年度权益分派预案公告(更正后)》内容摘录如下:

一、权益分派预案情况

根据公司2022年8月16日披露的2022年半年度报告,截至2022年6月30日,挂牌公司合并报表归属于母公司的未分配利润为950 894 727.82元,母公司未分配利润为949 123 129.67元。

公司本次权益分派预案如下:公司目前总股本为76 110 000股,拟以权益分派实施时股权登记日应分配股数为基数,以未分配利润向全体股东每10股派发现金红利60.6元(含税)。本次权益分派共预计派发现金红利461 226 600元,如股权登记日应分配股数与目前预计不一致的,公司将维持分派总额不变,并相应调整分派比例,后续将发布公告说明调整后的分派比例。实际分派结果以中国证券登记结算有限公司核算的结果为准。

上述权益分派所涉个税依据《关于继续实施全国中小企业股份转让系统挂牌公司股息红利差别化个人所得税政策的公告》(财政部 税务总局 证监会公告2019年第78号)执行。

当时该公司于2022年8月12日在新三板重新挂牌,对于上述大额分红事宜,在其后的《红××:关于河南红××化工股份有限公司公开发行股票并在北交所上市申请文件的审核问询函》就其大额分红提出问询,后企业在回复函中回复:

五、大额现金分红的具体去向。根据申请文件,2020年至今发行人进行两次现金分红,合计分红金额8.2亿元,且主要流向实际控制人及其控制企业。请发行人:结合实际控制人及其控制企业取得分红资金的具体去向及客观支持证据,说明是否存在流向发行人客户或供应商的情形,是否存在为发行人代垫成本费用、进行商业贿赂、利益输送的情形。

保荐机构、申报会计师：(1)核查上述问题并发表明确意见。(2)说明对发行人及相关方资金流水的具体核查情况，包括但不限于核查范围、核查账户数量、取得资金流水的方法、核查完整性、核查金额重要性水平、核查程序、异常标准及确定程序、受限情况及替代措施等。(3)核查中发现的异常情形，包括但不限于是否存在大额取现、大额收付等情形，是否存在相关个人账户与发行人客户及供应商、发行人股东、发行人其他员工或其他关联自然人的大额频繁资金往来；若存在，请说明对手方情况，相关个人账户的实际归属、资金实际来源、资金往来的性质及合理性，是否存在客观证据予以核实。(4)结合资金流水核查情况就发行人内部控制是否健全有效、是否存在体外资金循环形成销售回款、承担成本费用的情形发表明确意见。

(一)结合实际控制人及其控制企业取得分红资金的具体去向及客观支持证据，说明是否存在流向发行人客户或供应商的情形，是否存在为发行人代垫成本费用、进行商业贿赂、利益输送的情形。

实际控制人韩某生于报告期内取得的分红款主要用于购买理财产品及家庭内转款，家庭内转款用途主要系向家人转款用于购买理财产品、理财保险、开办业务及购置长期资产等；实际控制人于某霞于报告期内取得的分红款主要用于购买理财产品、理财保险及购置长期资产；韩某长于报告期内取得的分红款主要用于购买理财产品；实际控制人控制的其他企业红××生态报告期内取得的分红款主要用于购买理财产品及购置长期资产。

中介机构陪同韩某生、于某霞、韩某长现场打印了其2020年1月1日至2023年10月31日内的个人银行流水及红××生态的企业银行流水，核查其取得现金分红后的资金流向并取得相关方的说明以及客观支持证据(包括但不限于理财产品协议、理财保险协议、亲属证明资料、资产购置合同等)，将核查范围内银行流水的交易对手方名单与公司主要客户、供应商的股东、董事、监事、高级管理人员名单进行比对。

经公司与中介机构比对核查，截至2023年10月31日，韩某生、于某霞、韩某长与红××生态所获分红款主要用于购买理财产品、理财保险、偿还借款、购置长期资产及家庭内转款，分红款不存在流向公司客户或供应商的情形，不存在为公司代垫成本费用、进行商业贿赂、利益输送的情形。

在这个案例中，我们关注到，对于这类情形下的分红，按照2019年第78号公告是可以享受免税待遇的。在某些特别情形下，当一家公司通过改制并在新三板挂牌，可以实现利润分红享受免税的待遇，2019年第78号公告规定如下：

一、个人持有挂牌公司的股票，持股期限超过1年的，对股息红利所得暂免征收个人所得税。

个人持有挂牌公司的股票，持股期限在1个月以内（含1个月）的，其股息红利所得全额计入应纳税所得额；持股期限在1个月以上至1年（含1年）的，其股息红利所得暂减按50%计入应纳税所得额；上述所得统一适用20%的税率计征个人所得税。

本公告所称挂牌公司是指股票在全国中小企业股份转让系统公开转让的非上市公众公司；持股期限是指个人取得挂牌公司股票之日至转让交割该股票之日前一日的持有时间。

笔者听闻有的企业为避税而挂牌的操作，但我们不宜直接认定其合规，资本市场的税收政策不宜凭"动机"定"罪"。曾有以合伙企业为股东的类似情形，其个人合伙人就不能享受上述待遇。

但我们要注意改制挂牌时的相关核算事项（见表4-2）。

表4-2 改制

情形	说明	税收政策适用
有限公司改制为股份有限公司	此时改制公司的利润部分需要转到资本公积或股本项下，并视转入股权的金额依法计缴个人所得税	改制时的利润进入股权部分计缴个税，进入资本公积部分不计缴个税

续表

情形	说明	税收政策适用
挂牌后计算达到一年持股时间	由资本公积转增股本（转股），非股票发行溢价部分需计缴个税，但达到免税条件时免税，个人投资股本增加未来可抵减收入	享受差别化股息红利税收优惠
	挂牌后股份有限公司主体公司产生的利润，外加改制前该公司子公司及下属公司历史上积累的利润分红达到免税条件，可享受免税	正当享受

承上所述，在这种规则之下，国家的优惠政策如果满足条件，我们不宜持反对态度去反避税或"打击对方"，毕竟从税法原理来看，只要其达到免税条件，即使刚挂牌就分红，也只宜"感性"地认为这是为了避税去的，但这家公司显然是有着较好的发展前景才允许其挂牌，其未来所创造的经济价值可能指日可待，也不大会止于这次分红完毕就不经营了，从长远的眼光看，还是要尊重税收法定，同时兼有包容之心。

4.4 "重资产"与"轻资产"公司运营的安排考虑

随着新技术的发展，传统的租赁场地、购置设备、招募人员等全由自己干的业务模式，正在被新的模式或技术工具所替代，特别是对人力的安排正变得多样化起来。

智能化机器人逐步引入，比如大型仓库的调配货，自动化程度越来越高，也非常成熟；汽车生产线的智能机器人，大量地替代了人工操作，这些都是技术进步所带来的改变，一方面人力成本大大减少，另一方面也大大提升了效率，标准化执行力也更强，质量反而得到了更高的保障。另外，无人网约车、无人送货车也在陆续出现，对于某些人力密集型的企业，将带来很大的革新机会。不过它对就业的冲击也是存在的，在这种情形下，人们的就业形势发生改变，比如大量的人力外包业务出现，中间夹杂着对于成本节约的利益驱动,正让生产要素的配置变得丰富多彩起来,但同时也受制于传统法律法规的限制,过度自由化的创新,往往也面临着当下的法律风险。

大家熟悉的苹果公司本身没有自己的生产线,而是集中于本身技术、生态的维护与创新上,比如让富士康进行生产代工,相应的手机配件等也是外购或订制为主。最近苹果在欧盟最高法院(欧洲法院)关于130亿欧元的爱尔兰税务方面的诉讼中败诉,数十年来很多人"膜拜"的苹果公司避税安排,在当前的世界政治经济环境下,也有了新的变化与挑战,它将给使用同样方法进行避税安排的公司带来触动与新的风险考虑,更给全球税收治理带来深远的影响。企业的税收管理是随着全球或境内的环境而变化的,适应这种变化,是"走出去"企业需要关注的。

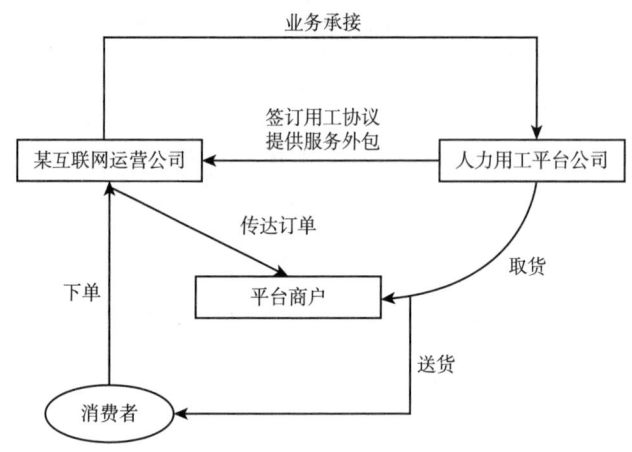

图4-5 外购劳务服务业务模式

在图4-5的业务模式中,互联网运营公司外购劳务服务,人力用工平台公司提供劳务服务,这样相关人员的报酬通过服务费的方式支付给人力用工平台公司,如果其中不包括社保与住房公积金的成本,用工成本就会大幅降低。而如果运营公司自己招募用工,签订劳动合同,即使这些成本可以转嫁到平台商户上,但无疑给彼此都带来比较大的压力。当不包含这部分成本费用，运营公司可调控的利润空间就将更大。当社保这个成本的"锅"甩到人力用工平台公司时，他们再以劳务报酬或经营所得的方式给付到送货人员，持续以来，平台公司多是以"经营所得"来核定送货人的个税，其比例非常低，整体流程下来，劳动者的社保利益消失了，单位不缴、个人不扣，似乎是皆大欢喜，即使国家要求用工单位要为员工办理基本的人身安全等方面的商业性保险，但金额比较小。如果从税收的角度来评估这些外卖送货人员是经营所得还是劳务报酬，其实是存在争议的。相对而言，劳务报酬更为恰当一些，经营所得是相关主体方所讲的一个"故事"，比如这些人员有成本、需要配置工具等，往往就是形式上的借口。即使计税是按劳务报酬，考虑到这些人员在办理综合所得汇算清缴时税负也不会太高，料想也能接受，但支付方就会难受，因为依据当前税收上对劳务报酬的扣缴公式预扣，极可能预扣额会稍高，多数人要等到个人办理汇算清缴时再计算退税。而之前按经营所得计税，用工平台公司是以代税务机关征收的方式处理的，个人的经营所得没有法定扣缴的义务。如果是单位自己雇佣人员，需要承担的社保与公积金成本可能要占到发放薪酬的30%左右，也难怪有的公司提出来："如果缴纳这些人的社保，公司就关门了"。对此我们也能理解，但是社保体系毕竟是国家社会民生的基础，如果越来越多的公司这样操作，是不是以后不用给人们发社保了？随着法治化的完善与治理的与时俱进，关于这方面的漏洞，料想会得到相应的改善。

4.5 收购投资或经营标的公司

除了前面我们提到的老板们"白手起家"创立公司，慢慢地发展壮大成长起来的情形，直接收购一家"现成的公司"，在日常业务场景中也时有发生。

收购一家公司有多种方式（见表4-3）。

表4-3 收购公司的方式

收购方式	说明	涉税情形分析
增资法	通过出资方式增资一家公司，原股东股权占比降低，从而达到收购的目标；原股东其后也可以退出	正常的增资不涉及股权转让的涉税问题，但是笔者发现越来越多的税务人员对此问题关注起来，并且关注其背后的利益转移涉税问题。笔者认为，反避税宜有度，需要考虑执法依据的问题
收购法	从原股东手中收购股权，原股东转让股权退出	股权转让，关注其定价合理性
收购业务线	打包收购其一家公司的业务线	相当于是打包购买资产，公司按转让财产处理
增发股权收购	让对方的股东以股权出资入到本公司来，以本公司的股权作为对价，相当于换股收购	与原股东转让股权的性质一样处理

税收政策上有比较成熟的关于收购方面的规定，比如企业所得税的特殊性税务处理政策，以实现递延纳税的目的，分期纳税的适用等，但个人所得税中没有如企业所得税类似的特殊性税务处理政策，在特定的情形下，个人所得税中有非货币性资产出资分期纳税的政策，有技术成果出资递延纳税的政策，而没有体系化的特殊性税务处理政策。实践当中，有专家坚持认为个人无所得不应产生纳税义务，笔者认为该观点是没有依据的，或有空间需合规争取。

【例4-1】张三最近遇到一个业务机会，估算下来自己可以收获500万元的利润，于是张三就找人打听："有没有亏损的公司转让"，并愿意出高价。张三的想法比较简单，用收购的公司做业务，可以省企业所得税，比如收购的公司亏损600万元，即使自己的业务挣了500万元，弥补亏损后也不用纳所得税。

分析：张三的想法在理论上是可行的，不过需要考虑两个方面的事项：一是收购公司的"底细"，有没有潜在风险，如担保、诉讼争议、赔偿等；二是上面提到的亏损，是不是在所得税的弥补亏损年限之内，不然只是会计上的以前年度亏损，起不到税收上弥补亏损的作用，将可能是"白忙活一场"。

实务中还有的收购是基于对方有大额留抵的增值税税额，用这样的公司来做业务，产生的销项税可以用留抵抵减，这也是生意人的"商机"。至于某些收购的目的是想利用一些公司的资质、资源等，甚至有的公司有小汽车牌照，这也是一种在公司载体下的资源，有相应的商业收购价值。

4.6　本章小结

在中国经济快速发展的变革期，有一批成功的企业家，他们的勤奋与先行创造了一个一个的创业神话故事。但每一份成功的背后，一方面创造财富，另一方面背负着职责与担当。

股东或投资人对于公司的成立、收购、经营或上市，往往有着比较长远的规划，这个过程当中，合法守法是基础，商业模式与手段是创造利润的保障，公司运营的方式千变万化，组织架构也是多种多样的，这其中有管理，有利益，也有合规的遵从。

比如张三设立了两家公司，2024年一家公司盈利了1 000万元，另一家公司亏损了1 000万元，张三想这都是自己的生意，相当于2024年自己的生意是平账的，没挣钱也没赔钱。但是在计缴所得税处理上，盈利的公司要缴所得税，按照25%计算是250万元，张三想到的是因为缴税自己的生意就亏本了！这与我们独立纳税的机制设置是相关的，我们不允许将上述两家公司合并计缴企业所得税，这种情形下，就看张三的亏损公司后面能不能实现盈利来弥补了，这样抵消会降低未来的纳税成本。当朴素的想法与税法的严格要求之间产生矛盾后，不排除张三想一些小法去避免缴250万元的企业所得税。比如张三可能想将两家公司合并，这个方式看似可行其实在税收规则下意义不大，因为并不能简单地合并后计税。也可能张三要将部分收入不入账，或者列支虚假成本支出等，在利益驱使之下，责任人涉税违法，甚至为此实施犯罪行为。据笔者观察及梳理办案心得，发现在这种算计之下，不当的操作，不专业的处理，就可能给老板及公司带来灾难性的结果，有的不仅仅是钱的问题。

第5章

股东、公司与管理人员的法律责任探究

新《公司法》列举了一些违反《公司法》相关的责任条款。相关规定如下：

第十四章　法律责任

第二百五十条　违反本法规定，虚报注册资本、提交虚假材料或者采取其他欺诈手段隐瞒重要事实取得公司登记的，由公司登记机关责令改正，对虚报注册资本的公司，处以虚报注册资本金额百分之五以上百分之十五以下的罚款；对提交虚假材料或者采取其他欺诈手段隐瞒重要事实的公司，处以五万元以上二百万元以下的罚款；情节严重的，吊销营业执照；对直接负责的主管人员和其他直接责任人员处以三万元以上三十万元以下的罚款。

第二百五十一条　公司未依照本法第四十条规定公示有关信息或者不如实公示有关信息的，由公司登记机关责令改正，可以处以一万元以上五万元以下的罚款。情节严重的，处以五万元以上二十万元以下的罚款；对直接负责的主管人员和其他直接责任人员处以一万元以上十万元以下的罚款。

第二百五十二条　公司的发起人、股东虚假出资，未交付或者未按期交付作为出资的货币或者非货币财产的，由公司登记机关责令改正，可以处以五万元以上二十万元以下的罚款；情节严重的，处以虚假出资或者未出资金额百分之五以上百分之十五以下的罚款；对直接负责的主管人员和其他直接责任人员处以一万元以上十万元以下的罚款。

第二百五十三条　公司的发起人、股东在公司成立后，抽逃其出资的，由公司登记机关责令改正，处以所抽逃出资金额百分之五以上百分之十五以下的罚款；对直接负责的主管人员和其他直接责任人员处以三万元以上三十万元以下的罚款。

第二百五十四条　有下列行为之一的，由县级以上人民政府财政部门依照《中华人民共和国会计法》等法律、行政法规的规定处罚：

（一）在法定的会计账簿以外另立会计账簿；

（二）提供存在虚假记载或者隐瞒重要事实的财务会计报告。

第二百五十五条　公司在合并、分立、减少注册资本或者进行清算时，不依照本法规定通知或者公告债权人的，由公司登记机关责令改正，对公司处以一万元以上十万元以下的罚款。

第二百五十六条　公司在进行清算时，隐匿财产，对资产负债表或者财产清单作虚假记载，或者在未清偿债务前分配公司财产的，由公司登记机关责令改正，对公司处以隐匿财产或者未清偿债务前分配公司财产金额百分之五以上百分之十以下的罚款；对直接负责的主管人员和其他直接责任人员处以一万元以上十万元以下的罚款。

第二百五十七条　承担资产评估、验资或者验证的机构提供虚假材料或者提供有重大遗漏的报告的，由有关部门依照《中华人民共和国资产评估法》《中华人民共和国注册会计师法》等法律、行政法规的规定处罚。

承担资产评估、验资或者验证的机构因其出具的评估结果、验资或者验证证明不实，给公司债权人造成损失的，除能够证明自己没有过错的外，在其评估或者证明不实的金额范围内承担赔偿责任。

第二百五十八条　公司登记机关违反法律、行政法规规定未履行职责或者履行职责不当的,对负有责任的领导人员和直接责任人员依法给予政务处分。

第二百五十九条　未依法登记为有限责任公司或者股份有限公司,而冒用有限责任公司或者股份有限公司名义的,或者未依法登记为有限责任公司或者股份有限公司的分公司,而冒用有限责任公司或者股份有限公司的分公司名义的,由公司登记机关责令改正或者予以取缔,可以并处十万元以下的罚款。

第二百六十条　公司成立后无正当理由超过六个月未开业的,或者开业后自行停业连续六个月以上的,公司登记机关可以吊销营业执照,但公司依法办理歇业的除外。

公司登记事项发生变更时,未依照本法规定办理有关变更登记的,由公司登记机关责令限期登记;逾期不登记的,处以一万元以上十万元以下的罚款。

第二百六十一条　外国公司违反本法规定,擅自在中华人民共和国境内设立分支机构的,由公司登记机关责令改正或者关闭,可以并处五万元以上二十万元以下的罚款。

第二百六十二条　利用公司名义从事危害国家安全、社会公共利益的严重违法行为的,吊销营业执照。

第二百六十三条　公司违反本法规定,应当承担民事赔偿责任和缴纳罚款、罚金的,其财产不足以支付时,先承担民事赔偿责任。

第二百六十四条　违反本法规定,构成犯罪的,依法追究刑事责任。

《公司法》是商法,那么违反上述条款,有哪些可能涉及刑事责任呢(见表5-1)?

表5-1　　　　　　　　　可能涉及的刑事责任

刑法罪责	条款
虚报注册资本罪	第一百五十八条【虚报注册资本罪】申请公司登记使用虚假证明文件或者采取其他欺诈手段虚报注册资本，欺骗公司登记主管部门，取得公司登记，虚报注册资本数额巨大、后果严重或者有其他严重情节的，处三年以下有期徒刑或者拘役，并处或者单处虚报注册资本金额百分之一以上百分之五以下罚金 单位犯前款罪的，对单位判处罚金，并对其直接负责的主管人员和其他直接责任人员，处三年以下有期徒刑或者拘役
虚假出资、抽逃出资罪	第一百五十九条【虚假出资、抽逃出资罪】公司发起人、股东违反公司法的规定未交付货币、实物或者未转移财产权，虚假出资，或者在公司成立后又抽逃其出资，数额巨大、后果严重或者有其他严重情节的，处五年以下有期徒刑或者拘役，并处或者单处虚假出资金额或者抽逃出资金额百分之二以上百分之十以下罚金 单位犯前款罪的，对单位判处罚金，并对其直接负责的主管人员和其他直接责任人员，处五年以下有期徒刑或者拘役
欺诈发行证券罪	第一百六十条【欺诈发行证券罪】在招股说明书、认股书、公司、企业债券募集办法等发行文件中隐瞒重要事实或者编造重大虚假内容，发行股票或者公司、企业债券、存托凭证或者国务院依法认定的其他证券，数额巨大、后果严重或者有其他严重情节的，处五年以下有期徒刑或者拘役，并处或者单处罚金；数额特别巨大、后果特别严重或者有其他特别严重情节的，处五年以上有期徒刑，并处罚金 控股股东、实际控制人组织、指使实施前款行为的，处五年以下有期徒刑或者拘役，并处或者单处非法募集资金金额百分之二十以上一倍以下罚金；数额特别巨大、后果特别严重或者有其他特别严重情节的，处五年以上有期徒刑，并处非法募集资金金额百分之二十以上一倍以下罚金 单位犯前两款罪的，对单位判处非法募集资金金额百分之二十以上一倍以下罚金，并对其直接负责的主管人员和其他直接责任人员，依照第一款的规定处罚
违规披露、不披露重要信息罪	第一百六十一条【违规披露、不披露重要信息罪】依法负有信息披露义务的公司、企业向股东和社会公众提供虚假的或者隐瞒重要事实的财务会计报告，或者对依法应当披露的其他重要信息不按照规定披露，严重损害股东或者其他人利益，或者有其他严重情节的，对其直接负责的主管人员和其他直接责任人员，处五年以下有期徒刑或者拘役，并处或者单处罚金；情节特别严重的，处五年以上十年以下有期徒刑，并处罚金 前款规定的公司、企业的控股股东、实际控制人实施或者组织、指使实施前款行为的，或者隐瞒相关事项导致前款规定的情形发生的，依照前款的规定处罚 犯前款罪的控股股东、实际控制人是单位的，对单位判处罚金，并对其直接负责的主管人员和其他直接责任人员，依照第一款的规定处罚

续表1

刑法罪责	条款
妨害清算罪 隐匿、故意销毁会计凭证、会计账簿、财务会计报告罪 虚假破产罪	第一百六十二条【妨害清算罪】公司、企业进行清算时，隐匿财产，对资产负债表或者财产清单作虚伪记载或者在未清偿债务前分配公司、企业财产，严重损害债权人或者其他人利益的，对其直接负责的主管人员和其他直接责任人员，处五年以下有期徒刑或者拘役，并处或者单处二万元以上二十万元以下罚金 第一百六十二条之一【隐匿、故意销毁会计凭证、会计账簿、财务会计报告罪】隐匿或者故意销毁依法应当保存的会计凭证、会计账簿、财务会计报告，情节严重的，处五年以下有期徒刑或者拘役，并处或者单处二万元以上二十万元以下罚金 单位犯前款罪的，对单位判处罚金，并对其直接负责的主管人员和其他直接责任人员，依照前款的规定处罚 第一百六十二条之二【虚假破产罪】公司、企业通过隐匿财产、承担虚构的债务或者以其他方法转移、处分财产，实施虚假破产，严重损害债权人或者其他人利益的，对其直接负责的主管人员和其他直接责任人员，处五年以下有期徒刑或者拘役，并处或者单处二万元以上二十万元以下罚金
非国家工作人员受贿罪	第一百六十三条【非国家工作人员受贿罪】公司、企业或者其他单位的工作人员，利用职务上的便利，索取他人财物或者非法收受他人财物，为他人谋取利益，数额较大的，处三年以下有期徒刑或者拘役，并处罚金；数额巨大或者有其他严重情节的，处三年以上十年以下有期徒刑，并处罚金；数额特别巨大或者有其他特别严重情节的，处十年以上有期徒刑或者无期徒刑，并处罚金 公司、企业或者其他单位的工作人员在经济往来中，利用职务上的便利，违反国家规定，收受各种名义的回扣、手续费，归个人所有的，依照前款的规定处罚 国有公司、企业或者其他国有单位中从事公务的人员和国有公司、企业或者其他国有单位委派到非国有公司、企业以及其他单位从事公务的人员有前两款行为的，依照本法第三百八十五条、第三百八十六条的规定定罪处罚
对非国家工作人员行贿罪	第一百六十四条【对非国家工作人员行贿罪】为谋取不正当利益，给予公司、企业或者其他单位的工作人员以财物，数额较大的，处三年以下有期徒刑或者拘役，并处罚金；数额巨大的，处三年以上十年以下有期徒刑，并处罚金 【对外国公职人员、国际公共组织官员行贿罪】为谋取不正当商业利益，给予外国公职人员或者国际公共组织官员以财物的，依照前款的规定处罚 单位犯前两款罪的，对单位判处罚金，并对其直接负责的主管人员和其他直接责任人员，依照第一款的规定处罚 行贿人在被追诉前主动交待行贿行为的，可以减轻处罚或者免除处罚

续表 2

刑法罪责	条款
非法经营同类营业罪	第一百六十五条 【非法经营同类营业罪】国有公司、企业的董事、监事、高级管理人员，利用职务便利，自己经营或者为他人经营与其所任职公司、企业同类的营业，获取非法利益，数额巨大的，处三年以下有期徒刑或者拘役，并处或者单处罚金；数额特别巨大的，处三年以上七年以下有期徒刑，并处罚金 其他公司、企业的董事、监事、高级管理人员违反法律、行政法规规定，实施前款行为，致使公司、企业利益遭受重大损失的，依照前款的规定处罚
为亲友非法牟利罪	第一百六十六条 【为亲友非法牟利罪】国有公司、企业、事业单位的工作人员，利用职务便利，有下列情形之一，致使国家利益遭受重大损失的，处三年以下有期徒刑或者拘役，并处或者单处罚金；致使国家利益遭受特别重大损失的，处三年以上七年以下有期徒刑，并处罚金： （一）将本单位的盈利业务交由自己的亲友进行经营的 （二）以明显高于市场的价格从自己的亲友经营管理的单位采购商品、接受服务或者以明显低于市场的价格向自己的亲友经营管理的单位销售商品、提供服务的 （三）从自己的亲友经营管理的单位采购、接受不合格商品、服务的 其他公司、企业的工作人员违反法律、行政法规规定，实施前款行为，致使公司、企业利益遭受重大损失的，依照前款的规定处罚
签订、履行合同失职被骗罪	第一百六十七条 【签订、履行合同失职被骗罪】国有公司、企业、事业单位直接负责的主管人员，在签订、履行合同过程中，因严重不负责任被诈骗，致使国家利益遭受重大损失的，处三年以下有期徒刑或者拘役；致使国家利益遭受特别重大损失的，处三年以上七年以下有期徒刑
国有公司、企业、事业单位人员失职罪 国有公司、企业、事业单位人员滥用职权罪	第一百六十八条 【国有公司、企业、事业单位人员失职罪】【国有公司、企业、事业单位人员滥用职权罪】国有公司、企业的工作人员，由于严重不负责任或者滥用职权，造成国有公司、企业破产或者严重损失，致使国家利益遭受重大损失的，处三年以下有期徒刑或者拘役；致使国家利益遭受特别重大损失的，处三年以上七年以下有期徒刑 国有事业单位的工作人员有前款行为，致使国家利益遭受重大损失的，依照前款的规定处罚 国有公司、企业、事业单位的工作人员，徇私舞弊，犯前两款罪的，依照第一款的规定从重处罚

续表3

刑法罪责	条款
徇私舞弊低价折股、出售公司、企业资产罪 背信损害上市公司利益罪	第一百六十九条 【徇私舞弊低价折股、出售公司、企业资产罪】国有公司、企业或者其上级主管部门直接负责的主管人员，徇私舞弊，将国有资产低价折股或者低价出售，致使国家利益遭受重大损失的，处三年以下有期徒刑或者拘役；致使国家利益遭受特别重大损失的，处三年以上七年以下有期徒刑 其他公司、企业直接负责的主管人员，徇私舞弊，将公司、企业资产低价折股或者低价出售，致使公司、企业利益遭受重大损失的，依照前款的规定处罚 第一百六十九条之一 【背信损害上市公司利益罪】上市公司的董事、监事、高级管理人员违背对公司的忠实义务，利用职务便利，操纵上市公司从事下列行为之一，致使上市公司利益遭受重大损失的，处三年以下有期徒刑或者拘役，并处或者单处罚金；致使上市公司利益遭受特别重大损失的，处三年以上七年以下有期徒刑，并处罚金： （一）无偿向其他单位或者个人提供资金、商品、服务或者其他资产的 （二）以明显不公平的条件，提供或者接受资金、商品、服务或者其他资产的 （三）向明显不具有清偿能力的单位或者个人提供资金、商品、服务或者其他资产的 （四）为明显不具有清偿能力的单位或者个人提供担保，或者无正当理由为其他单位或者个人提供担保的 （五）无正当理由放弃债权、承担债务的 （六）采用其他方式损害上市公司利益的 上市公司的控股股东或者实际控制人，指使上市公司董事、监事、高级管理人员实施前款行为的，依照前款的规定处罚 犯前款罪的上市公司的控股股东或者实际控制人是单位的，对单位判处罚金，并对其直接负责的主管人员和其他直接责任人员，依照第一款的规定处罚

在实务中，我们很多时候面临的是公司内部老板与员工之间的利益关系，如果处理不好，很容易牵涉民事诉讼或刑事诉讼。如下面摘自《检察日报》的一篇报道。

离职后要挟"老东家"企业前员工
犯敲诈勒索罪获刑四年

本报讯（记者范某某 通讯员赵某某）从公司离职后，魏某以举报为由向"老东家"敲诈10万元，还向另一家兼职公司"索赔"35万元。近日，经浙江省杭州市富阳区检察院提起公诉，法院以敲诈勒索罪判处魏某有期徒刑四年，并处罚金3万元。

魏某原是富阳A公司的人力资源部经理。2023年10月11日，魏某因个人原因从A公司离职后，便以未缴纳社保、加班费等费用支付不合理为由举报了"老东家"，并声称自己有公司董事长及其丈夫的"黑料"，要求二人分别向其支付50万元信息费和4万元保密定金，还要支付12万元股权分红。魏某威胁若不给钱，将继续举报A公司在社保、税务等方面存在的问题。

实际上，魏某并无A公司违规经营等方面的证据，但公司担心影响自身经营，便支付给魏某10万元。随后，魏某撤销了举报。但在收到钱后，魏某又开始捏造事实继续向A公司索赔。于是，A公司向公安机关报了案。2023年11月28日，魏某因涉嫌敲诈勒索罪被公安机关立案侦查。

今年3月6日，该案被移送富阳区检察院审查批捕。经对上述事实进行审查，并进一步调取相关证据，承办检察官发现了魏某的另一起跨区域犯罪事实。

原来，魏某还未从A公司正式离职时，就与B公司的负责人朱某口头约定兼职担任该公司顾问。在兼职一个多月后，魏某提出结束顾问服务，朱某同意并支付了相关费用。但离职后，魏某却以未签订劳动合同应向其支付双倍工资、违法解除劳动合同应赔偿等理由向B公司索要钱款35万元。为达到目的，魏某从2023年10月底开始，在社交平台上公开发布辱骂、侮辱朱某公司及其个人的言论，并把A公司向他支付的10万元花在炒作上。对此，朱某一直拒绝付钱，但魏某的行为给他的公司及个人的名誉造成了严重不良影响。

查清事实后，富阳区检察院依法追加了魏某的这起跨区域犯罪事实，以涉嫌敲诈勒索罪于6月28日向法院提起公诉。近日，法院审理后作出上述判决。

在办案过程中，富阳区检察院还发现A公司在用工过程中存在违反行政法规的行为，并将相关线索移送至行政机关进行行政处罚。

下面这则报道是以举报偷税为由敲诈获刑的案例。

离职员工因敲诈勒索公司被判3年有期徒刑[①]

因不满公司的非法解雇行为,蒋某利用自己在职时掌握的公司偷税漏税情况,要求公司赔偿他100万元经济损失。公司报警后蒋某被抓,法院以犯敲诈勒索罪判处其有期徒刑3年,罚金1万元。近日,蒋某刑满释放。

【案情简介】

2017年8月,公司以年薪50万元聘请蒋某担任财务总监职务。同年12月25日,因作风纪律等方面问题,公司董事商量决定解聘蒋某。办理交接手续后,双方结算了其所有工资待遇。同年12月27日,蒋某发电子邮件给公司法定代表人陈某称公司财务管理存在几大问题,其将向有关部门举报。此后,他又通过电话、短信询问陈某打算如何处理。

2018年1月,陈某主动打电话问蒋某有何目的和要求。面谈时,陈某问蒋某是否因劳资问题觉得公司亏欠他?蒋某回答不是,称其掌握公司财务不规范方面的问题,若公司给他300万元,他就不会到相关部门举报并将相关证据交还公司。后经多次沟通,蒋某提出最少100万元。同年2月25日,公司在向蒋某交付30万元现金时,警察当场将蒋某抓获。

【法院判决】

检察机关指控,蒋某以向税务部门举报公司偷税漏税为威胁,向公司勒索100万元,公司报警后将其抓获。其因无视国家法律,敲诈勒索他人财物,数额特别巨大,应当以敲诈勒索罪追究刑事责任。其因敲诈勒索犯罪未遂,依法可比照既遂犯从轻处罚。因其到案后如实供述自己罪行,可从轻处罚。

蒋某辩称,其没有敲诈勒索公司的主观故意,该100万元是公司主

[①] 来源:《劳动午报》,2021年9月15日。记者:赵新政。

动提出的对其劳务纠纷的赔偿。此外,其向公司索要的赔偿金系其合法利益或至少是"可诉"利益,具有合法且充分的事实依据。公司同意以顾问费形式补偿其因违法解雇遭受的损失,可证明其不具有非法占有的目的。况且,公司并未因其要挟产生恐惧、也未因此遭受损失,在本案存在公司打击报复他本人的情况下,他认为自己并不构成犯罪。

蒋某认为,其举报公司偷税漏税,属法律所鼓励的合法行为,不构成"威胁、要挟"。经此一事,公司被税务部门处罚并要求补缴税款,其行为属于对国家、社会作出重大贡献,应构成重大立功。

法院认为,蒋某掌握公司偷税漏税的线索后,并非向相关主管部门进行举报,而是先告知公司其掌握的相关线索,以该线索为条件迫使公司向其支付钱财。该种支付钱财就放弃举报、不支付钱财就立即举报的意思表达,具有明确的威胁、要挟性。

蒋某被公司声明解雇时,自愿在离职申请及物资交接、工资结算表上签名并签收结算工资。其归案后亦多次供述,认为自己当时处于试用期,公司可以随时将其解雇。其发送记载有公司偷税漏税线索的电子邮件给公司负责人陈某,是由于不服气,想让公司付出代价。当陈某与其磋商时,其要求公司支付钱财,否则向有关部门举报。由此,法院认定其主观上具有非法占有的目的,其行为已经构成敲诈勒索罪。

对于蒋某检举公司偷税漏税并致公司受到行政追责是否构成立功?法院认为,蒋某一直以其掌握公司偷税逃税线索要举报为条件向公司索要钱财,其将该线索撰写成举报信函,又将举报信函的内容以电子邮件形式发送给公司负责人陈某,故该举报信函属蒋某实施敲诈勒索犯罪的作案工具。公安机关抓获蒋某时,从其身上缴获存有该举报信函的U盘,其后依职权向税务机关移送该举报信函,进而使公司受到行政查处,该情形并非蒋某举报所致。因蒋某并未实施举报行为,故其不构成立功。

另外,即使蒋某主动向相关税务部门举报公司偷税漏税,但现有证据未能证实公司偷税漏税的行为已构成犯罪,税务部门基于公司偷税漏税的行为要求其补缴税款等，亦不属于蒋对国家和社会作出的贡献，更非重大贡献。

法院认为，蒋某敲诈勒索他人财物，数额特别巨大，依法应在10年以上有期徒刑幅度内量刑。由于其属犯罪未遂，依法对其减轻处罚，应当在3年以上10年以下有期徒刑幅度内量刑。综合考虑其犯罪数额、没有前科、犯罪为事出有因等法定、酌定量刑情节，决定对其处以法定最低刑罚。

综上，法院依据查明的事实，依法判决蒋某犯敲诈勒索罪，判处有期徒刑3年，并处罚金1万元，同时，没收其移动储存器1个。蒋某不服该判决提起上诉，但被驳回。

有利益，就可能存在矛盾或产生矛盾，通过上面的案例，我们发现，有时明明自己是"占理"的一方，但由于不懂法，不知如何正确地维护自己的权益，反而可能被抓住"把柄"成了犯罪之人。

设立、运营一家公司，在设立条件、流程上相对简单，但是要维护好股东彼此之间的权利义务关系，要保护好自己本人的权益，绝对不简单。商场如战场，要发展好一家公司，必将面临着很多的困难与风险，成功是小概率的，有时一念之间，很可能就让自己失去了主动权，个别情形下自己的前途就毁了！做力所能及的事、做合规的事，特别是在税收方面，是每个公司时时刻刻都在面对的问题，跟风、贪心，很可能在自己不懂的情况下误入歧途；但同时，法律条款、政策规则又是如此复杂，在自己的知识盲区里，要保持清醒，同时还要多了解专业知识。现在的发票违法成本很低，几十万元的虚开就可入刑。如果只凭一腔热情，猛冲猛打，很难再现往日辉煌。很多老板都是聪明人，如果具备商业思维加上财税思维、法律思维，往往会如虎添翼。结合笔者的服务经历，在涉及逃税、虚开发票的案件中，我们用专业维护了公司股东、负责人的合法权益，争取了减轻、从轻的可能与机会，较好地处理了司法机关与行政机关之间的业务对接，让涉案的企业家焕发新生，这也是服务的价值所在。

可以说,财税问题是很多公司与老板的软肋,或者说有些企业主具有天然的税收问题,财税问题安全了,公司就更有可能成功,反之,随时可能影响、打乱公司的经营持续性。它既涉及金钱利益,又涉及人身自由的责任追究问题。财税安全是公司发展的基石,并深深地融入了《公司法》的治理规范中。希望本书会带给你知识、力量、智慧与安全意识。

乘新《公司法》的东风,适逢国家一系列财政税收政策的颁布,公司作为活跃的经济主体,将在新的舞台上释放更多的光彩。也希望企业家们珍惜创业、经营的好契机,融入国家经济发展的浪潮之中,践行一个公民的责任与担当,也给公司带来新的成长价值。

附 录

中华人民共和国公司法

（1993年12月29日第八届全国人民代表大会常务委员会第五次会议通过 根据1999年12月25日第九届全国人民代表大会常务委员会第十三次会议《关于修改〈中华人民共和国公司法〉的决定》第一次修正 根据2004年8月28日第十届全国人民代表大会常务委员会第十一次会议《关于修改〈中华人民共和国公司法〉的决定》第二次修正 2005年10月27日第十届全国人民代表大会常务委员会第十八次会议第一次修订 根据2013年12月28日第十二届全国人民代表大会常务委员会第六次会议《关于修改〈中华人民共和国海洋环境保护法〉等七部法律的决定》第三次修正 根据2018年10月26日第十三届全国人民代表大会常务委员会第六次会议《关于修改〈中华人民共和国公司法〉的决定》第四次修正 2023年12月29日第十四届全国人民代表大会常务委员会第七次会议第二次修订）

目 录

第一章 总　　则

第二章 公司登记

第三章 有限责任公司的设立和组织机构

　　第一节 设　　立

　　第二节 组织机构

第四章 有限责任公司的股权转让

第五章 股份有限公司的设立和组织机构

　　第一节 设　　立

　　第二节 股 东 会

第三节　董事会、经理

第四节　监事会

第五节　上市公司组织机构的特别规定

第六章　股份有限公司的股份发行和转让

第一节　股份发行

第二节　股份转让

第七章　国家出资公司组织机构的特别规定

第八章　公司董事、监事、高级管理人员的资格和义务

第九章　公司债券

第十章　公司财务、会计

第十一章　公司合并、分立、增资、减资

第十二章　公司解散和清算

第十三章　外国公司的分支机构

第十四章　法律责任

第十五章　附　则

第一章　总　则

第一条　为了规范公司的组织和行为，保护公司、股东、职工和债权人的合法权益，完善中国特色现代企业制度，弘扬企业家精神，维护社会经济秩序，促进社会主义市场经济的发展，根据宪法，制定本法。

第二条　本法所称公司，是指依照本法在中华人民共和国境内设立的有限责任公司和股份有限公司。

第三条　公司是企业法人，有独立的法人财产，享有法人财产权。公司以其全部财产对公司的债务承担责任。

公司的合法权益受法律保护，不受侵犯。

第四条　有限责任公司的股东以其认缴的出资额为限对公司承担责任；股份有限公司的股东以其认购的股份为限对公司承担责任。

公司股东对公司依法享有资产收益、参与重大决策和选择管理者等权利。

第五条 设立公司应当依法制定公司章程。公司章程对公司、股东、董事、监事、高级管理人员具有约束力。

第六条 公司应当有自己的名称。公司名称应当符合国家有关规定。

公司的名称权受法律保护。

第七条 依照本法设立的有限责任公司，应当在公司名称中标明有限责任公司或者有限公司字样。

依照本法设立的股份有限公司，应当在公司名称中标明股份有限公司或者股份公司字样。

第八条 公司以其主要办事机构所在地为住所。

第九条 公司的经营范围由公司章程规定。公司可以修改公司章程，变更经营范围。

公司的经营范围中属于法律、行政法规规定须经批准的项目，应当依法经过批准。

第十条 公司的法定代表人按照公司章程的规定，由代表公司执行公司事务的董事或者经理担任。

担任法定代表人的董事或者经理辞任的，视为同时辞去法定代表人。

法定代表人辞任的，公司应当在法定代表人辞任之日起三十日内确定新的法定代表人。

第十一条 法定代表人以公司名义从事的民事活动，其法律后果由公司承受。

公司章程或者股东会对法定代表人职权的限制，不得对抗善意相对人。

法定代表人因执行职务造成他人损害的，由公司承担民事责任。公司承担民事责任后，依照法律或者公司章程的规定，可以向有过错的法定代表人追偿。

第十二条 有限责任公司变更为股份有限公司，应当符合本法规定的股份有限公司的条件。股份有限公司变更为有限责任公司，应当符合本法规定的有限责任公司的条件。

有限责任公司变更为股份有限公司的，或者股份有限公司变更为有限责任公司的，公司变更前的债权、债务由变更后的公司承继。

第十三条　公司可以设立子公司。子公司具有法人资格，依法独立承担民事责任。

公司可以设立分公司。分公司不具有法人资格，其民事责任由公司承担。

第十四条　公司可以向其他企业投资。

法律规定公司不得成为对所投资企业的债务承担连带责任的出资人的，从其规定。

第十五条　公司向其他企业投资或者为他人提供担保，按照公司章程的规定，由董事会或者股东会决议；公司章程对投资或者担保的总额及单项投资或者担保的数额有限额规定的，不得超过规定的限额。

公司为公司股东或者实际控制人提供担保的，应当经股东会决议。

前款规定的股东或者受前款规定的实际控制人支配的股东，不得参加前款规定事项的表决。该项表决由出席会议的其他股东所持表决权的过半数通过。

第十六条　公司应当保护职工的合法权益，依法与职工签订劳动合同，参加社会保险，加强劳动保护，实现安全生产。

公司应当采用多种形式，加强公司职工的职业教育和岗位培训，提高职工素质。

第十七条　公司职工依照《中华人民共和国工会法》组织工会，开展工会活动，维护职工合法权益。公司应当为本公司工会提供必要的活动条件。公司工会代表职工就职工的劳动报酬、工作时间、休息休假、劳动安全卫生和保险福利等事项依法与公司签订集体合同。

公司依照宪法和有关法律的规定，建立健全以职工代表大会为基本形式的民主管理制度，通过职工代表大会或者其他形式，实行民主管理。

公司研究决定改制、解散、申请破产以及经营方面的重大问题、制定重要的规章制度时，应当听取公司工会的意见，并通过职工代表大会或者其他形式听取职工的意见和建议。

第十八条　在公司中，根据中国共产党章程的规定，设立中国共产党的组织，开展党的活动。公司应当为党组织的活动提供必要条件。

第十九条　公司从事经营活动，应当遵守法律法规，遵守社会公德、商业道德，诚实守信，接受政府和社会公众的监督。

第二十条　公司从事经营活动，应当充分考虑公司职工、消费者等利益相关者的利益以及生态环境保护等社会公共利益，承担社会责任。

国家鼓励公司参与社会公益活动，公布社会责任报告。

第二十一条　公司股东应当遵守法律、行政法规和公司章程，依法行使股东权利，不得滥用股东权利损害公司或者其他股东的利益。

公司股东滥用股东权利给公司或者其他股东造成损失的，应当承担赔偿责任。

第二十二条　公司的控股股东、实际控制人、董事、监事、高级管理人员不得利用关联关系损害公司利益。

违反前款规定，给公司造成损失的，应当承担赔偿责任。

第二十三条　公司股东滥用公司法人独立地位和股东有限责任，逃避债务，严重损害公司债权人利益的，应当对公司债务承担连带责任。

股东利用其控制的两个以上公司实施前款规定行为的，各公司应当对任一公司的债务承担连带责任。

只有一个股东的公司，股东不能证明公司财产独立于股东自己的财产的，应当对公司债务承担连带责任。

第二十四条　公司股东会、董事会、监事会召开会议和表决可以采用电子通信方式，公司章程另有规定的除外。

第二十五条　公司股东会、董事会的决议内容违反法律、行政法规的无效。

第二十六条　公司股东会、董事会的会议召集程序、表决方式违反法律、行政法规或者公司章程，或者决议内容违反公司章程的，股东自决议作出之日起六十日内，可以请求人民法院撤销。但是，股东会、董事会的会议召集程序或者表决方式仅有轻微瑕疵，对决议未产生实质影响的除外。

未被通知参加股东会会议的股东自知道或者应当知道股东会决议作出之日起六十日内，可以请求人民法院撤销；自决议作出之日起一年内没有行使撤销权的，撤销权消灭。

第二十七条 有下列情形之一的，公司股东会、董事会的决议不成立：

（一）未召开股东会、董事会会议作出决议；

（二）股东会、董事会会议未对决议事项进行表决；

（三）出席会议的人数或者所持表决权数未达到本法或者公司章程规定的人数或者所持表决权数；

（四）同意决议事项的人数或者所持表决权数未达到本法或者公司章程规定的人数或者所持表决权数。

第二十八条 公司股东会、董事会决议被人民法院宣告无效、撤销或者确认不成立的，公司应当向公司登记机关申请撤销根据该决议已办理的登记。

股东会、董事会决议被人民法院宣告无效、撤销或者确认不成立的，公司根据该决议与善意相对人形成的民事法律关系不受影响。

第二章 公司登记

第二十九条 设立公司，应当依法向公司登记机关申请设立登记。

法律、行政法规规定设立公司必须报经批准的，应当在公司登记前依法办理批准手续。

第三十条 申请设立公司，应当提交设立登记申请书、公司章程等文件，提交的相关材料应当真实、合法和有效。

申请材料不齐全或者不符合法定形式的，公司登记机关应当一次性告知需要补正的材料。

第三十一条 申请设立公司，符合本法规定的设立条件的，由公司登记机关分别登记为有限责任公司或者股份有限公司；不符合本法规定的设立条件的，不得登记为有限责任公司或者股份有限公司。

第三十二条 公司登记事项包括：

（一）名称；

（二）住所；

（三）注册资本；

（四）经营范围；

（五）法定代表人的姓名；

（六）有限责任公司股东、股份有限公司发起人的姓名或者名称。

公司登记机关应当将前款规定的公司登记事项通过国家企业信用信息公示系统向社会公示。

第三十三条　依法设立的公司，由公司登记机关发给公司营业执照。公司营业执照签发日期为公司成立日期。

公司营业执照应当载明公司的名称、住所、注册资本、经营范围、法定代表人姓名等事项。

公司登记机关可以发给电子营业执照。电子营业执照与纸质营业执照具有同等法律效力。

第三十四条　公司登记事项发生变更的，应当依法办理变更登记。

公司登记事项未经登记或者未经变更登记，不得对抗善意相对人。

第三十五条　公司申请变更登记，应当向公司登记机关提交公司法定代表人签署的变更登记申请书、依法作出的变更决议或者决定等文件。

公司变更登记事项涉及修改公司章程的，应当提交修改后的公司章程。

公司变更法定代表人的，变更登记申请书由变更后的法定代表人签署。

第三十六条　公司营业执照记载的事项发生变更的，公司办理变更登记后，由公司登记机关换发营业执照。

第三十七条　公司因解散、被宣告破产或者其他法定事由需要终止的，应当依法向公司登记机关申请注销登记，由公司登记机关公告公司终止。

第三十八条　公司设立分公司，应当向公司登记机关申请登记，领取营业执照。

第三十九条　虚报注册资本、提交虚假材料或者采取其他欺诈手段隐瞒重要事实取得公司设立登记的，公司登记机关应当依照法律、行政法规的规定予以撤销。

第四十条　公司应当按照规定通过国家企业信用信息公示系统公示下列事项：

（一）有限责任公司股东认缴和实缴的出资额、出资方式和出资日期，股份有限公司发起人认购的股份数；

（二）有限责任公司股东、股份有限公司发起人的股权、股份变更信息；

（三）行政许可取得、变更、注销等信息；

（四）法律、行政法规规定的其他信息。

公司应当确保前款公示信息真实、准确、完整。

第四十一条　公司登记机关应当优化公司登记办理流程，提高公司登记效率，加强信息化建设，推行网上办理等便捷方式，提升公司登记便利化水平。

国务院市场监督管理部门根据本法和有关法律、行政法规的规定，制定公司登记注册的具体办法。

第三章　有限责任公司的设立和组织机构

第一节　设立

第四十二条　有限责任公司由一个以上五十个以下股东出资设立。

第四十三条　有限责任公司设立时的股东可以签订设立协议，明确各自在公司设立过程中的权利和义务。

第四十四条　有限责任公司设立时的股东为设立公司从事的民事活动，其法律后果由公司承受。

公司未成立的，其法律后果由公司设立时的股东承受；设立时的股东为二人以上的，享有连带债权，承担连带债务。

设立时的股东为设立公司以自己的名义从事民事活动产生的民事责任，第三人有权选择请求公司或者公司设立时的股东承担。

设立时的股东因履行公司设立职责造成他人损害的，公司或者无过错的股东承担赔偿责任后，可以向有过错的股东追偿。

第四十五条　设立有限责任公司，应当由股东共同制定公司章程。

第四十六条　有限责任公司章程应当载明下列事项：

（一）公司名称和住所；

（二）公司经营范围；

（三）公司注册资本；

（四）股东的姓名或者名称；

（五）股东的出资额、出资方式和出资日期；

（六）公司的机构及其产生办法、职权、议事规则；

（七）公司法定代表人的产生、变更办法；

（八）股东会认为需要规定的其他事项。

股东应当在公司章程上签名或者盖章。

第四十七条　有限责任公司的注册资本为在公司登记机关登记的全体股东认缴的出资额。全体股东认缴的出资额由股东按照公司章程的规定自公司成立之日起五年内缴足。

法律、行政法规以及国务院决定对有限责任公司注册资本实缴、注册资本最低限额、股东出资期限另有规定的，从其规定。

第四十八条　股东可以用货币出资，也可以用实物、知识产权、土地使用权、股权、债权等可以用货币估价并可以依法转让的非货币财产作价出资；但是，法律、行政法规规定不得作为出资的财产除外。

对作为出资的非货币财产应当评估作价，核实财产，不得高估或者低估作价。法律、行政法规对评估作价有规定的，从其规定。

第四十九条　股东应当按期足额缴纳公司章程规定的各自所认缴的出资额。

股东以货币出资的，应当将货币出资足额存入有限责任公司在银行开设的账户；以非货币财产出资的，应当依法办理其财产权的转移手续。

股东未按期足额缴纳出资的，除应当向公司足额缴纳外，还应当对给公司造成的损失承担赔偿责任。

第五十条　有限责任公司设立时，股东未按照公司章程规定实际缴纳出资，或者实际出资的非货币财产的实际价额显著低于所认缴的出资额的，设立时的其他股东与该股东在出资不足的范围内承担连带责任。

第五十一条 有限责任公司成立后，董事会应当对股东的出资情况进行核查，发现股东未按期足额缴纳公司章程规定的出资的，应当由公司向该股东发出书面催缴书，催缴出资。

未及时履行前款规定的义务，给公司造成损失的，负有责任的董事应当承担赔偿责任。

第五十二条 股东未按照公司章程规定的出资日期缴纳出资，公司依照前条第一款规定发出书面催缴书催缴出资的，可以载明缴纳出资的宽限期；宽限期自公司发出催缴书之日起，不得少于六十日。宽限期届满，股东仍未履行出资义务的，公司经董事会决议可以向该股东发出失权通知，通知应当以书面形式发出。自通知发出之日起，该股东丧失其未缴纳出资的股权。

依照前款规定丧失的股权应当依法转让，或者相应减少注册资本并注销该股权；六个月内未转让或者注销的，由公司其他股东按照其出资比例足额缴纳相应出资。

股东对失权有异议的，应当自接到失权通知之日起三十日内，向人民法院提起诉讼。

第五十三条 公司成立后，股东不得抽逃出资。

违反前款规定的，股东应当返还抽逃的出资；给公司造成损失的，负有责任的董事、监事、高级管理人员应当与该股东承担连带赔偿责任。

第五十四条 公司不能清偿到期债务的，公司或者已到期债权的债权人有权要求已认缴出资但未届出资期限的股东提前缴纳出资。

第五十五条 有限责任公司成立后，应当向股东签发出资证明书，记载下列事项：

（一）公司名称；

（二）公司成立日期；

（三）公司注册资本；

（四）股东的姓名或者名称、认缴和实缴的出资额、出资方式和出资日期；

（五）出资证明书的编号和核发日期。

出资证明书由法定代表人签名，并由公司盖章。

第五十六条　有限责任公司应当置备股东名册，记载下列事项：

（一）股东的姓名或者名称及住所；

（二）股东认缴和实缴的出资额、出资方式和出资日期；

（三）出资证明书编号；

（四）取得和丧失股东资格的日期。

记载于股东名册的股东，可以依股东名册主张行使股东权利。

第五十七条　股东有权查阅、复制公司章程、股东名册、股东会会议记录、董事会会议决议、监事会会议决议和财务会计报告。

股东可以要求查阅公司会计账簿、会计凭证。股东要求查阅公司会计账簿、会计凭证的，应当向公司提出书面请求，说明目的。公司有合理根据认为股东查阅会计账簿、会计凭证有不正当目的，可能损害公司合法利益的，可以拒绝提供查阅，并应当自股东提出书面请求之日起十五日内书面答复股东并说明理由。公司拒绝提供查阅的，股东可以向人民法院提起诉讼。

股东查阅前款规定的材料，可以委托会计师事务所、律师事务所等中介机构进行。

股东及其委托的会计师事务所、律师事务所等中介机构查阅、复制有关材料，应当遵守有关保护国家秘密、商业秘密、个人隐私、个人信息等法律、行政法规的规定。

股东要求查阅、复制公司全资子公司相关材料的，适用前四款的规定。

第二节　组织机构

第五十八条　有限责任公司股东会由全体股东组成。股东会是公司的权力机构，依照本法行使职权。

第五十九条　股东会行使下列职权：

（一）选举和更换董事、监事，决定有关董事、监事的报酬事项；

（二）审议批准董事会的报告；

（三）审议批准监事会的报告；

（四）审议批准公司的利润分配方案和弥补亏损方案；

（五）对公司增加或者减少注册资本作出决议；

（六）对发行公司债券作出决议；

（七）对公司合并、分立、解散、清算或者变更公司形式作出决议；

（八）修改公司章程；

（九）公司章程规定的其他职权。

股东会可以授权董事会对发行公司债券作出决议。

对本条第一款所列事项股东以书面形式一致表示同意的，可以不召开股东会会议，直接作出决定，并由全体股东在决定文件上签名或者盖章。

第六十条　只有一个股东的有限责任公司不设股东会。股东作出前条第一款所列事项的决定时，应当采用书面形式，并由股东签名或者盖章后置备于公司。

第六十一条　首次股东会会议由出资最多的股东召集和主持，依照本法规定行使职权。

第六十二条　股东会会议分为定期会议和临时会议。

定期会议应当按照公司章程的规定按时召开。代表十分之一以上表决权的股东、三分之一以上的董事或者监事会提议召开临时会议的，应当召开临时会议。

第六十三条　股东会会议由董事会召集，董事长主持；董事长不能履行职务或者不履行职务的，由副董事长主持；副董事长不能履行职务或者不履行职务的，由过半数的董事共同推举一名董事主持。

董事会不能履行或者不履行召集股东会会议职责的，由监事会召集和主持；监事会不召集和主持的，代表十分之一以上表决权的股东可以自行召集和主持。

第六十四条　召开股东会会议，应当于会议召开十五日前通知全体股东；但是，公司章程另有规定或者全体股东另有约定的除外。

股东会应当对所议事项的决定作成会议记录，出席会议的股东应当在会议记录上签名或者盖章。

第六十五条　股东会会议由股东按照出资比例行使表决权；但是，公司章程另有规定的除外。

第六十六条　股东会的议事方式和表决程序，除本法有规定的外，由公司章程规定。

股东会作出决议，应当经代表过半数表决权的股东通过。

股东会作出修改公司章程、增加或者减少注册资本的决议，以及公司合并、分立、解散或者变更公司形式的决议，应当经代表三分之二以上表决权的股东通过。

第六十七条　有限责任公司设董事会，本法第七十五条另有规定的除外。

董事会行使下列职权：

（一）召集股东会会议，并向股东会报告工作；

（二）执行股东会的决议；

（三）决定公司的经营计划和投资方案；

（四）制订公司的利润分配方案和弥补亏损方案；

（五）制订公司增加或者减少注册资本以及发行公司债券的方案；

（六）制订公司合并、分立、解散或者变更公司形式的方案；

（七）决定公司内部管理机构的设置；

（八）决定聘任或者解聘公司经理及其报酬事项，并根据经理的提名决定聘任或者解聘公司副经理、财务负责人及其报酬事项；

（九）制定公司的基本管理制度；

（十）公司章程规定或者股东会授予的其他职权。

公司章程对董事会职权的限制不得对抗善意相对人。

第六十八条　有限责任公司董事会成员为三人以上，其成员中可以有公司职工代表。职工人数三百人以上的有限责任公司，除依法设监事会并有公司职工代表的外，其董事会成员中应当有公司职工代表。董事会中的职工代表由公司职工通过职工代表大会、职工大会或者其他形式民主选举产生。

董事会设董事长一人，可以设副董事长。董事长、副董事长的产生办法由公司章程规定。

第六十九条　有限责任公司可以按照公司章程的规定在董事会中设置由董事组成的审计委员会，行使本法规定的监事会的职权，不设监事会或者监事。公司董事会成员中的职工代表可以成为审计委员会成员。

第七十条　董事任期由公司章程规定，但每届任期不得超过三年。董事任期届满，连选可以连任。

董事任期届满未及时改选，或者董事在任期内辞任导致董事会成员低于法定人数的，在改选出的董事就任前，原董事仍应当依照法律、行政法规和公司章程的规定，履行董事职务。

董事辞任的，应当以书面形式通知公司，公司收到通知之日辞任生效，但存在前款规定情形的，董事应当继续履行职务。

第七十一条　股东会可以决议解任董事，决议作出之日解任生效。

无正当理由，在任期届满前解任董事的，该董事可以要求公司予以赔偿。

第七十二条　董事会会议由董事长召集和主持；董事长不能履行职务或者不履行职务的，由副董事长召集和主持；副董事长不能履行职务或者不履行职务的，由过半数的董事共同推举一名董事召集和主持。

第七十三条　董事会的议事方式和表决程序，除本法有规定的外，由公司章程规定。

董事会会议应当有过半数的董事出席方可举行。董事会作出决议，应当经全体董事的过半数通过。

董事会决议的表决，应当一人一票。

董事会应当对所议事项的决定作成会议记录，出席会议的董事应当在会议记录上签名。

第七十四条　有限责任公司可以设经理，由董事会决定聘任或者解聘。

经理对董事会负责，根据公司章程的规定或者董事会的授权行使职权。经理列席董事会会议。

第七十五条　规模较小或者股东人数较少的有限责任公司，可以不设董事会，设一名董事，行使本法规定的董事会的职权。该董事可以兼任公司经理。

第七十六条 有限责任公司设监事会，本法第六十九条、第八十三条另有规定的除外。

监事会成员为三人以上。监事会成员应当包括股东代表和适当比例的公司职工代表，其中职工代表的比例不得低于三分之一，具体比例由公司章程规定。监事会中的职工代表由公司职工通过职工代表大会、职工大会或者其他形式民主选举产生。

监事会设主席一人，由全体监事过半数选举产生。监事会主席召集和主持监事会会议；监事会主席不能履行职务或者不履行职务的，由过半数的监事共同推举一名监事召集和主持监事会会议。

董事、高级管理人员不得兼任监事。

第七十七条 监事的任期每届为三年。监事任期届满，连选可以连任。

监事任期届满未及时改选，或者监事在任期内辞任导致监事会成员低于法定人数的，在改选出的监事就任前，原监事仍应当依照法律、行政法规和公司章程的规定，履行监事职务。

第七十八条 监事会行使下列职权：

（一）检查公司财务；

（二）对董事、高级管理人员执行职务的行为进行监督，对违反法律、行政法规、公司章程或者股东会决议的董事、高级管理人员提出解任的建议；

（三）当董事、高级管理人员的行为损害公司的利益时，要求董事、高级管理人员予以纠正；

（四）提议召开临时股东会会议，在董事会不履行本法规定的召集和主持股东会会议职责时召集和主持股东会会议；

（五）向股东会会议提出提案；

（六）依照本法第一百八十九条的规定，对董事、高级管理人员提起诉讼；

（七）公司章程规定的其他职权。

第七十九条　监事可以列席董事会会议，并对董事会决议事项提出质询或者建议。

监事会发现公司经营情况异常，可以进行调查；必要时，可以聘请会计师事务所等协助其工作，费用由公司承担。

第八十条　监事会可以要求董事、高级管理人员提交执行职务的报告。

董事、高级管理人员应当如实向监事会提供有关情况和资料，不得妨碍监事会或者监事行使职权。

第八十一条　监事会每年度至少召开一次会议，监事可以提议召开临时监事会会议。

监事会的议事方式和表决程序，除本法有规定的外，由公司章程规定。

监事会决议应当经全体监事的过半数通过。

监事会决议的表决，应当一人一票。

监事会应当对所议事项的决定作成会议记录，出席会议的监事应当在会议记录上签名。

第八十二条　监事会行使职权所必需的费用，由公司承担。

第八十三条　规模较小或者股东人数较少的有限责任公司，可以不设监事会，设一名监事，行使本法规定的监事会的职权；经全体股东一致同意，也可以不设监事。

第四章　有限责任公司的股权转让

第八十四条　有限责任公司的股东之间可以相互转让其全部或者部分股权。

股东向股东以外的人转让股权的，应当将股权转让的数量、价格、支付方式和期限等事项书面通知其他股东，其他股东在同等条件下有优先购买权。股东自接到书面通知之日起三十日内未答复的，视为放弃优先购买权。两个以上股东行使优先购买权的，协商确定各自的购买比例；协商不成的，按照转让时各自的出资比例行使优先购买权。

公司章程对股权转让另有规定的，从其规定。

第八十五条 人民法院依照法律规定的强制执行程序转让股东的股权时，应当通知公司及全体股东，其他股东在同等条件下有优先购买权。其他股东自人民法院通知之日起满二十日不行使优先购买权的，视为放弃优先购买权。

第八十六条 股东转让股权的，应当书面通知公司，请求变更股东名册；需要办理变更登记的，并请求公司向公司登记机关办理变更登记。公司拒绝或者在合理期限内不予答复的，转让人、受让人可以依法向人民法院提起诉讼。

股权转让的，受让人自记载于股东名册时起可以向公司主张行使股东权利。

第八十七条 依照本法转让股权后，公司应当及时注销原股东的出资证明书，向新股东签发出资证明书，并相应修改公司章程和股东名册中有关股东及其出资额的记载。对公司章程的该项修改不需再由股东会表决。

第八十八条 股东转让已认缴出资但未届出资期限的股权的，由受让人承担缴纳该出资的义务；受让人未按期足额缴纳出资的，转让人对受让人未按期缴纳的出资承担补充责任。

未按照公司章程规定的出资日期缴纳出资或者作为出资的非货币财产的实际价额显著低于所认缴的出资额的股东转让股权的，转让人与受让人在出资不足的范围内承担连带责任；受让人不知道且不应当知道存在上述情形的，由转让人承担责任。

第八十九条 有下列情形之一的，对股东会该项决议投反对票的股东可以请求公司按照合理的价格收购其股权：

（一）公司连续五年不向股东分配利润，而公司该五年连续盈利，并且符合本法规定的分配利润条件；

（二）公司合并、分立、转让主要财产；

（三）公司章程规定的营业期限届满或者章程规定的其他解散事由出现，股东会通过决议修改章程使公司存续。

自股东会决议作出之日起六十日内,股东与公司不能达成股权收购协议的,股东可以自股东会决议作出之日起九十日内向人民法院提起诉讼。

公司的控股股东滥用股东权利,严重损害公司或者其他股东利益的,其他股东有权请求公司按照合理的价格收购其股权。

公司因本条第一款、第三款规定的情形收购的本公司股权,应当在六个月内依法转让或者注销。

第九十条　自然人股东死亡后,其合法继承人可以继承股东资格;但是,公司章程另有规定的除外。

第五章　股份有限公司的设立和组织机构

第一节　设立

第九十一条　设立股份有限公司,可以采取发起设立或者募集设立的方式。

发起设立,是指由发起人认购设立公司时应发行的全部股份而设立公司。

募集设立,是指由发起人认购设立公司时应发行股份的一部分,其余股份向特定对象募集或者向社会公开募集而设立公司。

第九十二条　设立股份有限公司,应当有一人以上二百人以下为发起人,其中应当有半数以上的发起人在中华人民共和国境内有住所。

第九十三条　股份有限公司发起人承担公司筹办事务。

发起人应当签订发起人协议,明确各自在公司设立过程中的权利和义务。

第九十四条　设立股份有限公司,应当由发起人共同制订公司章程。

第九十五条　股份有限公司章程应当载明下列事项:

(一)公司名称和住所;

(二)公司经营范围;

(三)公司设立方式;

(四)公司注册资本、已发行的股份数和设立时发行的股份数,面额股的每股金额；

（五）发行类别股的，每一类别股的股份数及其权利和义务；

（六）发起人的姓名或者名称、认购的股份数、出资方式；

（七）董事会的组成、职权和议事规则；

（八）公司法定代表人的产生、变更办法；

（九）监事会的组成、职权和议事规则；

（十）公司利润分配办法；

（十一）公司的解散事由与清算办法；

（十二）公司的通知和公告办法；

（十三）股东会认为需要规定的其他事项。

第九十六条 股份有限公司的注册资本为在公司登记机关登记的已发行股份的股本总额。在发起人认购的股份缴足前，不得向他人募集股份。

法律、行政法规以及国务院决定对股份有限公司注册资本最低限额另有规定的，从其规定。

第九十七条 以发起设立方式设立股份有限公司的，发起人应当认足公司章程规定的公司设立时应发行的股份。

以募集设立方式设立股份有限公司的，发起人认购的股份不得少于公司章程规定的公司设立时应发行股份总数的百分之三十五；但是，法律、行政法规另有规定的，从其规定。

第九十八条 发起人应当在公司成立前按照其认购的股份全额缴纳股款。

发起人的出资，适用本法第四十八条、第四十九条第二款关于有限责任公司股东出资的规定。

第九十九条 发起人不按照其认购的股份缴纳股款，或者作为出资的非货币财产的实际价额显著低于所认购的股份的，其他发起人与该发起人在出资不足的范围内承担连带责任。

第一百条 发起人向社会公开募集股份，应当公告招股说明书，并制作认股书。认股书应当载明本法第一百五十四条第二款、第三款所列事项，由认股人填写认购的股份数、金额、住所,并签名或者盖章。认股人应当按照所认购股份足额缴纳股款。

第一百零一条 向社会公开募集股份的股款缴足后,应当经依法设立的验资机构验资并出具证明。

第一百零二条 股份有限公司应当制作股东名册并置备于公司。股东名册应当记载下列事项:

(一)股东的姓名或者名称及住所;

(二)各股东所认购的股份种类及股份数;

(三)发行纸面形式的股票的,股票的编号;

(四)各股东取得股份的日期。

第一百零三条 募集设立股份有限公司的发起人应当自公司设立时应发行股份的股款缴足之日起三十日内召开公司成立大会。发起人应当在成立大会召开十五日前将会议日期通知各认股人或者予以公告。成立大会应当有持有表决权过半数的认股人出席,方可举行。

以发起设立方式设立股份有限公司成立大会的召开和表决程序由公司章程或者发起人协议规定。

第一百零四条 公司成立大会行使下列职权:

(一)审议发起人关于公司筹办情况的报告;

(二)通过公司章程;

(三)选举董事、监事;

(四)对公司的设立费用进行审核;

(五)对发起人非货币财产出资的作价进行审核;

(六)发生不可抗力或者经营条件发生重大变化直接影响公司设立的,可以作出不设立公司的决议。

成立大会对前款所列事项作出决议,应当经出席会议的认股人所持表决权过半数通过。

第一百零五条 公司设立时应发行的股份未募足,或者发行股份的股款缴足后,发起人在三十日内未召开成立大会的,认股人可以按照所缴股款并加算银行同期存款利息，要求发起人返还。

发起人、认股人缴纳股款或者交付非货币财产出资后，除未按期募足股份、发起人未按期召开成立大会或者成立大会决议不设立公司的情形外，不得抽回其股本。

第一百零六条 董事会应当授权代表，于公司成立大会结束后三十日内向公司登记机关申请设立登记。

第一百零七条 本法第四十四条、第四十九条第三款、第五十一条、第五十二条、第五十三条的规定，适用于股份有限公司。

第一百零八条 有限责任公司变更为股份有限公司时，折合的实收股本总额不得高于公司净资产额。有限责任公司变更为股份有限公司，为增加注册资本公开发行股份时，应当依法办理。

第一百零九条 股份有限公司应当将公司章程、股东名册、股东会会议记录、董事会会议记录、监事会会议记录、财务会计报告、债券持有人名册置备于本公司。

第一百一十条 股东有权查阅、复制公司章程、股东名册、股东会会议记录、董事会会议决议、监事会会议决议、财务会计报告，对公司的经营提出建议或者质询。

连续一百八十日以上单独或者合计持有公司百分之三以上股份的股东要求查阅公司的会计账簿、会计凭证的，适用本法第五十七条第二款、第三款、第四款的规定。公司章程对持股比例有较低规定的，从其规定。

股东要求查阅、复制公司全资子公司相关材料的，适用前两款的规定。

上市公司股东查阅、复制相关材料的，应当遵守《中华人民共和国证券法》等法律、行政法规的规定。

第二节 股东会

第一百一十一条 股份有限公司股东会由全体股东组成。股东会是公司的权力机构，依照本法行使职权。

第一百一十二条 本法第五十九条第一款、第二款关于有限责任公司股东会职权的规定，适用于股份有限公司股东会。

本法第六十条关于只有一个股东的有限责任公司不设股东会的规定，适用于只有一个股东的股份有限公司。

第一百一十三条　股东会应当每年召开一次年会。有下列情形之一的，应当在两个月内召开临时股东会会议：

（一）董事人数不足本法规定人数或者公司章程所定人数的三分之二时；

（二）公司未弥补的亏损达股本总额三分之一时；

（三）单独或者合计持有公司百分之十以上股份的股东请求时；

（四）董事会认为必要时；

（五）监事会提议召开时；

（六）公司章程规定的其他情形。

第一百一十四条　股东会会议由董事会召集，董事长主持；董事长不能履行职务或者不履行职务的，由副董事长主持；副董事长不能履行职务或者不履行职务的，由过半数的董事共同推举一名董事主持。

董事会不能履行或者不履行召集股东会会议职责的，监事会应当及时召集和主持；监事会不召集和主持的，连续九十日以上单独或者合计持有公司百分之十以上股份的股东可以自行召集和主持。

单独或者合计持有公司百分之十以上股份的股东请求召开临时股东会会议的，董事会、监事会应当在收到请求之日起十日内作出是否召开临时股东会会议的决定，并书面答复股东。

第一百一十五条　召开股东会会议，应当将会议召开的时间、地点和审议的事项于会议召开二十日前通知各股东；临时股东会会议应当于会议召开十五日前通知各股东。

单独或者合计持有公司百分之一以上股份的股东，可以在股东会会议召开十日前提出临时提案并书面提交董事会。临时提案应当有明确议题和具体决议事项。董事会应当在收到提案后二日内通知其他股东，并将该临时提案提交股东会审议；但临时提案违反法律、行政法规或者公司章程的规定，或者不属于股东会职权范围的除外。公司不得提高提出临时提案股东的持股比例。

公开发行股份的公司，应当以公告方式作出前两款规定的通知。

股东会不得对通知中未列明的事项作出决议。

第一百一十六条　股东出席股东会会议，所持每一股份有一表决权，类别股股东除外。公司持有的本公司股份没有表决权。

股东会作出决议，应当经出席会议的股东所持表决权过半数通过。

股东会作出修改公司章程、增加或者减少注册资本的决议，以及公司合并、分立、解散或者变更公司形式的决议，应当经出席会议的股东所持表决权的三分之二以上通过。

第一百一十七条　股东会选举董事、监事，可以按照公司章程的规定或者股东会的决议，实行累积投票制。

本法所称累积投票制，是指股东会选举董事或者监事时，每一股份拥有与应选董事或者监事人数相同的表决权，股东拥有的表决权可以集中使用。

第一百一十八条　股东委托代理人出席股东会会议的，应当明确代理人代理的事项、权限和期限；代理人应当向公司提交股东授权委托书，并在授权范围内行使表决权。

第一百一十九条　股东会应当对所议事项的决定作成会议记录，主持人、出席会议的董事应当在会议记录上签名。会议记录应当与出席股东的签名册及代理出席的委托书一并保存。

第三节　董事会、经理

第一百二十条　股份有限公司设董事会，本法第一百二十八条另有规定的除外。

本法第六十七条、第六十八条第一款、第七十条、第七十一条的规定，适用于股份有限公司。

第一百二十一条　股份有限公司可以按照公司章程的规定在董事会中设置由董事组成的审计委员会，行使本法规定的监事会的职权，不设监事会或者监事。

审计委员会成员为三名以上，过半数成员不得在公司担任除董事以外的其他职务，且不得与公司存在任何可能影响其独立客观判断的关系。公司董事会成员中的职工代表可以成为审计委员会成员。

审计委员会作出决议,应当经审计委员会成员的过半数通过。

审计委员会决议的表决,应当一人一票。

审计委员会的议事方式和表决程序,除本法有规定的外,由公司章程规定。

公司可以按照公司章程的规定在董事会中设置其他委员会。

第一百二十二条 董事会设董事长一人,可以设副董事长。董事长和副董事长由董事会以全体董事的过半数选举产生。

董事长召集和主持董事会会议,检查董事会决议的实施情况。副董事长协助董事长工作,董事长不能履行职务或者不履行职务的,由副董事长履行职务;副董事长不能履行职务或者不履行职务的,由过半数的董事共同推举一名董事履行职务。

第一百二十三条 董事会每年度至少召开两次会议,每次会议应当于会议召开十日前通知全体董事和监事。

代表十分之一以上表决权的股东、三分之一以上董事或者监事会,可以提议召开临时董事会会议。董事长应当自接到提议后十日内,召集和主持董事会会议。

董事会召开临时会议,可以另定召集董事会的通知方式和通知时限。

第一百二十四条 董事会会议应当有过半数的董事出席方可举行。董事会作出决议,应当经全体董事的过半数通过。

董事会决议的表决,应当一人一票。

董事会应当对所议事项的决定作成会议记录,出席会议的董事应当在会议记录上签名。

第一百二十五条 董事会会议,应当由董事本人出席;董事因故不能出席,可以书面委托其他董事代为出席,委托书应当载明授权范围。

董事应当对董事会的决议承担责任。董事会的决议违反法律、行政法规或者公司章程、股东会决议,给公司造成严重损失的,参与决议的董事对公司负赔偿责任;经证明在表决时曾表明异议并记载于会议记录的,该董事可以免除责任。

第一百二十六条　股份有限公司设经理，由董事会决定聘任或者解聘。

经理对董事会负责，根据公司章程的规定或者董事会的授权行使职权。经理列席董事会会议。

第一百二十七条　公司董事会可以决定由董事会成员兼任经理。

第一百二十八条　规模较小或者股东人数较少的股份有限公司，可以不设董事会，设一名董事，行使本法规定的董事会的职权。该董事可以兼任公司经理。

第一百二十九条　公司应当定期向股东披露董事、监事、高级管理人员从公司获得报酬的情况。

第四节　监事会

第一百三十条　股份有限公司设监事会，本法第一百二十一条第一款、第一百三十三条另有规定的除外。

监事会成员为三人以上。监事会成员应当包括股东代表和适当比例的公司职工代表，其中职工代表的比例不得低于三分之一，具体比例由公司章程规定。监事会中的职工代表由公司职工通过职工代表大会、职工大会或者其他形式民主选举产生。

监事会设主席一人，可以设副主席。监事会主席和副主席由全体监事过半数选举产生。监事会主席召集和主持监事会会议；监事会主席不能履行职务或者不履行职务的，由监事会副主席召集和主持监事会会议；监事会副主席不能履行职务或者不履行职务的，由过半数的监事共同推举一名监事召集和主持监事会会议。

董事、高级管理人员不得兼任监事。

本法第七十七条关于有限责任公司监事任期的规定，适用于股份有限公司监事。

第一百三十一条　本法第七十八条至第八十条的规定，适用于股份有限公司监事会。

监事会行使职权所必需的费用，由公司承担。

第一百三十二条　监事会每六个月至少召开一次会议。监事可以提议召开临时监事会会议。

监事会的议事方式和表决程序，除本法有规定的外，由公司章程规定。

监事会决议应当经全体监事的过半数通过。

监事会决议的表决，应当一人一票。

监事会应当对所议事项的决定作成会议记录，出席会议的监事应当在会议记录上签名。

第一百三十三条　规模较小或者股东人数较少的股份有限公司，可以不设监事会，设一名监事，行使本法规定的监事会的职权。

第五节　上市公司组织机构的特别规定

第一百三十四条　本法所称上市公司，是指其股票在证券交易所上市交易的股份有限公司。

第一百三十五条　上市公司在一年内购买、出售重大资产或者向他人提供担保的金额超过公司资产总额百分之三十的，应当由股东会作出决议，并经出席会议的股东所持表决权的三分之二以上通过。

第一百三十六条　上市公司设独立董事，具体管理办法由国务院证券监督管理机构规定。

上市公司的公司章程除载明本法第九十五条规定的事项外，还应当依照法律、行政法规的规定载明董事会专门委员会的组成、职权以及董事、监事、高级管理人员薪酬考核机制等事项。

第一百三十七条　上市公司在董事会中设置审计委员会的，董事会对下列事项作出决议前应当经审计委员会全体成员过半数通过：

（一）聘用、解聘承办公司审计业务的会计师事务所；

（二）聘任、解聘财务负责人；

（三）披露财务会计报告；

（四）国务院证券监督管理机构规定的其他事项。

第一百三十八条　上市公司设董事会秘书，负责公司股东会和董事会会议的筹备、文件保管以及公司股东资料的管理，办理信息披露事务等事宜。

第一百三十九条　上市公司董事与董事会会议决议事项所涉及的企业或者个人有关联关系的，该董事应当及时向董事会书面报告。有关联关系的董事不得对该项决议行使表决权，也不得代理其他董事行使表决权。该董事会会议由过半数的无关联关系董事出席即可举行，董事会会议所作决议须经无关联关系董事过半数通过。出席董事会会议的无关联关系董事人数不足三人的，应当将该事项提交上市公司股东会审议。

第一百四十条　上市公司应当依法披露股东、实际控制人的信息，相关信息应当真实、准确、完整。

禁止违反法律、行政法规的规定代持上市公司股票。

第一百四十一条　上市公司控股子公司不得取得该上市公司的股份。

上市公司控股子公司因公司合并、质权行使等原因持有上市公司股份的，不得行使所持股份对应的表决权，并应当及时处分相关上市公司股份。

第六章　股份有限公司的股份发行和转让

第一节　股份发行

第一百四十二条　公司的资本划分为股份。公司的全部股份，根据公司章程的规定择一采用面额股或者无面额股。采用面额股的，每一股的金额相等。

公司可以根据公司章程的规定将已发行的面额股全部转换为无面额股或者将无面额股全部转换为面额股。

采用无面额股的，应当将发行股份所得股款的二分之一以上计入注册资本。

第一百四十三条　股份的发行，实行公平、公正的原则，同类别的每一股份应当具有同等权利。

同次发行的同类别股份，每股的发行条件和价格应当相同；认购人所认购的股份，每股应当支付相同价额。

第一百四十四条　公司可以按照公司章程的规定发行下列与普通股权利不同的类别股：

（一）优先或者劣后分配利润或者剩余财产的股份；

（二）每一股的表决权数多于或者少于普通股的股份；

（三）转让须经公司同意等转让受限的股份；

（四）国务院规定的其他类别股。

公开发行股份的公司不得发行前款第二项、第三项规定的类别股；公开发行前已发行的除外。

公司发行本条第一款第二项规定的类别股的，对于监事或者审计委员会成员的选举和更换，类别股与普通股每一股的表决权数相同。

第一百四十五条　发行类别股的公司，应当在公司章程中载明以下事项：

（一）类别股分配利润或者剩余财产的顺序；

（二）类别股的表决权数；

（三）类别股的转让限制；

（四）保护中小股东权益的措施；

（五）股东会认为需要规定的其他事项。

第一百四十六条　发行类别股的公司，有本法第一百一十六条第三款规定的事项等可能影响类别股股东权利的，除应当依照第一百一十六条第三款的规定经股东会决议外，还应当经出席类别股股东会议的股东所持表决权的三分之二以上通过。

公司章程可以对需经类别股股东会议决议的其他事项作出规定。

第一百四十七条　公司的股份采取股票的形式。股票是公司签发的证明股东所持股份的凭证。

公司发行的股票，应当为记名股票。

第一百四十八条　面额股股票的发行价格可以按票面金额，也可以超过票面金额，但不得低于票面金额。

第一百四十九条　股票采用纸面形式或者国务院证券监督管理机构规定的其他形式。

股票采用纸面形式的，应当载明下列主要事项：

（一）公司名称；

（二）公司成立日期或者股票发行的时间；

（三）股票种类、票面金额及代表的股份数，发行无面额股的，股票代表的股份数。

股票采用纸面形式的，还应当载明股票的编号，由法定代表人签名，公司盖章。

发起人股票采用纸面形式的，应当标明发起人股票字样。

第一百五十条　股份有限公司成立后，即向股东正式交付股票。公司成立前不得向股东交付股票。

第一百五十一条　公司发行新股，股东会应当对下列事项作出决议：

（一）新股种类及数额；

（二）新股发行价格；

（三）新股发行的起止日期；

（四）向原有股东发行新股的种类及数额；

（五）发行无面额股的，新股发行所得股款计入注册资本的金额。

公司发行新股，可以根据公司经营情况和财务状况，确定其作价方案。

第一百五十二条　公司章程或者股东会可以授权董事会在三年内决定发行不超过已发行股份百分之五十的股份。但以非货币财产作价出资的应当经股东会决议。

董事会依照前款规定决定发行股份导致公司注册资本、已发行股份数发生变化的，对公司章程该项记载事项的修改不需再由股东会表决。

第一百五十三条　公司章程或者股东会授权董事会决定发行新股的，董事会决议应当经全体董事三分之二以上通过。

第一百五十四条　公司向社会公开募集股份，应当经国务院证券监督管理机构注册，公告招股说明书。

招股说明书应当附有公司章程，并载明下列事项：

（一）发行的股份总数；

（二）面额股的票面金额和发行价格或者无面额股的发行价格；

（三）募集资金的用途；

（四）认股人的权利和义务；

（五）股份种类及其权利和义务；

（六）本次募股的起止日期及逾期未募足时认股人可以撤回所认股份的说明。

公司设立时发行股份的，还应当载明发起人认购的股份数。

第一百五十五条　公司向社会公开募集股份，应当由依法设立的证券公司承销，签订承销协议。

第一百五十六条　公司向社会公开募集股份，应当同银行签订代收股款协议。

代收股款的银行应当按照协议代收和保存股款，向缴纳股款的认股人出具收款单据，并负有向有关部门出具收款证明的义务。

公司发行股份募足股款后，应予公告。

第二节　股份转让

第一百五十七条　股份有限公司的股东持有的股份可以向其他股东转让，也可以向股东以外的人转让；公司章程对股份转让有限制的，其转让按照公司章程的规定进行。

第一百五十八条　股东转让其股份，应当在依法设立的证券交易场所进行或者按照国务院规定的其他方式进行。

第一百五十九条　股票的转让，由股东以背书方式或者法律、行政法规规定的其他方式进行；转让后由公司将受让人的姓名或者名称及住所记载于股东名册。

股东会会议召开前二十日内或者公司决定分配股利的基准日前五日内，不得变更股东名册。法律、行政法规或者国务院证券监督管理机构对上市公司股东名册变更另有规定的，从其规定。

第一百六十条　公司公开发行股份前已发行的股份，自公司股票在证券交易所上市交易之日起一年内不得转让。法律、行政法规或者国务院证券监督管理机构对上市公司的股东、实际控制人转让其所持有的本公司股份另有规定的，从其规定。

公司董事、监事、高级管理人员应当向公司申报所持有的本公司的股份及其变动情况，在就任时确定的任职期间每年转让的股份不得超过其所持有本公司股份总数的百分之二十五；所持本公司股份自公司股票上市交易之日起一年内不得转让。上述人员离职后半年内，不得转让其所持有的本公司股份。公司章程可以对公司董事、监事、高级管理人员转让其所持有的本公司股份作出其他限制性规定。

股份在法律、行政法规规定的限制转让期限内出质的，质权人不得在限制转让期限内行使质权。

第一百六十一条 有下列情形之一的，对股东会该项决议投反对票的股东可以请求公司按照合理的价格收购其股份，公开发行股份的公司除外：

（一）公司连续五年不向股东分配利润，而公司该五年连续盈利，并且符合本法规定的分配利润条件；

（二）公司转让主要财产；

（三）公司章程规定的营业期限届满或者章程规定的其他解散事由出现，股东会通过决议修改章程使公司存续。

自股东会决议作出之日起六十日内，股东与公司不能达成股份收购协议的，股东可以自股东会决议作出之日起九十日内向人民法院提起诉讼。

公司因本条第一款规定的情形收购的本公司股份，应当在六个月内依法转让或者注销。

第一百六十二条 公司不得收购本公司股份。但是，有下列情形之一的除外：

（一）减少公司注册资本；

（二）与持有本公司股份的其他公司合并；

（三）将股份用于员工持股计划或者股权激励；

（四）股东因对股东会作出的公司合并、分立决议持异议，要求公司收购其股份；

（五）将股份用于转换公司发行的可转换为股票的公司债券；

（六）上市公司为维护公司价值及股东权益所必需。

公司因前款第一项、第二项规定的情形收购本公司股份的，应当经股东会决议；公司因前款第三项、第五项、第六项规定的情形收购本公司股份的，可以按照公司章程或者股东会的授权，经三分之二以上董事出席的董事会会议决议。

公司依照本条第一款规定收购本公司股份后，属于第一项情形的，应当自收购之日起十日内注销；属于第二项、第四项情形的，应当在六个月内转让或者注销；属于第三项、第五项、第六项情形的，公司合计持有的本公司股份数不得超过本公司已发行股份总数的百分之十，并应当在三年内转让或者注销。

上市公司收购本公司股份的，应当依照《中华人民共和国证券法》的规定履行信息披露义务。上市公司因本条第一款第三项、第五项、第六项规定的情形收购本公司股份的，应当通过公开的集中交易方式进行。

公司不得接受本公司的股份作为质权的标的。

第一百六十三条　公司不得为他人取得本公司或者其母公司的股份提供赠与、借款、担保以及其他财务资助，公司实施员工持股计划的除外。

为公司利益，经股东会决议，或者董事会按照公司章程或者股东会的授权作出决议，公司可以为他人取得本公司或者其母公司的股份提供财务资助，但财务资助的累计总额不得超过已发行股本总额的百分之十。董事会作出决议应当经全体董事的三分之二以上通过。

违反前两款规定，给公司造成损失的，负有责任的董事、监事、高级管理人员应当承担赔偿责任。

第一百六十四条　股票被盗、遗失或者灭失，股东可以依照《中华人民共和国民事诉讼法》规定的公示催告程序，请求人民法院宣告该股票失效。人民法院宣告该股票失效后，股东可以向公司申请补发股票。

第一百六十五条　上市公司的股票，依照有关法律、行政法规及证券交易所交易规则上市交易。

第一百六十六条　上市公司应当依照法律、行政法规的规定披露相关信息。

第一百六十七条　自然人股东死亡后,其合法继承人可以继承股东资格;但是,股份转让受限的股份有限公司的章程另有规定的除外。

第七章　国家出资公司组织机构的特别规定

第一百六十八条　国家出资公司的组织机构,适用本章规定;本章没有规定的,适用本法其他规定。

本法所称国家出资公司,是指国家出资的国有独资公司、国有资本控股公司,包括国家出资的有限责任公司、股份有限公司。

第一百六十九条　国家出资公司,由国务院或者地方人民政府分别代表国家依法履行出资人职责,享有出资人权益。国务院或者地方人民政府可以授权国有资产监督管理机构或者其他部门、机构代表本级人民政府对国家出资公司履行出资人职责。

代表本级人民政府履行出资人职责的机构、部门,以下统称为履行出资人职责的机构。

第一百七十条　国家出资公司中中国共产党的组织,按照中国共产党章程的规定发挥领导作用,研究讨论公司重大经营管理事项,支持公司的组织机构依法行使职权。

第一百七十一条　国有独资公司章程由履行出资人职责的机构制定。

第一百七十二条　国有独资公司不设股东会,由履行出资人职责的机构行使股东会职权。履行出资人职责的机构可以授权公司董事会行使股东会的部分职权,但公司章程的制定和修改,公司的合并、分立、解散、申请破产,增加或者减少注册资本,分配利润,应当由履行出资人职责的机构决定。

第一百七十三条　国有独资公司的董事会依照本法规定行使职权。

国有独资公司的董事会成员中,应当过半数为外部董事,并应当有公司职工代表。

董事会成员由履行出资人职责的机构委派;但是,董事会成员中的职工代表由公司职工代表大会选举产生。

董事会设董事长一人,可以设副董事长。董事长、副董事长由履行出资人职责的机构从董事会成员中指定。

第一百七十四条　国有独资公司的经理由董事会聘任或者解聘。

经履行出资人职责的机构同意,董事会成员可以兼任经理。

第一百七十五条　国有独资公司的董事、高级管理人员,未经履行出资人职责的机构同意,不得在其他有限责任公司、股份有限公司或者其他经济组织兼职。

第一百七十六条　国有独资公司在董事会中设置由董事组成的审计委员会行使本法规定的监事会职权的,不设监事会或者监事。

第一百七十七条　国家出资公司应当依法建立健全内部监督管理和风险控制制度,加强内部合规管理。

第八章　公司董事、监事、高级管理人员的资格和义务

第一百七十八条　有下列情形之一的,不得担任公司的董事、监事、高级管理人员:

(一)无民事行为能力或者限制民事行为能力;

(二)因贪污、贿赂、侵占财产、挪用财产或者破坏社会主义市场经济秩序,被判处刑罚,或者因犯罪被剥夺政治权利,执行期满未逾五年,被宣告缓刑的,自缓刑考验期满之日起未逾二年;

(三)担任破产清算的公司、企业的董事或者厂长、经理,对该公司、企业的破产负有个人责任的,自该公司、企业破产清算完结之日起未逾三年;

(四)担任因违法被吊销营业执照、责令关闭的公司、企业的法定代表人,并负有个人责任的,自该公司、企业被吊销营业执照、责令关闭之日起未逾三年;

(五)个人因所负数额较大债务到期未清偿被人民法院列为失信被执行人。

违反前款规定选举、委派董事、监事或者聘任高级管理人员的,该选

举、委派或者聘任无效。

董事、监事、高级管理人员在任职期间出现本条第一款所列情形的，公司应当解除其职务。

第一百七十九条　董事、监事、高级管理人员应当遵守法律、行政法规和公司章程。

第一百八十条　董事、监事、高级管理人员对公司负有忠实义务，应当采取措施避免自身利益与公司利益冲突，不得利用职权牟取不正当利益。

董事、监事、高级管理人员对公司负有勤勉义务，执行职务应当为公司的最大利益尽到管理者通常应有的合理注意。

公司的控股股东、实际控制人不担任公司董事但实际执行公司事务的，适用前两款规定。

第一百八十一条　董事、监事、高级管理人员不得有下列行为：

（一）侵占公司财产、挪用公司资金；

（二）将公司资金以其个人名义或者以其他个人名义开立账户存储；

（三）利用职权贿赂或者收受其他非法收入；

（四）接受他人与公司交易的佣金归为己有；

（五）擅自披露公司秘密；

（六）违反对公司忠实义务的其他行为。

第一百八十二条　董事、监事、高级管理人员，直接或者间接与本公司订立合同或者进行交易，应当就与订立合同或者进行交易有关的事项向董事会或者股东会报告，并按照公司章程的规定经董事会或者股东会决议通过。

董事、监事、高级管理人员的近亲属，董事、监事、高级管理人员或者其近亲属直接或者间接控制的企业，以及与董事、监事、高级管理人员有其他关联关系的关联人，与公司订立合同或者进行交易，适用前款规定。

第一百八十三条　董事、监事、高级管理人员，不得利用职务便利为自己或者他人谋取属于公司的商业机会。但是，有下列情形之一的除外：

（一）向董事会或者股东会报告，并按照公司章程的规定经董事会或者股东会决议通过；

（二）根据法律、行政法规或者公司章程的规定，公司不能利用该商业机会。

第一百八十四条　董事、监事、高级管理人员未向董事会或者股东会报告，并按照公司章程的规定经董事会或者股东会决议通过，不得自营或者为他人经营与其任职公司同类的业务。

第一百八十五条　董事会对本法第一百八十二条至第一百八十四条规定的事项决议时，关联董事不得参与表决，其表决权不计入表决权总数。出席董事会会议的无关联关系董事人数不足三人的，应当将该事项提交股东会审议。

第一百八十六条　董事、监事、高级管理人员违反本法第一百八十一条至第一百八十四条规定所得的收入应当归公司所有。

第一百八十七条　股东会要求董事、监事、高级管理人员列席会议的，董事、监事、高级管理人员应当列席并接受股东的质询。

第一百八十八条　董事、监事、高级管理人员执行职务违反法律、行政法规或者公司章程的规定，给公司造成损失的，应当承担赔偿责任。

第一百八十九条　董事、高级管理人员有前条规定的情形的，有限责任公司的股东、股份有限公司连续一百八十日以上单独或者合计持有公司百分之一以上股份的股东，可以书面请求监事会向人民法院提起诉讼；监事有前条规定的情形的，前述股东可以书面请求董事会向人民法院提起诉讼。

监事会或者董事会收到前款规定的股东书面请求后拒绝提起诉讼，或者自收到请求之日起三十日内未提起诉讼，或者情况紧急、不立即提起诉讼将会使公司利益受到难以弥补的损害的，前款规定的股东有权为公司利益以自己的名义直接向人民法院提起诉讼。

他人侵犯公司合法权益，给公司造成损失的，本条第一款规定的股东可以依照前两款的规定向人民法院提起诉讼。

公司全资子公司的董事、监事、高级管理人员有前条规定情形，或者他人侵犯公司全资子公司合法权益造成损失的，有限责任公司的股东、股份有限公司连续一百八十日以上单独或者合计持有公司百分之一以上股份的股东,可以依照前三款规定书面请求全资子公司的监事会、董事会向人民法院提起诉讼或者以自己的名义直接向人民法院提起诉讼。

第一百九十条 董事、高级管理人员违反法律、行政法规或者公司章程的规定,损害股东利益的,股东可以向人民法院提起诉讼。

第一百九十一条 董事、高级管理人员执行职务,给他人造成损害的,公司应当承担赔偿责任;董事、高级管理人员存在故意或者重大过失的,也应当承担赔偿责任。

第一百九十二条 公司的控股股东、实际控制人指示董事、高级管理人员从事损害公司或者股东利益的行为的,与该董事、高级管理人员承担连带责任。

第一百九十三条 公司可以在董事任职期间为董事因执行公司职务承担的赔偿责任投保责任保险。

公司为董事投保责任保险或者续保后,董事会应当向股东会报告责任保险的投保金额、承保范围及保险费率等内容。

第九章 公司债券

第一百九十四条 本法所称公司债券,是指公司发行的约定按期还本付息的有价证券。

公司债券可以公开发行,也可以非公开发行。

公司债券的发行和交易应当符合《中华人民共和国证券法》等法律、行政法规的规定。

第一百九十五条 公开发行公司债券,应当经国务院证券监督管理机构注册,公告公司债券募集办法。

公司债券募集办法应当载明下列主要事项:

(一)公司名称;

(二)债券募集资金的用途;

(三)债券总额和债券的票面金额;

(四)债券利率的确定方式;

（五）还本付息的期限和方式；

（六）债券担保情况；

（七）债券的发行价格、发行的起止日期；

（八）公司净资产额；

（九）已发行的尚未到期的公司债券总额；

（十）公司债券的承销机构。

第一百九十六条　公司以纸面形式发行公司债券的，应当在债券上载明公司名称、债券票面金额、利率、偿还期限等事项，并由法定代表人签名，公司盖章。

第一百九十七条　公司债券应当为记名债券。

第一百九十八条　公司发行公司债券应当置备公司债券持有人名册。

发行公司债券的，应当在公司债券持有人名册上载明下列事项：

（一）债券持有人的姓名或者名称及住所；

（二）债券持有人取得债券的日期及债券的编号；

（三）债券总额，债券的票面金额、利率、还本付息的期限和方式；

（四）债券的发行日期。

第一百九十九条　公司债券的登记结算机构应当建立债券登记、存管、付息、兑付等相关制度。

第二百条　公司债券可以转让，转让价格由转让人与受让人约定。

公司债券的转让应当符合法律、行政法规的规定。

第二百零一条　公司债券由债券持有人以背书方式或者法律、行政法规规定的其他方式转让；转让后由公司将受让人的姓名或者名称及住所记载于公司债券持有人名册。

第二百零二条　股份有限公司经股东会决议，或者经公司章程、股东会授权由董事会决议，可以发行可转换为股票的公司债券，并规定具体的转换办法。上市公司发行可转换为股票的公司债券，应当经国务院证券监督管理机构注册。

发行可转换为股票的公司债券，应当在债券上标明可转换公司债券字样,并在公司债券持有人名册上载明可转换公司债券的数额。

第二百零三条 发行可转换为股票的公司债券的,公司应当按照其转换办法向债券持有人换发股票,但债券持有人对转换股票或者不转换股票有选择权。法律、行政法规另有规定的除外。

第二百零四条 公开发行公司债券的,应当为同期债券持有人设立债券持有人会议,并在债券募集办法中对债券持有人会议的召集程序、会议规则和其他重要事项作出规定。债券持有人会议可以对与债券持有人有利害关系的事项作出决议。

除公司债券募集办法另有约定外,债券持有人会议决议对同期全体债券持有人发生效力。

第二百零五条 公开发行公司债券的,发行人应当为债券持有人聘请债券受托管理人,由其为债券持有人办理受领清偿、债权保全、与债券相关的诉讼以及参与债务人破产程序等事项。

第二百零六条 债券受托管理人应当勤勉尽责,公正履行受托管理职责,不得损害债券持有人利益。

受托管理人与债券持有人存在利益冲突可能损害债券持有人利益的,债券持有人会议可以决议变更债券受托管理人。

债券受托管理人违反法律、行政法规或者债券持有人会议决议,损害债券持有人利益的,应当承担赔偿责任。

第十章 公司财务、会计

第二百零七条 公司应当依照法律、行政法规和国务院财政部门的规定建立本公司的财务、会计制度。

第二百零八条 公司应当在每一会计年度终了时编制财务会计报告,并依法经会计师事务所审计。

财务会计报告应当依照法律、行政法规和国务院财政部门的规定制作。

第二百零九条 有限责任公司应当按照公司章程规定的期限将财务会计报告送交各股东。

股份有限公司的财务会计报告应当在召开股东会年会的二十日前置备于本公司，供股东查阅；公开发行股份的股份有限公司应当公告其财务会计报告。

第二百一十条 公司分配当年税后利润时，应当提取利润的百分之十列入公司法定公积金。公司法定公积金累计额为公司注册资本的百分之五十以上的，可以不再提取。

公司的法定公积金不足以弥补以前年度亏损的，在依照前款规定提取法定公积金之前，应当先用当年利润弥补亏损。

公司从税后利润中提取法定公积金后，经股东会决议，还可以从税后利润中提取任意公积金。

公司弥补亏损和提取公积金后所余税后利润，有限责任公司按照股东实缴的出资比例分配利润，全体股东约定不按照出资比例分配利润的除外；股份有限公司按照股东所持有的股份比例分配利润，公司章程另有规定的除外。

公司持有的本公司股份不得分配利润。

第二百一十一条 公司违反本法规定向股东分配利润的，股东应当将违反规定分配的利润退还公司；给公司造成损失的，股东及负有责任的董事、监事、高级管理人员应当承担赔偿责任。

第二百一十二条 股东会作出分配利润的决议的，董事会应当在股东会决议作出之日起六个月内进行分配。

第二百一十三条 公司以超过股票票面金额的发行价格发行股份所得的溢价款、发行无面额股所得股款未计入注册资本的金额以及国务院财政部门规定列入资本公积金的其他项目，应当列为公司资本公积金。

第二百一十四条 公司的公积金用于弥补公司的亏损、扩大公司生产经营或者转为增加公司注册资本。

公积金弥补公司亏损，应当先使用任意公积金和法定公积金；仍不能弥补的，可以按照规定使用资本公积金。

法定公积金转为增加注册资本时，所留存的该项公积金不得少于转增前公司注册资本的百分之二十五。

第二百一十五条　公司聘用、解聘承办公司审计业务的会计师事务所，按照公司章程的规定，由股东会、董事会或者监事会决定。

公司股东会、董事会或者监事会就解聘会计师事务所进行表决时，应当允许会计师事务所陈述意见。

第二百一十六条　公司应当向聘用的会计师事务所提供真实、完整的会计凭证、会计账簿、财务会计报告及其他会计资料，不得拒绝、隐匿、谎报。

第二百一十七条　公司除法定的会计账簿外，不得另立会计账簿。

对公司资金，不得以任何个人名义开立账户存储。

第十一章　公司合并、分立、增资、减资

第二百一十八条　公司合并可以采取吸收合并或者新设合并。

一个公司吸收其他公司为吸收合并，被吸收的公司解散。两个以上公司合并设立一个新的公司为新设合并，合并各方解散。

第二百一十九条　公司与其持股百分之九十以上的公司合并，被合并的公司不需经股东会决议，但应当通知其他股东，其他股东有权请求公司按照合理的价格收购其股权或者股份。

公司合并支付的价款不超过本公司净资产百分之十的，可以不经股东会决议；但是，公司章程另有规定的除外。

公司依照前两款规定合并不经股东会决议的，应当经董事会决议。

第二百二十条　公司合并，应当由合并各方签订合并协议，并编制资产负债表及财产清单。公司应当自作出合并决议之日起十日内通知债权人，并于三十日内在报纸上或者国家企业信用信息公示系统公告。债权人自接到通知之日起三十日内，未接到通知的自公告之日起四十五日内，可以要求公司清偿债务或者提供相应的担保。

第二百二十一条　公司合并时，合并各方的债权、债务，应当由合并后存续的公司或者新设的公司承继。

第二百二十二条　公司分立，其财产作相应的分割。

公司分立，应当编制资产负债表及财产清单。公司应当自作出分立决议之日起十日内通知债权人，并于三十日内在报纸上或者国家企业信用信息公示系统公告。

第二百二十三条　公司分立前的债务由分立后的公司承担连带责任。但是，公司在分立前与债权人就债务清偿达成的书面协议另有约定的除外。

第二百二十四条　公司减少注册资本，应当编制资产负债表及财产清单。

公司应当自股东会作出减少注册资本决议之日起十日内通知债权人，并于三十日内在报纸上或者国家企业信用信息公示系统公告。债权人自接到通知之日起三十日内，未接到通知的自公告之日起四十五日内，有权要求公司清偿债务或者提供相应的担保。

公司减少注册资本，应当按照股东出资或者持有股份的比例相应减少出资额或者股份，法律另有规定、有限责任公司全体股东另有约定或者股份有限公司章程另有规定的除外。

第二百二十五条　公司依照本法第二百一十四条第二款的规定弥补亏损后，仍有亏损的，可以减少注册资本弥补亏损。减少注册资本弥补亏损的，公司不得向股东分配，也不得免除股东缴纳出资或者股款的义务。

依照前款规定减少注册资本的，不适用前条第二款的规定，但应当自股东会作出减少注册资本决议之日起三十日内在报纸上或者国家企业信用信息公示系统公告。

公司依照前两款的规定减少注册资本后，在法定公积金和任意公积金累计额达到公司注册资本百分之五十前，不得分配利润。

第二百二十六条　违反本法规定减少注册资本的，股东应当退还其收到的资金，减免股东出资的应当恢复原状；给公司造成损失的，股东及负有责任的董事、监事、高级管理人员应当承担赔偿责任。

第二百二十七条　有限责任公司增加注册资本时，股东在同等条件下有权优先按照实缴的出资比例认缴出资。但是，全体股东约定不按照出资比例优先认缴出资的除外。

股份有限公司为增加注册资本发行新股时,股东不享有优先认购权,公司章程另有规定或者股东会决议决定股东享有优先认购权的除外。

第二百二十八条　有限责任公司增加注册资本时,股东认缴新增资本的出资,依照本法设立有限责任公司缴纳出资的有关规定执行。

股份有限公司为增加注册资本发行新股时,股东认购新股,依照本法设立股份有限公司缴纳股款的有关规定执行。

第十二章　公司解散和清算

第二百二十九条　公司因下列原因解散:

(一)公司章程规定的营业期限届满或者公司章程规定的其他解散事由出现;

(二)股东会决议解散;

(三)因公司合并或者分立需要解散;

(四)依法被吊销营业执照、责令关闭或者被撤销;

(五)人民法院依照本法第二百三十一条的规定予以解散。

公司出现前款规定的解散事由,应当在十日内将解散事由通过国家企业信用信息公示系统予以公示。

第二百三十条　公司有前条第一款第一项、第二项情形,且尚未向股东分配财产的,可以通过修改公司章程或者经股东会决议而存续。

依照前款规定修改公司章程或者经股东会决议,有限责任公司须经持有三分之二以上表决权的股东通过,股份有限公司须经出席股东会会议的股东所持表决权的三分之二以上通过。

第二百三十一条　公司经营管理发生严重困难,继续存续会使股东利益受到重大损失,通过其他途径不能解决的,持有公司百分之十以上表决权的股东,可以请求人民法院解散公司。

第二百三十二条　公司因本法第二百二十九条第一款第一项、第二项、第四项、第五项规定而解散的,应当清算。董事为公司清算义务人,应当在解散事由出现之日起十五日内组成清算组进行清算。

清算组由董事组成，但是公司章程另有规定或者股东会决议另选他人的除外。

清算义务人未及时履行清算义务，给公司或者债权人造成损失的，应当承担赔偿责任。

第二百三十三条　公司依照前条第一款的规定应当清算，逾期不成立清算组进行清算或者成立清算组后不清算的，利害关系人可以申请人民法院指定有关人员组成清算组进行清算。人民法院应当受理该申请，并及时组织清算组进行清算。

公司因本法第二百二十九条第一款第四项的规定而解散的，作出吊销营业执照、责令关闭或者撤销决定的部门或者公司登记机关，可以申请人民法院指定有关人员组成清算组进行清算。

第二百三十四条　清算组在清算期间行使下列职权：

（一）清理公司财产，分别编制资产负债表和财产清单；

（二）通知、公告债权人；

（三）处理与清算有关的公司未了结的业务；

（四）清缴所欠税款以及清算过程中产生的税款；

（五）清理债权、债务；

（六）分配公司清偿债务后的剩余财产；

（七）代表公司参与民事诉讼活动。

第二百三十五条　清算组应当自成立之日起十日内通知债权人，并于六十日内在报纸上或者国家企业信用信息公示系统公告。债权人应当自接到通知之日起三十日内，未接到通知的自公告之日起四十五日内，向清算组申报其债权。

债权人申报债权，应当说明债权的有关事项，并提供证明材料。清算组应当对债权进行登记。

在申报债权期间，清算组不得对债权人进行清偿。

第二百三十六条　清算组在清理公司财产、编制资产负债表和财产清单后，应当制订清算方案，并报股东会或者人民法院确认。

公司财产在分别支付清算费用、职工的工资、社会保险费用和法定补偿金，缴纳所欠税款，清偿公司债务后的剩余财产，有限责任公司按照股东的出资比例分配，股份有限公司按照股东持有的股份比例分配。

清算期间，公司存续，但不得开展与清算无关的经营活动。公司财产在未依照前款规定清偿前，不得分配给股东。

第二百三十七条　清算组在清理公司财产、编制资产负债表和财产清单后，发现公司财产不足清偿债务的，应当依法向人民法院申请破产清算。

人民法院受理破产申请后，清算组应当将清算事务移交给人民法院指定的破产管理人。

第二百三十八条　清算组成员履行清算职责，负有忠实义务和勤勉义务。

清算组成员怠于履行清算职责，给公司造成损失的，应当承担赔偿责任；因故意或者重大过失给债权人造成损失的，应当承担赔偿责任。

第二百三十九条　公司清算结束后，清算组应当制作清算报告，报股东会或者人民法院确认，并报送公司登记机关，申请注销公司登记。

第二百四十条　公司在存续期间未产生债务，或者已清偿全部债务的，经全体股东承诺，可以按照规定通过简易程序注销公司登记。

通过简易程序注销公司登记，应当通过国家企业信用信息公示系统予以公告，公告期限不少于二十日。公告期限届满后，未有异议的，公司可以在二十日内向公司登记机关申请注销公司登记。

公司通过简易程序注销公司登记，股东对本条第一款规定的内容承诺不实的，应当对注销登记前的债务承担连带责任。

第二百四十一条　公司被吊销营业执照、责令关闭或者被撤销，满三年未向公司登记机关申请注销公司登记的，公司登记机关可以通过国家企业信用信息公示系统予以公告，公告期限不少于六十日。公告期限届满后，未有异议的，公司登记机关可以注销公司登记。

依照前款规定注销公司登记的，原公司股东、清算义务人的责任不受影响。

第二百四十二条　公司被依法宣告破产的，依照有关企业破产的法律实施破产清算。

第十三章　外国公司的分支机构

第二百四十三条　本法所称外国公司，是指依照外国法律在中华人民共和国境外设立的公司。

第二百四十四条　外国公司在中华人民共和国境内设立分支机构，应当向中国主管机关提出申请，并提交其公司章程、所属国的公司登记证书等有关文件，经批准后，向公司登记机关依法办理登记，领取营业执照。

外国公司分支机构的审批办法由国务院另行规定。

第二百四十五条　外国公司在中华人民共和国境内设立分支机构，应当在中华人民共和国境内指定负责该分支机构的代表人或者代理人，并向该分支机构拨付与其所从事的经营活动相适应的资金。

对外国公司分支机构的经营资金需要规定最低限额的，由国务院另行规定。

第二百四十六条　外国公司的分支机构应当在其名称中标明该外国公司的国籍及责任形式。

外国公司的分支机构应当在本机构中置备该外国公司章程。

第二百四十七条　外国公司在中华人民共和国境内设立的分支机构不具有中国法人资格。

外国公司对其分支机构在中华人民共和国境内进行经营活动承担民事责任。

第二百四十八条　经批准设立的外国公司分支机构，在中华人民共和国境内从事业务活动，应当遵守中国的法律，不得损害中国的社会公共利益，其合法权益受中国法律保护。

第二百四十九条　外国公司撤销其在中华人民共和国境内的分支机构时，应当依法清偿债务，依照本法有关公司清算程序的规定进行清算。未清偿债务之前，不得将其分支机构的财产转移至中华人民共和国境外。

第十四章　法律责任

第二百五十条　违反本法规定，虚报注册资本、提交虚假材料或者采取其他欺诈手段隐瞒重要事实取得公司登记的，由公司登记机关责令改正，对虚报注册资本的公司，处以虚报注册资本金额百分之五以上百分之十五以下的罚款；对提交虚假材料或者采取其他欺诈手段隐瞒重要事实的公司，处以五万元以上二百万元以下的罚款；情节严重的，吊销营业执照；对直接负责的主管人员和其他直接责任人员处以三万元以上三十万元以下的罚款。

第二百五十一条　公司未依照本法第四十条规定公示有关信息或者不如实公示有关信息的，由公司登记机关责令改正，可以处以一万元以上五万元以下的罚款。情节严重的，处以五万元以上二十万元以下的罚款；对直接负责的主管人员和其他直接责任人员处以一万元以上十万元以下的罚款。

第二百五十二条　公司的发起人、股东虚假出资，未交付或者未按期交付作为出资的货币或者非货币财产的，由公司登记机关责令改正，可以处以五万元以上二十万元以下的罚款；情节严重的，处以虚假出资或者未出资金额百分之五以上百分之十五以下的罚款；对直接负责的主管人员和其他直接责任人员处以一万元以上十万元以下的罚款。

第二百五十三条　公司的发起人、股东在公司成立后，抽逃其出资的，由公司登记机关责令改正，处以所抽逃出资金额百分之五以上百分之十五以下的罚款；对直接负责的主管人员和其他直接责任人员处以三万元以上三十万元以下的罚款。

第二百五十四条　有下列行为之一的，由县级以上人民政府财政部门依照《中华人民共和国会计法》等法律、行政法规的规定处罚：

（一）在法定的会计账簿以外另立会计账簿；

（二）提供存在虚假记载或者隐瞒重要事实的财务会计报告。

第二百五十五条　公司在合并、分立、减少注册资本或者进行清算时，不依照本法规定通知或者公告债权人的，由公司登记机关责令改正，对公司处以一万元以上十万元以下的罚款。

第二百五十六条　公司在进行清算时，隐匿财产，对资产负债表或者财产清单作虚假记载，或者在未清偿债务前分配公司财产的，由公司登记机关责令改正，对公司处以隐匿财产或者未清偿债务前分配公司财产金额百分之五以上百分之十以下的罚款；对直接负责的主管人员和其他直接责任人员处以一万元以上十万元以下的罚款。

第二百五十七条　承担资产评估、验资或者验证的机构提供虚假材料或者提供有重大遗漏的报告的，由有关部门依照《中华人民共和国资产评估法》《中华人民共和国注册会计师法》等法律、行政法规的规定处罚。

承担资产评估、验资或者验证的机构因其出具的评估结果、验资或者验证证明不实，给公司债权人造成损失的，除能够证明自己没有过错外，在其评估或者证明不实的金额范围内承担赔偿责任。

第二百五十八条　公司登记机关违反法律、行政法规规定未履行职责或者履行职责不当的，对负有责任的领导人员和直接责任人员依法给予政务处分。

第二百五十九条　未依法登记为有限责任公司或者股份有限公司，而冒用有限责任公司或者股份有限公司名义的，或者未依法登记为有限责任公司或者股份有限公司的分公司，而冒用有限责任公司或者股份有限公司的分公司名义的，由公司登记机关责令改正或者予以取缔，可以并处十万元以下的罚款。

第二百六十条　公司成立后无正当理由超过六个月未开业的，或者开业后自行停业连续六个月以上的，公司登记机关可以吊销营业执照，但公司依法办理歇业的除外。

公司登记事项发生变更时，未依照本法规定办理有关变更登记的，由公司登记机关责令限期登记；逾期不登记的，处以一万元以上十万元以下的罚款。

第二百六十一条　外国公司违反本法规定，擅自在中华人民共和国境内设立分支机构的，由公司登记机关责令改正或者关闭，可以并处五万元以上二十万元以下的罚款。

第二百六十二条　利用公司名义从事危害国家安全、社会公共利益的严重违法行为的，吊销营业执照。

第二百六十三条　公司违反本法规定，应当承担民事赔偿责任和缴纳罚款、罚金的，其财产不足以支付时，先承担民事赔偿责任。

第二百六十四条　违反本法规定，构成犯罪的，依法追究刑事责任。

第十五章　附　　则

第二百六十五条　本法下列用语的含义：

（一）高级管理人员，是指公司的经理、副经理、财务负责人，上市公司董事会秘书和公司章程规定的其他人员。

（二）控股股东，是指其出资额占有限责任公司资本总额超过百分之五十或者其持有的股份占股份有限公司股本总额超过百分之五十的股东；出资额或者持有股份的比例虽然低于百分之五十，但依其出资额或者持有的股份所享有的表决权已足以对股东会的决议产生重大影响的股东。

（三）实际控制人，是指通过投资关系、协议或者其他安排，能够实际支配公司行为的人。

（四）关联关系，是指公司控股股东、实际控制人、董事、监事、高级管理人员与其直接或者间接控制的企业之间的关系，以及可能导致公司利益转移的其他关系。但是，国家控股的企业之间不仅因为同受国家控股而具有关联关系。

第二百六十六条　本法自2024年7月1日起施行。

本法施行前已登记设立的公司，出资期限超过本法规定的期限的，除法律、行政法规或者国务院另有规定外，应当逐步调整至本法规定的期限以内；对于出资期限、出资额明显异常的，公司登记机关可以依法要求其及时调整。具体实施办法由国务院规定。

最高人民法院 最高人民检察院
关于办理危害税收征管刑事案件适用法律若干问题的解释

《最高人民法院 最高人民检察院关于办理危害税收征管刑事案件适用法律若干问题的解释》已于2024年1月8日由最高人民法院审判委员会第1911次会议、2024年2月22日由最高人民检察院第十四届检察委员会第二十五次会议通过，现予公布，自2024年3月20日起施行。

最高人民法院　最高人民检察院
2024年3月15日

法释〔2024〕4号

最高人民法院　最高人民检察院
关于办理危害税收征管刑事案件适用法律若干问题的解释

（2024年1月8日最高人民法院审判委员会第1911次会议、2024年2月22日最高人民检察院第十四届检察委员会第二十五次会议通过，自2024年3月20日起施行）

为依法惩治危害税收征管犯罪，根据《中华人民共和国刑法》《中华人民共和国刑事诉讼法》的有关规定，现就办理此类刑事案件适用法律的若干问题解释如下：

第一条　纳税人进行虚假纳税申报，具有下列情形之一的，应当认定为刑法第二百零一条第一款规定的"欺骗、隐瞒手段"：

（一）伪造、变造、转移、隐匿、擅自销毁账簿、记账凭证或者其他涉税资料的；

（二）以签订"阴阳合同"等形式隐匿或者以他人名义分解收入、财产的；

（三）虚列支出、虚抵进项税额或者虚报专项附加扣除的；

（四）提供虚假材料，骗取税收优惠的；

（五）编造虚假计税依据的；

（六）为不缴、少缴税款而采取的其他欺骗、隐瞒手段。

具有下列情形之一的，应当认定为刑法第二百零一条第一款规定的"不申报"：

（一）依法在登记机关办理设立登记的纳税人，发生应税行为而不申报纳税的；

（二）依法不需要在登记机关办理设立登记或者未依法办理设立登记的纳税人，发生应税行为，经税务机关依法通知其申报而不申报纳税的；

（三）其他明知应当依法申报纳税而不申报纳税的。

扣缴义务人采取第一、二款所列手段，不缴或者少缴已扣、已收税款，数额较大的，依照刑法第二百零一条第一款的规定定罪处罚。扣缴义务人承诺为纳税人代付税款，在其向纳税人支付税后所得时，应当认定扣缴义务人"已扣、已收税款"。

第二条　纳税人逃避缴纳税款十万元以上、五十万元以上的，应当分别认定为刑法第二百零一条第一款规定的"数额较大""数额巨大"。

扣缴义务人不缴或者少缴已扣、已收税款"数额较大""数额巨大"的认定标准，依照前款规定。

第三条　纳税人有刑法第二百零一条第一款规定的逃避缴纳税款行为，在公安机关立案前，经税务机关依法下达追缴通知后，在规定的期限或者批准延缓、分期缴纳的期限内足额补缴应纳税款，缴纳滞纳金，并全部履行税务机关作出的行政处罚决定的，不予追究刑事责任。但是，五年内因逃避缴纳税款受过刑事处罚或者被税务机关给予二次以上行政处罚的除外。

纳税人有逃避缴纳税款行为，税务机关没有依法下达追缴通知的，依法不予追究刑事责任。

第四条　刑法第二百零一条第一款规定的"逃避缴纳税款数额"，是指在确定的纳税期间，不缴或者少缴税务机关负责征收的各税种税款的总额。

刑法第二百零一条第一款规定的"应纳税额"，是指应税行为发生年度内依照税收法律、行政法规规定应当缴纳的税额，不包括海关代征的增值税、关税等及纳税人依法预缴的税额。

刑法第二百零一条第一款规定的"逃避缴纳税款数额占应纳税额的百分比"，是指行为人在一个纳税年度中的各税种逃税总额与该纳税年度应纳税总额的比例；不按纳税年度确定纳税期的，按照最后一次逃税行为发生之日前一年中各税种逃税总额与该年应纳税总额的比例确定。纳税义务存续期间不足一个纳税年度的，按照各税种逃税总额与实际发生纳税义务期间应纳税总额的比例确定。

逃税行为跨越若干个纳税年度，只要其中一个纳税年度的逃税数额及百分比达到刑法第二百零一条第一款规定的标准，即构成逃税罪。各纳税年度的逃税数额应当累计计算，逃税额占应纳税额百分比应当按照各逃税年度百分比的最高值确定。

刑法第二百零一条第三款规定的"未经处理"，包括未经行政处理和刑事处理。

第五条 以暴力、威胁方法拒不缴纳税款，具有下列情形之一的，应当认定为刑法第二百零二条规定的"情节严重"：

（一）聚众抗税的首要分子；

（二）故意伤害致人轻伤的；

（三）其他情节严重的情形。

实施抗税行为致人重伤、死亡，符合刑法第二百三十四条或者第二百三十二条规定的，以故意伤害罪或者故意杀人罪定罪处罚。

第六条 纳税人欠缴应纳税款，为逃避税务机关追缴，具有下列情形之一的，应当认定为刑法第二百零二条规定的"采取转移或者隐匿财产的手段"：

（一）放弃到期债权的；

（二）无偿转让财产的；

（三）以明显不合理的价格进行交易的；

（四）隐匿财产的；

（五）不履行税收义务并脱离税务机关监管的；

（六）以其他手段转移或者隐匿财产的。

第七条 具有下列情形之一的，应当认定为刑法第二百零四条第一款规定的"假报出口或者其他欺骗手段"：

（一）使用虚开、非法购买或者以其他非法手段取得的增值税专用发票或者其他可以用于出口退税的发票申报出口退税的；

（二）将未负税或者免税的出口业务申报为已税的出口业务的；

（三）冒用他人出口业务申报出口退税的；

（四）虽有出口，但虚构应退税出口业务的品名、数量、单价等要素，以虚增出口退税额申报出口退税的；

（五）伪造、签订虚假的销售合同，或者以伪造、变造等非法手段取得出口报关单、运输单据等出口业务相关单据、凭证，虚构出口事实申报出口退税的；

（六）在货物出口后，又转入境内或者将境外同种货物转入境内循环进出口并申报出口退税的；

（七）虚报出口产品的功能、用途等，将不享受退税政策的产品申报为退税产品的；

（八）以其他欺骗手段骗取出口退税款的。

第八条 骗取国家出口退税款数额十万元以上、五十万元以上、五百万元以上的，应当分别认定为刑法第二百零四条第一款规定的"数额较大""数额巨大""数额特别巨大"。

具有下列情形之一的，应当认定为刑法第二百零四条第一款规定的"其他严重情节"：

（一）两年内实施虚假申报出口退税行为三次以上，且骗取国家税款三十万元以上的；

（二）五年内因骗取国家出口退税受过刑事处罚或者二次以上行政处罚，又实施骗取国家出口退税行为，数额在三十万元以上的；

（三）致使国家税款被骗取三十万元以上并且在提起公诉前无法追回的；

（四）其他情节严重的情形。

具有下列情形之一的，应当认定为刑法第二百零四条第一款规定的"其他特别严重情节"：

（一）两年内实施虚假申报出口退税行为五次以上，或者以骗取出口退税为主要业务，且骗取国家税款三百万元以上的；

（二）五年内因骗取国家出口退税受过刑事处罚或者二次以上行政处罚，又实施骗取国家出口退税行为，数额在三百万元以上的；

（三）致使国家税款被骗取三百万元以上并且在提起公诉前无法追回的；

（四）其他情节特别严重的情形。

第九条　实施骗取国家出口退税行为，没有实际取得出口退税款的，可以比照既遂犯从轻或者减轻处罚。

从事货物运输代理、报关、会计、税务、外贸综合服务等中介组织及其人员违反国家有关进出口经营规定，为他人提供虚假证明文件，致使他人骗取国家出口退税款，情节严重的，依照刑法第二百二十九条的规定追究刑事责任。

第十条　具有下列情形之一的，应当认定为刑法第二百零五条第一款规定的"虚开增值税专用发票或者虚开用于骗取出口退税、抵扣税款的其他发票"：

（一）没有实际业务，开具增值税专用发票、用于骗取出口退税、抵扣税款的其他发票的；

（二）有实际应抵扣业务，但开具超过实际应抵扣业务对应税款的增值税专用发票、用于骗取出口退税、抵扣税款的其他发票的；

（三）对依法不能抵扣税款的业务，通过虚构交易主体开具增值税专用发票、用于骗取出口退税、抵扣税款的其他发票的；

（四）非法篡改增值税专用发票或者用于骗取出口退税、抵扣税款的其他发票相关电子信息的；

（五）违反规定以其他手段虚开的。

为虚增业绩、融资、贷款等不以骗抵税款为目的，没有因抵扣造成税款被骗损失的，不以本罪论处，构成其他犯罪的，依法以其他犯罪追究刑事责任。

第十一条 虚开增值税专用发票、用于骗取出口退税、抵扣税款的其他发票，税款数额在十万元以上的，应当依照刑法第二百零五条的规定定罪处罚；虚开税款数额在五十万元以上、五百万元以上的，应当分别认定为刑法第二百零五条第一款规定的"数额较大""数额巨大"。

具有下列情形之一的，应当认定为刑法第二百零五条第一款规定的"其他严重情节"：

（一）在提起公诉前，无法追回的税款数额达到三十万元以上的；

（二）五年内因虚开发票受过刑事处罚或者二次以上行政处罚，又虚开增值税专用发票或者虚开用于骗取出口退税、抵扣税款的其他发票，虚开税款数额在三十万元以上的；

（三）其他情节严重的情形。

具有下列情形之一的，应当认定为刑法第二百零五条第一款规定的"其他特别严重情节"：

（一）在提起公诉前，无法追回的税款数额达到三百万元以上的；

（二）五年内因虚开发票受过刑事处罚或者二次以上行政处罚，又虚开增值税专用发票或者虚开用于骗取出口退税、抵扣税款的其他发票，虚开税款数额在三百万元以上的；

（三）其他情节特别严重的情形。

以同一购销业务名义，既虚开进项增值税专用发票、用于骗取出口退税、抵扣税款的其他发票，又虚开销项的，以其中较大的数额计算。

以伪造的增值税专用发票进行虚开，达到本条规定标准的，应当以虚开增值税专用发票罪追究刑事责任。

第十二条 具有下列情形之一的，应当认定为刑法第二百零五条之一第一款规定的"虚开刑法第二百零五条规定以外的其他发票"：

（一）没有实际业务而为他人、为自己、让他人为自己、介绍他人开具发票的；

（二）有实际业务，但为他人、为自己、让他人为自己、介绍他人开具与实际业务的货物品名、服务名称、货物数量、金额等不符的发票的；

（三）非法篡改发票相关电子信息的；

（四）违反规定以其他手段虚开的。

第十三条 具有下列情形之一的，应当认定为刑法第二百零五条之一第一款规定的"情节严重"：

（一）虚开发票票面金额五十万元以上的；

（二）虚开发票一百份以上且票面金额三十万元以上的；

（三）五年内因虚开发票受过刑事处罚或者二次以上行政处罚，又虚开发票，票面金额达到第一、二项规定的标准60%以上的。

具有下列情形之一的，应当认定为刑法第二百零五条之一第一款规定的"情节特别严重"：

（一）虚开发票票面金额二百五十万元以上的；

（二）虚开发票五百份以上且票面金额一百五十万元以上的；

（三）五年内因虚开发票受过刑事处罚或者二次以上行政处罚，又虚开发票，票面金额达到第一、二项规定的标准60%以上的。

以伪造的发票进行虚开，达到本条第一款规定的标准的，应当以虚开发票罪追究刑事责任。

第十四条 伪造或者出售伪造的增值税专用发票，具有下列情形之一的，应当依照刑法第二百零六条的规定定罪处罚：

（一）票面税额十万元以上的；

（二）伪造或者出售伪造的增值税专用发票十份以上且票面税额六万元以上的；

（三）违法所得一万元以上的。

伪造或者出售伪造的增值税专用发票票面税额五十万元以上的，或者五十份以上且票面税额三十万元以上的，应当认定为刑法第二百零六条第一款规定的"数量较大"。

五年内因伪造或者出售伪造的增值税专用发票受过刑事处罚或者二次以

上行政处罚，又实施伪造或者出售伪造的增值税专用发票行为，票面税额达到本条第二款规定的标准60%以上的，或者违法所得五万元以上的，应当认定为刑法第二百零六条第一款规定的"其他严重情节"。

伪造或者出售伪造的增值税专用发票票面税额五百万元以上的，或者五百份以上且票面税额三百万元以上的，应当认定为刑法第二百零六条第一款规定的"数量巨大"。

五年内因伪造或者出售伪造的增值税专用发票受过刑事处罚或者二次以上行政处罚，又实施伪造或者出售伪造的增值税专用发票行为，票面税额达到本条第四款规定的标准60%以上的，或者违法所得五十万元以上的，应当认定为刑法第二百零六条第一款规定的"其他特别严重情节"。

伪造并出售同一增值税专用发票的，以伪造、出售伪造的增值税专用发票罪论处，数量不重复计算。

变造增值税专用发票的，按照伪造增值税专用发票论处。

第十五条　非法出售增值税专用发票的，依照本解释第十四条的定罪量刑标准定罪处罚。

第十六条　非法购买增值税专用发票或者购买伪造的增值税专用发票票面税额二十万元以上的，或者二十份以上且票面税额十万元以上的，应当依照刑法第二百零八条第一款的规定定罪处罚。

非法购买真、伪两种增值税专用发票的，数额累计计算，不实行数罪并罚。

购买伪造的增值税专用发票又出售的，以出售伪造的增值税专用发票罪定罪处罚；非法购买增值税专用发票用于骗取抵扣税款或者骗取出口退税款，同时构成非法购买增值税专用发票罪与虚开增值税专用发票罪、骗取出口退税罪的，依照处罚较重的规定定罪处罚。

第十七条　伪造、擅自制造或者出售伪造、擅自制造的用于骗取出口退税、抵扣税款的其他发票，具有下列情形之一的，应当依照刑法第二百零九条第一款的规定定罪处罚：

（一）票面可以退税、抵扣税额十万元以上的；

（二）伪造、擅自制造或者出售伪造、擅自制造的发票十份以上且票面可以退税、抵扣税额六万元以上的；

（三）违法所得一万元以上的。

伪造、擅自制造或者出售伪造、擅自制造的可以用于骗取出口退税、抵扣税款的其他发票票面可以退税、抵扣税额五十万元以上的，或者五十份以上且票面可以退税、抵扣税额三十万元以上的，应当认定为刑法第二百零九条第一款规定的"数量巨大"；伪造、擅自制造或者出售伪造、擅自制造的可以用于骗取出口退税、抵扣税款的其他发票票面可以退税、抵扣税额五百万元以上的，或者五百份以上且票面可以退税、抵扣税额三百万元以上的，应当认定为刑法第二百零九条第一款规定的"数量特别巨大"。

伪造、擅自制造或者出售伪造、擅自制造刑法第二百零九条第二款规定的发票，具有下列情形之一的，应当依照该款的规定定罪处罚：

（一）票面金额五十万元以上的；

（二）伪造、擅自制造或者出售伪造、擅自制造发票一百份以上且票面金额三十万元以上的；

（三）违法所得一万元以上的。

伪造、擅自制造或者出售伪造、擅自制造刑法第二百零九条第二款规定的发票，具有下列情形之一的，应当认定为"情节严重"：

（一）票面金额二百五十万元以上的；

（二）伪造、擅自制造或者出售伪造、擅自制造发票五百份以上且票面金额一百五十万元以上的；

（三）违法所得五万元以上的。

非法出售用于骗取出口退税、抵扣税款的其他发票的，定罪量刑标准依照本条第一、二款的规定执行。

非法出售增值税专用发票、用于骗取出口退税、抵扣税款的其他发票以外的发票的，定罪量刑标准依照本条第三、四款的规定执行。

第十八条　具有下列情形之一的，应当认定为刑法第二百一十条之一第一款规定的"数量较大"：

（一）持有伪造的增值税专用发票或者可以用于骗取出口退税、抵扣税款的其他发票票面税额五十万元以上的；或者五十份以上且票面税额二十五万元以上的；

（二）持有伪造的前项规定以外的其他发票票面金额一百万元以上的，或者一百份以上且票面金额五十万元以上的。

持有的伪造发票数量、票面税额或者票面金额达到前款规定的标准五倍以上的，应当认定为刑法第二百一十条之一第一款规定的"数量巨大"。

第十九条　明知他人实施危害税收征管犯罪而仍为其提供账号、资信证明或者其他帮助的，以相应犯罪的共犯论处。

第二十条　单位实施危害税收征管犯罪的定罪量刑标准，依照本解释规定的标准执行。

第二十一条　实施危害税收征管犯罪，造成国家税款损失，行为人补缴税款、挽回税收损失，有效合规整改的，可以从宽处罚；犯罪情节轻微不需要判处刑罚的，可以不起诉或者免予刑事处罚；情节显著轻微危害不大的，不作为犯罪处理。

对于实施本解释规定的相关行为被不起诉或者免予刑事处罚，需要给予行政处罚、政务处分或者其他处分的，依法移送有关主管机关处理。有关主管机关应当将处理结果及时通知人民检察院、人民法院。

第二十二条　本解释自2024年3月20日起施行。《最高人民法院关于适用〈全国人民代表大会常务委员会关于惩治虚开、伪造和非法出售增值税专用发票犯罪的决定〉的若干问题的解释》（法发〔1996〕30号）、《最高人民法院关于审理骗取出口退税刑事案件具体应用法律若干问题的解释》（法释〔2002〕30号）、《最高人民法院关于审理偷税、抗税刑事案件具体应用法律若干问题的解释》（法释〔2002〕33号）同时废止；最高人民法院、最高人民检察院以前发布的司法解释与本解释不一致的，以本解释为准。